国家 "十二五"规划重点图书
国家出版基金资助项目

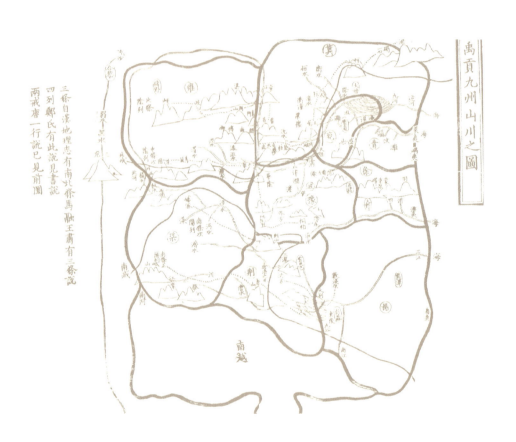

国家自然科学基金项目　国家社会科学基金项目
上海市社会科学重大项目

中國行政區劃通史

宋西夏卷

周振鹤 ◎ 主编

李昌宪 著

复旦大学出版社

中国行政区划通史

周振鹤　主编

总论 先秦卷	周振鹤 李晓杰 著
秦汉卷	周振鹤 李晓杰 张 莉 著
三国两晋南朝卷	胡阿祥 孔祥军 徐 成 著
十六国北朝卷	牟发松 毋有江 魏俊杰 著
隋代卷	施和金 著
唐代卷	郭声波 著
五代十国卷	李晓杰 著
宋西夏卷	李昌宪 著
辽金卷	余 蔚 著
元代卷	李治安 薛 磊 著
明代卷	郭 红 靳润成 著
清代卷	傅林祥 林 涓 任玉雪 王卫东 著
中华民国卷	傅林祥 郑宝恒 著

全书简介

本书研究自先秦至民国时期的中国行政区划变迁史。这一研究不仅是传统的关于历时政区沿革的考证（纵向），而且对同一年代各政区并存的面貌作出复原（横向），在条件许可的情况下相关的复原以详细至逐年为尺度。全书在总论外，分为十三卷，依次是先秦卷、秦汉卷、三国两晋南朝卷、十六国北朝卷、隋代卷、唐代卷、五代十国卷、宋西夏卷、辽金卷、元代卷、明代卷、清代卷及中华民国卷。

在掌握传世与出土历史文献的基础上，本书充分吸收前人的研究成果，力求最大可能地反映历史真实。全书以重建政区变迁序列、复原政区变迁面貌为主要内容，而由于历史时期中国行政区划的变化很大，在正式政区以外又有准政区的形式存在，加之政区层级、幅员及边界在不同时期的变迁程度不一，因此各卷又独立成书，其考证过程和编写结构有各自的侧重点。

本书是中华人民共和国成立以来第一部学术意义上的行政区划变迁通史。各卷作者在相关领域有长期的学术积累，全书的写作也倾注了十余年之功，希望能成为中国行政区划变迁史研究的重要参考著作。

作者简介

李昌宪，1947年生，江苏南京人。1985年毕业于上海师范大学古籍整理研究所，获历史学硕士学位。现任南京大学历史系中国古代史教授、博士生导师。长期从事宋代政治制度史、行政区划史的研究，寻本溯源，旁及唐、五代等领域，近年来对辽、西夏、金史也有所涉猎。在治学方法上，推崇朴学的学术传统，重视官制、历史地理和史源学的研究与运用。

著有《宋代安抚使考》、《司马光评传》等，并在《中国史研究》、《文史》、《中国历史地理论丛》、《历史地理》、《国学研究》等刊物上发表有关宋代行政区划的论文多篇。

宋西夏卷 提要

本卷依据《宋史》、《资治通鉴》、《续资治通鉴长编》、《宋会要辑稿》、《太平寰宇记》、《元丰九域志》、《元和郡县图志》等史书及大量的地方志、文集、笔记等资料，从学术上首次全面、深入地论述了宋代地方行政体制与行政区划的变迁以及西夏的地方行政体制，填补了宋代及西夏政区地理研究的空白。

全卷共分六编，兼具理论性与工具性。

第一编对宋代地方行政体制进行考证，论述宋代地方行政制度为三级制，及其兵财分治的原则和以转运司为主体的复式合议制。宋代路制分为以安抚司为主体的军事路与以转运司为主体的民政路两大系统，元丰以后则为十八路（转运司路）与二十三路（提刑司、提举常平司路）复合并行的路制。宋代州县制则呈现由隋唐州县制向明清府县制的过渡形态。

第二编设置十个断代年限，条列各路所辖州府军监及其治所、今地和所领之县，极便于读者检索。

第三、四、五编对两宋各路州县及省废州军沿革进行考证，并探讨了宋朝西南地区与西北地区的羁縻州县制、羁縻部族制以及各特殊建制的地方民族政权的存在时间和控制地域。

第六编考证西夏的地方行政体制，首次指出并详尽论证了西夏的地方行政体制存在着经略司路与转运司路两个系统。前者综治军民，后者仅负责赋税的征管。

本卷所附宋朝省地政区沿革表，一目了然地呈现宋朝三百余年州郡的废置分合。宋朝疆域图、西夏疆域图和宋朝各路各断代年限的分幅图，较以往的图集更多层次地展现了宋及西夏疆域、政区的变动。

目 录

绪 言 宋代的疆域 ………………………………………………… 1

第一编 宋代省地的行政区划沿革和地方行政制度

第一章 宋代的路制 …………………………………………… 13

第一节 宋代路制的形成与发展 ………………………………… 14
 一、宋代路制起源于五代 ……………………………………… 14
 二、宋初转运司路的形成与发展 ……………………………… 18
 三、宋代提点刑狱司路的演变 ………………………………… 23
 四、宋代提举常平司路的演变 ………………………………… 24
 五、宋代帅司路的形成与发展 ………………………………… 25

第二节 宋代路制的若干特点 …………………………………… 40
 一、复式合议制的高层政区 …………………………………… 40
 二、以转运司为主体的地方行政体制 ………………………… 43
 三、转运司——宋代高层政区的政府 ………………………… 44
 四、宋代限制高层政区的诸措施 ……………………………… 45

第二章 宋代诸路的辖区与治所 ……………………………… 48

第一节 府界与京畿路 …………………………………………… 48
第二节 京东路 …………………………………………………… 50
第三节 京西路 …………………………………………………… 53
第四节 河北路 …………………………………………………… 57
第五节 河东路 …………………………………………………… 59

第六节　陕西路 …………………………………………………… 61
　　第七节　两浙路 …………………………………………………… 63
　　第八节　淮南路 …………………………………………………… 66
　　第九节　江南东路 ………………………………………………… 70
　　第十节　江南西路 ………………………………………………… 72
　　第十一节　荆湖北路 ……………………………………………… 74
　　第十二节　荆湖南路 ……………………………………………… 76
　　第十三节　福建路 ………………………………………………… 77
　　第十四节　益州成都府路 ………………………………………… 78
　　第十五节　利州路 ………………………………………………… 82
　　第十六节　梓州潼川府路 ………………………………………… 83
　　第十七节　夔州路 ………………………………………………… 85
　　第十八节　广南东路 ……………………………………………… 85
　　第十九节　广南西路 ……………………………………………… 87

第三章　宋代的州县制度 ……………………………………………… 89
　第一节　宋代的州府军监 …………………………………………… 89
　　一、宋代州的两种等级划分 ……………………………………… 89
　　二、宋代的府 ……………………………………………………… 97
　　三、宋代州的郡号 ………………………………………………… 98
　　四、宋代的军和监 ………………………………………………… 101
　第二节　宋代县级政区的等级与种类 ……………………………… 104
　　一、宋代县的等级划分与变化 …………………………………… 104
　　二、宋代特殊的县级政区 ………………………………………… 108

第二编　宋代省地各断代年限的地方行政区划

第一章　宋初(960—979)的州县 ……………………………………… 115
　第一节　建隆元年(960)的州县 …………………………………… 115
　第二节　乾德元年(963)取荆南所得的州县 ……………………… 122
　第三节　乾德元年(963)平湖南所得的州县 ……………………… 123
　第四节　乾德三年(965)平蜀所得的州县 ………………………… 124

第五节　开宝二年(969)丰州来归 ………………………… 126
　　第六节　开宝四年(971)平广南所得的州县 …………… 127
　　第七节　开宝八年(975)平江南所得的州县 …………… 130
　　第八节　太平兴国三年(978)漳泉献地所得的州县 …… 131
　　第九节　太平兴国三年(978)吴越归地所得的州县 …… 131
　　第十节　太平兴国四年(979)平北汉所得的州县 ……… 132

第二章　太平兴国四年(979)的州县 ……………………………… 134
　　第一节　河南道 …………………………………………… 134
　　第二节　关西道 …………………………………………… 136
　　第三节　河东道 …………………………………………… 139
　　第四节　河北道 …………………………………………… 141
　　第五节　剑南西道 ………………………………………… 142
　　第六节　剑南东道 ………………………………………… 142
　　第七节　江南东道 ………………………………………… 144
　　第八节　江南西道 ………………………………………… 146
　　第九节　淮南道 …………………………………………… 148
　　第十节　山南西道 ………………………………………… 150
　　第十一节　山南东道 ……………………………………… 152
　　第十二节　陇右道 ………………………………………… 152
　　第十三节　岭南道 ………………………………………… 153

第三章　咸平二年(999)的州县 …………………………………… 156
　　第一节　东京开封府 ……………………………………… 157
　　第二节　京东路 …………………………………………… 157
　　第三节　京西路 …………………………………………… 160
　　第四节　河北路 …………………………………………… 161
　　第五节　河东路 …………………………………………… 163
　　第六节　陕西路 …………………………………………… 164
　　第七节　两浙路 …………………………………………… 166
　　第八节　淮南路 …………………………………………… 168
　　第九节　江南路 …………………………………………… 170
　　第十节　荆湖北路 ………………………………………… 170

第十一节	荆湖南路	173
第十二节	福建路	173
第十三节	西川路	174
第十四节	峡路	176
第十五节	广南东路	177
第十六节	广南西路	179

第四章 天禧四年(1020)的州县 ... 181

第一节	东京开封府	181
第二节	京东路	183
第三节	京西路	183
第四节	河北路	184
第五节	河东路	185
第六节	陕西路	186
第七节	两浙路	189
第八节	淮南路	189
第九节	江南东路	190
第十节	江南西路	190
第十一节	荆湖北路	192
第十二节	荆湖南路	192
第十三节	福建路	193
第十四节	益州路	193
第十五节	利州路	195
第十六节	梓州路	196
第十七节	夔州路	197
第十八节	广南东路	197
第十九节	广南西路	198

第五章 元丰八年(1085)的州县 ... 200

第一节	东京开封府	201
第二节	京东路	202
	京东东路	202
	京东西路	202

第三节　京西路 …… 202
 　　京西南路 …… 202
 　　京西北路 …… 204
 第四节　河北路 …… 204
 　　河北东路 …… 204
 　　河北西路 …… 206
 第五节　河东路 …… 207
 第六节　陕西路 …… 207
 　　永兴军路 …… 207
 　　秦凤路 …… 209
 第七节　两浙路 …… 210
 第八节　淮南路 …… 212
 　　淮南东路 …… 212
 　　淮南西路 …… 212
 第九节　江南东路 …… 212
 第十节　江南西路 …… 214
 第十一节　荆湖北路 …… 214
 第十二节　荆湖南路 …… 216
 第十三节　福建路 …… 216
 第十四节　成都府路 …… 217
 第十五节　利州路 …… 217
 第十六节　梓州路 …… 218
 第十七节　夔州路 …… 218
 第十八节　广南东路 …… 219
 第十九节　广南西路 …… 219

第六章　宣和五年(1123)的州县 …… 222

 第一节　京畿路 …… 223
 第二节　京东路 …… 223
 　　京东东路 …… 223
 　　京东西路 …… 225
 第三节　京西路 …… 225
 　　京西南路 …… 225

京西北路 ··· 225

第四节　河北路 ··· 226

河北东路 ··· 226

河北西路 ··· 227

第五节　河东路 ··· 227

第六节　陕西路 ··· 228

永兴军路 ··· 228

秦凤路 ··· 230

第七节　两浙路 ··· 232

第八节　淮南路 ··· 232

淮南东路 ··· 232

淮南西路 ··· 233

第九节　江南东路 ··· 233

第十节　江南西路 ··· 234

第十一节　荆湖北路 ··· 234

第十二节　荆湖南路 ··· 235

第十三节　福建路 ··· 235

第十四节　成都府路 ··· 236

第十五节　利州路 ··· 236

第十六节　潼川府路 ··· 239

第十七节　夔州路 ··· 239

第十八节　广南东路 ··· 240

第十九节　广南西路 ··· 240

第二十节　燕山府路 ··· 241

第二十一节　云中府路 ·· 243

第七章　绍兴十二年(1142)的州县 ··· 244

第一节　两浙路 ··· 244

两浙西路 ··· 244

两浙东路 ··· 244

第二节　淮南东路 ··· 246

第三节　淮南西路 ··· 246

第四节　江南东路 ··· 248

第五节　江南西路 ……………………………………………… 248
  第六节　荆湖北路 ……………………………………………… 250
  第七节　荆湖南路 ……………………………………………… 250
  第八节　京西南路 ……………………………………………… 252
  第九节　福建路 ………………………………………………… 252
  第十节　成都府路 ……………………………………………… 254
  第十一节　利州路 ……………………………………………… 254
  第十二节　潼川府路 …………………………………………… 256
  第十三节　夔州路 ……………………………………………… 257
  第十四节　广南东路 …………………………………………… 257
  第十五节　广南西路 …………………………………………… 259

第八章　嘉定元年(1208)的州县 ………………………………… 260

  第一节　两浙路 ………………………………………………… 260
    两浙西路 …………………………………………………… 260
    两浙东路 …………………………………………………… 260
  第二节　淮南东路 ……………………………………………… 261
  第三节　淮南西路 ……………………………………………… 261
  第四节　江南东路 ……………………………………………… 261
  第五节　江南西路 ……………………………………………… 262
  第六节　荆湖北路 ……………………………………………… 262
  第七节　荆湖南路 ……………………………………………… 263
  第八节　京西南路 ……………………………………………… 263
  第九节　福建路 ………………………………………………… 264
  第十节　成都府路 ……………………………………………… 264
  第十一节　利州路 ……………………………………………… 266
    利州东路 …………………………………………………… 266
    利州西路 …………………………………………………… 266
  第十二节　潼川府路 …………………………………………… 267
  第十三节　夔州路 ……………………………………………… 267
  第十四节　广南东路 …………………………………………… 268
  第十五节　广南西路 …………………………………………… 268

第九章　端平元年(1234)的州县 ... 270

第一节　两浙路 ... 270
两浙西路 ... 270
两浙东路 ... 270
第二节　淮南东路 ... 271
第三节　淮南西路 ... 271
第四节　江南东路 ... 273
第五节　江南西路 ... 273
第六节　荆湖北路 ... 274
第七节　荆湖南路 ... 274
第八节　京西南路 ... 275
第九节　福建路 ... 275
第十节　成都府路 ... 275
第十一节　利州路 ... 277
利州东路 ... 277
利州西路 ... 278
第十二节　潼川府路 ... 278
第十三节　夔州路 ... 279
第十四节　广南东路 ... 279
第十五节　广南西路 ... 280

第十章　咸淳九年(1273)的州县 ... 281

第一节　两浙路 ... 281
两浙西路 ... 281
两浙东路 ... 282
第二节　淮南东路 ... 282
第三节　淮南西路 ... 282
第四节　江南东路 ... 283
第五节　江南西路 ... 283
第六节　荆湖北路 ... 284
第七节　荆湖南路 ... 285
第八节　京西南路 ... 285

第九节　福建路 286
第十节　成都府路 286
第十一节　利州路 287
　　利州东路 287
　　利州西路 287
第十二节　潼川府路 288
第十三节　夔州路 288
第十四节　广南东路 289
第十五节　广南西路 289

第三编　北宋省地州县的沿革

第一章　东京开封府州县沿革 293

第二章　京东路州县沿革 295
　第一节　京东东路 295
　第二节　京东西路 298

第三章　京西路州县沿革 306
　第一节　京西南路 306
　第二节　京西北路 310

第四章　河北路州县沿革 319
　第一节　河北东路 319
　第二节　河北西路 329

第五章　河东路州县沿革 338

第六章　陕西路州县沿革 350
　第一节　永兴军等路 350
　第二节　秦凤等路 362

第七章　两浙路州县沿革 376

第八章　淮南路州县沿革 ·· 383
　　第一节　淮南东路 ·· 383
　　第二节　淮南西路 ·· 389

第九章　江南东路州县沿革 ·· 393

第十章　江南西路州县沿革 ·· 399

第十一章　荆湖北路州县沿革 ·· 404

第十二章　荆湖南路州县沿革 ·· 413

第十三章　福建路州县沿革 ·· 418

第十四章　益州成都府路州县沿革 ·· 424

第十五章　梓州潼川府路州县沿革 ·· 433

第十六章　利州路州县沿革 ·· 441

第十七章　夔州路州县沿革 ·· 447

第十八章　广南东路州县沿革 ·· 454

第十九章　广南西路州县沿革 ·· 462

第二十章　燕山府路州县沿革 ·· 479

第二十一章　云中府路州县沿革 ·· 481

第二十二章　北宋省废州军 ·· 482
　　第一节　京东路 ·· 482
　　第二节　河北路 ·· 482
　　第三节　河东路 ·· 485
　　第四节　陕西路 ·· 487
　　第五节　两浙路 ·· 490

第六节 淮南路	491
第七节 成都府路	492
第八节 梓州潼川府路	492
第九节 利州路	493
第十节 夔州路	494
第十一节 广南东路	495
第十二节 广南西路	496
第十三节 西夏国所属州郡	504

第四编　南宋省地州县的沿革

第一章 两浙路州县沿革	509
第二章 淮南东路州县沿革	514
第三章 淮南西路州县沿革	522
第四章 江南东路州县沿革	528
第五章 江南西路州县沿革	531
第六章 荆湖北路州县沿革	535
第七章 荆湖南路州县沿革	541
第八章 京西南路州县沿革	545
第九章 福建路州县沿革	549
第十章 成都府路州县沿革	552
第十一章 潼川府路州县沿革	557
第十二章 利州路州县沿革	562
第十三章 夔州路州县沿革	569

第十四章　广南东路州县沿革	574
第十五章　广南西路州县沿革	578
第十六章　南宋省废州军	585
第一节　淮南东路	585
第二节　荆湖南路	586
第三节　夔州路	586
第四节　广南西路	587

第五编　宋朝西部的地方羁縻体制

第一章　宋朝西部的羁縻制度	591
第一节　西南地区的羁縻州县制	591
一、宋朝在西南地区的军政设施	591
二、宋朝西南羁縻地区的政治制度	593
三、宋朝西南羁縻地区的法制	595
四、宋朝西南羁縻地区的贡赐、土地、赋役制度	597
五、宋朝西南羁縻地区的乡兵制度	601
六、宋朝西南羁縻地区的文化、宗教政策	605
第二节　西北地区的羁縻部族制	605
一、北宋各时期对西北蕃部地区的基本方针	606
二、北宋时期西北蕃部地区的蕃官蕃兵体制	608
三、北宋时期西北蕃部地区的法制	611
四、北宋时期西北蕃部地区的土地、赋役等政策	611
五、北宋时期西北蕃部地区的民族融合	613
第二章　宋朝西南地区的羁縻州县	615
第一节　荆湖路的羁縻州	615
梅山	615
南、北江	616
第二节　广南西路的羁縻政区	632

宜州 ··· 632
　　　融州 ··· 637
　　　邕州 ··· 638
　　　海南黎洞 ··· 651
　第三节　益州成都府路的羁縻政区 ··································· 653
　　　黎州 ··· 653
　　　雅州 ··· 655
　　　茂、威州 ··· 656
　第四节　梓州潼川府路的羁縻州 ······································ 659
　　　泸州 ··· 659
　　　戎（叙）州 ·· 664
　第五节　夔州路的羁縻州 ·· 668
　　　黔内州 ··· 670
　　　黔州羁縻州 ··· 672

第三章　宋朝西北特殊建制的地方民族政权 ························ 677
　第一节　西凉府蕃汉联合政权 ·· 677
　第二节　河湟唃厮啰政权 ·· 679
　第三节　甘州回鹘政权 ··· 681
　第四节　麟、府、丰三州 ·· 683
　第五节　唐龙镇 ·· 685

第六编　西夏的疆域与地方行政体制

第一章　西夏的疆域 ·· 689
　第一节　西夏天授礼法延祚元年(1038)的疆域 ················· 689
　第二节　西夏崇宗贞观八年(1108)的疆域 ······················· 697
　第三节　西夏人庆三年(1146)的疆域 ····························· 700

第二章　西夏的地方行政体制 ·· 707
　第一节　西夏地方行政体制的性质——部落制 ················· 707
　第二节　军政合一的经略司路 ·· 708

第三节　负责赋税征管的转运司路·····················712

第三章　西夏的监军司·····································715

附　录···723

一、宋朝疆域图··724
　　1. 太平兴国四年(979)北宋疆域图··············724
　　2. 咸平二年(999)北宋疆域图····················725
　　3. 天禧四年(1020)北宋疆域图····················726
　　4. 元丰八年(1085)北宋疆域图····················727
　　5. 宣和五年(1123)北宋疆域图····················728
　　6. 绍兴十二年(1142)南宋疆域图·················729
　　7. 嘉定元年(1208)、端平元年(1234)南宋疆域图······730
二、宋朝省地政区沿革表·······························731
　　1. 建隆元年(960)至太平兴国四年(979)州郡沿革表·······731
　　2. 太平兴国五年(980)至天禧三年(1019)州郡沿革表······742
　　3. 天禧四年(1020)至熙宁四年(1071)州郡沿革表·········749
　　4. 熙宁五年(1072)至熙宁十年(1077)州郡沿革表·········754
　　5. 元丰元年(1078)至崇宁二年(1103)州郡沿革表·········758
　　6. 崇宁三年(1104)至宣和七年(1125)州郡沿革表·········762
　　7. 建炎元年(1127)至绍兴十二年(1142)州郡沿革表·······771
　　8. 绍兴十三年(1143)至端平元年(1234)州郡沿革表·······774
　　9. 端平二年(1235)至咸淳九年(1273)州郡沿革表·········780
三、宋朝各路治所一览表································787

主要参考文献···794

绪　言　宋代的疆域

10世纪60年代至12世纪20年代,为北宋、辽之间南北对峙时期。建隆元年(960),赵匡胤发动兵变,篡夺后周政权,建立宋朝。此后,迄于太平兴国四年(979),凡二十年,次第剪灭荆南、湖南、后蜀、南汉、南唐、漳泉、吴越、北汉等割据势力,其间,又有王甲、冯继业、李继捧以丰、灵、银、夏、绥、宥、静诸州相继归朝①。从而结束五代十国割据,形成与辽的南北对峙局面。宋朝北部与辽接壤,西、西南是吐蕃诸部、大理和越之李朝,东南际海。

安史之乱至元朝的统一,是我国历史上又一次由分裂走向统一的时期,同时也是一个民族大融合的时期。宋的建立,则标志着自唐末方镇兼并战争以来,我国历史已进入局部统一的阶段。宋朝的疆域大体可分为东、西两部分,东部是宋朝以转运司路、州县的形式实施直接管辖的省地,西部则是以少数民族为主体实施间接统治的羁縻地区。自安史之乱以来,西北已逐渐成为一个多民族杂居的地区。这里除汉民族外,尚居住着吐蕃、党项、回鹘、氐等少数民族。在灵武、夏绥、麟府等地,宋朝多数委任当地少数民族的酋长,通过方镇体制,实施羁縻统治。在陕西的秦凤、泾原、环庆、鄜延和河东的石隰等路,换言之,在秦州及陇山以东地区,宋朝则采用羁縻部族制的方式,将其纳入省地州郡行政体制之下。而在灵武、夏绥与秦州、陇山以西之间的地区,则无统一的政权组织,这些地区"族种分散,大者数千家,小者百十家"②,各有首领,呈分散状态。11世纪初,李继迁已实际拥有夏、绥、银、宥、静、灵、盐、会、凉等州,割据之势已经形成。与此同时,河湟地区也出现了一个以吐蕃族为主体的地方政权——唃厮啰政权,其辖区"占河湟二千余里,河间有鄯、廓、洮、渭、岷、叠、宕等州"③。在西夏、唃厮啰政权出现后,西北沿边地区成为宋朝与西夏、唃厮啰政权之间的缓冲地带,同时也是各方进行争夺的地带。西南少数民族

---

① 按:乾德二年(964),凉州吐蕃族政权请帅,宋任命供备库使魏彦饶为河西节度使,但其事迹无考。至道二年(996),凉州复请帅,宋朝遂命往凉州市马的殿直丁惟清就任知州,并赐以牌印。咸平六年(1003),凉州为李继迁攻占。
② 《宋史》卷492《吐蕃传》。
③ (宋)李远:《青唐录》,《说郛》卷35。

地区,则大致位于黎、戎、泸、黔、施以南,辰、邵、宜、融、邕以西,在这里,宋朝实施羁縻州县制度。

一、北宋初年的疆界

宋初的疆域,河北大抵以镇、易、雄、霸、沧州为边州①。太平兴国四年后,又析沧州地置乾宁军,析霸州地置破虏军,析易州遂城县地置静戎、威虏军,又升保塞军为保州,宋遂以上述诸州军为边面。端拱二年(989),宋失易州及其易县、满城、涞水三县地②,遂以镇、定、保、雄、霸州及上述四军为边面。

保州以东为河北边境的东段,宋、辽间以拒马河为界河,"自陶河至泥姑海口,屈曲九百里许,天设险固"③。西段镇州大茂山则是宋辽间的"分界处"。界河以西至定州为中段,狼山、北平寨、长城口、鱼台口铺、捉马口铺、花塔子铺等为边地④。

河东路代州,其东部"五台当契丹界上",又有瓶形寨,位于繁峙县东百四十里。它与枚回寨间的道路,是代州通往辽蔚州灵丘、飞狐的必经之路,瓶形寨即今平型关⑤。位于繁峙县北一百里的茹越山,有谷可通往辽之应州,宋尝置茹越寨⑥。又有大石寨,也是宋之边寨,是契丹自山谷进入代州的必经之处⑦。代州西北有雁门山、勾注山,宋置雁门、西径寨,是"宋辽古今所由出入之路"⑧。代州西部的要塞是崞县西北的土墱寨,张齐贤尝于此大败辽军⑨。代州西南

---

① 《续资治通鉴长编》(以下简称《长编》)卷18 太平兴国二年三月。
② 按:此据《文献通考》卷316 易州条,宋失易州,系于雍熙四年(987)。《辽史》卷40《地理志四》易州条言,"统和七年(端拱二年),攻克之"。《辽史》卷12《圣宗纪三》言,(统和)七年正月"甲辰,大军齐进,破易州,降刺史刘墀"。又,《宋史》卷326《田敏传》言,"端拱初,以所部兵屯定州。契丹攻唐河北,大将李继隆遣将逆战,为敌所乘,奄至水南。敏以百骑奋击,敌惧,退水北,遂引去。又出狼山,袭契丹,至满城,斩首级甚众。既而敌陷易州,敏失其家所在"。则《文献通考》所言似不确,易州失陷当是端拱二年事。又,据《文献通考》,太平兴国时又析易州满城南境地益保州清苑县,故保州当以满城南境为边界。
③ 《长编》卷44 咸平二年五月乙巳、卷50 咸平四年十一月辛巳。又,《契丹国志》卷22《四至邻国地里远近》,对宋辽这段边界自东至西的描述是:"又次南近西,定州北平山为界","又次南至遂城北,鲍河为界","又南至安肃军,白涧河为界","又南至雄州北,拒马河为界","又南至霸州城北界河","又南近东,至沧州北海","又南至海"。
④ 《读史方舆纪要》卷14《真定府·阜平县》,《长编》卷49 咸平四年十月甲寅、卷59 景德二年三月甲寅、卷63 景德三年八月甲戌,《武经总要·前集》卷16上《河北路》。
⑤ 《长编》卷4 乾德元年闰十二月丙子,《读史方舆纪要》卷40《太原府·繁峙县》。
⑥ 《元丰九域志》卷4,《读史方舆纪要》卷40《太原府·繁峙县》。
⑦ 《长编》卷62 景德三年二月戊寅,《读史方舆纪要》卷44《大同府·应州·大石口》。
⑧ 《读史方舆纪要》卷40《太原府·代州》,《长编》卷166 皇祐元年三月庚子。
⑨ 《读史方舆纪要》卷40《太原府·代州》,《长编》卷27 雍熙三年十二月己未。

以黄嵬山(六蕃山)北麓为界。宁化军界以萨尔台为界,以南为汉界①。岢岚军以草城川为界,宋在此"筑长城,控扼贼路"。景德元年(1004),辽尝入寇,被宋军由此驱逐出境②。火山军,宋初曾置偏头寨,仁宗末废。偏头寨位于明代的河曲县北百十里处,当是宋之边防处③。火山军北的唐龙镇,属党项羌来氏。太平兴国四年(979)灭北汉前,宋将袁继忠尝率部巡边于此,后隶属麟府路军马司管辖。元昊建国后,唐龙镇为西夏所有④。丰州建于府州西北二百里处,首领为藏才族王氏,开宝二年(969),自契丹来归。丰州下辖永安、来远、保宁三寨,任责子河汊一带边防。藏才三十八族,居住在黑山前后,王氏"每岁自丰州赍锦袍、腰带、彩茶等往彼招诱,间将羊马入贡京师,其部族或有过则移报丰州,以蕃法处之",故其势力范围应至黑山一带⑤。麟府路以西的河南地,是夏绥、灵武两镇的辖境,两镇服属宋朝时,宋大体与辽划河为界。李继迁割据后,宋失浊轮、军马二寨,麟府路辖境有所缩小⑥。而河东路西部的石州为边郡,大体以山陕黄河为界⑦。

太平兴国(976—983)中,李继迁叛宋。至咸平元年(998),李继迁实际已拥有夏、银、宥、静、盐、会等州之地。此后,李继迁又相继攻占宋清远军、威远军、灵州、凉州等地。六年,和议成,宋割灵武、夏绥两镇予西夏⑧,宋西北疆域较前萎缩。

李继迁割据后,宋朝大体以延、庆、环、原为边郡。但咸平四年以前,绥州仍在宋方的实际控制之下。绥州位于银州之南。淳化五年(994),宋将李继隆"请于银、夏两州南界山中增置保戍,以扼其冲,且为内属蕃部之蔽,断贼粮运"。咸平(998—1003)时,宋军屯兵绥州。咸平四年,宋边臣又提出"城绥州,大屯兵积谷"的请求。经过半年时间的争论和实地考察,宋才放弃修筑绥州城⑨。六年,绥州划归西夏方,但州的南境仍属宋方。大中祥符五年(1012),赵德明提出"请割绥州土田、人口隶当道"的请求,但由于这个请求不

---

① 《长编》卷174皇祐五年正月壬戌、卷371元祐元年三月戊辰。
② 《长编》卷57景德元年闰九月己卯,《武经总要·前集》卷17《河东路·岢岚军》。
③ 《元丰九域志》卷4,《读史方舆纪要》卷40《太原府·河曲县·偏头关》。
④ 《宋史》卷259《袁继忠传》,《长编》卷101天圣元年十二月辛酉、卷134庆历元年十一月辛酉。
⑤ 《长编》卷10开宝二年十月戊辰、卷124宝元二年八月戊辰,《宋史》卷253《王承美传》。
⑥ 《契丹国志》卷22《四至邻国地里远近》,《长编》卷185嘉祐二年二月壬戌。
⑦ 按:据《读史方舆纪要》卷57《延安府·葭州·吴堡县》所载,吴堡寨位于山陕黄河西岸。又,《长编》卷17载,开宝九年十月壬戌,夏绥镇李光叡攻克北汉吴保寨。然《宋史》卷86《地理志二》石州条言,吴堡寨,元丰五年(1082)置,当是宝元后为西夏所夺,或灭北汉后,划归夏绥。
⑧ 《宋史》卷485《夏国传上》。
⑨ 《长编》卷35淳化五年四月甲申、卷50咸平四年十二月丁未、卷51咸平五年正月丙午、四月辛未。

合"元进誓书",而遭到宋方的拒绝①。

宋朝在征服李继迁的过程中,曾一度占领定难军的腹心地区。因此,其边垒曾深入至夏州之境。如西夏的龙州,至道(995—997)以前,即是宋方的延州的石堡寨,时洪门(即西夏的洪州)也属宋管辖。当时,乌延蕃部服属宋朝。至道后,宋始弃守诸处②。因此,咸平六年(1003)以前,宋与定难军在陕西路东端的分界线应在唐绥州北界、延州塞门寨、安远寨、芦关、长城岭一线。以后,应以延州白草寨、保安军及上述诸关寨为界③。在延州以西,保安军、庆州,大体以金汤、白豹、淮安镇为边面④。咸平四年,清远军失守后,宋同时放弃青冈寨,环州洪德寨则最近边。洪德"寨北即蕃界","寨东北边墩二十里接界"⑤。

原州,端拱元年(988),于州北四十里处置西壕寨。咸平元年,于州西二十里处置开边寨。乾兴元年(1022),以庆(渭)州柳泉、新城二镇来隶。二镇,一位于州西北七十里,一位于州西五十里。至道元年(995),以原州故平高县地置镇戎军。咸平二年,置东山寨。由此可见,咸平末,原州、镇戎军北部边境大抵在北纬36度线上。但是,此时镇戎军还辖"石门、摧沙堡"。如此石门是唐石门关或后来成为平夏城的石门城,那么,此时镇戎军的北境已越过北纬36度线,拓展至后来的怀德军境内了。宋、西夏对这一地区的控制,百余年内,几经消长⑥。

宋朝西部,以镇戎军、渭州、秦州、阶州、成州为边郡。秦凤路的秦州位于陇山以西,为宋极边之地,宋初领长道、大潭等六县。秦州大约以渭水为界,水北属诸戎,水南属宋⑦。秦州以东地区,宋于开宝九年(976)建床穰寨。太平兴国三年(978),建弓门寨。四年,建冶坊堡、静戎寨。四堡寨位于陇州至秦州之间,目的在于屏蔽秦、陇,确保关中至秦州交通线的安全⑧。在秦州以西地区,则沿渭水流域,修筑堡寨,稳步西进。建隆二年(961),建定西、永宁寨。三年,建伏羌寨。开宝元年,建三阳寨⑨。其中,永宁为秦州最西之边寨。在泾原路镇戎军,原有要塞唐六盘关。咸平元年,又建开远堡。六年,又建彭阳城。

---

① 《长编》卷73大中祥符三年正月己巳、卷77大中祥符五年四月壬戌。
② 《武经总要·前集》卷18上《延州》,《宋史》卷87《地理志三·延安府》,《长编》卷35淳化五年正月癸酉。
③ 《长编》卷132庆历元年六月己亥,《宋史》卷290《郭逵传》,《武经总要·前集》卷18上《延州》。
④ 《长编》卷51咸平五年正月丁酉朔、卷52咸平五年五月戊申、卷60景德二年五月丙辰。
⑤ 《长编》卷49咸平四年九月乙亥,《武经总要·前集》卷18上《环州》。
⑥ 《元丰九域志》卷3,《长编》卷55咸平六年十月癸未。
⑦ 《长编》卷3建隆三年六月辛卯。
⑧ 《元丰九域志》卷3《秦州》,《长编》卷149庆历四年五月壬戌朔。
⑨ 《元丰九域志》卷3《秦州》。

景德二年(1005),"自陇山而东,缘古长城凿堑以为限"①。因此,宋朝前期西部的实际控制线,除秦州外,当在陇山以东。

其南,唐世所置松、扶、翼、当、悉、恭、柘、真、保、静诸州皆已沦没②。宋以文州、龙州、威州、茂州为边州。西南,宋以大渡河为界河,黎、雅二州为边城接吐蕃诸部③。大渡河以南,则是隶属于宋朝的辽阔的西南羁縻地区。

二、北宋咸平以后的疆界

咸平以后,宋河北地区边界未有大的变动。仅庆历(1041—1048)中,辽乘宋、西夏战争之机,占据了定州银城坊④。

河东地区,熙宁七年(1074),辽为了牵制宋对西北的经略,提出代北地界问题,要求蔚、朔、武、应诸州"以分水岭为界"。即蔚州地分原以秦王台为界,辽称当以分水岭为界,所争东西约七里以上;朔州地分原定以黄嵬山北麓为界,辽称当以黄嵬山分水岭为界,所争南北约三十里;武州地分原以烽火铺为界,辽称当以瓦窑坞分水岭为界,所争地南北十里以上;应州地分原以长连城为界,辽称当以雪山照望黄嵬山、牛头山一带分水岭为界,所争地南北约十七八里。熙宁八年议成,逐处遂以分水岭为界,宋由此丧失代北之地七百里⑤。

河东麟府、石隰两路,咸平以后,边界变动较大。宋仁宗时,宋、西夏战争爆发。庆历元年(1041),丰州被西夏攻克。嘉祐七年(1062),宋重建丰州,州治东迁至府州萝泊掌地,故丰州西界应在横阳河外四十里处。庆历六年,议以横阳河为界⑥。初,麟、府二州,西南接银州,西北接夏州,皆属宋朝。李继迁未叛时,麟州之境,西距屈野河皆百余里,西南距屈野河皆七十余里。咸平五年(1002),西夏攻陷浊轮、军马等寨。大中祥符二年(1009),始于麟州置横阳、神堂、银城三寨,皆在屈野河东;并与西夏分定疆境,麟州州城西至大横水六十里,西南至浪爽平五十里,横阳等三寨之西界,也大约在三十里至六十里之间。但数十年间,西夏奉行蚕食政策,向东侵耕河西之地,州西距屈野河仅二十余里,自银城以南至神木堡,或十里,或五七里,以外皆为西夏所侵耕。府州西夏

---

① 《元丰九域志》卷3《镇戎军》,《长编》卷55咸平六年十月癸未、卷60。
② 《元丰九域志》卷10。
③ 《宋史》卷4《太宗纪一》、卷353《宇文昌龄传》。
④ 按:此据《长编》卷237熙宁五年八月丁丑朔。银城坊,《宋史》卷331《沈括传》作"银坊城",是产银之地。又,《武经总要·前集》卷16上《定州路》言,"北平军,北至易州狼山寨九十里",则仁宗时狼山已入辽境。
⑤ 《长编》卷258熙宁七年十一月丙申、卷261熙宁八年三月辛酉晦注,《宋史》卷315《韩缜传》。
⑥ 《长编》卷195嘉祐六年十二月丙戌、卷159庆历六年十月丁未朔。

侵耕情况，大约如麟州。仁宗末年时，麟、府二州西边，议定以屈野河、横阳河、大横水为界①。

神、哲之世，收复汉、唐故疆。为了占据西夏横山膏腴之地，并实现河东、鄜延两路声问相通、兵势相接的战略目的，宋朝在麟府、石隰两路实施进筑战术。开垦麟、府、丰三州两不耕地，并在麟、石二州之间，黄河西岸，收复了葭芦、吴堡二寨，又相继进筑了大和、神泉、通秦、弥川、靖川等堡寨，由此建立晋宁军。府州尚向北在皇甫川进筑宁川堡。徽宗末年，更进筑了宁疆堡、震威城②。

元昊继承王位后，立即发动了战争，相继攻占了鄜延、环庆两路的沿边堡寨。景祐初（1034），宋失金汤、白豹二寨③。康定初（1040），又失塞门、安远等寨④。加上金汤、白豹以南的后桥（即宋大顺城）、礓诈寨（即宋安疆寨），西夏由此楔入鄜延、环庆两路，向南深入百余里。战后，宋朝藩篱残破，边塞空虚。史言，"延州自残荡以来，西自保安军，东自白草寨四百余里，北自边界，南至金明县，百余里无居人，惟东路近里有延川等数千户，西路有蕃官胡继谔界族帐不多"⑤。这一阶段，宋在鄜延、环庆两路沿边全线向南收缩。延州退至白草寨、青涧城、永平寨、安定堡、安塞堡一线⑥。庆州退至大顺城、柔远寨一线⑦。并且，两路的联络在金汤、白豹被切断，战略态势对宋极为不利⑧。

鄜延、环庆两路，与西夏东南沿边战略要地横山接壤。熙宁二年（1069），宋军收复了位于横山地区的绥州，设置绥德城。元丰（1078—1085）时，宋五路大军深入西夏腹地，志在灭夏。战争最终以失败而告终，但鄜延路攻占了西夏的米脂、义合、细浮屠、塞门诸寨，环庆路攻占了安疆寨。这样，就与河东路新得的葭芦、吴堡二寨连成一片。这不仅打通了鄜延、河东两路，而且横山膏腴之地也尽为宋疆⑨。元祐四年（1089），以土地换战俘，宋将葭芦、米脂、浮屠、

---

① 《长编》卷185嘉祐二年二月壬戌、卷186嘉祐二年八月壬申、卷193嘉祐六年六月庚辰。
② 《长编》卷344元丰七年三月庚申注、卷447元符元年四月乙未，《宋史》卷86《地理志二·河东路》。
③ 按：金汤、白豹二寨，景德二年尚属宋方，时为镇。但宝元二年（1039）白豹寨已属夏，至迟庆历元年金汤寨也已属夏。可能二寨景祐初为夏攻占。事见《长编》卷60景德二年五月丙辰、卷123宝元二年二月癸酉、卷132庆历元年六月己亥，《宋史》卷485《夏国传上》。又，后桥、礓诈二寨，见《长编》卷134庆历元年十一月、卷136庆历二年五月庚申，《宋史》卷87《地理志三·庆州》条记载。
④ 《长编》卷127康定元年五月甲子、乙亥。
⑤⑧ 《长编》卷132庆历元年六月己亥。
⑥ 《长编》卷51咸平五年四月癸丑、卷130庆历元年正月戊午、卷157庆历五年十月甲子、卷159庆历六年九月壬寅。
⑦ 《长编》卷136庆历二年五月庚申、卷123宝元二年二月癸酉。
⑨ 《长编》卷322元丰五年正月戊子、卷344元丰七年三月庚申注，《宋史》卷86《地理志二》、卷87《地理志三》。

安疆四寨复予西夏①。哲宗亲政以后,绍述先烈,志在征服西夏,大力推行进筑战术,至徽宗末年,鄜延路,自东向西,已将边面向北推进至清边寨、龙泉寨、中山堡、镇边寨、威戎城、芦移堡、御谋城、塞门寨、万全城、通庆城、威德军一线;环庆路已将边面向北推进至怀威堡、镇安城、宁羌寨、九阳堡、观化堡、通化堡、神堂堡、鸡觜堡、木瓜堡、归德堡、清平关、安边城一线②,完全包占了横山地区。西夏由此一蹶不振。

咸平以后,宋朝经略的重点是秦凤路。在陇山以西,秦州以北,屡屡出现羌、戎向宋献地的现象。如大中祥符(1008—1016)时,陇山外熟户蕃部献笼竿川,秦州熟户廓厮敦献南市城地。天禧元年(1017),秦州末星族献大、小洛门两寨地。庆历三年(1043),德顺军生户大王家族献水洛城。皇祐(1049—1054)时,蕃部讷支蔺毡献古渭州。治平末(1067),秦州青鸡川蕃官药厮哥献地。熙宁初(1068),秦州心波等族献甘谷地③。在此基础上,宋朝向秦州、渭州、镇戎军以西、以北方向实行稳步进筑,建立了大大小小许多堡寨,并由此设置了德顺军。在众多的堡寨中,最重要的莫过于古渭寨。熙宁(1068—1077)时,宋以此为桥头堡,挺进河湟④,一举收复熙、河、洮、岷、叠、宕诸州⑤。哲、徽之世,继续向西北推进,建立了乐州、西宁州、廓州、积石军、震武军。在北面,则继续挤压西夏,由此建立了会州、西宁州、怀德军。泾原路的北界,怀德军、西安州,自东向西,以临川堡、绥戎堡、啰没宁堡、定戎堡为边面。会州则以柔狼山、黄河为分界线。熙河路北界以黄河、盹六岭、古龙骨城为分界线⑥。

熙丰(1068—1085)时,宋与交趾的边界发生较大的变动。与交趾接界的广源州,自唐以来为邕管羁縻州,但自宋初以来,实际为交趾所控制。熙宁八年(1075),交趾入侵钦、廉等州。九年,宋军发动反击,收复广源州,并攻克机榔县、门州。富良江大捷后,交趾请和,割苏茂州、思琅州、门州、谅州、广源五州之地。十年二月,以广源州为顺州。元丰二年(1079)十月,宋以荒远之地得之无益、戍军罹瘴雾多病没,允和,仍废顺州,以其地及所得门州、谅州、苏茂

---

① 《宋史》卷397《外国传二》。
② 《宋史》卷87《地理志三》。
③ 《长编》卷76大中祥符四年九月丁丑、卷86大中祥符九年三月丙午、卷144庆历三年十月甲子、卷90天禧元年十月辛卯、卷175皇祐五年闰七月己丑,《宋会要辑稿·蕃夷》6之6(《宋会要辑稿》以下简称《宋会要》)、《宋会要·方域》8之23。
④ 《元丰九域志》卷3《秦州》、《德顺军》、《通远军》。
⑤ 《长编》卷247熙宁六年十月庚辰、《元丰九域志》卷3《陕西路》。又,洮州得而复失者四,经熙宁、元祐、元符,至大观终得之。见《长编》卷404元祐二年八月戊戌、卷512元符二年七月戊申,《宋史》卷87《地理志三·洮州》。
⑥ 《宋史》卷87《地理志三·陕西路》。

州、思琅州、桄榔县,并予交趾①。元丰六年,划定疆界,"以庚俭、邱矩、叫岳、通旷、庚岩、顿利、多仁、勾难八隘为界"。以北,"上电、下雷、温、润、英、遥、勿阳、勿恶、计、诚、贡、渌、频、任峒、思景、苛纪县十八处"为省地。以南,"保、乐、练、苗、丁、放近六县,宿、桑二峒",划归交趾②。

三、南宋的疆域

12世纪20年代至13世纪30年代,是南宋与金对峙的时期。

绍兴十一年(1141),宋、金和议成,两国边界,大致东以淮水中流为界,西割商、秦之半,以秦岭、大散关为界,中段则割唐、邓二州与金。具体地说,邓州,自州之西四十里、西南四十里为界,此外,属宋光化军③;唐州桐柏县属宋方④。

绍兴十二年八月,宋金双方就陕西地界作了具体的划分。宋"弃和尚原、方山原,以大散关为界,于关内得兴赵原为控扼之所"。凤、成、阶、祐(即岷州、西和州)四州属宋方。商州上津、丰阳两县,秦州天水县及陇西县的东阿社、成纪县的太平社划归宋方⑤。

出于防御方面的考虑,绍兴十六年,宋放弃了金州丰阳县,以鹘岭关卓驮平为界。鹘岭在上津县,防遏商州来路,地极险要。宋同时放弃的还有洋州乾祐县,可能也是因战守之故⑥。

宋朝的岷州与金方的临洮府、洮州、巩州接壤。巩州的来远寨距宋界二十五里,永宁寨距宋界三十里。临洮府的南川堡,洮州的通祐堡、铁城堡也是与宋相邻的边寨。

隆兴(1163—1164)、嘉定(1208—1224)时,宋金两次签订和议,但双方地界仍维持绍兴时的状态不变⑦。

---

① 《长编》卷279熙宁九年十二月丙戌、癸丑、癸卯,卷280熙宁十年二月丙午,卷300元丰二年十月戊申;《宋会要·蕃夷》4之36—39;《宋史》卷488《外国传七·交趾》。
② 《长编》卷349元丰七年十月戊子。
③ 《宋史》卷85《地理志一·序》、《建炎以来系年要录》(以下简称《要录》)卷142绍兴十一年十一月戊午、《金史》卷24《地理志上·序》。
④ 按:唐州桐柏县,据《宋会要·方域》5之19、20载,绍兴五年,以在淮河之南、人户不及百废为镇,隶唐州附郭泌阳县,并分其地隶随州枣阳等县。三十二年收复唐州,又以桐柏户口增殖复。隆兴二年,和议成,唐州再属金国,桐柏县复废为镇,隶随州。然《金史》卷25《地理志中》唐州仍领有桐柏县,则宋金双方或以淮水为界,各置桐柏县。
⑤ 《宋史》卷89《地理志五·利州路》、《要录》卷146。
⑥ 《宋史》卷30《高宗纪七》、卷89《地理志五·利州路》、《方舆胜览》卷68《金州》。
⑦ 《宋史》卷33《孝宗纪一》。

13世纪30年代至70年代,是南宋与蒙古对峙时期。

绍定末(1233),宋蒙联合灭金,相约以陈、蔡为界。端平元年(1234),金亡,宋得两淮之寿、泗、宿、亳四州及涟水一军,加上消灭李全所得之海州,共五州、一军、二十县之地,两淮全境收复。京西又得唐、邓、息三州十一县,京东得邳州二县①。总而言之,端平元年,宋蒙对峙之初,南宋的疆域较前有所扩大。但此时的疆域极不稳定,在蒙军的猛烈进攻之下,端平三年,即失去唐、邓、息、邳等新复州县。此后,两淮、京湖、四川州县,或荒弃,或入蒙,国土已破碎不堪。

---

① 按:即寿州下蔡、蒙城二县,泗州淮平、临淮、虹县三县,宿州符离、蕲县、临涣、灵璧四县,亳州谯县、城父、鄪县、鹿邑、永城、卫真六县,涟水军涟水一县,海州朐山、怀仁、沭阳、东海四县,邳州下邳、兰陵二县,唐州泌阳、比阳、湖阳、桐柏四县,邓州穰县、南阳、内乡三县,息州新息、真阳、褒信、新蔡四县。

第一编 宋代省地的行政区划沿革和地方行政制度

第一章　宋代的路制

宋代地方推行三级行政建制，于州、县两级之上设路，以总领三百余州军。宋朝统治者鉴于唐代集一道之权于节度使一身所造成的严重后果，以分割事权为指导思想，在路级设置转运司、提点刑狱司、提举常平司与安抚司等四大常设机构，以"婚田、税赋属之转运，狱讼、经总属之提刑，常平、茶盐属之提举，兵将、盗贼属之安抚"①，在职能上，有基本较为明确的分工；并且自始至终严格地贯彻"制军、给食"不可通而为一的原则②，即兵财分治的原则。宋代始终坚持"朝廷之令必行于转运使，转运使之令必行于州，州之令必行于县，县之令必行于吏民"的原则③，坚持贯彻以转运司为主体的地方行政、监察体制，因而，作为地方最高一级行政建制的路，也由此分为转运司路及帅司路④两种类型。前者负责一路行政，后者负责一路军政。至于提点刑狱司与提举常平司，由于两司相继分割了转运司在司法、赋税等方面的事权，而且地位相埒，因而也有相应的行政区域。神宗元丰元年（1078）以前，同一地区，提点刑狱司路、提举常平司路与转运司路的辖区完全一致。以后，两司为了有效地履行自己的职能，将辖区过大、事务繁重的京东、京西、河北、陕西、淮南、两浙等路再细分为东、西两路或南、北两路。因而，在这些地区，提点刑狱司路、提举常平司路的辖区与转运司路是不一致的。

---

① 《庆元条法事类》卷4。
② 《要录》卷156绍兴十七年九月丙子。
③ 《长编》卷196嘉祐七年五月丁未朔。
④ 按：据《宋会要·职官》41之129的记载，宋代称作帅司的机构，除了安抚司外，尚有都总管钤辖司、麟府路军马司等。安抚司在基本职能上与后者极其近似，而且有不可分割的、深远的渊源关系，因而上述诸司亦在本书论述之列。

第一节　宋代路制的形成与发展

一、宋代路制起源于五代

1. 五代的方面都部署

转运司路与安抚司路是宋代的地方行政制度,但寻其起源,则均出自于五代时期。五代时期,除后梁外,后唐以后的四朝均与契丹接壤,为了有效地防御日愈强大的契丹的入侵,在藩镇势力日愈衰弱的情况下,中原各朝不得不在河北、河东沿边驻扎大量的禁军,以守卫冲要之地。《资治通鉴》卷276天成二年(927)四月条就有这样的记载,"时契丹数犯塞,朝廷多屯兵于幽、易间"。统帅这些边防部队的军职就是北面沿边都部署。如后唐明宗天成三年定州王都反,引契丹为援。兵败后,明宗为防契丹继续侵扰,任命潘环为"易州刺史、北面沿边都部署"①。当然,当时统帅部队的军职不止此,但后来的史实证明这一军职是最具有生命力的,前此统帅藩镇兵的节度使、统帅中央禁军的招讨使,这些在唐代担任统帅的军职都被它所取代。如后蜀建立后,明宗为防备孟知祥,长兴(930—933)中,任命"张虔钊为山南西道节度使兼西面马步军都部署"②。以后历朝承袭明宗之制不改,后晋天福五年(940),有侯益"徙镇秦州,充西面都部署"之事。后周显德(954—959)中,有王景徙"镇秦州,兼西面缘边都部署"之事③。此三人以节度使而出任方面统帅,所辖兵力当包括兴元府、秦州在内的与后蜀接壤州县境内的兵马。在这里,沿边都部署与节度使相比,更多地具有实职的意味。这一制度延续至宋,又有新的发展。宋初在西面、西南面与北面均设置了沿边都部署,以防御契丹吞并荆蜀。如上引王景,"建隆二年(961)春,来朝……复以为凤翔节度、西面缘边都部署";慕容延钊,"建隆二年,长春节来朝……表解军职,徙为山南东道节度、西南面兵马都部署";韩令坤,"建隆二年,改成德军节度,充北面缘边兵马都部署"④。鄙见以为,五代与宋初的沿边都部署作为方面军统帅,上约与唐、五代节度使相当,下则开启宋代一路都部署之制⑤。

---

① 《旧五代史》卷94《潘环传》。
② 《旧五代史》卷74《张虔钊传》。
③ 《宋史》卷254《侯益传》、卷252《王景传》。
④ 《宋史》卷251《慕容延钊传》、《韩令坤传》。
⑤ 本段参考拙著《宋代安抚使考》(齐鲁书社,1997年)前言。

2. 五代的方面转运使

五代战乱频仍，军兴之际，各朝为征讨设置了所谓的随军转运使，负责调发运送粮草，事平则罢。如后唐庄宗同光三年(925)九月，讨伐前蜀之役，任命凤翔节度使李继俨任供军转运应接等使①。后晋天福六年(941)，讨伐镇州安重荣之役，设置了镇州行营转运使。后汉乾祐元年(948)七月，讨伐凤翔王景崇之役，任命李榖为西南面行营转运使②。后周显德五年(958)十月，"世宗谋取蜀，以(高)防为西南面水陆转运制置使，屡发刍粮赴凤州，为征讨之备"③。类似之例，不胜枚举。

由于后唐以来中原王朝与契丹长期对峙和五代时期中央集权的强化，五代时期不仅出现了这种军兴则置、事平则罢的随军转运使，而且各地区先后出现了常设的地区性的转运使之职。例如，在河北，早在后唐建立之初，就出现了北面水陆转运使一职。时后唐与契丹关系紧张，庄宗以重臣枢密使郭崇韬兼河北重镇镇州节度使，以任圜为成德军节度"行军司马，充北面水陆转运使，仍知府事"④。其后，从唐至周，有马绍宏、刘审交、李嗣源、娄继英、乌震、范延光、刘处让、李榖、王赞等人相继担任此职。出于同样的原因，河东也驻有大量的禁军。《资治通鉴》卷279清泰二年(935)六月条言，"时契丹屡寇北边，禁军多在幽、并，敬瑭与赵德钧求益兵运粮，朝夕相继"，就反映了这一史实。这样西北面计度使也产生了。刘处让"应顺初(924)，授忻州刺史、检校太保，充西北面都计度使"⑤，以备北寇。计度使即转运使，两者职能是一样的，宋初往往合称水陆计度转运使。计度司设在太原，直至后晋天福二年才撤销⑥。时石敬瑭以割地、纳币的方式改善了与契丹的关系。后唐明宗朝，西面水陆转运使也已出现⑦。长兴三年(932)，明宗任命张延播为凤州防御使兼任此职，当是常设之职。二年初，明宗讨伐两川失败，战事已经结束。随后两川发生火并，三年五月，孟知祥统一两川。故明宗长兴三年张延播出任西面水陆转运使，当是为防御后蜀而采取的一项措施。前言张虔钊为山南西道节度使驻节兴元府，兼西面都部署，此职当是为张虔钊所部筹划、调集粮草、军备而设。作为位于兴元府北面不远的凤州正好充当西面军的后勤补给基地。本节上引高防

---

① 《旧五代史》卷33《唐庄宗纪七》。
② 《宋史》卷262《李榖传》。
③ 《宋史》卷270《高防传》。
④ 《旧五代史》卷67《任圜传》。
⑤ 《旧五代史》卷94《刘处让传》。
⑥ 《旧五代史》卷76《晋高祖纪二》。
⑦ 《旧五代史》卷97《张延播传》。

事,似可援以为例。后周显德五年三月,世宗平定淮南,得十四州、六十县。六月,以张正"充江北诸州水陆转运使"。此时,战事也已停止,此职亦当是常设之职。各地转运使为了确保沿边禁军军需的补给,不仅要整顿水陆交通、征发舟车人夫,而且还要经营物资的折博、控制存放在各州的系省钱物和州县所属财赋,并为此与中央财政部门三司保持联系。五代常用三司官员出任一方转运使,应是出于这样一种考虑。如后唐天成元年(926)十月,任圜判三司,知成都富饶,遣盐铁判官"赵季良为孟知祥官告国信使兼三川都制置转运使"①。后晋开运二年(945)八月,"以三司副使、给事中李榖为磁州刺史,充北面水陆转运使"②。后周显德二年(955)九月,"以三司副使王赞为内客省使兼北面诸州水陆转运使"③。这样,转运使势必要扩大其职权范围,以加强对傍近州县和监、院、场、务的指挥统督,干预地方事务,乃至对州县地方官员拥有弹劾权。《册府元龟》卷700《牧守部·贪黩》就记载了这样一件事:"张顺为楚州刺史,显德五年十二月己丑,赐死于都城外。顺发身戎伍,累迁虎捷厢主,历登、汝、楚三州防御使。在楚州日,尝隐落下榷税钱五十余万、官库丝绵二千余两,及纵部下侵民,民甚苦之。为转运判官冯瓒所奏,下御史府讯之得实,故置于法焉。"冯瓒为转运判官,对楚州刺史行使弹劾,这与宋代转运司官员对所部履行监察权并无二致。从时间、地点看,冯瓒当是江北诸州转运司官员,是上言转运使张正的同僚。无独有偶,显德六年,世宗北伐。王赞出"领河北诸州计度使④。五代以来,姑息藩镇,有司不敢绳以法。赞所至发擿奸伏,无所畏忌,振举纲领,号为称职,由是边臣切齿"⑤。由此可见,五代末年,各地转运使已不仅仅是方面的转运官员、财政官员,此时它已拥有了监察权,同时又是监察官员。从记载宋初史实的史料看,转运使还是州县之上的一级地方行政官员。乾德元年(963)平湖南,二年即从转运使张永锡之请,析朗州武陵县之二乡,别置桃源县⑥。三年,平两川。五年,即从成都府路转运使李铉之请,割简州之金水县、汉州之金堂县,建怀安军⑦。开宝元年(968),从西川转运使刘仁燧之请,割渠州之渠江、合州之新明、果州之岳池三县,建广安军⑧。四年,灭南汉。

---

① 《资治通鉴》卷275。
② 《旧五代史》卷84《晋少帝纪四》。
③ 《旧五代史》卷120《周恭帝纪》。
④ 《旧五代史》卷120《周恭帝纪》作"北面诸州水陆转运使"。
⑤ 《宋史》卷274《王赞传》。
⑥ 《太平寰宇记》卷118《朗州》。
⑦ 《舆地纪胜》卷164《怀安军》。
⑧ 《太平寰宇记》卷138《广安军》。

五年,岭南转运使潘美废春州,"以其地隶恩州。至六年复置,仍并流南、罗水二县入阳春一县。又废勤州,以富林县入铜陵一县来属"①。凡此种种,皆可以看出转运使在行政上的权力。又《宋史》卷439《和岘传》言,岘"雍熙初(984),知崇仁县,就拜大理评事。江南转运使杨缄以其材干奏,移知南昌县",可见转运使在人事方面还拥有"保举、移易官属"之权②。

五代以来,由于各朝坚持贯彻削藩方针,采取诸如分割藩镇和支郡直属京的措施,一些唐时的雄藩大镇此时亦往往仅管辖两州,甚至仅有节镇所在州③。这样,中唐以来所形成的道州县三级地方行政建制实际上已基本解体。各地转运使的设置恰好取而代之,以渐变的方式填补了这个权力真空,作为中央的派出机构,代表中央实行对州县的管辖。不过,此时"路"尚未出现。正如前引王赞、张正所示,五代末,朝廷是以"河北诸州"、"江北诸州"来划分行政区的。这点从宋初的史实中也可得到印证,如《长编》开宝四年(971)五月丁酉条的"广南诸州"、五年八月癸巳条的"京西诸州",太平兴国二年(977)正月条的"江南诸州",十月癸未条的"陕西河北诸州"、"陕西河南诸州",太平兴国三年五月丙戌条的"两浙诸州"等。开宝五年十一月庚辰,"命参知政事薛居正兼提点三司淮南、湖南、岭南诸州水陆转运使事,吕余庆兼提点三司荆南、剑南诸州水陆转运使事",则更雄辩地证明了这一观点。

众所周知,唐代后半期发展起来的巡院是唐王朝对藩镇体制实施全面监察的组织机构,并在一定程度上成为唐王朝在各地的财政、监察、行政机构,扮演着汉代州刺史般的角色。但黄巢起义后,唐王朝分崩离析,国门之外,尽裂为藩镇。进入五代后,各中央王朝的领土,除后周世宗朝外,亦仅局限于淮河以北地区,因而,巡院历史地结束了其所承担的使命。五代撤销巡院的时间,可能是在后唐明宗朝。《旧五代史》卷37天成元年(926)十二月庚戌,尚见"诸道州府坊市死丧,取分巡院检举"之记载,但长兴四年(933)时,巡院之上级机构中央诸道盐铁转运使衙的职员都押衙等的编制已拨归三司。因此,巡院可能于此时前后废除。这样看来,巡院的废除要比北面转运使的设置晚数年,两者还有数年的并存期。《职官分纪》卷47《诸路转运使》条言,"五代罢巡院,始置转运使",主要还应从两者的职能上来理解。五代后期出现的河北诸州转运使、江北诸州转运使,在精神上的确继承了唐代巡院,两者在职能上、制度上有惊人的相似之

---

① 《太平寰宇记》卷158《恩州》。
② 《宋会要·食货》49之9;又,据《宋史》卷262《刘几传》,"总管非转运使所得徙置"。
③ 参见拙作《五代削藩制置初探》,《中国史研究》1982年第3期。

处。故北宋张方平言:"今外权之重,惟转运一道。百城号令,千里官吏之黜陟,财赋之弛敛,恩泽之流壅,民政之惨舒,郡县观听其风棱,国朝倚办乎外务,提众职之纲辖,实方面之师表。盖汉刺史之职,而唐度支诸道巡院留后之任也。"①

二、宋初转运司路的形成与发展

1. 宋初转运司路的形成

太祖朝是宋代路制的草创时期。除河北、淮南,五代时已设置地区行政常设机构转运司外,多数地区的转运司都设于此时。乾德元年(963)正月,以沈义伦为京西、韩彦卿为淮南转运使,是宋代"诸道置转运之始"②。同年春,任命沈义伦"为陕西转运使"。二三月间,相继平定荆南、湖南,设荆湖诸州转运司③。三年灭后蜀,设西川路④。开宝元年(968),设京东转运司⑤。四年,平南汉,遂置广南诸州转运司⑥。八年,平江南,九年二月,设江南转运司⑦。这样,除北汉、吴越、漳泉等尚未收复之地外,宋辖境内已全部设置转运司,宋代路制已初具规模。

太宗即位后,乘战胜之威,迫使吴越、漳泉相继归附,最后以武力消灭了北汉,以短短两三年的时间,完成了太祖未竟的统一大业。与此同时,他又对宋代路制建设进行积极的探索。因而,太平兴国年间,也就成为宋代路制调整最为频繁的时期。以下逐路列述之。

京东:太平兴国六、七年(981—982)间,有石熙古曾任京东西路转运副使⑧。而后文献仅见"京东转运使",因而,可以推知太平兴国时京东曾分为东、西两路。

京西:太平兴国三年四月,曾分为南、北两路⑨。

河北:"太平兴国二年,分河北南路"。六年九月时,尚有"田锡为河北南路转运使"之记载⑩。因此,太平兴国年间,河北实分为两路。

---

① (宋)张方平:《乐全集》卷9《郡县理本》;又,本节参考〔日〕室永芳三:《五代的北面转运使》,《史渊》第89辑,1962年。
② 《玉海》卷182《乾德转运使》。
③ 《长编》卷8乾德五年八月、《太平寰宇记》卷118《朗州》。
④ 《元丰九域志》卷7。
⑤ 《太平寰宇记》卷13《广济军》。
⑥ 《长编》卷12开宝四年五月丁酉。
⑦ 《长编》卷16开宝八年十二月丁未。
⑧ 《宋会要·食货》49之5,《宋会要·方域》10之13。
⑨ 《长编》卷19。
⑩ 《元丰九域志》卷2,《长编》卷22。

陕西:"太平兴国二年(977),分陕西河北、陕西河南两路,各置使一员。又有陕府西北路,后皆并焉。"①据《宋史》卷309《程德玄传》言,五年,陕府西(河)南转运使、左拾遗韦务昇坐纵德玄等于部下私贩鬻,责授右赞善大夫。又《宋史》卷277《许骧传》言:"六年,出为陕府西北路转运副使。会罢副使,徙知郾州。"与许骧同时罢为知州的有董俨②,据《长编》所载,俨由淮南转运使罢知光州,在八年五月己巳。因此,太平兴国年间,陕西实被分为河北、河南、西北三路。雍熙元年(984)以后,文献中不见以上三路,而代之以"陕西路",可能太平兴国末三路又复合并。

淮南:"太平兴国元年,分东、西路,后并一路"③。从文献上看,太平兴国五、六年时,两路尚未合并,时有胡旦、董俨分别担任淮南东、西路转运副使④。但据《宋史》卷5《太宗纪二》,雍熙二年八月以前淮南路已合并。因此,合并可能为太平兴国末年之事。

江南:太平兴国元年,分东、西路⑤。然据《舆地纪胜·隆兴府》所言,"开宝九年(976),命知昇州杨克逊兼江南诸州水陆计度转运使事。时兼东、西两路,故治不在豫章。是年,又命知洪州王明兼江南西路转运使,故漕台未有治所。雍熙(984—987)中,杨缄为江西漕,始治焉",则此前东、西两路并未截然分开,西路应受东路节制。江南东、西路,雍熙四年并为一路⑥。雍熙以后文献唯见"江南转运使",不见江南东、西路,可为印证。

荆湖:太平兴国初(976),亦分为南、北两路。《长编》三年五月丙戌条言:"诏免荆湖南路转运使崔宪,仍削三任,副使许奇除籍为民,夺先所赐钱五十万。"又《宋史》卷267《李惟清传》言,惟清"太平兴国三年,迁为荆湖北路转运判官。五年,改左赞善大夫,充转运副使,升正使,就改监察御史,兼总南路",可证。李惟清兼总南路之时,为太平兴国七年九月至九年六月⑦,则太平兴国末荆湖仍分两路。此即《长编》至道三年(997)所谓"荆湖两路,或通置一使"。

西川:开宝六年,分峡路⑧。太平兴国元年十二月,为使两路"盐策流

---

① 《宋会要·食货》49之2。
② 《宋会要·食货》49之5。
③ 《元丰九域志》卷5。
④ 《宋史》卷432《胡旦传》、卷307《董俨传》,《宋会要·食货》49之5。
⑤ 《元丰九域志》卷6。
⑥ 《元一统志》卷8《常州路》。
⑦ 《长编》卷24太平兴国八年岁末注。
⑧ 《元丰九域志》卷7。

通",遂"命西川转运使申文纬遥兼峡路,峡路转运副使韩可玭兼西川路"。二年二月,又"分西川为东、西两路,各置转运使、副使"。七年八月,"废东川转运使并属西川"①。因此,在这期间,川蜀地区应分为西川、东川、峡路三个政区。此后,又复为西川、峡路。

至于广南,太平兴国时则仍开宝旧制未变。加上太平兴国三年以后依次收复漳泉、吴越、北汉所立两浙东北路、两浙西南路、河东路,这样,太平兴国年间,宋应有京东、京西、河北、河北南、陕西、淮南、江南东、江南西、荆湖北、荆湖南、西川、峡路、广南、两浙②、两浙西南、河东等十六路。这一时期,路制调整无论是通过互兼、兼总,还是合并的形式,其总的趋势是趋向于合并成地域较大的政区。这是由于区域内的社会经济生活密切相关、地区财政密不可分所致。经过这一时期的调整,宋代路制的雏形已基本形成。其后,两浙西南路,"雍熙二年(985),改福建路"③。同年,荆湖并为一路④。河北,"雍熙四年,分东、西路。端拱二年(989),并一路"⑤。广南,端拱元年,分为东、西两路⑥。至道二年(996),置"广南东、西路都转运使",而广东漕兼总两路,同年闰七月罢⑦。至至道三年,宋分天下为京东、京西、河北、河东、陕西、淮南、江南、荆湖南、荆湖北、两浙、福建、西川、峡路、广南东、广南西,十五路之制终于形成。不过此制的实际贯彻要晚一年多,因为直至咸平二年(999)三月戊辰,荆湖南、北路方始置两使⑧。

新制的推行是有反复的。淳化四、五年(993—994)间,为了提高三司的效率、杜绝舞弊现象,置三司总计使及左右计使等,依唐制分天下郡县为十道,即河南、河东、河北、关西、剑南、淮南、江南东、江南西、两浙、广南,在京东者属左计,在京西者属右计,但仅推行一年就"以非便罢"⑨。不过,此时的十道已与唐代的十道迥然不同,而更近似于至道十五路之制。它比后者少京东、京西、荆湖南、荆湖北、福建五路,这样,河南道可能统辖京东、西两路,而江南两道除江南东、西路外尚统辖荆湖路之大部,福建路则属两浙道。十道所辖过大,于

---

① 《长编》卷17、18、23。
② 按:据《长编》卷19、22,《宋会要·食货》49之5,太平兴国六年八月,"免两浙东北路转运使王德裔"。九月,以膳部郎中高冕为两浙路转运使。由此知两浙东北路改名两浙路在此年九月。
③ 《元丰九域志》卷9。
④ 《宋史》卷5《太宗纪二》雍熙二年八月。
⑤ 《元丰九域志》卷2。
⑥ 《舆地纪胜》卷103《静江府》。
⑦ 《宋会要·食货》49之6、8。
⑧ 《长编》卷42。
⑨ 《宋史》卷162《职官志二·三司使》、卷267《魏羽传》。

事不便,故推行不久即废罢。但从文献来看,淳化末,并未见关西道、剑南道、河南道及其转运使之记载,因此颇有可疑之处。

至于《太平寰宇记》所列十三道,笔者以为只不过是一种地理区划,并未行用。试想从中唐以来所施行的即是方镇体制下的道、州、县制,宋初绝无可能割断历史,断然行用唐朝前期的旧制。宋代路制所管辖的是宋朝实际所控制的疆域,但宋初统治者绝不会就此表明对沦陷于辽、西夏诸国的汉唐故疆统治权的放弃。宋初统治者如此,五代统治者也是如此,因此,五代后唐长兴三年(932)重新调整十道顺序,乐史太平兴国年间撰写《太平寰宇记》以十三道为纲,主要表明本朝是代唐而兴的正统王朝和收复汉唐故疆这样一个理念。当然乐史在编撰《太平寰宇记》时,也需要依据一个长期稳定行用的行政区划来编次舆图,而此时恰恰又是路制调整最为频繁的时期,新制既不可用,故不得不借用旧制,在后唐确定的十道的基础上,分剑南、江南、山南为东、西两道,以十三道为纲,编次《太平寰宇记》。

2. 宋真宗以后北宋转运司路的演变

太宗末年至真宗初年,川峡地区连续发生了王小波、李顺及王均为首的两次声势浩大的起义和兵变,为了有效地发挥国家机器的职能,咸平四年(1001)三月,距王均之乱被镇压仅五个月,宋王朝即吸取教训,以"西蜀辽隔,事有缓急,难以应援"为由,遂"分川峡转运使为益、利、梓、夔四路"①。四月,"又虑漕挽者各司其局,失均济之义,庚申,命知益州、右谏议大夫宋太初兼川峡四路都转运使"②。同样,江南路亦因辖境辽阔,不便转运使按巡,于天禧四年(1020)四月,分为东、西两路③。全国因此就分为京东、京西、河北、河东、陕西、淮南、江南东、江南西、荆湖南、荆湖北、两浙、福建、益州、梓州、利州、夔州、广南东、广南西等十八路,这是有宋一代行之最久的行政区划。

景德(1004—1007)时,开封府所属十七县命朝臣提点,谓之"开封府界"④。皇祐(1049—1054)时,贾昌朝以"汉唐都雍,置辅郡,内翼京师。国朝都汴,而近京诸郡皆属它道,制度不称王畿",建议"析京东之曹州,京西之陈、许、郑、滑州并开封府,总四十二县为京畿"。皇祐五年(1053)十二月壬戌,遂诏以五州为辅郡,隶畿内,置京畿转运使。但至和二年(1055)十月己丑,为防范宦官攫取兵权,诏罢京畿,恢复府界,"其陈、许、郑、曹、滑各隶本

---

① 《宋史》卷6《真宗纪一》。
② 《长编》卷48。
③ 《长编》卷95、《宋史》卷8《真宗纪三》、《文献通考》卷315、《宋会要·方域》6之23。
④ 《长编》卷62景德三年三月。

路,为辅郡如故"①。仁宗时,京畿路的存在,尚不足二年。嘉祐四年(1059),益州复升为成都府,而益州路也因之同时改名成都府路。至此,仍为天禧十八路之制。

神宗厉行新法,此时路制亦变动频仍。熙宁五年(1072),"淮南分东、西路","分陕西为永兴、秦凤路",京西分南、北两路。六年,"分河北为东、西路"②。七年四月,又分京东、两浙为东、西路。九月,两浙复合为一。九年五月,两浙复分,十年五月复合③。是为二十三路之制。元丰元年(1078),稍作变通,诏河北东西、永兴、秦凤、京东东西、京西南北、淮南东西路转运司,通管两路,以河北、陕府、京东、京西、淮南路为名④。两路"钱谷并听移用"⑤。此举既有利于监司的按部,又可均调相关两路的财用,故宋人仍目元丰以后为十八路之制。如元祐元年(1086)正月,时五路提刑司尚未合并。但司马光在《三省咨目》中,仍以"十八路监司"为言。并且,六年十二月朔,范祖禹亦言,"祖宗肇造区夏,划削藩镇,分天下为十八路"⑥。

崇宁三年(1104)七月,复置京畿路。其后所隶变动不常,然京畿路一直延续至南宋初年⑦。大观元年(1107),割广南西路之融、柳、宜州及若干新拓羁縻州,建黔南路,以融州为帅府。但三年即并入广西。重和元年(1118),梓州升为潼川府。梓州路因之改称为潼州府路。宣和四、五年(1122—1123)间,相继收复燕云之地,建燕山府、云中府两路,是为《宋史》卷85《地理志一》所言二十六路。然不旋踵,两路尽失⑧。

3. 南宋转运司路的演变

高宗仓皇南渡,金人铁骑所至,江淮湖浙尽为兵燹之地。于是,建炎四年(1130),"置京畿、淮南、湖北、京东、西路镇抚使"⑨,"除茶盐之利,国计所系,合归朝廷置官提举外,它监司并罢"⑩。绍兴初(1131),诸镇大多灭亡。京西诸州沦入金、齐之手。四年,岳飞收复襄汉,遂建襄阳府路。六年,复为京西南路。荆湖,绍兴元年,分"荆湖江南诸州为荆湖东、西路",置"荆湖东、西路转运

---

① 《长编》卷175、181。
② 《宋史》卷15《神宗纪二》、《元丰九域志》卷1。
③ 《长编》卷252、256、275。
④ 《元丰九域志》卷1。
⑤ 《长编》卷287元丰元年闰正月己卯。
⑥ 《长编》卷364、468。
⑦ 《宋会要·方域》5之12、《宋史》卷85。
⑧ 《宋史》卷90《地理志六》、卷85《地理志一》。
⑨ 《宋史》卷26《高宗纪三》。
⑩ 《要录》卷35建炎四年五月甲子。

司,通掌两路财赋"。二年,仍分荆湖为南、北路。淮南,三年初,复置淮东、西路安抚使①。而监司几经废复,直至七年始复置淮南转运司,"诏淮南东、西路各置转运一员,兼提(点)刑狱、(提)举茶盐常平事"②。江南,建炎四年,"合江东、西为江南路",并"合江南两路转运为都转运使"。绍兴初复分"江南东、西路各置转运司"③。绍兴十二年,和议成。东划长淮,西割商秦之半,以散关为界。宋仅有两浙路,淮南东、西路,江南东、西路,荆湖南、北路,京西南路,成都府路,潼川府路,利州路,夔州路,福建路,广南东、西路等十五路。

三、宋代提点刑狱司路的演变

宋初,各路刑狱公事由转运司负责。繁多的政务使转运使难以应付,案件积压,刑狱冤滥等问题日益突出。为此,淳化二年(991)五月,太宗"始命董循等十人分充诸路转运司提点刑狱公事","有疑狱未决,即驰传往视之。州县敢稽留人,狱久而不决,及以偏辞案谳,情不得实,官吏循情者悉以闻"。此时的提点刑狱官是转运司委派"纠察刑狱事"的官员,而提点刑狱则是隶属于转运司的下级机构④。四年十月,太宗以在刑狱方面"未尝有所平反"为由,撤销提点刑狱司,"归其事于转运司"。景德四年(1007)七月,真宗"虑四方刑狱官吏,未尽得人",而转运使综理一路,"地远无由知"⑤,又复置诸路提点刑狱官。这次,诸路提刑已成为一路最高司法官员,而提刑司也从转运司里分离出来,与转运司并为路级监司。此时,转运司所行为至道三年之制,因而,提点刑狱司路亦相应为十五路。天圣六年(1028)正月,有臣僚认为"置提点刑狱官过为烦扰,无益于事",于是再次撤销提刑司。明道二年(1033)十二月,复虑诸路刑狱"转运司不能一一躬往谳问,恐浸至冤滥"⑥,重新设置提点刑狱司。从此,提点刑狱司的设置遂成定制。此时转运司所行为天禧之制,因而,全国的提点刑狱司路当为十八路。皇祐末,改府界为京畿路。至和元年(1054)三月,始"置提点京畿刑狱官"。二年十月,罢京畿路,提刑亦同时撤销⑦。故至和时,全国的提点刑狱司路应为十九路。

熙宁时(1068—1077),转运司路推行二十三路之制。京东、京西、河北、陕

---

① 《宋史》卷26《高宗纪三》、卷27《高宗纪四》。
② 《宋会要·食货》49之43。
③ 《宋史》卷88《地理志四》、卷26《高宗纪三》。
④ 《皇宋通鉴长编纪事本末》卷14《听断》。
⑤ 《长编》卷34、66。
⑥ 《长编》卷113。
⑦ 《长编》卷176、181。

西、淮南五路"以所部广远"①,均分为两路。提点刑狱司亦相应地分为二十三路。元丰元年(1078),上述五路提刑司"仍旧分路"②,故元丰时(1078—1085),提点刑狱司路仍为熙宁之制,未变。需要指出的是,熙宁七年以后,两浙路两次分为东、西两路。因而在分路时期,全国的提点刑狱司路应是二十四路。元祐元年(1076)三月,"诏诸路提点刑狱不分路",京东东、西路等十路,复并为五路,则此时复行十八路之制。二年五月,又以五路"州县阔远,遇有盗贼、刑狱公事公移稽滞,督捕巡察不得专一",复分③,仍行熙丰二十三路之制。崇宁时(1102—1106),增设京畿路。宣和五年(1123),"又分淮、浙为西(两)路"④。故而北宋末如不计燕、云两路,提刑司路当为二十五路。

建炎时,两浙路提刑司似又合为一路,绍兴元年(1131)十二月,"诏两浙分东、西路,置提点刑狱"⑤。故绍兴十二年以后提刑司应为十六路之制,即两浙东、西路,江东东、西路,淮南东、西路,荆湖南、北路,广南东、西路,福建路,京西南路,成都府路,潼川府路,利州路,夔州路。

四、宋代提举常平司路的演变

宋代提举常平司,始设于熙宁二年(1069)。是年九月,遍遣四十余名官员分诣府界及十八路,"提举常平广惠仓兼管勾农田水利差役事"⑥,以推行新法。受熙丰间路制分合的影响,提举常平司的分路,一如提刑司。元祐元年闰二月,"诸路提举官并罢"⑦。绍圣元年(1094),哲宗亲政,又复置府界及二十三路提举常平等事官⑧。淮南东、西路可能后来复合,故宣和五年时淮南与两浙路同时被分为东、西两路。这样,北宋末提举常平司亦应为二十五路。

"建炎元年(1127),常平职事并归提刑司,钱归行在。二年,始复置常平官"⑨,然此诏并未施行⑩。绍兴五年,"诏诸路提举常平并入茶盐司,仍以提举茶盐常平等公事为名。内无茶盐去处,依旧令提刑兼领"⑪。直至十五年以

---

① 《长编》卷 246 熙宁六年七月乙丑。
② 《元丰九域志》卷 1。
③ 《长编》卷 371、400。
④ 《吴郡志》卷 7《官宇》。
⑤ 《宋史》卷 26《高宗纪三》。
⑥ 《宋会要·职官》43 之 2。
⑦ 《长编》卷 368。
⑧ 《宋会要·职官》43 之 6。
⑨ 《宋史》卷 167《职官志七》。
⑩ 《要录》卷 27 建炎三年闰八月乙酉。
⑪ 《宋会要·职官》43 之 23。

户部侍郎王铁之请，乃"诏诸路提举茶盐官改充提举常平茶盐公事"，并"仍旧法为监司"。四川、广西无提举茶盐官则令提刑兼领，淮西、京西则令转运或提刑司兼领①。至此，南宋提举常平司十六路形成，并为永制。

五、宋代帅司路的形成与发展

1. 宋朝前期地方统兵体制的形成

宋朝前期为适应与辽、西夏抗争的形势，于三路主要是沿边地区创设了都部署路。其中，河北地区设置了大名府、高阳关、镇州、定州等四路，河东地区设置了并代、麟府、石隰等三路，陕西设置了鄜延、环庆、泾原等三路，共计十路都部署司。同时，在幅员辽阔的南方、京东、京西以及三路近里地区，宋朝前期，主要是太宗、真宗两朝，随时制宜，在三路沿边地区以外的各地相继设置了一路兵马都监或兵马钤辖以及一道提举兵甲司，并逐渐以首州、首府的文臣知州府事兼领，统辖一路兵权，以"存方面之制"②。例如，川峡地区，乾德三年（965）于灭蜀的同时设置了"西川兵马都监"之职，又于景德元年（1004）十月，改革川峡地区的军政体制，将益、利、梓、夔四路合并为西川、峡路两钤辖司路③。江西地区，在南唐灭亡后不久，于"太平兴国元年（976），为江南西路兵马钤辖"④。两浙地区则于"钱氏国除，杭守带钤辖"⑤。荆湖北路稍晚，也于"咸平中（998—1003），以守臣为荆湖北路兵马都钤辖，提举施、夔等州兵甲事"⑥。边远的广南东西路，由于高、窦、雷、化四州蛮獠寇边，"于仁宗景祐二年（1035）五月庚戌，也诏知广州兼广东路钤辖，知桂州兼广西路钤辖"⑦。南方其他路分，管见所及，不见于载籍，但据《宋史》卷261《焦守节传》所载，咸平中，曾"置江淮南、荆湖路兵马都监"。设置提举兵甲司的地区有陕西的永兴军、秦州。太宗端拱元年（988），知永兴军府事已"兼提辖五州兵士公事"⑧。秦州，仁宗景祐三年三月壬辰，始"兼管勾秦、陇、凤、阶、成州，凤翔府路驻泊军马"⑨，自为一路，即秦凤路。河东，景德四年四月，命知潞州提辖泽、潞、晋、

---

① 《宋会要·职官》43之28。
② （宋）张方平：《乐全集》卷20《论州郡武备事二道，又》。
③ 《长编》卷6、卷58景德元年十月壬寅。
④ 《舆地纪胜》卷26。
⑤ 《宝庆四明志》卷1。
⑥ 《舆地纪胜》卷64。
⑦ 《长编》卷116。
⑧ 《金石萃编》卷125《宋新译三藏圣教序碑》。
⑨ 《长编》卷118。

绛、慈、隰、威胜七州军兵马事①。"京东诸州兵甲,自来专委徐州提辖",大中祥符四年(1011)十二月,有诏"据地势分委徐州、兖州、齐州知州提举"②。京西,知许州似兼领汝、许捉贼事③。川峡地区,咸平四年(1003)三月,在王均之乱平定后不到半年的时间里,分为四路,以益、利、梓、夔四州知州分别兼逐路"提辖兵马捉贼事"④。福建路,景德三年(1006)十一月,由知福州"兼提举福建路诸州军都同巡检捉贼兵马司公事"⑤。江南东路,至晚于景德四年以知昇州军州兼提举江南东路兵马巡检捉贼公事⑥。淮南西路,天禧(1017—1021)中,知庐州提举庐、寿、蕲、光、舒、濠州,无为军兵甲⑦。这样,在仁宗前期全国各地都陆续以一路首府或大藩府的长吏总辖起方面兵权。另外,宋朝政府为防止路际、州际出现权力真空,往往以州郡长官跨界提举诸州军寇盗公事。如大中祥符三年,魏咸信"知澶州兼驻泊马步军都总管,提举澶、濮、齐、郓等州,德清军寇盗公事"⑧,即是一例。在这里,澶州及德清军隶属河北路,而濮、齐、郓三州隶属京东路。另外,上引知荆南为荆湖北路兵马都钤辖,提举施、夔等州兵甲事,也是一例,施、夔二州即属夔州路管辖。不过,从现存的史料来看,上述设置中不少并非定制,因时因事而设,事平即废的情况是存在的。

综上所述,可知至仁宗前期止,宋朝区别不同情况在全国各地区分别创设了都部署路、兵马都钤辖、提举兵甲司等不同形式,以统辖一路兵权,在唐、五代变革的基础上,终于将节度使统兵体制彻底逐出历史舞台,确立了有宋一朝的地方统兵体制,并为而后安抚使制度的诞生准备了条件。

2. 北宋中期以后的安抚使路与川峡、东南的钤辖司

宋朝前期为了实现对外防御辽、西夏等少数民族政权的侵扰,对内巩固封建政权的战略目标,除了利用都部署路、都钤辖司、提举一道兵甲司等形式外,还沿袭隋唐旧制,运用经略、安抚使等职来处理各项突发事件。宋代的经略、安抚使出现于真宗时期,时或因诸路灾伤或因边境用师,皆特遣使经略、安抚。如咸平三年(1000)冬,王均兵变平定,十月丙寅,首"命翰林学士王钦若、知制诰梁灏(颢)分为西川及峡路安抚使",所至"观省风俗","录问系囚,自死罪以

---

① 《长编》卷65。
② 《长编》卷76。
③ 《长编》卷85大中祥符八年七月戊午。
④ 《宋会要·职官》48之107。
⑤ 《淳熙三山志》卷23。
⑥ (宋)张咏:《乖崖集》卷9《昇州到任谢表》,《长编》卷65。
⑦ 《舆地纪胜》卷45。
⑧ (宋)夏竦:《文庄集》卷29《魏公墓志铭》。

下得第降之",以稳定川峡地区的局势①。四年八月辛丑,以李继迁"抄略边部益甚","朔方饷道愈艰",而"边臣玩寇","命兵部尚书张齐贤为泾、原、仪、渭、邠、宁、环、庆、鄜、延、保安、镇戎、清远等州军安抚经略使,知制诰梁颢副之",肩负起"边帅"之责②。五年,李继迁进攻麟州,七月丙申,宋"以邓州观察使钱若水为并代经略使、判并州"③。景德元年(1004),李继迁死,宋、西夏关系出现转机,是年五月一日,宋"以兵部侍郎、知永兴军向敏中充西路沿边安抚使"④,亲至边境与西夏使协议,调整双方关系。同年,契丹侵犯河北,真宗亲征,毗邻的京东地区局势顿时紧张。十月庚寅,宋命"兵部尚书、知青州张齐贤兼青、淄、潍安抚使,知制诰、知郓州丁谓兼郓、齐、濮安抚使并提举转运及兵马"⑤。大中祥符三年(1010),以江淮不稔,八月戊辰,诏昇、洪、扬、庐州长吏兼安抚⑥。这次安抚使设置至何时,他路不详,据《景定建康志》言,江南东路至五年始省罢。这一系列的事件表明,真宗时期经略、安抚使制度已初步形成。在这一时期里,经略、安抚使表现出了以下特点:第一,经略、安抚使均由文臣充任。第二,创造了一路首州知州兼任安抚使,兼总一路兵民之权的形式,其进一步发展则是"以文臣为经略,领大兵,武臣为总管,号将官,受节制"的模式的确立⑦。第三,经略使、经略安抚使与安抚使的职责有所区别,前两者军事职能更为显著,从某种意义上来讲,经略使与都部署"其任实同"⑧。这种差异是历史上形成的。开皇九年(589),隋朝于平定南方,统一中国之初,为稳定岭南局势,即"遣柱国韦洸安抚岭外"。而唐代则自开国之初,即于"边州别置经略使"⑨。但是,这一时期的经略、安抚使皆因事而置,事已则罢,均非常设之职。而安抚使则仍隋唐之旧,更多的是充任使节,巡视、抚慰一方,即所谓的体量安抚使。其进一步发展尚有待于局势的变化,即随着宋王朝内外矛盾的激化而发展。

宋代安抚使路首先形成于陕西地区,这是宋、西夏双方长期在陕西冲突的结果。仁宗初年,西夏战胜,据有夏、银、绥、宥、静、灵、盐、会、胜、甘、凉、瓜、沙、肃诸州,国势逐渐强盛起来。宝元元年(1038)十月,元昊正式称帝,

---

① 《长编》卷47。
② 《长编》卷49,《事物纪原》卷6。
③⑧ 《长编》卷52。
④ 《宋会要·职官》41之82。
⑤ 《长编》卷58。
⑥ 《宋史》卷7《真宗纪二》。
⑦ 《要录》卷112绍兴七年七月丁卯。
⑨ 《文献通考》卷61《安抚使》、《群书考索·后集》卷13《经略使》。

并入侵宋鄜延地区。宋为了应付骤然紧张起来的局势，十二月己卯，任命"知永兴军夏竦兼本路都部署，提举乾、耀等州军马，泾原、秦凤路安抚使"，知延州范雍兼鄜延路都部署，鄜延、环庆路安抚使①。二年正月丙午，又以"环庆路副都部署刘平兼鄜延、环庆路安抚副使"。四月，以"秦凤路都部署曹琮兼本路安抚"，"兼同管勾泾原路兵马"②。七月戊午，夏竦移知泾州前敌指挥，而他职如故③。这样基本上形成了以泾原、秦凤为一大战区，两路协同作战，而鄜延、环庆为另一大战区，两路协同作战的防御体系。但是，三川口一仗，宋军大败，主将刘平等被俘。面对严峻的形势，宋方再次调整军事指挥系统，康定元年（1040）二月丁亥，任命夏守赟为陕西都部署兼经略安抚等使④。但是，夏守赟毫无建树，五月戊寅，任命知泾州夏竦接替，总揽陕西沿边四路的军事指挥权。尽管这一时期有范仲淹、韩琦等作为夏竦的副手⑤，同时也进行了一系列的军事改革，并调整了边境地区的民族关系，但是，庆历元年（1041），宋军又大败于好水川，包括主将任福在内的六千名官兵阵亡。在这种情况下，宋方于同年十月甲午，第三次调整陕西的军事指挥系统，"分陕西为四路"。以枢密直学士、管勾秦凤路部署司兼知秦州韩琦，枢密直学士、管勾泾原路部署事兼知渭州王沿，龙图阁直学士、管勾环庆路部署司兼知庆州范仲淹，龙图阁直学士、管勾鄜延路部署事兼知延州庞籍，并兼本路马步军都部署、经略安抚使、沿边招讨使⑥。二年闰九月，宋军大败于定川寨，十一月辛巳，宋复置陕西四路都部署、经略安抚使兼沿边招讨使⑦，以韩、范、庞三人为之。几乎同时，又撤销了各路经略安抚使，以统一指挥⑧。庆历三年，宋、西夏和议成功。四年二月甲寅，"罢陕西四路都部署、经略安抚招讨使，复置逐路都部署、经略安抚招讨使"⑨。不久虽复置陕西安抚使，并直至皇祐（1049—1054）中，但四路经略安抚使之职再未有变动，终于成为定制。这样，加上庆历二年十月所置的永兴军路都部署兼安抚使与熙宁五年（1072）十月戊戌所置的熙河路马步军都总管、经略安抚使⑩，陕西地区被划分成六个安抚使路。各路所辖州军前后变

---

① 《长编》卷 122。
② 《长编》卷 123、《宋史》卷 258《曹琮传》。
③ 《长编》卷 124。
④ 《长编》卷 126。
⑤ 《长编》卷 127。
⑥ 《长编》卷 134。
⑦ 《长编》卷 138。
⑧ 《长编》卷 139 庆历三年正月丙申。
⑨ 《长编》卷 146。
⑩ 《长编》卷 138、239。

动颇大,今据《宋史》卷 87《地理志三·陕西》等作陕西六路安抚司治所及统辖州军表如下。

表 1　陕西六路安抚司治所及统辖州军表

路　名	治　所	辖　　区
永兴军路	京兆府	京兆府　河中府　同州　华州　耀州　解州　陕州　商州　虢州
鄜延路	延州延安府	延安府　鄜州　丹州　坊州　保安军　绥德军
环庆路	庆州庆阳府	庆阳府　环州　邠州　宁州　醴州　定边军
秦凤路	秦　州	凤翔府　秦州　凤州　阶州　成州　陇州
泾原路	渭　州	渭州　泾州　原州　西安州　会州　德顺军　镇戎军　怀德军
熙河路	熙　州	熙州　河州　洮州　岷州　巩州　兰州　廓州　乐州　西宁州　震武军　积石军

河东路经略安抚使产生的年代,据《宋会要·职官》41 之 79 所载,在大中祥符元年(1008)。但是,其"管勾官二人,一以代州知州充,一以阁门祗候以上充"。这是令人难以置信的。河东一路所辖二十余州军,拥兵数万之众,竟由边境一州之长与一阁门祗候统辖,无论是从品级还是从地理、道路、军事指挥上考虑,都是不可思议的。比较可信的是《长编》与《宋史》卷 8《真宗纪》关于此事的记载,据两书所载,是年八月庚子河东所置为河东沿边安抚司。宋朝前期,宋辽双方常有冲突,忻、代二州是宋朝西路边防重镇与挺进基地,故宋初以名将杨业为代州守。杨业战死,又以签书枢密院事张齐贤"知代州,与部署潘美同领缘边兵马"①。但是,景德元年(1004)宋辽签订澶渊之盟后,两河无战事,继续于边境屯集重兵似无必要,代州地位亦自然下降。但随着两国关系的正常化,使节往来、边防事务,仍需有机构处理,因而以代州守兼沿边安抚司就是情理中的事了。无独有偶,河北于景德三年,早于河东年许设置河北沿边安抚司,更可证明大中祥符元年河东所设为沿边安抚司。那么,河东经略安抚司设置于何年呢?笔者认为这要从宋、西夏的关系来加以考虑。如前所述,从仁宗宝元元年(1038)起,西夏连年进攻宋,主攻方向是陕西,其次是河东的麟府路,庆历元年(1041),西夏就攻破了麟府路的前沿地带丰州。因而,河东经略

---

① 《宋史》卷 265《张齐贤传》。

安抚司的设置应在这一阶段内。据《宋史》卷300《杨偕传》载,"偕进枢密直学士,知并州。及元昊入寇,密诏偕选强壮万人策应麟、府。明年,改左司郎中、本路经略安抚招讨使,赐钱五十万。偕列六事于朝,朝廷不从。偕累奏不已,乃罢知邢州"。据《长编》所载,杨偕康定元年(1040)十一月丙子知并州,庆历元年(1041)十月丁未朔罢,则其兼任河东路经略安抚招讨使当是庆历元年之事。河东路设置经略安抚使亦应在此年。前此史籍所载河东安抚司当是河东沿边安抚司之省文。

河东经略安抚司统辖并代、泽潞、岚石、麟府四路兵马①,四路真宗时已形成,但各自辖区史无明文,不甚了了。而各自机构,前后多所变更,亦须考求。大约河东二十余州军,麟、府、丰三州在河外,自成一路。其领导机构自真仁之世起,改为麟府路军马司②,军马司的军马"以太原府代州路钤辖领之"③,治所在府州。岚石路即上节所言石隰路。石隰路原置都部署司以领一路兵权,景德元年(1004)十二月丁未,宋"废石隰州部署,置石隰缘边都巡检使"④,治所在石州,所辖有岚、石、隰三州⑤。哲宗时,推行进筑政策,以收复失地。元符二年(1099)八月甲午,"以葭芦寨为晋宁军。以知军为岚石路沿边安抚使兼岚、石、隰州都巡检使。石州知州更不兼都巡检"。九月癸丑,"以岚、石、慈、隰隶岚石路"⑥,增加慈州一州。泽潞路,景德四年,辖泽、潞、晋、绛、慈、隰、威胜七州军,以知潞州领兵马公事。但据《宋史》卷86《地理志二》隆德府条所载,潞州"旧领河东路兵马钤辖,兼提举泽、晋、绛州,威胜军屯驻驻泊本城兵马巡检事",则景德以后所辖似有所变化。并代路治所在并州,自不待言,其辖地史无明文,当为三路之外诸州军,具体地说,即并、代、忻、汾、辽、宪六州与庆祚、平定、岢岚、宁化、火山、保德六军(详见表2)。河东地区肩负着抗击辽、西夏的重任,其防务大体分工如下,即"太原则忻、代二州,宁化、岢岚二军控契丹之朔、云,麟、府二州守河外,岚、石、隰三州,火山、保德二军阻河捍夏国之绥州"⑦。由于四路与河东路经略安抚司并非平级关系,它们均隶属于后者,故一般仍目河东为一路。

---

① (宋)张方平:《乐全集》卷37《王公(素)神道碑铭并序》。
② 《宋会要·兵》27之21。
③ 《宋史》卷86《地理志二》、《宋会要·兵》8之32。
④ 《长编》卷58。
⑤ 《宋史》卷86《地理志二》。
⑥ 《长编》卷514、515。
⑦ (宋)晁说之:《景迂生集》卷3。

表2 河东经略安抚司统辖四路治所及辖区

路名	治所	辖区
并代路	并州太原府	并州 代州 忻州 汾州 辽州 宪州 庆祚军 平定军 岢岚军 宁化军 火山军 保德军
泽潞路	潞州隆德府	潞州 泽州 晋州 绛州 慈州 威胜军
岚石路	石州、晋宁军	石州 岚州 隰州 晋宁军
麟府路	府州	府州 麟州 丰州

河北地区设置安抚使，保州云翼卒与贝州王则发动兵变是其动因。庆历四年（1044）八月戊戌，保州云翼卒杀官吏据城叛，五日后，宋即任命"知制诰田况为龙图阁直学士知成德军，充真定府定州路安抚使"，组织军队，进行围剿。但这次派出的安抚使属一项临时性的差遣，九月，兵变被镇压下去后，十一月，田况即调任秦州，其后任亦未见兼任安抚使。宋朝政府不在镇、定二州常设安抚使，可能是出于通盘考虑，五年七月戊子，宋任命"知大名府程琳兼河北安抚使"①，总领河北四路兵民之政。从此，安抚使制度在河北确立。庆历七年十一月，贝州士卒王则发动兵变，八年闰正月平定。出于增加防务、巩固政权的考虑，宋于是年四月辛卯，分"置河北四路安抚使，命知大名真定府、瀛定州者领之"，以"北京，澶、怀、卫、德、博、滨、棣州，通利、保顺军合为大名府路；瀛、莫、雄、霸、恩、冀、沧州，永静、乾宁、保定、信安军合为高阳关路；镇、邢、洺、相、赵、磁州合为真定府路；定、保、深、祁州，北平、广信、安肃、顺安、永宁军合为定州路"②。其中大名府路安抚使则由河北安抚使、知大名府兼任。此后，河北安抚使时置时罢，直至熙宁三年（1070），韩琦辞免始废③。值得一提的是，在大名府所辖州军中，有河北西路的怀、卫二州和通利军。因此，大名府路、高阳关路并不等同于河北东路。这可能是大名府作为北宋王朝的北大门，地位特别重要，而怀、卫二州富庶，通利军则位于御河南端，是中原通往河北地区的交通枢纽，故将此三州军划归大名府路。因而，在河北地区，帅司路和漕司路呈现出犬牙交错的形态。

京东地区安抚使的设置，在仁宗朝，始于庆历二年三月。时宋在与西夏的作战中，屡战屡偾，契丹乘宋之危，进行军事讹诈，在幽州集结军队，声言入侵，

---

① 《长编》卷151、153、156。
② 《长编》卷164。
③ 《宋史》卷15《神宗纪二》。

故宋于是月"庚午,命知青州陈执中兼京东路安抚使"。不久,又于五月庚申,再作调整,"置京东两路安抚使,以知青州陈执中兼青、淄、潍等州安抚使,知郓州张观兼郓、齐、濮等州安抚使,并兼提举兵马巡检盗贼事"。这次设置延至庆历五年十一月乙未。时"以边事宁息,盗贼衰止",并罢两路安抚使。但是,事隔不久,又于七年五月壬午重新设置①。从此以后,知青州、郓州事兼京东东、西两路安抚使成为永制。京东两路是如何划分的,史未明言,但应与熙宁七年(1074)所分京东两转运司路在大体上是一致的,即"以青、淄、潍、莱、登、密、沂、徐州,淮阳军为东;郓、兖、齐、濮、曹、济、单州,南京为西路"②。

京西安抚使的设置,据《舆地纪胜·京西南路》襄阳府条所载,始于庆历元年。其原因史未明言,但《宋史》卷294《柳植传》多少透露了与此有关的消息。柳植,御史中丞,庆历元年底出任知邓州。其本传言,"先是,张海、郭邈山叛京西,攻掠县镇,而光化卒邵兴亦率其徒作乱,逐官吏,取库兵而去。时植领京西安抚使,坐贼发部中不能察,降右谏议大夫、知黄州"。可见,庆历初期的京西安抚使的设置与张、郭、邵三人领导的起义有关,治所设在邓州,可能事平即罢。京西正式设置安抚使是嘉祐五年(1060)之事,据《长编》所载,是年七月辛卯,"诏知许州兼京西北路安抚使、知邓州兼京西南路安抚使,以许、陈、郑、滑、孟、蔡、汝、颍、信阳九州军隶北路,邓、襄、随、房、金、唐、均、郢、光化九州军隶南路"。但据《乐全集·钱公(象先)墓志铭》的记载,象先"皇祐初(1049)……屡请补外,得许州兼京西北路安抚使"。则嘉祐(1056—1063)之前京西就曾分为两路,并置安抚使。然有关钱象先的其他材料不能提供佐证,管见所及,亦未见他人充任,故不敢断言。嘉祐之制形成后,据《宋会要·职官》47之12所载《哲宗正史·职官志》,知颍昌府与知邓州例兼安抚使、兵马巡检,可见京西安抚使迄于北宋末年,一直存在。

荆湖南路与广南东西路,仁宗时,皆因与境内少数民族的矛盾激化发生大规模的武装冲突而设置安抚司。如荆湖南路,庆历三年(1043)十月,因"蛮贼害潭州都监张克明、桂阳监巡检李延祚"而"置湖南安抚司"③。广南东、西路则因侬智高之乱,于皇祐四年(1052)六月己丑,"诏知广州、桂州自今并带经略安抚使"④。大观元年(1107),宋妄意开边,又"割融、柳、宜及平、允、从、庭、孚、观九州为黔南路,融州为帅府",置经略安抚使。但黔南路存在时间很短,

---

① 《长编》卷135、136、157、160。
② 《宋史》卷85《地理志一》。
③ 《宋会要·职官》41之89。
④ 《长编》卷172。

三年即又并入广西路,时仅二年①。南方其他路分,仁宗以后也曾先后设置过安抚使,但时间不长。如荆湖北路至和元年(1054),益利路熙宁九年(1076),江南东、西路与两浙东、西路宣和三年(1121),都曾设置过安抚使,事态平息后,就立即撤销②。

安抚使于真宗朝出现后,先后设置于三路、京东西及广南、湖南等地。东南其他路分及川峡地区则因社会矛盾相对缓和及其他种种考虑没有设置,依旧行用钤辖司和提举兵甲司制度。川峡地区如前所言,王均之乱后,即分川峡两路为益、利、梓、夔四路,并以四州知州提辖一路兵马捉贼事。这是咸平四年(1001)之制。景德元年(1004)十月,继续进行改革。这次改革在保持军政合一的体制不变的前提下,重新行用开宝六年(973)之制,将四路合并为西川、峡路两路③,并对各路钤辖司的权限作了明确的分工,"川峡四路兵甲贼盗事,内益、利两路,令西川钤辖司提举;夔、梓两路,峡路钤辖提举;其逐州都监,但主本州兵甲盗贼事"④。这样措置的意图,元祐时(1086—1094),范祖禹揭示得很清楚,他说:"盖以西南远方,外接蛮夷,内则戍兵客土相杂,或奸人窥伺,大盗窃发,淳化(990—994)、咸平(998—1003)中,盖尝如此。是故两川各置兵马钤辖镇守,互相牵制,夷事缓急照应,远近适中。"⑤钤辖司的权限,经过皇祐(1049—1054)、熙宁(1068—1077)年间的两次调整后,规定"成都府路边事,钤辖司专制置,梓州路转运司与钤辖司制置,利州、夔州路转运司与驻扎路分都监同制置,并许一面那移军马。如边事大,须合邻路兵力,即利、夔州路各申钤辖司"⑥。成都府路钤辖司得专制边事,这是因为成都府为川峡地区首府,地位崇高,自唐代以来为宰相回翔之地,入宋亦多用名臣,委以重寄。但是,宋制兵权不专付一人,故成都府利州路钤辖,有两钤辖为之副贰。这一点《建炎以来朝野杂记》中说得很清楚:"兵马都钤辖,祖宗时不常置。成都大府也,帅臣第带兵马钤辖,而两武臣之为钤辖者与钧礼。熙宁茂夷之变,蔡仲远自渭入蜀,始以都钤辖为名。蔡下令两钤辖循阶,神宗不乐,遂罢归。"⑦至于梓州路钤辖司,由于"东川既非帅府,而钤辖须在遂州,故稍轻其权任,主者不一","转

---

① 《宋史》卷90《地理志六》、卷348《张庄传》。
② 《长编》卷176至和元年六月丙午、卷274熙宁九年四月戊申、卷278熙宁九年十月丙午,《宋史》卷167《职官志七》。
③ 《元丰九域志》卷7。
④ 《长编》卷58景德元年十月壬寅。
⑤ 《长编》卷465元祐六年闰八月壬戌。
⑥ 《长编》卷276熙宁九年六月丁亥。
⑦ 《建炎以来朝野杂记·甲集》(《建炎以来朝野杂记》以下简称《朝野杂记》)卷16。

运使亦得通管"①。至于两路钤辖司的治所,"益利路兵马钤辖,治于益州"②,通观史籍,始终未见其变;而梓夔路钤辖司则随着川峡地区社会矛盾的变动而频频移司。唐、五代以来,梓、遂二州为东川重镇,而李顺、王均领导的两次声势浩大的起义和兵变,亦表明宋朝前期川峡地区社会矛盾的焦点在川峡腹地,因而神宗元丰(1078—1085)以前梓夔路钤辖司的始所一直在梓、遂二州间变动。熙宁以来,川峡地区腹地州县社会矛盾相对缓和,而戎、泸州民族矛盾日益激化。为了便于就近镇压戎、泸州夷人,梓夔路的军政重心逐渐南移。元丰五年四月庚午,"徙梓夔路钤辖司于泸州",同时授权"知泸州兼泸南缘边安抚使。遇有边事,安抚、钤辖司措置施行,转运司更不干预"③。从此以后,直至南宋乾道六年(1170),梓夔路钤辖司基本置司于泸州④。

荆湖北路自咸平(998—1003)以来长期设钤辖司以统一路兵权。自神宗于长江以南的五溪地区设置州县以来,民族矛盾一直比较尖锐。为了迅速有力地镇压五溪徭族的反抗,克服"帅司在荆南,去边既远,又隔大江,难以应援"的困难,宋曾于政和六年(1116)以后两度分"荆湖北路荆南,归、峡、安、复州,荆门、汉阳为荆南路,带都钤辖,治荆南。以鼎、澧、岳、鄂、辰、沅、靖为鼎澧路,带都钤辖,治鼎州"⑤。

由于宋朝与辽、西夏的长期对峙,也由于南方少数民族聚集地区民族矛盾比较尖锐,因而宋王朝的战略重点首先放在西、北二边,其次为南方少数民族地区,这在安抚使司的设置中已经表露得非常清楚了。东南地区的社会矛盾相对缓和,局势也相对平稳,因而宋王朝在这一地区的军政设施亦相对薄弱。这一点当时人已经看得非常清楚,宝元元年(1038)十一月甲辰,直史馆苏绅就一针见血地指出"国家比以西北二边为意,而鲜复留意南方"⑥的战略思想是错误的,希望决策者们改正。但是,自宝元元年,以至庆历末年(1048),宋王朝一直疲于应付辽、西夏的侵扰和平息湖、广地区的民族矛盾,同时又调整三路及湖、广地区的军政体系,无暇顾及东南地区。皇祐(1049—1053)以后,上述诸路安抚使体系配备完毕,基本定型,这样自皇祐元年迄于北宋末年宋王朝对东南地区的军政体制大约进行了四次重大的调整。第一次为皇祐时期。皇祐

---

① 《长编》卷465元祐元年闰八月壬戌。
② 《武经总要·前集》卷19《夔州》。
③ 《长编》卷325。
④ 关于四川帅司路的论述,详见拙作《宋代四川帅司路考述》,《文史》第44辑,中华书局,1998年。下并同。
⑤ 《宋会要·蕃夷》5之94。
⑥ 《长编》卷122。

元年正月乙卯,宋朝政府因两浙转运司之请,令"自今杭州专管勾一路兵马铃辖司事"。这次改制仅限于两浙,不过,不久就扩大到整个东南地区。皇祐三年正月丙子,又诏令"江宁府、扬州、庐州、洪州、福州并带提辖本路兵甲贼盗公事",并"益屯禁兵。仍分淮南为两路:扬州为东路,庐州为西路"。同年,两浙也分为东西两路,"杭、越守臣各兼两路屯驻驻泊兵马铃辖"①。第二次改制在嘉祐四年(1059)。直接动因是"知福州燕度言闽故多盗,请少假事权经制一路",遂进一步增强东南诸路的统治力量。具体措施是"淮南东路扬州、西路庐州、江南东路江宁府、西路洪州、湖南路潭州、浙东路越州、福建路福州并兼本路兵马铃辖,就置禁军,驻泊禁军三指挥,越州、福州置禁军二指挥","逐路选尝历任武臣二员为兵马都监,浙东、福建路一员","以专训练,毋得差出"②。宋廷这两次的措施,看来主要是恢复前期东南地区一路军政合一的体制,同时增加了该地区的军事力量。第三次改制在徽宗大观三年(1109)。时宋廷认为"东南久安,兵

表3 北宋帅司一览表

路 名	治 所	司 名	路 名	治 所	司 名
京东东路	青州	安抚司	熙河路	熙州	经略安抚司
京东西路	郓州东平府	安抚司	淮南东路	扬州	铃辖司
京西北路	许州颍昌府	安抚司	淮南西路	庐州	铃辖司
京西南路	邓州	安抚司	两浙西路	杭州	铃辖司
大名府路	大名府	安抚司	两浙东路	越州	铃辖司
高阳关路③	瀛州河间府	安抚司	江南东路	昇州江宁府	铃辖司
真定府路	镇州真定府	安抚司	江南西路	洪州	铃辖司
定州路	定州中山府	安抚司	荆湖北路	江陵府	铃辖司
河东路	并州太原府	经略安抚司	荆湖南路	潭州	安抚司
永兴军路	京兆府	安抚司	西川路	益州成都府	铃辖司
鄜延路	延州延安府	经略安抚司	峡 路	遂、梓、泸	铃辖司
环庆路	庆州庆阳府	经略安抚司	福建路	福州	铃辖司
秦凤路	秦州	经略安抚司	广南东路	广州	经略安抚司
泾原路	渭州	经略安抚司	广南西路	桂州	经略安抚司

① 《长编》卷166、170,《嘉泰会稽志》卷3。
② 《长编》卷189嘉祐四年五月丁巳。
③ 按:瀛州,大观二年升为河间府,高阳关路改称河间府路。

势寡弱,人轻易摇,当谨不虞之戒",因此,于十二月癸巳下诏,"以扬、江宁、杭、越、洪、荆南、潭、福及广、桂为帅府,真、江、润、明、虔、靖、邵、泉、封、邕为望郡。帅府仍兼总管,用侍从官。望郡以郎官以上为之。又定帅府屯兵二千,望郡一千"①。但是,据《淳熙三山志》所言,四年"罢帅府、总管,依旧制"云云,恐这次改制又全面废除。第四次改制在宣和三年(1121)。方腊被擒后,余部尚存,宋"诏杭越州、江宁府、洪州守臣并带安抚使"②,以处理东南善后事宜。北宋时期各路帅司如表3所示。

3. 南宋时期的安抚制置使

靖康二年(1127),北宋灭亡。四月,徽、钦二宗被俘北去。五月,高宗即位。六月,宰相李纲为收拾残局,提出中兴大计。他"请以河北之地建为藩镇,朝廷量以兵力授之,而于沿河、沿淮、沿江置帅府、要郡、次要郡以备控扼";沿河略而不言,"沿淮帅府二,治扬、庐。沿江帅府六,治荆南江宁府、潭洪杭越州。大率自川陕(峡)、广南外,总分为(十)九路,每路文臣为安抚使、马步军都总管,总一路兵政,许便宜行事,武臣副之"③。李纲虽然不久即被免职,但这一建议却被采纳,并次第付诸实施。建炎元年(1127),杭州、洪州、扬州、潭州、江宁府并升帅府。二年,庐州、荆南府并升为帅府。福州最晚,三年亦升为帅府④。越州未见置帅府之时间,恐史文遗阙,其事体与杭州同,设置帅府亦当在建炎元年。川峡地区安抚使的设置稍晚于东南诸路。建炎三年十月,知枢密院事张浚充川峡等路宣抚处置使,受命统一指挥和协调西部战区军政事宜。张浚入蜀后立即着手调整川峡军政机构,"徙端明殿学士、知熙州张深知利州,充利州路兵马钤辖、安抚使",而"知成都府卢法原去利州路兵马钤辖不兼",从此,利路置帅,成都帅臣不再兼利州路兵权。景德元年(1004)以来形成的体制,至此结束⑤。成都府路,据《方舆胜览·成都府》条的记载,自"罢兼两路"后,也"始带一路安抚使"。夔州路稍晚,建炎四年五月始置帅,以知夔州兼任⑥。至于潼川府路,则迟至乾道六年(1170)始置,"依旧泸南置司"⑦。加上广南东、西两路与京西南路,这样,南宋十六路安抚使全部形成。安抚使路至此也始成为一项通行于全国的制度。由于自建炎以来处于战争状态的缘故,

---

① 《玉海》卷18《淳化十道》、《至道十五路》。
② 《宋史》卷167《职官志七·经略安抚司》。
③ 《要录》卷6建炎元年六月己卯。
④ 《宋史》卷88《地理志四》、卷89《地理志五》。
⑤ 《要录》卷28建炎三年十月戊戌。
⑥ 《要录》卷33。
⑦ 《宋会要·职官》41之113。

浙西路、江南东西、荆湖南北等路各安抚使的治所、辖区多有变更,江淮、京西、荆湖南北一带,建炎、绍兴(1127—1162)年间甚至复方镇之制,设置镇抚使,然均终复如旧制。唯京西南路与利州路与北宋异制,可得而言。大抵京西南路自建炎南渡后两度沦陷,绍兴年间收复后重建,以襄阳为一路帅司治所,辖襄阳一府,随、房、均、郢四州与枣阳、光化二军①。利州路则自绍兴十四年(1144)起分为东西两路。从此以后,直至端平(1234—1236)前后,利州路分合不定,达十余次之多,大凡合则以兴元为治所,分则以兴元府、兴(沔)州为治所;分时东路辖兴元一府,剑、利、阆、金、洋、巴、蓬七州,大安一军,西路辖阶、成、西和、凤、文、龙、兴七州②。

在安抚使制度逐渐推向全国的时候,制置使也出现了。制置使负责"经画边鄙军旅之事",其始多为统兵之官。如"政和(1111—1119)中,熙秦用兵,以内侍童贯为之。宣和末(1125),姚古为京畿辅郡兵马制置使。靖康初,种师道为河东路制置使,钱盖为陕西五路制置使。建炎元年(1127),有招捉盗贼制置使,自王渊始。三年有行在五军制置使,自刘光世始"。随着战争的持续与发展,不久就出现了安抚使、制置使合一的趋向,并且制置使的设置随着宋金、宋蒙的和战和战局的变化呈现出阶段性与地域性等特点。建炎三年六月八日,浙西安抚使康允之为防秋始带本路制置使,虽然两个月后撤销,但却开创了南宋一路安抚兼制置使的先例。此后淮西等路续有设置。制置使设置之初,权任颇重。据载,"初,建炎元年,诏令安抚、发运、监司、州军官,并听制置司节制。其后,议者以守臣既带安抚,又兼制置,及许便宜,权之要重,拟于朝廷",三年,"诏止许便宜制置军事,其他刑狱、财赋付提刑、转运"。四年五月,金人北撤,局势稍见缓和,"又诏诸路帅臣并罢制置使之名,惟统兵官如故"。这是第一阶段。由于战争并未结束,内乱依然严重,因而制置使不可避免地仍要设置,于是,绍兴三年九月十五日,以江南西路安抚大使赵鼎充江南西路安抚制置大使③。从此以后,"席益帅潭,李纲帅江西,吕颐浩帅湖南,皆领制置大使"。绍兴和议前后,各路安抚使先后罢兼制置,仅四川于绍兴十八年复置④。这是第二阶段。绍兴三十一年,为抵抗金主完颜亮的南侵,宋先后任命刘锜、成闵、李显忠、吴拱等为淮南、江东西、浙西制置使,湖北、京西制置使和淮东、淮西制置使,负责两淮、京湖地区的防务。诸司之中,湖北、京西制置司设置时

---

① 《要录》卷78绍兴四年七月丁丑、《玉海》卷18。
② 《要录》卷152绍兴十四年九月辛酉、《宋史》卷89《地理志五》。
③ 《宋史》卷167《职官志七·制置使》、《文献通考》卷62《制置使》、《宋会要·职官》40之2、3、5。
④ 《宋史》卷30《高宗纪七》。

间最长,至乾道元年(1165)六月始撤销①。这是第三阶段。开禧(1205—1207)北伐,二年四月,始置湖北、京西宣抚使与两淮宣抚使。不久,又置沿江制置使,以知建康府叶适兼。三年二月,叶适改任江淮制置使②,建康守臣遂有江淮制置之名。嘉定十二年(1219)九月,江淮制置司罢,复置沿江制置司,治建康府;同时置淮东、淮西两制置司,治于楚、庐二州③。绍定三年(1230),以李全犯淮东,复置江淮制置大使。第二年,置江淮安抚制置大使。六年,复为沿江制置使,不兼两淮,直至宋亡④。宝庆三年(1227),楚州军乱,淮东制司始移至扬州⑤。淳祐二年(1242),李曾伯知扬州,以淮东制置使兼淮西制置使⑥,直至咸淳九年(1273)。此后淮东、西制置司又分为两司,直至宋亡。湖北京西制置使至晚于嘉定元年已设,据《宋会要·职官》40之17所载,嘉定二年二月五日有诏,命"京湖制置司岁举改官并依四川制置司体例,理为职司",即为明证。嘉定十年,为抗击金兵,制置司移至襄阳⑦。端平三年(1236),襄阳失守,此后京湖制司基本上仍在荆南⑧。景定元年(1260),移至鄂州⑨。咸淳七年,再返回荆南,直至宋亡。四川安抚制置使于绍兴十八年(1148)复置后,与宣抚使或互置,或并置,直至宋亡。其间变动达十余次之多,其治所一般设在成都。嘉定二年以后,由于政治、军事形势的需要,往往移至兴元府、利州,甚至一度置于沔州。淳祐二年以后,成都沦陷,川西残破,制置司东移至重庆府,直至宋亡。这是第四阶段。这一阶段安抚制置使设置时间最长,达七十年之久,发展也最充分。在这一阶段里,在北面主战场,逐渐形成了四川、京湖、两淮三大战区,宋亦相应地设置了三大安抚制置司。在西南方面,为了抵挡来自云南的蒙古军的攻击,增强防务,宝祐五年(1257),任命湖南安抚使李曾伯兼任广南制置使,移司静江府,统辖两广、湖南的军政事宜⑩。在理宗中期以后,为了统一防务、联络声援,往往诸战区实行统一指挥,或以知建康府、江东安抚使、沿江制置使兼淮西制置使⑪,或以京湖制置使兼四川、两淮军政事务;并授

---

① 《宋史》卷32《高宗纪九》、卷33《孝宗纪一》。
② 《宋史》卷38《宁宗纪二》、卷434《叶适传》。
③ 《宋史》卷40《宁宗纪四》、《宋会要·职官》40之19。
④ 《宋史》卷413《赵善湘传》、《景定建康志》卷14。
⑤ 《宋史》卷477《李全传》。
⑥ 《宋史》卷420《李曾伯传》、卷46《度宗纪》。
⑦ 《宋史》卷40《宁宗纪四》、卷403《赵方传》。
⑧ 《宋史》卷42《理宗纪二》。
⑨ 《宋史》卷88《地理志四》。
⑩ 《宋史》卷44《理宗纪四》。
⑪ 《宋史》卷419《别之杰传》。

予孟珙、贾似道、李曾伯、吴渊、马光祖、吕文德、李庭芝、汪立信、朱禩孙等人兼制两大战区的权力,权高位重是两宋历史上所没有的。而这一时期的一路安抚使则仅为其幕府的僚属。如赵范就曾以淮东安抚使兼知扬州的身份充任江淮制置司的参谋官,利路安抚王惟忠则为四川安抚制置使余玠"治财赋"①。

南宋安抚制置使是南宋时期宋王朝与金、蒙古长期对峙的产物。这一时期战争的长期性和残酷性是宋辽、宋与西夏的战争远不能比拟的。因而在宋辽、宋与西夏战争中产生的安抚使制度就远不能胜任南宋时期新的战争形势和战争规模。宁宗时有一种意见认为,可以"姑阙两淮制置,命两淮帅臣互相为援"。这个意见,遭到权发遣扬州事、主管淮东安抚司公事崔与之的反对,他上书宰相说:"两淮分任其责,而无制阃总其权,则东淮有警,西帅果能疾驰往救乎?东帅亦果能疾驰往救西淮乎?制阃俯瞰两淮,特一水之隔,文移往来,朝发夕至,无制阃则事事禀命朝廷,必稽缓误事矣。"②这就有力地证明了这一点。而且,北宋时期的禁兵包括系将禁军,在北宋末年已腐败糜烂,大部分丧失了战斗力。北宋灭亡后,禁兵基本溃散,至南宋时,已下降为与厢兵差不多的地方工役兵。而在宋金战争中,重新组建的军队,如前期的屯驻大军基本上不受安抚使的节制,而后来组建的新军,也仅仅是部分内地州郡的新军受安抚使节制,沿边州郡的新军则仍为安抚制置司所节制。因此,为了适应变化了的情况,更有效地组织力量进行战争,必须有一个新的更大的授权,一个新的更高的职位,"俾之各居属部,是非委得以亲见,利害不惑于传闻。变生于顷刻,则随变而辄应;战胜而捷来,则核实而即奏。上下相孚而不忤,部内亲覩而无间"③,达到成功抗击金、蒙古入侵的目的。南宋后期,北方战场形成了两淮、京湖、四川三大战区,各大战区"合官、民、兵为一体,通制(置)、总(领)司为一家"④,安抚制置使成为独揽数路军政、民政、财政的方面大员。

综上所述,可知宋朝安抚使制度的发展,大抵以仁宗庆历时期(1041—1048)为分界线。庆历以前,宋朝区别不同的情况,在全国各地分别创设了都部署路、兵马都钤辖、提举兵甲司等不同的形式,以统辖一路兵权。庆历以后,沿用隋、唐旧制,加以改造,通过安抚使或经略安抚使这样的形式,统辖三路、京东西、广南东西、湖南等地区的兵权,所谓"帅臣任河东、陕西、岭南路,职在绥御

---

① 《宋史》卷 417《赵范传》、卷 416《余玠传》。
② 《宋史》卷 406《崔与之传》。
③ 《宋会要·职官》40 之 19。
④ 《宋史》卷 403《赵方传》。

戎夷,则为经略安抚使兼都总管以统制军旅",河北及内地诸路安抚使则"掌抚绥良民而察其奸宄,以肃清一道"①。在东南与川峡地区则仍然采用逐州知州兼兵马钤辖的形式以统辖一路兵权。南宋初年,安抚使制度发展到全国,而约略同时制置使或安抚制置使也出现了。开禧(1205—1207)以后,随着战争的持续与发展,制置使、安抚制置使成为统辖一路或数路的方面大员。

第二节　宋代路制的若干特点

宋代继承唐末、五代以来地方统兵体制和监察、行政体制,发展成具有兵财分治特色的地方军政管理体制。宋初,即遍设转运司,将全国划分成为若干个转运司路,以管理一路的民政、财政;又区别不同情况,在全国各地分别创设了都部署路、兵马都钤辖、提举兵甲司及经略安抚使、安抚使等不同形式,以统辖一路兵权。帅司路、转运司路以及后来的提点刑狱司路、提举常平司路,在发展、健全的过程中,都存在着一个政区幅员的尺度多少为宜的问题。宋王朝从政治、军事、经济等各种不同的角度考虑,因时制宜,划分行政区、监察区、军区的辖境,使得有宋一代的路制呈现出犬牙交错、层次繁复的形态。

一、复式合议制的高层政区

从辖境看,帅司路与转运司路,在京东、京西及东南地区是完全吻合的。但是,在三路及川峡地区,宋王朝为了实现对外防御辽、西夏,对内巩固政权的战略目标,两司的辖境则极不一致。川峡地区,真宗初,分为益、利、梓、夔四路,景德元年(1004),转运司路不变,帅司路则由四路合并为益利、梓夔两路。五代时川峡地区曾出现前蜀、后蜀两个割据政权。因此,北宋常用重臣知益州,兼益利路兵马都钤辖,以镇抚西南远方。此制一直维持至南宋建炎时(1127—1130)方发生变化,时分益利、梓夔两钤辖司路为益、利、梓、夔四路,与转运司路完全吻合。因此,北宋时川峡地区的帅司路比转运司路大。但南宋时利州路常分为东、西两安抚司路,又比转运司路小。而在三路,则将河北分为大名府、高阳关、真定府、定州四帅司路,将河东分为并代、泽潞、石隰、麟府四帅司路,将陕西分为永兴军、秦凤、鄜延、环庆、泾原等五帅司路,如加上神宗时增设的熙河路,则为六路。因而,在三路,帅司路通常比转运司路为小。另外,帅司路在川峡、三路地区常呈现两级制。如河东经略安抚使,下辖并代等

---

① 《宋史》卷167《职官志七》、《宋会要·职官》41之79。

四帅司路。河北,庆历至熙宁间(1041—1077),"置河北四路安抚使,命知大名真定府、瀛定州者领之",而以贾昌朝等判大名,兼河北安抚使,总领四帅司路①。康定至庆历间(1040—1048),陕西常置陕西经略安抚使,总领沿边四帅司路。南宋时期,为抵御金、蒙古的入侵,川峡又设四川安抚制置使,赋予方面之权,总辖四安抚司路或五安抚司路兵马。开禧(1205—1207)以后,常设两淮、京湖安抚制置使,各领淮南东、西与京西南路、荆湖北路的兵马,权高位重、辖区之大,宋朝立国以来,未有其比。

北宋前期,转运司于"一路之事,无所不总"②,权任颇重。这就带来了两个方面的问题:一是事务繁重,难以事必躬亲,情不得实,事务稽缓;二是专制一方,权力过大。故景德(1004—1007)定制,增设一路提点刑狱司,以分转运司之司法权。熙宁初(1068),又增设一路提举常平司,专管新法财税,以分转运司之财权。两司均有按举之权,与转运司同为监司,因此三司都有按部之责。在当时交通、通讯条件极端落后的情况下,为了完成年度巡历,政区不宜过大,故宋自成立以来逐路屡有分路之举。然由于社会经济长期发展的结果,实际上,当时已形成了京东、京西、河北、河东、陕西、川峡、淮南、两浙、江南、荆湖、福建、广南等若干幅员辽阔的财赋之区,境内经济、财政密不可分。故逐路又屡有合并之举,或采取互兼、兼总等形式,呈现出极其复杂的形态。如太宗时的江南路,东路兼总西路;荆湖路,北路兼总南路;广南路,东路兼西路;西川、峡路则转运使互兼。又如,真宗咸平四年(1001),在平定王均之乱后,为了迅速有效地镇压动乱,遂"分川峡转运使为益、利、梓、夔四路"。但月余,"又虑漕挽者各司其局,失均济之义",遂"命知益州、右谏议大夫宋太初兼川峡四路都转运使"③。同样,神宗元丰元年(1078),"诏河北东西、永兴秦凤、京东东西、京西南北、淮南东西路转运司通管两路,以河北、陕府、京东、京西、淮南路为名,提刑、提举司仍旧分路"④,也是采取了分中有合、合中有分的方式,妥善地解决了监察区辖境不宜过大,以便于按部,地方财赋区辖境不宜过小,以便于移用钱谷、衰多益少、肥瘠均调的问题。因此,元丰(1078—1085)以后直至徽宗复设京畿路前,从监察区的角度来看,无论是提刑、提举司还是转运司,推行的都是二十三路之制;从地方财赋区的角度来看,则一直行用十八路之制。

---

① 《长编》卷164庆历八年四月辛卯。
② 《文献通考》卷61《转运使》。
③ 《长编》卷48咸平四年四月庚辰。
④ 《元丰九域志》卷1。

宋代诸路之中，转运司路北宋时分为五等①，有轻重、远近之别。大约即如元祐二年（1087）文彦博在论及官员差遣除授次序时所说，河北、陕西、河东三路为重路，成都府路次之，京东西、淮南又其次，江南东西、荆湖南北、两浙路又次之，二广、福建、梓、利、夔路为远小。至徽宗朝，设京畿路，又在三路之上②。宋南渡后，不再分等，分析其中的原因，可能与南宋时三路、京东路、京西北路已失，川峡四路又因战时不可事事遥制，而置四川安抚制置使、总领所等要职，成都漕已无复昔日之重等因素有关，以至于《方舆胜览·成都府》条言"成都路漕置司成都，宪置司嘉定，而漕不及宪"。至于提点刑狱路则无路分轻重远近之别，时提举常平司已废，绍圣时（1094—1098）始复，其路分当同于提刑，亦无路分轻重远近之别。

宋于一路置帅司与漕、宪、仓等监司，因此一路军政主官应不少于四员。实际情况是，北宋时，诸司除帅臣由一路首州知州兼任为一人外，其他如漕司则往往是两员并置，三路甚至多达三至四员。提刑司则多是文武二员，而仓司亦置一至二员。因此，实际上，北宋路一级军政主官常多达五至七员。南宋时，要少些。转运司，"绍熙（1190—1194）以来，使副、运判不双除"，一路始置一员③。提举司，不少路分由提刑司官员兼领，因此，一般只有三至四员。漕、宪、仓三司，作为路级监司，负有"分部按举"之责，须互分州县，遍巡所部。转运、提刑司按部二年一周，提举司按部则一年一遍④。因此，景祐元年（1034）四月与皇祐三年（1051）十一月，两次申命，"诸路转运使、提点刑狱廨宇同在一州，非所以分部按举也，宜处别州，仍条巡察之令以付之"⑤。提举司后置，亦用此意。从实际设置看，多数路分的仓司与漕、宪二司同州，但亦有不少另置于他州。如河北西路提举司置于定州，两浙路初设时置于苏州，江南东路则始终置于池州，甚至一些路分转运使副两司亦不在同一州。如京东漕，景德时（1004—1007）分治于广济军与青州；梓州路两转运司也曾一度分治于梓、遂二州⑥。路级诸司不在同一州内，除了出于"分割事权"这样一种考虑外，应与便于巡按、行政有关。宋朝一路监司为就近便，"岁以所部州县，量地远近互分定，岁终巡遍"⑦。如江南东路，漕司置于建康府，宪司置于饶州，仓司置于池

---

① 《永乐大典》卷 14620。
② 《长编》卷 404、《庆元条法事类》卷 4《官品杂压》。
③ 《群书考索·后集》卷 13。
④ 《宋会要·职官》45 之 1、14。
⑤ 《长编》卷 114、171。
⑥ 《长编》卷 59 景德二年三月，卷 83 大中祥符七年八月丙寅。
⑦ 《宋会要·职官》45 之 14。

州,理宗时,救恤灾伤放税,真德秀即建议,将江南东路的州县分成若干小区,"建康府、太平州、广德军常(当)责之安抚转运司,宁国府、池徽州当责之提举司,饶信州、南康军当责之提刑司"①。由于一路的军政机构分散在数州,因此,有重大议案,就须诸司至一地会议。如河东路提刑司在太原,哲宗时,毕仲游在与友人的书信中说:"比缘岁事,出至旁近郡,欲归而得漕台公移,会议役法,因径到上党,论有不决者,少为淹留。及归太原,始得所赐教翰。"②因此,宋代的路级政区与政府实际上是复式合议制的高层政区与政权机构。与前此历朝单式一长制高层政区与政权机构迥异,是有宋一代在我国地方行政制度建设上的创新与贡献。

二、以转运司为主体的地方行政体制

宋代路级诸司之中,以一路首州知州兼任的帅司地位最为尊崇。转运司次之,提点刑狱、提举常平又次之。宋朝官职有职、官、差遣之别。由于差遣为治内外之事的实职,故时人"以差遣要剧为贵途"。至于唐代以来的职事官,宋时已蜕变为寄禄官、阶官,仅"以寓禄秩、叙位著",故不为时人所重。因此,衡量路级诸司的地位,当以差遣高低为别。宋朝差遣在长期的发展过程中,大抵已有条贯。仁宗嘉祐时(1056—1063),司马光所上《十二等分职任差遣札子》,基本上反映了当时实际运作的情况。他是这样划分的:"宰相第一,两府第二,两制以上第三,三司副使、知杂御史第四,三司判官、转运使第五,提点刑狱第六,知州第七,通判第八,知县第九,幕职第十,令录第十一,判司簿尉第十二。其余文武职任差遣,并以此比类为十二等。若上等有阙,则于次等之中择才以补之。"③十二等差遣又可分为两个层次。其中,知州军以下为常调差遣,而提点刑狱以上则为出常调差遣。因此,转运使资序要比提点刑狱高。至于后出的提举常平则在提点刑狱之下,约与知州相当④。但是,北宋一路首州知州则不然,多由朝廷侍从乃至退位宰执等重臣充任。对于帅臣的资序,范祖禹说得很清楚:"将帅之选,多出于监司。先自远路,渐擢至京东西、淮南,其资望最深,绩效尤著者,乃擢任陕西、河东、河北三路及成都路,自三路及成都召为三司副使;其未可辍者,或与理副使资序,自副使出为都转运使。夫自初为监司

---

① (宋)真德秀:《西文忠公文集》卷6《奏乞分州措置荒政等事》。
② (宋)毕仲游:《西台集》卷10《与赵司业》。
③ (宋)司马光:《温国文正公文集》卷19。
④ 据《宋会要·职官》43之4,《职官分纪》卷47《诸路转运使副使判官》。元丰至绍兴,数次颁诏,规定提举官的资任依转运判官。而宋制运判位在通判之上,与知州叙官位,故言。

至三路及三司副使者,其人年劳已深,资历已多,缘边山川、道路、甲兵、钱谷,皆所谙知,故帅臣有阙,可备任使。"①正因为如此,故宋人常目帅臣为藩镇,必须加以防范。熙丰(1068—1085)改革之初,知青州欧阳修自作主张地中止了京东东路青苗钱的发放,被王安石斥之为"殊不识藩镇体",便是一个极好的例证②。为此,宋制始终贯彻以卑临尊、以小制大的精神。大臣"出临外藩,即转运使所部"。其合申转运使公事,"亦书姓名于监司之前"。转运使名位虽卑,但得按视其府库,"劾宰执侍从之臣"。故宋人常津津乐道其制度之得体,认为汉州牧之制、唐节度兼观察之制,皆不及本朝防微杜渐之严③。因此,建炎之初(1027),李纲请置帅府、要郡,被认为是复方镇之制。以此之故,议者始终不同意"如方镇割隶州郡",不同意授予节制之权,不同意削减上供财谷,而是以"兵事皆属都统,民政皆属诸司,安抚使特虚名而已"④。故南宋高、孝时人吴儆尝叹:"所谓帅臣者,虽名为一路兵民之寄,其实一大郡守耳!"⑤因此,毫无疑问,有宋一代,始终严防地方割据,始终坚持以转运司为主体的地方行政体制,从未动摇。开禧元年(1205),臣僚所言也证实了这一点,该臣言:"宪、漕诸司之势必行于郡县者,以刑狱之冤滥,讼牒之稽违,财赋之欺隐,诸司皆得以察之。下至当职官之去留,承行吏之罢复,诸司皆得以专之。至诸司耳目之所不接,又巡按以及得之,故郡县于诸司财赋类不敢亏。"⑥

三、转运司——宋代高层政区的政府

在路级监司之中,转运司设置最早,五代时就已出现。至宋朝立国之初,已是"一路之事,无所不总",俨然成为地方高层政区的政府。首先,从其本身的理财职能来看,它"经度一路财赋",了解盈虚有无,筹办向朝廷上供的钱物;年终计算各州县的出入,盈者提取,亏者补足⑦;每年巡行所部,检查储积和账册。转运司在财政方面的具体职责一般有五条:一是户口的增减;二是土地的荒辟;三是盐、茶、酒税的增亏;四是上供、和籴、和买物品,不亏于年额抛数;

---

① 《长编》卷 468 元祐六年十二月朔。
② 《长编》卷 211 熙宁三年五月庚戌。
③ 《长编》卷 201 治平元年四月辛未、卷 38 至道元年八月乙亥朔,《古今源流至论·续集》卷 7《监司》。
④ 《要录》卷 6 建炎元年六月丙戌,《景定建康志》卷 25《安抚司》,(宋)李纲:《梁溪集》卷 112《再与吴元中别幅》,《朝野杂记·甲集》卷 11《安抚使》。
⑤ (宋)吴儆:《竹洲集》卷 2《论广西帅臣兼知漕计》。
⑥ 《宋会要·职官》41 之 65。
⑦ 《朝野杂记·甲集》卷 17《诸州军资库》。

五是申报朝省文字和账册、案卷齐备①。这清楚地反映了转运司作为高层地方政府的性质。其次，与后设的提刑司、提举司相比，转运司的这一地方性质更为明显。神宗元丰元年(1078)七月，始命各路提刑司拘收本路转运司所桩管的缺额禁军请受，年终向枢密院申报数目。同年八月，以"诸路财赋，岁入岁支，转运司多不尽心，惟称阙乏"，故令转运司"自今三年一供"，"送提点刑狱司驱磨保明，上中书点检"②。南宋孝宗时，诸路经总制钱并委提刑司督责。所有这一切都清楚地表明提刑司在财政上是代表中央的。提举司是新法机构，它负责农田水利法、青苗法、免役法、市易法等在本路的推行与相关财务。但它通过新法所获得的赢利一般归入朝廷封桩范围，除雇役钱外，不负担本路经费开支。并且，从此以后，转运司财赋隶属于户部左曹，常平司财赋隶属于户部右曹。由于财赋有了地方与中央之分，由于转运司更多地代表地方的利益，因此，它常乘兼权常平司的机会侵用其财物。元丰元年十月，判司农司蔡确所言，就明白地揭示了这一点："诸路提举常平司旧兼领，转运司极有擅移用司农司钱物。自分局以来，河北东路提举司申，转运司所移用钱二十余万缗。江东提举司申，转运司所移用钱谷十二万余贯石。盖转运司兼领，则不能免侵费之弊。今川广等路未有提举官，并转运司兼权。及提举官假故，亦转运司承例兼权。欲乞提举司阙官处，令提点刑狱兼权。如廨舍稍远，即量留吏人照管官物等，委知州或主管官就便提辖。其提举官时暂在假，亦委知州或主管官权本司文字。"③南渡后，东南地区，常平、茶盐二司合而为提举常平茶盐司，主要负责中央财赋主要来源的茶盐专卖及其所得。故王应麟言："神宗始分天下之财，以为二司。转运司独用(主)民常赋与州县酒税之课，其余财利悉收于常平司，专掌其发敛，储之以待非常之用。"④这清楚地揭示了转运司与提举司在财赋方面分别代表的地方与中央的身份。

四、宋代限制高层政区的诸措施

宋代的路制，经五代时期的孕育，至宋初实已具备高层政区的特质。就转运司路而言，宋初已将"边防、盗贼、刑讼、金谷、按廉之任，皆委于转运使。又节次以天下土地形势，俾之分路而治"。路是宋王朝不愿设而又不得不设的产物。它不能割断历史，不得不接受五代制度，此其一；它拥有州、府、军、监三百

---

① 《长编》卷166 皇祐元年二月戊辰。
② 《长编》卷290、291。
③ 《宋会要·职官》43之5。
④ 《玉海》卷186《宋朝三司使》。

余,必不能由中央政府实施直接治理,此其二。因此,因仍自然之理,在州县之上,设置高层政区是势在必行之举。但唐亡于藩镇的教训,不能不引起赵宋统治者的警惕,因此极不愿设置高层政区。故北宋时除三路、广南、湖南等沿边地区及京东、京西等腹里地区外,始终不设安抚使,东南地区各路的钤辖司更是时设时废,不常厥制。南宋时,遍置安抚使,但其实有名无实。所有这一切施为,与唐前期废除都督制有惊人的相似之处。然高层政区又不能不设,于是,遂创立了具有兵财分治特色的地方军政管理体制,创立了与前代迥异的复式合议制的高层政区路和高层地方政府路级诸司,以贯彻"制军、给食"不可通而为一的治国原则;遂在借鉴唐末巡院制度的基础上,创立转运使更互赴阙、以备延见询问的制度;遂有"监司互察之文"与互申之制①。这一体制完备地体现了宋朝"异论相搅"、"丝牵绳联,总合于上"的治国原则。唯其不愿设,故又令州军直属京,州得专达。这表明宋朝是在借鉴唐前半期的州县两级地方行政建制的做法。由于唐朝前期的道是依据山川形势划分的,是地理区划。因此,它实现的是州县二级制,州有专达之权。但安史之乱后,方镇体制下的道州县三级制业已形成,州军直属京与州得专达之制已名存实亡。白居易言:"今县宰之权受制于州牧,州牧之政取则于使司,迭相拘持,不敢专达,虽有政术,何由施行?"②就反映了这一史实。宋恢复州军直属京及州得专达之制,就是借鉴唐制以实现越级控制的目的③。更有甚者,至责令州军监察监司。太宗淳化三年(992)正月戊午,"诏诸道转运使自今厘革庶务、平反狱讼、漕运金谷,成绩居最,及有建置之事果利于民者,所在州府军监,每岁终件析以闻"④。借此,上下相维,轻重相制,以钳制高层政区。应当肯定的是,在当时的历史条件下,这是一项防止地方高层政区分裂割据的有力措施。为了避免方镇割据的前途,彻底解决兵权控制问题,宋王朝还实行了各州节制屯驻军马这样一项措施。这一点也是得益于唐人。宪宗时,忠于朝廷的横海节度使乌重胤,在总结与方镇割据势力斗争的成功经验时说:"河朔藩镇所以能旅拒朝命六十余年者,由诸州县各置镇将领事,收刺史、县令之权,自作威福。向使刺史各得行其职,则虽有奸雄如安、史,必不能以一州独反也。臣所领德、棣、景三州,已举牒

---

① 《文献通考》卷 61《转运使》、《庆元条法事类》卷 4、5。
② (唐)白居易:《白氏长庆集》卷 46《策林·牧宰考课》。
③ 按:但据《咸淳临安志》卷 4《都堂石刻》所载,高宗在绍兴二十九年六月癸巳戒饬士风骄怠时,指出当时官场中"省部之于监司,监司之于郡守,文符屡下,视之漠然"。则宋代州为路之巡属,受其管辖,是无可怀疑的。相比于州郡专达,路领州郡乃是主要的基本的方面。又"以转运司为主体的地方行政体制"一节中,引开禧元年臣僚所论,也证明了这一点。
④ 《长编》卷 33。

各还刺史职事,应在州兵并令刺史领之。"①宪宗时,推广此项经验,所谓宪宗中兴之功,实与此相关。因此,两宋立国三百余年,除熙宁(1068—1077)建将兵法以后,变法派掌权时期外,基本上都贯彻了这项原则,诸军所在"以守臣节制",县"有戎兵"则知县、县令"兼兵马都监或监押"②。总而言之,宋朝的路州县三级地方行政制度,是在借鉴唐朝正反两方面的经验教训的基础上,斟酌损益而建立起来的。它尽管存在着许多弊端,但主流是好的,在维护国家统一方面,作出了积极的贡献,对后世地方行政制度的建设,产生了极其深远的影响,具有划时代的意义。

---

① 《资治通鉴》卷241元和十四年三月。
② 《文献通考》卷153、154、63。

第二章　宋代诸路的辖区与治所

宋行路制,太宗至道三年(997),始分天下为京东、京西、河北、河东、陕西、淮南、江南、荆湖南、荆湖北、两浙、福建、西川、峡路、广南东、广南西等十五路。真宗咸平四年(1001)王均之乱后,以"西蜀辽隔,事有缓急,难于应援"之故,遂分"川峡转运使为益、梓、利、夔四路",天禧四年(1020)江南路亦因辖境辽阔,不便巡按,分为东、西两路,是为十八路之制。熙宁间(1068—1077),京东、京西、河北、陕西、淮南各分为两路,是为二十三路之制。元丰元年(1078),五路转运司复合,故此后转运司路仍为十八路之制。又,真宗景德时(1004—1007)始置开封府界,府界提点诸县镇公事掌同转运使。仁宗皇祐、至和间与徽宗崇宁以后,多次以府界为基础建为京畿路。故今以京畿与十八路为纲,逐路讨论其辖区的变动与诸司之治所。

第一节　府界与京畿路

开封府,真宗初年,领开封、浚仪、尉氏、陈留、雍丘、封丘、中牟、阳武、酸枣、长垣、扶沟、鄢陵、考城、太康、襄邑、东明、咸平十七县。景德二年(1005)十二月乙未,"命虞部员外郎权盐铁判官冯亮、太常丞直史馆陈尧佐、内殿崇班阁门祗候高继忠侍其振,分诣开封府界提点刑狱、钱帛"。这可能是临时性的举措。史言三年三月,"始命朝臣提点开封府界诸县镇公事"。四年十二月,"又增置一员,以阁门祗候充"[①]。因此,宋正式置府界与提点,应在三年。

神宗时,府界辖区变动较大。"熙宁五年,废滑州,以白马、韦城、胙城三县隶府;又废郑州,以管城、新郑二县隶府;仍省原武县为镇入阳武,荥阳、荥泽二县为镇入管城"[②]。此时府界辖区最大,共领二十二县。元丰四年,复置滑州,白马等三县割出。元丰八年,复置郑州。第二年(元祐元年)尽复所辖存废五县。至是,府界复领十七县如故。

---

① 《长编》卷61、62。
② 《元丰九域志》卷1《开封府》。

皇祐时,贾昌朝以为"汉唐都雍,置辅郡,内翼京师。国朝都汴,而近京诸郡皆属他道,制度不称王畿",因此建议"析京东之曹州,京西之陈、许、郑、滑州并开封府,总四十二县为京畿"①。五年(1053)十二月壬戌,遂诏以五州为辅郡,隶畿内,置京畿转运使,以天章阁直学士王贽为枢密直学士、京畿水陆计度转运使。至和元年(1054)三月壬申,又置提点京畿刑狱官,以度支员外郎蔡挺为之②。但二年十月己丑,为防范宦官攫取兵权,诏罢京畿转运使及提点刑狱,恢复府界,以蔡挺为提点官,"其陈、许、郑、曹、滑各隶本路,为辅郡如故"③。仁宗时京畿路历时尚不足二年。

徽宗崇宁三年(1104),复置京畿路。此次辖区与仁宗时颇不相同。"以颍昌府为南辅,以汝之郏县隶之。襄邑县为东辅,以南京宁陵楚兵(丘)柘城、京畿之考城大(太)康隶之。郑州为西辅,以西京密县隶之。澶州为北辅,以北京朝城、南乐隶之"④,共计辖二府、三州。其中,开封府十四县,颍昌府七县,郑州六县,澶州七县,以襄邑等县所建之拱州领六县,共计四十县。

其后,"大观四年(1110),罢四辅,许、郑、澶州还隶京西及河北路,废拱州,复以襄邑县隶开封府"。政和四年(1114),复四辅。"宣和二年(1120),罢四辅,颍昌府、郑州、开德府各还旧隶,拱州隶京东西路。旧开封府界依旧为京畿"。因此,宣和二年时,京畿路仅领十五县。宣和六年,太康县复归开封⑤,因此,此时京畿路实领十六县。

府界原置提点诸县(镇)公事二员。神宗熙宁末,又增设提举常平、提点刑狱⑥。后提刑司废,故元祐初罢提举官,又于府界置提刑司。绍圣元年(1094)复置提举官,同时又撤去提刑司⑦。府界数度改为京畿路。仁宗时,京畿路置转运、提刑二司。徽宗时,漕、宪、仓三司并置⑧。

开封府界提点司与提举司治所原在开封城中。元丰四年四月甲申,以御史满中行言,"两司之官,名曰外任,而治所在城中,不务管职赴功,惟以请谒奔竞为事",故徙提点司至白马县,提举司至管城县⑨。然四年八月己巳,复置滑

---

① 《长编》卷175。
② 《长编》卷176。
③ 《长编》卷181。
④ 《宋会要·方域》5之12。
⑤ 《宋史》卷85《地理志一·京畿路》、《地理志一·拱州》。
⑥ 《职官分纪》卷47。
⑦ 《宋会要·职官》43之7。
⑧ (宋)陆游:《渭南文集》卷32《陆公墓志铭》。
⑨ 《长编》卷312。

州,八年复置郑州,白马、管城为二州属邑,则两司当复归于京城。京畿路漕、宪二司,仁宗时治于何地,不详,但肯定不在开封城中。《宋会要·食货》49之16言:"至和元年二月诏,京畿转运使自今遇乾元节许上寿,仍岁终一入奏事。二年十月,罢京畿转运使……仍召转运使王贽赴阙。"可知京畿漕必设于陈、许、郑、滑、曹诸州中之州治所在地。至于徽宗时,则京畿漕、宪、仓三司并治陈留。

第二节 京 东 路

京东路设立于开宝元年(968)。《太平寰宇记》卷13广济军条言,"皇朝乾德元年(963),东疏菏水,漕转兵食于(定陶)镇,置发运务。开宝元年,寻改为转运司。太平兴国二年(977),转运使何(和)岘奏请升定陶镇为广济军"云云可证。又《宋史》卷439《和岘传》亦明言和岘时为京东转运使。其传言,岘"太平兴国二年,知兖州,改京东转运使。岘性苛刻鄙吝,好殖财,复轻侮人,尝以官船载私货贩易规利。初为判官郑同度论奏,既而彰信军节度刘遇亦上言,按得实,坐削籍,配隶汝州"。《元丰九域志》卷10广济军条言,置转运司在开宝九年,恐是"元"、"九"两字形近而误。京东路转运司恐不至于迟至太祖末年方置。太平兴国六、七年间,有石熙载为京东西路转运使,恐时京东路分为东、西两路①。

至道三年(997),划一制度。"以应天,兖、徐、曹、青、郓、密、齐、济、沂、登、莱、单、濮、潍、淄、淮阳军、广济军、清平军、宣化军,莱芜监、利国监为京东路。"②熙宁七年(1074)四月甲午,京东路再分为东西两路,"以青、淄、潍、莱、登、密、沂、徐州,淮阳军为东路,郓、兖、齐、濮、曹、济、单州,南京为西路"③。

元丰元年(1078)闰正月己卯,又诏京东东、西路转运司,"并依未分路以前通管两路,其钱谷并听移用"④,而提刑、提举司仍旧分路。五月己丑,对京东东、西两路的辖区加以调整,"割齐州属东路,徐州属西路"⑤。元祐元年(1086),从司马光之议,废提举常平司,而提点刑狱司不分路。但元祐二年提刑司依旧分路,而绍圣以后复设的提举司亦仍分为两路。

---

① 《宋会要·食货》49之5,《宋会要·方域》10之13。
② 《宋史》卷85《地理志一·京东路》。
③ 《长编》卷252。
④ 《长编》卷287。
⑤ 《长编》卷289。

京东路确立后,所辖区域变动不大。首次变动,见于真宗初年。咸平四年(1001)二月甲寅,诏"以宋州隶京东路"①。这意味着在至道三年至咸平四年的五年间,宋州必定一度改隶他路。其次,见于徽宗朝。崇宁三年(1104),设立京畿路,割南京应天府之宁陵、楚丘、柘城三县与开封府之三县组建拱州。大观四年(1110),废京畿路及拱州,宁陵等三县复隶南京应天府。政和四年(1114),再建,三县复隶拱州。宣和二年(1120),废四辅,拱州划归京东西路,它以原开封府之襄邑、太康与应天府之宁陵县为属邑。而将楚丘、柘城划归应天府。因此,宣和二年,京东西路增拱州一州,襄邑、太康二县。六年,以太康归开封府,宁陵归应天府,而割柘城复隶拱州②。因此,宣和六年时,京东西路仅增襄邑一县。

京东路转运司之治所,据上引《太平寰宇记》等言,开宝初年,转运司二员并在广济军。"京东转运使副廨皆在广济军"的状况一直保持到景德初年。景德二年(1005)三月,始"诏以青州被海复远,符牒或致淹缓,徙一人廨于青州"③。然据《龙学文集》卷7《京东路转运使厅名记》所言,康定二年(1041)前郓州已成为京东路转运司治所。时置使二员,并驻于郓。文曰:

> 我司勋张公郎中、工部马公郎中领漕运于京东,既再稔。……郓之名州惟旧,某年以河决徙今新州,而二公之署在焉。今所追录则断自徙州而下,凡若干人,徙州而上者,盖亡矣。……康定二年夏六月十日记。

郓州以河决徙州,据《宋史》卷91《河渠志一》,在咸平三年五月。郓州新城建成,在五年四月。时就命知郓州姚铉为京东转运使,以奖其劳④。《龙学文集》系祖无择之文集,祖无择,宝元元年(1038)进士第三人及第,宝元、康定间任齐州通判,所言当不误。则郓州在咸平三年以前就成为京东转运司治所。然与上引《长编》所言抵牾,否则京东漕治所在景德二年后当分设于广济军与青、郓二州。而青、郓二州当是此后百余年间京东路转运司的治所。

广济军何时不再作为京东路漕司治所,今不得而知。其地位的低落大概与转运司不仅漕转兵食,还要兼廉察、统理州军有关,广济军偏处京东路之西端,于治理一路事务实有所不便,从地理位置而言,远不如青、郓二州。加之,广济河道日渐淤浅,水流枯涩,漕运困难。元丰五年(1082),宋罢广济河辇运

---

① 《长编》卷48。
② 《宋史》卷85《地理志一·拱州》。
③ 《长编》卷59。
④ 《长编》卷51。

司,不再用广济河道转运京东上供,原因就是"广济河用无源陂水,常置坝以通漕……间一岁旱,底著不行"①。因此,其被取代便是不可避免的了,移转运司至他州,置辇运司主持漕务。至熙宁、元丰,再废广济军及辇运司。这大概是广济军一步步衰落的过程。

关于青、郓二州作为京东路转运司治所的史料,管见所及,甚为稀少。熙宁元年九月十九日,资政殿大学士吴奎死于知青州任上,丧事及本家缺人照管。神宗虑孤遗失所,令"京东转运使陈汝羲就照管。既而,汝羲权知青州,委转运孙琳干其事",可见时京东漕治于青州②。又,元丰二年七月,权知青州、转运使王居卿"坐失察青州民杨和真自熙宁六年传习妖教",罚铜三十斤,可见元丰时京东漕仍治于青州③。建炎二年(1128)二月乙卯朔,朝廷任命"直秘阁、京东转运判官柴天因为本路转运副使兼知青州,主管京东东路安抚兼提刑司公事"④,时金已陷青、潍,而朝廷并不知晓,故有此误。此时距北宋灭亡仅数月,可见直至北宋末京东漕依然治于青州。

至于京东漕治于郓州者,可引毕仲游事迹为证。徽宗时,毕仲游曾出任京东转运副使。据《永乐大典》卷20205《西台毕仲游墓志铭并序》,知他"迁京东计度转运副使"时,并"权知郓州"。又,《西台集》卷11《上李少卿》一书中称"某才到东部,值郓守与西路宪车皆阙官,兼领其事",可知。徽宗时,郓州亦是京东漕治所。据《三朝北盟会编》卷74靖康二年(1127)正月三日条记载:"王(赵构)以正旦过华(莘)⑤县,宿阳谷县。二日,过景德镇,宿迷魂寨。至是到东平府,本路安抚使卢益、转运副使黄潜厚、转运判官阎邱升以下官吏出郊迎接。"由此则知钦宗时郓州(即东平府)仍是京东转运司治所。

总之,京东路转运司治所,开宝迄于景德初设在广济军。自真宗以后,则分驻于青、郓二州。熙、丰间分东、西路,青州当为东路转运司治所,郓州当为西路转运司治所,并均是两员并驻。

京东路提点刑狱司治所,东路设在青州。据《长编》元丰元年五月己丑诏,"京东东路提点刑狱司依旧居青州",可知。又,《墨庄漫录》卷7载:"李昭玘,成季⑥,

---

① 《长编》卷323元丰元年二月癸亥。
② 《宋会要·选举》32之15,《宋史》卷316《吴奎传》。
③ 《长编》卷299。
④ 《要录》卷13。
⑤ 按:"华"当为"莘"之讹。宋无华县,据《宋史》卷24《高宗纪一》,赵构靖康元年十二月二十九庚寅日自大名府出发,建炎元年正月初三癸巳日至东平府。正旦所过应是位于大名府东界之莘县。故改。
⑥ 按:据《宋史》卷347《李昭玘传》,昭玘,哲宗末年,为京东东、西两路提刑。

自京(东)西路提刑移东路。(西路)置司在兖(州),东路置司在青州。谢上表有云:去长安之日,虽遥千里之违;望岱宗之云,犹均二州之润。"由此可知京东东路宪司时仍治于青州。同样,据上引又知西路提刑司治所设于兖州。然据《孙公谈圃》卷下所载,西路宪似尝置于郓州。该卷言:"蒲恭敏宗孟知郓州日……公为宪日,一倚恭敏。"蒲宗孟知郓州,在元祐元年(1086)十五月至四年正月间,或此时西路提刑司设于郓州。北宋末,西路提刑司已移至济州,不过这可能是战时之权制。据《三朝北盟会编》卷83记载,靖康二年二月,王至济州,"京东西路提点刑狱李端彦、高士瞳、守臣张存、通判李迨及士庶出郊以迎王入城,欢声夹路"。至于提举司,则囿于所见,尚未能明言其治所之所在。

京东路的安抚司治所,东路置于青州,西路置于郓州。政和四年(1114),西路一度"移安抚使于应天府"①,但北宋末已移回郓州。

第三节 京 西 路

《玉海·乾德转运使》言:"乾德元年(963)正月,以沈义伦为京西、韩彦卿为淮南转运使,诸道置转运始见此。"因此,京西路应始建于乾德元年。至道三年(997),定制为十五路之一。

京西路出现后,经历了两次分合。第一次在太平兴国三年(978),是年四月甲戌,京西分为南北两路。北路辖"孟、滑、卫、陈、颍、许、蔡、汝等州,以转运使程能统之";南路辖"襄、均、房、复、郢、金、随、安、邓、唐等州及信阳军,以副使赵载统之"②。后复并,并在何时,诸书均未言。从太宗一朝出任京西路转运使的官衔看,可能一两年后即合并。

第二次是在熙丰时。熙宁五年(1072)八月二十四日,"诏以京西路分南北两路,襄、邓、随、金、房、均、郢、唐八州为京西南路,(西京)、滑③、许、孟、陈、蔡、汝、颍七州,信阳军为北路"④。元丰元年(1078)闰正月己卯,诏京西南北转运司,"并依未分路以前通管两路,其钱谷并听移用"。南北两路依然保留,但在财政上作了合并。

如将两个时期京西路的辖区相比较,就可发现其间有不少的差异。太平兴国时的京西路不辖郑州、西京河南府,但辖安、复、卫三州。诸州府何时割

---

① 《宋史》卷85《地理志一》。
② 《长编》卷19。
③ 按:西京、滑,据《长编》卷237熙宁五年八月己亥条补。
④ 《宋会要·方域》5之18。

隶,史志均未言及,不得其时。

北宋时,京西路辖区数度变动。首先,安州,天圣六年(1028)十月朔,自湖北来隶[1],又于庆历元年(1041)还隶湖北[2]。其次,皇祐五年(1053)十二月,建京畿路,割京西之陈、许、郑、滑四州隶之。至和二年(1055)十月,罢京畿路,四州复隶京西。再次就是徽宗朝,政区变动频频,崇宁三年(1104)、政和四年(1114)两度复置京畿路。以京西路"颍昌府为西辅,以汝之郏县隶之。以郑州为西辅,以西京密县隶之",共割京西两州府十三县隶京畿路。大观四年(1110)罢京畿及宣和二年(1120)罢四辅,二州府复隶京西。

南宋时,京西南路变动更大。建炎初,京东西、淮南、湖北等地,多已沦入群盗、土豪之手。宋于是仿藩镇法,设镇抚使。京西遂以桑仲、霍明、李横相继为襄阳府邓、随、郢州镇抚使,又以忠于宋室的王彦为金、均、房州镇抚使。绍兴初,诸州为金、齐所得,四年(1134),岳飞收复襄汉,以襄阳府、随、郢、唐、邓州,信阳军六郡为襄阳府路。五年,以金、均、房州隶襄阳府路。六年,复以襄阳府路为京西南路。同年七月,以金州隶川陕宣抚司。十一年,绍兴和议成,约以淮水中流为界,割唐、邓二州畀金,又升光化县为军。因此,和议后,京西南路实领襄阳府,均、房、随、郢州,信阳、光化军等七州军十五县。

绍兴十九年(1149),信阳军拨隶淮西,京西南路实领襄阳府等六州军十三县。嘉定十二年(1219),升随州枣阳县为枣阳军,又割德安府应山县来属[3]。端平元年(1234),宋蒙联合灭金,京西南路又增唐、邓、息三州十一县,凡领襄阳府等十州军二十五县。

北宋时期,京西路转运司的治所,据《栾城集·京西北路转运使题名记》,应在洛阳、襄阳二地。该记言:

> 熙宁之初,朝廷始新政令,其细布在州县,而其要领,转运使无所不总。政新则吏有不知,事遽则人有不办。当是时也,转运使奔走于外,咨度于内,日不遑食。由是京西始判,而郑、滑并于畿内。自某某若干州为南,自某某若干州为北。南治襄阳,北治洛阳。殿中丞陈君知俭自始更制,而提举常平,既而为转运判官,复为副使,以领北道。始终劳瘁,置功最力。将刻名于石以贻厥后,而顾瞻前人泯焉未纪,乃按典籍以求遗放。自开宝以来得若干人。

---

[1] 《长编》卷106。
[2] 《元丰九域志》卷6《安州》。
[3] 《舆地纪胜》卷83《随州》。

上引《题名记》所言为北道，作于熙宁六年（1073）十月，又言"自开宝以来"，则其间洛阳当为京西路（分路后，为京西北路）之治所。试检史籍以验之：景德四年（1007），乐黄目为京西转运使，丁内艰，"时真宗将幸洛，以供亿务繁，起令莅职。（父）史寻卒，上复诏权夺"。可见景德时京西漕在洛阳①。大中祥符三年（1010）十一月，王"随为京西转运副使，陛辞，且言曰：'臣父母家洛中，乃在所部，得奉汤药，圣主之泽也。'真宗因赐诗宠行，以羊酒束帛令过家为寿"。又，八年二月二十八日，"诏河东转运使段惟几、京西转运使陈尧佐交换其任，以弟尧咨亲嫌故也。先是，尧咨知永兴军，与转运使乐黄目不协，乃徙知河南府，因有是命"。可见大中祥符时，京西漕仍治于洛②。庆历三年（1043）八月丙辰，时以度支判官郑骧权陕西转运按察使兼三门发运使、判盐铁勾院夏安期为京西转运按察使兼白波发运使。旧制，三门白波发运使治河清县，议者以置使烦而比岁漕益耗，故令陕西、京西兼领之③。白波位于黄河北、孟县之西，发运使既以京西漕兼领，则治所当在洛阳，而不当在许州，否则不知何以遥制，可见时京西漕治于洛。

由此可见，熙宁前京西路转运司确乎治于洛阳。元丰元年（1078），稍变熙宁体制。京西路转运司，通管南北两路，以京西路为名。自此以后，至于北宋末，洛阳仍为京西漕治所。试举数例以验之。

《宋史》卷316《唐义问传》言，义问"擢湖南转运判官……移使京西。文彦博守西都，义问求罢去。彦博告以再入相时，尝荐其父，晚同为执政，相得甚欢，故义问乃止"。此为元丰时事。又《甲申杂记》载：绍圣中，"重实（周秩）为京西转运使。既至西京，捕文、刘，置运司别厅"。另据《宋会要·职官》61之43，政和八年（1118）九月十一日，工部侍郎蔡安时奏，先于政和四年任河南尹日，与京西转运使王璹议论不合。《鸿庆居士集·朱公（彦美）墓志铭》言，彦美，宣和二年（1120），"漕京西，尤称于天下，京西治河南"。《三朝北盟会编》卷64言靖康元年（1126）十一月二十二日，"粘罕自河东入寇，河东泽、潞州官吏多弃城走西京……粘罕渡河乘胜陷河阳及西京，执京西南北路都转运使时道尘使担粮"。

然据《宋史》卷448《刘汲传》所言，靖康元年，"时置京西转运司于邓州，以汲添差副使"。但此时已进入宋金战争时期，置司邓州，应非常制，不足为据。

---

① 《宋史》卷306《乐黄目传》。
② 《宋史》卷311《王随传》、《宋会要·职官》61之38。
③ 《长编》卷142。

北宋时，洛阳为京西漕治所，此为确论。但间亦设于许州。这方面的史料极少，仅见于《东轩笔录》卷 12，该卷言："苏舜元为京西转运使，廨宇在许州。"据《长编》，这当是皇祐中事。另外，熙宁九年二月辛丑，"诏以广西军兴，令京西南、北路转运司常轮一员应副军须。南路唐州，北路许州，候事平日仍旧"①。此亦可证转运司治许，仅为一时之制。

京西路，熙宁分路后，南路治于襄阳。南宋初，京西为边面。直至绍兴六年（1135），始复建京西南路。十年闰六月，始复置转运司。"置漕臣一员，兼提举茶盐常平等公事，襄阳府置司"，然类以他官兼，或兼以他路之职。十二年四月壬午，始以"蔡安疆为京西（南）路转运判官，兼提刑、提举茶盐等公事，填复置阙"②。自兹以后，直至南宋末，京西漕治于襄阳，且多兼宪、仓之事，未有变化③。

京西路提点刑狱司治所北宋时当分设于洛阳、邓州两地。《宋史》卷 298《李及传》言，及"在河南，杜衍为提点刑狱，间与衍会，而具甚疏薄"。据《长编》知此为天圣六年（1028）之事，时及知河南府。又，《孔氏谈苑》卷 3 言："范希文知邓州，是时法网疏阔，监司尚游宴，张去惑为提点刑狱，醉中起舞，既而曰，启谏议坏了提刑也。"范仲淹知邓州，在庆历五年（1045）十一月至皇祐元年（1049）正月间。时京西未分路，可见宪司又设于邓州。由此推知，分路时洛阳应为北路治所，而邓州应为南路治所。但据《三朝北盟会编》卷 114，建炎元年（1127）十一月二十四日，"金人银术陷汝州，提点刑狱谢京走，被杀"，则汝州应是熙宁分路后京西北路提刑司治所。宋有监司不得同在一州的规定④，或因此而移于汝州，但也不排除宋金战争爆发后迁至此的可能。建炎二年五月，程蒂以提点刑狱权知邓州⑤，可知北宋末邓州仍为南路宪司治所。但稍后即移至襄阳，《要录》建炎四年四月丙子条言，"京西南路提点刑狱公事李允文……奏欲以所部往虢州，诏速还襄阳"，可证。南宋时，一般治于襄阳，详见上节所引，但亦有例外。如建炎、绍兴之际，因战乱之故，先后移司郢、唐诸州⑥。又如宁宗末年，知随州吴柔胜"除京西提刑，领州如故"，则随州亦曾为京西南路提刑司治所⑦。

---

① 《长编》卷 273。
② 《要录》卷 145。
③ 《宋会要·职官》45 之 23，《宋史》卷 364《韩彦直传》、卷 401《柴中行传》，《方舆胜览》卷 32《襄阳府》。
④ 《长编》卷 114 景祐元年五月庚午。
⑤ 《三朝北盟会编》卷 114。
⑥ 《要录》卷 29 建炎三年十一月丁未、卷 41 绍兴元年正月癸未。
⑦ 《宋史》卷 400《吴柔胜传》。

南宋时，据上论证及《方舆胜览·襄阳府》条所载，则京西南路提举常平司亦治于襄阳。北宋时南北路仓司治所，今已不可考见。

京西路安抚司治所，北宋时，南北两路分治于邓、许二州①。南宋时，南路治于襄阳府。

第四节 河 北 路

河北路设置的时间，今已不可确定。但五代后周显德六年（959）世宗北伐时，以王赞为"河北诸州计度使"②之事来看，则河北转运司五代时已有之，宋之河北漕不过是承继五代之制而置。只是两者辖区是否一致，今已无从断定。

太宗时，河北路数度调整行政区划。"太平兴国二年（977），分河北南路。雍熙四年（986），分东、西路。端拱二年（989），并一路。"③直至至道三年（997），划一制度，河北路作为全国十五路之一的地位才最终确立。

熙宁六年（1073）七月，以河北路"所部广远"，而分为两路，"以滨、棣、德、博、恩、冀、沧、瀛、雄（霸）、澶、莫州，大名府，信安、保定、乾宁、永静军为东路，怀、卫、磁、相、邢、洺、深、祁、保、定、赵、州，真定府，安肃、广信、顺安、永宁军为西路"④。元丰元年（1078），诏河北东、西路转运司，通管两路，以河北路为名，提刑、提举司仍旧分路⑤。其后，元祐、绍圣间，提刑、提举司的废置分合率如他路，兹不赘述。

河北路的辖境，国初及徽宗朝变化较大。易代之际，河北边境常为辽所侵轶。例如瀛州高阳县，曾"陷北虏，尝为边民蹂躏。虏迁其民于县北三十里为行县"，后收复，开宝二年（969），始"诏瀛州高阳行县复旧邑"⑥。

再如，雍熙中，太宗再度北伐失败，遂失易州及易县、满城、涞水三县。平塞军此后不见于载籍，恐亦于此时失去。

徽宗朝，崇宁三年（1104）、政和四年（1114）两度设置京畿路，割河北澶州七县为北辅。大观四年（1110）废京畿，宣和二年（1120）罢四辅，澶州复归河北路。宣和四年始，宋收复燕京及涿、易、檀、顺、景、蓟、平、营诸州，"置监司，以

---

① 《宋会要·职官》47之12。
② 《宋史》卷274《王赞传》。
③ 《元丰九域志》卷2。
④ 《长编》卷246。又，霸州，据《宋会要·方域》5之26补。
⑤ 《元丰九域志》卷1《京东路》。
⑥ 《宋会要·方域》5之27。

燕山府路为名"①。七年,宋金战争爆发,诸州尽为金人所得。

河北路转运司治所设于大名府。太平兴国六年九月壬寅,田锡为河北南路转运使,据李焘之注文"锡方守大名"②云云,可知。"景德初,契丹入寇,帝将幸澶渊。钦若自请北行,以工部侍郎、参知政事判天雄军,提举河北转运司"③,则景德时河北漕亦当治于大名。《忠肃集》卷13《兵部员外郎直史馆梁公(蒨)墓志铭》言,庆历中,公"通判大名府。程文简公琳方居尹,与转运使张公昷之以气权相睨不安",则庆历时河北漕亦治于大名。《青琐高议·后集》载,韩魏公在大名日,有人送玉盏二只,"一日召漕使,且将用之酬劝"。《齐东野语》卷9载,韩魏公留钥北京日,李稷为漕使,公待之甚礼。韩琦熙宁六年二月壬寅,"自大名判相州"④,则熙宁六年分路前河北漕仍治大名。

熙宁六年至元丰元年间,河北东路转运司仍治大名。《宋名臣言行录·后集》卷3载,文彦博判北京,运判汪辅之入谒。检《长编》,文彦博熙宁七年至元丰三年在北京大名府,而汪辅之则于熙宁末至元丰初三任河北东、西两路转运判官。由此可证,分路期间,河北东漕仍治大名。

元丰元年闰正月,河北东、西路转运司通管两路,仍以河北路为名。自兹以后,迄于北宋末年,河北路转运司仍治大名。《三朝北盟会编》卷117载,张悫"靖康初,授龙图阁直学士、河北都转运使、权大名府。康王至大名,悫来迎,升延康殿学士。建炎初,召赴行在,同知枢密院"。又,《浮溪集》卷20《郭永传》载,永"迁河北东路提点刑狱。时车驾在维扬,命宗泽守京师,泽厉兵积粟,将复两河,以大名当冲要。檄永与帅杜充、漕臣张益谦相犄角。永得檄大喜,即朝夕谋战守具,因结东平权邦彦为援。……居无何,宗泽死。充守京师,以张益谦代之,而裴亿为转运使。……会范琼胁邦彦南去。刘豫举济南来寇,大名块然孤城居其间,敌以十倍之师攻之"。两例均可为证。

熙丰分路时期及元丰以后,是否在大名以外河北其他州府设置河北及西路转运司治所,管见未见载籍。熙宁十年(1077)八月己亥,吕温卿请置河北东、西路都转运司,他以为"河北分为东、西路,其于监司巡按点检甚便,至于通融移用之法,则不能无害。如东路出丝绵、绅绢,西路饶材木、铁炭,而有无不得以相通,用度不得以相补"。为此,他请"于北京特置河北京(按:"京"当为衍文)东、西路都转运司,选重臣以领使事。应合通融移用财赋课利、按察郡县

---

① 《宋史》卷90《地理志六·燕山府路》。
② 《长编》卷22。
③ 《宋史》卷283《王钦若传》。
④ 《长编》卷242。

事件等,委四路都转运司通管,专以经制边计为任,北边之财庶可以充足"①。此札距元丰元年(1078)闰正月河北通管两路仅及半年。或接受吕温卿之建请,河北转运司仅设于大名;甚或分路期间,河北西路转运司即设于大名,亦未可知。大名府位于河北与中原的交通干线御河的南端,是南方物资运往河北的集散地,其枢纽地位是河北其他州军所无法比拟的,因而这种可能性不是没有。

河北路提点刑狱设于贝州②。据载,真、仁之际,有李绎"擢提点河北刑狱、权知贝州"③。又据《长编》记载,庆历七年(1074)十一月戊戌,"贝州宣毅卒王则据城反。……提点刑狱田京、任黄裳持印,弃其家,縋城出保南关",均为明证。皇祐末至嘉祐初,"始置便籴司于大名,以(薛)向为提点刑狱兼其事"④,则河北提刑司此时或因兼便籴司而移至大名。

熙宁六年分路,河北东、西两路提刑司设于何处,未见载籍。元祐二年(1087)再分路,据《长编》是年五月丁丑条所载,两路分别"就恩、邢二州置司"。故东路在两次分路期间,提刑司当均设于恩州;而西路亦当均设于邢州。

北宋末,两路提刑司受战局影响均有所变动。据上引《浮溪集·郭永传》所载,东路已移至大名。而西路据《三朝北盟会编》卷50所载,靖康元年(1126)七月前,李邈已提举河北西路保甲兼权提点刑狱、权真定府,则时河北西路宪已移司真定府。又据《要录》靖康二年十二月癸亥条所载,河北西路宪又移至浚州。该条言:"河北西路提点刑狱公事王起之、提举常平等事王渊、提举茶盐公事秦伯祥被旨守黎阳,皆驰至相,王讶之,汪伯彦悉荐以为干办公事。"黎阳县,政和五年(1115)为浚州治所,故言。但此二者似均不可以常制视之。

河北路提举司,管见东路不可得而知。西路,据《斜川集》卷1《送梁与可赴中山仓》,知提举司设于定州中山府。

河北路安抚司治所,分置于大名、河间、真定、中山四府⑤。

第五节 河 东 路

河东路应设于太平兴国四年(979)灭北汉时,为至道三年(997)十五路之

---

① 《长编》卷284。
② 按:庆历八年,改恩州。
③ 《宋史》卷307《李绎传》。
④ 《宋史》卷328《薛向传》。又据《龙川略志》卷3《论河朔盐利害》所载,薛向为河北宪时,正值贾昌朝再度出任大名府。贾复任大名,据《宋代安抚使考》所载,在皇祐五年(1053)闰七月至嘉祐元年(1056)十一月间。
⑤ 《宋史》卷86《地理志二》。

一。设立以来,辖境无所变更。唯元丰以后,宋对夏采取进筑之战略,蚕食其封疆,至元符时,建晋宁军及神泉等寨,辖境有所扩大。

河东路转运司治于潞州,兹引《宋史》卷299《孙冲传》以为证:

> (孙冲)历湖北、河东转运使。会南郊赏赐军士,而汾州广勇军所得帛不逮他军,一军大噪,掉守佐堂下劫之,约与善帛乃免,城中戒备,遣兵围广勇营。冲适至,命解围弛备,置酒张乐,推首恶十六人斩之,遂定。初,守佐以乱军所约者上闻,诏给善帛。使者至潞,冲促之还,曰:"以乱而得所欲,是愈诱之乱也。"卒留不与。

《长编》亦载此事,系于天圣六年(1028)正月,知天圣时河东转运司治所当在潞州。又,《欧阳文忠公文集》卷115《倚阁忻代州和籴米奏状》中有"又缘转运使二人并在潞州,相去绝远,不及计会商量"云云,更明言庆历中转运司治所置于潞州。

《宋史》卷300《王鼎传》亦可为证。传言,鼎"入为三司盐铁副使。数与包拯争议,不少屈。拯素强,然无如之何。迁刑部郎中、天章阁待制、河北都转运使,徙使河东,卒"。又言,鼎卒所在"潞州八义馆"。包拯嘉祐四年(1059)至六年任三司使,可见仁宗末年河东路治所亦在潞州。

哲宗时,毕仲游"出提点河东路刑狱"①,在任时与友人赵司业书信往还,在《与赵司业》中说:"比缘岁事,出至旁近郡,欲归而得漕台公移,会议役法,因径到上党,论有不决者,少为淹留。及归太原,始领所赐教翰。"②可见,哲宗时转运司治所仍在潞州。

河东路提点刑狱司设于太原。《西台集》卷10又有《与王观文又》明言:"前任承乏河东,廨舍在太原。"另外,天圣时杜衍之事亦可为反证。《长编》天圣四年四月戊午条载:"光禄卿、知汝州王曙为给事中知潞州,上党民王氏诬伏杀继母,狱已具,僚吏皆以为无足疑者,曙独曰此可疑也。既而提点刑狱杜衍至更讯之,果得真杀人者。"

河东路宪司在太原,漕司在潞州,一南一北互有偏重,正符合宋朝监司不得同州、以便分部按举的原则,应当说是基本符合历史原貌的。靖康元年(1126)九月三日,粘罕陷太原,"运判王毖、提举单孝纯(忠)皆被杀"③。据此,转运司可能移至太原,这大概是因战局需要而作的变动。由于文中不载提刑,

---

① 《宋史》卷281《毕仲游传》。
② (宋)毕仲游:《西台集》卷10。
③ 《三朝北盟会编》卷53。

因此亦不排除漕、宪二司互移的可能。根据本条,还可知河东路提举司亦设于并州太原府。至于河东路经略安抚司,则始终治于太原府①。

第六节 陕 西 路

《宋史》卷264《沈伦传》言,乾德元年(963)春,伦"为陕西转运使"。因此,陕西路的设置当不晚于此。至道三年定制,陕西路为十五路之一。

陕西路行政区经历过两次大调整。《宋会要·食货》49之2言:"太平兴国二年(977),分陕西河北、陕西河南两路,各置使一员。又有陕府西北路,后皆并焉。熙宁五年(1072),分永兴、秦凤二路。"太平兴国时,各区辖境今已无从得知。疑河北、河南大致以渭水为界来划分。北宋熙宁以前,称永兴军路以外地区为"陕西沿边",该地区在宋、西夏长期对抗中,逐渐形成四个战区,即秦凤、泾原、环庆、鄜延四安抚使路。庆历元年(1041)十月甲午,"始分陕西为四路"②云云,实际上是将陕西沿边正式划分为四个安抚使路,并不包含永兴军周围的陕西内地州军。故庆历二年十月辛亥,又"诏永兴军如四路置部署兼本路安抚使,提举乾、耀等州军事"③。所谓永兴军路,是年十一月辛卯明言,即"河中府、同华耀商虢解陕、庆成军"。由此推测,陕西河南路大致相当于庆历时的永兴军路,河北路大致相当于陕西沿边四路。而陕府西北路则是指沿边四路中的泾原、秦凤路。

熙宁五年时的永兴、秦凤路辖境则很清楚。是年十一月壬申,分永兴、保安军,河中、陕府,商、解、同、华、耀、虢、鄜、延、丹、坊、环、庆、邠、宁州为永兴军等路;凤翔府,秦、阶、陇、凤、成、泾、原、渭、熙、河、洮、岷州,镇戎、德顺、通远军为秦凤等路④。元丰元年(1078),永兴、秦凤路转运司通管两路,以陕府(西)路为名。提刑、提举司仍旧分路。其后,元祐、绍圣间,提刑、提举司的废置分合亦率如他路。

但元丰时,由于对西夏作战的需要,陕西沿边各帅司路多设转运使。此时的逐路转运使恐主要承担军需的供应,其性质为五代、宋初转运使初置时的随军转运使。徽宗时,陕西转运司路亦多有分合,恐亦是此意。其时,徽宗经略河湟,崇宁中,别置熙河路转运司。大观元年(1107)八月,复合。政和三年

---

① 《宋史》卷86《地理志二》。
② 《长编》卷134。
③ 《长编》卷138。
④ 《长编》卷240。

(1113),复分为秦凤、熙河、永兴军等三路。宣和元年(1119)九月复合,"诏陕西漕司以都转运一员于永兴军置司,总治六路。转运使三员分治,每两路一员主之"①。

北宋时期,陕西路的辖境亦有变化。太平兴国中,李继迁叛宋,雍熙二年(985)攻克银、会二州。至咸平末,已拥有夏、银、绥、宥、静、盐、会、灵、凉州及清远、威远军之地。陕西辖境较前缩小。熙丰(1068—1085)时,神宗以收复汉唐故疆为己任,整军经武,进攻西夏。在陕西,凡创置熙、河、兰、岷四州及通远一军。哲宗亲政,推行进筑。徽宗继位,专以绍述为意。自绍圣以来迄于政和,建会州、西安州、乐州、西宁州、绥德军、定边军、怀德军、震武军、积石军等十州军,陕西辖境至此获得前所未有的拓展。北宋末,宋金战争爆发,陕西路除凤、成、阶、岷四州及秦州天水县②外,尽属于金。

陕西路诸司之中,转运司当治于永兴军。《宋会要·职官》61之38载,大中祥符中,陈"尧咨知永兴军,与转运使乐黄目不协,乃徙知河南府",可见时转运司治于永兴军。熙宁五年,规定永兴军路"转运使于永兴军,提点刑狱于河中府置司";秦凤等路"转运使于秦州,提点刑狱于凤翔府置司"③。由此可知,熙宁五年至元丰元年,陕西两路转运司治于永兴军、秦州。

元丰元年以后,转运司通治两路财赋,两司当合而为一,仍治于永兴军。据《长编》所载,"元符元年正月壬申,曾布言:'……谌实有才干,本司事不少,若止令在长安本司,却令巴宜往军前乃便。'上然之。先是,朝旨令转运判官巴宜在长安本司,李谌管勾泾原军须故也",则元符初陕漕依旧治于永兴军。又据《三朝北盟会编》卷115所载:"建炎二年(1128)正月十三日,金人娄宿陷长安,安抚使唐重战卒,总管杨宗闵、运使桑景询、通判曾谓、提刑郭忠孝皆被害。"则终北宋末,陕漕仍治于永兴军。

应当指出的是,徽宗时,在陕西继续推行进筑政策,为了治理扩大后的辖区,政和中,"诏陕西以三员,熙、秦两路各二员。宣和初,又诏陕西以都漕两员总治于长安,而漕臣三员分领六路"④,则政和时除永兴军为陕西路或永兴军等路的治所外,熙、秦二州当为熙、秦两路转运司之治所。宣和时,由于是"每两路一员主之"⑤,故永兴军外亦当另有两漕司治所。但史无明文,不得其详。

---

① 《宋会要·食货》49之25、27、32,《宋史》卷167《职官志七·都转运使》。
② 《宋史》卷89《地理志五》。
③ 《长编》卷240。
④ 《宋史》卷167《职官志七》。
⑤ 《宋会要·食货》49之32。

提点刑狱司,熙宁五年分路前,不可得知。此后,当分治于河中、凤翔二府。元祐时,毕仲游"出为秦凤路提点刑狱,又移永兴军路"①。其《西台集》卷10有《上范尧夫相公又》言:"某到河中,始知名阃之可乐。"又,《渑水燕谈录》卷6亦有相关的记载。元祐四年(1089)夏,"余初至河东,一日,与郡僚旅见提刑孙亚夫,孙曰近日府中角声不和,应在太守",河东为河中府之郡名。故可知元祐时永兴军路提刑司仍治于河中。这种状况至少一直维持到政和末年②。

然据上引《三朝北盟会编》,北宋末,永兴军等路提刑司似已移司永兴军。但据同日所列《唐重墓志》所载,长安失陷之前,蒲、绛二州已于建炎元年失守。因此,不能排除永兴军等路提刑司于此后移司永兴军的可能。至于秦凤等路提刑司,元丰元年后当仍治于凤翔府。《要录》绍兴九年(1139)七月壬辰,以陈"古为秦凤等路提点刑狱公事,凤翔府置司;直秘阁鲜于翰为永兴军路提点刑狱公事,永兴军置司",或可为印证。然据《长编》所载,元丰六年时,吕温卿尝以权秦凤等路刑狱权秦州,元符二年(1099)前,孙贲尝以秦凤路提刑权秦州③,则秦凤宪又似尝移司秦州。至于提举司治所,今已不得而知。陕西六路帅司治所,则分治于永兴军、延安府、庆阳府、秦州、渭州、熙州④。

第七节 两 浙 路

太平兴国三年(978),漳泉、吴越相继献地,宋初统称之为"两浙诸州"。五月丙戌,以"刑部郎中杨克让充两浙西南路转运使,宗正丞赵齐副之;祠部郎中河南刘保勋充两浙东北路转运使,右拾遗郑骧副之"⑤,始分闽、浙诸州为两路。两浙东北路后改两浙路,但史文阙逸,不得其时。据《长编》所载,太平兴国六年八月,罢免两浙东北路转运使王德裔。九月,其后任高冕的官衔已改为"两浙转运使"。则两浙东北路改名两浙路,当在六年王德裔、高冕到罢之际。

太平兴国时,两浙路的辖境不详。《元一统志》卷8《常州路》言,常州,"雍熙四年(986)属江南道,至道三年(997)属两浙路"。因此,《元丰九域志》等地志所载,两浙路辖杭、越、苏、润、湖、婺、明、常、温、台、处、衢、睦、秀州及江阴军

---

① 《永乐大典》卷20205《西台毕仲游墓志铭并序》。
② 《夷坚丁志》卷14《郭提刑妾》言,政和末,陕西提刑与提举木筏"二司皆在河中府"。
③ 《长编》卷338、340、516。
④ 《宋史》卷87《地理志三》。
⑤ 《长编》卷19。

等十五州军,当为至道三年所定规模。

熙宁七年(1074)四月壬辰,从检正中书刑房公事沈括之请,分两浙路为东、西两路,以杭、苏、湖、润、常、秀、睦七州为浙西路,越、明、婺、温、台、衢、处七州为浙东路。此后屡分屡合,熙宁七年九月合为一路,九年五月复分,十年五月复合①。

宣和五年(1123),复分临安、平江、镇江、嘉兴四府,安吉、常、严三州,江阴一军为西路;绍兴、庆元、瑞安三府,婺、台、衢、处四州为东路②。然两浙路不同于他路,而有其自身的特点,即如王象之所言:"今荆、淮、江、广诸路漕臣皆分路自置,惟两浙以财赋合一,故共置一司,兼统两路,并得刺举,尚熙宁旧制也。"③所谓"尚熙宁旧制",即熙宁十年五月所诏,两浙东、西路复"合为一路。盖以财赋不可分,又已责监司分定巡历诸州县岁遍故也"④。因而,就转运司而言,北宋末,两浙东、西两路在财政上实仍为一路,即两浙路,仅设一司,通管两路财赋。而转运司在行使监察职权时,则仍同于提刑、提举司,各分东、西路。

两浙路转运司,初沿唐江南东道采访使治于苏之旧制,设于苏州。《吴郡图经续记·下》言,"两浙转运使治所初在吴郡,孙何汉公自京东迁二浙,实居于此"。孙何为浙漕,据《长编》载,在咸平三年(1000)六月后不久。又《宋史》卷306《孙何传》言,"景德初,代还,判太常礼院"云云,则至少景德前两浙转运司治于苏。

仁宗景祐时,两浙漕已移司杭州。据《长编》载,景祐二年(1035)六月,度支判官、直集贤院段少连为两浙转运副使。"是时,龙图阁直学士郑向守杭,无治才。讼者不服,往往自州出,径趋少连。少连一言处决,莫不尽其理"云云,可证。自兹以后,迄于英宗,浙漕仍治于杭,兹举三例以证。据《苏学士文集》卷15《两浙路转运使王公墓表》载,庆历四年(1044)春,王雍"充两浙转运按察使。是岁秋七月甲子,考终于钱塘之官舍"。又《浮溪集》卷26《周公墓志铭》载:"皇祐五年(1053),(之道)进士第,调主杭州钱塘簿。转运司治钱塘,吏习倨骄,视州县蔑如。转运使元绛委公督租,吏胡通者,绛任之,有田邑中,租过期不入,公执通归,仗而徇,一邑大惊,他租不日而办。"又《宋史》卷344《孔文仲传》言,皇祐五年,文仲"举进士,南省考官吕夏卿,称其词赋赡丽,策论深博,

---

① 《长编》卷252、256、257。
② 《宋史》卷88《地理志四·两浙路》。详见下文中关于提举常平司之论证。
③ 《舆地纪胜》卷2《临安府·两浙转运司》。
④ 《长编》卷275熙宁九年五月丙寅。

文势如荀卿、扬雄,白主司,擢第一。调余杭尉。恬介自守,不事请谒。转运使在杭,召与议事,事已,驰归,不诣府。人问之,曰:'吾于府无事也。'"

熙宁七年,两浙分为东、西两路。西路转运司治于杭,东路转运司治于越。此后屡经分合,分则各治于杭、越,合则并治于杭州临安府。从宋代诸《会稽志》不载转运司治所,即可知浙漕基本未设于越州绍兴府。

总之,两浙路转运司,景德前治于苏州,后治于杭州临安府。熙宁分路时期,则分治于杭、越。

两浙路提举常平司治所,《舆地纪胜》卷10《两浙东路·绍兴府·监司沿革·提举司》条记叙较完整,该条言:"初置司,合两浙为一路,治苏州。寻徙杭州。宣和末,分为东、西两路,东路治越。"该条有三点不足:第一,熙宁七年四月至九月,两浙分为东、西两路,浙西仓治于杭州,浙东仓治于越州。熙宁九年五月至十年五月,再次分路,治所亦当如此,忽略未言。第二,徙杭之时不明。据《宝庆会稽续志》卷2《提举题名》言,徙杭在大观年间。然大观至熙宁甚远,未可言"寻",则熙宁二年初置常平司后不久,当徙治于杭。熙宁末合为一路后至大观前,常平司可能先后治于杭、苏二地。第三,宣和分路之时不明。据《吴郡志》卷7《官宇·提举常平茶盐司》言,"宣和五年,又分淮、浙为(两路),西路则八州军三十八县隶焉,治平江府",则分路在宣和五年。故两浙路提举常平司之治所,熙宁初设时治于苏,寻徙杭州;熙宁两次分路,常平司则分治于杭、越;熙宁末至大观时,先后治于杭、苏二州;大观中,治于杭;宣和五年以后,迄于南宋末,分治于苏州平江府与越州绍兴府。

两浙路提点刑狱司治所,据《舆地纪胜》卷10《两浙东路·绍兴府》言,初在越州。熙宁七年四月,分两浙为东、西路,置浙西提点刑狱于润州,浙东提点刑狱于温州。同年九月,两浙转运司以分路之后财赋通融不行为由,请求复合,并请"提刑司依旧在越州驻泊"。则熙宁七年前后,两浙路提刑司治于越州。其后,熙宁末再次分合。分则两浙路提刑司应分治润、温,合则两浙路提刑司应治于越州。

两浙路提举司,于宣和五年分路而治,则提点刑狱司亦当同时分路。然据《要录》诸书记载,建炎时,两浙似又合为一路,但提刑司则分设于镇江与越州两地。建炎二年(1128)二月己未,"诏两浙武臣提刑于镇江置司",三年十二月戊戌,提刑王翿在越州,可资佐证①。不过,四年二月丙申,"罢诸路武臣提点刑狱",两浙路亦当罢去。绍兴元年(1131)十二月,局势平稳,宋"诏两浙分东、

---

① 《要录》卷13、30。

西路,置提点刑狱"①,分治于苏、越②。王象之据《浙东提刑司题名》所言"置司起于建炎四年","题名亦起自四年",推测两浙提刑之分治苏、越,当在四年,与上说稍异。

因此,两浙东、西路提刑司治所,自绍兴元年以来,分治于苏、越。并且,据《方舆胜览》卷2《平江府》、卷6《绍兴府》,宝庆《会稽续志》卷2《提刑司》,《吴郡志》卷7《官宇》,《宋史》卷416《胡颖传》等条记载,可知南宋时期基本如此。咸淳末,浙西提刑可能移司安吉州。《宋史》卷451《赵良淳传》言:"咸淳末……除良淳知安吉州……寻以徐道隆为浙西提刑,以辅良淳……大兵迫独松关,有旨趣道隆入卫。道隆既去,大兵至,军其东、西门,良淳率众城守。"可证。但德祐元年(1275)三月丙戌,又"徙浙西提点刑狱司于平江府"③。

从文献上看,南宋时,两浙东、西路提刑、提举常兼权知两浙各州府,即"移司兼郡"现象较频繁④。但这并不影响平江府与绍兴府作为两浙东、西提刑、提举司的主要置司之所的地位。

总之,两浙路提刑司初治于越州。熙宁分路,则分治于润、温二州。熙宁以后,仍治于越州。宣和五年,复分路,则提刑司分治于苏州平江府与越州绍兴府。咸淳末,浙西提刑移司安吉州。德祐初,复旧治。

北宋时,知杭州常领两浙一路兵马钤辖。仁宗皇祐、嘉祐时及徽宗大观、宣和时,两浙帅司路数度分为东、西两路,越、杭二州则为两浙东、西路帅司治所,然事平则罢⑤。南宋建炎元年,杭、越二州知州并兼一路安抚使,终南宋之世不变,遂为永制。

第八节 淮 南 路

五代末,淮南已设转运司,时有转运判官冯瓒弹劾楚州刺史张顺之事⑥。因而《玉海·漕运》所载,"乾德元年(963)正月,以韩彦卿为淮南转运使,诸道置转运始见此",仅表明韩彦卿为宋朝首任淮南转运使。

尽管淮南转运使出现很早,但当时淮南路并未形成。据《长编》载,开宝七年(974)五月壬戌,宋命监察御史刘蟠同知淮南诸州转运事。九年九月丁卯,

---

① 《宋史》卷26《高宗纪三》。
② 《吴郡志》卷7、《舆地纪胜》卷10。
③ 《宋史》卷47《瀛国公纪》。
④ 《宋史》卷410《范应铃传》。
⑤ 《嘉泰会稽志》卷3、《长编》卷189嘉祐四年五月丁巳、《玉海》卷18。
⑥ 《册府元龟》卷700《牧守部·贪黩》。

以库部员外郎范旻勾当淮南诸州并淮北徐、海、沂等州水陆计度转运公事。可知直至太祖末年，淮南路也未形成。其辖境的正式划定，可能在至道三年(997)，或稍前。

建炎四年(1130)，置镇抚使。淮南分建诸镇，以赵立为楚泗州涟水军镇抚使，刘位为滁濠州镇抚使，赵霖为和州无为军镇抚使，李成为舒蕲州镇抚使，吴翊为黄州镇抚使，李彦先为海州淮阳军镇抚使，薛庆为承州天长军镇抚使。绍兴初，诸镇灭亡。三年(1133)初，汤东野、胡舜陟相续为淮东、西安抚使①。三月壬午，又命"通判和州贾直清提举淮西茶盐公事。两淮旧为分镇地，至是始命监司"②。这标志着宋廷又恢复对淮南的直接管辖。由于此时淮南残破，并无财政收入，故此后设置的淮南转运司，于四年十二月底撤销，其职事"令本路提举茶盐司兼领"。五年正月，又并罢茶盐、提刑司，"置提点淮南两路公事一员，兼领刑狱、茶盐、运漕、市易等事"。直至七年四月末，始复置淮南转运司，"诏淮南东、西路各置转运一员，兼提（点）刑狱、（提）举茶盐常平事。蒋璨除淮东路转运判官，韩琎除淮西路转运判官。提点两路公事司官吏并罢"。至此，淮南地区始恢复正常的行政管理体制③。绍兴十二年，和议成，约以淮水中流划疆。淮东宿、亳、海州及泗州临淮县、楚州涟水县、淮西寿春府下蔡县，划归金国。与宣和五年(1123)相较，绍兴十二年，淮南路少三州一十九县之地。

绍定末，宋、蒙联兵灭金，相约以陈、蔡为界。端平元年(1234)，宋得两淮之寿、泗、宿、亳四州及涟水一军，加上消灭李全所得之海州，共五州、一军、二十县，两淮全境收复。

淮南路的分合，北宋时有三次。据《元丰九域志》言，太平兴国元年(976)，分为东、西路，后并一路。其东、西路所辖不明，且未言并在何年，是否就是至道三年，不清楚。是年，淮南路为十五路之一。熙宁五年(1072)，复分路。据《长编》载，是年九月丁卯，"诏以淮南路分东、西两路。扬、亳、宿、楚、海、泰、泗、滁、真、通十州为东路，寿、庐、蕲、和、濠、光、黄八州，无为军为西路"。元丰元年(1078)，诏淮南东、西路转运司通管两路，以淮南路为名；提刑、提举司仍旧分路。元祐元年(1086)，罢提举司，提刑司不分路。二年，提刑司复分路。绍圣元年(1094)，复置提举司。宣和五年，淮南路如两浙路，转运司以淮

---

① 《宋史》卷27《高宗纪四》。
② 《要录》卷63。
③ 《宋会要·食货》49之42、43。

南路为名，而提刑、提举司复分路。南宋时，淮南路的分合有两次。绍兴七年，淮南局势平稳后，分东、西两路，复置两转运司，而在相当长的时间内，以漕司兼领宪、仓职事。十四年，基于通融财政，使两路"事力相济"这样一种考虑，复合为一路，仍以淮南转运司为名。但由于淮南漕南宋时始终分设于两地，与两浙路不同。因而，一般仍将淮南视为淮东、西两路。故王象之言，"今荆、淮、江、广诸路漕臣皆分路自置"①。而任淮南漕臣者，其官衔也是淮南、淮东、淮西互出。

淮南路转运司治所，《燕翼诒谋录》卷4言之最备，谓"淮南转运使旧有二员，皆在楚州。明道元年（1032）七月甲戌，诏徙一员于庐州。南渡以后，废江淮发运使，而治楚州者移真州，治庐州者移治舒州。其后又自舒州移治无为军"。废发运使，据《宋会要·职官》42之55，南渡后有三次，首次在绍兴二年。《舆地纪胜》卷38真州条言，淮南转运司，"旧治山阳。自顷兵革灰烬，移于真州之城东南行春坊，即旧发运之治所也"，则淮南转运司移司真、舒二州当在绍兴三四年间转运司初复之时。又据《宋会要·兵》2之45，乾道八年（1172）十月十二日，淮南转运判官冯忠嘉言："本路二漕，一置司真州，一置司无为军。"则此时淮西转运司已从舒州移司无为军。故西漕移司无为军，极有可能在绍兴七年淮南漕再度复置之时。西漕直至嘉定十四年（1221）仍在无为军②，但理宗时，已移司庐州。而真州则始终是"淮东转运司置司"之所③。

淮南路提点刑狱司治所，仁宗时在寿州。《西台集》卷16《毕从古行状》言："复起为寿州通判，摄其州事。……沔为州帅，以罪过谪宣州节度副使。朝廷怒甚，以中黄门监护沔送所部。过淮阳，请舟于淮阳太守，太守不与。舟至淮南，谒提刑，提刑不敢见。沔既见公，公为具舟与车，致其妻子、辎重、从者数百人。……（公）以嘉祐四年（1059）七月四日卒于寿阳。"寿州，隋代改名淮南郡，故据此知仁宗时淮南路提刑治于寿州。

熙宁分路后，淮南东路治所，北宋时恐在扬州，《宋史》卷328《章縡传》言縡"提点淮南东路刑狱、权知扬州兼提举香盐事，时方铸崇宁大钱"，可证。淮南漕既在楚州，扬州又为淮南首府，提刑司设于此，一南一北，正符合监司不得同州与分部按举的原则。南宋理宗初，提刑司仍治于扬州。据《宋史》卷476《李全传》，宝庆元年（1225）以后，有汪统、赵范、林琪等先后"知扬州兼提点刑

---

① 《舆地纪胜》卷2《临安府·两浙转运司》。
② 《宋会要·职官》75之29。
③ 《方舆胜览》卷45《真州》、卷48《庐州》。

狱"。当然,这期间亦有例外,如宁宗末,贾涉"授淮东提点刑狱兼楚州,节制本路京东忠义人兵"①。南宋时,两淮为边面,形势复杂多变,故而有移司之现象。理宗后期,局势更为严峻,移司也就更加频繁。如赵范、赵葵,绍定元年(1094)前后,先后出任淮东提点刑狱兼知滁州。嘉熙末,余玠出任淮东提点刑狱兼知淮安州。杜庶,理宗末年知真州兼淮东提点刑狱。《方舆胜览》卷45言,泰州为淮东提刑置司治所,该州僻处淮东之东南,恐是南宋末年之制。

淮西提刑司治所,《舆地纪胜》卷46《淮南西路》安庆府条言:"熙宁五年,分淮南西路,置司于此。"所言欠妥。其实,至南渡初,淮西宪仍在寿州寿春府。《要录》言,建炎三年(1129)九月戊戌,金人陷寿春府,时"淮西提点刑狱、阁门宣赞舍人马识远代知府事",启门迎拜,可证。然四年已移司舒州,据《要录》是年二月丙申条所载,时李成陷舒州,"淮西提点刑狱公事李著受代未行",为成所执,可证。淮西宪置司舒州可能始于此时。《方舆胜览》卷48言在无为军,恐是南宋后期之事。然据《宋史》卷40《宁宗纪四》载,嘉定十四年三月"丁亥,金人破黄州,淮西提刑、知州事何大节弃城遁死"。理宗末,向士璧"知黄州,迁淮西提点刑狱兼知黄州"②。由此可知南宋后期淮西宪又曾数度移司黄州。

淮东提举常平司,《舆地纪胜》卷40《淮南东路》泰州条言:"自熙宁三年置提举官,置司扬州。绍兴七年,置司泰州。"《方舆胜览》卷45泰州条言在泰州。则南宋时泰州确乎为淮东提举司治所。淮西路提举常平司治所,《方舆胜览》卷48言在无为军,恐非初制。据《宋史》卷377《向子諲传》言,"张邦昌僭位,遣人持敕书往庐州问其家安否。子諲檄郡守冯询、提举范仲使拘之,以俟王命",则淮西仓司北宋末,甚或此前应在庐州。

总之,淮南路转运司初治于楚州;明道以后,分治于楚、庐二州;绍兴二年,治于真、舒二州;可能在乾道时,移治于真州、无为军;理宗时,治于真、庐二州。提点刑狱司,仁宗时治于寿州,熙宁分路后,分治于扬、舒二州;南宋时,淮东宪治于扬州,理宗时,治于泰州;淮西宪治于舒州安庆府,南宋后期治于无为军。然二司治所移司频繁。提举常平司,淮东治于扬州,绍兴七年,移司泰州;淮西治于庐州,南宋时治于无为军。

淮南东、西路帅司治所,设于扬、庐二州。北宋时,二州常带一路兵马钤辖。南宋建炎初,各兼本路安抚使。乾道中,淮西安抚司一度移至和州③。而

---

① 《宋史》卷403《贾涉传》。
② 《宋史》卷416《向士璧传》。
③ 《宋史》卷88《地理志四》。

嘉定、宝庆间,以经略山东,故移淮东安抚制置司于楚州①。

第九节 江南东路

宋开宝八年(975),克平南唐。第二年(即太平兴国元年),命知昇州杨克逊(让)兼江南诸州水陆计度转运使事②。所谓江南诸州,应包括平江南所得昇、宣、歙、江、池、洪、润、常、鄂、筠、饶、信、虔、吉、袁、抚、汀、建、剑州及江阴、雄远、建武军等二十二州军。由于时荆湖已设转运司,史文亦未有大幅度调整政区之举,漳泉、吴越尚未归地,故开宝九年时江南诸州辖境只能如此。它比后来的江南路要大,多鄂、润、常、汀、建、剑六州及江阴一军。鄂州何时割隶荆湖,不明。其他六州军,当是太平兴国三年(978)漳泉、吴越归地后拨隶两浙诸州。这样,太平兴国三年以后的江南诸州实与唐元和时的江西、宣歙两道略同而偏大。由于筠州、雄远军、建武军是从昇、抚等州析出,因而,宋初江南诸州与唐两道相比,仅多昇州一州。昇州,唐时废,所辖各县,上元、句容隶属润州,溧水、溧阳隶属宣州。因此,实仅多上元、句容二县。

江南路,太平兴国元年,分东、西路,后并一路。至道三年(997)定制,为十五路之一。太平兴国元年的东、西路与至道三年的江南路辖境不详。天禧四年(1020),应如《元丰九域志》所载,以江宁府,宣、歙、江、池、饶、信、太平州,南康、广德军等十府州军四十八县为东路,以洪、虔、吉、袁、抚、筠州,兴国、南安、临江、建昌军等十州军四十五县为西路。

建炎四年(1130),"合江东、西为江南路,以鄂、岳来属"③。时分江东、西为鄂州、江州、池州三安抚司路,故合江南两路为一路,置都转运使④。绍兴元年(1131),割东路江州、南康军隶西路,又割西路抚州、建昌军隶东路,并各复置转运司。四年,"抚州、建昌军依旧隶江西路,南康军依旧隶江东路"⑤。这样,南宋时的江东路辖区比北宋时要小,少江州一州。

江南转运司的治所,在昇州。开宝八年(975)十二月丁未,宋以杨克让权知昇州。太平兴国元年二月,又兼江南转运使⑥。自此以后,迄于宋末,江东

---

① 《舆地纪胜》卷37《扬州》。
② 《舆地纪胜》卷26《隆兴府》。
③ 《宋史》卷88《地理志四》。
④ 《宋史》卷26《高宗纪三》。
⑤ 《宋会要·方域》6之23、26,《宋史》卷26《高宗纪三》。
⑥ 《长编》卷16。

转运司依旧治于此①。《至正金陵新志》卷1言，"端拱元年(988)，转运使治于鄱州"②，此事不见于宋代文献，或别有所据。

江南东路提点刑狱司，旧在建康府。皇祐三年(1051)，移治饶州③。熙丰之际以王安石晚年退居江宁，特命其弟王安上为江南东路提点刑狱，移司江宁④。直至元丰三年(1080)九月王安上因故勒停⑤。自此以后，迄于宋末，江东提刑一直治于饶州。试举数例以证：据《夷坚甲志》卷11《梅先遇人》载，洪"兴祖，绍兴十二年为江东提刑，治所在鄱阳"。又，淳熙时，韩元吉所作《南涧甲乙稿》卷22《新知泰州宋公墓志铭》言："饶号剧郡，且刑狱、坑冶二使者在焉。"《宋史》卷405《袁甫传》言，宁宗末年，甫"移提举江东常平……遂提点本路刑狱兼提举，移司番阳"。《方舆胜览》卷18载，江东提刑置司饶州。

《要录》言"建炎二年十二月丙子，左武大夫、明州观察使高士瞳为江南东路提点刑狱公事，置司江宁府"。但此为"江东路武臣提刑"⑥，不足为江东文臣提刑移司江宁府的佐证。四年罢诸路武提刑，江东路亦不应例外。绍兴元年六月江东提刑王圭在徽州⑦，可能是因战乱之故，并非常制。

江南东路提举常平司，治于池州⑧。自熙宁迄于宋末，均如此。北宋未见其例，南宋试举数例以证。据《三朝北盟会编》载，绍兴八年十二月一日，"胡铨以上书乞斩秦桧、孙近、王伦，遂罢枢密院编修官归乡里，舟行至池州贵池口岸下，以书报提举常平方滋，滋尝为枢密院计议官，与铨同舍，乃出城至贵池口，见铨于税亭中"。《朱子语类·黄干序》，朱熹作于嘉定乙亥，序言"李道传知真州，后持庾节于池阳"。又，《宋史》卷417《赵范传》言，范"宝庆三年(1227)，改知池州，继兼江东提举常平"。《蒙斋集》卷13《江东仓司无倦堂记》言，"余持江东使节，至秋浦之初年，实绍定己丑夏六月也。……我画江自守，池亦一冲要也。……次年冬十月，余迁司臬，仍兼庾事"。《宋史》卷420《王伯大传》言，端平初，伯大"改知池州兼权江东提举常平。久之，依旧直秘阁、江东提举常平，仍兼知池州"。《宋史》卷420《马天骥传》言，宝祐初，天骥"改知池州兼江东提举常平"。

---

① 《舆地纪胜》卷17《江南东路·建康府》，《方舆胜览》卷14同条。
② 按：宋无鄱州，或指饶州。隋、唐、宋三朝，饶州治鄱阳县，又称鄱阳郡，以此，元人误为鄱州。
③ 《舆地纪胜》卷23《江南东路·饶州》。
④ 《长编》卷285熙宁十年十月戊子。
⑤ 《长编》卷308。
⑥ 《至正金陵新志》卷3中之下。
⑦ 《要录》卷45。
⑧ 《舆地纪胜》卷22《江南东路·池州》。

江南东路，北宋时，常置兵马钤辖司；南宋初，置安抚司，均治于江宁府①。建炎四年五月，分江东西为鄂州、江州、池州三路，置安抚使，"鄂州路领岳、筠、袁、虔、吉州，南安军，江州路领洪、抚、信州，兴国、南昌（康）、临江、建昌军，池州路领建康府，太平、饶、宣、徽州，广德军"。绍兴元年正月，复为江南东、西路。九月，两路帅司复还建康府、洪州旧治②。

第十节 江南西路

太平兴国元年（976），江南路分为东、西两路。《舆地纪胜·隆兴府》所言："开宝九年（976），命知昇州杨克逊（让）兼江南诸州水陆计度转运使事。时兼东、西两路，故治不在豫章。是年，又命知洪州王明兼江南西路转运使，故漕台未有治所。"因此，太平兴国初年的分路，可能在实际上仅仅是区域分工有所侧重而已。又由于转运使由首州知州兼任，故西路边漕台也未设。虽然该书又言"雍熙中，杨缄为江西漕，始治焉"，但据《宋史》卷439《和岘传》，时杨缄官衔仍为江南转运使。又，《宋史》卷265《张齐贤传》言，太平兴国六年，贤"为江南西路转运副使。冬，改右补阙，加正使"，但在张齐贤所撰《洛阳缙绅旧闻记》卷2《虔州记异》中又屡言"江南"。该文言："余在江南掌转输之明年……余未半岁，自京奏公事回，溯流至虔州。怀琪乘舟三十许里相接，相揖之际，连拜数十，但云某罪过。余自暂离洪州来上京，却归江南，往复仅四五个月，固未知法定之死，闻怀琪称罪恳切，甚讶之。"尽管虔州、洪州尽为江西州郡，但此时都统属于江南路。故分路行之未久，而有并路之举。

天禧四年（1020）四月，为便于按巡，复分江南为东、西两路③。江南西路辖洪、虔、吉、袁、抚、筠州，兴国、南安、临江、建昌军等十州军四十五县。

建炎四年（1030），合江东、西为江南路，以鄂、岳来属。绍兴元年（1131），割东路江州、南康军隶西路，又割西路抚州、建昌军隶东路，并各复置转运司。四年，"抚州、建昌军依旧隶江西路，南康军依旧隶江东路"。这样，南宋时期的江西路辖区比北宋时要大，多江州一州。

江南西路转运司治于洪州，上引《舆地纪胜》、《虔州记异》可证。但建炎时因战乱，已"权在吉州置司"。绍兴元年八月，江州安抚大使朱胜非以"江州置

---

① 《宋史》卷88《地理志四》。
② 《要录》卷33、41、47。
③ 《长编》卷95。

帅,措置屯兵防托江路,正要漕司就近经画钱粮"为由,移"江西转运司依旧于洪州置司"①。自兹以后,直至德祐元年(1275)十一月壬午,"转运判官刘槃以隆兴降",江西漕始终设于洪州隆兴府②。

江南西路提点刑狱司治所在赣州③。嘉祐七年(1062)二月三日,"命南康军蔡挺权提点江南西路刑狱公事,专一制置虔、汀、漳州贼盗,兼提点虔州运盐事",可证④。南宋初,提刑司不在赣州。绍兴二十七年三月壬午,"诏江西提刑司依旧还赣州,节制赣、吉官兵,措置汀、漳盗贼"⑤。从此,江西提刑司复治于赣,衙设于旧坑冶司廨宇。故绍兴三十年五月十三日,有江淮等路提点坑冶铸钱公事李植"乞下江西提刑司拨还旧来廨宇"⑥之举,但被工部驳回。另外,《宋会要·兵》13之44所载"开禧二年(1206)六月五日,江西提刑兼权赣州钟将之";《蒙斋集》卷9《曾用亮除江西转运判官制》言,"曩持江西宪节,且摄章贡郡符";《永乐大典》卷14628言,"淳祐七年(1247)二月二十三日,尚书省札子,前江西提刑兼知赣州郑逢辰"云云。此上数条并可证宁宗至理宗时,江西提刑司治于赣。然据《宋史》卷454《黄申传》言,黄申,"开庆元年(1259)进士,授(江州)德安尉,摄主簿兼提点江西刑狱司签厅,狱事多所辨明",则理宗后期该司可能已移于江州。

江西提举常平司,原治于袁州。开禧二年三月一日,"大理正黄培奏,窃见江西提举司置司于袁,自绍兴年徙于抚"⑦,可证。提举司南宋初废,绍兴十五年复,与提举茶盐司合并,以提举常平茶盐为名。而原在洪州的茶盐司由于兵火,已于建炎四年(1130)移司抚州⑧。因而合并后的治所设于抚州,应是顺理成章之举。自此以后,提举司治于抚州⑨。但理宗后期,该司已移至吉州。时叶梦鼎、汤汉二人并以"江西提举常平兼知吉州"⑩,可证。

江南西路,北宋时,常置兵马钤辖司于洪州。南宋初,置安抚司于洪州。建炎四年,江南分为鄂、江、池三路。安抚司移至江州。绍兴元年,复为江南东、西路,安抚司复移至洪州⑪。理宗端平二年(1235)以后,以防御蒙军,江西

---

① 《宋会要·食货》49之38。
② 《宋史》卷47《瀛国公纪》、《方舆胜览》卷19。
③ 《舆地纪胜》卷32、《方舆胜览》卷20。
④ 《宋会要·兵》1之26。
⑤ 《要录》卷176。
⑥ 《宋会要·职官》43之156。
⑦ 《宋会要·职官》43之41。
⑧ 《宋会要·方域》4之17。
⑨ 《舆地纪胜》卷29《江南西路抚州》、《方舆胜览》卷21《抚州》。
⑩ 《宋史》卷414《叶梦鼎传》、卷438《汤汉传》。
⑪ 《宋史》卷88《地理志四》、《舆地纪胜》卷26《隆兴府》。

安抚司又移至江州,直至南宋末①。

第十一节 荆 湖 北 路

宋乾德元年(963),先后占据荆南、湖南,得江陵府,归、峡、潭、衡、邵、道、永、全、岳、澧、朗、辰、奖、锦、溪、叙州及荆门军、桂阳监。二年九月,又从南汉夺得郴州。据《太平寰宇记》卷118朗州桃源县条所载,该县,乾德二年"从转运使张永锡之所请"而建。则乾德初平荆南、湖南后可能就立即设置了转运司,而以"荆湖诸州"②为名。所辖除上述诸州军外,在乾德三年灭蜀后的一个相当长的时间内尚应辖黔州。开宝六年(973)正月甲子,分西川为西川、峡路。以"遂、合、渝、泸、昌、开、达、渠、巴、蓬、资、戎、涪、忠、万、夔、施十七州及广安、梁山、云安三军别置水陆计度转运使",为峡路。如此条史料不误,那么,平蜀时所得之州中的黔州,由于与西川地理不相接,因而此时不可能隶属西川,只能隶属于荆湖。从历史上看,黔州为唐代黔中道首府,与湖南的辰、锦、奖、溪、叙州同为一道,是有可能划入荆湖的。

宋初,荆湖诸州的政区变动较为频繁。太祖时曾设置归州转运司③,但不清楚此为一政区建制还是类似于宋初置于京东曹州定陶镇的发运务。太平兴国时,曾将荆湖分为南、北两路。太平兴国末,又以北路兼总南路,采取分中有合的方式。《长编》太平兴国三年(978)五月丙戌,"诏免荆湖南路转运使崔宪"及"五年七月戊申,李惟清自湖北运判改运副。八月己卯,迁使。七年九月戊戌,兼总南路"云云,可证。至道三年(997),始分天下为十五路。其中荆湖分为南、北两路。不过据《长编》、《元丰九域志》所载,"咸平二年(999)三月戊辰,荆湖南、北路始置两使",故荆湖定制分为南、北两路,实在咸平二年。熙丰时,开拓封疆,于荆湖羁縻地区,凡创置沅州卢阳、黔阳,诚州麻阳,潭州安化,邵州新化、莳竹六县,辖区有所扩大。

南宋初,由于战乱,宋廷对荆湖北路实际上已无力控制。建炎四年(1130),鄂、岳二州改隶江南路。其余州军则分建四镇抚使,即荆南府归峡州荆门公安军镇抚使、德安府复州汉阳军镇抚使、鼎澧镇抚使、辰沅靖州镇抚使④,湖北尽为分镇之地。"绍兴元年(1131),以鄂、岳、潭、衡、永、郴、道州,

---

① 参见拙作《宋代安抚使考》江南西路部分。
② 《长编》卷8乾德五年八月。
③ 《长编》卷13开宝五年七月甲申。
④ 《宋史》卷26《高宗纪三》。

桂阳军(监)为东路,鄂州置安抚司;鼎、澧、辰、沅、靖、邵、全州,武冈军为西路,鼎州置安抚司。"①荆湖东、西路转运司通掌两路财赋②。"二年,罢东、西路,仍分南、北路安抚司,南路治潭州,北路治鄂,寻治江陵。"③然此时荆湖北路辖境远小于北宋时。由于德安府、复州三年四月始归隶湖北④,又由于荆南府归峡州荆门公安军镇抚使迟至五年才撤销⑤,因而上述七州军此时不属荆湖北路。南宋前期,归州的隶属关系极为复杂,变动极为频繁。《宋史》卷88《地理志四》归州条言:"建炎四年隶夔路,绍兴五年复。三十一年又隶夔,淳熙十四年(1187)复。"该州虽曾在绍兴五年以前名义上属荆南镇抚使,但实际上却"不曾正行交割"⑥。

  荆湖路,咸平二年,始定制分为南北两路。此前无论分合,转运司治所当均在江陵。《宋史》卷270《许仲宣传》言"开宝四年,知荆南转运事。及征江南,又兼南面随军转运事,兵数十万,供馈无阙",可证。咸平二年以后,湖北漕治所,据《舆地纪胜》卷66鄂州条言:"国朝咸平二年,置湖南、北路转运使,而湖北路转运使治江陵。建炎二年省罢,绍兴二年复置,始治鄂州。"《王文公集》卷95《刘牧墓志铭》言治平元年(1064),荆湖北路转运判官刘牧卒,"家贫无以为丧,自棺椁诸物,皆荆南士人为具",亦可为北宋时湖北漕治于江陵之旁证。又,陆游《入蜀记》卷4言:"乾道六年(1170)八月二十三日……食时至鄂州。……见知州右朝奉郎张邠之彦,转运判官右朝奉大夫谢师稷。……二十六日,与统纾同游头陀寺。寺在州城之东隅石城山。……州治及漕司皆依此山。"《鹤山先生大全文集》卷77《直宝章阁提举冲佑观张公(忠恕)墓志铭》言,嘉定中,忠恕"改除转运判官兼知鄂州"。《宋史》卷44《理宗纪四》言"开庆元年(1259)正月丙寅,印应飞依旧职知鄂州兼湖北转运使"。《文山先生全集》卷7有"贺前人改除湖北漕兼知鄂州"事。《方舆胜览》卷28言,鄂州,"湖北转运置司"。以上均可证绍兴二年后湖北漕始终置司于鄂州。然《舆地纪胜》鄂州条尚略有欠完备处,据《宋会要·食货》49之40所载,南渡之初,"湖北转运司,因荆南府残破,于枝江县置司",似应补出。

  荆湖北路提点刑狱司治所,初治于澧州,政和后基本治于鼎州常德府。《舆地纪胜》卷68常德府条言:"淳化中,置提刑司,建台澧阳。政和中,始徙于鼎。……绍兴二年,寄治于辰。五年,复还鼎。"所述最为详备。又,《曾巩集》卷43《司封员外郎蔡公(充)墓志铭》言,"又为提点荆湖北路刑狱公事。至和三

---

① ③ ⑤ 《宋史》卷88《地理志四》。
② 《宋史》卷26《高宗纪三》。
④ 《要录》卷64。
⑥ 《宋会要·方域》6之35。

年(1056)七月二十三日,以疾卒于澧州之官舍"。此条可为治于澧州之佐证。政和八年(1118),诸路各置武提刑一员,荆湖北路置于鼎州①。

南宋时,湖北宪治于鼎州常德府,《宋会要·职官》45 之 38 言,庆元三年(1197)十月六日,"今提刑、提举在常德,为置所(司)之所";《鹤山先生大全文集》卷 48《常德府东湖记》言,宝庆三年(1227)秋,"太府寺丞四明林公,以湖北路祥(详)刑使者治常德府",可为佐证。然至少理宗后期湖北提刑司已移司江陵,《宋史》卷 44《理宗纪四》有宝祐六年(1258)三月甲戌,"诏湖北提点刑狱文复之移司江陵,兼京湖制司参议官"之记载。且《方舆胜览》常德府条亦不载提刑司治所,可能理宗朝提刑司已不在常德。

荆湖北路提举常平司,初治于荆南,南宋多治于鼎州常德府。《舆地纪胜》卷 68 常德府条所载,"提举常平茶盐司,旧置司荆南。建炎钟相之乱,置司于辰,绍兴五年(1135),遂徙于鼎。嘉定年间,暂徙荆南,旋复归常德",可证。《方舆胜览》不载提举司治所,可能理宗时已不在常德。治于何地不详。

荆湖北路帅司治所,自咸平以来,一路兵马钤辖司治于江陵②。南宋初,湖北诸州多分为镇之地。绍兴元年,分荆湖诸州之在江南者为湖东、西路,鄂州为东路安抚司治所。五年,罢荆南镇抚使。六年,江陵复为安抚司治所。嘉定中,赵方移京湖制置司于襄阳府,其后任"以京湖安抚使系衔,而江陵仅存湖北(安抚)副使之号"③。端平中,赵范失襄城,江陵始复为帅府。宝祐三年,移司常德,时常德守臣兼湖北安抚使、五郡镇抚使④。但六年马光祖以京湖制置、知江陵府兼湖北安抚使,似复归于江陵。而后来则随战局的变化,移司鄂州、江陵、峡州等地⑤。

第十二节 荆 湖 南 路

咸平二年(999)定制,分荆湖为南、北两路。荆湖南路转运司治于潭州。《舆地纪胜》卷 55 衡州荆湖南路提点刑狱司条载:"皇祐三年(1051),仁宗尝谓辅臣曰:'诸路转运、提点刑狱廨宇同在一州,非所以分部按举也,宜析处别州。'"于是,湖南提刑司"自潭州移治衡州"。可知皇祐三年前后荆湖南路转运司治于潭州。又,《长编》卷 226 载,熙宁四年(1071)八月,权发遣荆湖南路转

---

① 《夷坚三志·辛》卷 4《孟广威狝猴》。
② 《舆地纪胜》卷 64《江陵府》。
③ (宋)吴泳:《鹤林集》卷 20《边备札子》。
④ 《玉海》卷 19《帅藩》。
⑤ 《宋史》卷 44《理宗纪四》、卷 45《理宗纪五》、卷 46《度宗纪》。

运副使范子奇权发遣户部判官,以"子奇与潭州之提点刑狱交争不已,势须移立",可见熙宁时仍旧治。

南宋初,"自孔彦舟之乱,漕司移寓(潭州)衡山县"。但据《要录》,绍兴五年四月己酉,以"转运判官薛弼已入潭州视事,而余官未迁",故"诏湖南转运司限一月依旧于潭州置司",则知绍兴五年以后湖南漕复治于潭州。又,《方舆胜览》卷23言,"潭州,湖南转运置司",则知南宋时湖南漕始终治于潭州。

荆湖南路提点刑狱司治所,据上引《舆地纪胜》及《长编》范子奇事,可知皇祐三年前治于潭州,以后治于衡州。熙宁时,复治于潭州。熙宁后,湖南宪何时移治于衡州,不明。南宋时,湖南宪治于衡州,《宋史》卷437《刘清之传》等可引以为证。传言,刘清之,改衡州,"先是,郡饰厨传以事常平、刑狱二使者,月一会集,互致折馈。清之叹曰:'此何时也?'"刘清之,孝宗时人,可知时湖南宪时仍治于衡州。《方舆胜览》卷24言,"衡州,湖南提刑置司",可知理宗时仍旧治。《宋史》卷420《皮龙荣传》言,咸淳元年(1265),皮龙荣,以旧职奉祠,"诏徙衡州居住。湖南提刑治衡州,龙荣恐不为(提刑李)雷应所容,未至而殁"。《宋史》卷450《李芾传》言,咸淳末,"大军取鄂州,始起为湖南提刑。……乃号召发兵,择壮士三千人,使土豪尹奋忠将之勤王,别召民兵集衡为守备",可知至咸淳末衡州仍为湖南宪治所。至于湖南武宪,据《传家集》卷77《苏骐骥墓碣铭》言,苏某同提点湖南刑狱公事,"庆历二年(1042)十月十三日,终于长沙官舍",可知时湖南武宪亦治于潭。

荆湖南路提举常平司治所,"旧治长沙。自建炎四年(1130)虏寇长沙,始移治衡阳"①。《方舆胜览》卷24亦言提举司在衡州。可见南宋理宗前期以前衡州一直为湖南仓司之治所。然据《宋史》卷423《杨大异传》言,淳祐后,大异出知澧州,"命予节兼庾事",及《宋史》卷416《胡颖传》言,"胡颖字叔献,潭州湘潭人。……(绍定)五年(1232),登进士第,即授京秩。历官知平江府兼浙西提点刑狱,移湖南兼提举常平,即家置司",则理宗时湖南提举司已先后移于澧州与潭州湘潭县。至于荆湖南路帅司治所,则始终置于潭州②。

第十三节 福 建 路

太平兴国三年(978),漳泉、吴越相继献地,并开宝八年(975)江南所得之

---

① 《舆地纪胜》卷55《衡州》。
② 《宋史》卷88《地理志四》。

汀、建、剑、常、润五州及江阴军,宋初统称之为"两浙诸州"。五月丙戌,以"刑部郎中杨克让充两浙西南路转运使,宗正丞赵齐副之;祠部郎中刘保勋充两浙东北路转运使,右拾遗郑骧副之"①,始分闽、浙诸州为两路。两浙西南路,"雍熙二年(984),改福建路"②。《长编》太平兴国五年四月丁酉,有"福建路",误,"路"字当是衍文。唐有福建道,"福建"一词时已为人熟知、袭用,后世史官或因此而误书。

太平兴国三年时,两浙西南路辖福、建、漳、泉、汀、剑六州。四年,析泉州地置兴化军。五年,又析建州地置邵武军。自此之后,两浙西南路及其后的福建路共辖上述八州军。

福建路转运司治于建州③。"建炎二年,以建寇故移司福州。绍兴二年(1132),还建州。三年,复移福州,寻依旧。"④从此以后,迄于宋末,闽漕始终治于建州建宁府。

福建路提点刑狱司治于福州⑤。绍兴三年四月,移司建州。十一月,复还旧治⑥。从此以后,迄于宋末,闽宪始终治于福州。

福建路提举常平司治于建州建宁府⑦。绍兴二年,以建兵叛,权移福州。绍兴五年,置司泉州。"九年,经制使司总领诸路常平,寻罢经制司,常平令提刑兼领,福州置司。十二年,归建州。"⑧从此以后,迄于宋末,闽仓始终治于建州建宁府。

福建路帅司治所在福州。北宋时,知福州常领福建一路兵马钤辖。南宋建炎三年,升帅府,兼安抚使⑨。

第十四节 益州成都府路

乾德三年(965),宋平后蜀,凡得益州等四十六州府,遂置西川路。开宝六年,分峡路⑩。宋初的峡路领"遂、合、渝、泸、昌、开、达、渠、巴、蓬、资、戎、

---

① 《长编》卷19。
② 《元丰九域志》卷9。
③⑦ 《舆地纪胜》卷129,《方舆胜览》卷11《建宁府》。
④ 《淳熙三山志》卷7《转运行司》。
⑤ 《舆地纪胜》卷128,《方舆胜览》卷10《福州》。
⑥ 《淳熙三山志》卷7《提点刑狱司》。
⑧ 《淳熙三山志》卷25《提举常平茶事》。
⑨ 《宋史》卷89《地理志五》。
⑩ 《元丰九域志》卷7。

涪、忠、万、夔、施十七州及广安、梁山、云安三军"①。则西川路当领成都、兴元二府,彭、眉、嘉、邛、蜀、绵、汉、简、梓、黎、雅、陵、维、茂、荣、果、阆、龙、普、利、兴、文、剑、壁、集、洋、黔州及永安、怀安二军。永安、怀安二军与峡路三军均平蜀后析置,不论。唯黔州既不属峡路,又与西川地里不相接,而唐代又隶属于江南道,疑时拨隶荆湖,故时西川路当辖二十八州府及永安、怀安二军。太平兴国二年(977)二月丙午,宋又分西川为东、西两路,各置转运使、副。七年八月,"废东川转运使并属西川"。由于直至太平兴国六年峡路仍然存在②,故太平兴国中应为"剑南东西、峡路"三路并存时期③。据《舆地纪胜》卷184利州条所言,"太平兴国三(二)年,分西川东道,名(各)置转运副使(使副)"云云,则时东川治于利州。此次东、西川的辖区不明,但据治所在利州及峡路多为后来梓、夔路所辖这两点来判断,东川可能多为后来利州路之辖区,与唐代剑南东川节度使所辖大不相同。至道三年(997)末始定制,川峡分为西川、峡路。此时的峡路,据《宋史》卷257《李继昌传》所载,凡辖"二十五州军",大抵与后来的梓、夔两路所辖州军数接近。与乾德三年的峡路政区多异,增加了梓、黔等州军。咸平四年(1001)三月辛巳,宋又将川、峡两路分成益、梓、利、夔四路。"益州路总益、绵、汉、彭、邛、蜀、嘉、眉、陵、简、黎、雅、维、茂、永康凡十五州军,梓州路总梓、遂、果、资、普、荣、昌、渠、合、戎、泸、怀安、广安、富顺凡十四州军监,利州路总利、洋、兴、剑、文、集、壁、巴、蓬、龙、阆、兴元、剑门、三泉、西县凡十五州府军县,夔州路总夔、施、忠、万、开、达、渝、黔、涪、云安、梁山、大宁凡十二州军监。"④自此以后,迄于宋末,川峡地区转运司路辖区无所变更。

咸平四年以前,西川转运司治于益州成都府。《长编》乾德四年六月丁未"诏西川转运使沈义伦于成都写金银字金刚经,传置阙下",可证。淳化五年(994)正月,李顺帅众攻成都,"己巳,城陷。(新知成都府郭)载与运使樊知古斩关而出,帅余众奔梓州";咸平三年正月,爆发王均之乱,知成都府"(牛)冕及转运使张适缒城出奔汉州",并可证。

开宝六年(973),分峡路,"别置水陆计度转运使,仍以知云安监、太子中允

---

① 《长编》卷14开宝六年正月甲子。
② 见《宋会要·食货》49之5,是年七月张宏为峡路转运副使;九月,王晦名为峡路转运使。张宏事,又见《宋史》本传。
③ 《长编》卷18、23。
④ 《长编》卷48。

张颙充使"①。史未明言峡路转运司治所,疑设于云安监。将输转漕,是转运使的基本职能。太平兴国元年,以"峡盐悉趋荆南,西川民乏食","于是命西川转运使申文纬遥兼峡路,峡路转运副使韩可玭兼西川路,使盐策流通"②。因此,峡路转运司设于产盐地云安不是没有可能的。史无明文,以情理揆之,为兼顾将输、刺举两方面,可能设于夔州或梓州,或并置于两地。太平兴国时的剑南东川,上已论证,应设于利州。

咸平四年以后,益州成都府路转运司仍旧治。宝元二年(1039)六月丁丑,益州大火。"知州张逸心疑有变,与转运使明镐夜领众往而实不救火,故所焚甚众",可见益路漕时仍治于益州。《宋史》卷 320《彭思永传》言,思永为益州路转运使尝摄府事,时"中使岁祠峨眉,率留成都掊珍玩,价直数百万钱,悉出于民。思永朘其三之一,使怒去,而不能有所中伤"。思永任转运使,在仁宗中期,可见时仍治于益州。《文定集》卷 17 有《与成都李运使启》,作者汪应辰,高、孝时人,则时成都府路漕仍治于成都。据《方舆胜览》卷 51 所载,理宗时成都府仍为本路漕治所。淳祐元年(1241),成都再次被蒙军攻破。自此以后,成都府路转运司治所当移至他州。

益州成都府路提点刑狱司治所,变动颇为频繁。《舆地纪胜》卷 146《嘉定府》所引《眉州志》较详备:"天圣四年(1026),益州路提点刑狱司以眉州为治所。五年,薛向乞移益州。景祐元年(1034)闰六月,依旧眉州。二年十月,知益州王繇又乞移益州。至和初,移嘉州。大观元年(1107)九月,成都转运判官□谷又乞移嘉州,备夷人也。"据此,则成都宪天圣时先后在眉、益二州。景祐时,又移至眉州,再移至益州。至和初,移至嘉州。大观元年之前在成都,之后又在嘉州。大观前成都宪在成都,《长编》熙宁五年(1072)六月壬子条可作补充、印证。据该条言,谢景初坐前任成都府路提刑逾滥,追两官勒停,景初不服,"诏利州选官就成都置勘。冯京曰:'景初当提点刑狱事,在一路吏民之上,今令万里往旧治所就狱,恐有辞便乞伏罪'",可见至迟熙宁中成都宪已移司成都。大观后在嘉州,邵伯温《邵氏闻见录》可作补充。该书卷 20 载,"余为西蜀宪,其治在嘉州"。伯温任成都宪为北宋末之事。其任内与成都帅臣卢法原合谋守剑门,叛兵因之不得入蜀。卢法原,靖康元年(1126)二月二十五日,知成都③。由此可见,北宋末成都宪仍治于嘉。然《舆地纪胜》卷 146《嘉定府》又引

---

① 《长编》卷 14。
② 《长编》卷 17。
③ 《宋史》卷 377《卢法原传》。

《嘉定志》言,"宪治自成都迁于嘉州,此天圣之议也",与上引不同,或为天圣四年以前之事,殆未可知。

南宋时,成都宪仍治于嘉州嘉定府。范成大《吴船录》上卷言,淳熙四年(1177)六月甲申,"至嘉州……谒宪使程詠之于雪堂",可证。又,《鹤山先生大全文集》卷74《杨(子谟)墓志铭》言,子谟"除华文阁,成都府路提点刑狱公事兼提举常平等事,凡再兼知嘉定府"。《方舆胜览》卷52言,"嘉定府,本路提刑置司"。两条并可证理宗时成都宪仍治于嘉定。

成都府路提举常平司与诸路常平司均置于熙宁二年(1069)九月①,三年八月辛巳,以知成都府陆诜言,后遂"罢三路之使,独置成都府路提举官一员"②。然据元丰元年(1078)十月十九日判司农寺蔡确言,"今川广等路未有提举官,并转运司兼权",则成都府路常平司似于熙宁三年后也罢去。元祐尽罢诸路常平司,绍圣元年(1094)尽复。建炎元年(1127),常平司尽并于提刑司。绍兴十五年(1145)九月,明诏四川、广西令提刑司兼领③,则北宋时川峡四路常平司仅置于熙宁设立之初的一二年,及绍圣至建炎初。北宋时,川峡四路常平司治所不详。南宋时,并于提刑司,以逐路提点刑狱兼,则南宋时成都府路常平司亦治于嘉州嘉定府,上引《杨公墓志铭》可为旁证。

宋乾德三年,平后蜀,置西川路,设西川兵马都监。其后北宋时期西川地区的政区进行了六次重大的调整,即开宝六年,分峡路;太平兴国二年,又分西川为东、西两路;七年,废东川,并归西川路;至道三年,分为西川、峡路;咸平四年,分川、峡为益、利、梓、夔四路;景德元年(1004),转运司路不变,帅司路则由四路合并为西川、峡路两路,又称益利路、梓夔路。南宋建炎三年,利路置帅,知成都府始不再兼利路兵马钤辖,西川路亦由此分为成都府、利州两路。在历次的调整中,无论是西川路,还是益州成都府路,其帅司治所均设在益州成都府。淳祐元年,成都再次沦陷后,安抚司治所可能移至嘉定府④。嘉定作为宋方在川西的重要据点,至德祐元年(至元十二年,1275年)六月方失陷⑤,故极有可能是成都府路诸司最后的设置之所。

---

① 《宋会要·职官》43之2。
② 《长编》卷214。
③ 《宋会要·职官》43之5、29。
④ 参见拙作《宋代四川帅司路考述》,《文史》第44辑。
⑤ 《元史》卷8《世祖纪五》。

第十五节 利 州 路

太平兴国二年(977)二月丙午,始分西川为东西两路,各置转运使、副。至七年八月,东川废,复并入西川。东川转运司治于利州,应为利州路之前身。

咸平四年(1001)三月辛巳,诏分川峡转运使为益、梓、利、夔四路。利州路总利、洋、兴、剑、文、集、壁、巴、蓬、龙、阆、兴元、剑门、三泉、西县,凡十五州府军县①。绍兴和议后,以原隶京西南路、秦凤等路的金、成、岷、阶、凤五州来隶,政区远较北宋时广阔②。

利州路转运司治于利州。《舆地纪胜》卷184言,利州有"司马温公世德堂,在宝峰山。温公年十三,随侍天章公作漕来此"。司马池,天圣九年(1031)为利州路转运使,可见天圣时利路漕治于利州。同书卷183《兴元府》言,"皇祐三年(1051),提、转不许同在一州,故宪居兴元,而漕居利州",知时利漕仍旧治。

曹彦约,嘉定中,为利路转运判官兼知利州③。《舆地纪胜·利州》载,唐武则天庙"在州西告成门外。旧碑云,其母感溉龙而生后。庙旧号则天金轮皇帝庙,嘉定乙亥(八年),运使曹彦约谓理有未安,乃改曰则天顺圣皇后庙",可知宁宗时利漕仍治于利。据《舆地纪胜》及《方舆胜览》卷66,理宗时,利州仍为利漕之治所。但《永乐大典》卷14627《荐举门》载,"端平二年(1235)十月四日敕:利路提刑、转运司申,昨在兴元府,借举关外举状。今在成都府置司,所有借举关外举官员数,合令逐司荐举",则端平二年十月前利漕已先后移至兴元、成都。

利州路提点刑狱司治所,《舆地纪胜》卷183《兴元府》引《图经》言:"旧治在利州。"皇祐三年后,移司兴元府,南宋初仍旧。《三朝北盟会编》卷114载,"建炎元年(1127)十一月二十四日,王瓌为河东制置使,军于陕州。同州既陷,瓌之兵溃乱,不能整,乃留张昱治陕,瓌率兵由金、商欲入川,州县震骇,欲闭门拒守。独提点刑狱张上行破众议,迎瓌处于兴元府,给其衣粮",可证。宁宗末年,利路宪仍旧治。嘉定十二年(1219)二月癸卯,"利州路提刑、权兴元府事赵希昔弃城去",可证④。《宋史》卷449《高稼传》言,桂如渊镇蜀,"以便宜命稼利

---

① 《长编》卷48。
② 《舆地纪胜》卷184《利州》。
③ 《宋史》卷410《曹彦约传》。
④ 《宋史》卷40《宁宗纪四》。

路提刑司兼权兴元府"。桂如渊,绍定元年(1228)为四川安抚制置使,五年四月褫职罢祠①,则绍定时兴元仍为利州路提刑之治所。《高稼传》又言,制置使赵彦呐,"密奏留稼,以直秘阁知沔州、利州路提点刑狱兼参议官"。赵彦呐,端平元年二月壬申为四川安抚制置使兼知兴元府②,则端平元年利州路提刑已移司沔州。然沔州旋为蒙兵所破。据上引《永乐大典》所载,端平二年十月利路提刑已"在成都置司"。不过成都三年即被蒙军攻破,此后利州路提刑司置于何地,不可考详。《方舆胜览》卷 66 言,利州路提刑置司兴元府,恐为端平元年宋蒙冲突之前事。端平以后,合、阆二州成为利州路抗蒙的重要据点③,利州东、西路安抚司就设于此。阆州至宝祐末年失陷,而合州则一直坚持到祥兴二年(1279),是四川最后陷落的一个城池④,因此极有可能是利州路诸司的最后置司之所。

至于利州路提举常平司治所,北宋时已不可考详,南宋时则同于提刑司。

宋代利州路置帅,其初当在太平兴国年间,时分西川置东、西两路,东路应为利州路之前身。咸平四年,分四路,利路为其中之一。两次一路帅司治所均设于利州⑤。景德元年(1004),益、利两帅司路合并为益利路,从此利州不设帅司。南宋建炎三年,复于利州置利州路兵马钤辖、安抚使。绍兴九年(1139),宋金战争基本停止,利帅移至兴元府,从此兴元为利州路帅司治所。由于利州路地处抗击金、蒙的最前线,故南宋一百多年间,利州路发生十多次分合。分时兴元为东路帅司治所,兴州为西路帅司治所。理宗端平以后,兴元、兴(沔)州相继失陷,合州、阆州成为利州东、西路帅司治所⑥。

第十六节 梓州潼川府路

咸平四年(1001)三月辛巳,川峡为四路。梓州路总梓、遂、果、资、普、荣、昌、渠、合、戎、泸、怀安、广安、富顺,凡十四州军监。熙丰以后,务拓疆土,梓州路向泸南一带拓展,政区较前有所扩大。除此之外,无所变更。

梓州潼川府路转运司治所,初设于梓、遂二州。大中祥符七年(1014)八月

---

① 参见拙作《宋代安抚使考·南宋》卷 2《四川》,齐鲁书社,1997 年。
② 《宋史》卷 41《理宗纪一》。
③ 《宋史》卷 44《理宗纪四》宝祐二年八月乙亥、卷 46《度宗纪》咸淳二年十一月丁巳。
④ 《宋史》卷 451《张珏传》、《元史》卷 18《世祖纪》。
⑤ 《舆地纪胜》卷 184《利州》。
⑥ 参见拙作《宋代四川帅司路考述》,《文史》第 44 辑。

丙寅，梓州路转运使寇瑊言，"本使公署在梓、遂，去戎、泸地远，缓急边警难以照应。请徙于资州"①，可证。时宋廷接受寇瑊的建议，移梓州路漕司至资州。《舆地纪胜》卷157《资州》载："初，朝廷分梓、夔四路而梓漕宅东川。祥符六年，寇瑊出使，屯师东川，供馈维艰，奏置衙于兹，后复改。"可证。《舆地纪胜》卷155《遂宁府》言："遂宁旧为梓部台治。大中祥符中，寇瑊置于梓州。皇祐中，田况请复置司遂州。"祥符之事，与上相较，所言不确。但由此或可窥知祥符合后梓漕治于遂州。该条又言，提举学事，崇宁六年（1107）置，宣和二年（1120）废，以转运兼领，可知北宋末遂州遂宁府仍为本路漕司治所。《宋史》卷437《魏了翁传》言，嘉定八年（1215），迁转运判官，"遂宁阙守，了翁行郡事"。又，《宋史》卷40《宁宗纪四》载嘉定十二年五月乙未朔，"张福薄遂宁府，潼川府路转运判官、权府事程迈孙弃城遁"，并可证宁宗末遂宁府为潼川府路转运司治所。《方舆胜览》卷63言，遂宁府为"本路转运置司之所"，然端平以后难以确言在否。

梓州潼川府路提点刑狱司治于梓州潼川府。《舆地纪胜》卷154《潼川府》引《题名记》言，"自景德四年（1007）陈天丽始"，可证。然同书《潼川府》言，"提举司旧在提刑司之左。提举司有重建。《俞俞堂记》曰：提举司旧治武信（遂州节度使军额），使者江公衍请梓之同提点刑狱厅为新治。绍圣四年（1097），建俞俞堂"。据此，可知梓州路同提刑司亦设于梓州，故方有江公衍之请，同提刑司恐置提举司后废。

据上引，可知北宋时提举司初治于遂州。绍圣复置，移于梓州。

宋代于咸平四年置梓州路，帅司置于梓州，又于开宝六年（973）、景德元年两置峡路，其钤辖司则置于遂州。而仁宗前期，该司已在梓州。英、神之世，复在遂州。神宗时，泸南民族矛盾日趋尖锐。为了便于就近镇压，峡路的军政重心逐渐南移。元丰中，钤辖司移至资州。四年（1081），由于梓州路转运司的反对，钤辖司又迁回遂州。但五年又迁至泸州，同时授权知泸州兼泸南沿边安抚使，遇有边事，安抚、钤辖司可不与转运司协商，自行措置施行。大约在元祐、政和间，钤辖司又移至遂州。政和中，再次移至泸州。南宋乾道六年（1170），泸州始为潼川府路安抚司治所。宝祐六年（1258），移司叙州②。南宋末，恐又复归泸州③。

---

① 《长编》卷83。
② 《玉海》卷19《帅藩》。
③ 《元史》卷8至元十二年六月庚申、《宋史》卷451《张珏传》。又，本节参见拙作《宋代四川帅司路考述》，《文史》第44辑。

第十七节 夔州路

咸平四年(1001),分川峡为四路。夔州路总领夔、施、忠、万、开、达、渝、黔、涪、云安、梁山、大宁,凡十二州军监。

夔州路转运司治于夔。《皇朝编年纲目备要》卷6载,咸平五年,施、黔诸州蛮攻州县,夔路转运使丁谓自入溪洞,其首领田彦伊愿世奉贡,"谓要与俱至夔州",可证。又,《方舆胜览》卷57言,本路转运置司夔州。可见,南宋时夔漕依旧治于夔。理宗景定二年(1261),刘雄飞出任四川安抚制置副使兼知重庆府,同时又兼四川总领、夔路转运使。自此以后,其后任夏贵、朱禩孙均兼夔漕,则理宗后期夔漕已移至重庆①。

夔州路提点刑狱司,初治于万州。仁宗时,程师孟"提点夔路刑狱。泸戎数犯渝州边,使者治所在万州,相去远,有警率浃日乃至,师孟奏徙于渝"②,自此以后,无所变更。建炎初,仍旧治,在恭州③。绍兴时,依旧。《夷坚甲志》卷15《薛检法妻》载,"薛度,绍兴初,为夔路提刑司检法官,官舍在恭州"。又,《宋会要·食货》44之2载,绍兴十五年(1145)七月四日,"知恭州,权夔州路提点刑狱张茂"云云,并可证。嘉定四年(1211),四川安抚制置大使安丙言,重庆"有提刑置司"④,可见宁宗时夔路提刑仍旧治。《方舆胜览》卷60言,"重庆府,本路提刑置司"。重庆直到祥兴元年(1278)粮尽方被攻克。故夔路提刑司亦当存在至此时。又,北宋时,夔州路提举常平司治所不详。南宋时,夔路仓司由宪司兼任,则应与提刑司同在重庆。

北宋咸平四年,川峡分置四路,夔路为其一,知夔州兼帅司。景德元年(1004),梓、夔两路合为峡路,钤辖司先后置于梓州路之遂、梓诸州。南宋建炎四年(1130),夔路始置安抚使,以知夔州兼任,治于夔州⑤。

第十八节 广南东路

开宝四年(971),平广南(又称岭南),得六十一州。然旋以岭南州县多而

---

① 《宋史》卷45《理宗纪五》。
② 《宋史》卷331《程师孟传》。
③ 《舆地纪胜》卷175《重庆府》。又,恭州即渝州,崇宁元年(1102)改。
④ 《宋会要·蕃夷》5之70。又,重庆府即恭州,淳熙十六年(1189)升为府。
⑤ 参见拙作《宋代四川帅司路考述》,《文史》第44辑。

户口少，而大加省并。二三年间，凡省泷、勤、澄、绣、禺、顺、严、富、思唐、峦、罗、潘、常乐、牢、党、崖等十六州、九十六县。端拱元年（988），始分广南为东、西路。至道三年（997），定天下为十五路，广南东、西为其中两路。广南东路凡领广、韶、循、潮、连、梅、南雄、英、贺、封、端、新、康、恩、春、浈等十六州。贺州，大观二年（1108），割属西路。除此之外，无所变更。

  端拱以前的广南及其后的广南东路转运司治于广州。《长编》开宝五年八月丙申，"命同知广州潘美、尹崇珂并兼岭南转运使，其原转运使王明为副使"，可证设置之初即在广州。《范文正公集》卷 14《王丝墓表》言："广州当交趾之冲，无城守备，君议陶砖为城。"庆历中，王丝充广南东路转运按察使，可见时仍治于广。皇祐四年（1052），侬智高犯广州。时王罕为广南东路转运使，"往潮州议盐事。闻智高围广州，即领兵还入城为守御备"。则皇祐时广东漕仍旧治①。《挥麈录·后录》卷 7 载："邹志完，元符三年（1100），自右正言上疏论中宫事，除名窜新州。钟正甫将漕广东，次年上元，广帅朱行中约正甫观灯，已就坐矣，忽得密旨，令往新州制勘公事。正甫不待杯行，连夜星驰以往。抵新兴，追逮志完赴司理院，荷校囚之。"可见元符时广东漕仍治于广。南宋时，《舆地纪胜》卷 89、《方舆胜览》卷 34 并言广州为广东转运置司之所。然《攻媿集》卷 20《论二广赏典》则言，"广东漕司在惠州"。楼钥，孝宗隆兴元年（1163）入仕，宁宗嘉定六年（1213）卒。此文大约写于光宗时。不知广东漕何时移至惠州，又何时复还广州。

  广南东路提点刑狱司治所，北宋时当在英州。皇祐四年七月丁巳，知英州苏缄闻广州被围，乃募壮勇数千人，"委州印于提点刑狱鲍轲，夜行赴难，去广二十二里驻兵"，而"提点刑狱鲍轲自英州挈其孥，欲过岭北，至雄州，知州萧勃留之"②，可知时广东宪治于英州。南宋时，据《舆地纪胜》卷 90、《方舆胜览》卷 35 及上引《攻媿集》均言"宪司在韶州"，或南渡后移司于此。建炎四年（1130）二月丁西，茶陵军贼"欲自连韶路径趋虔州，广南东路提点刑狱公事曾统恐其枝蔓，以便宜遣监韶州永通监、宣教郎宋履往招之"，可证③。

  广南东路提举常平司，同他路，亦始设于熙宁二年（1069）。然元丰元年（1078）十月十九日，据蔡确所言，"川广等路未有提举官，并转运司兼权"，则广东提举司事已由转运司代行④。其后，废复则一同于他路。

---

① 《长编》卷 173 皇祐四年八月乙酉。
② 《长编》卷 173。
③ 《要录》卷 31。
④ 《宋会要·职官》43 之 5。

广东常平司,北宋时,似设于惠州。《宋史》卷347《孙馨传》言,哲宗末年,擢提举广东常平,"馨笃于行义,在广东时,苏轼谪居惠州,极意与周旋",可证。南宋时,广东提举司设于广州①。理宗景定以后,冷应澂"知广州,主管广南东路经略安抚司公事、马步军都总管,领漕、庾如故"②,可知南宋末广东提举司仍治于广州。至于广南东路帅司治所,则始终置于广州③。

第十九节 广南西路

广南西路始设于端拱元年(988),至道三年(997),为十五路之一,凡领桂、容、邕、融、象、昭、蒙、梧、藤、南仪、龚、浔、柳、贵、宜、宾、横、化、高、窦、雷、钦、白、郁林、廉、琼、儋、万安、崖等二十九州。熙丰以后,特别是徽宗以后,广西政区有两个重要的变动。一是辖境有所扩大。首先,大观二年(1108),贺州自广东来隶;其次,这一时期开拓羁縻地区,"凡所建州、军、关、城、寨、堡纷然莫可胜纪"。迨至绍兴拨乱反正,所创始省废殆尽。二是分置黔南路。"大观元年,割融、柳、宜及平、允、从、庭、孚、观九州为黔南路,融州为帅府,宜州为望郡。三年,以黔南路并入广西,以广西黔南路为名。四年,依旧称广南西路。"

广南西路作为一边远辽阔的政区,在地方建制上有其特殊性。"广、桂、邕、容、琼知州,旧各兼本管转运事,皆统于广南转运使司。开宝四年(971),尝以知容州毋守素、知邕州范旻、通判桂州(符嗣),各知本管转运使(事)。其后止琼州兼焉。"④琼州长期兼管内转运司的权限,前后有所不同。平广南之初,"以岭南儋、崖、振、万安等四州隶琼州,令广州择官分治州事"⑤,后来各州知州的选任则改由琼州知州担任。据《宋会要·职官》47之5记载,天禧五年(1021)六月,侍御史燕肃言,时"琼州知州兼琼管四州转运司公事,崖、儋、万安三州十四县知州、知县并系琼管转运司专差"。改制是从何时开始,史未明言。估计是端拱元年广南分路后,琼管分属广西所致。

广南西路转运司治于桂州。据《宋史》卷284《陈尧叟传》载,太宗时,陈尧叟,"再迁工部员外郎、广南西路转运使。岭南风俗,病者祷神不服药。尧叟有集验方,刻石桂州驿",可证。又,《攻媿集》卷20《论二广赏典》言:"广西漕、宪

---

① 《舆地纪胜》卷89、《方舆胜览》卷34。
② 《宋史》卷416《冷应澂传》。
③ 《宋史》卷90《地理志六》。
④ 《宋会要·食货》49之2、《文献通考》卷61《职官十五·转运使》。
⑤ 《长编》卷12开宝四年四月壬辰。

置司静江。"由此可见南宋中期，广西漕仍旧治。《舆地纪胜》卷 103、《方舆胜览》卷 38《静江府》均言静江为"本路转运、提刑、提举置司"之所，可见至理宗端平之前广西漕仍治于静江。《宋史》卷 323《杨大异传》言，大异"改提点广西刑狱兼漕、庾二司"。大异，理宗后期任此职，由此可知，广西漕直至南宋末年仍治于静江。

广南西路提点刑狱司，"旧尝置司象州，故亦名象台"①。但后来已移于桂州。元丰三年(1080)六月，重申"广南西路提点刑狱司依旧置治所于桂州"②。南宋隆兴二年(1164)七月，"移广西提刑司于容州"③。淳熙七年(1180)七月二十一日，"诏广西路提刑司移司郁林州"④。此后，广西提刑司"分上下半年，就郁林州与静江府两处置司"。但由于提刑官惮于远行，多不离静江府。虽经嘉定十五年(1222)、绍定元年(1228)两次重申，这一状况直至淳祐时并未改观。因而事实上已形成长期置司静江的局面⑤。故《舆地纪胜》卷 103、《方舆胜览》卷 38《静江府》均言提刑司置于静江，而不及郁林。

广南西路提举常平司始终治于桂州静江府。元丰七年，有广西"提举常平等事刘谊于桂州治廨舍"之事⑥，又，《舆地纪胜》卷 103、《方舆胜览》卷 38，均言静江为本路提举置司之所。可见，广西提举司自建置之始直至南宋末，未尝迁移。至于广南西路帅司治所，则始终治于桂林静江府⑦。

---

① 《舆地纪胜》卷 105《象州》。
② 《长编》卷 305。
③ 《宋史》卷 33《孝宗纪一》。
④ 《宋会要·方域》4 之 20。
⑤ 《宋史》卷 167、《永乐大典》卷 14627。
⑥ 《长编》卷 342 元丰七年正月癸丑。
⑦ 《宋史》卷 90《地理志六》。

第三章　宋代的州县制度

第一节　宋代的州府军监

宋代于高层地方行政区转运司路之下，循用唐制，置州以统县级政区。并在京城及皇帝潜邸、行幸之地等有特殊地位的州置府；又在军事要塞、矿冶之地设置州级政区军、监。由于军、监"地要不成州"①，因而，军、监的地位被确定为"同下州"。州、府、军、监四者之中，州是统县政区的主体②。

一、宋代州的两种等级划分

宋承唐制，州的等级划分有两套标准。一套是循唐朝前半期之制，将州分为辅、雄、望、紧、上、中、中下、下数等。另一套则是根据唐代政局演变的结果，将州分为六等，即《宋会要·职官》47之1所谓"凡州之别有六，曰都督，曰节度，曰观察，曰防御，曰团练，曰军事"。

1. 都督、节度、观察、防御、团练、军事六等之制

都督一职，起于曹魏。唐初，于"缘边镇守及襟带之地，置总管府，以统军戎"。武德七年（624），始改总管府为都督府③。贞观时（627—649），局势平定，遂多被撤销。其后，都督渐为虚衔，大都督多为亲王之兼职。然边州都督仍有实职，旨在都督羁縻州府，如剑南之黎、雅、泸、翼、戎、松及岭南之邕、容、琼诸州，莫不如此。唐代都督之制盛行一时，据《新唐书·地理志》所载，唐都

---

① 《事物纪原》卷7《镇》。
② 按：宋代中级政区，以州为主体，府、军、监是较特殊的建制。除此而外，宋朝尚有极个别的县、关也属于中级政区，这就是江南东路的铅山县、利州路的三泉县与剑门关。铅山县，南唐时为信州属县。据《元丰九域志》卷6载，开宝八年（975），平江南，"铅山县直隶京，后复隶州"，作为中级政区存在的时间不长。三泉县，据《元丰九域志》卷8、《宋史》卷89所载，乾德五年（967）直隶京，至道二年（996）建为大安军，三年废军为县，绍兴三年（1133）升军，即北宋时期三泉县基本上是作为中级政区而存在的。剑门关，据《元丰九域志》卷8、《方舆胜览》卷67《剑门关》所载，两宋时期始终属于中级政区。
③ 《旧唐书》卷38《地理志一》。

督府之设,先后累计多至五十余州。

然"至德(756—758)之后,中原用兵,刺史皆治军戎,遂有防御、团练、制置之名。要冲大郡,皆有节度之额;寇盗稍息,则易以观察之号"①。节度、观察使遂渐成一道军政大员。迨至五代,节、察、防、团、军事州似已渐成次第。长兴三年(923)四月,重定诸道州府地望次第,中书言,"防御、团练等使,自来升降极多,今具见在,其员依新定《十道图》以次第为定"②,似可为证。又,后周广顺元年(951),楚为南唐所灭,第二年,其将武平节度留后刘言率节度副使王进逵、行军司马何敬真等驱逐南唐军,攻克潭州。周太祖郭威遂于三年初,以言为"朗州大都督,充武平节度使,制置武安、静江等军事。又以王进逵为武安军节度使,何敬真为静江军节度使"③。而《五代会要·都督府》条则明言,"其郎(朗)州宜升为大都督府,在潭、桂之上"。据此可见,都督地位高于节度使。唐代大都督多由亲王兼领,因此,都督州高于节度州一等,是完全合乎情理的。

宋乾德元年(963)十一月,"诏防御、团练、刺史州,旧有都督府号者并停,仍为上州"④。这次废去都督府号的,有登州、代州、嘉州、黎州、雅州、茂州、昌州、戎州、泸州、龙州等沿边州郡⑤。经过这次清理,可以说自都督州至军事州六等之制已犁然分明。真宗以前行用唐制,亦命亲王为都督、大都督。如太宗之子益王元杰,"端拱初(988),加兼侍中、成都尹、剑南东西川节度。淳化(990—994)中,徙封吴王,领扬润大都督府长史、淮南镇江军节度使。至道二年(996),改扬州大都督、淮南忠正军节度。真宗即位,授检校太尉兼中书令、徐州大都督、武宁泰宁等军节度使,改封兖王"。太宗少子彭王元俨,真宗末,"历横海永清保平定国节度、陕州大都督"。太宗其他皇子亦然⑥。此类事,仁宗朝以后不见于载籍,恐已废而不行。其实亲王兼都督,仅是荣誉性的。这点从刘言为朗州大都督一事就可看出,《资治通鉴》不记此衔,当是以此之故。

宋初,节度等州尚因唐、五代之旧,有严格的等级差别,诸使必须与州格相应。如建隆元年(960)四月,禁军将领王彦昇有勒索宰相王溥之嫌,被出"为唐州团练使。唐本刺史州,于是始改"。同月,怀州刺史马令琮因战备物资准备

---

① 《旧唐书》卷38《地理志一》。
② 《旧五代史》卷43《明宗纪九》。
③ 《旧五代史》卷133《刘言传》。
④ 《长编》卷4。
⑤ 《元丰九域志》卷1、7。又,按:龙州,据《元丰九域志》所载,乾德元年,降为下州而非上州;庆州、渭州为刺史州,然是年并未去都督府号,不知何故。
⑥ 《宋史》卷245《宗室传二》。

有素,擢升为团练使,以怀州系刺史州,须移他郡。但时讨伐上党李筠之役即将开始,不可移易,遂"升怀州为团练,以令琮充使"。乾德五年,伐蜀将领王全斌、崔彦进因贪赃枉法、杀降致寇等罪,由大镇节度使降为留后,安置隋州、金州。而二州一系刺史州,一系防御州,于是,遂"置崇义军于隋州,昭化军于金州"①。但太宗、真宗之际,文臣知州已成制度②。如节度使至刺史等武臣莅州军,则必用文臣通判或知州以治州,即《宋会要·职官》47之1所言,"凡诸使赴本任或知他州,皆不签书钱谷事。通判,州各一人,与长史(知州、府)均理州府之政,无不统治,藩府或置两员"。因此,诸使逐渐不赴本任,遂蜕变为武臣迁转的阶官。如节镇有大小及境外之别,在相当长的一段时间里,迁转自境外始,从小镇渐升至大镇。据《玉海》卷19《宋朝节镇》及《节镇诗括》记载,宋共有大小节镇一百十一,境外镇十八,"凡初除节度使,必先历境外",由小镇而次镇、大镇,至大镇后,则"以移镇为恩宠"。这样,节度以下五等州,入宋后其实际意义就大大缩小了。由于唐朝后期以来观察使多由节度使兼任,因而观察州实际上是不存在的。《宋史·地理志》、《元丰九域志》所载仅有都督州、节度州、防御州、团练州、军事州五等,《宋会要·职官》38之9仅载后三等州,就说明了这一点。另外,《长编》太平兴国二年(977)二月戊戌条言,"京朝官出知节镇者借紫,知防、团、刺史州及通判并借绯,罢日依旧",也不载观察州,并可为证。

据《元丰九域志》,元丰时(1078—1085),有都督府二十。其中,大都督府八,即兖、徐、陕、潞、扬、杭、越、福;中都督府三,即庆、延、广;下都督府五,即秦、渭、桂、容、邕;都督府四,即洪、遂、利、夔。徽宗大观时(1107—1110),又增郓州、桂州、京兆府、太原府为大都督府,升西宁州为中都督府,融州为下都督府③。

元丰时,有节度州八十二。大观时,"节镇自成德以下,凡六十七,小镇自昭化下,凡二十二"④,较元丰时多七镇,即拱州保庆军、瀛州瀛海军、赵州庆源军、西宁州宾德军、乐州向德军、端州兴庆军、镇州靖海军。兴庆军,重和时(1118)改称肇庆军。镇州,政和初(1111)废,以靖海军额归琼州。政和后,至南宋时,又增,凡有节度州一百十一⑤。宋代节度州,详见表4。

---

① 《长编》卷1、8。
② 参见拙作《宋代安抚使制度》,《文史》第47辑。
③ 《宋史·地理志》。
④ 《玉海》卷19《大观格》。
⑤ 按:此数据《宋史·地理志》,并与《玉海》卷19《宋朝节镇》、《节镇诗括》比勘而得。《玉海》两节内均有洮州保顺军,据补。

表 4　宋代节度州一览表

路　名	元　丰　节　镇	北宋末所置镇	南宋所置节镇	镇数
京东路	青州(镇海)、密州(安化)、齐州(兴德)、兖州(泰宁)、徐州(武宁)、曹州(彰信)、郓州(天平)、应天府(归德)	拱州(保庆)		9
京西路	襄州(山南东道)、邓州(武胜)、随州(崇信)、金州(昭化)、房州(保康)、颍昌府(忠武)、郑州(奉宁)、滑州(武成)、孟州(河阳三城)、陈州(镇安)、蔡州(淮康)、颍州(顺昌)	汝州(陆海)、均州(武当)		14
河北路	大名府(天雄)、澶州(镇宁)、沧州(横海)、冀州(安武)、真定府(成德)、相州(彰德)、定州(定武)、邢州(安国)	瀛州(瀛海)、赵州(庆源)、浚州(平川)		11
陕西路	京兆府(永兴)、河中府(护国)、陕州(保平)、耀州(感德)、延州(彰武)、同州(定国)、华州(镇潼)、邠州(静难)、鄜州(保大)、凤翔府(凤翔)、秦州(雄武)、泾州(彰化)、熙州(镇洮)	西宁州(宾德)、乐州(向德)、渭州(平凉)、庆州(庆阳)、宁州(兴宁)、洮州(保顺)		19
河东路	太原府(河东)、潞州(昭德)、晋州(建雄)、府州(永安)、麟州(镇西)			5
淮南路	扬州(淮南)、寿州(忠正)、庐州(保信)、亳州(集庆)、宿州(保静)	舒州(德庆)、光州(光山)		7
两浙路	杭州(宁海)、越州(镇东)、苏州(平江)、润州(镇江)、湖州(昭庆)、婺州(保宁)、明州(奉国)	睦州(建德)	秀州(嘉兴)	9
江南东路	江宁府(建康)、宣州(宁国)			2
江南西路	洪州(镇南)、虔州(昭信)		江州(定江)	3
荆湖北路	江陵府(荆南)、鄂州(武昌)、安州(安远)	鼎州(常德)、岳州(岳阳)		5
荆湖南路	潭州(武安)			1
成都府路	成都府(剑南西川)		蜀州(崇庆)、嘉州(嘉庆)	3
梓州路	梓州(剑南东川)、遂州(武信)		泸州(泸川)	3

续 表

路　名	元 丰 节 镇	北宋末所置镇	南宋所置节镇	镇数
利州路	兴元府(山南西道)、利州(宁武)、洋州(武康)、阆州(安德)		剑州(普安)	5
夔州路	夔州(宁江)、黔州(武泰)		渝州(重庆)	3
福建路	福州(威武)、建州(建宁)、泉州(平海)			3
广南东路	广州(清海)	端州(兴德)	康州(永庆)	3
广南西路	桂州(静江)、容州(宁远)、邕州(建武)	琼州(靖海)、融州(清远)、宜州(庆远)		6

元丰时，有防御州二十五、团练州十七、军事州一百三十，详见表5。

表5　宋代元丰时防、团、刺史州一览表

路　名	防　御　州	团　练　州	刺　史　州
京东路	沂、登、莱、济	潍、单、濮	淄
京西路	均、郢、汝	唐	
河北路	瀛、博、棣、莫、雄、霸、怀、卫、洺、深	磁、祁	德、滨、恩、赵、保
陕西路	解、陇	成、凤、岷	庆、虢、商、宁、坊、丹、环、渭、原、阶、河、兰
河东路	绛、代	隰、忻	汾、泽、宪、岚、石、辽、丰
淮南路	蕲、和	楚、海、舒、濠	泰、泗、滁、真、通、光、黄
两浙路			常、温、台、处、衢、睦、秀
江南东路			歙、江、池、饶、信、太平
江南西路			吉、袁、抚、筠
荆湖北路		鼎	澧、峡、岳、归、辰、沅、诚
荆湖南路			衡、道、永、郴、邵、全
成都府路	眉		蜀、彭、绵、汉、嘉、邛、黎、雅、茂、简、威
梓州路		果	资、普、昌、戎、泸、合、荣、渠

续 表

路 名	防 御 州	团 练 州	刺 史 州
利州路			剑、巴、文、兴、蓬、龙
夔州路			达、施、忠、万、开、涪、渝
福建路			南剑、汀、漳
广南东路			韶、循、潮、连、贺、封、端、新、康、南恩、梅、南雄、英、惠
广南西路	象		融、昭、梧、藤、龚、浔、贵、柳、宜、宾、横、化、高、雷、白、钦、郁林、廉、琼

从上引《元丰九域志》可见，当时宋代的防、团州主要在北方，南方只有节度、军事两等州。节、防、团、刺四等州，元丰时共二百五十四州，加上东、西两京，共二百五十六州。与王存进表所言，"京府四、次府十、州二百四十二"①之数合。

2. 辅、雄、望、紧、上、中、中下、下八等之制

宋承唐、五代之制，州的地望亦区分为辅、雄、望、紧、上、中、下数等，无所变更，稍有不同者，增加了中下州一等。《元丰九域志》中，地望被列为中下州的，有成、阶、文、施四州。至于各州的地望，变动并不大，基本呈平稳的态势。如将《新唐书·地理志》、《元丰九域志》、《宋史·地理志》等比对，也只有二十余州有所变更(详见表6)。可见，宋朝在州的地望上基本是因循唐制的。

表 6 宋代州郡地望变化一览表

州名	地 望 变 化					备 注
	宋初	真宗	仁宗	神宗	徽宗	
曹州	辅	辅	辅	辅	辅*	*大观二年(1108)升督府，政和元年(1111)罢
郑州	辅	辅	辅	辅	西辅*	*崇宁四年(1105)，建拱、郑、许、澶四辅州
许州	望	望	辅*	辅	南辅	*皇祐五年(1053)，曹、陈、许、郑、滑为辅州

① 《元丰九域志·表》。

续 表

州名	地望变化					备注
	宋初	真宗	仁宗	神宗	徽宗	
陈州	上	上	辅	辅	上*	*政和二年(1112)为上州
澶州	上	上	上	上	北辅	
拱州					东辅	
邓州	上	上	上	上	望*	*政和二年为望州
均州	下*	上	上	上	上	*乾德六年(968)为上州
恩州	望	望	下*	下	下	*庆历八年(1048)为下州
明州	上	上	上	上	望*	*大观元年为望州
真州		上	上	上	望*	*大观元年为望州
庐州	上	上	上	上	望*	*大观二年为望州
江州	上	上	上	上	望*	*大观元年为望州
虔州	上	上	上	上	望*	*大观元年为望州
靖州				下	望*	*大观元年为望州
邵州	中	中	中	中	望*	*大观元年为望州
泉州	上	上	上	上	望*	*大观元年为望州
封州	下	下	下	下	望*	*大观元年为望州
端州	下	下	下	下	望*	*政和三年为望州
康州	下	下	下	下	望*	*大观四年为望州
邕州	下府	下府	下府	下府	望*	*大观元年为望州

需要赘言的是,《元丰九域志》《舆地广记》及《宋史·地理志》等,在书写每州地望时,将都督府归于辅、雄、望、紧、上、中、中下、下一类,而不在节、防、团、刺之中,似与宋代州、府等级划分的两条标准相左。笔者以为,都督起于曹魏之世,为唐前半期行用之制。唐开元时,已明诏都督州的地望"同上州"[①]。而节、防、团等,则为唐后半期以来逐渐形成之制。由于开元、天宝(713—756)以前尚未形成节、防、团、刺诸州等之序,故都督府与辅、雄、望、紧、上、中、下诸

---

① 《唐会要》卷70《量户口定州县等第例》。

州等自成一系。《通典·职官十五·郡太守》言:"开元(713—741)中,定天下州府,自京都及都督、都护府之外,以近畿之州为四辅,其余为六雄、十望、十紧及上、中、下之差。"此即为明证。唐代诸地志,如新旧《唐书·地理志》,均依据唐前半期地方行政制度所形成的规模编制而成。而《元和郡县图志》则在保持旧制的基础上,依据当时地方行政制度的实际状况,在相关的州增列了节度、观察使,反映了藩镇体制下的道制。于是,诸宋志则循唐志之成规,不仅将都督府归于旧制,而且依据唐、五代以来地方行政制度发展的实际情况,增列了节度州与防、团、军事州诸州等。故《元丰九域志》有州、府二百三十六,加上都督府二十,亦成二百五十六州之数(见表7),与上述防、团、军事州及两京府之总数完全吻合。

表7 《元丰九域志》所载宋代州府地望一览表

地望	州　　　　　府
京府 4	开封、河南、大名、应天
次府 10	颍昌、真定、京兆、河中、凤翔、太原、江宁、江陵、成都、兴元
辅州 4	曹、郑、滑、汝
雄州 3	怀、虢、绛
望州 22	青、襄、孟、相、卫、洺、深、赵、同、华、商、宁、原、晋、汾、亳、蕲、苏、润、常、宣、洋
紧州 10	郓、蔡、耀、邠、楚、寿、鄂、蜀、彭、梓
上州 94	密、齐、沂、登、潍、淄、济、单、濮、邓、随、金、均、郢、唐、陈、颍、澶、沧、冀、瀛、博、棣、莫、德、滨、定、邢、磁、鄜、丹、坊、泾、熙、陇、河、代、泽、宿、海、泰、泗、滁、真、庐、和、舒、濠、光、湖、婺、明、温、台、处、衢、睦、秀、歙、江、池、饶、信、太平、虔、吉、袁、抚、筠、潭、衡、鼎、澧、归、眉、绵、汉、嘉、邛、黎、雅、茂、资、普、昌、戎、泸、合、阆、剑、达、建、泉、南剑
中州 18	莱、雄、霸、祁、解、府、宪、通、道、永、郴、邵、安、峡、果、巴、韶、融
中下州 4	成、阶、文、施
下州 67	房、恩、保、环、凤、岷、兰、麟、隰、忻、岚、石、辽、丰、莫、全、岳、辰、沅、诚、简、威、荣、渠、兴、蓬、龙、黔、忠、万、开、涪、渝、汀、漳、循、潮、连、贺、封、端、新、康、南恩、梅、南雄、英、惠、象、昭、梧、藤、龚、浔、贵、柳、宜、宾、横、化、高、雷、白、钦、郁林、廉、琼
都督府 20	兖、徐、陕、潞、扬、杭、越、福、庆、延、广、秦、渭、桂、容、邕、洪、遂、利、夔

二、宋代的府

在统县政区的地望上,宋朝发生显著变动的是,与州同级而高的府增多了。宋初,承唐、五代之制,有京府二,即东京开封府、西京河南府;次府九,即京兆、太原、成都、凤翔、河中、江陵、兴元、真定、大名。真宗景德三年(1006),宋州以赵宋"帝业肇基之地",升应天府,大中祥符七年(1014),又以泰山封禅"驻跸"于此,而升为南京。天禧二年(1018),真宗皇子受益进封昇王,又升昇州为江宁府。仁宗庆历二年(1042),宋、夏战争期间,为防范辽国、缅怀真宗,升"隐然北门"的河北重镇大名府为北京。元丰三年(1080),以神宗潜邸,升许州为颖昌府,属县地望定为次赤、次畿两等①。至此,宋凡有京府四,次府十。

哲宗以后,或因为帝王诞生地,或因为即位前之潜邸,或因为驻跸之地,或因为行在,或因国姓所系,而纷纷建府。徽宗一朝,侈大其制,凡建府二十又四。南渡诸帝,踵迹前王,又建府二十又二。故至南宋末,有宋一代,凡有府六十②,详见表8。

表 8　宋代建府一览表

京、州名	府名	京、州名	府名	京、州名	府名	京、州名	府名
东京	开封府	西京	河南府	南京	应天府	北京	大名府
齐州	济南府	兖州	袭庆府	曹州	兴仁府	郓州	东平府
襄州	襄阳府	陈州	淮宁府	颍州	顺昌府	澶州	开德府
许州	颖昌府	瀛州	河间府	镇州	镇定府	定州	中山府
邢州	信德府	赵州	庆源府	并州	太原府	潞州	隆德府
晋州	平阳府	雍州	京兆府	蒲州	河中府	岐州	凤翔府
延州	延安府	庆州	庆阳府	杭州	临安府	越州	绍兴府
苏州	平江府	润州	镇江府	明州	庆元府	温州	瑞安府
严州	建德府	秀州	嘉兴府	寿州	寿春府	舒州	安庆府
昇州	江宁府	宣州	宁国府	洪州	隆兴府	荆州	江陵府
安州	德安府	鼎州	常德府	邵州	宝庆府	建州	建宁府
益州	成都府	蜀州	崇庆府	嘉州	嘉定府	梓州	潼川府
遂州	遂宁府	果州	顺庆府	梁州	兴元府	剑州	隆庆府
黔州	绍庆府	忠州	咸淳府	恭州	重庆府	英州	英德府
端州	肇庆府	康州	德庆府	桂州	静江府	宜州	庆远府

---

① 《宋大诏令集》卷159,《元丰九域志》卷1。
② 按:寿春府绍兴十二年、乾道三年两度降为安丰军。又,表8据《宋史·地理志》作。

应当指出的是，后四十六府，并不尽如前十四州由藩府、节镇而升为府。如夔路之忠州、恭州，广南之英州，均为军事州、下州，此其一。诸府之地望，除中山府、信德府等少数府标明为次府外，多数府因循未改，仍标旧制，这是《宋史·地理志》书法不严所致。又，上列诸府之属县，并未因升府而升其地望为次赤、次畿，此其二。总之，有宋一代，凡有府六十，为宋代州制变动之最显著者。

三、宋代州的郡号

宋承隋唐以来旧制，州府均有郡名，但在行政上已无任何作用，仅在封爵如郡侯、郡公、郡王之类，或文人行文时，稍有使用。唐末五代以来，州府多所废置，废者不论，置者率乏郡号，在体制上，稍欠整齐。徽宗迄于南渡，唯虚名是骛，于此多有改创，于是，有宋一代郡号大备，少有无郡号者。兹据《宋史·地理志》、《元丰九域志》、《舆地广记》并参考《玉海》卷18《郡名》、卷19《宋朝节镇》等，将有宋一代州府（274州）郡号列表如下①。

表9 宋代州府郡号一览表

路　名	州　府	郡　号	州　府	郡　号	州　府	郡　号	州　府	郡　号
	开封府							
京东路	青　州	齐　郡	密　州	高密郡	济南府	济南郡	沂　州	琅琊郡
	登　州	东牟郡	莱　州	东莱郡	潍　州	北海郡	淄　州	淄川郡
	应天府	睢阳郡	袭庆府	鲁　郡	徐　州	彭城郡	兴仁府	济阴郡
	东平府	东平郡	济　州	济阳郡	单　州	砀　郡	濮　州	濮阳郡
	拱　州	襄邑郡						
京西路	襄阳府	襄阳郡	邓　州	南阳郡	随　州	汉东郡	金　州	安康郡
	房　州	房陵郡	均　州	武当郡	郢　州	富水郡	唐　州	淮安郡
	河南府	洛阳郡	颍昌府	许昌郡	郑　州	荥阳郡	滑　州	灵河郡
	孟　州	济源郡	蔡　州	汝南郡	淮宁府	淮阳郡	顺昌府	汝阴郡
	汝　州	临汝郡						

---

① 按：一州有多个郡名者，仅录《宋史·地理志》，他书不录。开封府，唐为汴州陈留郡，宋或以首都不录郡名。珍州、洮州郡名据《玉海》补，而与播州、熙州郡名同，当是因唐时为同一行政区划，地域相近之故。建康府江宁郡亦据《玉海》补。

续　表

路　名	州　府	郡　号	州　府	郡　号	州　府	郡　号	州　府	郡　号
河北路	大名府	魏　郡	开德府	澶渊郡	沧　州	景城郡	冀　州	信都郡
	河间府	河间郡	博　州	博平郡	棣　州	乐安郡	莫　州	文安郡
	雄　州	易阳郡	霸　州	永清郡	德　州	平原郡	滨　州	渤海郡
	恩　州	清河郡	清　州	乾宁郡	真定府	常山郡	相　州	邺　郡
	中山府	博陵郡	信德府	巨鹿郡	浚　州	黎阳郡	怀　州	河内郡
	卫　州	汲　郡	洺　州	广平郡	深　州	饶阳郡	磁　州	滏阳郡
	祁　州	蒲阴郡	庆源府	赵　郡	保　州	清苑郡		
河东路	太原府	太原郡	隆德府	上党郡	平阳府	平阳郡	绛　州	绛　郡
	泽　州	高平郡	代　州	雁门郡	忻　州	定襄郡	汾　州	西河郡
	辽　州	乐平郡	宪　州	汾源郡	岚　州	楼烦郡	石　州	昌化郡
	隰　州	大宁郡	慈　州	文城郡	麟　州	新秦郡	府　州	荣河郡
	丰　州	宁丰郡						
陕西路	京兆府	京兆郡	河中府	河东郡	解　州		陕　州	陕　郡
	商　州	上洛郡	虢　州	虢　郡	同　州	冯翔郡	华　州	华阴郡
	耀　州	华原郡	延安府	延安郡	鄜　州	洛交郡	丹　州	咸宁郡
	坊　州	中部郡	银　州	银川郡	庆阳府	安化郡	环　州	
	邠　州	新平郡	宁　州	彭原郡	醴　州		秦　州	天水郡
	凤翔府	扶风郡	陇　州	汧阳郡	成　州	同谷郡	凤　州	河池郡
	阶　州	武都郡	渭　州	陇西郡	泾　州	安定郡	原　州	平凉郡
	会　州	会宁郡	西安州		熙　州	临洮郡	河　州	安乡郡
	巩　州		岷　州	和政郡	兰　州	金城郡	洮　州	临洮郡
	廓　州		乐　州		西宁州	西平郡		
两浙路	临安府	余杭郡	绍兴府	会稽郡	平江府	吴　郡	镇江府	丹阳郡
	湖　州	吴兴郡	婺　州	东阳郡	庆元府	奉化郡	常　州	毗陵郡
	瑞安府	永嘉郡	台　州	临海郡	处　州	缙云郡	衢　州	信安郡
	建德府	新定郡	嘉兴府	嘉禾郡				

续表

路名	州府	郡号	州府	郡号	州府	郡号	州府	郡号
淮南路	扬州	广陵郡	亳州	谯郡	宿州	符离郡	楚州	山阳郡
	海州	东海郡	泰州	海陵郡	泗州	临淮郡	滁州	永阳郡
	真州	仪真郡	通州	静海郡	安东州		寿春府	寿春郡
	庐州	庐江郡	蕲州	蕲春郡	和州	历阳郡	安庆府	同安郡
	濠州	钟离郡	光州	弋阳郡	黄州	齐安郡		
江南东路	建康府	江宁郡	宁国府	宣城郡	徽州	新安郡	池州	池阳郡
	饶州	鄱阳郡	信州	上饶郡	太平州			
江南西路	隆兴府	豫章郡	江州	浔阳郡	赣州	南康郡	吉州	庐陵郡
	袁州	宜春郡	抚州	临川郡	瑞州	高安郡		
荆湖北路	江陵府	江陵郡	鄂州	江夏郡	德安府	安陆郡	复州	景陵郡
	常德府	武陵郡	澧州	澧阳郡	峡州	夷陵郡	岳州	巴陵郡
	归州	巴东郡	辰州	卢溪郡	沅州	潭阳郡	靖州	
荆湖南路	潭州	长沙郡	衡州	衡阳郡	道州	江华郡	永州	零陵郡
	郴州	桂阳郡	宝庆府	邵阳郡	全州			
福建路	福州	长乐郡	建宁府	建安郡	泉州	清源郡	南剑州	剑浦郡
	漳州	漳浦郡	汀州	临汀郡				
成都府路	成都府	蜀郡	眉州	通义郡	崇庆府	唐安郡	彭州	濛阳郡
	绵州	巴西郡	汉州	德阳郡	嘉定府	犍为郡	邛州	临邛郡
	简州	阳安郡	黎州	汉源郡	雅州	卢山郡	茂州	通化郡
	威州	维川郡						
潼川府路	潼川府	梓潼郡	遂宁府	遂宁郡	顺庆府	南充郡	资州	资阳郡
	普州	安岳郡	昌州	昌元郡	叙州	南溪郡	泸州	泸川郡
	合州	巴川郡	荣州	和义郡	渠州	邻山郡		
利州路	兴元府	汉中郡	利州	益川郡	洋州	洋川郡	阆州	阆中郡
	隆庆府	普安郡	巴州	清化郡	文州	阴平郡	沔州	顺政郡
	蓬州	咸安郡	政州	江油郡				

续 表

路 名	州府	郡号	州府	郡号	州府	郡号	州府	郡号
夔州路	夔 州	云安郡	绍庆府	黔中郡	施 州	清江郡	咸淳府	南宾郡
	万 州	南浦郡	开 州	盛山郡	达 州	通川郡	涪 州	涪陵郡
	重庆府	巴 郡	珍 州	乐源郡	思 州		播 州	乐源郡
广南东路	广 州	南海郡	韶 州	始兴郡	循 州	海丰郡	潮 州	潮阳郡
	连 州	连山郡	梅 州	义安郡	南雄州	保昌郡	英德府	真阳郡
	贺 州	临贺郡	封 州	临封郡	肇庆府	高要郡	新 州	新兴郡
	德庆府	晋康郡	南恩州	恩平郡	惠 州	博罗郡		
广南西路	静江府	始安郡	容 州	普宁郡	邕 州	永宁郡	融 州	融水郡
	象 州	象 郡	昭 州	平乐郡	梧 州	苍梧郡	藤 州	感义郡
	龚 州	临江郡	浔 州	浔江郡	柳 州	龙城郡	贵 州	怀泽郡
	庆远府	龙水郡	宾 州	安城郡	横 州	宁浦郡	化 州	陵水郡
	高 州	高凉郡	雷 州	海康郡	钦 州	宁越郡	白 州	南昌郡
	郁林州	郁林郡	廉 州	合浦郡	琼 州	琼山郡		

四、宋代的军和监

宋代统县政区第二个显著变动是创置了作为统县的军、监。军之设置，五代以前，均为军垒，不领县，不为行政区。如于县置军，则同时撤销县制，如唐代的"岚州岚谷县，旧岢岚军也，在岚州宜芳县北界。长安二年(702)，分宜芳，于岢岚旧军置岚谷县。神龙二年(706)，废县置军"①。可见，唐代军、县不并置。五代时旧制仍存，但又出现一种新型的领县军。五代后梁初，于辉州砀山县置崇德军②。又，荆南高氏建荆门军，领荆门、当阳二县，为最早见③。其后，南唐先后以江阴县为江阴军，昇州当涂县为雄远军，抚州南城县为建武军，扬州天长县为天长军④。作为中央王朝，后周显德时

---

① 《资治通鉴》卷290广顺二年(952)二月庚子注。
② 《五代会要》卷24《军》。
③ 《太平寰宇记》卷146《荆门军》。
④ 《太平寰宇记》卷92《江阴军》、卷105《太平州》、卷110《建昌军》，(宋)马令：《南唐书》卷30《建国谱》。

(954—959)，也以鄂州汉阳县为汉阳军①，并且，这一时期，军作为行政区，其地位低于州，已显露出来。如上述南唐雄远军，其前身为新和州，是南唐丧失淮南之和州后，于江南当涂县再建之新州，不久，新和州降为雄远军。再如后晋天福时(937—943)，"改旧威州为清远军"，"降雄州为昌化军，警州为威肃军"②。又，后周通远军，原为环州，"显德四年，以地里不广、人户至简，降为通远军，管通远一县"③。可见，后来宋代所确定的"地要不成州，而当津会者则为军"④的原则，此时业已形成，宋代军的同下州地位，事实上也已形成。

入宋后，太祖、太宗两朝为防范西、北二敌，维护五丈河、运河等交通命脉，加强对广大南方地区的控制，以攫取江淮、川蜀的财赋，先后于川峡、河北、河东、陕西及京东、江南、淮南、福建等地设置了四十余军，以控扼冲要之地。这一时期的军大多有属邑，少则一二县，多则三四县，军治所在地原有的县基本不撤销⑤。而旧式军垒，即不领县的军仍然存在，均在沿边路分，如河北路的信安军、保定军，陕西路的保安军、镇戎军、德顺军，河东路的火山军、保德军。但这类军仅占总数的十之二三。军作为与州同级而低的一级政区，此时已发育成熟。开宝六年(973)正月甲子，分建峡路，所领"遂、合、渝、泸、昌、开、达、渠、巴、蓬、资、戎、涪、忠、万、夔、施十七州及广安、梁山、云安三军"。太平兴国三年(928)四月甲戌，京西分为南、北两路。南路辖"襄、均、房、复、郢、金、随、安、邓、唐等州及信阳军"。淳化三年(992)正月戊午条诏令中，首次出现了"州府军监"等事实⑥。这些都雄辩地证明了此时的军已隶属于路，作为州级政区，"同下州"的地位已经确立，有宋一代制度此时已经形成。

自五代始，军即不单为军垒。梁开平元年(907)，梁太祖朱温和吴越国钱镠先后在桑梓之地辉州砀山县和杭州临安县衣锦城建成崇德军和安国衣锦军⑦。宋代亦循此制。大中祥符四年(1011)，为便于每年祭祀汾阴，遂升河中

---

① 《元丰九域志》卷10《汉阳军》。
② 《五代会要》卷24《军》。
③ 《太平寰宇记》卷37《通远军》。
④ 《事物纪原》卷7《镇》。
⑤ 按：倚郭县撤销与否，宋朝似无定制。《宋会要·方域》6之19载："绍兴十二年(1142)四月十九日，权发遣安丰军事于泽言，安丰县升为军，其安丰县即未有存废指挥。诏安丰军许置倚郭安丰县。"可见军是否置倚郭县，似取决于临时取旨。又，河北路的乾宁军、河东路的宁化军原有倚郭县，熙宁时废去，看来又取决于事便与否。
⑥ 《长编》卷14、19、33。
⑦ 《五代会要》卷24《军》、《乾道临安志》卷2。

府荣河县为庆成军,"以军直属京","每年祠祭委知军行礼"①。

同下州的军,其行政长官是知军事,简称知军。如宋初平蜀,改灌州为永安军,割蜀州之青城、彭州之导江二县来隶,寻改为永康军,"以知军兼渠堰事"②。又如绍兴十二年(1142)正月戊申,"升安丰县为安丰军,以寿春、霍丘、六安三县隶之。遂以武经大夫、忠州团练使、知寿春府孙晖知军事"③。由于同下州的军一般为边要之地,或户口繁多,因而往往也和州一样设置通判。但其属官,如判官、司户、司法、司理参军等,则因"军小事简,不备置,非繁剧而不领县务者,量减官属"④。

宋代沿袭前代制度,于矿冶、铸钱、煮盐之所置监。但不同于前代的是,宋代的监分为三等,即同下州之监、隶州之监与隶县之监。其中,同下州之监是中级行政区。

同下州之监的特点是有户口、属县。太平兴国时(976—984),河东路的大通监领交城、绵上二县,有主户二千七百零九户、客户五百二十二户⑤,这是宋代监区别于前代的最大的不同之处。其变化当自五代始,例如,桂阳监,"历代已来,或为监,出银之务也。晋天福四年(939),割郴州平阳、临武两县人户属监","始比列郡"⑥。但此时桂阳监仅有两县的人户,并无属邑。《太平寰宇记》桂阳监条下,无所辖之县。平阳、临武两县在割属桂阳监后,其建制即撤销。桂阳监有属邑是真宗时事。据《元丰九域志》所载,"景德元年(1004),以郴州蓝山县隶监。天禧元年(1017),置平阳县"。甚至入宋后仍沿袭旧制,县拨隶监后即撤销。如富义县,"乾德四年(966),割为富顺监,其县废"⑦。监有属邑,成为州级政区"同下州",当是太宗朝之事。如河东的大通监,"太平兴国四年(979),以交城县置大通监。六年,以沁州绵上县隶焉";夔州路的大宁监,"端拱元年(988),以夔州大昌县隶监"⑧。

宋代在同下州之监设知监,以主其事务。至于通判及其他属官的设置,则略同于同下州的军。但由于监的规模一般较小,仅有一两个属县,因而实际上

---

① 《宋会要·方域》5之38。
② 《舆地纪胜》卷151《成都府路·永康军》。
③ 《要录》卷144。
④ 《宋会要·职官》47之1。
⑤ 《太平寰宇记》卷50《大通监》。
⑥ 《太平寰宇记》卷117《桂阳监》、《舆地纪胜》卷61《桂阳军》。
⑦ 《太平寰宇记》卷88《富顺监》。
⑧ 《元丰九域志》卷4《太原府》、卷8《大宁监》。

多不设通判。关于这一点,绍兴六年九月十八日,知成都府席益所言可为印证。他说:"州郡置倅,所以佐郡守之治。入则贰政,出则按县……夔路所管州军监共一十三处,军、监之小,固无所用置倅。"①

第二节　宋代县级政区的等级与种类

一、宋代县的等级划分与变化

宋代县级政区的等第,基本沿用唐制。其差别在于:其一,在赤、畿、望、紧、上、中、下七等的基础上,增中下一等,共为八等;其二,较后周时划分的标准有所提高,每等递增千户,除赤、畿外,以"四千户为望,三千户以上为紧,二千户以上为上,千户以上为中,不满千户为中下,五百户以下为下"②;其三,望县、紧县的划分也仅以户口多少为标准,而不系乎"地资美恶"。这就是建隆元年(960)之制。

建隆之制还规定"仍三年视诸道户口为之升降"。但直至政和元年(1111),虽历时已一百五十余年,"而县之第名仍旧"。由于处于长期的和平环境之中,宋代的人口增长幅度很大。"若齐州历城,户九千七百,今为紧;临邑万七千户,乃为中。杭州临安,户万二千,今为望;盐官户二万四千,乃为上",出现县望与版籍名实严重不符的情况。因此,何志同在详定《九域图志》时,请求重订县望。政和五年,规定除赤、畿、次赤、次畿依旧外,"一万以上为望,七千户以上为紧,五千户以上为上,三千户以上为中,不满二千户为中下,一千五百户以上为下"③。然如将《元丰九域志》、《舆地广记》、《宋史·地理志》比对,则全国仅有三十县的等第有所变化(详见表10),由此可知,政和五年之制并未付诸实施。

值得注意的是,南宋宁宗嘉定八年(1215),重新确定了两浙、江南、荆湖、淮南、福建、京西诸路三百零四个县的等第。经比对,有二十一县的等第有所变化,详见表11。

---

① 《宋会要·职官》47 之 67。
② 《群书考索·后集》卷 14《官制门·太守》。
③ 《宋会要·方域》7 之 27、28。按:《长编》卷 75 大中祥符四年正月条言:"旧制,县吏能招增户口者,县即升等,仍加其俸缗。至有析客户为主,虽登于籍,而赋税无所增入。戊寅,下诏禁之。"据此,则真宗末年以前宋朝县等升降还是在进行的。

表10 《元丰九域志》、《舆地广记》、《宋史·地理志》
　　　所载北宋政和年间县望变化情况

县　　名	《元丰九域志》	《舆地广记》	《宋史·地理志》
兖州莱芜县	中下	中下	中
金州汉阴县	中下	中下	中
沧州盐山县	望	紧	紧
德州平原县	望	紧	紧
滨州招安县	望	紧	上
定州唐县	中	中	上
陕州陕县	上	上	中
商州丰阳县	中下	中下	中
宁州真宁县	上	下	下
潞州涉县	中下	中下	中
代州崞县	中	中	中下
蕲州黄梅县	上	望	上
台州宁海县	紧	望	紧
衡州安仁县	下	下	中下
邵州莳竹县	下	下	中
普州安居县	下	下	中
荣州资官县	中下	中下	中
果州相如县	上	上	望
万州南浦县	中下	中下	下
福州永泰县	紧	紧	望
泉州晋江县	上	上	望
泉州惠安县	中	中	望
南剑州顺昌县	下	下	上
潮州潮阳县	紧	紧	中下
端州四会县	下	下	中
南雄州始兴县	下	下	中
桂州永福县	上	上	下
桂州义宁县	中	中	下
龚州平南县	中下	中下	中
化州吴川县	中	中	下

表 11 《元丰九域志》、《舆地广记》、《宋史·地理志》
等所载南宋嘉定年间县望变化情况

县 名	《元丰九域志》	《舆地广记》	《宋史·地理志》	《吏部条法事类》
台州宁海县	紧	望	紧	望
江阴军江阴县	望	望	下(?)	望
临安府新城县	上	上	上	紧
无为军巢县	望	望	望	中县升作上县
福州宁德县	中	中	中	中县升作上县
泉州晋江县	上	上	望	上
桂阳军临武县			中(绍兴十五年置)	上
抚州崇仁县	望	望	望	上
太平州芜湖县	中	中	中	中县升作上县
处州庆元县			中(庆元三年置)	今作上县
道州营道县	紧	紧	紧	紧县降作中县
道州宁远县	紧	紧	紧	紧县降作中县
靖州永平县	下	下	下	中
复州玉沙县	废	下	下	今作中县
复州景陵县	紧	紧	紧	紧县降作中县
随州随县	上	上	上	上县降作中县
蕲州黄梅县	上	望	上	上县降作中县
泉州惠安县	中	中	望	中
汀州上杭县	上	上	上	上县降作中县
赣州安远县	上	上	上	上县降作下县
南剑州顺昌县	下	下	上	上县降作下县

在嘉定这次县级政区的变动中,最显著的变化有两个。一个是在畿、望、紧、上、中、中下、下七等之上,增添了"繁难大县"一等,列入这等的有三十八县①,都是原上县以上县升蹑,而以两浙、江东为多(详见表 12)。明清以繁、难、冲、

---

① 《永乐大典》卷 14621《尚书左选申明》。按:该申明言大县有四十,然所列实仅有三十八。又,该申明不载四川四路、广西、广东,当是以六路属远州铨之故。《宋史》卷 165《职官志五·远州铨》可参考。然该申明中又载广南东路广州香山县、惠州海丰县,颇费解。又,两浙等路尚有七十八县未列入该申明中,亦颇费解。

疲等为划分府、县的标准,此举实开其端倪。另一个是未列赤县。宋制,四京府所辖县为赤县、畿县,十次府①所辖县为次赤、次畿。宋南渡后,京府及颍昌、真定、京兆、河中、凤翔、太原六次府尽失,成都、兴元两次府属远州铨,不在吏部管辖范围内。这样就只剩下江宁、江陵二次府,有江宁、上元及江陵三县为次赤县。而江宁等三县嘉定八年时已被列入繁难大县之内,故而嘉定八年的《吏部条法事类》未列赤县一等②。

表12 南宋嘉定年间县级政区变动中的"繁难大县"一览表

路　名	县　　　　　名
两浙东路	绍兴府山阴县、诸暨县、嵊县,庆元府定海县,婺州东阳县、兰溪县,台州黄岩县,处州龙泉县,温州平阳县
两浙西路	临安府余杭县、富阳县,嘉兴府嘉兴县、华亭县,常州无锡县、晋陵县、宜兴县,平江府常熟县、长洲县,严州淳安县、桐庐县
江南东路	建康府溧阳县、江宁县、溧水县、上元县,宁国府宣城县,徽州歙县,饶州鄱阳县,信州上饶县
江南西路	隆兴府南昌县、分宁县,赣州兴国县、赣县
福　建　路	福州福清县、长溪县、古田县,建宁府浦城县
荆湖南路	潭州长沙县
淮南东路	淮安州盐城县

宋代州县地望的升降相对平稳,细绎其中缘由,可能与宋代所遇到的新的社会环境有关。宋代土地高度私有化,土地兼并激烈,土地隐瞒现象严重,人口流动,赋役难征,继续推行唐代的以户口定州县等级的做法已失去了实际意义。而宋朝政府在新的历史条件下,已摸索出新的管理方法,这就是确定各州、县的赋税总额,如平江府祖额即定为70万斛③。这类岁额,最早可追溯至杨炎行两税法之时。如常州无锡县,元代《无锡志》载:"自唐立两税之法,而无锡之赋至今不能变焉。盖夏以税输者,二麦总一万七百九十四石,秋以粮入者,一十九万二千二百一十石有奇。以岁之丰凶羡余不足而高下其数焉,然大

---

① 按:关于京府、次府的论证,详见上节。
② 按:杭州,南渡后,以行在升为临安府。据《宋史》卷88《地理志四》载,绍兴中,钱塘、仁和二县因此升为赤县,而其余七县均升为畿县。但《永乐大典》卷14621中余杭、富阳为繁难大县,临安为望县,於潜、新城为紧县,盐官为上县,昌化为中县。可能是因为赤、畿为京府之制,这样示人以无恢复之意,与定临安为行在之意不合而废。但钱塘、仁和又不在望县之列,颇为费解。
③ 《宋会要·食货》70之124。

率不甚相远也。"一般的州县,据现存文献所载,至迟在景德、大中祥符时(1004—1016),也都有了本地的岁额,如润州、苏州昆山县①。这应当是明代以税粮定府、县等第之滥觞。

另外,由于受唐中期以来历史的影响,在地方行政体制上,另存节、察、防、团、刺这样一个系列。因此,宋朝在地方官员公使钱、俸钱的发放上,在职田、随从的定额上,亦多依此为据。如元祐三年(1088)闰十二月戊申规定:"正任团练使、遥郡防御使以上至观察使,并分大郡、次郡。初除次郡,俸银各减四分之一,移大郡全给。留后、节度使,分大镇、次镇、小镇,俸钱递减五万。刺史以下,使相以上,不减。其刺史至节度使公使钱,依俸钱分数裁减。"又如,大中祥符七年(1014)十二月乙亥规定,诸州本城马步军都指挥使以下俸给,自今"以三京为一等,节镇为一等,防、团、刺史州为一等"。又如,咸平二年(999)七月规定,外任官职田,"两京、大藩府四十顷,次藩镇三十五顷,防御、团练州三十顷,中上刺史州二十顷,下州及军、监十五顷,边远小州、上县十顷,中县八顷,下县七顷"。又如,同年八月辛未,"诏定节镇、防、团、军事州知州、都监、通判常从军士人数有差"②。实际上,宋朝在官员的委任、配置上,还常参用其他方式。如用州、县管辖的户数,州以"二万户"、"不满二万"、"不满万"、"不满五千"为标准分等,县以"千户以上"、"不满千"、"不满四百"、"不满二百"为标准分等③。又如,以地里远近,并混合诸种方式为标准,宋代的《吏部条法事类》载,时"以去行在驻跸处阡里外为远地,不及阡里为近地",而"州以军事,县以下县为小处"④,就是一种混合的方式。另外,上引职田条,也是一种混合的方式。因此,宋朝州县地望变动不大,大概是由于在人事、刑事、征税、地方行政管理等方面,不尽用州县等第,而采用了多种的方式所致。

二、宋代特殊的县级政区

宋代地方行政机构中,低级政区的主体为县。但在县之外,尚有军使、县级监、尉司、镇、城、堡、寨、关、津、场、院、井、务等种种特殊的县级政区设置⑤。它们在行政、军事、经济等方面往往具有一定的重要性,但一般而言,由于人少

---

① 《嘉定镇江志》卷5、《淳祐玉峰志·税赋》。
② 《长编》卷419、83、45。
③ 《长编》卷11开宝三年七月壬子。
④ 《永乐大典》卷14620。
⑤ 按:《宋会要·方域》6之19有"县使"一词。原文如下:"乾道三年(1167)十二月十五日,安丰县使依旧为县隶本军。"检《长编》、《宋史》无"县使"一词,《宋会要》管见亦仅见。据《宋会要》本条上文及《宋史》寿春府条之记载,此或"县使"当为"军使"之讹,故县使不列专条论述。

事简、专业性较强等原因,在这些地区多不配备县级政区常设的机构与人员,以达到简员增效的目的。

1. 军使

宋代的军分为两等,除同下州的军外,还有相当于县级的军,又称军使。建隆元年(960),以真定府娘子关为承天军,隶真定府,此即是县级军。另外,隶属于沧州的保顺军和隶属于真定府的天威军,也均是县级政区的军。军使所领仅一县。如茂州汶川县,"熙宁九年(1076),即汶川县置威戎军使","即导江县治置永康军使,隶彭州"①。军使又是县级军的主官职官称谓。高邮军"绍兴五年(1135),废为县,复隶扬州,以知县兼军使"②。军使除了隶属于州这一点不同于军外,它与军的区别可能还在于与驻军的隶属关系上。如清平军、宣化军,熙宁三年,废为齐州章丘县与淄州高苑县后,尽管仍即两县县治置清平军使与宣化军使,但原驻于两军的戍兵却拨隶齐、淄二州③。

《宋史·地理志》将军、军使区分得较为清楚。军与州、府等,正文专条书写。如淮阳军,《宋史》卷85《地理志一》写作"淮阳军,同下州。太平兴国七年(982),以徐州下邳县建为军,并以宿迁来属"。再如邵武军,《宋史》卷89《地理志五》写作"邵武军,同下州。太平兴国五年,以建州邵武县建为军,仍以归化、建宁二县来属"。而关于军使的记载则列于县之下,作注文小字。如临海军使,置于京东东路密州胶西县下,作"胶西。元祐三年(1088),以板桥镇为胶西县,兼临海军使";清平军使置于济南府章丘县下,作"章丘。中,景德三年(1006),以章丘县置清平。熙宁三年,废军,即县治置军使"。

军使虽然是县级政区,但毕竟因"地当津会",事权重于县。因此,军使的地位"在县之上,军、监之下"④。

2. 监

宋代又有与县地位相似、隶属于州的监。如秦州的太平监,宋"开宝初(968),于清水县置银冶,太平兴国三年,升为监隶州"⑤。宋代隶属于州的监无属邑。再以太平监为例,据乐史记载:"太平监,秦州之境内,元有银冶八务。皇朝太平兴国三年,升为太平监。冶(治)大贾务,门外并不辖乡里,无四

---

① 《宋史》卷89《地理志五》。
② 《宋史》卷88《地理志四》。
③ 《长编》卷214熙宁三年八月庚辰、《宋史》卷85《地理志一》。
④ 《朝野类要》卷2《军使》。
⑤ 《元丰九域志》卷3《秦州》。

至八到。"①又如大通监，太平兴国时，辖交城、绵上二县与下州同。宝元二年（1039），交城县划归太原府，绵上县划归威胜军，大通监即降等，隶府②。这种类型的监与所在县的关系又如何呢？宝元二年，大通监与交城县隶属于太原府后，交城县知县即"兼领监事"。但监与县无统辖、隶属的关系。兖州的"莱芜监在兖州莱芜县之界，古冶铁之务也，管一十八冶，县兼不相统"③，即是一个极好的例证。隶州之监也有户口，但一般较少。如宜州富安监，仅"辖人户一百六十八丁"；富仁监，则所"辖人户，元无定数"④。多者如秦州太平监，下辖十九务，"管诸务内主客一千三百九十七"户，这个数已相当于一些远小州军所管辖的户数。夔州路云安军的云安监也是一个规模相当大的监，所辖人户足以另立一个县。《元丰九域志·云安军》条言，"熙宁四年（1071），以云安监户口析置安义县。八年，户口还隶云安县复为监"。根据这条史料，我们可以看出，隶州之监虽有人户管辖，地位与县相等，但从严格意义上讲，它还不是一级地方行政机构。当它的户口达到一定数量后，规模发展到一定阶段后，就分析置县，"物务"始终是这类监的基本职能。在行政管理与"物务"两方面，它与同下州之监相比，"物务"的色彩更加浓厚一些，这是它与同下州之监的不同之处。

　　隶州之监也设知监主其事。例如，宝元二年十一月，河东大通监隶属并州后，"仍命京朝官为知监兼交城县事"⑤。但县级监之知监不可与同下州知监同日而语，在差遣阙中，前者实际上只是监当官。《宋会要》将其归入《监当门》，而后者则列入《判知州府军监门》。因而，县级监之知监往往又被称之为"监官"。例如，庆元三年（1197）八月十七日，"诏严州复置神泉监，差监官一员，权隶工部"⑥。或称为"监某某监"，例如，明道二年（1033），知吉州方仲弓黜降后，就出任"监建州丰国监"⑦。这类监又往往不设监官，而由他官代行其事。元祐时（1086—1094），通判同州赵元就负责同州沙苑监马牧之事⑧，嘉州丰远监"止以职官兼领"⑨。熙宁十年，宋"增徐州彭城县丞一员于利国监"⑩。这新增设的县丞可能就是委以主持利国监监务的。而宜州富安砂监与富仁银

---

① 《太平寰宇记》卷150《太平监》。
② 《元丰九域志》卷4《太原府》、《威胜军》。
③ 《太平寰宇记》卷21《莱芜监》。
④ 《太平寰宇记》卷168《宜州》。
⑤ 《长编》卷125。
⑥ 《宋会要·职官》48之139。
⑦ 《宋会要·职官》64之33。
⑧ 《长编》卷438元祐五年二月癸卯。
⑨ 《长编》卷412元祐三年六月丁亥。
⑩ 《长编》卷286熙宁十年十二月辛丑。

监则"并是贵州差人主管"。总之,这类监因种种缘故往往不再张官置吏,设专员管理监务。

宋代又有一类监隶属于县,如凤州两当县。建隆三年(962),宋于两当县置银冶。开宝五年(972),升为监,即开宝监。治平元年(1064)罢置官,以监隶两当县①。这类监看来都是一些规模较小的工矿场所。隶县之监,如众所周知的那样,由监当官领其事,不是一级行政机构和行政区。

3. 尉司

宋代一般于大县设置知县(或县令)、县丞、主簿和县尉。中小县则设其中的两三个职位,所缺由已设官职中的某一官员兼任。以上无论大小政区,均名之为县。这是县级政区的一般情况。在宋代还有极个别的县级政区,只设置县尉,通管一县庶务,这个政区便不称之为县,而命之为"尉司"。如《元丰九域志》卷7的梓州,除了下辖九县外,还辖有永泰尉司。该尉司原为永泰县,熙宁五年(1072),废为镇,并"入盐亭县,十年复置尉司",后改名安泰。该尉司和普通的县一样,通"管六案、仓库、刑狱等事",下辖"三乡,大汁、永丰二镇",直至绍兴三十一年(1161),始改为安泰县,该尉司设置的时间长达八十五年之久②。同样的例子,还有夔州路忠州的南宾尉司。据《元丰九域志》卷8及《宋朝事实》卷19所载,乾德六年(968),以夔州龙渠镇隶忠州南宾县,开宝二年(969)始分,置南宾尉司。该尉司下辖二乡。

4. 镇

宋代的镇与乡平级,但有个别的镇较特殊,与县平级。如成都府路仙井监的大安镇,旧名永安镇,属陵井监仁寿县。徽宗时,陵井监改名仙井,该镇也改名大安,直属于监,成为县级政区③。又如河北路乾宁军的范桥镇,原为乾宁县,"熙宁六年省为镇",下辖二乡,也是一例。像这样的镇,宋代还有陕西路原州的新城、柳泉二镇,通远军的威远镇,利州路三泉县的金牛、青乌二镇,广南西路朱崖军的临川、藤桥二镇,以及梓州路富顺监所属的战井等十三镇。这些镇都直属中级政区,从《元丰九域志》和《宋史·地理志》的书例看,它们也一律与县相同。其中,原州柳泉镇领耳朵一堡,三泉县的金牛镇领四乡,朱崖军的藤桥镇领二乡,完全具备了县级政区应有的要素。另外,乾宁军的范桥镇、朱崖军的临川、藤桥二镇,本为县,范桥镇,哲、徽时两度复为乾宁县,临川、藤桥

---

① 《元丰九域志》卷3《凤州》。
② 《舆地广记》卷31《梓州》、《宋会要·方域》7之4。
③ 《元丰九域志》卷7、《宋史》卷89《地理志五》。

二镇,绍兴六年复为宁远、吉阳县①,因此,上述各镇显然应均属于准县级政区。

5. 城、堡、寨、关、津

宋代还有一些具有军事要塞性质的城、堡、寨、关、津,也属于县级政区。从《元丰九域志》所登录的情况看,均出现在河北、陕西、河东、川峡、荆湖、广西诸路的沿边州军,一些城寨关津还领有小的堡、铺,甚至乡镇。如河北路镇定府的北寨下辖二乡、嘉祐一镇。河东路保德军下设二津,其中沙谷津下辖二乡。秦州的二城、七寨、三堡共领七十二堡,荆湖北路沅州的安江、托口二寨,下辖洪江等三铺。因此,这些城、堡、关、津也应属于准县级政区。

6. 场、院、务、井

宋代还有一些具有经济事务性质的场、院、务、井,也属于准县级政区。如河东路晋州的炼矾、矾石二务,成都府路雅州的在城茶场,陵井监的盐井,梓州路富顺监的盐井,夔州路达州的明通院,广西路邕州的慎乃金场,都属于县级政区。其中,达州明通院历来为"催科税赋之地",它下辖六乡及宣汉、盐井、缊拦三场,南渡后改为县②。

---

① 《元丰九域志》卷 2、3、8、9、7,《宋史》卷 86《地理志二》、卷 90《地理志六》。
② 《元丰九域志》卷 4、7、8、9,《宋史》卷 89《地理志五》。

第二编 宋代省地各断代年限的地方行政区划

第一章　宋初(960—979)的州县

宋自建隆元年(960)代周而立，迄于太平兴国四年(979)，凡二十年，次第剪灭荆南、湖南、后蜀、南汉、南唐、漳泉、吴越、北汉等割据势力。今考实宋代周所得州一百二十一、军十三、监五、县六百十五，取荆南所得州三、军一、县十七，平湖南所得州十五、监一、县五十九，平蜀所得州四十六、县二百三十九，丰州来归得州一，平南汉所得州六十一、县二百十二，灭南唐所得州十九、军三、监一、县一百十一，漳泉献地得州二、县十二，吴越归地得州十三、军一、县七十九，灭北汉所得州十、军三、县四十四。二十年间，凡得州二百九十一、军二十一、监七、县一千三百八十八。

第一节　建隆元年(960)的州县

建隆元年，宋受周禅，所得州县之数，诸书所载多异。然略加归纳，大体可分为三类。第一，《宋史》卷85《地理志一》、《宋会要·方域》7之25、《玉海》卷18《开宝较州县数》作"初有州百一十一，县六百三十八"。《曾巩集》卷49《户口版图》稍异，作州一百十一，县六百三十。第二，《玉海》卷14《祥符州县图经》、《通鉴地理通释》卷3《宋二十三路》、《文献通考》卷315《舆地一》作"凡州府军监一百三十九，县六百六十一"。第三，《新五代史》卷60《职方考》为一百十八州。

今依《太平寰宇记》等唐宋诸史志，考实所得，建隆元年，宋有州一百十四、府七、军十三、监五，合计州、府、军、监一百三十九。如不计军、监，则州、府合计为一百二十一。与《新五代史》卷60《职方考》所载相较，州多麟、义、会、静四州。又，通远军，《职方考》仍作威州。余则相同。义州后唐时置，会州唐旧州，静州五代后汉时置，各详见本条考订。麟州置于唐玄宗朝。五代时，郭威代后汉，刘崇仍奉后汉正朔，以晋阳为都建国，史谓东汉或北汉，麟州遂为其所有。然据《资治通鉴》记载，麟州土豪杨信、杨崇训父子于广顺二年(952)、显德四年(957)两次归顺后周，是麟州显德中已属后周，《职方考》仍以为属东汉，误。因此，一百二十一州府，如去麟、义、会、静四州，加通远一军，正与《职方考》一百十八州之数吻合。

考实所得州府一百二十一，然究其实，自僖宗中和元年(881)，拓拔思恭为夏州节度使算起，夏、绥、银、宥、静五州为党项拓拔氏所有已八十年。而府州折氏、麟州杨氏以及灵州冯氏，自五代以来亦皆割据一方，拥有灵、盐、会、府、麟五州之地。其中，盐、会二州，稽诸五代韩逊、韩洙、韩璞父子及康福等人事迹，实已废于唐末至五代后唐时。或后世尚循唐旧制，将其作为灵武一道支郡列入州郡之数中。因此，去此十州，恰成一百一十一州之数。

又，一百一十一州内含唐、五代以来七府在内。这就是唐代的雍州京兆府、岐州凤翔府、洛州河南府、蒲州河中府与五代后梁、后唐所建汴州开封府、魏州大名府、镇州真定府①。因此，宋初实有州一百零四。

《新五代史》卷60《职方考》言："五代置军六，皆寄治于县，隶于州，故不别出。监者，物务之名尔，故不载于地理。皇朝军、监始自置属县，与州府并列矣。"观上列军、监，大体如《职方考》所言，为军垒、物务，皆寄治于县，不领属县。然显德中所设之通远军、汉阳军当不属此类军垒，否则，通远、汉阳二县不知属何州郡。南唐同期所设之天长军恐亦属此类。因此，欧阳修所言"皇朝军监始自置属县，与州府并列矣"，恐非确论。军垒领县当自五代始。五代中朝先后置军二十，今列十三，与五监、一百二十一州，共成一百三十九之数。诸军之中，通远、德清、静安、定远、保顺、汉阳等，确凿无可置疑，余者则因文献不足，难言其宋初是否尚存。然五代置军远不止六军，是可以肯定的。欧阳修所言五代仅置六军之言②，恐亦非确论。

又，考实所得县六百一十五，较《宋史》卷85《地理志一》等少二十三县，较《玉海》等少四十六县，究其原因，一则诚如《职方考》所言，"五代乱世，文字不完，而时有废省，又或陷于夷狄，不可考究其详"；二则亦恐《宋史》卷85《地理志一》诸书统计之数未必尽得其实，尚含已废之虚额。而六百十五县之数，除盐、会二州四县外，则尽为实数。至于曾巩所言六百三十县之数，则恐有佚文，缺一"八"字。

1. 东京，开封府，治开封、浚仪(今河南开封市)，15县：开封、浚仪、尉氏、陈留、雍丘、封丘、中牟、阳武、酸枣、匡城、扶沟、鄢陵、考城、太康、襄邑。

---

① 按：《五代会要》卷19《诸府》。
② 按：钱大昕据《新五代史》卷60《职方考·谱》后所列，确认是德清、保顺、汉阳、雄胜、定远、通远六军。见(清)钱大昕：《廿二史考异》卷65。

2. 青州,治益都(今山东寿光市北),7县:益都、临淄、寿光、临朐、博兴、千乘、北海。

3. 密州,治诸城(今山东诸城市),4县:诸城、胶西、高密、莒县。

4. 齐州,治历城(今山东济南市),6县:历城、禹城、章丘、长清、临邑、临济。

5. 沂州,治临沂(今山东临沂市),5县:临沂、承县、沂水、费县、新泰。

6. 登州,治蓬莱(今山东蓬莱市),4县:蓬莱、文登、黄县、牟平。

7. 莱州,治掖县(今山东莱州市),4县:掖县、莱阳、胶水、即墨。

8. 淄州,治淄川(今山东淄博市淄川区),4县:淄川、长山、邹平、高苑。

9. 宋州,治宋城(今河南商丘市南),7县:宋城、宁陵、谷熟、下邑、虞城、楚丘、柘城。

10. 兖州,治瑕丘(今山东济宁市兖州区东北),7县:瑕丘、乾封、泗水、龚丘、曲阜、莱芜、邹县。

11. 徐州,治彭城(今江苏徐州市),7县:彭城、沛县、萧县、滕县、丰县、下邳、宿迁。

12. 曹州,治济阴(今山东曹县西北),4县:济阴、宛句、乘氏、南华。

13. 郓州,治须城(今山东东平县西北),7县:须城、阳谷、中都、寿张、东阿、平阴、卢县。

14. 济州,治巨野(今山东巨野县南),4县:巨野、郓城、金乡、任城。

15. 单州,治单父(今山东单县),4县:单父、砀山、成武、鱼台。

16. 濮州,治鄄城(今山东鄄城县旧城镇),4县:鄄城、雷泽、临濮、范县。

17. 襄州,治襄阳(今湖北襄阳市),6县:襄阳、邓城、谷城、宜城、义清、南漳。

18. 邓州,治穰县(今河南邓州市),5县:穰县、南阳、内乡、淅川、临濑。

19. 隋州,治随县(今湖北随州市),4县:随县、唐城、枣阳、光化。

20. 金州,治西城(今陕西安康市),6县:西城、洵阳、汉阴、石泉、平利、洧阳。

21. 房州,治房陵(今湖北房县),4县:房陵、永清、竹山、上庸。

22. 均州,治武当(今湖北丹江口市西北),3县:武当、郧乡、丰利。

23. 郢州,治长寿(今湖北钟祥市),3县:长寿、京山、富水。

24. 唐州,治泌阳(今河南唐河县),6县:泌阳、平氏、湖阳、比阳、桐柏、方城。

25. 西京,河南府,治河南、洛阳(今河南洛阳市),19县:河南、洛阳、偃师、颍阳、巩县、密县、新安、福昌、伊阳、渑池、永宁、长水、寿安、河清、登封、伊阙、缑氏、王屋、望陵。

26. 许州,治长社(今河南许昌市),7县：长社、郾城、阳翟、长葛、舞阳、许田、临颍。

27. 郑州,治管城(今河南郑州市),5县：管城、荥泽、原武、新郑、荥阳。

28. 滑州,治白马(今河南滑县旧滑县城东),5县：白马、韦城、胙城、灵河、黎阳。

29. 孟州,治河阳(今河南孟州市南),5县：河阳、温县、济源、河阴、汜水。

30. 蔡州,治汝阳(今河南汝南县),10县：汝阳、上蔡、新蔡、褒信、遂平、新息、朗山、真阳、西平、平舆。

31. 陈州,治宛丘(今河南淮阳县),5县：宛丘、项城、㲿水、西华、南顿。

32. 颍州,治汝阴(今安徽阜阳市),3县：汝阴、沈丘、颍上。

33. 汝州,治梁(今河南汝州市西南汝水之南),6县：梁县、襄城、叶县、龙兴、鲁山、郏县。

34. 申州,治义阳(今河南信阳市西北),3县：义阳、罗山、钟山。

35. 魏州大名府,治元城、大名(今河北大名县东北),17县：元城、大名、莘县、内黄、成安、魏县、馆陶、临清、夏津、清平、冠氏、宗城、朝城、南乐、洹水、永济、经城。

36. 澶州,治顿丘(今河南濮阳市),7县：顿丘、濮阳、观城、临河、清丰、临黄、卫南。

37. 沧州,治清池(今河北沧县东南),9县：清池、无棣、盐山、乐陵、南皮、饶安、临津、东光、永安。

38. 冀州,治信都(今河北冀州市),8县：信都、蓚县、南宫、枣强、武邑、衡水、阜城、堂阳。

39. 瀛州,治河间(今河北河间市),4县：河间、束城、高阳、景城。

40. 博州,治聊城(今山东聊城市东南),4县：聊城、堂邑、高唐、博平。

41. 棣州,治厌次(今山东惠民县东南),3县：厌次、商河、阳信。

42. 莫州,治莫县(今河北任丘市鄚州镇),4县：莫县、任丘、长丰、清苑。

43. 雄州,治归义(今河北雄县),1县：归义。

44. 霸州,治永清(今河北霸州市),3县：永清、文安、大城。

45. 德州,治安德(今山东德州市陵城区),6县：安德、平原、德平、将陵、安陵、归化。

46. 滨州,治渤海(今山东滨州市),2县：渤海、蒲台。

47. 贝州,治清河(今河北清河县旧城),5县:清河、清阳、武城、漳南、历亭。

48. 镇州,真定府,治真定(今河北正定县),13县:真定、藁城、石邑、获鹿、井陉、平山、灵寿、行唐、九门、元氏、栾城、束鹿、鼓城。

49. 相州,治安阳(今河南安阳市),6县:安阳、永定、汤阴、临漳、邺县、林虑。

50. 定州,治安喜(今河北定州市),8县:安喜、陉邑、义丰、曲阳、唐县、望都、新乐、博野。

51. 邢州,治龙冈(今河北邢台市),8县:龙冈、沙河、任县、尧山、南和、巨鹿、平乡、内丘。

52. 怀州,治河内(今河南沁阳市),5县:河内、武德、修武、武陟、获嘉。

53. 卫州,治汲县(今河南卫辉市西南),4县:汲县、新乡、卫县、共城。

54. 洺州,治永年(今河北永年县东南旧永年),6县:永年、平恩、鸡泽、曲周、临洺、肥乡。

55. 深州,治陆泽(今河北深州市深州镇旧州村),6县:陆泽、饶阳、安平、武强、下博、乐寿。

56. 磁州,治滏阳(今河北磁县),4县:滏阳、武安、邯郸、昭义。

57. 祁州,治无极(今河北无极县),2县:无极、深泽。

58. 赵州,治平棘(今河北赵县),7县:平棘、宁晋、高邑、柏乡、临城、赞皇、昭庆。

59. 易州,治易县(今河北易县),5县:易县、满城、遂城、涞水、北平。

60. 潞州,治上党(今山西长治市),10县:上党、长子、潞城、屯留、壶关、襄垣、黎城、涉县、武乡、铜鞮。

61. 晋州,治临汾(今山西临汾市),9县:临汾、洪洞、襄陵、神山、霍邑、赵城、汾西、冀氏、岳阳。

62. 绛州,治正平(今山西新绛县),7县:正平、曲沃、太平、翼城、稷山、绛县、垣县。

63. 泽州,治晋城(今山西晋城市),6县:晋城、高平、阳城、端氏、陵川、沁水。

64. 隰州,治隰川(今山西隰县),6县:隰川、蒲县、温泉、永和、石楼、大宁。

65. 慈州,治吉乡(今山西吉县),3县:吉乡、文城、乡宁。

66. 麟州,治小堡(今地不详),3县:新秦、连谷、银城。

67. 府州，治府谷(今陕西府谷县)，1县：府谷。

68. 雍州，京兆府，治长安、万年(今陕西西安市)，15县：长安、万年、鄠县、蓝田、咸阳、醴泉、泾阳、栎阳、高陵、兴平、昭应、武功、乾祐、奉先、好畤。

69. 蒲州，河中府，治河东、河西(今山西永济市蒲州镇)，9县：河东、河西、虞乡、临晋、宝鼎、猗氏、永乐、龙门、万泉。

70. 解州，治解县(今山西运城市盐湖区解州镇)，3县：解县、安邑、闻喜。

71. 陕州，治陕县(今河南陕县西南)，6县：陕县、芮城、平陆、灵宝、硖石、夏县。

72. 商州，治上洛(今陕西商洛市商州区)，5县：上洛、上津、丰阳、商洛、洛南。

73. 虢州，治弘农(今河南灵宝市)，6县：弘农、朱阳、卢氏、玉城、阌乡、湖城。

74. 同州，治冯翊(今陕西大荔县)，7县：冯翊、郃阳、澄城、白水、夏阳、韩城、朝邑。

75. 华州，治郑县(今陕西华县西南)，4县：郑县、下邽、华阴、渭南。

76. 耀州，治华原(今陕西铜川市耀州区)，6县：华原、富平、三原、云阳、同官、美原。

77. 延州，治肤施(今陕西延安市)，10县：肤施、延长、延水、门山、临真、敷政、丰林、甘泉、金明、延川。

78. 鄜州，治洛交(今陕西富县)，5县：洛交、洛川、三川、直罗、鄜城。

79. 丹州，治义川(今陕西宜川县)，4县：义川、云岩、汾川、咸宁。

80. 坊州，治中部(今陕西黄陵县南沮河南岸)，3县：中部、宜君、昇平。

81. 灵州，治回乐(今宁夏灵武市西南)，1县：回乐。

82. 盐州，治五原(今陕西定边县)，2县：五原、白池。

83. 会州，治会宁(今甘肃靖远县)，2县：会宁、乌兰。

84. 银州，治儒林(今陕西横山县党岔镇附近大寨梁)，4县：儒林、真乡、开光、抚宁。

85. 绥州(今陕西绥德县)，无县。

86. 夏州，治朔方(今陕西靖边县红墩界镇白城子村)，3县：朔方、宁朔、德静。

87. 宥州，治长泽(今内蒙古鄂托克前旗城川镇古城)，1县：长泽。

88. 静州(治在今陕西米脂县北)，无县。

89. 庆州，治顺化(今甘肃庆阳市)，4县：顺化、华池、乐蟠、同川。

90. 邠州，治新平(今陕西彬县)，4县：新平、三水、宜禄、永寿。

91. 宁州，治定安(今甘肃宁县)，6县：定安、彭原、真宁、襄乐、丰义、定平。

92. 乾州，治奉天(今陕西乾县)，1县：奉天。

93. 秦州,治成纪(今甘肃天水市),5县:成纪、陇城、清水、天水、长道。
94. 凤翔府,治天兴(今陕西凤翔县),9县:天兴、扶风、郿县、岐山、宝鸡、麟游、普润、虢县、盩厔。
95. 陇州,治汧源(今陕西陇县东南),3县:汧源、汧阳、吴山。
96. 成州,治同谷(今甘肃成县),2县:同谷、栗亭。
97. 凤州,治梁泉(今陕西凤县凤州镇),3县:梁泉、两当、河池。
98. 阶州,治福津(今甘肃陇南市武都区东南),2县:福津、将利。
99. 渭州,治平凉(今甘肃平凉市),2县:平凉、潘原。
100. 义州,治华亭(今甘肃华亭县),1县:华亭。
101. 泾州,治保定(今甘肃泾川县北泾河北岸),3县:保定、灵台、良原。
102. 原州,治临泾(今甘肃镇原县),1县:临泾。
103. 扬州,治江都、广陵(今江苏扬州市),5县:江都、广陵、六合、永贞、高邮。
104. 亳州,治谯县(今安徽亳州市),7县:谯县、城父、蒙城、鄢县、鹿邑、永城、真源。
105. 宿州,治符离(今安徽宿州市),4县:符离、虹县、蕲县、临涣。
106. 楚州,治山阳(今江苏淮安市),4县:山阳、淮阴、宝应、盱眙。
107. 海州,治朐山(今江苏连云港市海州区海州街道),3县:朐山、怀仁、沭阳。
108. 泰州,治海陵(今江苏泰州市),5县:海陵、兴化、泰兴、如皋、盐城。
109. 泗州,治临淮(今江苏泗洪县东南之洪泽湖中),3县:临淮、涟水、徐城。
110. 滁州,治清流(今安徽滁州市),3县:清流、全椒、来安。
111. 通州,治静海(今江苏南通市),2县:静海、海门。
112. 寿州,治下蔡(今安徽凤台县),6县:下蔡、寿春、安丰、霍丘、盛唐、霍山。
113. 庐州,治合肥(今安徽合肥市),5县:合肥、慎县、巢县、庐江、舒城。
114. 蕲州,治蕲春(今湖北蕲春县蕲州镇西北),4县:蕲春、黄梅、广济、蕲水。
115. 和州,治历阳(今安徽和县),3县:历阳、乌江、含山。
116. 舒州,治怀宁(今安徽潜山县),5县:怀宁、桐城、望江、宿松、太湖。
117. 濠州,治钟离(今安徽凤阳县临淮关镇),3县:钟离、定远、招义。
118. 光州,治定城(今河南潢川县),5县:定城、光山、仙居、固始、殷城。

119. 黄州,治黄冈(今湖北黄冈市),3 县:黄冈、麻城、黄陂。
120. 安州,治安陆(今湖北安陆市),7 县:安陆、孝感、云梦、应城、应山、汉川、吉阳。
121. 复州,治竟陵(今湖北天门市),2 县:竟陵、沔阳。
122. 通远军,治通远(今甘肃环县),1 县:通远县。
123. 雄胜军,治固镇(今甘肃徽县),无县。
124. 清边军(治在今宁夏吴忠市东南),无县。
125. 威肃军,治定远(今宁夏平罗县东南),无县。
126. 昌化军,无县。
127. 德清军,治陆家店(今河南濮阳市北七十里),无县。
128. 静安军,治李晏口(今河北冀州市南),无县。
129. 定远军(治在今河北东光县西北后城子村),无县。
130. 义丰军。
131. 保顺军,治保顺镇(今山东无棣县西北),无县。
132. 大通军,治胡梁渡(今河南滑县东北),无县。
133. 汉阳军,治汉阳(今湖北武汉市蔡甸区),1 县:汉阳。
134. 天长军,治天长(今安徽天长市),1 县:天长。
135. 东海监,无县。
136. 莱芜监(治在今山东莱芜市境)。
137. 司竹监(治在今陕西周至县境)。
138. 盐城监(治在今江苏盐城市境)。
139. 海陵监,治海陵县(今江苏泰州市)。

第二节 乾德元年(963)取荆南所得的州县

《宋史》卷 85《地理志一》、《宋史》卷 1《太祖纪一》、《玉海·祥符州县图经》、《长编》、《文献通考》、《东都事略》等言,"建隆四年(963),取荆南,得州、府三,县一十七"。而《隆平集·伪国》《宋本历代地理指掌图·太祖皇帝肇造之图》为"州三、县一十五"。今考证得,乾德元年,宋取荆南,所得州府三、县十五。

1. 归州,治秭归(今湖北秭归县),3 县:秭归、巴东、兴山。
2. 峡州,治夷陵(今湖北宜昌市),4 县:夷陵、宜都、长阳、远安。
3. 江陵府,治江陵(今湖北江陵县),8 县:江陵、枝江、公安、松滋、石首、监利、长林、当阳。

第三节　乾德元年(963)平湖南所得的州县

乾德元年,宋平湖南,所得州县数,诸书记载不一,然大致可分为四类。第一,《宋史》卷85《地理志一》、《玉海》卷14《祥符州县图经》、《文献通考》言,"得州一十五,监一,县六十六"。第二,《宋史》卷1《太祖纪一》、《东都事略》及《长编》卷4乾德元年三月壬戌条言,"凡得州十四,监一,县六十六"。第三,《隆平集》卷12《伪国》言,"得州十四,县五十八"。第四,《新五代史》卷60《职方考》、《宋本历代地理指掌图·总论》言,"自湖南北十州为楚"。

《宋史》卷85《地理志一》所列十五州,为"潭、衡、邵、郴、道、永、全、岳、澧、朗、蒋、辰、锦、溪、叙",其中,郴州为宋于乾德二年九月取之于南汉。《长编》卷5言:"戊子,南面兵马都监引进使丁德裕与潭州防御使潘美、朗州团练使尹崇珂、衡州刺史张勋帅兵攻郴州,克之,杀其刺史陆光图及招讨使暨彦赟,余众退保韶州。……南汉主……及是始惧……乃以(邵)廷琄为招讨使,领舟师屯洸口。"郴州,后周广顺元年(951),为南汉所取。《资治通鉴》言:"南汉主遣内侍省丞潘崇彻、将军谢贯将兵攻郴州,唐边镐发兵救之。崇彻败唐兵于义章,遂取郴州",二年,湖南将"刘言尽复马氏岭北故地,惟郴、连入于南汉"。可见,郴州乾德时非属湖南,《宋史》卷1《太祖纪一》、《长编》、《隆平集》言十四州有其理。桂阳监,为物务,无属县,不载亦可以理解。

奖、锦、溪、叙四州地,《宋史》卷493《蛮夷传一》言,"隋置辰州,唐置(辰州)、锦州、溪州、巫州、叙州,皆其地也。唐季之乱,蛮酋分据其地,自署为刺史。……太祖既下荆湖,思得通蛮情、习险扼、勇智可任者以镇抚之。有辰州徭人秦再雄者……蛮党伏之。太祖召至阙下,察其可用,擢辰州刺史,官其子为殿直,赐予甚厚,仍使自辟吏属,予一州租赋。再雄感恩,誓死报效。……尽瘁边圉,五州连袤数千里,不增一兵,不费帑庾,终太祖之世,边境无患",可知上述四州自唐末以来已沦为羁縻之地,即宋代所谓南北江诸蛮之地。因此,宋平湖南,实仅得十州。四州之地,直至熙宁时,才收为省地,置正州沅州。《元丰九域志》卷6沅州条言,"熙宁七年(1074),收复溪洞黔、衡、古、显、叙、峡、中胜、富、嬴、绣、允、云、洽、俄、奖、晃、波、宜十七州,即唐叙、锦、奖州之地置州",可证。又唐溪州即宋时上下溪州等地,属辰州。辰州会溪城,熙宁八年置,即唐溪州部分地区,亦可证。此见《元丰九域志》辰州条。因此,《新五代史》卷60《职方考》、《宋本历代地理指掌图·总论》所言,为乾德初湖南所有之州,最近于实。

宋取湖南,总计得十五州、五十九县。而唐代上述地区则为六十县,即新旧《唐书·地理志》所载，潭州六县、衡州六县、邵州二县、道州五县、永州四县、岳州五县、澧州四县、朗州二县、郴州八县、辰州五县、奖州三县、锦州五县、溪州二县、叙州三县。两相比较，宋少郴州资兴一县，故六十六县之说颇可疑，或许尚含五代时"尝置而复废，尝改割而复旧者"，如潭州龙喜之属。《隆平集》十四州、五十八县之说，亦有不圆备之处。如除去羁縻四州、十三县及郴州五县、桂阳监二县，如欧阳修所言"自湖南北十州为楚"，则宋平湖南实得仅为三十九县。

1. 潭州，治长沙（今湖南长沙市），7县：长沙、湘潭、益阳、湘乡、醴陵、浏阳、攸县。
2. 衡州，治衡阳（今湖南衡阳市），5县：衡阳、茶陵、耒阳、常宁、衡山。
3. 邵州，治邵阳（今湖南邵阳市），2县：邵阳、武冈。
4. 道州，治营道（今湖南道县），5县：营道、延唐、永明、江华、大历。
5. 永州，治零陵（今湖南永州市），2县：零陵、祁阳。
6. 全州，治清湘（今广西全州县），2县：清湘、灌阳。
7. 岳州，治巴陵（今湖南岳阳市），3县：巴陵、华容、平江。
8. 澧州，治澧阳（今湖南澧县），4县：澧阳、安乡、石门、慈利。
9. 朗州，治武陵（今湖南常德市），4县：武陵、龙阳、桥江、湘阴。
10. 辰州，治沅陵（今湖南沅陵县），5县：沅陵、卢溪、叙浦、麻阳、辰溪。
11. 奖（蒋）州，治所及今地不详，3县：峨山、渭溪、梓姜。
12. 锦州，治卢阳（今湖南麻阳苗族自治县锦和镇西），5县：卢阳、招谕、渭阳、常丰、洛浦。
13. 溪州，治大乡（今湖南永顺县东），2县：大乡、三亭。
14. 叙州，治龙标（今湖南洪江市黔城镇），3县：龙标、朗溪、潭阳。
15. 郴州，治郴县（今湖南郴州市），5县：郴县、蓝山、高亭、郴义、义章。
16. 桂阳监。

第四节　乾德三年(965)平蜀所得的州县

宋乾德三年平蜀，所得州县之数，各书记载不一，大体可分为三类：第一，《长编》卷6，《东都事略》卷2，《玉海》卷14《乾德山川形势图》、《祥符州县图经》、《文献通考》所载为"凡得州四十六，县二百四十"。第二，《宋史》卷85《地理志一》载"得州府四十六，县一百九十八"。第三，《宋史》卷2《太祖纪二》、《宋本历代地理指掌图·太祖皇帝肇造之图》载"得州四十五，县一百九十八"。《隆平集》卷12《伪国》载，"得州四十五，县一百八十九"。恐其县数有误。今考实得州四十六,县二百三十九,故当以《长编》等所记为是。

1. 益州,成都府,治成都、华阳(今四川成都市),10县:成都、华阳、郫县、新都、温江、新繁、双流、犀浦、广都、灵池。
2. 彭州,治九陇(今四川彭州市),4县:九陇、唐昌、濛阳、导江。
3. 眉州,治通义(今四川眉山市),5县:通义、彭山、洪雅、丹稜、青神。
4. 嘉州,治龙游(今四川乐山市),8县:龙游、夹江、犍为、平羌、峨眉、玉津、罗目、绥山。
5. 邛州,治临邛(今四川邛崃市),7县:临邛、大邑、火井、蒲江、依政、安仁、临溪。
6. 蜀州,治晋原(今四川崇州市),5县:晋原、唐兴、新津、青城、永康。
7. 绵州,治巴西(今四川绵阳市东),8县:巴西、彰明、魏城、罗江、神泉、龙安、盐泉、西昌。
8. 汉州,治雒县(今四川广汉市),5县:雒县、什邡、绵竹、德阳、金堂。
9. 资州,治盘石(今四川资中县),8县:盘石、资阳、内江、龙水、银山、月山、丹山、清溪。
10. 简州,治阳安(今四川简阳市西),3县:阳安、平泉、金水。
11. 梓州,治郪县(今四川三台县),9县:郪县、玄武、涪城、射洪、通泉、盐亭、铜山、飞乌、永泰。
12. 遂州,治方义(今四川遂宁市),5县:方义、长江、蓬溪、青石、遂宁。
13. 黎州,治汉源(今四川汉源县西北),2县:汉源、通望。
14. 雅州,治严道(今四川雅安市),5县:严道、卢山、名山、百丈、荣经。
15. 陵州,治仁寿(今四川仁寿县),5县:仁寿、贵平、井研、始建、籍县。
16. 戎州,治僰道(今四川宜宾市),5县:僰道、义宾、南溪、开边、归顺。
17. 泸州,治泸川(今四川泸州市),6县:泸川、合江、江安、绵水、泾南、富义。
18. 维州,治保宁(今四川理县薛城镇),2县:保宁、通化。
19. 茂州,治汶山(今四川茂县),3县:汶山、汶川、石泉。
20. 昌州,治大足(今重庆大足区),4县:大足、昌元、永川、静南。
21. 荣州,治旭川(今四川荣县),6县:旭川、威远、应灵、资官、公井、和义。
22. 果州,治南充(今四川南充市北),5县:南充、西充、相如、流溪、岳池。
23. 阆州,治阆中(今四川阆中市),9县:阆中、新井、晋安、新政、苍溪、西水、奉国、南部、岐坪。
24. 渠州,治流江(今四川渠县),5县:流江、邻山、邻水、大竹、渠江。

25. 合州,治石镜(今重庆合川区),6县:石镜、汉初、赤水、铜梁、巴川、新明。
26. 龙州,治江油(今四川平武县东南),2县:江油、清川。
27. 普州,治安岳(今四川安岳县),6县:安岳、安居、普康、乐至、崇龛、普慈。
28. 利州,治绵谷(今四川广元市),4县:绵谷、葭萌、胤山、益昌。
29. 兴州,治顺政(今陕西略阳县),2县:顺政、长举。
30. 文州,治曲水(今甘肃文县西南),1县:曲水。
31. 巴州,治化城(今四川巴中市),9县:化城、恩阳、曾口、其章、清化、七盘、归仁、始宁、盘道。
32. 剑州,治普安(今四川剑阁县),8县:普安、武连、阴平、剑门、梓潼、临津、普成、永归。
33. 蓬州,治蓬池(今四川仪陇县南),7县:蓬池、良山、仪陇、伏虞、蓬山、朗池、宕渠。
34. 壁州,治通江(今四川通江县),5县:通江、白石、符阳、广纳、东巴。
35. 夔州,治奉节(今重庆奉节县东),4县:奉节、巫山、大昌、云安。
36. 忠州,治临江(今重庆忠县),5县:临江、丰都、垫江、南宾、桂溪。
37. 万州,治南浦(今重庆万州区),3县:南浦、武宁、梁山。
38. 集州,治难江(今四川南江县),4县:难江、嘉川、大牟、通平。
39. 开州,治开江(今重庆开县),3县:开江、万岁、新浦。
40. 渝州,治巴县(今重庆巴南区北),5县:巴县、江津、南平、壁山、万寿。
41. 涪州,治涪陵(今重庆涪陵区),5县:涪陵、宾化、武龙、乐温、温山。
42. 黔州,治彭水(今重庆彭水苗族土家族自治县),6县:彭水、黔江、洪杜、洋水、信宁、都濡。
43. 施州,治清江(今湖北恩施市),2县:清江、建始。
44. 通州,治通川(今四川达州市),9县:通川、永穆、石鼓、新宁、巴渠、三冈、东乡、阆英、宣汉。
45. 洋州,治兴道(今陕西洋县),4县:兴道、西乡、真符、黄金。
46. 梁州,兴元府,治南郑(今陕西汉中市东),5县:南郑、城固、褒城、西县、三泉。

第五节 开宝二年(969)丰州来归

1. 丰州(约在今陕西府谷县西北二百里处的窟野河流域),3寨:永安、来远、保宁。

第六节　开宝四年(971)平广南所得的州县

开宝四年,宋平广南,所得州县之数,《宋史》卷 85《地理志一》、《宋史》卷 2《太祖纪二》、《长编》卷 12、《玉海》卷 14《祥符州县图经》、《文献通考》、《东都事略》卷 2 均为"州六十,县二百十四"。唯《新五代史》卷 60《职方考》作"四十七州"。今考实得六十一州,二百十二县。

诸史志之中,唯《宋史》卷 85《地理志一》、《新五代史》卷 60《职方考》详列诸州之名。《宋史》卷 85《地理志一》所列六十州中,恭州①即蒙州。《新唐书》卷 43 上《地理志七上》言,蒙州,"本南恭州。武德五年(622),析荔州之隋化置。贞观八年(634)更名"。据此,《宋史》卷 85《地理志一》所列实五十九州。又,惠州为滨州之讹,蛮州为峦州之讹。今考实所得较《宋史》卷 85《地理志一》多敬州、常乐州,二州南汉时置,《宋史》失载。

清人吴兰修著《南汉地理志》一卷,其自注云"共州六十二,县二百十四",实则为六十三州,二百十八县。较《宋史》卷 85《地理志一》多敬、常乐、郴、溥四州。郴州虽为南汉之地,然宋得之于乾德二年(964),非得之于开宝四年,故《宋史》卷 85《地理志一》将其列入平湖南所得十五州之中。溥州,即桂州之全义县。据《旧五代史》卷 150《郡县志》溥州条言,"晋开运三年(946)三月,升桂州全义县为州,仍改全义县为德昌县,并割桂州临(灵)川、广明、义宁等三县隶之"。又,《元丰九域志》卷 10 言,"溥州,领县一。乾德元年废州,以全义县隶桂州",则溥州已废于宋开宝四年平广南之前,不当列入宋所取州县之中。又,溥州前后所辖县数有异,可能废立之间诸县又陆续还隶桂州。唯广明县唐宋诸史志不载,可能为南汉所置,后废。去此二州,则亦为六十一州。又,聂崇岐《宋代府州军监之分析》亦作六十一州,故宋平广南得州六十一应为不易之论。

平广南所得县邑,今考实所得,较《南汉地理志》,辩州多龙化,浔州多大宾,禺州多温水。反之,《南汉地理志》中禺州多罗辩,顺州多龙化、温水,严州多循德,又多郴州之郴县、兰山、高亭、郴义、义章五县。如不计郴州,吴氏所列实为二百十三县。其取舍之异同,详见下编诸条论证,兹不一一论列。

《职方考》所列四十七州中有郴州。又,辩州入宋后改名化州,《职方考》误列化州,与辩州重出,故《职方考》其实仅列四十五州,与六十一州相较,少

---

① 按:恭州,《旧唐书》卷 45《地理志四》、《元和郡县图志》蒙州条均作南恭州,《宋史》卷 85《地理志一》当有脱文。

潮、循、龚、思唐、澄、贵、峦、牢、党、绣、义、禺、顺、振、敬、常乐等十六州。观欧阳修所列四十七州与所脱十六州，均有开宝时所废州郡，可见其取舍实无义理。

1. 广州，治咸宁、常康(今广东广州市)，13县：咸宁、常康、番禺、义宁、增城、怀集、清远、东莞、新会、四会、浈水、化蒙、洊涯。
2. 韶州，治曲江(今广东韶关市)，5县：曲江、乐昌、翁源、仁化、始兴。
3. 循州，治龙川(今广东龙川县佗城镇)，2县：龙川、兴宁。
4. 潮州，治海阳(今广东潮州市)，2县：海阳、潮阳。
5. 敬州，治程乡(今广东梅州市)，1县：程乡。
6. 连州，治桂阳(今广东连州市)，3县：桂阳、阳山、连山。
7. 雄州，治浈昌(今广东南雄市)，1县：浈昌。
8. 英州，治浈阳(今广东英德市)，1县：浈阳。
9. 贺州，治临贺(今广西贺州市八步区贺街镇)，6县：临贺、富川、桂岭、荡山、封阳、冯乘。
10. 封州，治封川(今广东封开县东南封川)，2县：封川、开建。
11. 端州，治高要(今广东肇庆市)，2县：高要、平兴。
12. 新州，治新兴(今广东新兴县)，2县：新兴、永顺。
13. 康州，治端溪(今广东德庆县)，4县：端溪、晋康、悦城、都城。
14. 泷州，治泷水(今广东罗定市东南)，4县：泷水、开阳、建水、镇南。
15. 恩州，治阳江(今广东阳江市)，3县：阳江、恩平、杜陵。
16. 春州，治阳春(今广东阳春市)，3县：阳春、流南、罗水。
17. 勤州，治铜陵(今广东阳春市北)，2县：铜陵、富林。
18. 祯州，治归善(今广东惠州市)，4县：归善、博罗、海丰、河源。
19. 桂州，治临桂(今广西桂林市)，12县：临桂、灵川、全义、阳朔、永福、修仁、理定、慕化、荔浦、永宁、义宁、古县。
20. 邕州，治宣化(今广西南宁市南)，7县：宣化、晋兴、武缘、如和、朗宁、思笼、封陵。
21. 澄州，治上林(今广西上林县南)，4县：上林、止戈、无虞、贺水。
22. 宾州，治岭方(今广西宾阳县东南古城)，3县：岭方、琅琊、保城。
23. 容州，治普宁(今广西容县)，6县：普宁、北流、陆川、欣道、渭龙、陵城。
24. 绣州，治常林(今广西桂平市南)，3县：常林、阿林、罗绣。
25. 禺州，治峨石(今广西北流市东南)，3县：峨石、温水、扶莱。

26. 顺州,治龙豪(今广西博白县东),2县:龙豪、南河。
27. 融州,治融水(今广西融水苗族自治县),2县:融水、武阳。
28. 象州,治阳寿(今广西象州县),3县:阳寿、武化、武仙。
29. 严州,治来宾(今广西来宾市兴宾区东南),2县:来宾、归化。
30. 昭州,治平乐(今广西平乐县西南),3县:平乐、恭城、永平。
31. 富州,治龙平(今广西昭平县),3县:龙平、思勤、马江。
32. 蒙州,治立山(今广西蒙山县西河镇古眉村),3县:立山、正义、东区。
33. 梧州,治苍梧(今广西梧州市),3县:苍梧、戎城、孟陵。
34. 藤州,治镡津(今广西藤县东北),4县:镡津、宁风、感义、义昌。
35. 义州,治岑溪(今广西岑溪市东南),3县:岑溪、连城、永业。
36. 龚州,治平南(今广西平南县),5县:平南、阳川、武林、隋建、大同。
37. 思唐州,治武郎(今广西宁明县东),2县:武郎、思和。
38. 浔州,治桂平(今广西桂平市西),3县:桂平、皇化、大宾。
39. 柳州,治马平(今广西柳州市),5县:马平、龙城、象县、洛曹、洛容。
40. 贵州,治郁林(今广西贵港市),4县:郁林、怀泽、潮水、义山。
41. 宜州,治龙水(今广西宜州市),2县、1场、1监:龙水、天河县,都感场,富仁监。
42. 横州,治宁浦(今广西横县),3县:宁浦、从化、乐山。
43. 峦州,治永定(今广西横县西北),3县:永定、武罗、灵竹。
44. 辩州,治石龙(今广东化州市),3县:石龙、陵罗、龙化。
45. 罗州,治廉江(今广东廉江市北),3县:廉江、吴川、干水。
46. 高州,治电白(今广东高州市东北),3县:电白、良德、保宁。
47. 潘州,治茂名(今广东高州市),3县:茂名、南巴、潘水。
48. 窦州,治信义(今广东信宜市镇隆镇),4县:信义、怀德、潭峨、特亮。
49. 雷州,治海康(今广东雷州市),3县:海康、遂溪、徐闻。
50. 钦州,治钦江(今广西钦州市东北),5县:钦江、灵山、保京、遵化、内亭。
51. 白州,治博白(今广西博白县),4县:博白、建宁、周罗、南昌。
52. 廉州,治合浦(今广西浦北县西南),4县:合浦、封山、蔡龙、大廉。
53. 常乐州(今广西合浦县东北),3县:博电、零绿、盐场。
54. 郁林州,治郁平(今广西贵港市东南郁江南岸),3县:郁平、兴业、兴德。
55. 牢州,治南流(今广西玉林市),3县:南流、定川、宕川。

56. 党州,治善劳(今广西玉林市西北),4县:善劳、抚康、容山、怀义。

57. 琼州,治琼山(今海南海口市琼山区东南),3县:琼山、临高、乐会。

58. 崖州,治舍城(今海南海口市琼山区东南),3县:舍城、澄迈、文昌。

59. 儋州,治义伦(今海南儋州市新州镇),4县:义伦、昌化、感恩、洛场。

60. 振州,治宁远(今海南三亚市崖州区),2县:宁远、吉阳。

61. 万安州,治万宁(今海南万宁市北),2县:万宁、陵水。

第七节　开宝八年(975)平江南所得的州县

开宝八年,宋平江南,所得州县,《宋史》卷85《地理志一》、《长编》卷16、《隆平集》卷12、《东都事略》卷2、《玉海》卷14《祥符州县图经》、《文献通考》、《宋本历代地理指掌图·太祖皇帝肇造之图》均言"得州一十九,军三,县一百八"。然《宋史》卷3《太祖纪三》言,"凡得州十九,军三,县一百八十",恐为笔误,今不取。又,《新五代史》卷60《职方考》言,"自江以南二十一州为南唐",然内含漳、泉二州在内,故亦不相抵触。今考实所得为十九州、三军、一监、一百十一县。

1. 昇州,江宁府,治江宁、上元(今江苏南京市),10县:江宁、上元、溧水、溧阳、句容、芜湖、繁昌、青阳、铜陵、广德。

2. 宣州,治宣城(今安徽宣城市宣州区),6县:宣城、泾县、南陵、宁国、旌德、太平。

3. 歙州,治歙县(今安徽歙县),6县:歙县、休宁、绩溪、黟县、祁门、婺源。

4. 江州,治德化(今江西九江市),7县:德化、彭泽、德安、瑞昌、湖口、东流、都昌。

5. 池州,治贵池(今安徽池州市贵池区),3县:贵池、建德、石埭。

6. 洪州,治南昌(今江西南昌市),7县:南昌、丰城、分宁、靖安、奉新、武宁、建昌。

7. 润州,治丹徒(今江苏镇江市),4县:丹徒、延陵、丹阳、金坛。

8. 常州,治晋陵、武进(今江苏常州市),4县:晋陵、武进、无锡、义兴。

9. 鄂州,治江夏(今湖北武汉市武昌区),9县:江夏、武昌、蒲圻、嘉鱼、临江、永安、永兴、通山、大冶。

10. 筠州,治高安(今江西高安市),4县:高安、上高、清江、万载。

11. 饶州,治鄱阳(今江西鄱阳县),5 县:鄱阳、余干、浮梁、乐平、德兴。
12. 信州,治上饶(今江西上饶市西北),5 县:上饶、弋阳、玉山、贵溪、铅山。
13. 虔州,治赣县(今江西赣州市),11 县:赣县、安远、雩都、虔化、南康、大庾、信丰、瑞金、石城、上犹、龙南。
14. 吉州,治庐陵(今江西吉安市),6 县:庐陵、新淦、太和、安福、永新、龙泉。
15. 袁州,治宜春(今江西宜春市),3 县:宜春、萍乡、新喻。
16. 抚州,治临川(今江西抚州市临川区),4 县:临川、崇仁、南丰、宜黄。
17. 汀州,治长汀(今福建长汀县),2 县:长汀、宁化。
18. 建州,治建安(今福建建瓯市),8 县:建安、浦城、建阳、松溪、邵武、将乐、归化、建宁。
19. 剑州,治剑浦(今福建南平市),4 县:剑浦、顺昌、沙县、尤溪。
20. 江阴军,治江阴(今江苏江阴市),1 县:江阴。
21. 雄远军,治当涂(今安徽当涂县),1 县:当涂。
22. 建武军,治南城(今江西南城县),1 县:南城。
23. 永平监。

第八节　太平兴国三年(978)漳泉献地所得的州县

太平兴国三年,陈洪进献漳、泉之地,《宋史》卷85《地理志一》、《宋史》卷4《太宗纪一》、《长编》卷19、《东都事略》卷3、《玉海》卷14《祥符州县图经》、《文献通考》作"得州二,县十四",唯《隆平集》卷12《伪国》作"二州、十二县"。《十国春秋·地理志》同。今考实所得,同《隆平集》之数。

1. 漳州,治龙溪(今福建漳州市),3 县:龙溪、漳浦、龙岩。
2. 泉州,治晋江(今福建泉州市),9 县:晋江、南安、同安、永春、清溪、德化、莆田、仙游、长泰。

第九节　太平兴国三年(978)吴越归地所得的州县

太平兴国三年,吴越归地,所得州县之数,《宋史》卷85《地理志一》、《宋史》卷4《太宗纪一》、《长编》卷19、《东都事略》卷3、《玉海》卷14《祥符州县图经》、《文献通考》均作"州十三,军一,县八十六"。《隆平集》卷 12《伪国》作"州十三,县八十七",《新五代史》卷 60《职方考》作"十三州"。今考实所得为十三州、一军、七十九县。《十国春秋·地理志》为八十县,多明州废翁山县,故仍以七十九县为得。

1. 杭州,治钱塘、钱仁(今浙江杭州市),11 县:钱塘、钱仁、於潜、余杭、富春、盐官、安国、唐山、新登、桐庐、武康。

2. 越州,治会稽、山阴(今浙江绍兴市),8 县:会稽、山阴、剡县、诸暨、余姚、上虞、萧山、新昌。

3. 苏州,治吴县、长洲(今江苏苏州市),5 县:吴县、长洲、昆山、常熟、吴江。

4. 秀州,治嘉兴(今浙江嘉兴市),4 县:嘉兴、海盐、华亭、崇德。

5. 湖州,治乌程(今浙江湖州市),4 县:乌程、安吉、长兴、德清。

6. 婺州,治金华(今浙江金华市),7 县:金华、东阳、义乌、兰溪、永康、武义、浦江。

7. 明州,治鄞县(今浙江宁波市),5 县:鄞县、奉化、慈溪、象山、定海。

8. 温州,治永嘉(今浙江温州市),4 县:永嘉、瑞安、乐清、平阳。

9. 台州,治临海(今浙江临海市),5 县:临海、黄岩、天台、永安、宁海。

10. 处州,治丽水(今浙江丽水市西),6 县:丽水、白龙、缙云、遂昌、青田、龙泉。

11. 衢州,治西安(今浙江衢州市),4 县:西安、江山、龙游、常山。

12. 睦州,治建德(今浙江建德市东北),5 县:建德、寿昌、遂安、分水、青溪。

13. 福州,治闽县、侯官(今福建福州市),11 县:闽县、侯官、福清、连江、永泰、长溪、长乐、古田、永贞、闽清、宁德。

14. 衣锦军,无县。

第十节 太平兴国四年(979)平北汉所得的州县

太平兴国四年,平北汉,所得州县之数,诸史志所记约可分为两大类。第一,《宋史》卷 85《地理志一》为"州十,军一,县四十",《宋史》卷 4《太宗纪一》未记军,作"凡得州十,县四十"。第二,《长编》卷 20、《东都事略》卷 3、《玉海》卷 14《祥符州县图经》、《文献通考》作"凡得州十,军一,县四十一"。《宋本历代地理指掌图·太宗皇帝统一之图》作"得州十、县四十一"。清吴任臣之《十国春秋·地理志》为十州、二军、四十四县。今考实所得为十州、三军、四十四县①。具体如下：

1. 并州，太原府，治太原、晋阳（今山西太原市晋源区晋源街道古城营村），13县：太原、晋阳、阳曲、文水、祁县、榆次、太谷、清源、寿阳、盂县、交城、广阳、乐平。

2. 汾州，治西河（今山西汾阳市），5县：西河、孝义、平遥、介休、灵石。

3. 岚州，治宜芳（今山西岚县北），4县：宜芳、静乐、合河、岚谷。

4. 宪州，治楼烦（今山西娄烦县），3县：楼烦、玄池、天池。

5. 忻州，治秀容（今山西忻州市），2县：秀容、定襄。

6. 代州，治雁门（今山西代县），5县：雁门、五台、崞县、繁畤、唐林。

7. 辽州，治辽山（今山西左权县），4县：辽山、和顺、榆社、平城。

8. 沁州，治沁源（今山西沁源县），3县：沁源、和川、绵上。

9. 石州，治离石（今山西吕梁市离石区），5县：离石、临泉、平夷、方山、定胡。

10. 隆州（今山西祁县东南隆州城），无县。

11. 宝兴军（今山西繁畤县东南），无县。

12. 固军（今山西宁武县西南宁化），无县。

13. 岢岚军，治岚谷（今山西岢岚县），无县。

---

① 按：据《宋史》卷1《太祖纪》，宋于乾德元年八月丁亥攻克北汉并州乐平县，辛卯改为平晋军，故太平兴国四年平北汉所得实为四十三县。然乐平县无所附隶，故仍作四十四县。详见本编第二章平晋军条论证。

第二章 太平兴国四年(979)的州县

宋朝建国后至太平兴国四年的二十年间,是宋初统一战争时期。这一时期,州县地方行政建制特点有三。第一,削减各"僭伪"之都的巡属,降低其规格。如南唐之都江宁府降为昇州,北汉之都太原府降为并州。昇州十县割出五县,并州割出三县,湖南首州朗州四县割出二县,吴越之都杭州十一县割出二县,并废去五代时为宠荣钱镠而升置的顺化军(衣锦军)。第二,创置直属京县三泉、铅山和在川蜀等地增设军、监,体现了加强对内地的控制和攫取江淮、川蜀财赋的意图。第三,以岭南等地"州县多而户口少",而大加省并。岭南省并泷、勤、澄、绣、禺、顺、严、富、思唐、峦、罗、潘、常乐、牢、党、崖等十六州、九十六县,川蜀省并二十八县,总计各地共省并县邑一百四十七。

太平兴国四年宋之州县,今考实所得,有府十,州二百六十一,军三十四,监十四,直属京县一,县一千二百三十六。太祖一朝及太宗初年是宋代路制的草创时期,高级政区的设置,或因五代旧制,或即统一战争中所灭之国的疆域,多属权宜之举。其巡属,文献亦无明确的记载。故今权以《太平寰宇记》所列十三道为序,条列太平兴国四年宋之州县。

第一节 河 南 道

府二,州二十九,军二,监一,县一百八十六(见图1)。

1. 东京,开封府16县:开封、浚仪、尉氏、陈留、雍丘、封丘、中牟、阳武、酸枣、长垣、扶沟、鄢陵、考城、太康、襄邑、东明。
2. 西京,河南府18县:河南、洛阳、偃师、颍阳、巩县、密县、新安、福昌、伊阳、渑池、永宁、长水、寿安、河清、登封、伊阙、缑氏、王屋。
3. 陕州6县:陕县、芮城、平陆、灵宝、硖石、夏县。
4. 虢州3县:恒农、卢氏、玉城。
5. 许州7县:长社、郾城、阳翟、长葛、舞阳、许田、临颍。

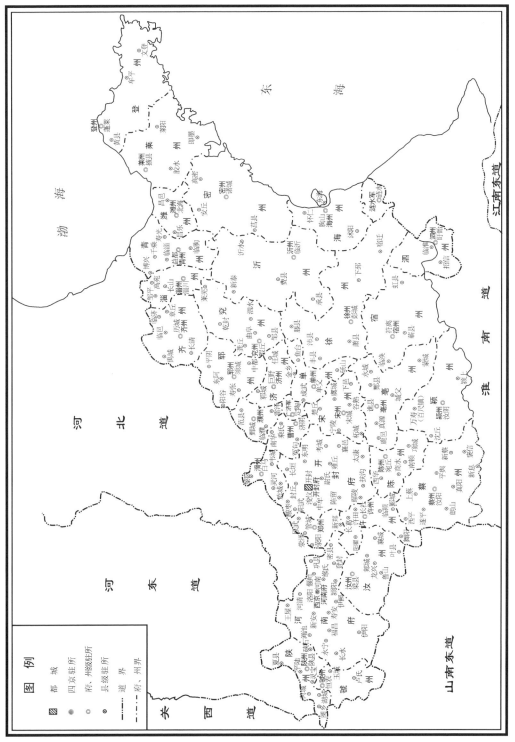

图 1 太平兴国四年(979)河南道

6. 汝州 6 县：梁县、襄城、叶县、龙兴、鲁山、郏县。
7. 郑州 5 县：管城、荥泽、原武、新郑、荥阳。
8. 滑州 5 县：白马、韦城、胙城、灵河、黎阳。
9. 蔡州 10 县：汝阳、上蔡、新蔡、褒信、遂平、新息、朗山、真阳、西平、平舆。
10. 陈州 5 县：宛丘、项城、商水、西华、南顿。
11. 颍州 4 县：汝阴、沈丘、颍上、万寿。
12. 宋州 7 县：宋城、宁陵、谷熟、下邑、虞城、楚丘、柘城。
13. 亳州 7 县：谯县、城父、蒙城、鄚县、鹿邑、永城、真源。
14. 曹州 4 县：济阴、宛句、乘氏、南华。
15. 广济军 1 县：定陶。
16. 郓州 6 县：须城、阳谷、中都、寿张、东阿、平阴。
17. 济州 4 县：巨野、郓城、金乡、任城。
18. 单州 4 县：单父、砀山、成武、鱼台。
19. 濮州 4 县：鄄城、雷泽、临濮、范县。
20. 徐州 7 县：彭城、沛县、萧县、滕县、丰县、下邳、宿迁。
21. 泗州，治盱眙（今江苏盱眙县），3 县：盱眙、临淮、招信。
22. 涟水军，治涟水（今江苏涟水县），1 县：涟水。
23. 宿州 4 县：符离、虹县、蕲县、临涣。
24. 青州 6 县：益都、临淄、寿光、临朐、博兴、千乘。
25. 潍州，治北海（今山东潍坊市），3 县：北海、昌邑、昌乐。
26. 密州 4 县：诸城、安丘、高密、莒县。
27. 淄州 4 县：淄川、长山、邹平、高苑。
28. 齐州 6 县：历城、禹城、章丘、长清、临邑、临济。
29. 沂州 5 县：临沂、承县、沂水、费县、新泰。
30. 登州 4 县：蓬莱、文登、黄县、牟平。
31. 莱州 4 县：掖县、莱阳、胶水、即墨。
32. 兖州 7 县：瑕丘、乾封、泗水、龚丘、曲阜、莱芜、邹县。
33. 海州 4 县：朐山、怀仁、沭阳、东海。
34. 莱芜监，无县。

第二节 关 西 道

府二，州二十五，军二，监二，县一百零三（见图 2）。

1. 雍州,京兆府13县：长安、万年、鄠县、蓝田、咸阳、醴泉、泾阳、栎阳、高陵、兴平、昭应、武功、乾祐。

2. 同州8县：冯翊、郃阳、澄城、白水、夏阳、韩城、朝邑、蒲城。

3. 华州4县：郑县、下邽、华阴、渭南。

4. 凤翔府10县：天兴、扶风、郿县、岐山、宝鸡、麟游、普润、虢县、鳌屋、崇信。

5. 耀州6县：华原、富平、三原、云阳、同官、美原。

6. 乾州3县：奉天、好畤、永寿。

7. 陇州4县：汧源、汧阳、吴山、陇安。

8. 泾州3县：保定、灵台、良原。

9. 原州1县：临泾。

10. 庆州,治安化,3县：安化、华池、乐蟠。

11. 邠州4县：新平、三水、宜禄、定平。

12. 宁州5县：定安、彭原、真宁、襄乐、彭阳。

13. 鄜州5县：洛交、洛川、三川、直罗、鄜城。

14. 丹州3县：宜川、云岩、汾川。

15. 坊州3县：中部、宜君、升平。

16. 延州10县：肤施、延长、延水、门山、临真、敷政、丰林、甘泉、金明、延川。

17. 保安军,治永安镇(今陕西志丹县)。

18. 灵州1县：回乐。

19. 盐州2县：五原、白池。

20. 会州2县：会宁、乌兰。

21. 银州4县：儒林、真乡、开光、抚宁。

22. 绥州,无县。

23. 夏州3县：朔方、宁朔、德静。

24. 宥州1县：长泽。

25. 静州,无县。

26. 麟州,治吴儿堡(今陕西神木县西南),3县：新秦、连谷、银城。

27. 府州1县：府谷。

28. 丰州(约在今陕西府谷县西北二百里处的窟野河流域)3寨：永安、来远、保宁。

29. 通远军1县：通远。

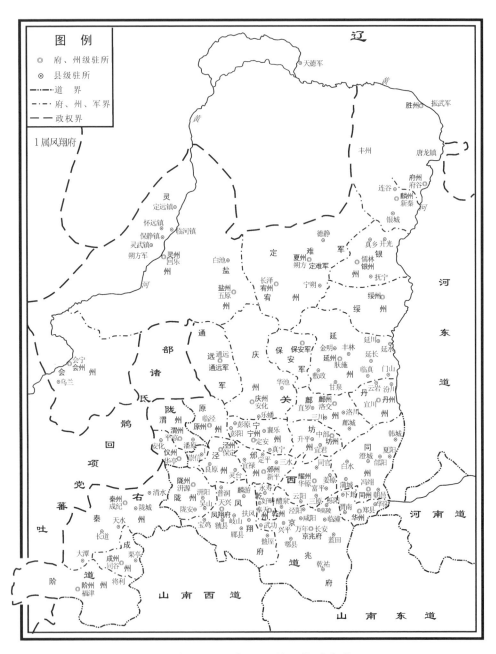

图 2　太平兴国四年(979)关西道、陇右道

30. 司竹监,无县。
31. 沙苑监(治在今陕西大荔县境),无县。

第三节 河 东 道

府一,州十七,军四,监一,县九十七(见图3)。

1. 并州,治榆次(今山西晋中市榆次区),9县:榆次、平晋、阳曲、文水、祁县、太谷、清源、寿阳、盂县。
2. 汾州5县:西河、孝义、平遥、介休、灵石。
3. 岚州5县:宜芳、静乐、合河、岚谷、宁化。
4. 石州5县:离石、临泉、平夷、方山、定胡。
5. 忻州2县:秀容、定襄。
6. 宪州3县:楼烦、玄池、天池。
7. 晋9县:临汾、洪洞、襄陵、神山、霍邑、赵城、汾西、冀氏、岳阳。
8. 泽州6县:晋城、高平、阳城、端氏、陵川、沁水。
9. 辽州4县:辽山、和顺、榆社、平城。
10. 潞州8县:上党、长子、潞城、屯留、壶关、襄垣、黎城、涉县。
11. 沁州3县:沁源、和川、绵上。
12. 河中府9县:河东、河西、虞乡、临晋、宝鼎、猗氏、永乐、龙门、万泉。
13. 解州3县:解县、安邑、闻喜。
14. 绛州7县:正平、曲沃、太平、翼城、稷山、绛县、垣曲。
15. 慈州3县:吉乡、文城、乡宁。
16. 隰州6县:隰川、蒲县、温泉、永和、石楼、大宁。
17. 代州5县:雁门、五台、崞县、繁畤、唐林。
18. 宝兴军,无县。
19. 威胜军,治铜鞮(今山西沁县),2县:铜鞮、武乡。
20. 大通监,治交城(今山西交城县),1县:交城。
21. 岢岚军,无县。
22. 平定军,治平定(今山西平定县),2县:平定、乐平。
23. 隆州,无县。

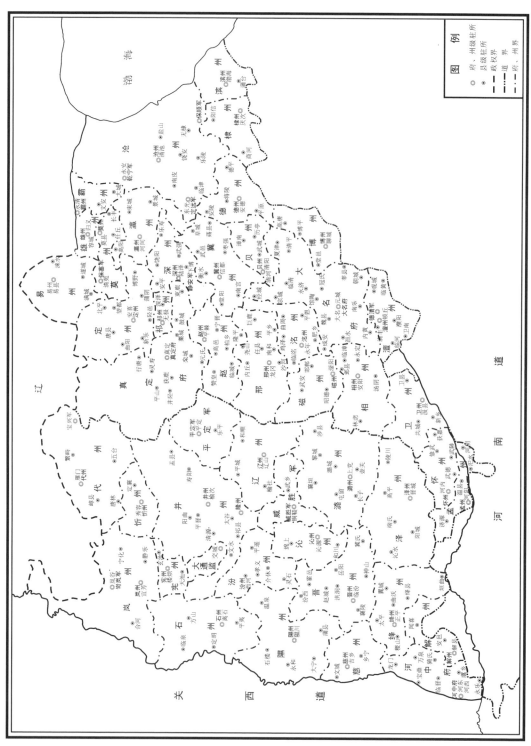

图 3　太平兴国四年（979）河东路、河北路

第四节 河 北 道

府二,州二十四,军六,县一百五十(见图3)。

1. 孟州5县:河阳、温县、济源、汜水、河阴。
2. 怀州5县:河内、武德、修武、武陟、获嘉。
3. 魏州,大名府17县:元城、大名、莘县、内黄、成安、魏县、馆陶、临清、夏津、清平、冠氏、宗城、朝城、南乐、洹水、永济、经城。
4. 博州4县:聊城、堂邑、高唐、博平。
5. 相州6县:安阳、永定、汤阴、临漳、邺县、林虑。
6. 卫州4县:汲县、新乡、卫县、共城。
7. 洺州6县:永年、平恩、鸡泽、曲周、临洺、肥乡。
8. 磁州4县:滏阳、武安、邯郸、昭德。
9. 澶州7县:顿丘、濮阳、观城、临河、清丰、临黄、卫南。
10. 贝州5县:清河、清阳、武城、漳南、历亭。
11. 邢州8县:龙冈、沙河、任县、尧山、南和、巨鹿、平乡、内丘。
12. 祁州2县:无极、深泽。
13. 赵州7县:平棘、宁晋、高邑、柏乡、临城、赞皇、隆平。
14. 镇州,真定府11县:真定、藁城、获鹿、井陉、平山、灵寿、行唐、元氏、栾城、束鹿、鼓城。
15. 定州9县:安喜、陉邑、蒲阴、曲阳、唐县、望都、新乐、博野、北平。
16. 冀州8县:信都、蓨县、南宫、枣强、武邑、衡水、阜城、堂阳。
17. 深州6县:陆泽、饶阳、安平、武强、下博、乐寿。
18. 德州5县:安德、平原、德平、将陵、安陵。
19. 滨州2县:渤海、蒲台。
20. 棣州3县:厌次、商河、阳信。
21. 沧州9县:清池、无棣、盐山、乐陵、南皮、饶安、临津、东光、永安。
22. 瀛州4县:河间、束城、高阳、景城。
23. 莫州4县:莫县、任丘、长丰、清苑。
24. 雄州,治归信、容城(今河北雄县),2县:归信、容城。
25. 霸州3县:永清、文安、大城。
26. 易州4县:易县、满城、遂城、涞水。
27. 保塞军,治清苑(今河北保定市),无县。

28. 德清军,无县。
29. 静安军,无县。
30. 定远军,无县。
31. 乾宁军,无县。
32. 保顺军,无县。

第五节 剑南西道

府一,州十三,军二,县六十三(见图4)。
1. 益州,成都府10县:成都、华阳、郫县、新都、温江、新繁、双流、犀浦、广都、灵池。
2. 彭州3县:九陇、永昌、濛阳。
3. 汉州4县:雒县、什邡、绵竹、德阳。
4. 眉州5县:眉山、彭山、洪雅、丹棱、青神。
5. 嘉州5县:龙游、夹江、犍为、平羌、峨眉。
6. 邛州7县:临邛、大邑、火井、蒲江、依政、安仁、临溪。
7. 蜀州4县:晋原、江源、新津、永康。
8. 资州4县:盘石、资阳、内江、龙水。
9. 简州2县:阳安、平泉。
10. 黎州2县:汉源、通望。
11. 雅州5县:严道、卢山、名山、百丈、荣经。
12. 维州2县:保宁、通化。
13. 茂州3县:汶山、汶川、石泉。
14. 戎州3县:僰道、宜宾、南溪。
15. 永康军,治灌口镇(今四川都江堰市),2县:导江、青城。
16. 怀安军,治金水(今四川金堂县淮口镇南沱江南岸),2县:金水、金堂。

第六节 剑南东道

州十二,监三,县六十四(见图4)。
1. 梓州10县:郪县、玄武、涪城、射洪、通泉、盐亭、铜山、飞乌、永泰、东关。

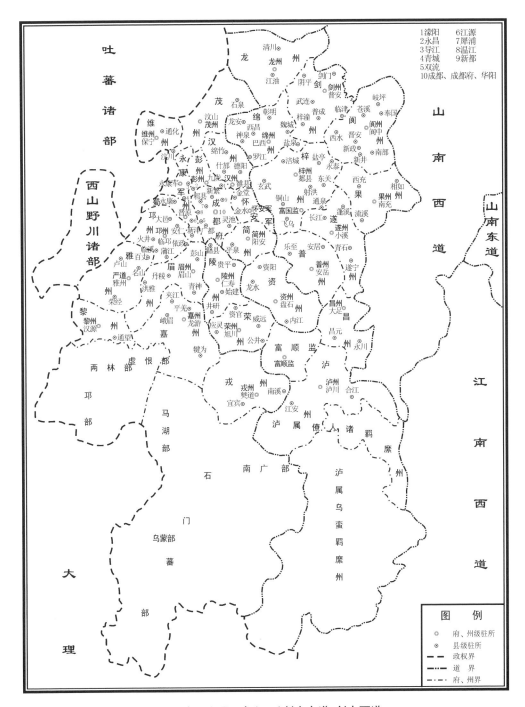

图 4　太平兴国四年(979)剑南东道、剑南西道

2. 绵州 8 县：巴西、彰明、魏城、罗江、神泉、龙安、盐泉、西昌。
3. 剑州 7 县：普安、武连、阴平、剑门、梓潼、临津、普成。
4. 龙州 2 县：江油、清川。
5. 陵州 5 县：仁寿、贵平、井研、始建、籍县。
6. 荣州 5 县：旭川、威远、应灵、资官、公井。
7. 果州 4 县：南充、西充、相如、流溪。
8. 阆州 9 县：阆中、新井、晋安、新政、苍溪、西水、奉国、南部、岐坪。
9. 遂州，治小溪(今四川遂宁市)，5 县：小溪、长江、蓬溪、青石、遂宁。
10. 普州 3 县：安岳、安居、乐至。
11. 泸州 3 县，2 监：泸川、合江、江安县，淯井、南井监。
12. 昌州 3 县：大足、昌元、永川。
13. 富国监(治在今四川三台县境)，无县。
14. 陵井监(治在今四川仁寿县境)，无县。
15. 富顺监(今四川富顺县)13 镇，1 井：战井、芗井、方滩、罗井、新栅、真溪、临江、邓井、鼓井、赖井、茆头、赖易、高市镇，盐井。

第七节　江 南 东 道

州二十一，军三，县一百十五(见图 5)。
1. 润州 4 县：丹徒、延陵、丹阳、金坛。
2. 昇州 5 县：江宁、上元、溧水、溧阳、句容。
3. 苏州 5 县：吴县、长洲、昆山、常熟、吴江。
4. 常州 4 县：晋陵、武进、无锡、宜兴①。
5. 江阴军 1 县：江阴。
6. 杭州 8 县：钱塘、仁和、於潜、余杭、富阳、盐官、昌化、新城。
7. 顺化军 1 县：临安。
8. 湖州 5 县：乌程、安吉、长兴、德清、武康。
9. 睦州 6 县：建德、寿昌、遂安、分水、青溪、桐庐。
10. 秀州 4 县：嘉兴、海盐、华亭、崇德。
11. 越州 8 县：山阴、会稽、剡县、诸暨、余姚、上虞、萧山、新昌。
12. 衢州 4 县：西安、江山、龙游、常山。

---

① 按：《元丰九域志》卷 5 常州条言，"太平兴国元年，改义兴县为宜兴"。

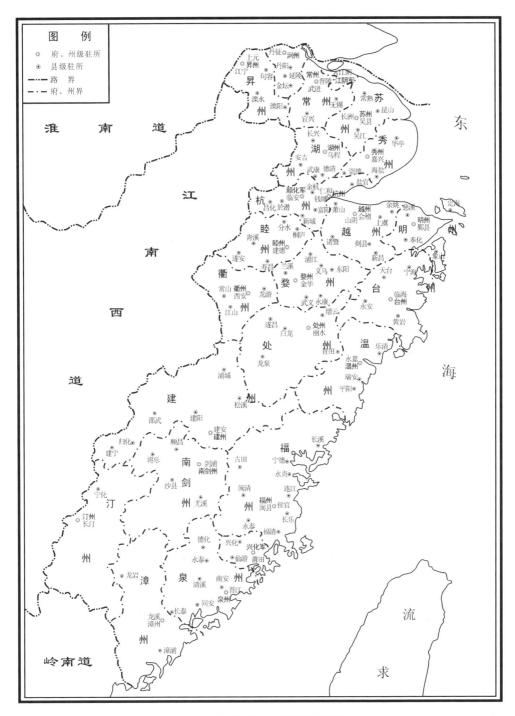

图 5　太平兴国四年(979)江南东道

13. 婺州 7 县：金华、东阳、义乌、兰溪、永康、武义、浦江。
14. 明州 5 县：鄞县、奉化、慈溪、象山、定海。
15. 台州 5 县：临海、黄岩、天台、永安、宁海。
16. 温州 4 县：永嘉、瑞安、乐清、平阳。
17. 处州 6 县：丽水、白龙、缙云、遂昌、青田、龙泉。
18. 福州 11 县：闽县、侯官、福清、连江、永泰、长溪、长乐、古田、永贞、闽清、宁德。
19. 南剑州 5 县：剑浦、顺昌、沙县、尤溪、将乐。
20. 建州 7 县：建安、浦城、建阳、松溪、邵武、归化、建宁。
21. 漳州 3 县：龙溪、漳浦、龙岩。
22. 泉州 7 县：晋江、南安、同安、永春、清溪、德化、长泰。
23. 汀州 2 县：长汀、宁化。
24. 兴化军，治莆田（今福建仙游县游洋镇古邑村），3 县：莆田、仙游、兴化。

第八节　江南西道

州二十九，军三，监二，县一百四十五（见图 6）。
1. 宣州 6 县：宣城、泾县、南陵、宁国、旌德、太平。
2. 歙州 6 县：歙县、休宁、绩溪、黟县、祁门、婺源。
3. 池州 6 县：贵池、建德、石埭、青阳、铜陵、东流。
4. 洪州 7 县：南昌、丰城、分宁、靖安、奉新、武宁、建昌。
5. 筠州 4 县：高安、上高、清江、新昌。
6. 饶州 5 县，1 监：鄱阳、余干、浮梁、乐平、德兴县，永平监。
7. 信州 5 县：上饶、弋阳、玉山、贵溪、铅山。
8. 虔州 11 县：赣县、安远、雩都、虔化、南康、大庾、信丰、瑞金、石城、上犹、龙南。
9. 吉州 6 县：庐陵、新淦、太和、安福、永新、龙泉。
10. 袁州 4 县：宜春、萍乡、新喻、万载。
11. 抚州 4 县：临川、崇仁、南丰、宜黄。
12. 江州 7 县：德化、彭泽、德安、瑞昌、湖口、都昌、星子。
13. 鄂州 6 县：江夏、武昌、蒲圻、嘉鱼、崇阳、永安。
14. 岳州 5 县：巴陵、华容、平江、湘阴、沅江。
15. 潭州 7 县：长沙、湘潭、益阳、湘乡、醴陵、浏阳、攸县。

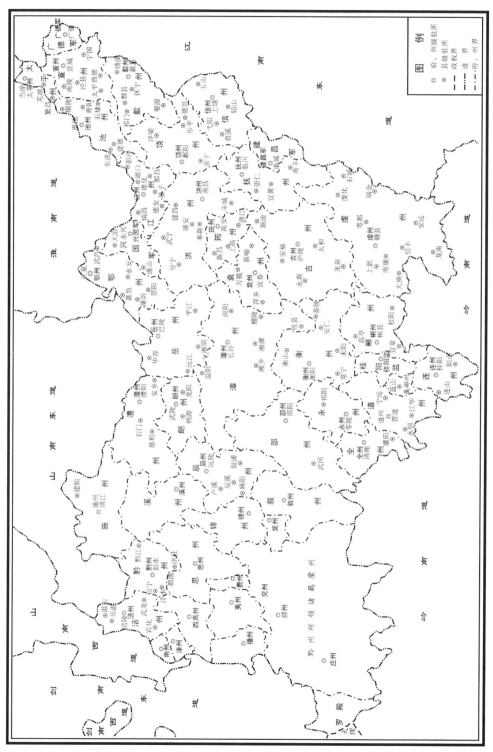

图 6 太平兴国四年(979)江南西道

16. 衡州 6 县：衡阳、茶陵、耒阳、常宁、衡山、安仁。
17. 邵州 2 县：邵阳、武冈。
18. 道州 4 县：营道、永明、江华、宁远。
19. 永州 2 县：零陵、祁阳。
20. 全州 2 县：清湘、灌阳。
21. 郴州 5 县：郴县、蓝山、高亭、桂阳、宜章。
22. 连州 3 县：桂阳、阳山、连山。
23. 澧州 4 县：澧阳、安乡、石门、慈利。
24. 朗州 3 县：武陵、龙阳、桃源。
25. 涪州 5 县：涪陵、宾化、武龙、乐温、温山。
26. 黔州 6 县：彭水、黔江、洪杜、洋水、信宁、都濡。
27. 施州 2 县：清江、建始。
28. 辰州 5 县：沅陵、卢溪、叙浦、麻阳、辰溪。
29. 太平州 3 县：当涂、芜湖、繁昌。
30. 广德军,治广德(今安徽广德县),1 县：广德。
31. 建昌军 1 县：南城。
32. 兴国军,治永兴(今湖北阳新县),3 县：永兴、大冶、通山。
33. 桂阳监。
34. 永平监。

第九节 淮 南 道

州十四,军六,监三,县五十八(见图7)。
1. 扬州 4 县：江都、广陵、六合、永贞。
2. 和州 3 县：历阳、乌江、含山。
3. 楚州 4 县：山阳、淮阴、宝应、盐城。
4. 舒州 5 县：怀宁、桐城、望江、宿松、太湖。
5. 庐州 3 县：合肥、慎县、舒城。
6. 无为军,治巢县无为镇(今安徽无为县),2 县：巢县、庐江。
7. 蕲州 4 县：蕲春、黄梅、广济、蕲水。
8. 濠州 2 县：钟离、定远。
9. 光州 4 县：定城、光山、仙居、固始。
10. 滁州 3 县：清流、全椒、来安。

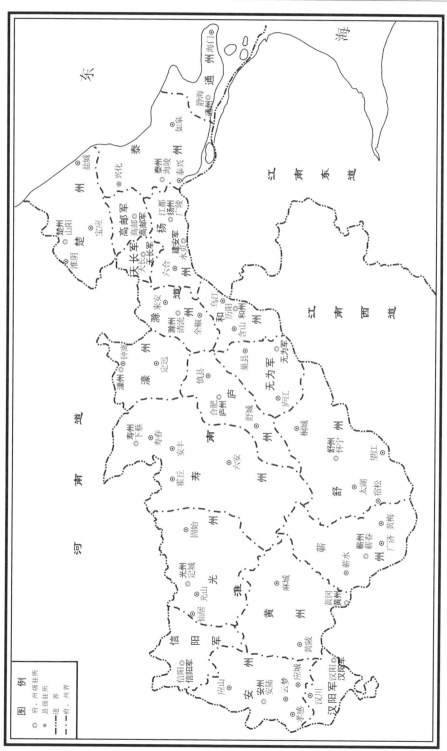

图 7 太平兴国四年(979)淮南道

11. 寿州 5 县：下蔡、寿春、安丰、霍丘、六安。
12. 泰州 4 县：海陵、兴化、泰兴、如皋。
13. 通州 2 县：静海、海门。
14. 黄州 3 县：黄冈、麻城、黄陂。
15. 安州 5 县：安陆、孝感、云梦、应城、应山。
16. 建安军，治迎銮镇（今江苏仪征市真州镇），无县。
17. 高邮军，治高邮（今江苏高邮市），1 县：高邮。
18. 天长军 1 县：天长。
19. 汉阳军 2 县：汉阳、汉川。
20. 信阳军，治信阳（今河南信阳市西北淮河北岸），1 县：信阳。
21. 盐城监，无县。
22. 海陵监，无县。
23. 利丰监（治在今江苏南通市），无县。

第十节 山 南 西 道

府一，州十六，军一，监一，直属京县一，县七十（见图8）。

1. 兴元府 4 县：南郑、城固、褒城、西县。
2. 凤州 3 县、1 监：梁泉、两当、河池县，开宝监。
3. 文州 1 县：曲水。
4. 利州 4 县：绵谷、葭萌、平蜀、昭化。
5. 兴州 2 县：顺政、长举。
6. 合州 5 县：石照、汉初、赤水、铜梁、巴川。
7. 渝州 4 县：巴县、江津、南平、壁山。
8. 开州 3 县：开江、万岁、新浦。
9. 达州 7 县、1 院：通川、永穆、石鼓、新宁、巴渠、三冈、东乡县，明通院。
10. 洋州 3 县：兴道、西乡、真符。
11. 渠州 4 县：流江、邻山、邻水、大竹。
12. 巴州 6 县：化城、恩阳、曾口、其章、清化、七盘。
13. 蓬州 6 县：蓬池、良山、仪陇、伏虞、蓬山、朗池。
14. 壁州 3 县：通江、白石、符阳。
15. 集州 2 县：难江、嘉川。
16. 金州 5 县：西城、洵阳、汉阴、石泉、平利。

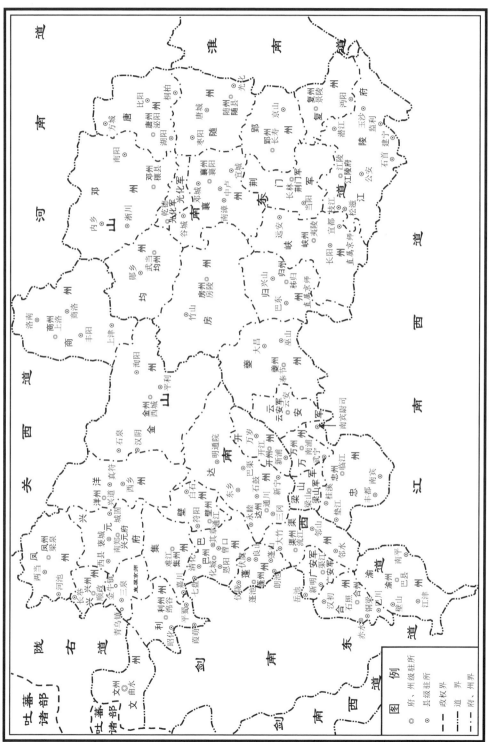

图 8 太平兴国四年(979)山南西道、山南东道

17. 商州 5 县：上洛、上津、丰阳、商洛、洛南。
18. 广安军,治渠江(今四川广安市广安区),3 县：渠江、新明、岳池。
19. 开宝监,无县。
20. 三泉县(今陕西宁强县阳平关镇),2 镇：金牛、青乌。

第十一节 山南东道

府一,州十三,军四,监一,县五十八(见图 8)。
1. 邓州 4 县：穰县、南阳、内乡、淅川。
2. 唐州 5 县：泌阳、湖阳、比阳、桐柏、方城。
3. 房州 2 县：房陵、竹山。
4. 均州 2 县：武当、郧乡。
5. 随州 4 县：随县、唐城、枣阳、光化。
6. 郢州 2 县：长寿、京山。
7. 复州 2 县：景陵、沔阳。
8. 襄州 6 县：襄阳、邓城、谷城、宜城、中卢、南漳。
9. 荆州,江陵府 9 县：江陵、枝江、公安、松滋、石首、监利、潜江、建宁、玉沙。
10. 归州 3 县：秭归、巴东、兴山。
11. 峡州 4 县：夷陵、宜都、长阳、远安。
12. 夔州 3 县：奉节、巫山、大昌。
13. 忠州 5 县：临江、丰都、垫江、南宾、桂溪,1 尉司：南宾。
14. 万州 2 县：南浦、武宁。
15. 光化军,治阴城镇(今湖北老河口市西北)1 县：乾德。
16. 荆门军,治长林(今湖北荆门市),2 县：长林、当阳。
17. 云安军,治云安(今重庆云阳县),1 县：云安,1 监：云安。
18. 梁山军,治梁山(今重庆梁平县),1 县：梁山。
19. 大宁监(治今重庆巫溪县),无县。

第十二节 陇右道

州五,县十四(见前图 2)。
1. 秦州 6 县、8 寨、1 监：成纪、陇城、清水、天水、长道、大潭县,伏羌、定西、三阳、尚书、床穰、弓门、静戎、冶方寨,太平监。

2. 成州 2 县：同谷、栗亭。
3. 仪州 2 县：华亭、安化。
4. 渭州 2 县：平凉、潘原。
5. 阶州 2 县：福津、将利。

第十三节 岭 南 道

州四十四，县一百十三（见图 9）。

1. 广州，治南海（今广东广州市），8 县：南海、信安、增城、怀集、清远、东莞、新会、四会。
2. 潮州 2 县：海阳、潮阳。
3. 恩州 1 县：阳江。
4. 春州 2 县：阳春、铜陵。
5. 藤州 1 县：镡津。
6. 龚州 2 县：平南、武郎。
7. 韶州 3 县：曲江、乐昌、翁源。
8. 循州 2 县：龙川、兴宁。
9. 端州 1 县：高要。
10. 梅州 1 县：程乡。
11. 南雄州 2 县：浈昌、始兴。
12. 英州 2 县：浈阳、洭光。
13. 祯州 4 县：归善、博罗、海丰、河源。
14. 贺州 3 县：临贺、富川、桂岭。
15. 高州 2 县：电白、茂名。
16. 桂州 12 县：临桂、灵川、兴安、阳朔、永福、修仁、理定、慕化、荔浦、永宁、义宁、古县。
17. 新州 1 县：新兴。
18. 窦州 1 县：信宜。
19. 南仪州 1 县：岑溪。
20. 浔州 1 县：桂平。
21. 昭州 3 县：平乐、恭城、龙平。
22. 蒙州 3 县：立山、蒙山、东区。
23. 梧州 2 县：苍梧、戎城。

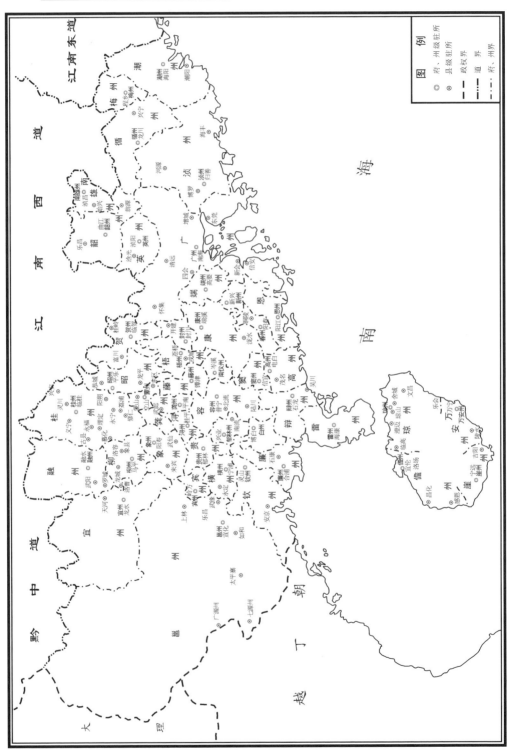

图 9 太平兴国四年(979)岭南道

24. 封州 2 县：封川、开建。
25. 康州 2 县：端溪、泷水。
26. 郁林州,治兴业(今广西玉林市西北旧县),2 县：兴业、南流。
27. 宾州 1 县：岭方。
28. 象州 3 县：阳寿、来宾、武仙。
29. 融州 3 县：融水、武阳、罗城。
30. 邕州 5 县：宣化、乐昌、武缘、如和、上林。
31. 贵州 1 县：郁林。
32. 横州 2 县：宁浦、永定。
33. 容州 3 县：普宁、北流、陆川。
34. 辩州 2 县：石龙、吴川。
35. 钦州,治灵山(今广西灵山县旧州镇),2 县：灵山、安京。
36. 白州 1 县：博白。
37. 柳州 5 县：马平、龙城、象县、洛曹、洛容。
38. 宜州 2 县、1 场、1 监：龙水、天河县,都感场,富仁监。
39. 廉州,治合浦(今广西合浦县),2 县：合浦、石康。
40. 雷州 1 县：海康。
41. 琼州 6 县：琼山、临高、乐会、舍城、澄迈、文昌。
42. 儋州 4 县：宜伦、昌化、感恩、洛场。
43. 崖州 2 县：宁远、吉阳。
44. 万安州 2 县：万宁、陵水。

第三章　咸平二年(999)的州县

至道三年(997)，始定天下为十五路，即京东、京西、河北、河东、陕西、淮南、江南、荆湖南、荆湖北、两浙、福建、西川、峡路、广南东、广南西。然荆湖实于咸平二年时始置两使。今以咸平二年为界，考实得府九、州二百五十六、军四十八、监四、直属京县一，合计凡州府、军、监、直属县三百十八，县一千二百五十二。平房军，仅见于《宋史》卷5《太宗纪二》端拱二年(989)二月癸丑诏，当是两河地区与辽接壤地，今地不详。又有永通军，《宋会要·方域》6之25载之，言："太平兴国九年(984)三月八日，以虔州虔村为永通军，割南剑州流溪、泉州德化县隶焉，寻废。"然考之舆图，虔州与南剑州、泉州地里不相接，中隔汀州，且南剑州无流溪县(有尤溪)，恐有误。故所列州军仅三百十七。

太平兴国中，宋以易州遂城县地分置威虏、静戎二军，又析易州满城南境地益保州清苑县，并置平塞军。雍熙中，太宗再度北伐失败，此后遂失易州易县、满城、涞水三县地及平塞军[①]。故《文献通考》卷316易州条言："宋惟得遂城，置安肃、广信(即静戎、威虏)二军，得蒲(满)城南境以益保州，余地悉于雍熙四年(987)陷于契丹。"[②]

太平兴国中，李继迁叛宋。雍熙二年，攻克银州、会州，宋累战不利，灵州孤危，真宗乃于咸平元年授李继迁"夏州刺史，定难军节度，夏、银、绥、宥、静等州观察处置押蕃落等使"，而李继迁实际已拥有夏、银、绥、宥、静、盐、会七州之地。

本阶段宋继续调整州县政区，但省并州县之事极少发生，川峡、广南诸路无大改作。其地方行政建制的特点如下。第一，宋廷对辽、西夏作战失利，为

[①] 按：《长编》卷56景德元年(1004)正月丙申条载，"契丹声言修平塞军"，可证。又，《武经总要·前集》卷16下《边防·北番地》载："平塞军，在涿州西南，北至易州四十里，南至广信军四十里。"

[②] 按：《辽史》卷40《地理志四》易州条言："统和七年(端拱二年)，攻克之。"《辽史》卷12《圣宗纪三》言，(统和)七年正月"甲辰，大军齐进，破易州，降刺史刘墀"。又，《宋史》卷326《田敏传》言："端拱初，以所部兵屯定州。契丹攻唐河北，大将李继隆遣部将逆战，为敌所乘，奄至水南。敏以百骑奋击，敌惧，退水北，遂引去。又出狼山，袭契丹，至满城，获首级甚众。既而敌陷易州，敏失其家所在。"则《通考》所言似不确，易州失陷当是端拱二年事。

防范西、北二敌,为维护运河等交通命脉,强化东南治安,宋廷在河北、河东、陕西及京东、江南、淮南、福建等路设置了二十二军,以控扼冲要。这一时期,军不再仅仅为边垒,它大量地设置于内地冲要之地。这一时期的军大多有属邑,少则一二县,多则三四县。军作为与州同级而低的一级政区,此时已发育成熟。而旧式军垒,即不领县的军,仍然存在,但仅占总数的十分之二左右。同样,同下州的监,也在本阶段出现,如峡路的大宁监、河东的大通监都领有县邑。第二,出于建置军垒及政治、经济等多方面的考虑,本阶段河北、河东、陕西、淮南、江南、荆湖、福建等路不少州县政区较前缩小。如徐州、沧州、真定府、潞州、扬州、江州均割出两县,虔州、建州均割出三县。不少县邑,尤其是东南各路县邑,析出新县。除少数县因前期合并不当恢复旧制外,不少县是因社会经济发展、人烟稠密而析置的。唐、五代以来,东南地区由场升县,成为新的历史现象,本阶段这一现象持续发展,杭州南新县,衢州开化县,饶州安仁县,抚州金溪县,永州东安县,建州崇安县,汀州上杭、武平二县,此时均由场升格为县。

第一节 东京开封府

16县(见图10):开封、浚仪、尉氏、陈留、雍丘、封丘、中牟、阳武、酸枣、长垣、扶沟、鄢陵、考城、太康、襄邑、东明。

第二节 京 东 路

州十六,军二,县八十(见图11)。
1. 青州6县:益都、临淄、寿光、临朐、博兴、千乘。
2. 密州4县:诸城、安丘、高密、莒县。
3. 齐州6县:历城、禹城、章丘、长清、临邑、临济。
4. 沂州5县:临沂、承县、沂水、费县、新泰。
5. 登州4县:蓬莱、文登、黄县、牟平。
6. 莱州4县:掖县、莱阳、胶水、即墨。
7. 潍州3县:北海、昌邑、昌乐。
8. 淄州4县:淄川、长山、邹平、高苑。
9. 淮阳军,治下邳县(今江苏睢宁县古邳镇东三里),2县:下邳、宿迁。
10. 宋州7县:宋城、宁陵、谷熟、下邑、虞城、楚丘、柘城。

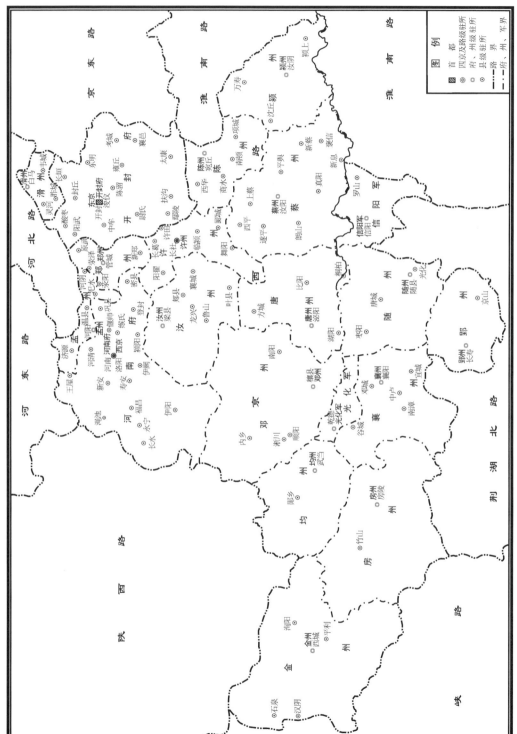

图 10 咸平二年(999)开封府、京西路

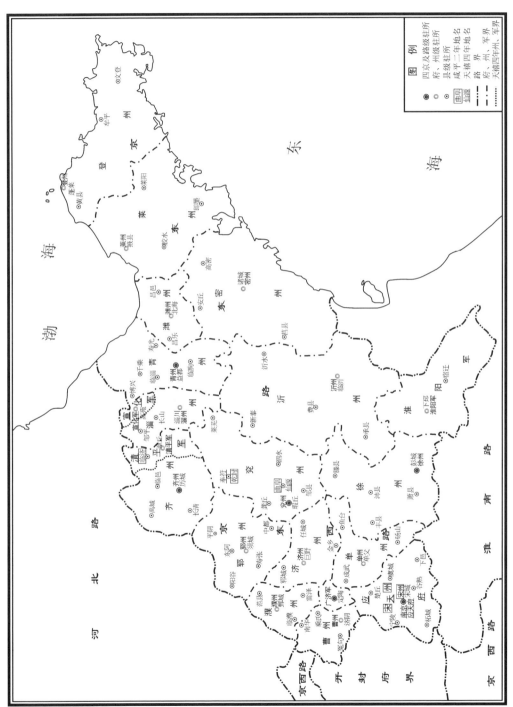

图 11 咸平二年(999)及天禧四年(1020)京东路

11. 兖州 7 县、1 监：瑕丘、乾封、泗水、龚丘、曲阜、莱芜、邹县，莱芜监。
12. 徐州 5 县、1 监：彭城、沛县、萧县、滕县、丰县，利国监。
13. 曹州 4 县：济阴、冤句、乘氏、南华。
14. 郓州 6 县：须城、阳谷、中都、寿张、东阿、平阴。
15. 济州 4 县：巨野、郓城、金乡、任城。
16. 单州 4 县：单父、砀山、成武、鱼台。
17. 濮州 4 县：鄄城、雷泽、临濮、范县。
18. 广济军 1 县：定陶。

第三节 京 西 路

府一，州十六，军二，县九十八（见前图 10）。

1. 襄州 6 县：襄阳、邓城、谷城、宜城、中卢、南漳。
2. 邓州 5 县：穰县、南阳、内乡、淅川、顺阳。
3. 随州 4 县：随县、唐城、枣阳、光化。
4. 金州 5 县：西城、洵阳、汉阴、石泉、平利。
5. 房州 2 县：房陵、竹山。
6. 均州 2 县：武当、郧乡。
7. 郢州 2 县：长寿、京山。
8. 唐州 5 县：泌阳、湖阳、比阳、桐柏、方城。
9. 光化军 1 县：乾德。
10. 西京，河南府 18 县：河南、洛阳、偃师、颍阳、巩县、密县、新安、福昌、伊阳、渑池、永宁、长水、寿安、河清、登封、伊阙、缑氏、王屋。
11. 许州 7 县：长社、郾城、阳翟、长葛、舞阳、许田、临颍。
12. 郑州 5 县：管城、荥泽、原武、新郑、荥阳。
13. 滑州 4 县：白马、韦城、胙城、灵河。
14. 孟州 5 县：河阳、温县、济源、汜水、河阴。
15. 蔡州 10 县：汝阳、上蔡、新蔡、褒信、遂平、新息、朗山、真阳、西平、平舆。
16. 陈州 5 县：宛丘、项城、商水、西华、南顿。
17. 颍州 4 县：汝阴、沈丘、颍上、万寿。
18. 汝州 6 县：梁县、襄城、叶县、龙兴、鲁山、郏县。
19. 信阳军 2 县：信阳、罗山。

第四节 河 北 路

府二，州二十三，军十三，县一百四十二（见图12）。

1. 魏州，大名府17县：元城、大名、莘县、内黄、成安、魏县、馆陶、临清、夏津、清平、冠氏、宗城、朝城、南乐、洹水、永济、经城。
2. 澶州6县：顿丘、濮阳、观城、临河、清丰、卫南。
3. 沧州7县：清池、无棣、盐山、乐陵、南皮、饶安、临津。
4. 冀州7县：信都、蓨县、南宫、枣强、武邑、衡水、堂阳。
5. 瀛州4县：河间、束城、景城、乐寿。
6. 博州，治聊城（今山东聊城市），4县：聊城、堂邑、高唐、博平。
7. 棣州3县：厌次、商河、阳信。
8. 莫州3县：莫县、任丘、长丰。
9. 雄州2县：归信、容城。
10. 霸州3县：永清、文安、大城。
11. 德州5县：安德、平原、德平、将陵、安陵。
12. 滨州2县：渤海、蒲台。
13. 贝州5县：清河、清阳、武城、漳南、历亭。
14. 定远军，治东光（今河北东光县），2县：东光、阜城。
15. 乾宁军，治范桥镇（今河北青县），1县、6寨：乾宁县、钓台、独流北、独流东、当城、沙涡、百万寨。
16. 破房军，治淤口寨（今河北霸州市信安镇），6寨：周河、刀鱼、田家、狼城、佛圣涡、李详。
17. 平戎军，治新镇（今河北文安县西北），2寨：桃花、父母。
18. 德清军，无县。
19. 保顺军，无县。
20. 镇州，真定府9县：真定、藁城、获鹿、井陉、平山、灵寿、行唐、元氏、栾城。
21. 相州6县：安阳、永定、汤阴、临漳、邺县、林虑。
22. 定州8县、1寨：安喜、陉邑、蒲阴、曲阳、唐县、望都、新乐、北平县，军城寨。
23. 邢州8县：龙冈、沙河、任县、尧山、南和、巨鹿、平乡、内丘。
24. 通利军，治黎阳（今河南浚县东），1县：黎阳。
25. 怀州5县：河内、武德、修武、武陟、获嘉。

162　中国行政区划通史·宋西夏卷

26. 卫州 4 县：汲县、新乡、卫县、共城。
27. 洺州 6 县：永年、平恩、鸡泽、曲周、临洺、肥乡。
28. 深州,治静安(今河北深州市南),5 县：静安、饶阳、安平、武强、束鹿。
29. 磁州 4 县：滏阳、武安、邯郸、昭德。
30. 祁州,治鼓城(今河北晋州市),3 县：鼓城、无极、深泽。
31. 赵州 7 县：平棘、宁晋、高邑、柏乡、临城、赞皇、隆平。
32. 保州,治保塞(今河北保定市),1 县：保塞。
33. 静戎军,治安肃(今河北徐水县),1 县：静戎。
34. 宁边军,治博野(今河北蠡县),1 县：博野。
35. 威虏军,治遂城(今河北徐水县遂城镇),1 县：遂城。
36. 顺安军,治高阳(今河北高阳县庞口镇旧城村),1 县：高阳。
37. 平塞军,治平塞(治在今河北易县南四十里处),1 县：平塞。
38. 天威军(今河北井陉县威州镇)。

第五节 河 东 路

州十七,军六,监一,县八十九(见图 12)。

1. 并州,治阳曲(今山西太原市),9 县：阳曲、平晋、文水、祁县、榆次、太谷、清源、寿阳、孟县。
2. 大通监,治交城(今山西交城县),2 县：交城、绵上。
3. 潞州 8 县：上党、长子、潞城、屯留、壶关、襄垣、黎城、涉县。
4. 晋州 10 县：临汾、洪洞、襄陵、神山、霍邑、赵城、汾西、冀氏、岳阳、和川。
5. 绛州 7 县：正平、曲沃、太平、翼城、稷山、绛县、垣曲。
6. 泽州 6 县：晋城、高平、阳城、端氏、陵川、沁水。
7. 代州 5 县：雁门、五台、崞县、繁畤、唐林。
8. 忻州 2 县：秀容、定襄。
9. 汾州 5 县：西河、孝义、平遥、介休、灵石。
10. 辽州 4 县：辽山、和顺、榆社、平城。
11. 宪州 3 县：楼烦、玄池、天池。
12. 岚州 3 县：宜芳、静乐、合河。
13. 石州 5 县：离石、临泉、平夷、方山、定胡。
14. 隰州 6 县：隰川、蒲县、温泉、永和、石楼、大宁。

15. 慈州 3 县：吉乡、文城、乡宁。
16. 麟州,治新秦(今陕西神木县北三十里杨家城),3 县：新秦、连谷、银城。
17. 府州 1 县：府谷。
18. 丰州 3 寨：永安、来远、保宁。
19. 威胜军 3 县：铜鞮、武乡、沁源。
20. 平定军 2 县：平定、乐平。
21. 岢岚军,治岚谷(今山西岢岚县),1 县：岚谷。
22. 宁化军,治宁化(今山西宁武县西南宁化),1 县：宁化。
23. 火山军,治雄勇镇西(今山西河曲县东南),6 寨：雄勇、偏头、董家、横谷、桔槔、护水。
24. 定羌军。

第六节 陕 西 路

府三,州二十七,军五,县一百三十四(见图 13)。

1. 雍州,京兆府 13 县：万年、长安、鄠县、蓝田、咸阳、醴泉、泾阳、栎阳、高陵、兴平、昭应、武功、乾祐。
2. 蒲州,河中府 9 县：河东、河西、虞乡、临晋、宝鼎、猗氏、永乐、龙门、万泉。
3. 解州 3 县：解县、安邑、闻喜。
4. 陕州 8 县：陕县、芮城、平陆、灵宝、硖石、夏县、阌乡、湖城。
5. 商州 5 县：上洛、上津、丰阳、商洛、洛南。
6. 虢州 4 县：虢略、卢氏、玉城、朱阳。
7. 同州 8 县,1 监：冯翊、郃阳、澄城、白水、夏阳、韩城、朝邑、蒲城县,沙苑监。
8. 华州 4 县：郑县、下邽、华阴、渭南。
9. 耀州 7 县：华原、富平、三原、云阳、同官、美原、淳化。
10. 延州 10 县：肤施、延长、延水、门山、临真、敷政、丰林、甘泉、金明、延川。
11. 鄜州 5 县：洛交、洛川、三川、直罗、鄜城。
12. 丹州 3 县：宜川、云岩、汾川。
13. 坊州 3 县：中部、宜君、升平。
14. 灵州 1 县：回乐。
15. 保安军。

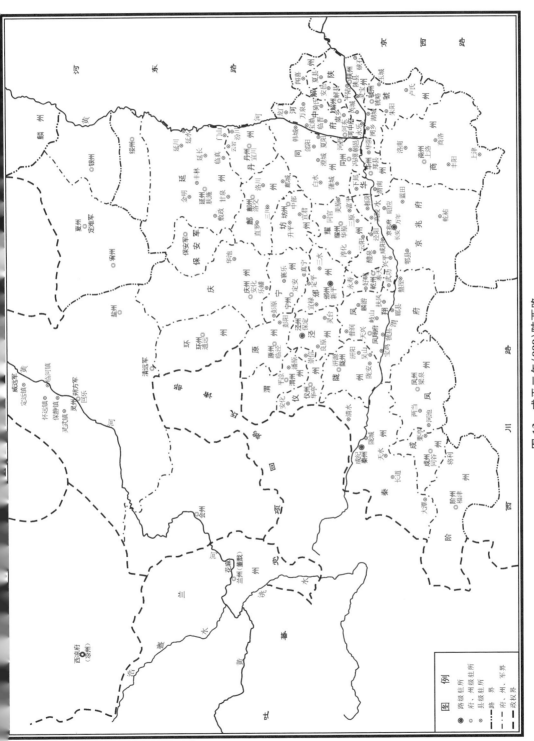

图 13 咸平二年(999)陕西路

16. 庆州 3 县：安化、华池、乐蟠。
17. 环州 1 县：通远。
18. 邠州 4 县：新平、三水、宜禄、定平。
19. 宁州 4 县：定安、彭原、真宁、襄乐。
20. 乾州 3 县：奉天、好畤、永寿。
21. 清远军，治席鸡城寨（今甘肃环县甜水镇）。
22. 威远军，治定远镇（今宁夏平罗县姚伏镇）。
23. 威塞军，治石堡寨（今地不详）。
24. 秦州 6 县、9 寨、1 监：成纪、陇城、清水、天水、长道、大潭县、伏羌、定西、弓门、静戎、冶方、三阳、永宁、床穰、临江寨，太平监。
25. 凤翔府 9 县、1 监：天兴、扶风、郿县、岐山、宝鸡、麟游、普润、虢县、盩厔县，司竹监。
26. 陇州 4 县：汧源、汧阳、吴山、陇安。
27. 成州 2 县：同谷、栗亭。
28. 凤州 3 县、1 监：梁泉、两当、河池县，开宝监。
29. 阶州 2 县：福津、将利。
30. 渭州 2 县：平凉、潘原。
31. 仪州 3 县：华亭、安化、崇信。
32. 泾州 3 县：保定、灵台、良原。
33. 原州 2 县、2 寨：临泾、彭阳县，西壕、开边寨。
34. 镇戎军（治在今宁夏固原市），1 寨、1 堡：东山寨，开远堡。
35. 凉州，治姑臧（今甘肃武威市）。

第七节　两　浙　路

州十四，军一，县八十（见图 14）。

1. 杭州 10 县：钱塘、仁和、於潜、余杭、富阳、盐官、昌化、新城、临安、南新。
2. 越州 8 县：山阴、会稽、剡县、诸暨、余姚、上虞、萧山、新昌。
3. 苏州 5 县：吴县、长洲、昆山、常熟、吴江。
4. 润州 4 县：丹徒、延陵、丹阳、金坛。
5. 湖州，治乌程、归安（今浙江湖州市），6 县：乌程、归安、安吉、长兴、德清、武康。

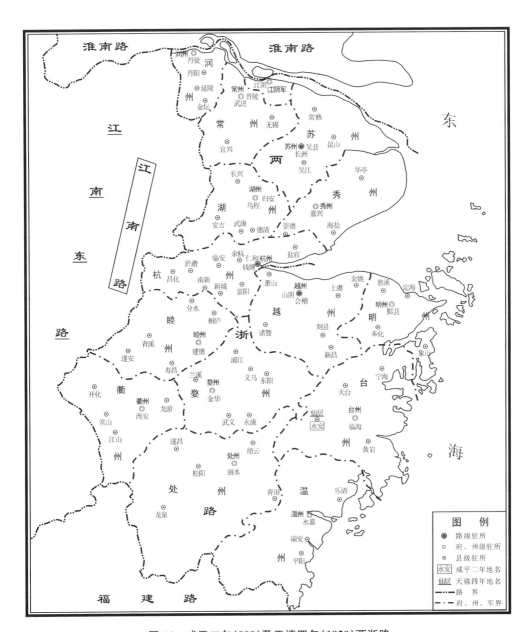

图 14　咸平二年(999)及天禧四年(1020)两浙路

6. 婺州 7 县：金华、东阳、义乌、兰溪、永康、武义、浦江。
7. 明州 5 县：鄞县、奉化、慈溪、象山、定海。
8. 常州 4 县：晋陵、武进、无锡、宜兴。
9. 江阴军 1 县：江阴。
10. 温州 4 县：永嘉、瑞安、乐清、平阳。
11. 台州 5 县：临海、黄岩、天台、永安、宁海。
12. 处州 6 县：丽水、松阳、缙云、遂昌、青田、龙泉。
13. 衢州 5 县：西安、江山、龙游、常山、开化。
14. 睦州 6 县：建德、寿昌、遂安、分水、青溪、桐庐。
15. 秀州 4 县：嘉兴、海盐、华亭、崇德。

第八节 淮 南 路

州十七，军四，县六十九（见图 15）。

1. 扬州 3 县：江都、广陵、天长。
2. 亳州 7 县：谯县、城父、蒙城、鄼县、鹿邑、永城、真源。
3. 宿州 4 县：符离、虹县、蕲县、临涣。
4. 楚州 4 县：山阳、淮阴、宝应、盐城。
5. 海州 4 县：朐山、怀仁、沭阳、东海。
6. 泰州 4 县：海陵、兴化、泰兴、如皋。
7. 泗州 3 县：盱眙、临淮、招信。
8. 滁州 3 县：清流、全椒、来安。
9. 通州 2 县，1 监：静海、海门县，利丰监。
10. 建安军 2 县：永贞、六合。
11. 高邮军 1 县：高邮。
12. 涟水军 1 县：涟水。
13. 寿州 5 县：下蔡、寿春、安丰、霍丘、六安。
14. 庐州 3 县：合肥、慎县、舒城。
15. 蕲州 4 县：蕲春、黄梅、广济、蕲水。
16. 和州 3 县：历阳、乌江、含山。
17. 舒州 5 县：怀宁、桐城、望江、宿松、太湖。
18. 濠州 2 县：钟离、定远。
19. 光州 4 县：定城、光山、仙居、固始。

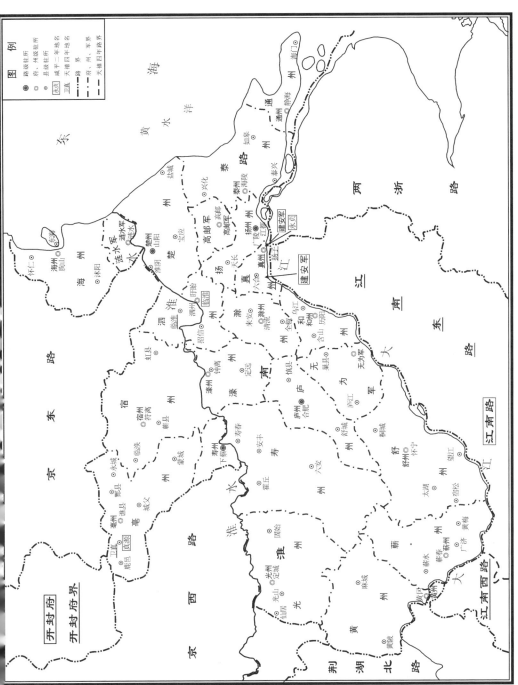

图 15 咸平二年(999)及天禧四年(1020)淮南路

20. 黄州 3 县：黄冈、麻城、黄陂。

21. 无为军 2 县：巢县、庐江。

第九节　江　南　路

州十四，军六，县九十三(见图 16)。

1. 昇州 5 县：江宁、上元、溧水、溧阳、句容。

2. 宣州 6 县：宣城、泾县、南陵、宁国、旌德、太平。

3. 歙州 6 县：歙县、休宁、绩溪、黟县、祁门、婺源。

4. 江州 5 县：德化、彭泽、德安、瑞昌、湖口。

5. 池州 6 县：贵池、建德、石埭、青阳、铜陵、东流，1 监：永丰。

6. 饶州 6 县：鄱阳、余干、浮梁、乐平、德兴、安仁，1 监：永平。

7. 信州 6 县：上饶、弋阳、玉山、贵溪、铅山、宝丰。

8. 太平州 3 县：当涂、芜湖、繁昌。

9. 南康军，治星子(今江西星子县)，3 县：星子、建昌、都昌。

10. 广德军，治广德(今安徽广德县)，2 县：广德、建平。

11. 洪州，治南昌、新建(今江西南昌市)，7 县：南昌、新建、丰城、分宁、靖安、奉新、武宁。

12. 虔州 10 县：赣县、安远、雩都、虔化、信丰、瑞金、石城、兴国、会昌、龙南。

13. 吉州 6 县：庐陵、吉水、太和、安福、永新、龙泉。

14. 袁州 4 县：宜春、萍乡、分宜、万载。

15. 抚州 4 县：临川、崇仁、宜黄、金溪。

16. 筠州 3 县：高安、上高、新昌。

17. 兴国军 3 县：永兴、大冶、通山。

18. 南安军，治大庾(今江西大余县)，3 县：大庾、南康、上犹。

19. 临江军，治清江(今江西樟树市临江镇)，3 县：清江、新淦、新喻。

20. 建昌军 2 县：南城、南丰。

第十节　荆　湖　北　路

府一，州九，军二，县五十一(见图 17)。

1. 江陵府 8 县：江陵、枝江、公安、松滋、石首、监利、潜江、建宁。

第二编 第三章 咸平二年(999)的州县　171

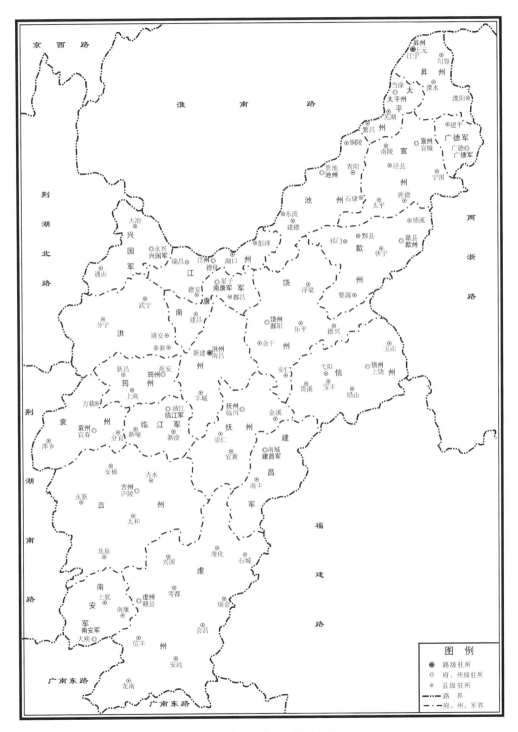

图 16　咸平二年(999)江南路

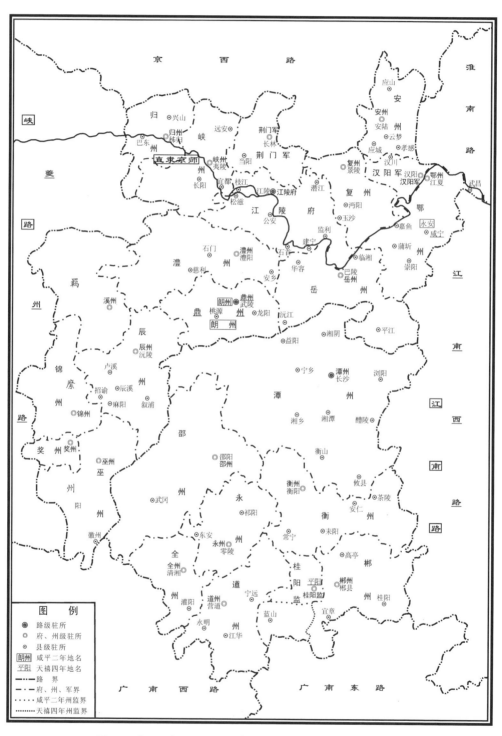

图 17 咸平二年(999)及天禧四年(1020)荆湖北路、荆湖南路

2. 鄂州 6 县：江夏、武昌、蒲圻、嘉鱼、崇阳、永安。
3. 安州 5 县：安陆、孝感、云梦、应城、应山。
4. 复州 3 县：景陵、沔阳、玉沙。
5. 朗州 3 县：武陵、龙阳、桃源。
6. 澧州 4 县：澧阳、安乡、石门、慈利。
7. 峡州 4 县：夷陵、宜都、长阳、远安。
8. 岳州 5 县：巴陵、华容、平江、沅江、临湘。
9. 归州 3 县：秭归、巴东、兴山。
10. 辰州 6 县：沅陵、卢溪、叙浦、麻阳、辰溪、招谕。
11. 荆门军 2 县：长林、当阳。
12. 汉阳军 2 县：汉阳、汉川。

第十一节　荆湖南路

州七，监一，县三十一（见图 17）。

1. 潭州 10 县：长沙、湘潭、益阳、湘乡、醴陵、浏阳、攸县、宁乡、衡山、湘阴。
2. 衡州 5 县：衡阳、茶陵、耒阳、常宁、安仁。
3. 道州 4 县：营道、永明、江华、宁远。
4. 永州 3 县：零陵、祁阳、东安。
5. 郴州 5 县：郴县、蓝山、高亭、桂阳、宜章。
6. 邵州 2 县：邵阳、武冈。
7. 全州 2 县：清湘、灌阳。
8. 桂阳监。

第十二节　福　建　路

州六，军二，县四十四（见图 18）。

1. 福州 12 县：闽县、侯官、福清、连江、永泰、长溪、长乐、古田、永贞、闽清、宁德、怀安。
2. 建州 5 县：建安、浦城、建阳、松溪、崇安。
3. 泉州 7 县：晋江、南安、同安、永春、清溪、德化、惠安。
4. 南剑州 5 县：剑浦、顺昌、沙县、尤溪、将乐。

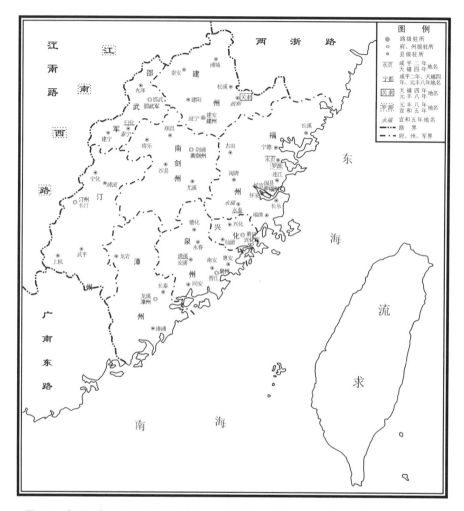

图 18 咸平二年(999)及天禧四年(1020)、元丰八年(1085)、宣和五年(1123)福建路

5. 漳州 4 县：龙溪、漳浦、龙岩、长泰。
6. 汀州 4 县：长汀、宁化、上杭、武平。
7. 邵武军,治邵武(今福建邵武市),4 县：邵武、光泽、归化、建宁。
8. 兴化军 3 县：莆田、仙游、兴化。

第十三节 西 川 路

府一,州二十五,军一,直属京县一,县一百十七(见图 19)。

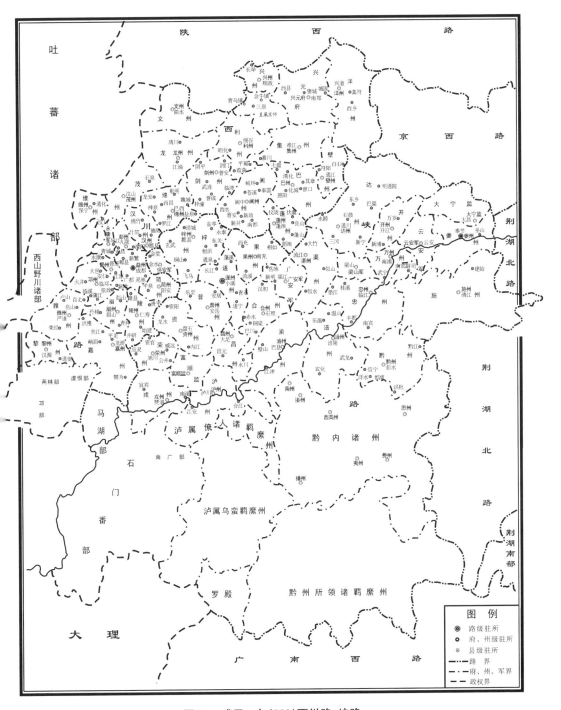

图 19 咸平二年(999)西川路、峡路

1. 益州 10 县：成都、华阳、郫县、新都、温江、新繁、双流、犀浦、广都、灵池。
2. 眉州 4 县：眉山、彭山、丹稜、青神。
3. 蜀州 4 县：晋原、江源、新津、永康。
4. 彭州 3 县：九陇、永昌、濛阳。
5. 绵州 8 县：巴西、彰明、魏城、罗江、神泉、龙安、盐泉、西昌。
6. 汉州 4 县：雒县、什邡、绵竹、德阳。
7. 嘉州 6 县：龙游、夹江、犍为、平羌、峨眉、洪雅。
8. 邛州 7 县：临邛、大邑、火井、蒲江、依政、安仁、临溪。
9. 简州 2 县：阳安、平泉。
10. 黎州 2 县：汉源、通望。
11. 雅州 5 县：严道、卢山、名山、百丈、荣经。
12. 茂州 3 县：汶山、汶川、石泉。
13. 维州 2 县：保宁、通化。
14. 陵州 5 县、1 监：仁寿、贵平、井研、始建、籍县，陵井监。
15. 永康军 2 县：导江、青城。
16. 兴元府 4 县：南郑、城固、褒城、西县。
17. 利州 4 县：绵谷、葭萌、平蜀、昭化。
18. 洋州 3 县：兴道、西乡、真符。
19. 阆州 9 县：阆中、新井、晋安、新政、苍溪、西水、奉国、南部、岐坪。
20. 剑州 7 县：普安、武连、阴平、剑门、梓潼、临津、普成。
21. 巴州 6 县：化城、恩阳、曾口、其章、七盘、清化。
22. 壁州 3 县：通江、白石、符阳。
23. 集州 2 县：难江、嘉川。
24. 文州 1 县：曲水。
25. 兴州 2 县：顺政、长举。
26. 蓬州 6 县：蓬池、良山、仪陇、伏虞、蓬山、朗池。
27. 龙州 2 县：江油、清川。
28. 三泉县 2 镇：金牛、青乌。

第十四节 峡　　路

州二十，军四，监二，县九十二(见图 19)。

1. 梓州 10 县：郪县、玄武、涪城、射洪、通泉、盐亭、铜山、飞乌、永泰、东关。
2. 遂州 5 县：小溪、长江、蓬溪、青石、遂宁。
3. 果州 4 县：南充、西充、相如、流溪。
4. 资州 4 县：盘石、资阳、内江、龙水。
5. 普州 3 县：安岳、安居、乐至。
6. 昌州 3 县：大足、昌元、永川。
7. 戎州 3 县：僰道、宜宾、南溪。
8. 泸州 3 县、2 监：泸川、合江、江安县，清井、南井监。
9. 合州 5 县：石照、汉初、赤水、铜梁、巴川。
10. 荣州 5 县：旭川、威远、应灵、资官、公井。
11. 渠州 4 县：流江、邻山、邻水、大竹。
12. 怀安军 2 县：金水、金堂。
13. 广安军 3 县：渠江、新明、岳池。
14. 富顺监 13 镇、1 井：战井、步井、方滩、罗井、新栅、真溪、临江、邓井、鼓井、赖井、茆头、赖易、高市镇，盐井。
15. 夔州 2 县：奉节、巫山。
16. 黔州 6 县：彭水、黔江、洪杜、洋水、信宁、都濡。
17. 施州 2 县：清江、建始。
18. 忠州 5 县、1 尉司：临江、丰都、垫江、南宾、桂溪县，南宾尉司。
19. 万州 2 县：南浦、武宁。
20. 开州 3 县：开江、万岁、新浦。
21. 达州 7 县、1 院：通川、永穆、石鼓、新宁、巴渠、三冈、东乡县，明通院。
22. 涪州 5 县：涪陵、宾化、武龙、乐温、温山。
23. 渝州 3 县：巴县、江津、壁山。
24. 云安军 1 县、1 监：云安县，云安监。
25. 梁山军 1 县：梁山。
26. 大宁监，治大昌(今重庆巫山县大昌镇)，1 县：大昌。

第十五节　广 南 东 路

州十六，县三十九(见图 20)。

1. 广州 8 县：南海、信安、增城、怀集、清远、东莞、新会、四会。

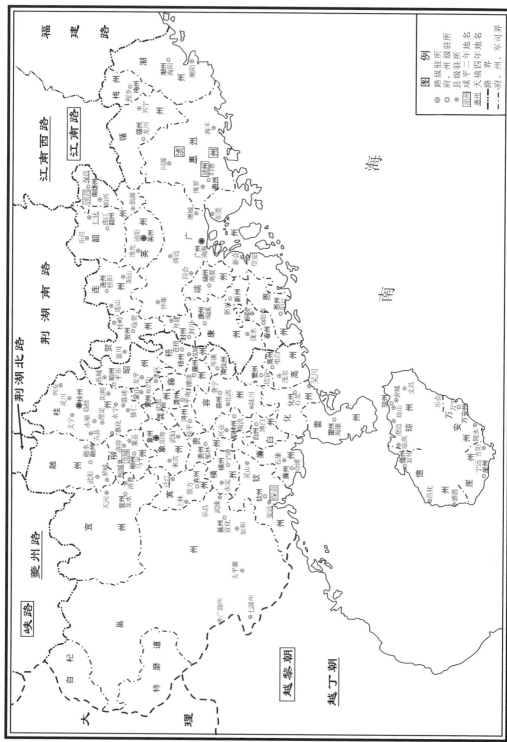

图20 咸平二年(999)及天禧四年(1020)广南东路、广南西路

2. 韶州 3 县：曲江、乐昌、翁源。
3. 循州 2 县：龙川、兴宁。
4. 潮州 2 县：海阳、潮阳。
5. 连州 3 县：桂阳、阳山、连山。
6. 梅州 1 县：程乡。
7. 南雄州 2 县：浈昌、始兴。
8. 英州 2 县：浈阳、浛光。
9. 贺州 3 县：临贺、富川、桂岭。
10. 封州 2 县：封川、开建。
11. 端州 1 县：高要。
12. 新州 1 县：新兴。
13. 康州 2 县：端溪、泷水。
14. 恩州 1 县：阳江。
15. 春州 2 县：阳春、铜陵。
16. 浈州 4 县：归善、博罗、海丰、河源。

第十六节　广　南　西　路

州二十九，县七十六（见图 20）。

1. 桂州 12 县：临桂、灵川、兴安、阳朔、永福、修仁、理定、慕化、荔浦、永宁、义宁、古县。
2. 容州 3 县：普宁、北流、陆川。
3. 邕州 4 县：宣化、乐昌、武缘、如和。
4. 融州 3 县、1 场：融水、武阳、罗城县，沛溪场。
5. 象州 3 县：阳寿、来宾、武仙。
6. 昭州 3 县：平乐、恭城、龙平。
7. 蒙州 3 县：立山、蒙山、东区。
8. 梧州 2 县：苍梧、戎城。
9. 藤州 1 县：镡津。
10. 南仪州 1 县：岑溪。
11. 龚州 2 县：平南、武郎。
12. 浔州 1 县：桂平。
13. 柳州 4 县：马平、龙城、象县、洛容。

14. 贵州1县：郁林。
15. 宜州3县、2监、1军：龙水、天河、洛曹县，富仁、富安监，怀远军。
16. 宾州2县：岭方、上林。
17. 横州2县：宁浦、永定。
18. 化州2县：石龙、吴川。
19. 高州2县：电白、茂名。
20. 窦州1县：信宜。
21. 雷州1县：海康。
22. 钦州2县：灵山、保京。
23. 白州1县：博白。
24. 郁林州2县：南流、兴业。
25. 廉州2县：合浦、石康。
26. 琼州6县：琼山、临高、乐会、舍城、澄迈、文昌。
27. 儋州3县：宜伦、昌化、感恩。
28. 万安州2县：万宁、陵水。
29. 崖州2县：宁远、吉阳。

第四章 天禧四年(1020)的州县

咸平二年(999),宋分天下为十五路。至四年,"诏分川峡转运使为益、梓、利、夔四路。益州路总益、绵、汉、彭、邛、蜀、嘉、眉、陵、简、黎、雅、维、茂、永康凡十五州军,梓州路总梓、遂、果、资、普、荣、昌、渠、合、戎、泸、怀安、广安、富顺凡十四州军监,利州路总利、洋、兴、剑、文、集、壁、巴、蓬、龙、阆、兴元、剑门、三泉、西县凡十五州府军县,夔州路总夔、施、忠、万、开、达、渝、黔、涪、云安、梁山、大宁凡十二州军监"①,是为十七路。天禧四年,又"分江南转运使为东西路",是为十八路。《长编》卷95天禧四年四月庚寅、《宋史》卷8《真宗纪三》同条、《文献通考》卷315、《宋会要·方域》6之23同。然《玉海》卷18《淳化十道·至道十五路》、《宋史》卷85《地理志一》言在天圣八年(1030),今本《元丰九域志》卷6言在天禧二年。《舆地纪胜》两歧,卷17《江南东路》条引《国朝会要》同今本《元丰九域志》,同卷转运司条王象之按语引《元丰九域志》言在天禧四年。今以天禧四年为行十八路之年,考实得府十一、州二百五十三、军四十六、监五、关一、直属京县一,合计凡州、府、军、监、关、直属县三百十七,县一千二百四十九。咸平时,西夏先后攻占宋清远军、威远军、灵州、凉州等地。六年,和议成,宋割河西、银夏两镇予西夏②,宋西北疆域较前萎缩。本阶段宋州县升降、废并之事极少,政区呈现出极其平稳之态势。兹将天禧四年宋之州军条列如下。

第一节 东京开封府

17县(见图21):开封、祥符、尉氏、陈留、雍丘、封丘、中牟、阳武、酸枣、长垣、扶沟、鄢陵、考城、太康、襄邑、东明、咸平。

---

① 《长编》卷48咸平四年三月辛巳。
② 《宋史》卷485《夏国传上》。

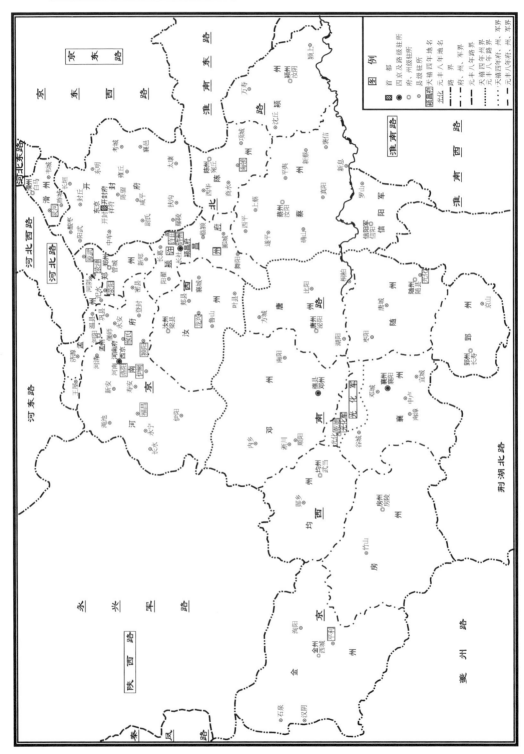

图 21 天禧四年(1020)及元丰八年(1085)开封府和京西路

第二节 京 东 路

府一,州十五,军四,县七十九(见前图 11)。

1. 青州 6 县：益都、临淄、寿光、临朐、博兴、千乘。
2. 密州 4 县：诸城、安丘、高密、莒县。
3. 齐州 4 县：历城、禹城、长清、临邑。
4. 沂州 5 县：临沂、承县、沂水、费县、新泰。
5. 登州 4 县：蓬莱、文登、黄县、牟平。
6. 莱州 4 县：掖县、莱阳、胶水、即墨。
7. 潍州 3 县：北海、昌邑、昌乐。
8. 淄州 3 县：淄川、长山、邹平。
9. 淮阳军 2 县：下邳、宿迁。
10. 清平军 1 县：章丘。
11. 宣化军 1 县：高苑。
12. 南京,应天府 7 县：宋城、宁陵、谷熟、下邑、虞城、楚丘、柘城。
13. 兖州 7 县、1 监：瑕丘、奉符、泗水、龚丘、仙源、莱芜、邹县,莱芜监。
14. 徐州 5 县、1 监：彭城、沛县、萧县、滕县、丰县,利国监。
15. 曹州 4 县：济阴、冤句、乘氏、南华。
16. 郓州,治须城(今山东东平县),6 县、1 监：须城、阳谷、中都、寿张、东阿、平阴县、东平监。
17. 济州 4 县：巨野、郓城、金乡、任城。
18. 单州 4 县：单父、砀山、成武、鱼台。
19. 濮州 4 县：鄄城、雷泽、临濮、范县。
20. 广济军 1 县：定陶。

第三节 京 西 路

府一,州十六,军二,县九十九(见图 21)。

1. 襄州 6 县：襄阳、邓城、谷城、宜城、中卢、南漳。
2. 邓州 5 县：穰县、南阳、内乡、淅川、顺阳。
3. 随州 4 县：随县、唐城、枣阳、光化。
4. 金州 5 县：西城、洵阳、汉阴、石泉、平利。

5. 房州 2 县：房陵、竹山。

6. 均州 2 县：武当、郧乡。

7. 郢州 2 县：长寿、京山。

8. 唐州 5 县：泌阳、湖阳、比阳、桐柏、方城。

9. 光化军 1 县：乾德。

10. 西京,河南府 19 县：河南、洛阳、偃师、颖阳、巩县、密县、新安、福昌、伊阳、渑池、永宁、长水、寿安、河清、登封、伊阙、缑氏、王屋、永安。

11. 许州 7 县：长社、郾城、阳翟、长葛、舞阳、许田、临颍。

12. 郑州 5 县：管城、荥泽、原武、新郑、荥阳。

13. 滑州 4 县：白马、韦城、胙城、灵河。

14. 孟州 5 县：河阳、温县、济源、汜水、河阴。

15. 蔡州 10 县：汝阳、上蔡、新蔡、褒信、遂平、新息、确山、真阳、西平、平舆。

16. 陈州 5 县：宛丘、项城、商水、西华、南顿。

17. 颍州 4 县：汝阴、沈丘、颍上、万寿。

18. 汝州 6 县：梁县、襄城、叶县、龙兴、鲁山、郏县。

19. 信阳军 2 县：信阳、罗山。

第四节 河 北 路

府二,州二十三,军十二,县一百四十一(见前图 12)。

1. 魏州,大名府 17 县：元城、大名、莘县、内黄、成安、魏县、馆陶、临清、夏津、清平、冠氏、宗城、朝城、南乐、洹水、永济、经城。

2. 澶州 6 县：顿丘、濮阳、观城、临河、清丰、卫南。

3. 沧州 7 县：清池、无棣、盐山、乐陵、南皮、饶安、临津。

4. 冀州 7 县：信都、蓨县、南宫、枣强、武邑、衡水、堂阳。

5. 瀛州 4 县：河间、束城、景城、乐寿。

6. 博州 4 县：聊城、堂邑、高唐、博平。

7. 棣州,治厌次(今山东惠民县),3 县：厌次、商河、阳信。

8. 莫州 3 县：莫县、任丘、长丰。

9. 雄州 2 县：归信、容城。

10. 霸州 3 县：永清、文安、大城。

11. 德州 5 县：安德、平原、德平、将陵、安陵。

12. 滨州1县：渤海。

13. 贝州5县：清河、清阳、武城、漳南、历亭。

14. 永静军2县：东光、阜城。

15. 乾宁军1县、6寨：乾宁军,钓台、独流北、独流东、当城、沙涡、百万寨。

16. 信安军6寨：周河、刀鱼、田家、狼城、佛圣涡、李详。

17. 保定军。

18. 德清军,无县。

19. 保顺军,无县。

20. 镇州,真定府9县、1寨：真定、藁城、获鹿、井陉、平山、灵寿、行唐、元氏、栾城县,北寨。

21. 相州6县：安阳、永定、汤阴、临漳、邺县、林虑。

22. 定州8县、1寨：安喜、陉邑、无极、曲阳、唐县、望都、新乐、北平县,军城寨。

23. 邢州8县：龙冈、沙河、任县、尧山、南和、巨鹿、平乡、内丘。

24. 通利军1县：黎阳。

25. 怀州5县：河内、武德、修武、武陟、获嘉。

26. 卫州4县：汲县、新乡、卫县、共城。

27. 洺州6县：永年、平恩、鸡泽、曲周、临洺、肥乡。

28. 深州5县：静安、饶阳、安平、武强、束鹿。

29. 磁州4县：滏阳、武安、邯郸、昭德。

30. 祁州,治蒲阴(今河北安国市),3县：蒲阴、鼓城、深泽。

31. 赵州7县：平棘、宁晋、高邑、柏乡、临城、赞皇、隆平。

32. 保州1县：保塞。

33. 安肃军1县：安肃。

34. 永定军1县：博野。

35. 广信军1县：遂城。

36. 顺安军1县：高阳。

37. 天威军,无县。

第五节 河 东 路

州十七,军六,监二,县八十六(见前图12)。

1. 并州9县：阳曲、平晋、文水、祁县、榆次、太谷、清源、寿阳、盂县。

2. 大通监 2 县：交城、绵上。

3. 永利监，无县。

4. 潞州 8 县：上党、长子、潞城、屯留、壶关、襄垣、黎城、涉县。

5. 晋州 10 县：临汾、洪洞、襄陵、神山、霍邑、赵城、汾西、冀氏、岳阳、和川。

6. 绛州 7 县：正平、曲沃、太平、翼城、稷山、绛县、垣曲。

7. 泽州 6 县：晋城、高平、阳城、端氏、陵川、沁水。

8. 代州 4 县：雁门、五台、崞县、繁畤。

9. 忻州 2 县：秀容、定襄。

10. 汾州 5 县：西河、孝义、平遥、介休、灵石。

11. 辽州 4 县：辽山、和顺、榆社、平城。

12. 宪州，治静乐（今山西静乐县），1 县：静乐。

13. 岚州 3 县：宜芳、楼烦、合河。

14. 石州 5 县：离石、临泉、平夷、方山、定胡。

15. 隰州 6 县：隰川、蒲县、温泉、永和、石楼、大宁。

16. 慈州 3 县：吉乡、文城、乡宁。

17. 麟州 3 县：新秦、连谷、银城。

18. 府州 1 县：府谷。

19. 丰州（约在今陕西府谷县西北二百里处的窟野河流域）3 寨：永安、来远、保宁。

20. 威胜军 3 县：铜鞮、武乡、沁源。

21. 平定军 2 县：平定、乐平。

22. 岢岚军 1 县：岚谷。

23. 宁化军 1 县：宁化。

24. 火山军 6 寨：雄勇、偏头、董家、横谷、桔槔、护水。

25. 保德军 2 津：大堡、沙谷。

第六节 陕 西 路

府三，州二十五，军三，县一百三十三（见图 22）。

1. 雍州，京兆府 13 县：长安、万年、鄠县、蓝田、咸阳、醴泉、泾阳、栎阳、高陵、兴平、临潼、武功、乾祐。

2. 蒲州，河中府 8 县：河东、河西、虞乡、临晋、猗氏、永乐、龙门、万泉。

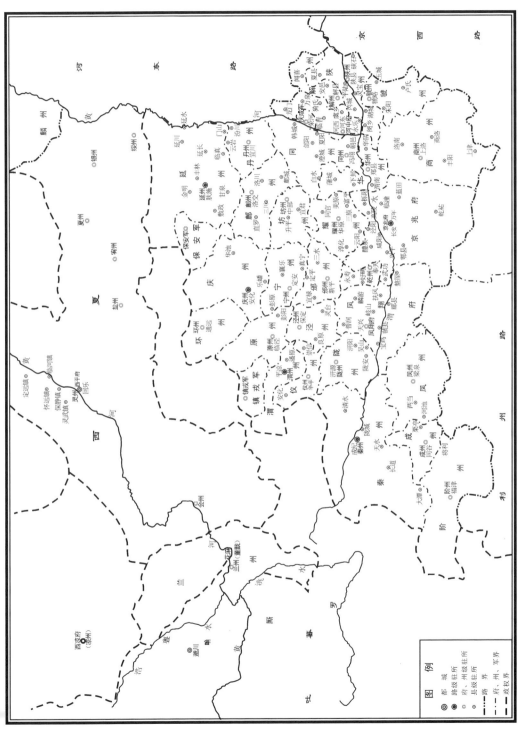

图 22 天禧四年(1020)陕西路

3. 解州3县：解县、安邑、闻喜。
4. 陕州8县：陕县、芮城、平陆、灵宝、硖石、夏县、阌乡、湖城。
5. 商州5县：上洛、上津、丰阳、商洛、洛南。
6. 虢州4县：虢略、卢氏、玉城、朱阳。
7. 同州7县、1监：冯翊、郃阳、澄城、白水、夏阳、韩城、朝邑县，沙苑监。
8. 华州5县：郑县、下邽、华阴、渭南、蒲城。
9. 耀州7县：华原、富平、三原、云阳、同官、美原、淳化。
10. 延州10县：肤施、延长、延水、门山、临真、敷政、丰林、甘泉、金明、延川。
11. 鄜州5县：洛交、洛川、三川、直罗、鄜城。
12. 丹州3县：宜川、云岩、汾川。
13. 坊州3县：中部、宜君、升平。
14. 保安军。
15. 庆成军1县：荣河。
16. 庆州3县：安化、华池、乐蟠。
17. 环州1县：通远。
18. 邠州4县：新平、三水、宜禄、定平。
19. 宁州4县：定安、彭原、真宁、襄乐。
20. 乾州3县：奉天、好畤、永寿。
21. 秦州6县、10寨、1监：成纪、陇城、清水、天水、长道、大潭县，伏羌、定西、弓门、静戎、冶方、三阳、永宁、床穰、临江、安远寨，太平监。
22. 凤翔府9县、1监：天兴、扶风、郿县、岐山、宝鸡、麟游、普润、虢县、盩厔县，司竹监。
23. 陇州4县：汧源、汧阳、吴山、陇安。
24. 成州2县：同谷、栗亭。
25. 凤州3县、1监：梁泉、两当、河池县，开宝监。
26. 阶州2县：福津、将利。
27. 渭州2县：平凉、潘原。
28. 仪州3县：华亭、安化、崇信。
29. 泾州3县：保定、灵台、良原。
30. 原州2县、2寨：临泾、彭阳县，西壕、开边寨。
31. 镇戎军1寨、1堡、1城：东山寨，开远堡，彭阳城。

第七节 两 浙 路

州十四,军一,县八十(见前图14)。

1. 杭州 10 县:钱塘、仁和、於潜、余杭、富阳、盐官、昌化、新城、临安、南新。
2. 越州 8 县:山阴、会稽、剡县、诸暨、余姚、上虞、萧山、新昌。
3. 苏州 5 县:吴县、长洲、昆山、常熟、吴江。
4. 润州 4 县:丹徒、延陵、丹阳、金坛。
5. 湖州 6 县:乌程、归安、安吉、长兴、德清、武康。
6. 婺州 7 县:金华、东阳、义乌、兰溪、永康、武义、浦江。
7. 明州 5 县:鄞县、奉化、慈溪、象山、定海。
8. 常州 4 县:晋陵、武进、无锡、宜兴。
9. 江阴军 1 县:江阴。
10. 温州 4 县:永嘉、瑞安、乐清、平阳。
11. 台州 5 县:临海、黄岩、天台、仙居、宁海。
12. 处州 6 县:丽水、松阳、缙云、遂昌、青田、龙泉。
13. 衢州 5 县:西安、江山、龙游、常山、开化。
14. 睦州 6 县:建德、寿昌、遂安、分水、青溪、桐庐。
15. 秀州 4 县:嘉兴、海盐、华亭、崇德。

第八节 淮 南 路

州十八,军三,县六十九(见前图15)。

1. 扬州 3 县:江都、广陵、天长。
2. 亳州 7 县:谯县、城父、蒙城、鄩县、鹿邑、永城、卫真。
3. 宿州 4 县:符离、虹县、蕲县、临涣。
4. 楚州 4 县:山阳、淮阴、宝应、盐城。
5. 海州 4 县:朐山、怀仁、沭阳、东海。
6. 泰州 4 县:海陵、兴化、泰兴、如皋。
7. 泗州 3 县:盱眙、临淮、招信。
8. 滁州 3 县:清流、全椒、来安。
9. 通州 2 县:静海、海门。

10. 真州,治扬子(今江苏仪征市),2县:扬子、六合。
11. 高邮军1县:高邮。
12. 涟水军1县:涟水。
13. 寿州5县:下蔡、寿春、安丰、霍丘、六安。
14. 庐州3县:合肥、慎县、舒城。
15. 蕲州4县:蕲春、黄梅、广济、蕲水。
16. 和州3县:历阳、乌江、含山。
17. 舒州5县:怀宁、桐城、望江、宿松、太湖。
18. 濠州2县:钟离、定远。
19. 光州4县:定城、光山、仙居、固始。
20. 黄州3县:黄冈、麻城、黄陂。
21. 无为军2县:巢县、庐江。

第九节 江南东路

府一,州七,军二,县四十八(见图23)。
1. 江宁府5县:江宁、上元、溧水、溧阳、句容。
2. 宣州6县:宣城、泾县、南陵、宁国、旌德、太平。
3. 歙州6县:歙县、休宁、绩溪、黟县、祁门、婺源。
4. 江州5县,1监:德化、彭泽、德安、瑞昌、湖口县,广宁监。
5. 池州6县,1监:贵池、建德、石埭、青阳、铜陵、东流县,永丰监。
6. 饶州6县,1监:鄱阳、余干、浮梁、乐平、德兴、安仁县,永平监。
7. 信州6县:上饶、弋阳、玉山、贵溪、铅山、宝丰。
8. 太平州3县:当涂、芜湖、繁昌。
9. 南康军3县:星子、建昌、都昌。
10. 广德军2县:广德、建平。

第十节 江南西路

州六,军四,县四十五(见图23)。
1. 洪州7县:南昌、新建、丰城、分宁、靖安、奉新、武宁。
2. 虔州10县:赣县、安远、雩都、虔化、信丰、瑞金、石城、兴国、会昌、龙南。

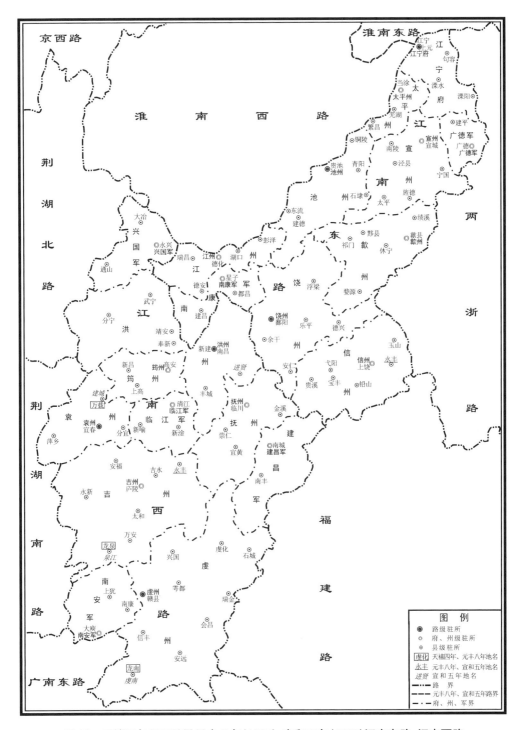

图 23　天禧四年(1020)及元丰八年(1085)、宣和五年(1123)江南东路、江南西路

3. 吉州 6 县：庐陵、吉水、太和、安福、永新、龙泉。
4. 袁州 4 县：宜春、萍乡、分宜、万载。
5. 抚州 4 县：临川、崇仁、宜黄、金溪。
6. 筠州 3 县：高安、上高、新昌。
7. 兴国军 3 县：永兴、大冶、通山。
8. 南安军 3 县：大庾、南康、上犹。
9. 临江军 3 县：清江、新淦、新喻。
10. 建昌军 2 县：南城、南丰。

第十一节　荆湖北路

府一，州九，军二，县五十一（见前图 17）。
1. 江陵府 8 县：江陵、枝江、公安、松滋、石首、监利、潜江、建宁。
2. 鄂州 6 县：江夏、武昌、蒲圻、嘉鱼、崇阳、咸宁。
3. 安州 5 县：安陆、孝感、云梦、应城、应山。
4. 复州 3 县：景陵、沔阳、玉沙。
5. 鼎州 3 县：武陵、龙阳、桃源。
6. 澧州 4 县：澧阳、安乡、石门、慈利。
7. 峡州 4 县：夷陵、宜都、长阳、远安。
8. 岳州 5 县：巴陵、华容、平江、沅江、临湘。
9. 归州 3 县：秭归、巴东、兴山。
10. 辰州 6 县：沅陵、卢溪、叙浦、麻阳、辰溪、招谕。
11. 荆门军 2 县：长林、当阳。
12. 汉阳军 2 县：汉阳、汉川。

第十二节　荆湖南路

州七，监一，县三十二（见前图 17）。
1. 潭州 10 县：长沙、湘潭、益阳、湘乡、醴陵、浏阳、攸县、宁乡、衡山、湘阴。
2. 衡州 5 县：衡阳、茶陵、耒阳、常宁、安仁。
3. 道州 4 县：营道、永明、江华、宁远。
4. 永州 3 县：零陵、祁阳、东安。

5. 郴州 4 县：郴县、高亭、桂阳、宜章。

6. 邵州 2 县：邵阳、武冈。

7. 全州 2 县：清湘、灌阳。

8. 桂阳监，治平阳（今湖南桂阳县），2 县：平阳、蓝山。

第十三节　福　建　路

州六，军二，县四十五（见前图 18）。

1. 福州 12 县：闽县、侯官、福清、连江、永泰、长溪、长乐、古田、永贞、闽清、宁德、怀安。

2. 建州 6 县、1 监：建安、浦城、建阳、松溪、崇安、关隶县，丰国监。

3. 泉州 7 县：晋江、南安、同安、永春、清溪、德化、惠安。

4. 南剑州 5 县：剑浦、顺昌、沙县、尤溪、将乐。

5. 漳州 4 县：龙溪、漳浦、龙岩、长泰。

6. 汀州 4 县：长汀、宁化、上杭、武平。

7. 邵武军 4 县：邵武、光泽、归化、建宁。

8. 兴化军 3 县：莆田、仙游、兴化。

第十四节　益　州　路

州十四，军一，县六十六（见图 24）。

1. 益州 10 县：成都、华阳、郫县、新都、温江、新繁、双流、犀浦、广都、灵池（见图 25）。

2. 眉州 4 县：眉山、彭山、丹棱、青神。

3. 蜀州 4 县：晋原、江源、新津、永康。

4. 彭州 3 县：九陇、永昌、濛阳。

5. 绵州 8 县：巴西、彰明、魏城、罗江、神泉、龙安、盐泉、西昌。

6. 汉州 4 县：雒县、什邡、绵竹、德阳。

7. 嘉州 6 县、1 监：龙游、夹江、犍为、平羌、峨眉、洪雅县，丰远监。

8. 邛州 7 县、1 监：临邛、大邑、火井、蒲江、依政、安仁、临溪县，惠民监。

9. 简州 2 县：阳安、平泉。

10. 黎州 2 县：汉源、通望。

11. 雅州 5 县：严道、卢山、名山、百丈、荥经。

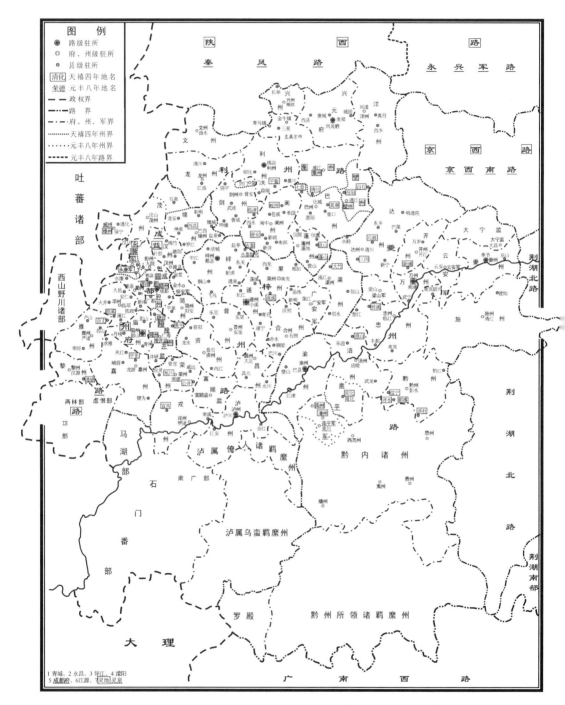

图 24　天禧四年(1020)及元丰八年(1085)益州路(成都府路)、利州路、梓州路、夔州路

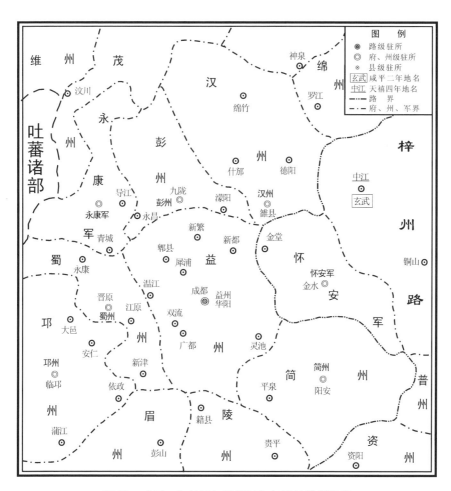

图 25　咸平二年(999)、天禧四年(1020)益州附近

12. 茂州 3 县：汶山、汶川、石泉。
13. 维州 2 县：保宁、通化。
14. 陵州 4 县、1 监：仁寿、贵平、井研、籍县，陵井监。
15. 永康军 2 县：导江、青城。

第十五节　利　州　路

府一，州十一，关一，直属京县一，县四十九(见图 24)。
1. 兴元府 4 县：南郑、城固、褒城、西县。

2. 利州 5 县：绵谷、葭萌、平蜀、昭化、嘉川。

3. 洋州 3 县：兴道、西乡、真符。

4. 阆州 9 县：阆中、新井、晋安、新政、苍溪、西水、奉国、南部、岐坪。

5. 剑州 6 县：普安、武连、阴平、梓潼、临津、普成。

6. 巴州 5 县：化城、恩阳、曾口、其章、七盘。

7. 壁州 3 县：通江、白石、符阳。

8. 集州 2 县：难江、清化。

9. 文州 1 县：曲水。

10. 兴州 2 县、1 监：顺政、长举县，济众监。

11. 蓬州 6 县：蓬池、良山、仪陇、伏虞、蓬山、营山。

12. 龙州 2 县：江油、清川。

13. 三泉县 2 镇：金牛、青乌。

14. 剑门关 1 县：剑门。

第十六节 梓 州 路

州十一，军二，监一，县五十四（见前图 24）。

1. 梓州 10 县：郪县、中江、涪城、射洪、通泉、盐亭、铜山、飞乌、永泰、东关。

2. 遂州 5 县：小溪、长江、蓬溪、青石、遂宁。

3. 果州 4 县：南充、西充、相如、流溪。

4. 资州 4 县：盘石、资阳、内江、龙水。

5. 普州 3 县：安岳、安居、乐至。

6. 昌州 3 县：大足、昌元、永川。

7. 戎州 3 县：僰道、宜宾、南溪。

8. 泸州 3 县、2 监：泸川、合江、江安县，淯井、南井监。

9. 合州 5 县：石照、汉初、赤水、铜梁、巴川。

10. 荣州 5 县：旭川、威远、应灵、资官、公井。

11. 渠州 4 县：流江、邻山、邻水、大竹。

12. 怀安军 2 县：金水、金堂。

13. 广安军 3 县：渠江、新明、岳池。

14. 富顺监 13 镇、1 井：战井、岁井、方滩、罗井、新栅、真溪、临江、邓井、鼓井、赖井、茆头、赖易、高市镇，盐井。

第十七节 夔 州 路

州九,军二,监一,县三十八(见前图 24)。

1. 夔州 2 县:奉节、巫山。
2. 黔州 6 县:彭水、黔江、洪杜、洋水、信宁、都濡。
3. 施州 2 县:清江、建始。
4. 忠州 5 县、1 尉司:临江、丰都、垫江、南宾、桂溪县,南宾尉司。
5. 万州 2 县:南浦、武宁。
6. 开州 3 县:开江、万岁、新浦。
7. 达州 7 县、1 院:通川、永穆、石鼓、新宁、巴渠、三冈、东乡县,明通院。
8. 涪州 5 县:涪陵、宾化、武龙、乐温、温山。
9. 渝州 3 县:巴县、江津、壁山。
10. 云安军 1 县、1 监:云安县,云安监。
11. 梁山军 1 县:梁山。
12. 大宁监 1 县:大昌。

第十八节 广 南 东 路

州十六,县四十(见前图 20)。

1. 广州 8 县:南海、信安、增城、怀集、清远、东莞、新会、四会。
2. 韶州 4 县:曲江、乐昌、翁源、仁化。
3. 循州 2 县:龙川、兴宁。
4. 潮州 2 县:海阳、潮阳。
5. 连州 3 县:桂阳、阳山、连山。
6. 梅州 1 县:程乡。
7. 南雄州 2 县:保昌、始兴。
8. 英州 2 县:浈阳、洽光。
9. 贺州 3 县:临贺、富川、桂岭。
10. 封州 2 县:封川、开建。
11. 端州 1 县:高要。
12. 新州 1 县:新兴。
13. 康州 2 县:端溪、泷水。

14. 恩州1县：阳江。
15. 春州2县：阳春、铜陵。
16. 惠州4县：归善、博罗、海丰、河源。

第十九节　广 南 西 路

州二十九，县七十七（见前图20）。

1. 桂州12县：临桂、灵川、兴安、阳朔、永福、修仁、理定、慕化、荔浦、永宁、义宁、古县。
2. 容州3县：普宁、北流、陆川。
3. 邕州4县：宣化、乐昌、武缘、如和。
4. 融州3县、1场：融水、武阳、罗城县，沛溪场。
5. 象州3县：阳寿、来宾、武仙。
6. 昭州，治平乐（今广西平乐县），3县：平乐、恭城、龙平。
7. 蒙州3县：立山、蒙山、东区。
8. 梧州2县：苍梧、戎城。
9. 藤州1县：镡津。
10. 南仪州1县：岑溪。
11. 龚州2县：平南、武郎。
12. 浔州1县：桂平。
13. 柳州4县：马平、柳城、象县、洛容。
14. 贵州1县：郁林。
15. 宜州3县、2监、1军：龙水、天河、洛曹县，富仁、富安监，怀远军。
16. 宾州3县：岭方、上林、迁江。
17. 横州2县：宁浦、永定。
18. 化州2县：石龙、吴川。
19. 高州2县：电白、茂名。
20. 窦州1县：信宜。
21. 雷州1县：海康。
22. 钦州2县：灵山、安远。
23. 白州1县：博白。
24. 郁林州2县：南流、兴业。
25. 廉州2县：合浦、石康。

26. 琼州 6 县：琼山、临高、乐会、舍城、澄迈、文昌。
27. 儋州 3 县：宜伦、昌化、感恩。
28. 万安州 2 县：万宁、陵水。
29. 崖州 2 县：宁远、吉阳。

第五章　元丰八年(1085)的州县

天禧四年(1020),宋分天下为十八路。神宗熙宁五年(1072),分京西为南、北二路,淮南为东、西二路,陕西为永兴军、秦凤二路,总为二十一路。六年,分河北为东、西二路,是为二十二路。七年,分京东为东、西二路,是为二十三路。熙宁八年,诏修《元丰九域志》,即以此编次州县。元丰元年,稍加变通,"诏河北东西、永兴秦凤、京东东西、京西南北、淮南东西路转运司通管两路,以河北、陕府、京东、京西、淮南路为名,提刑、提举司仍旧分路",复为十八路。这样,既保证了相关两路财用的均调,又便于包括转运司在内的诸监司的按部。由于《元丰九域志》所载,包含元丰八年以前变动之内容,故今以元丰八年为断限,条列十八转运司路所辖之州县如下。

本阶段自天禧四年至元丰八年,长达六十五年之久,可分为前后两个时期,即仁英朝与神宗朝。前期政区平稳;后期为实现富国强兵的目的,推行熙丰变法,收复汉唐故疆,政区急剧变动。

神宗时期,凡废州十六,即河东路之慈州,永兴军路之乾州、绥州,秦凤路之仪州,荆湖北路之复州,成都府路之陵州,利州路之集州、壁州,广南东路之春州,广南西路之蒙州、南仪州、窦州、儋州、崖州、万安州、顺州。其中,绥州,熙宁二年收复即废为绥德城。陵州降为陵井监。儋、崖、万安州降为军。顺州本邕管之羁縻广源州。熙宁八年,交趾入侵钦、廉等州。九年,宋军发动反击。十年二月,以广源州为顺州。富良江大捷后,交趾请和。元丰二年十月,宋以荒远之地得之无益、戍军罹瘴雾多病没,允和,仍废顺州,以其地及所得门州、谅州、苏茂州、思琅州、桄榔县共四州一县,并予交趾①。又废军为军使或县十三,即京东东路之清平军、宣化军,京东西路之广济军,京西南路之光化军,河北西路之天威军、通利军,永兴军路之庆成军,两浙路之江阴军,淮南东路之高邮军、涟水军,荆湖北路之荆门军、汉阳军,成都府路之永康军。除江南东西路、梓夔路外,一时凡内地所设之军

---

① 《长编》卷279熙宁九年十二月丙戌、癸丑、癸卯,卷280熙宁十年二月丙午,卷300元丰二年十月戊申;《宋会要·蕃夷》4之36—39;《宋史》卷488《外国四·交趾传》。

省废殆尽。又割剑门关之剑门县隶剑州,则剑门关亦不得与列郡等。郑、滑、宪、辽、梅五州废而复置者不预,则凡废州、军、关三十。《玉海》卷18《熙宁省州县》言:"熙宁中,省并天下州县,迄八年,凡废州、军、监三十一。"顺州元丰二年废,除外,则两者相较,《玉海》之数多二,又列废监,不知何据。

出于减并差役等原因,熙宁时大力省并县邑。京西南路废县二,京西北路废县十一,河北东路废县十五,河北西路废县十七,河东路废县十一,永兴军路废县十三,两浙路废县二,淮南东路废县一,荆湖北路废县六,荆湖南路废县一,福建路废县一,成都府路废县八,利州路废县十一,梓州路废县五,夔州路废县四,广南东路废县二,广南西路废县十。凡废县邑一百二十,较《玉海》"废县一百二十七"之数少七。然《玉海》注文言,自"晋之赵城,至润之延陵"。赵城县,熙宁五年省,元丰二年复,则《玉海》尚含熙宁八年以后废而复置之县。如将此类县邑亦列入,除赵城县外,尚有冀州之枣强,滨州之招安,顺安军之高阳,岢岚军之岚谷,陕州之湖城,华州之渭南,渝州之南川,桂州之修仁,万安军之陵水,昌化军之昌化、感恩等十一县。两者相加,熙宁所废县一百三十二,较《玉海》多五。

熙丰时,务拓疆土,创建城、堡、寨不计,凡创置熙、河、兰、岷、沅、诚六州,通远、南平二军及熙州狄道,沅州卢阳、黔阳,诚州麻阳,潭州安化,邵州新化、莳竹,宜州思恩八县。为支持战争,熙丰时增铸铜铁钱、管榷茶叶、开辟矿冶,于永兴军路等地,又增设县级铜钱监九、铁钱监五,于益利路增设茶场二,于邕州增设金场一。

本期北方京西、河北、河东、陕西政区经历了自宋建国以来最剧烈的变动。南方湖北、川峡四路、广西政区亦经历了自开宝以后所未有过的变动。元丰八年时,宋有府十四、州二百四十二、军三十七、监四、县一千一百三十二。与王存《元丰九域志·表》相较,县少三。然《元丰九域志》郑州辖县五,含元祐元年(1086)始复为县的荥阳、荥泽、原武三县在内。故县一千一百三十二之数不误,较《元丰九域志》更符合元丰八年之情况。

第一节 东京开封府

17县(见前图21):开封、祥符、尉氏、陈留、雍丘、封丘、中牟、阳武、酸枣、长垣、扶沟、鄢陵、考城、太康、襄邑、东明、咸平。

第二节 京 东 路

京东东路

州八,军一,县三十七(见图26)。

1. 青州 6 县：益都、临淄、寿光、临朐、博兴、千乘。
2. 密州 4 县：诸城、安丘、高密、莒县。
3. 齐州 5 县、1 军：历城、禹城、长清、临邑、章丘县,清平军。
4. 沂州 5 县：临沂、承县、沂水、费县、新泰。
5. 登州 4 县：蓬莱、文登、黄县、牟平。
6. 莱州 4 县：掖县、莱阳、胶水、即墨。
7. 潍州 3 县：北海、昌邑、昌乐。
8. 淄州 4 县、1 军：淄川、长山、邹平、高苑县,宣化军。
9. 淮阳军 2 县：下邳、宿迁。

京东西路

府一,州七,县四十二(见图26)。

1. 南京,应天府 7 县：宋城、宁陵、谷熟、下邑、虞城、楚丘、柘城。
2. 兖州 7 县、1 监：瑕丘、奉符、泗水、龚丘、仙源、莱芜、邹县,莱芜监。
3. 徐州 5 县、1 监：彭城、沛县、萧县、滕县、丰县,利国监。
4. 曹州 5 县：济阴、冤句、乘氏、南华、定陶。
5. 郓州 6 县、1 监：须城、阳谷、中都、寿张、东阿、平阴县,东平监。
6. 济州 4 县：巨野、郓城、金乡、任城。
7. 单州 4 县：单父、砀山、成武、鱼台。
8. 濮州 4 县：鄄城、雷泽、临濮、范县。

第三节 京 西 路

京西南路

州八,县三十(见前图21)。

1. 襄州 7 县：襄阳、邓城、谷城、宜城、中卢、南漳、光化。
2. 邓州 5 县：穰县、南阳、内乡、淅川、顺阳。
3. 随州 3 县：随县、唐城、枣阳。

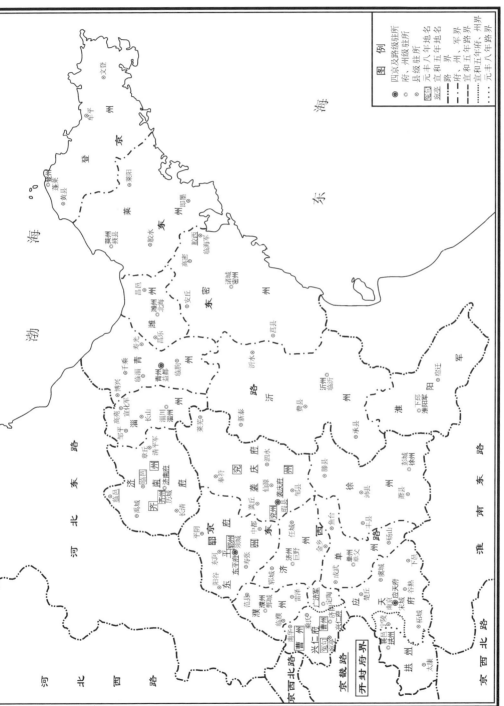

图 26 元丰八年(1085)及宣和五年(1123)京东路

4. 金州 4 县：西城、洵阳、汉阴、石泉。
5. 房州 2 县：房陵、竹山。
6. 均州 2 县：武当、郧乡。
7. 郢州 2 县：长寿、京山。
8. 唐州 5 县：泌阳、湖阳、比阳、桐柏、方城。

京西北路

府二，州七，军一，县五十五（见前图21）。

1. 西京，河南府 13 县、1 监：河南、偃师、巩县、密县、新安、伊阳、渑池、永宁、长水、寿安、河清、登封、永安县，阜财监。
2. 颍昌府 6 县：长社、郾城、阳翟、长葛、舞阳、临颍。
3. 郑州 2 县：管城、新郑。
4. 滑州 3 县：白马、韦城、胙城。
5. 孟州 6 县：河阳、温县、济源、汜水、河阴、王屋。
6. 蔡州 10 县：汝阳、上蔡、新蔡、褒信、遂平、新息、确山、真阳、西平、平舆。
7. 陈州 4 县：宛丘、项城、商水、西华。
8. 颍州 4 县：汝阴、沈丘、颍上、万寿。
9. 汝州 5 县：梁县、襄城、叶县、鲁山、郏县。
10. 信阳军 2 县：信阳、罗山。

第四节　河　北　路

河北东路

府一，州十二，军四，县五十三（见图27）。

1. 北京，大名府，治元城（今河北大名县东北），13 县：元城、莘县、内黄、成安、魏县、馆陶、临清、夏津、清平、冠氏、宗城、朝城、南乐。
2. 澶州，治濮阳（今河南濮阳市），5 县、1 军：濮阳、观城、临河、清丰、卫南县，德清军。
3. 沧州 5 县、1 军：清池、无棣、盐山、乐陵、南皮县，保顺军。
4. 冀州 6 县：信都、蓚县、南宫、枣强、武邑、衡水。
5. 瀛州 2 县：河间、乐寿。
6. 博州 4 县：聊城、堂邑、高唐、博平。
7. 棣州 3 县：厌次、商河、阳信。

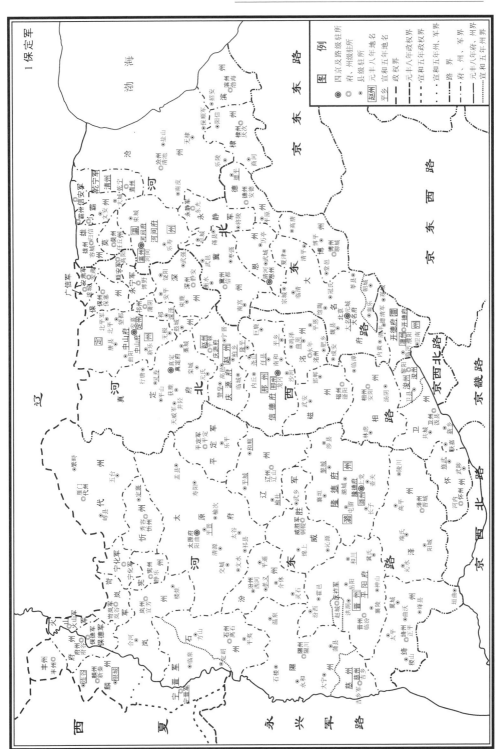

图 27 元丰八年(999)及宣和五年(1123)河北路、河东路

8. 莫州,治任丘(今河北任丘市),1 县:任丘。

9. 雄州 2 县:归信、容城。

10. 霸州 2 县:文安、大城。

11. 德州 2 县:安德、平原。

12. 滨州 2 县:渤海、招安。

13. 恩州 3 县:清河、武城、历亭。

14. 永静军 3 县:东光、阜城、将陵。

15. 乾宁军 1 镇:范桥,六寨:钓台、独流北、独流东、当城、沙涡、百万。

16. 信安军 7 寨:周河、刀鱼、田家、狼城、佛圣涡、李详、鹿角。

17. 保定军 2 寨:桃花、父母。

河北西路

府一,州十一,军四,县五十三(见图 27)。

1. 真定府 8 县、1 军、1 寨:真定、藁城、获鹿、井陉、平山、行唐、元氏、栾城县,天威军,北寨。

2. 相州 4 县:安阳、汤阴、临漳、林虑。

3. 定州 7 县、1 军、1 寨:安喜、无极、曲阳、唐县、望都、新乐、北平县,北平军,军城寨。

4. 邢州 5 县:龙冈、沙河、南和、巨鹿、内丘。

5. 怀州 2 县:河内、武陟。

6. 卫州 4 县、1 监:汲县、获嘉、黎阳、共城县,黎阳监。

7. 洺州 4 县:永年、平恩、鸡泽、肥乡。

8. 深州 5 县:静安、饶阳、安平、武强、束鹿。

9. 磁州 3 县:滏阳、武安、邯郸。

10. 祁州 2 县:蒲阴、鼓城。

11. 赵州 4 县:平棘、宁晋、高邑、临城。

12. 保州 1 县:保塞。

13. 安肃军 1 县:安肃。

14. 永宁军 1 县:博野。

15. 广信军 1 县:遂城。

16. 顺安军 1 县:高阳。

第五节 河 东 路

府一,州十五,军六,县七十五(见前图 27)。

1. 太原府 9 县、2 监：阳曲、交城、文水、祁县、榆次、太谷、清源、寿阳、盂县,大通、永利监。
2. 潞州 7 县：上党、长子、潞城、屯留、壶关、襄垣、涉县。
3. 晋州 9 县、2 务：临汾、洪洞、襄陵、神山、霍邑、赵城、汾西、冀氏、岳阳县,炼矾、矾山务。
4. 绛州 7 县：正平、曲沃、太平、翼城、稷山、绛县、垣曲。
5. 泽州 6 县：晋城、高平、阳城、端氏、陵川、沁水。
6. 代州 4 县：雁门、五台、崞县、繁畤。
7. 忻州 1 县：秀容。
8. 汾州 4 县：西河、平遥、介休、灵石。
9. 辽州 1 县：辽山。
10. 宪州 1 县：静乐。
11. 岚州 3 县：宜芳、楼烦、合河。
12. 石州 5 县：离石、临泉、平夷、方山、定胡。
13. 隰州 7 县、1 军：隰川、蒲县、温泉、永和、石楼、大宁、吉乡县,吉乡军。
14. 麟州 3 县：新秦、连谷、银城。
15. 府州 1 县：府谷。
16. 丰州(在今陕西府谷县北)2 寨：永安、保宁。
17. 威胜军 4 县：铜鞮、武乡、沁源、绵上。
18. 平定军 2 县：平定、乐平。
19. 岢岚军 1 县：岚谷。
20. 宁化军 1 寨：窟谷。
21. 火山军 1 寨：下镇。
22. 保德军 2 津：大堡、沙谷。

第六节 陕 西 路

永兴军路
府二,州十五,军一,县八十三(见图 28)。

1. 京兆府 14 县、2 监：长安、万年、鄠县、蓝田、咸阳、醴泉、泾阳、栎阳、高陵、兴平、临潼、武功、乾祐、奉天县，铜钱、铁钱监。

2. 河中府，治河东（今山西永济市蒲州镇），7 县、1 军：河东、虞乡、临晋、猗氏、龙门、万泉、荣河县，庆成军。

3. 解州 3 县：解县、安邑、闻喜。

4. 陕州 7 县、2 监：陕县、芮城、平陆、灵宝、夏县、阌乡、湖城县，铜钱、铁钱监。

5. 商州 5 县：上洛、上津、丰阳、商洛、洛南。

6. 虢州 3 县：虢略、卢氏、朱阳。

7. 同州 6 县、1 监：冯翊、郃阳、澄城、白水、韩城、朝邑县，沙苑监。

8. 华州 5 县、2 监：郑县、下邽、华阴、渭南、蒲城县，铜钱、铁钱监。

9. 耀州 7 县、1 监：华原、富平、三原、云阳、同官、美原、淳化县，铁钱监。

10. 延州 7 县、2 城、1 监：肤施、延长、门山、临真、敷政、甘泉、延川县，青涧、绥德城，铁钱监。

11. 鄜州 4 县、1 军：洛交、洛川、直罗、鄜城县，康定军。

12. 丹州 1 县：宜川。

13. 坊州 2 县：中部、宜君。

14. 保安军 2 寨、1 堡：德靖、顺宁寨，园林堡。

15. 庆州 3 县、1 寨：安化、合水、彭原县，安疆寨。

16. 环州 1 县：通远。

17. 邠州 4 县：新平、三水、宜禄、永寿。

18. 宁州 4 县：定安、真宁、襄乐、定平。

秦凤路

府一，州十二，军三，县三十八（见图 28）。

1. 秦州 4 县、1 监、2 城、7 寨、3 堡：成纪、陇城、清水、天水县，太平监，甘谷、伏羌城，定西、弓门、静戎、陇城、鸡川、三阳、安远寨，床穰、冶坊、达隆堡。

2. 凤翔府 10 县、1 监：天兴、扶风、郿县、岐山、宝鸡、麟游、普润、虢县、盩厔、好畤县，司竹监。

3. 陇州 4 县：汧源、汧阳、吴山、陇安。

4. 成州 2 县：同谷、栗亭。

5. 凤州 3 县：梁泉、两当、河池。

6. 阶州 2 县：福津、将利。

7. 渭州 5 县：平凉、潘原、安化、崇信、华亭。

8. 泾州 3 县：保定、灵台、良原。

9. 原州 2 县、2 镇、5 寨：临泾、彭阳县，新城、柳泉镇，西壕、开边、平安、绥宁、靖安寨。

10. 德顺军，治陇竿城（今宁夏隆德县东北），1 城、5 寨、1 堡：水洛城，静边、得胜、隆德、通边、治平寨，中安堡。

11. 镇戎军（今宁夏固原市）7 寨、2 堡、1 城：东山、乾兴、天圣、三川、高平、定川、熙宁寨，开远、张义堡，彭阳城。

12. 熙州，治狄道（今甘肃临洮县），1 县、1 寨、9 堡：狄道县，康乐寨，通谷、庆平、渭源、结河、南川、当川、南关、北关、临洮堡。

13. 河州（今甘肃临夏市）1 城、2 寨、4 堡、1 关：定羌城，南川、宁河寨，东谷、阁精、西原、北河堡，通会关。

14. 通远军，治古渭寨（今甘肃陇西县），1 镇、1 城、6 寨、1 堡：威远镇，定西城，永宁、宁远、通渭、熟羊、盐川、通西寨，三岔堡。

15. 岷州（今甘肃岷县）2 县、5 寨、3 堡、1 监：大潭、长道县，临江、荔川、川、闾川、宕昌寨，遮羊、谷藏、铁城堡，滔山监。

16. 兰州（今甘肃兰州市）1 寨、3 堡：龛谷寨，东关、西关、阿干堡。

第七节 两 浙 路

州十四，县七十九（见图 29）。

1. 杭州 9 县：钱塘、仁和、於潜、余杭、富阳、盐官、昌化、新城、临安。
2. 越州 8 县：山阴、会稽、剡县、诸暨、余姚、上虞、萧山、新昌。
3. 苏州 5 县：吴县、长洲、昆山、常熟、吴江。
4. 润州 3 县：丹徒、丹阳、金坛。
5. 湖州 6 县：乌程、归安、安吉、长兴、德清、武康。
6. 婺州 7 县：金华、东阳、义乌、兰溪、永康、武义、浦江。
7. 明州 6 县：鄞县、奉化、慈溪、象山、定海、昌国。
8. 常州 5 县、1 军：晋陵、武进、无锡、宜兴、江阴县，江阴军。
9. 温州 4 县：永嘉、瑞安、乐清、平阳。
10. 台州 5 县：临海、黄岩、天台、仙居、宁海。
11. 处州 6 县：丽水、松阳、缙云、遂昌、青田、龙泉。
12. 衢州 5 县：西安、江山、龙游、常山、开化。
13. 睦州 6 县、1 监：建德、寿昌、遂安、分水、青溪、桐庐县，神泉监。

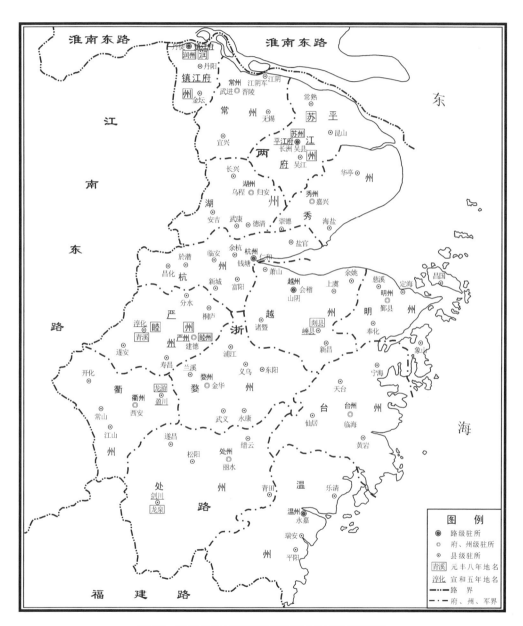

图 29 元丰八年(1085)及宣和五年(1123)两浙路

14. 秀州 4 县：嘉兴、海盐、华亭、崇德。

第八节 淮 南 路

淮南东路

州十，县三十七（见图 30）。

1. 扬州，治江都（今江苏扬州市），3 县：江都、高邮、天长。
2. 亳州 7 县：谯县、城父、蒙城、酂县、鹿邑、永城、卫真。
3. 宿州 4 县：符离、虹县、蕲县、临涣。
4. 楚州 5 县：山阳、淮阴、宝应、盐城、涟水。
5. 海州 4 县：朐山、怀仁、沭阳、东海。
6. 泰州 4 县：海陵、兴化、泰兴、如皋。
7. 泗州 3 县：盱眙、临淮、招信。
8. 滁州 3 县：清流、全椒、来安。
9. 真州 2 县：扬子、六合。
10. 通州 2 县：静海、海门。

淮南西路

州八，军一，县三十二（见图 30）。

1. 寿州 5 县：下蔡、寿春、安丰、霍丘、六安。
2. 庐州 3 县：合肥、慎县、舒城。
3. 蕲州 4 县：蕲春、黄梅、广济、蕲水。
4. 和州 3 县：历阳、乌江、含山。
5. 舒州 5 县、1 监：怀宁、桐城、望江、宿松、太湖县，同安监。
6. 濠州 2 县：钟离、定远。
7. 光州 4 县：定城、光山、仙居、固始。
8. 黄州 3 县：黄冈、麻城、黄陂。
9. 无为军，治无为（今安徽无为县），3 县：无为、巢县、庐江。

第九节 江 南 东 路

府一，州七，军二，县四十八（见前图 23）。

1. 江宁府 5 县：江宁、上元、溧水、溧阳、句容。

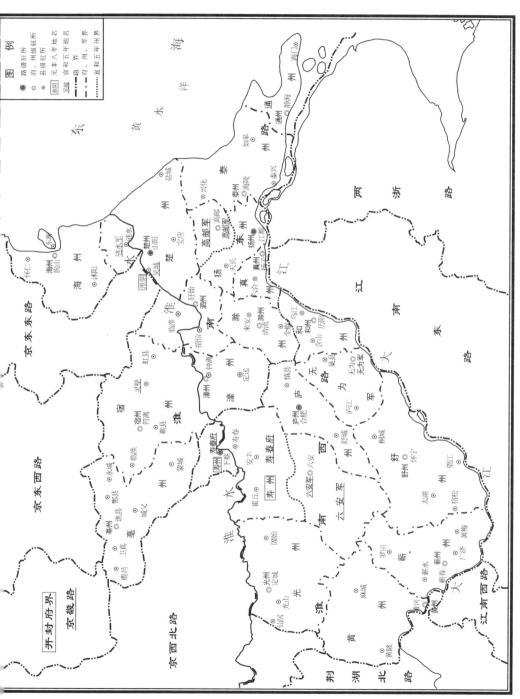

图30 元丰八年(1085)及宣和五年(1123)淮南路

2. 宣州6县：宣城、泾县、南陵、宁国、旌德、太平。
3. 歙州6县：歙县、休宁、绩溪、黟县、祁门、婺源。
4. 江州5县、1监：德化、彭泽、德安、瑞昌、湖口县，广宁监。
5. 池州6县、1监：贵池、建德、石埭、青阳、铜陵、东流县，永丰监。
6. 饶州6县、1监：鄱阳、余干、浮梁、乐平、德兴、安仁县，永平监。
7. 信州6县：上饶、弋阳、玉山、贵溪、铅山、永丰。
8. 太平州3县：当涂、芜湖、繁昌。
9. 南康军3县：星子、建昌、都昌。
10. 广德军2县：广德、建平。

第十节 江南西路

州六，军四，县四十七（见前图23）。
1. 洪州7县：南昌、新建、丰城、分宁、靖安、奉新、武宁。
2. 虔州10县：赣县、安远、雩都、虔化、信丰、瑞金、石城、兴国、会昌、龙南。
3. 吉州8县：庐陵、吉水、太和、安福、永新、龙泉、永丰、万安。
4. 袁州4县：宜春、萍乡、分宜、万载。
5. 抚州4县：临川、崇仁、宜黄、金溪。
6. 筠州3县：高安、上高、新昌。
7. 兴国军3县：永兴、大冶、通山。
8. 南安军3县：大庾、南康、上犹。
9. 临江军3县：清江、新淦、新喻。
10. 建昌军2县：南城、南丰。

第十一节 荆湖北路

府一，州十，县四十七（见图31）。
1. 江陵府8县：江陵、公安、松滋、石首、监利、潜江、长林、当阳。
2. 鄂州8县、1监：江夏、武昌、蒲圻、嘉鱼、崇阳、咸宁、汉阳、通城县，宝泉监。
3. 安州5县：安陆、孝感、景陵、应城、应山。
4. 鼎州3县：武陵、龙阳、桃源。
5. 澧州4县：澧阳、安乡、石门、慈利。
6. 峡州4县：夷陵、宜都、长阳、远安。

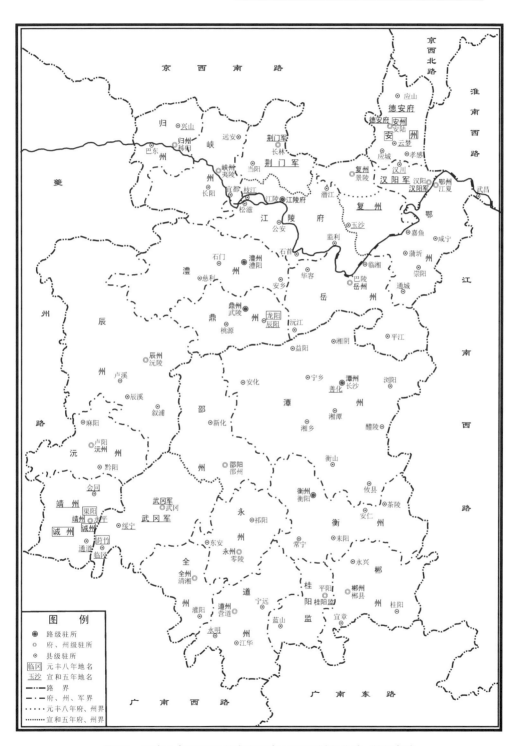

图 31　元丰八年(1085)及宣和五年(1123)荆湖北路、荆湖南路

7. 岳州 5 县：巴陵、华容、平江、沅江、临湘。

8. 归州 2 县：秭归、巴东。

9. 辰州 4 县、1 城、3 寨：沅陵、卢溪、叙浦、辰溪县，会溪城，池蓬、镇溪、黔安寨。

10. 沅州，治卢阳（今湖南芷江侗族自治县），3 县、1 寨：卢阳、麻阳、黔阳县，安江寨。

11. 诚州，治渠阳县（今湖南靖州苗族侗族自治县），1 县、5 堡：渠阳县，石家、沪村、多星、大由、天村堡。

第十二节　荆　湖　南　路

州七，监一，县三十四（见图 31）。

1. 潭州 11 县：长沙、湘潭、益阳、湘乡、醴陵、浏阳、攸县、宁乡、衡山、湘阴、安化。

2. 衡州 5 县：衡阳、茶陵、耒阳、常宁、安仁。

3. 道州 3 县：营道、江华、宁远。

4. 永州 3 县：零陵、祁阳、东安。

5. 郴州 4 县：郴县、永兴、桂阳、宜章。

6. 邵州 4 县：邵阳、武冈、新化、莳竹。

7. 全州 2 县：清湘、灌阳。

8. 桂阳监 2 县：平阳、蓝山。

第十三节　福　建　路

州六，军二，县四十五（见前图 18）。

1. 福州 12 县：闽县、侯官、福清、连江、永泰、长溪、长乐、古田、罗源、闽清、宁德、怀安。

2. 建州 6 县、1 监：建安、浦城、建阳、松溪、崇安、关隶县，丰国监。

3. 泉州 7 县：晋江、南安、同安、永春、清溪、德化、惠安。

4. 南剑州 5 县：剑浦、顺昌、沙县、尤溪、将乐。

5. 漳州 4 县：龙溪、漳浦、龙岩、长泰。

6. 汀州 4 县：长汀、宁化、上杭、武平。

7. 邵武军 4 县：邵武、光泽、归化、建宁。

8. 兴化军 3 县：莆田、仙游、兴化。

第十四节 成都府路

府一,州十二,监一,县五十八(见前图24)。

1. 成都府9县:成都、华阳、郫县、新都、温江、新繁、双流、广都、灵泉。
2. 眉州4县:眉山、彭山、丹棱、青神。
3. 蜀州5县:晋原、江源、新津、永康、青城。
4. 彭州4县、1军:九陇、永昌、濛阳、导江县,永康军。
5. 绵州8县:巴西、彰明、魏城、罗江、神泉、龙安、盐泉、石泉。
6. 汉州4县:雒县、什邡、绵竹、德阳。
7. 嘉州5县、1监:龙游、夹江、犍为、峨眉、洪雅县,丰远监。
8. 邛州6县、1监:临邛、大邑、火井、蒲江、依政、安仁县,惠民监。
9. 简州2县:阳安、平泉。
10. 黎州1县:汉源。
11. 雅州4县、1场:严道、卢山、名山、荣经县,茶场。
12. 茂州2县、1军、1寨、1关:汶山、汶川县,威戎军,镇羌寨,鸡宗关。
13. 威州2县、1军:保宁、通化县,通化军。
14. 陵井监,治仁寿(今四川仁寿县),2县、1井:仁寿、井研县,盐井。

第十五节 利州路

府一,州九,关一,直属京县一,县三十九(见前图24)。

1. 兴元府4县、1场:南郑、城固、褒城、西县,茶场。
2. 利州4县:绵谷、葭萌、昭化、嘉川。
3. 洋州3县:兴道、西乡、真符。
4. 阆州7县:阆中、新井、新政、苍溪、西水、奉国、南部。
5. 剑州6县:普安、武连、阴平、梓潼、普成、剑门。
6. 巴州5县:化城、恩阳、曾口、难江、通江。
7. 文州1县:曲水。
8. 兴州2县、1监:顺政、长举县,济众监。
9. 蓬州4县:蓬池、仪陇、伏虞、营山。
10. 龙州2县:江油、清川。
11. 三泉县2镇:金牛、青乌。

12. 剑门关。

第十六节 梓 州 路

州十一,军二,监一,县四十九(见前图 24)。

1. 梓州 9 县、1 尉司：郪县、中江、涪城、射洪、通泉、盐亭、铜山、飞乌、东关县,永泰尉司。
2. 遂州 5 县：小溪、长江、蓬溪、青石、遂宁。
3. 果州 3 县：南充、西充、相如。
4. 资州 4 县：盘石、资阳、内江、龙水。
5. 普州 3 县：安岳、安居、乐至。
6. 昌州 3 县：大足、昌元、永川。
7. 戎州 2 县：僰道、南溪。
8. 泸州 3 县、2 监、1 城、1 寨：泸川、合江、江安县,淯井、南井监,乐共城,安远寨。
9. 合州 5 县：石照、汉初、赤水、铜梁、巴川。
10. 荣州,治荣德县(今四川荣县),4 县：荣德、威远、应灵、资官。
11. 渠州 3 县：流江、邻山、邻水。
12. 怀安军 2 县：金水、金堂。
13. 广安军 3 县：渠江、新明、岳池。
14. 富顺监 13 镇、1 井：战井、岁井、方滩、罗井、新栅、真溪、临江、邓井、鼓井、赖井、茆头、赖易、高市镇,盐井。

第十七节 夔 州 路

州九,军三,监一,县三十(见前图 24)。

1. 夔州 2 县：奉节、巫山。
2. 黔州 2 县：彭水、黔江。
3. 施州 2 县：清江、建始。
4. 忠州 4 县、1 尉司：临江、丰都、垫江、南宾县,南宾尉司。
5. 万州 2 县：南浦、武宁。
6. 开州 2 县：开江、万岁。
7. 达州 5 县、1 院：通川、永穆、新宁、巴渠、东乡县,明通院。

8. 涪州 3 县：涪陵、武龙、乐温。
9. 渝州 3 县：巴县、江津、壁山。
10. 云安军 1 县、1 监：云安县，云安监。
11. 梁山军 1 县：梁山。
12. 南平军,治南川县(今重庆綦江区东溪镇附近),2 县：南川、隆化。
13. 大宁监 1 县：大昌。

第十八节 广 南 东 路

州十五,县四十(见图 32)。

1. 广州,治南海、番禺(今广东广州市),7 县：南海、番禺、增城、怀集、清远、东莞、新会。
2. 韶州 4 县：曲江、乐昌、翁源、仁化。
3. 循州 3 县：龙川、兴宁、长乐。
4. 潮州 2 县：海阳、潮阳。
5. 连州 3 县：桂阳、阳山、连山。
6. 梅州 1 县：程乡。
7. 南雄州 2 县：保昌、始兴。
8. 英州 2 县：真阳、浛光。
9. 贺州 3 县：临贺、富川、桂岭。
10. 封州 2 县：封川、开建。
11. 端州 2 县：高要、四会。
12. 新州 1 县：新兴。
13. 康州 2 县：端溪、泷水。
14. 南恩州 2 县：阳江、阳春。
15. 惠州 4 县：归善、博罗、海丰、河源。

第十九节 广 南 西 路

州二十三,军三,县六十四(见图 32)。

1. 桂州 10 县：临桂、灵川、兴安、阳朔、永福、修仁、理定、荔浦、义宁、古县。
2. 容州 3 县：普宁、北流、陆川。
3. 邕州 2 县、1 寨、1 场：宣化、武缘县,太平寨,慎乃场。

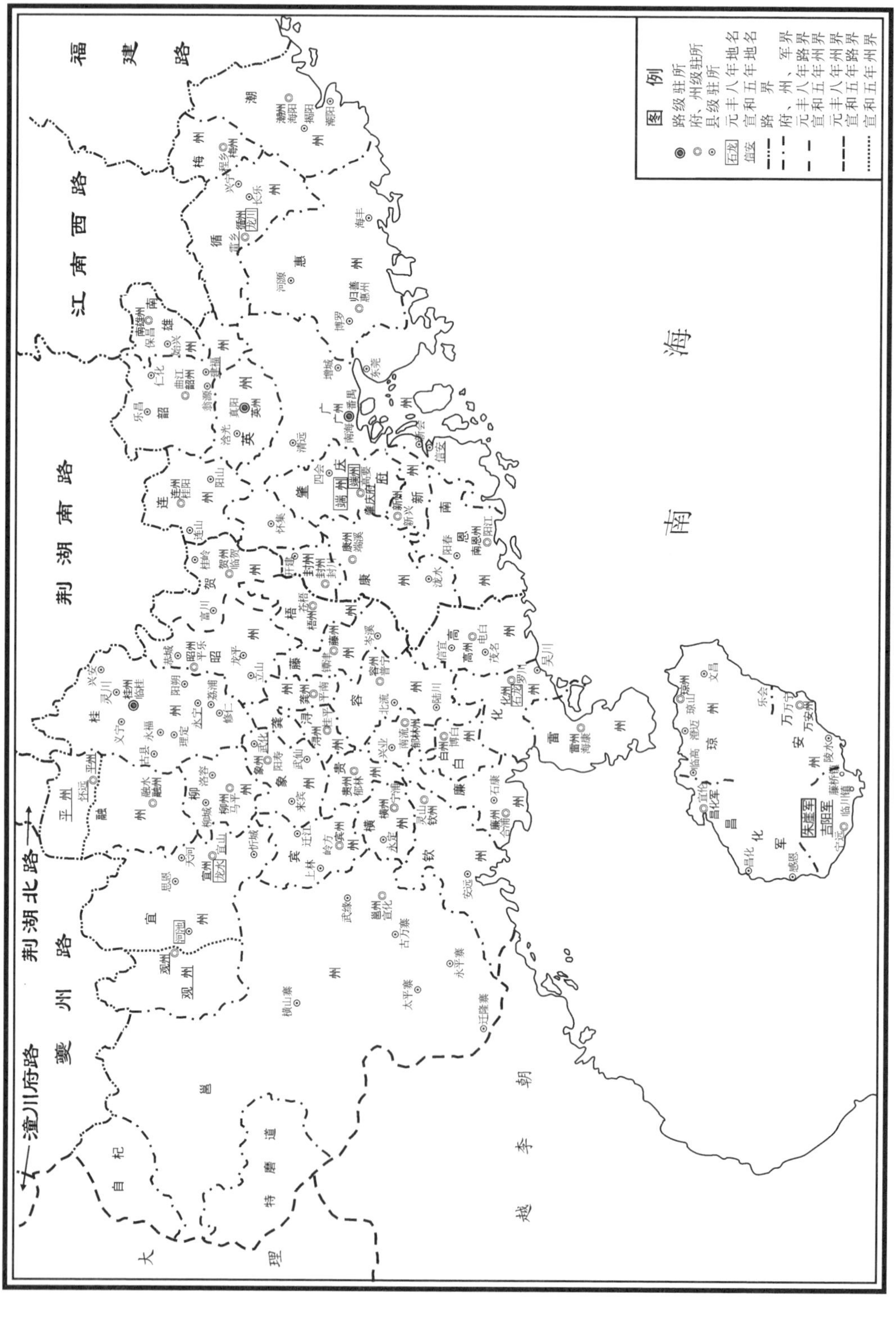

图 32 元丰八年(1085)及宣和五年(1123)广南东路、广南西路

4. 融州1县、1寨、3堡：融水县,融江寨,临溪、文村、浔江堡。

5. 象州3县：阳寿、来宾、武仙。

6. 昭州4县：平乐、恭城、龙平、立山。

7. 梧州1县：苍梧。

8. 藤州2县：镡津、岑溪。

9. 龚州1县：平南。

10. 浔州1县：桂平。

11. 柳州3县：马平、柳城、洛容。

12. 贵州1县：郁林。

13. 宜州5县、2监：龙水、天河、忻城、思恩、河池县,富仁、富安监。

14. 宾州3县：岭方、上林、迁江。

15. 横州1县：宁浦。

16. 化州2县：石龙、吴川。

17. 高州3县：电白、茂名、信宜。

18. 雷州1县：海康。

19. 钦州,治灵山(今广西灵山县),2县：灵山、安远。

20. 白州1县：博白。

21. 郁林州2县：南流、兴业。

22. 廉州2县：合浦、石康。

23. 琼州,治琼山(今海南海口市琼山区),5县：琼山、临高、乐会、澄迈、文昌。

24. 昌化军3县：宜伦、昌化、感恩。

25. 万安军2县：万宁、陵水。

26. 朱崖军2镇：临川、藤桥。

第六章　宣和五年（1123）的州县

徽宗对路制喜改作，崇宁四年（1105），增设京畿路。大观元年（1107），分广南西路设黔南路。三年，复并黔南入广西，以广西黔南路为名。四年，仍旧为广南西路。宣和四年，收复燕云，又置燕山府及云中府路。然宋得燕、云实在五年，而六年已失武、应、朔、蔚诸州，七年已失燕山府路等州府。故今以宣和五年为断限，而诸路州县兴置废罢仍叙及靖康元年（1126）。

本阶段自元祐元年（1086）始，至于北宋末年，凡四十一年。元祐时期，大率新旧法并用。熙宁废军十三，元祐仅复八军，京东东路之清平军、宣化军，河北西路之天威军，永兴军路之庆成军，两浙路之江阴军并未恢复。熙宁废县一百二十，元祐仅复四十二。永兴军路，熙宁所废十三县，元祐未复一县。河北东路，熙宁所废十五县，元祐仅复一县。川峡四路，熙宁所废二十八县，元祐亦仅复一县。殆河北、陕西自宋立国以来，川峡四路自开宝以来，县级政区未作大的调整，故熙宁改作，亦自有其道理。元祐诸臣遵而弗改，不失"对钧行法"之初意①。

哲宗亲政，推行进筑，务辟疆土。徽宗继位，专以绍述为意。此诚如史家所言："自（绍圣）三年（1096）秋八月讫元符二年（1099）冬，凡陕西、河东建州一、军二、关三、城九、寨二十八、堡十，又取青唐、邈川、宁塞、龙支等城。建中靖国，悉而吐蕃故壤，稍纾民力。崇宁亟变前议，专以绍述为事，蔡京始任童贯、王厚，更取湟、鄯、廓三州二十余垒。陶节夫、钟传、邢恕、胡宗回、曾孝序之徒，又相与凿空驾虚，驰骛于元符封域之表。讫于重和，既立靖夏、制戎、制羌三城，虽夏人浸衰，而民力亦弊。西事甫定，北衅旋起。盖自崇宁以来，益、梓、夔、黔、广西、荆湖南北迭相视效，斥大土宇，靡有宁岁，凡所建州、军、关、城、寨、堡，纷然莫可胜纪。厥后建燕山、云中两路，粗阅三岁，祸变旋作，中原版荡，故府沦没。"②徽宗又好改作，袭真宗、神宗之遗意，升潜邸所在为府，凡二十余，开后世改州为府之风。

《宋史》卷85《地理志一》言，宣和四年（1122），宋有"京府四、府三十、州二

---

① 《长编》卷364元祐元年正月庚寅朔。
② 《宋史》卷85《地理志一·序》。

百五十四、监六十三、县一千二百三十四"。今考实所得，十九路凡领府三十八、州二百三十四、军五十一、监四、县一千二百零三。

如将燕山府路所辖一府、九州、三十县及云中府路所有四州、十二县亦计算在内，则宋有府三十九、州二百四十七、军五十一、监四、县一千二百四十五。州府总为二百八十六，与《宋史》相较少二。《宋史》所载无军，而监竟多至六十三，实为可疑，或"监"上脱一"军"字。

第一节 京 畿 路

府一，县十五（见图33）。

按：《宋史》卷85《地理志一》京畿路条言："崇宁四年，京畿路复置转运使及提点刑狱。先是，改开封府界为京畿路，是年，又于京畿四面置四辅郡：颍昌府为南辅，郑州为西辅，澶州为北辅，建拱州于开封襄邑县为东辅，并属京畿。大观四年，罢四辅，许、郑、澶州还隶京西及河北路，废拱州，复以襄邑县隶开封府。政和四年(1114)，襄邑县复为拱州，后与颍昌府、郑州、开德府复为东西南北辅。宣和二年，罢四辅，颍昌府、郑州、开德府各还旧隶，拱州隶京东西路，旧开封府界依旧为京畿。"由此则京畿路崇宁四年至大观四年及政和四年至宣和二年间领开封、颍昌、开德三府，郑、拱二州，余则仅领开封一府。

又，据《宋会要·方域》5之12言，京畿路及四辅郡建于崇宁三年七月二十二日。

东京，开封府15县：开封、祥符、尉氏、陈留、雍丘、封丘、中牟、阳武、延津、长垣、扶沟、鄢陵、考城、东明、咸平。

第二节 京 东 路

京东东路

府一，州七，军一，县三十八（见前图26）。

1. 青州6县：益都、临淄、寿光、临朐、博兴、千乘。
2. 密州5县、1军：诸城、安丘、高密、莒县、胶西县，临海军。
3. 济南府5县、1军：历城、禹城、长清、临邑、章丘县，清平军。
4. 沂州5县：临沂、承县、沂水、费县、新泰。
5. 登州4县：蓬莱、文登、黄县、牟平。
6. 莱州4县：掖县、莱阳、胶水、即墨。

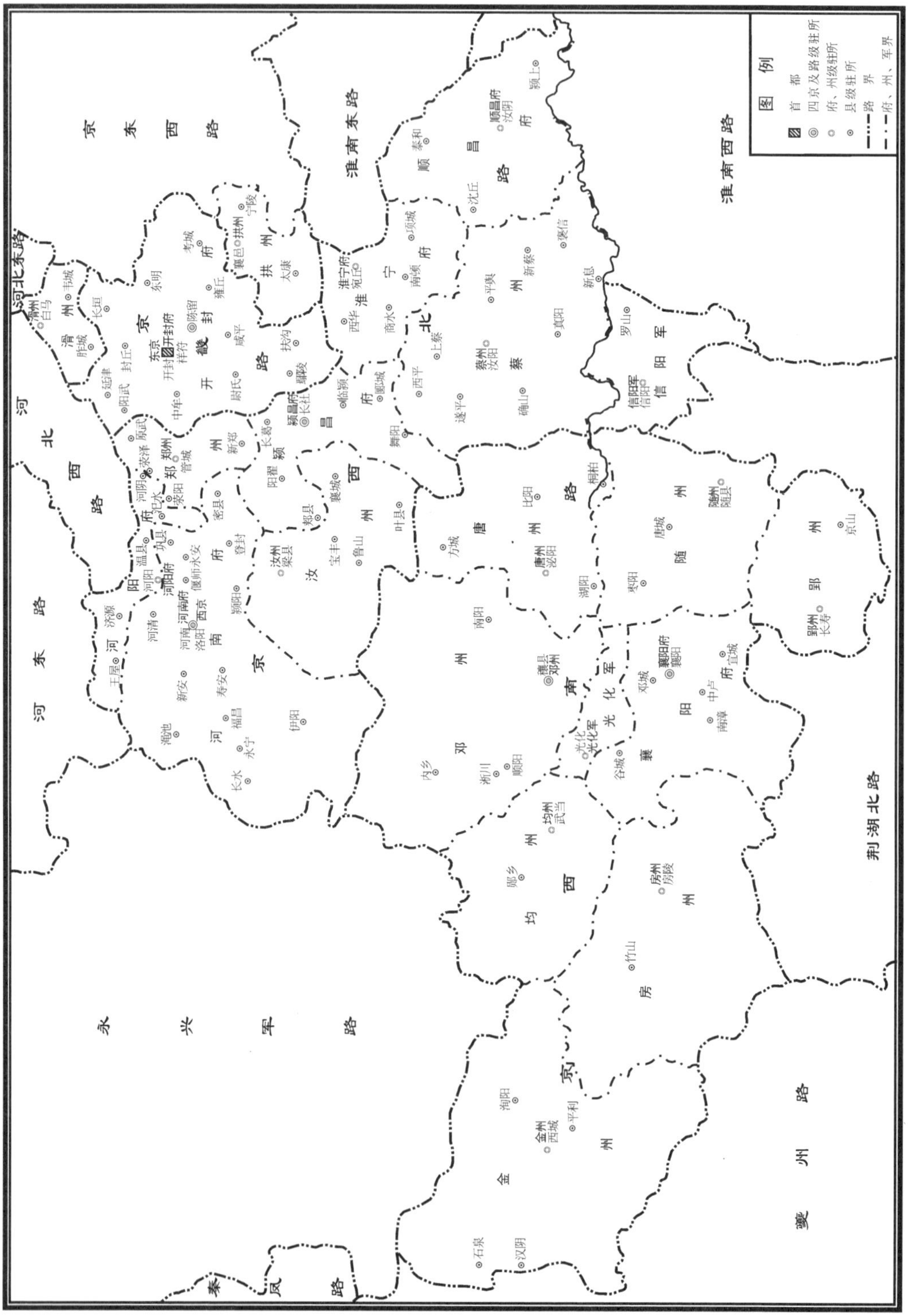

图 33 宣和五年(1123)京畿路和京西路

7. 潍州3县：北海、昌邑、昌乐。

8. 淄州4县、1军：淄川、长山、邹平、高苑县，宣化军。

9. 淮阳军2县：下邳、宿迁。

京东西路

府四，州五，军一，县四十四（见前图26）。

1. 南京，应天府6县：宋城、谷熟、下邑、虞城、楚丘、柘城。

2. 袭庆府7县、1监：瑕县、奉符、泗水、龚县、仙源、莱芜、邹县，莱芜监。

3. 徐州5县、1监：彭城、沛县、萧县、滕县、丰县，利国监。

4. 兴仁府4县：济阴、宛亭、乘氏、南华。

5. 东平府6县、1监：须城、阳谷、中都、寿张、东阿、平阴县，东平监。

6. 济州4县：巨野、郓城、金乡、任城。

7. 单州4县：单父、砀山、成武、鱼台。

8. 濮州4县：鄄城、雷泽、临濮、范县。

9. 拱州，治襄邑（今河南睢县），3县：襄邑、太康、宁陵。

10. 广济军，治定陶（今山东定陶县西北），1县：定陶。

第三节 京 西 路

京西南路

府一，州七，军一，县三十一（见图33）。

1. 襄阳府6县：襄阳、邓城、谷城、宜城、中卢、南漳。

2. 邓州5县：穰县、南阳、内乡、淅川、顺阳。

3. 随州3县：随县、唐城、枣阳。

4. 金州5县：西城、洵阳、汉阴、石泉、平利。

5. 房州2县：房陵、竹山。

6. 均州2县：武当、郧乡。

7. 郢州2县：长寿、京山。

8. 唐州5县：泌阳、湖阳、比阳、桐柏、方城。

9. 光化军1县：光化。

京西北路

府四，州五，军一，县六十三（见图33）。

1. 西京,河南府 16 县、1 监：河南、洛阳、偃师、巩县、密县、新安、伊阳、渑池、永宁、长水、寿安、河清、登封、永安、颍阳、福昌县、阜财监。

2. 颍昌府 7 县：长社、郾城、阳翟、长葛、舞阳、临颍、郏县。

3. 郑州 5 县：管城、新郑、荥阳、荥泽、原武。

4. 滑州 3 县：白马、韦城、胙城。

5. 河阳府 6 县：河阳、温县、济源、汜水、河阴、王屋。

6. 蔡州 10 县：汝阳、上蔡、新蔡、褒信、遂平、新息、确山、真阳、西平、平舆。

7. 淮宁府 5 县：宛丘、项城、商水、西华、南顿。

8. 顺昌府 4 县：汝阴、沈丘、颍上、泰和。

9. 汝州 5 县：梁县、襄城、叶县、鲁山、宝丰。

10. 信阳军 2 县：信阳、罗山。

第四节　河　北　路

河北东路

府三,州十一,军三,县五十七(见前图 27)。

1. 北京,大名府 12 县：元城、莘县、大名、内黄、成安、魏县、馆陶、临清、夏津、清平、冠氏、宗城。

2. 开德府 7 县、1 军：濮阳、观城、临河、清丰、卫南、朝城、南乐县、德清军。

3. 沧州 5 县、1 军：清池、无棣、盐山、乐陵、南皮县、保顺军。

4. 冀州 6 县：信都、蓨县、南宫、枣强、武邑、衡水。

5. 河间府 3 县：河间、乐寿、束城。

6. 博州 4 县：聊城、堂邑、高唐、博平。

7. 棣州 3 县：厌次、商河、阳信。

8. 莫州 1 县：任丘。

9. 雄州 2 县：归信、容城。

10. 霸州 2 县：文安、大城。

11. 德州 3 县：安德、平原、德平。

12. 滨州 2 县：渤海、招安。

13. 恩州 3 县：清河、武城、历亭。

14. 永静军 3 县：东光、阜城、将陵。

15. 清州 1 县、6 寨：乾宁县,钓台、独流北、独流东、当城、沙涡、百万寨。

16. 信安军 7 寨：周河、刀鱼、田家、狼城、佛圣涡、李详、鹿角。

17. 保定军 2 寨：桃花、父母。

河北西路

府四,州九,军四,县六十五(见前图 27)。

1. 镇州,真定府 9 县、1 军、1 寨：真定、藁城、获鹿、井陉、平山、行唐、元氏、栾城、灵寿县,天威军,北寨。

2. 相州 4 县：安阳、汤阴、临漳、林虑。

3. 中山府 7 县、1 军、1 寨：安喜、无极、曲阳、唐县、望都、新乐、北平县,北平军,军城寨。

4. 信德府 8 县：邢台、沙河、南和、巨鹿、内丘、平乡、尧山、任县。

5. 浚州,治黎阳(今河南浚县东),2 县：黎阳、卫县。

6. 怀州 3 县：河内、武陟、修武。

7. 卫州 4 县、1 监：汲县、获嘉、新乡、共城县,黎阳监。

8. 洺州 5 县：永年、平恩、鸡泽、肥乡、曲周。

9. 深州 5 县：静安、饶阳、安平、武强、束鹿。

10. 磁州 3 县：滏阳、武安、邯郸。

11. 祁州 3 县：蒲阴、鼓城、深泽。

12. 庆源府 7 县：平棘、宁晋、高邑、临城、柏乡、赞皇、隆平。

13. 保州 1 县：保塞。

14. 安肃军 1 县：安肃。

15. 永宁军 1 县：博野。

16. 广信军 1 县：遂城。

17. 顺安军 1 县：高阳。

第五节　河　东　路

府三,州十四,军八,县八十一(见前图 27)。

1. 并州,太原府 10 县、2 监：阳曲、交城、文水、祁县、榆次、太谷、清源、寿阳、孟县、平晋县,大通、永利监。

2. 隆德府 8 县：上党、长子、潞城、屯留、壶关、襄垣、涉县、黎城。

3. 平阳府 9 县、2 务：临汾、洪洞、襄陵、神山、霍邑、和川、汾西、冀氏、岳阳县,炼矾、矾山务。

4. 庆祚军,治赵城(今山西洪洞县赵城镇西南),1 县：赵城。

5. 绛州 7 县：正平、曲沃、太平、翼城、稷山、绛县、垣曲。
6. 泽州 6 县、1 关：晋城、高平、阳城、端氏、陵川、沁水县，雄定关。
7. 代州 4 县：雁门、五台、崞县、繁畤。
8. 忻州 2 县：秀容、定襄。
9. 汾州 5 县：西河、平遥、介休、灵石、孝义。
10. 辽州 4 县：辽山、和顺、榆社、平城。
11. 宪州 1 县：静乐。
12. 岚州 3 县：宜芳、楼烦、合河。
13. 石州 3 县：离石、平夷、方山。
14. 隰州 6 县：隰川、蒲县、温泉、永和、石楼、大宁。
15. 慈州 1 县：吉乡。
16. 麟州 1 县：新秦。
17. 府州 1 县、2 堡、1 寨、1 城：府谷县，宁川、宁疆堡，宁边寨，震威城。
18. 丰州 2 寨：永安、保宁。
19. 威胜军 4 县：铜鞮、武乡、沁源、绵上。
20. 平定军 2 县：平定、乐平。
21. 岢岚军 1 县：岚谷。
22. 宁化军。
23. 火山军 1 寨：下镇。
24. 保德军 2 津：大堡、沙谷。
25. 晋宁军，治葭芦寨（今陕西佳县），2 县、5 寨、5 堡：临泉、定胡县，神泉、乌龙、通秦、宁河、弥川寨，三交、通秦、宁河、靖川、弥川堡。

第六节　陕　西　路

永兴军路

府四，州十四，军三，县八十七（见图 34）。

1. 雍州，京兆府 12 县、1 军、2 监：长安、万年、鄠县、蓝田、咸阳、泾阳、栎阳、高陵、兴平、临潼、乾祐、终南县，清平军，铜钱、铁钱监。
2. 蒲州，河中府，治河东（今山西永济市蒲州镇），7 县、1 军：河东、虞乡、临晋、猗氏、龙门、万泉、荣河县，庆成军。
3. 解州 3 县：解县、安邑、闻喜。
4. 陕州 7 县、2 监：陕县、芮城、平陆、灵宝、夏县、阌乡、湖城县，铜钱、铁钱监。

第二编 第六章 宣和五年(1123)的州县 229

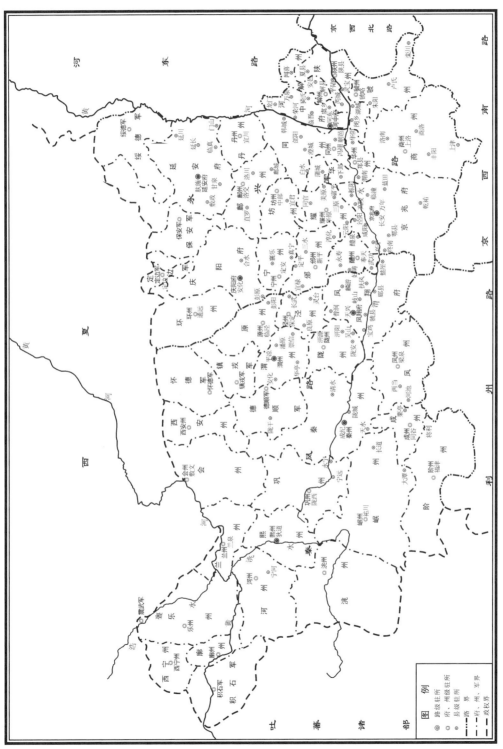

图 34 宣和五年(1123)陕西路

5. 商州5县：上洛、上津、丰阳、商洛、洛南。

6. 虢州4县：虢略、卢氏、朱阳、栾川。

7. 同州6县、1监：冯翊、郃阳、澄城、白水、韩城、朝邑县，沙苑监。

8. 华州5县、2监：郑县、下邽、华阴、渭南、蒲城县，铜钱、铁钱监。

9. 耀州6县：华原、富平、三原、云阳、同官、美原。

10. 延安府7县、6寨、4城、6堡：肤施、延长、门山、临真、敷政、甘泉、延川县，平羌、平戎、珍羌、威羌、石堡、新寨，威戎、御谋、制戎、银川城，芦移、屈丁、万安、丹头、青石崖、窟啰堡。

11. 鄜州4县、1军：洛交、洛川、直罗、鄜城县，康定军。

12. 丹州1县：宜川。

13. 坊州2县：中部、宜君。

14. 保安军2寨、1堡、1城、1军：德靖、顺宁寨，园林堡，金汤城，威德军。

15. 绥德军，治绥德城（今陕西绥德县），14寨、17堡、2城、1关：暖泉、米脂、义合、怀宁、克戎、临夏、绥平、白草、顺安、嗣武、龙泉、镇边、清边、龙安寨，开光、海末、窟儿、大颗、花佛岭、临川、定远、马栏、中山、黑水、安定、佛堂、唐推、双林、安塞、浮图、柏林堡，青涧、银川城，永宁关。

16. 庆阳府3县、5寨、8堡、1城：安化、合水、彭原县，安疆、横山、宁羌、府城、威边寨，通塞、麦川、威宁、矜戎、金村、胜羌、定戎、怀威堡，镇安城。

17. 环州1县、2城、1关、9堡、3寨：通远县，兴平、安边城，清平关，罗沟、阿原、朱台、流井、归德、木瓜、麝香、通归、惠丁堡，安边、大拔、方渠寨。

18. 邠州5县：新平、三水、宜禄、淳化、定平。

19. 宁州3县：定安、真宁、襄乐。

20. 醴州，治奉天（今陕西乾县），5县：奉天、永寿、武功、醴泉、好畤。

21. 定边军，治定边（今陕西吴起县西北），1县、1城、2寨、5堡：定边县、白豹城、东谷、绥远寨，神堂、观化、通化、九阳、鸡觜堡。

秦凤路

府一，州十九，军五，县四十六（见图34）。

1. 秦州4县、1监、3城、12寨、5堡：成纪、陇城、清水、天水县，太平监，甘谷、伏羌、堡川城，定西、弓门、静戎、陇城、鸡川、三阳、安远、定边、绥远、小落门、保安、弓钟寨，床穰、冶方、达隆、甘泉、董哥平堡。

2. 凤翔府9县、1监：天兴、扶风、郿县、岐山、宝鸡、麟游、普润、虢县、盩厔县，司竹监。

3. 陇州4县：汧源、汧阳、吴山、陇安。

4. 成州2县：同谷、栗亭。

5. 凤州3县：梁泉、两当、河池。

6. 阶州2县：福津、将利。

7. 渭州5县、1城、1堡：平凉、潘原、安化、崇信、华亭县，靖夏城，甘泉堡。

8. 泾州4县：保定、灵台、良原、长武。

9. 原州2县、2镇、5寨、2堡：临泾、彭阳县，新城、柳泉镇，西壕、开边、平安、绥宁、靖安寨，安羌、新城堡。

10. 德顺军1县、1城、6寨、2堡：陇干县，水洛城，静边、得胜、隆德、通边、治平、怀远寨，中安、威戎堡。

11. 镇戎军10寨、3堡、1城：东山、乾兴、天圣、三川、高平、定川、熙宁、镇羌、威川、飞泉寨，开远、张义、高平堡，彭阳城。

12. 会州，治敷文(今甘肃靖远县)，1县、3城、1关、2寨、1堡：敷文县，安西、会川、德威城，会宁关，平西、新泉寨，怀戎堡。

13. 怀德军，治平夏城(今宁夏固原市西北)，6寨、2堡、1关：荡羌、通峡、灵平、九羊、通远、胜羌寨，镇羌、石门堡，萧关。

14. 西安州，治南牟会新城(今宁夏海原县西)，12堡、4寨：通会、宁韦、定戎、劈通川、没宁、北岭上、山前、高峰、那罗牟、寺子岔、石棚泉、绥戎堡，天都、临羌、宁安、通安寨。

15. 熙州1县、1寨、10堡、1城：狄道县，康乐寨，通谷、庆平、渭源、结河、南川、当川、南关、北关、临洮、广平堡，安羌城。

16. 河州1县、7城、2寨、7堡、2关：宁河县，定羌、循化、怀羌、来羌、讲朱、彤撒、东迎城，南川、宁河寨，东谷、阎精、西原、北河、来同、通津、临滩堡，通会、安乡关。

17. 巩州，治陇西(今甘肃陇西县)，3县、1军、4寨、1堡：陇西、永宁、宁远县，定西军，通渭、熟羊、盐川、通西寨，三岔堡。

18. 岷州，治祐川(今甘肃宕昌县西北)3县、5寨、3堡、1监：祐川、大潭、长道县，临江、荔川、床川、闾川、宕昌寨，遮羊、谷藏、铁城堡，滔山监。

19. 兰州，治兰泉(今甘肃兰州市)，1县、1寨、2堡、1城、2关：兰泉县，龛谷寨，东关、阿干堡，定远城，金城、京玉关。

20. 洮州，治临洮城(今甘肃临潭县)，1寨：通岷。

21. 廓州，治宁塞城(今青海尖扎县北)，2城、2堡、1寨：肤公、米川城，绥平、同波堡，宁塞寨。

22. 乐州,治邈川城(治今青海海东市乐都区),6寨、5堡、1关、2城:通湟、宁洮、安陇、安疆、德固、临宗寨,安川、宁川、通川、南宗、峡口堡,绥远关,来宾、大通城。

23. 西宁州,治青唐城(今青海西宁市),3城、5寨:龙支、宁西、宣威城,清平、保塞、绥边、怀和、制羌寨。

24. 震武军,治古骨龙城,1桥、3堡、1城:通济桥,善治、大同、石门堡,德通城。

25. 积石军,治溪哥城(今青海贵德县西),1寨、2堡:怀和寨,顺通、临松堡。

第七节 两 浙 路

府二,州一十二,县七十九(见前图29)。

1. 杭州9县:钱塘、仁和、於潜、余杭、富阳、盐官、昌化、新城、临安。
2. 越州8县:山阴、会稽、嵊县、诸暨、余姚、上虞、萧山、新昌。
3. 平江府5县:吴县、长洲、昆山、常熟、吴江。
4. 镇江府3县:丹徒、丹阳、金坛。
5. 湖州6县:乌程、归安、安吉、长兴、德清、武康。
6. 婺州7县:金华、东阳、义乌、兰溪、永康、武义、浦江。
7. 明州6县:鄞县、奉化、慈溪、象山、定海、昌国。
8. 常州5县,1军:晋陵、武进、无锡、宜兴、江阴县,江阴军。
9. 温州4县:永嘉、瑞安、乐清、平阳。
10. 台州5县:临海、黄岩、天台、仙居、宁海。
11. 处州6县:丽水、松阳、缙云、遂昌、青田、剑川。
12. 衢州5县:西安、江山、盈川、常山、开化。
13. 严州6县:建德、寿昌、遂安、分水、淳化、桐庐。
14. 秀州4县:嘉兴、海盐、华亭、崇德。

第八节 淮 南 路

淮南东路

州十,军一,县三十九(见前图30)。

1. 扬州2县:江都、天长。

2. 亳州 7 县：谯县、城父、蒙城、鄹县、鹿邑、永城、卫真。
3. 宿州 5 县：符离、虹县、蕲县、临涣、灵壁。
4. 楚州 6 县、1 军：山阳、淮阴、宝应、盐城、涟水、吴城县，涟水军。
5. 海州 4 县：朐山、怀仁、沭阳、东海。
6. 泰州 4 县：海陵、兴化、泰兴、如皋。
7. 泗州 3 县：盱眙、临淮、招信。
8. 滁州 3 县：清流、全椒、来安。
9. 真州 2 县：扬子、六合。
10. 通州 2 县：静海、海门。
11. 高邮军 1 县：高邮。

淮南西路

府一，州七，军二，县二十三（见前图 30）。
1. 寿春府 4 县：下蔡、寿春、安丰、霍丘。
2. 庐州 3 县：合肥、慎县、舒城。
3. 蕲州 5 县：蕲春、黄梅、广济、蕲水、罗田。
4. 和州 3 县：历阳、乌江、含山。
5. 舒州 5 县、1 监：怀宁、桐城、望江、宿松、太湖县，同安监。
6. 濠州 2 县：钟离、定远。
7. 光州 4 县：定城、光山、仙居、固始。
8. 黄州 3 县：黄冈、麻城、黄陂。
9. 无为军 3 县：无为、巢县、庐江。
10. 六安军 1 县：六安。

第九节　江 南 东 路

府一，州七，军二，县四十八（见前图 23）。
1. 江宁府 5 县：江宁、上元、溧水、溧阳、句容。
2. 宣州 6 县：宣城、泾县、南陵、宁国、旌德、太平。
3. 徽州 6 县：歙县、休宁、绩溪、黟县、祁门、婺源。
4. 江州 5 县、1 监：德化、彭泽、德安、瑞昌、湖口县，广宁监。
5. 池州 6 县、1 监：贵池、建德、石埭、青阳、铜陵、东流县，永丰监。
6. 饶州 6 县、1 监：鄱阳、余干、浮梁、乐平、德兴、安仁县，永平监。

7. 信州 6 县：上饶、弋阳、玉山、贵溪、铅山、永丰。
8. 太平州 3 县：当涂、芜湖、繁昌。
9. 南康军 3 县：星子、建昌、都昌。
10. 广德军 2 县：广德、建平。

第十节 江南西路

州六,军四,县四十八(见前图 23)。
1. 洪州 8 县：南昌、新建、丰城、分宁、靖安、奉新、武宁、进贤。
2. 虔州 10 县：赣县、安远、雩都、虔化、信丰、瑞金、石城、兴国、会昌、虔南。
3. 吉州 8 县：庐陵、吉水、太和、安福、永新、泉江、永丰、万安。
4. 袁州 4 县：宜春、萍乡、分宜、建城。
5. 抚州 4 县：临川、崇仁、宜黄、金溪。
6. 筠州 3 县：高安、上高、新昌。
7. 兴国军 3 县：永兴、大冶、通山。
8. 南安军 3 县：大庾、南康、上犹。
9. 临江军 3 县：清江、新淦、新喻。
10. 建昌军 2 县：南城、南丰。

第十一节 荆湖北路

府二,州一十,军二,县五十四(见前图 31)。
1. 江陵府 7 县：江陵、公安、松滋、石首、监利、潜江、枝江。
2. 鄂州 7 县、1 监：江夏、武昌、蒲圻、嘉鱼、崇阳、咸宁、通城县,宝泉监。
3. 德安府 5 县：安陆、孝感、云梦、应城、应山。
4. 复州 2 县：景陵、玉沙。
5. 鼎州 3 县：武陵、辰阳、桃源。
6. 澧州 4 县：澧阳、安乡、石门、慈利。
7. 峡州 4 县：夷陵、宜都、长阳、远安。
8. 岳州 5 县：巴陵、华容、平江、沅江、临湘。
9. 归州 3 县：秭归、巴东、兴山。
10. 辰州 4 县、1 城、3 寨：沅陵、卢溪、叙浦、辰溪县,会溪城,池蓬、镇溪、黔安寨。

11. 沅州 3 县、5 寨：卢阳、麻阳、黔阳县，安江、竹滩、洪江、若溪、便溪寨。

12. 靖州，治永平，3 县、4 寨、5 堡：永平、会同、通道县，狼江、贯保、若水、丰山寨，石家、浐村、多星、大由、天村堡。

13. 荆门军 2 县：长林、当阳。

14. 汉阳军 2 县：汉阳、汉川。

第十二节　荆湖南路

州七，军一，监一，县三十七（见前图 31）。

1. 潭州，治长沙、善化，12 县：长沙、善化、湘潭、益阳、湘乡、醴陵、浏阳、攸县、宁乡、衡山、湘阴、安化。

2. 衡州 5 县：衡阳、茶陵、耒阳、常宁、安仁。

3. 道州 4 县：营道、江华、宁远、永明。

4. 永州 3 县：零陵、祁阳、东安。

5. 郴州 4 县：郴县、永兴、桂阳、宜章。

6. 邵州 2 县：邵阳、新化。

7. 全州 2 县：清湘、灌阳。

8. 桂阳监 2 县：平阳、蓝山。

9. 武冈军，治武冈（今湖南武冈市），3 县：武冈、绥宁、临冈。

第十三节　福　建　路

州六，军二，县四十七（见前图 18）。

1. 福州 12 县：闽县、侯官、福清、连江、永福、长溪、长乐、古田、罗源、闽清、宁德、怀安。

2. 建州 7 县、1 监：建安、浦城、建阳、松溪、崇安、政和、瓯宁县，丰国监。

3. 泉州 7 县：晋江、南安、同安、永春、清溪、德化、惠安。

4. 南剑州 5 县：剑浦、顺昌、沙县、尤溪、将乐。

5. 漳州 4 县：龙溪、漳浦、龙岩、长泰。

6. 汀州 5 县：长汀、宁化、上杭、武平、清流。

7. 邵武军 4 县：邵武、光泽、泰宁、建宁。

8. 兴化军 3 县：莆田、仙游、兴化。

第十四节 成都府路

府一,州十二,军二,监一,县五十九(见图35)。

1. 成都府9县:成都、华阳、郫县、新都、温江、新繁、双流、广都、灵泉(见图36)。
2. 眉州4县:眉山、彭山、丹棱、青神。
3. 蜀州4县:晋原、江源、新津、永康。
4. 彭州3县:九陇、崇宁、濛阳。
5. 绵州5县:巴西、彰明、魏城、罗江、盐泉。
6. 汉州4县:雒县、什邡、绵竹、德阳。
7. 嘉州5县、1监:嘉祥、夹江、犍为、峨眉、洪雅县,丰远监。
8. 邛州6县、1监:临邛、大邑、火井、蒲江、依政、安仁县,惠民监。
9. 简州2县:阳安、平泉。
10. 黎州1县:汉源。
11. 雅州5县、1场:严道、卢山、名山、荥经、百丈县,茶场。
12. 茂州2县、1城、1堡、1寨、1关:汶山、汶川县,春琪城,敷文堡,镇羌寨,鸡宗关。
13. 威州2县、1寨、1军:保宁、通化县,嘉会寨,通化军。
14. 仙井监,2县、1镇、1井:仁寿、井研县,大安镇,盐井。
15. 永康军2县:导江、青城。
16. 石泉军,治石泉(今四川北川羌族自治县西北),3县、9堡:石泉、神泉、安昌县、会同、靖安、嘉平、通津、横望、平陇、凌霄、耸翠、连云堡。

第十五节 利 州 路

府一,州九,直属京县一,关一,县三十九(见图35)。

1. 兴元府4县、1场:南郑、城固、褒城、西县,茶场。
2. 利州4县:绵谷、葭萌、昭化、嘉川。
3. 洋州3县:兴道、西乡、真符。
4. 阆州7县:阆中、新井、新政、苍溪、西水、奉国、南部。
5. 剑州6县:普安、武连、阴平、梓潼、普成、剑门。
6. 巴州5县:化城、恩阳、曾口、难江、通江。

图35 宣和五年(1123)成都府路、利州路、潼川府路(梓州路)、夔州路

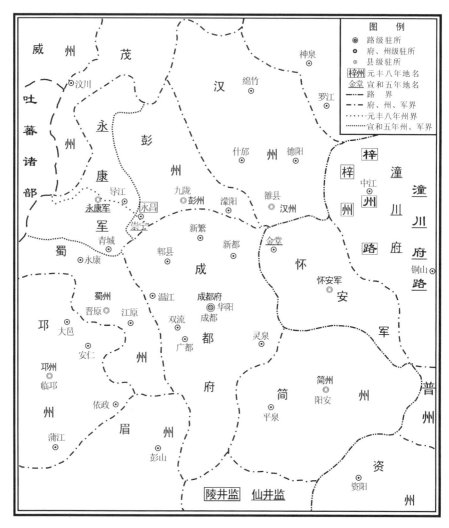

图36 元丰八年(1085)、宣和五年(1123)成都府附近

7. 文州1县:曲水。
8. 兴州2县、1监:顺政、长举县,济众监。
9. 蓬州4县:蓬池、仪陇、伏虞、营山。
10. 政州2县:江油、清川。
11. 三泉县2镇:金牛、青乌。
12. 剑门关。

第十六节 潼川府路

府二,州九,军三,监一,县五十一(见图35)。

1. 潼川府9县、1尉司:郪县、中江、涪城、射洪、通泉、盐亭、铜山、飞乌、东关县,安泰尉司。
2. 遂宁府5县:小溪、长江、蓬溪、青石、遂宁。
3. 果州3县:南充、西充、相如。
4. 资州4县:盘石、资阳、内江、资川。
5. 普州3县:安岳、安居、乐至。
6. 昌州3县:大足、昌元、永川。
7. 叙州,治宜宾,4县:宜宾、南溪、宣化、庆符。
8. 泸州3县、1监、3城、3寨、2堡:泸川、合江、江安县,南井监,乐共、九支、武都城,安远、博望、绥远寨,板桥、政和堡。
9. 长宁军,治武宁寨(今四川珙县东),5寨、1堡:武宁、宁远、梅洞、清平、安夷寨,石笋堡。
10. 合州5县:石照、汉初、赤水、铜梁、巴川。
11. 荣州4县:荣德、威远、应灵、资官。
12. 渠州3县:流江、邻山、邻水。
13. 怀安军2县:金水、金堂。
14. 广安军3县:渠江、新明、岳池。
15. 富顺监13镇、1井:战井、歩井、方滩、罗井、新栅、真溪、临江、邓井、鼓井、赖井、茆头、赖易、高市镇,盐井。

第十七节 夔州路

州十,军三,监一,县三十一(见图35)。

1. 夔州2县:奉节、巫山。
2. 黔州2县、1城、2堡:彭水、黔江县,务川城,邛水、安夷堡。
3. 施州2县、1监:清江、建始县,广积监。
4. 忠州3县、1尉司:临江、垫江、南宾县,南宾尉司。
5. 万州2县:南浦、武宁。
6. 开州2县:开江、清水。

7. 达州 5 县、1 院：通川、永穆、新宁、巴渠、东乡县，明通院。
8. 涪州 3 县：涪陵、枳县、乐温。
9. 恭州 3 县：巴县、江津、壁山。
10. 云安军 1 县、1 监：云安县，云安监。
11. 梁山军 1 县：梁山。
12. 南平军 2 县、1 寨、1 城：南川、隆化县，溱溪寨，播川城。
13. 大宁监 1 县：大昌。
14. 珍州，治乐源（今贵州正安县西南），2 县、1 寨：乐源、绥阳县，遵义寨。

第十八节　广 南 东 路

府一，州十三，县四十（见前图 32）。

1. 广州 8 县：南海、番禺、增城、怀集、清远、东莞、新会、信安。
2. 韶州 5 县、1 监：曲江、乐昌、翁源、仁化、建福县，永通监。
3. 循州 3 县：雷乡、兴宁、长乐。
4. 潮州 3 县：海阳、潮阳、揭阳。
5. 连州 3 县：桂阳、阳山、连山。
6. 梅州 1 县：程乡。
7. 南雄州 2 县：保昌、始兴。
8. 英州 2 县：真阳、浛光。
9. 封州 2 县：封川、开建。
10. 肇庆府 2 县：高要、四会。
11. 新州 1 县：新兴。
12. 康州 2 县：端溪、泷水。
13. 南恩州 2 县：阳江、阳春。
14. 惠州 4 县：归善、博罗、海丰、河源。

第十九节　广 南 西 路

州二十六，军三，县七十一（见前图 32）。

1. 桂州 11 县：临桂、灵川、兴安、阳朔、永福、修仁、理定、荔浦、义宁、古县、永宁。
2. 容州 3 县：普宁、北流、陆川。

3. 邕州2县、1寨、1场：宣化、武缘县，太平寨，慎乃场。
4. 融州1县：融水。
5. 象州4县：阳寿、来宾、武仙、武化。
6. 贺州3县：临贺、富川、桂岭。
7. 昭州4县：平乐、恭城、昭平、立山。
8. 梧州1县：苍梧。
9. 藤州2县：镡津、岑溪。
10. 龚州1县：平南。
11. 浔州1县：桂平。
12. 柳州3县：马平、柳城、洛容。
13. 贵州1县：郁林。
14. 宜州4县、2监：宜山、天河、忻城、思恩县，富仁、富安监。
15. 宾州3县：岭方、上林、迁江。
16. 横州2县：宁浦、永定。
17. 化州2县：罗川、吴川。
18. 高州3县：电白、茂名、信宜。
19. 雷州1县：海康。
20. 钦州2县：灵山、安远。
21. 白州1县：博白。
22. 郁林州2县：南流、兴业。
23. 廉州2县：合浦、石康。
24. 琼州5县：琼山、临高、乐会、澄迈、文昌。
25. 昌化军3县：宜伦、昌化、感恩。
26. 万安军2县：万宁、陵水。
27. 吉阳军1县：宁远。
28. 平州，治怀远(今广西三江侗族自治县老堡乡老堡口)，1县、2寨、3堡：怀远县、融江、百万寨，文村、浔江、临溪堡。
29. 观州(今广西南丹县东南)2寨：靖南、绥南。

第二十节　燕山府路

府一，州九，县三十(见图37)。

按：《宋史》卷90《地理志六》燕山府路条言："宣和四年(1122)，诏山前收

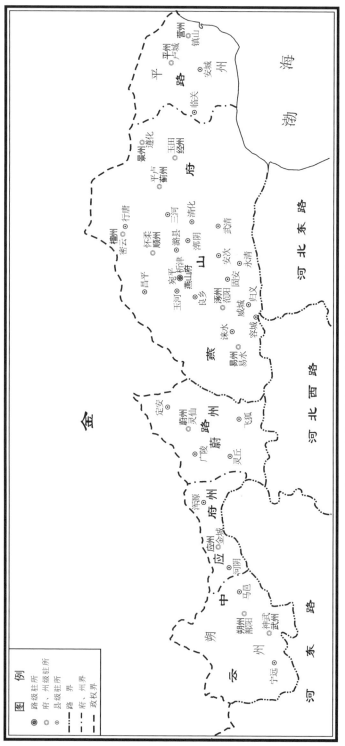

图 37 宣和五年(1123)燕山府路、云中府路

复州县,合置监司,以燕山府路为名。"又言:"金人灭契丹,以燕京及涿、易、檀、顺、景、蓟六州二十四县来归。"

1. 燕山府,治析津、宛平(今北京西南),12县:析津、宛平、广宁、昌平、良乡、潞县、武清、安次、永清、玉河、清化、潮阴。
2. 涿州,治范阳(今河北涿州市),4县:范阳、归义、固安、威城。
3. 檀州,治密云(今北京密云县),2县:密云、行唐。
4. 易州,治易水(今河北易县),3县:易水、涞水、容城。
5. 顺州,治怀柔(今北京顺义区),1县:怀柔。
6. 蓟州,治平卢(今天津蓟县),2县:平卢、三河。
7. 经州,治玉田(今河北玉田县),1县:玉田。
8. 景州,治遵化(今河北遵化市),1县:遵化。
9. 平州,治卢城(今河北卢龙县),3县:卢城、临关、安城。
10. 营州,治镇山(今河北昌黎县),1县:镇山。

第二十一节 云 中 府 路

州四,县十二(见图37)。

按:《宋史》卷90《地理志六》燕山府路条言:"宣和四年,诏……山后别名云中府路。"云中府条言:"宣和三(五)年,始得云中府,武应朔蔚奉圣归化儒妫等州,所谓山前九州也。"然时实仅得武、应、朔、蔚四州,亦旋复失之。又,各州属县据《辽史》卷41《地理志五》所载。

1. 武州,治神武(今山西神池县),1县:神武。
2. 应州,治金城(今山西应县),3县:金城、浑源、河阴。
3. 朔州,治鄯阳(今山西朔州市),3县:鄯阳、宁远、马邑。
4. 蔚州,治灵仙(今河北蔚县),5县:灵仙、定安、飞狐、灵丘、广陵。

第七章　绍兴十二年(1142)的州县

靖康之变,宋失故物之半。"中原、陕右尽入于金,东画长淮,西割商、秦之半,以散关为界,其所存者,两浙、两淮、江东西、湖南北、西蜀、福建、广东、广西十五路而已。"此《宋史》卷85《地理志一》所言,然脱京西南一路。今以绍兴十二年为限,据诸史志考实所得,十五路凡领府十五、州一百四十一、军二十六、监三、关一、县六百八十五。

本阶段,因战乱人户锐减和贯彻拨乱反正之政策,省并若干州县及恢复了徽宗朝所改易之地名。

第一节　两　浙　路

府四,州十,军一,县七十九(见图38)。

按:《宋史》卷88《地理志四》言,"南渡后,复分临安、平江、镇江、嘉兴四府,安吉、常、严三州,江阴一军为西路;绍兴、庆元、瑞安三府,婺、台、衢、处四州为东路。"

两浙西路

1. 临安府9县:钱塘、仁和、於潜、余杭、富阳、盐官、昌化、新城、临安。
2. 平江府5县:吴县、长洲、昆山、常熟、吴江。
3. 镇江府3县:丹徒、丹阳、金坛。
4. 湖州6县:乌程、归安、安吉、长兴、德清、武康。
5. 常州4县:晋陵、武进、无锡、宜兴。
6. 严州6县:建德、寿昌、遂安、分水、淳化、桐庐。
7. 秀州4县:嘉兴、海盐、华亭、崇德。
8. 江阴军1县:江阴。

两浙东路

1. 绍兴府8县:山阴、会稽、嵊县、诸暨、余姚、上虞、萧山、新昌。

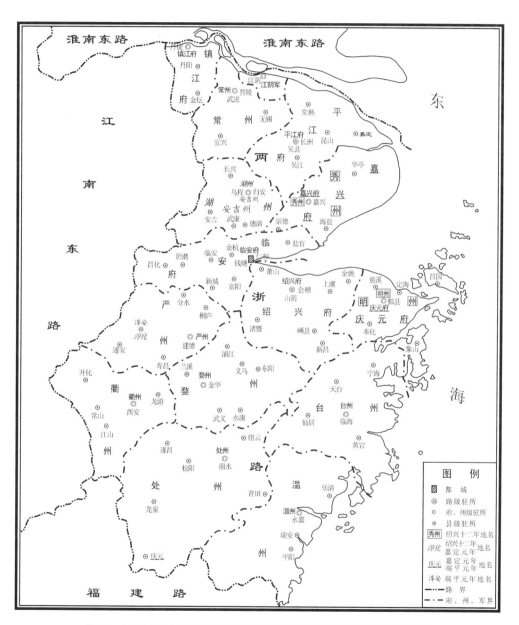

图38 绍兴十二年(1142)及嘉定元年(1208)、端平元年(1234)两浙路

2. 婺州 7 县：金华、东阳、义乌、兰溪、永康、武义、浦江。
3. 明州 6 县：鄞县、奉化、慈溪、象山、定海、昌国。
4. 温州 4 县：永嘉、瑞安、乐清、平阳。
5. 台州 5 县：临海、黄岩、天台、仙居、宁海。
6. 处州 6 县：丽水、松阳、缙云、遂昌、青田、龙泉。
7. 衢州 5 县：西安、江山、龙游、常山、开化。

第二节　淮 南 东 路

州六，军一，县十九（见图 39）。

按：《宋史》卷 88《地理志四》淮南东路条言，"南渡后……宿、亳不与焉"。又，《文献通考》卷 317 海州条言，"建炎后，陷于金。绍兴十年，韩世忠遣王胜收复。十一年，张浚（俊）夷其城，迁其民于镇江"。则绍兴十二年时淮东不领此三州、十六县。又检《金史》卷 25《地理志中》山东东路海州条，宋涟水军，"皇统二年（即绍兴十二年），降为县来属"。南京路泗州条言，临淮县已属金管辖。据《宋史》卷 29《高宗纪六》，绍兴十一年"冬十月丙寅朔，金人陷泗州"。十一月，绍兴和议成，"约以淮水中流画疆"。可能泗州临淮县此时以位于淮北之故而划入金界。与宣和五年（1123）相较，绍兴十二年，淮南东路少三州、十八县。

1. 扬州 4 县、1 军：江都、广陵、泰兴、高邮县，高邮军。
2. 楚州 4 县：山阳、淮阴、宝应、盐城。
3. 泰州 2 县：海陵、如皋。
4. 滁州 2 县：清流、全椒。
5. 真州 2 县：扬子、六合。
6. 通州 2 县：静海、海门。
7. 盱眙军，治盱眙（今江苏盱眙县），3 县：盱眙、天长、招信。

第三节　淮 南 西 路

州七，军二，县三十一（见图 39）。

1. 安丰军，治安丰（今安徽寿县安丰镇），4 县：安丰、六安、霍丘、寿春。
2. 庐州 3 县：合肥、慎县、舒城。
3. 蕲州 5 县：蕲春、黄梅、广济、蕲水、罗田。
4. 和州 3 县：历阳、乌江、含山。

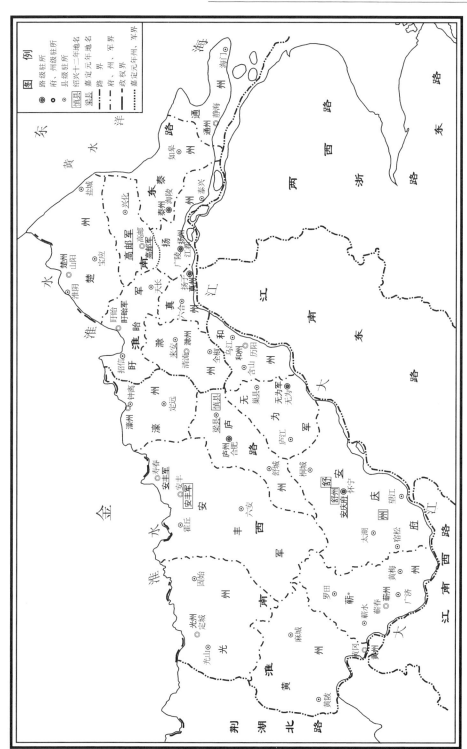

图 39 绍兴十二年(1142)及嘉定元年(1208)淮南东路、淮南西路

5. 舒州 5 县、1 监：怀宁、桐城、望江、宿松、太湖县，同安监。
6. 濠州 2 县：钟离、定远。
7. 光州 3 县：定城、光山、固始。
8. 黄州 3 县：黄冈、麻城、黄陂。
9. 无为军 3 县：无为、巢县、庐江。

第四节 江 南 东 路

府一，州六，军二，县四十三（见图 40）。

按：《宋会要·方域》6 之 23 言："绍兴元年正月十日，尚书省言，今措置建康府、池、饶、宣、徽、信、抚、太平州，广德、建昌军为江南东路，江、洪、筠、袁、处①、虔、吉州，兴国、南康、临江、南安军为江南西路。"6 之 26 言："绍兴四年七月二十六日……诏抚州、建昌军依旧隶江西路，南康军依旧隶江东路。"

1. 建康府 5 县：江宁、上元、溧水、溧阳、句容。
2. 宣州 6 县：宣城、泾县、南陵、宁国、旌德、太平。
3. 徽州 6 县：歙县、休宁、绩溪、黟县、祁门、婺源。
4. 池州 6 县、1 监：贵池、建德、石埭、青阳、铜陵、东流县，永丰监。
5. 饶州 6 县、1 监：鄱阳、余干、浮梁、乐平、德兴、安仁县，永平监。
6. 信州 6 县：上饶、弋阳、玉山、贵溪、铅山、永丰。
7. 太平州 3 县：当涂、芜湖、繁昌。
8. 南康军 3 县：星子、建昌、都昌。
9. 广德军 2 县：广德、建平。

第五节 江 南 西 路

州七，军四，县五十五（见图 40）。

1. 洪州 8 县：南昌、新建、丰城、分宁、靖安、奉新、武宁、进贤。
2. 江州 5 县、1 监：德化、彭泽、德安、瑞昌、湖口县，广宁监。
3. 虔州 10 县：赣县、安远、雩都、虔化、信丰、瑞金、石城、兴国、会昌、虔南。
4. 吉州 8 县：庐陵、吉水、太和、安福、永新、龙泉、永丰、万安。
5. 袁州 4 县：宜春、萍乡、分宜、万载。

---

① 按：处州历为两浙路巡属，且与江南西路地里不相接，此处"处"字当为衍文。

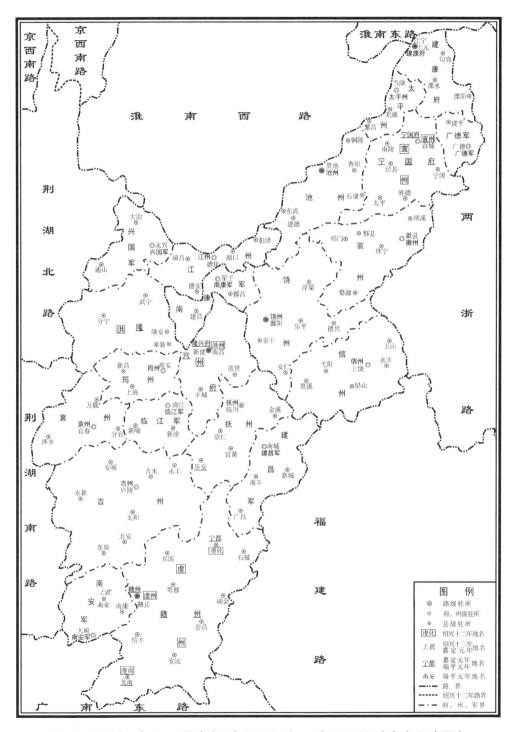

图40 绍兴十二年(1142)及嘉定元年(1208)、端平元年(1234)江南东路、江南西路

6. 抚州 4 县：临川、崇仁、宜黄、金溪。

7. 筠州 3 县：高安、上高、新昌。

8. 兴国军 3 县：永兴、大冶、通山。

9. 南安军 3 县：大庾、南康、上犹。

10. 临江军 3 县：清江、新淦、新喻。

11. 建昌军 4 县：南城、南丰、新城、广昌。

第六节　荆 湖 北 路

府二,州十,军二,县五十三(见图 41)。

1. 江陵府 7 县：江陵、公安、松滋、石首、监利、潜江、枝江。

2. 鄂州 6 县、1 监：江夏、武昌、蒲圻、嘉鱼、崇阳、咸宁县,宝泉监。

3. 德安府 5 县：安陆、孝感、云梦、应城、应山。

4. 复州 2 县：景陵、玉沙。

5. 鼎州 4 县、1 军：武陵、龙阳、桃源、沅江县,龙阳军。

6. 澧州 4 县：澧阳、安乡、石门、慈利。

7. 峡州 4 县：夷陵、宜都、长阳、远安。

8. 岳州 4 县：巴陵、华容、平江、临湘。

9. 归州 3 县：秭归、巴东、兴山。

10. 辰州 4 县、1 城、3 寨：沅陵、卢溪、叙浦、辰溪县,会溪城,池蓬、镇溪、黔安寨。

11. 沅州 3 县、5 寨：卢阳、麻阳、黔阳县,安江、竹滩、洪江、若溪、便溪寨。

12. 靖州 3 县、4 寨、5 堡：永平、会同、通道县,狼江、贯保、若水、丰山寨,石家、泸村、多星、大由、天村堡。

13. 荆门军 2 县：长林、当阳。

14. 汉阳军 2 县：汉阳、汉川。

第七节　荆 湖 南 路

州七,军二,县三十七(见图 41)。

1. 潭州 12 县：长沙、善化、湘潭、益阳、湘乡、醴陵、浏阳、攸县、宁乡、衡山、湘阴、安化。

2. 衡州 5 县、1 军：衡阳、茶陵、耒阳、常宁、安仁县,茶陵军。

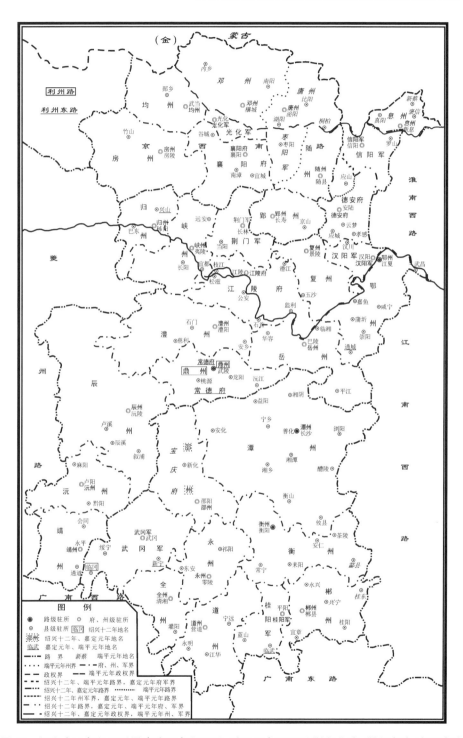

图 41 绍兴十二年(1142)及嘉定元年(1208)、端平元年(1234)荆湖北路、荆湖南路、京西南路

3. 道州 4 县:营道、江华、宁远、永明。
4. 永州 3 县:零陵、祁阳、东安。
5. 郴州 4 县:郴县、永兴、桂阳、宜章。
6. 邵州 2 县:邵阳、新化。
7. 全州 2 县:清湘、灌阳。
8. 桂阳军 2 县:平阳、蓝山。
9. 武冈军 3 县:武冈、绥宁、临冈。

第八节 京 西 南 路

府一,州四,军二,县十五(见图 41)。

按:《宋史》卷 27《高宗纪四》言,绍兴四年八月癸卯,以襄阳府、随、郢、唐、邓州、信阳军为襄阳府路。五年七月壬午,以金、均、房州隶襄阳府路。六年二月戊申,复以襄阳府路为京西南路。七月癸巳,以金州隶川陕路,均、房二州隶京西南路。十一年十一月,与金国和议成,立盟书,约以淮水中流画疆,割唐、邓二州界之。又,《舆地纪胜》卷 82 京西南路条言,"绍兴十一年,升光化县为军";《要录》卷 159 绍兴十九年正月丁亥条言,"诏信阳军拨隶淮西"。则绍兴十二年时京西南路实领襄阳府,均、房、随、郢州,信阳、光化军等七州军。

1. 襄阳府 4 县:襄阳、谷城、宜城、南漳。
2. 随州 2 县、1 军:随县、枣阳县,枣阳军。
3. 房州 2 县:房陵、竹山。
4. 均州 2 县:武当、郧乡。
5. 郢州 2 县:长寿、京山。
6. 光化军 1 县:光化。
7. 信阳军 2 县:信阳、罗山。

第九节 福 建 路

州六,军二,县四十八(见图 42)。

1. 福州 12 县:闽县、侯官、福清、连江、永福、长溪、长乐、古田、罗源、闽清、宁德、怀安。
2. 建州 7 县、1 监:建安、浦城、建阳、松溪、崇安、政和、瓯宁县,丰国监。
3. 泉州 7 县:晋江、南安、同安、永春、清溪、德化、惠安。

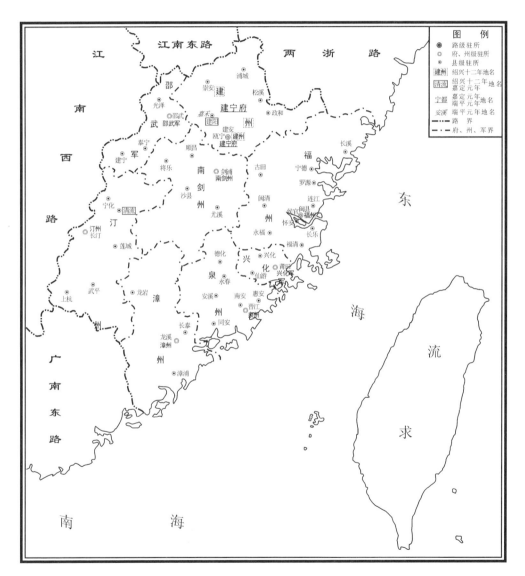

图 42　绍兴十二年(1142)及嘉定元年(1208)、端平元年(1234)福建路

4. 南剑州 5 县：剑浦、顺昌、沙县、尤溪、将乐。
5. 漳州 4 县：龙溪、漳浦、龙岩、长泰。
6. 汀州 6 县：长汀、宁化、上杭、武平、清流、莲城。
7. 邵武军 4 县：邵武、光泽、泰宁、建宁。
8. 兴化军 3 县：莆田、仙游、兴化。

第十节 成 都 府 路

府一，州十二，军二，监一，县五十九（见图43）。
1. 成都府 9 县：成都、华阳、郫县、新都、温江、新繁、双流、广都、灵泉。
2. 眉州 4 县：眉山、彭山、丹棱、青神。
3. 蜀州 4 县：晋原、江源、新津、永康。
4. 彭州 3 县：九陇、崇宁、濛阳。
5. 绵州 5 县：巴西、彰明、魏城、罗江、盐泉。
6. 汉州 4 县：雒县、什邡、绵竹、德阳。
7. 嘉州 5 县、1 监：龙游、夹江、犍为、峨眉、洪雅县，丰远监。
8. 邛州 6 县：临邛、大邑、火井、蒲江、依政、安仁。
9. 简州 2 县：阳安、平泉。
10. 黎州 1 县：汉源。
11. 雅州 5 县、1 场：严道、卢山、名山、荣经、百丈县，茶场。
12. 茂州 2 县、1 关、1 城、1 堡、1 寨：汶山、汶川县，鸡宗关，春琪城，敷文堡，镇羌寨。
13. 威州 2 县、1 寨：保宁、通化县，嘉会寨。
14. 仙井监 2 县、1 镇、1 井：仁寿、井研县，大安镇，盐井。
15. 永康军 2 县：导江、青城。
16. 石泉军 3 县、9 堡：石泉、神泉、龙安县，会同、靖安、嘉平、通津、横望、平陇、凌霄、笔翠、连云堡。

第十一节 利 州 路

府一，州十四，军一，关一，县五十九（见图43）。
1. 兴元府 4 县、1 场：南郑、城固、褒城、西县，茶场。
2. 利州 4 县：绵谷、葭萌、昭化、嘉川。

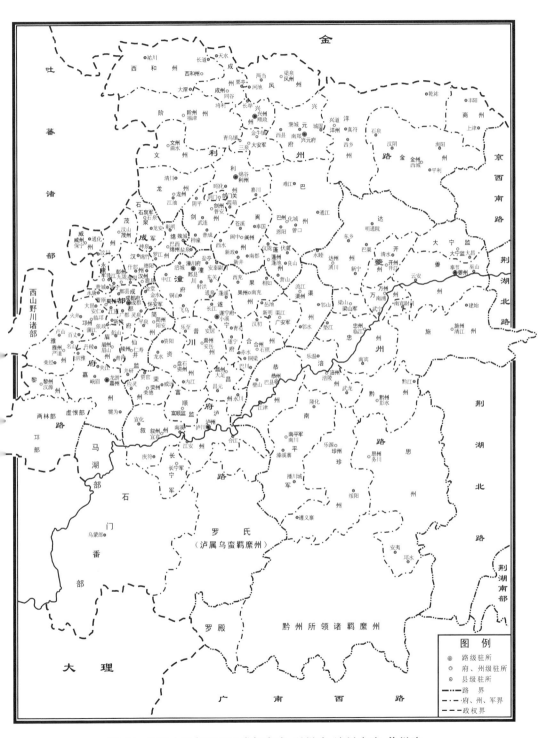

图43 绍兴十二年(1142)成都府路、利州路、潼川府路、夔州路

3. 洋州 4 县：兴道、西乡、真符、乾祐。

4. 阆州 7 县：阆中、新井、新政、苍溪、西水、奉国、南部。

5. 剑州 5 县：普安、武连、阴平、梓潼、普成。

6. 剑门关 1 县：剑门。

7. 巴州 5 县：化城、恩阳、曾口、难江、通江。

8. 文州 1 县：曲水。

9. 兴州 2 县、1 监：顺政、长举县，济众监。

10. 蓬州 5 县：蓬池、仪陇、伏虞、营山、良山。

11. 龙州 2 县：江油、清川。

12. 大安军 1 县：三泉。

13. 金州 5 县：西城、洵阳、汉阴、石泉、平利。附商州 2 县：上津、丰阳。

14. 阶州 2 县：福津、将利。

15. 成州 3 县：同谷、栗亭、天水。

16. 西和州，治长道县白石镇（今甘肃西和县西南），3 县：长道、大潭、祐川。

17. 凤州 3 县：梁泉、两当、河池。

第十二节　潼川府路

府二，州九，军三，监一，县五十一（见图 43）。

1. 潼川府 9 县、1 尉司：郪县、中江、涪城、射洪、通泉、盐亭、铜山、飞乌、东关县，安泰尉司。

2. 遂宁府 5 县：小溪、长江、蓬溪、青石、遂宁。

3. 果州 3 县：南充、西充、相如。

4. 资州 4 县：盘石、资阳、内江、龙水。

5. 普州 3 县：安岳、安居、乐至。

6. 昌州 3 县：大足、昌元、永川。

7. 叙州 4 县：宜宾、南溪、宣化、庆符。

8. 泸州 3 县、1 监、3 城、3 寨、2 堡：泸川、合江、江安县，南井监，乐共、九支、武都城，安远、博望、绥远寨，板桥、政和堡。

9. 长宁军 5 寨、1 堡：武宁、宁远、梅洞、清平、安夷寨，石笋堡。

10. 合州 5 县：石照、汉初、赤水、铜梁、巴川。

11. 荣州 4 县：荣德、威远、应灵、资官。

12. 渠州 3 县：流江、邻山、邻水。

13. 怀安军 2 县：金水、金堂。

14. 广安军 3 县：渠江、新明、岳池。

15. 富顺监 13 镇、1 井：战井、埗井、方滩、罗井、新栅、真溪、临江、邓井、鼓井、赖井、茆头、赖易、高市镇，盐井。

第十三节 夔 州 路

州十一，军二，监一，县三十四（见图 43）。

1. 夔州 3 县、1 军：奉节、巫山、云安县，云安军。

2. 黔州 2 县、1 城、2 堡：彭水、黔江县，务川城，邛水、安夷堡。

3. 施州 2 县、1 监：清江、建始县，广积监。

4. 忠州 3 县、1 尉司：临江、垫江、南宾县，南宾尉司。

5. 万州 2 县：南浦、武宁。

6. 开州 2 县：开江、清水。

7. 达州 5 县、1 院：通川、永睦、新宁、巴渠、东乡县，明通院。

8. 涪州 3 县：涪陵、武龙、乐温。

9. 恭州 3 县：巴县、江津、壁山。

10. 梁山军 1 县：梁山。

11. 南平军 2 县、1 寨、1 城：南川、隆化县，溱溪寨，播川城。

12. 大宁监 1 县：大昌。

13. 珍州 2 县、1 寨：乐源、绥阳县，遵义寨。

14. 思州，治务川（今贵州务川仡佬族苗族自治县），3 县：务川、安夷、邛水。

第十四节 广 南 东 路

府二，州十一，县三十六（见图 44）。

1. 广州 7 县：南海、番禺、增城、怀集、清远、东莞、新会。

2. 韶州 4 县、1 监：曲江、乐昌、翁源、仁化县，永通监。

3. 循州 2 县：龙川、兴宁。

4. 潮州 4 县、1 军：海阳、潮阳、揭阳、程乡县，程乡军。

5. 连州 2 县：桂阳、阳山。

6. 南雄州 2 县：保昌、始兴。

7. 英州 2 县：真阳、浛光。

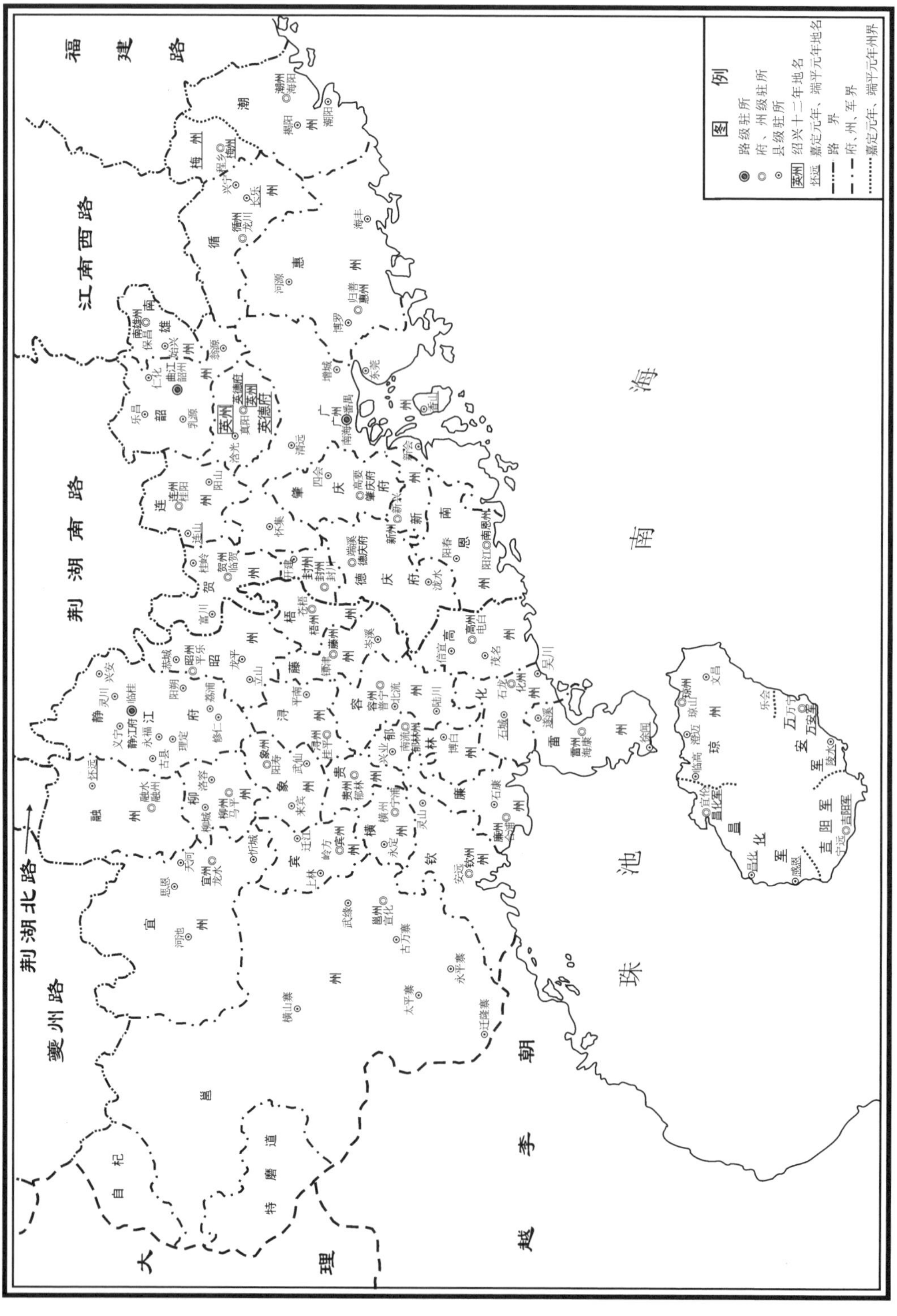

图 44 绍兴十一年(1142)及嘉定元年(1208)、端平元年(1234)广南东路、广南西路

8. 封州 2 县：封川、开建。
9. 肇庆府 2 县：高要、四会。
10. 新州 1 县：新兴。
11. 德庆府 2 县：端溪、泷水。
12. 南恩州 2 县：阳江、阳春。
13. 惠州 4 县：归善、博罗、海丰、河源。

第十五节　广　南　西　路

府一，州二十一，县六十六（见图 44）。
1. 静江府 10 县：临桂、灵川、兴安、阳朔、永福、修仁、理定、荔浦、义宁、古县。
2. 容州 3 县：普宁、北流、陆川。
3. 邕州 2 县、1 寨、1 场：宣化、武缘县，太平寨，慎乃场。
4. 融州 1 县：融水。
5. 象州 3 县：阳寿、来宾、武仙。
6. 贺州 3 县：临贺、富川、桂岭。
7. 昭州 4 县：平乐、恭城、昭平、立山。
8. 梧州 1 县：苍梧。
9. 藤州 2 县：镡津、岑溪。
10. 浔州 2 县：桂平、平南。
11. 柳州 3 县：马平、柳城、洛容。
12. 贵州 1 县：郁林。
13. 宜州 5 县、2 监：龙水、忻城、思恩、天河、河池县，富仁、富安监。
14. 宾州 3 县：岭方、上林、迁江。
15. 横州 2 县：宁浦、永定。
16. 化州 2 县：石龙、吴川。
17. 高州 3 县：电白、茂名、信宜。
18. 雷州 1 县：海康。
19. 钦州，治安远（今广西钦州市），2 县：安远、灵山。
20. 郁林州 3 县：南流、兴业、博白。
21. 廉州 2 县：合浦、石康。
22. 琼州 8 县、3 军：琼山、临高、乐会、澄迈、文昌、宜伦、万宁、宁远县，昌化、万安、吉阳军。

第八章　嘉定元年(1208)的州县

自绍兴十二年(1142)至嘉定元年,长达六十五年之久,是南宋王朝相对平稳发展的时期。在这一时期,经济恢复,人口繁衍,不少废并之县复置,同时又增设了若干新县。这点在地域辽阔的四川、广南表现得尤为明显。出于防御方面的考虑,绍兴十六年,宋放弃了洋州乾祐县、金州丰阳县,疆域较绍兴和议时略有缩小。嘉定元年,十五路凡领府二十七、州一百三十一、军三十二、监二、关一、县七百十一。

第一节　两　浙　路

府六,州八,军一,县八十(见前图38)。

两浙西路

1. 临安府9县:钱塘、仁和、於潜、余杭、富阳、盐官、昌化、新城、临安。
2. 平江府5县:吴县、长洲、昆山、常熟、吴江。
3. 镇江府3县:丹徒、丹阳、金坛。
4. 湖州6县:乌程、归安、安吉、长兴、德清、武康。
5. 常州4县:晋陵、武进、无锡、宜兴。
6. 严州6县,1监:建德、寿昌、遂安、分水、淳化、桐庐县,神泉监。
7. 嘉兴府4县:嘉兴、海盐、华亭、崇德。
8. 江阴军1县:江阴。

两浙东路

1. 绍兴府8县:山阴、会稽、嵊县、诸暨、余姚、上虞、萧山、新昌。
2. 婺州7县:金华、东阳、义乌、兰溪、永康、武义、浦江。
3. 庆元府6县:鄞县、奉化、慈溪、象山、定海、昌国。
4. 温州4县:永嘉、瑞安、乐清、平阳。

5. 台州 5 县：临海、黄岩、天台、仙居、宁海。
6. 处州 7 县：丽水、松阳、缙云、遂昌、青田、龙泉、庆元。
7. 衢州 5 县：西安、江山、龙游、常山、开化。

第二节 淮 南 东 路

州六,军二,县二十一(见前图 39)。
1. 扬州 3 县：江都、广陵、泰兴。
2. 楚州 4 县：山阳、淮阴、宝应、盐城。
3. 泰州 2 县：海陵、如皋。
4. 滁州 3 县：清流、全椒、来安。
5. 真州 2 县：扬子、六合。
6. 通州 2 县：静海、海门。
7. 盱眙军 3 县：盱眙、天长、招信。
8. 高邮军,治高邮(今江苏高邮市),2 县：高邮、兴化。

第三节 淮 南 西 路

府一,州六,军二,县三十一(见前图 39)。
1. 安丰军,治寿春(今安徽寿县),4 县：寿春、安丰、六安、霍丘。
2. 庐州 3 县：合肥、梁县、舒城。
3. 蕲州 5 县、1 监：蕲春、黄梅、广济、蕲水、罗田县,蕲春监。
4. 和州 3 县：历阳、乌江、含山。
5. 安庆府 5 县、1 监：怀宁、桐城、望江、宿松、太湖县,同安监。
6. 濠州 2 县：钟离、定远。
7. 光州 3 县：定城、光山、固始。
8. 黄州 3 县、1 监：黄冈、麻城、黄陂县,齐安监。
9. 无为军 3 县：无为、巢县、庐江。

第四节 江 南 东 路

府二,州五,军二,县四十三(见前图 40)。
1. 建康府 5 县：江宁、上元、溧水、溧阳、句容。

2. 宁国府 6 县：宣城、泾县、南陵、宁国、旌德、太平。
3. 徽州 6 县：歙县、休宁、绩溪、黟县、祁门、婺源。
4. 池州 6 县、1 监：贵池、建德、石埭、青阳、铜陵、东流县，永丰监。
5. 饶州 6 县、1 监：鄱阳、余干、浮梁、乐平、德兴、安仁县，永平监。
6. 信州 6 县：上饶、弋阳、玉山、贵溪、铅山、永丰。
7. 太平州 3 县：当涂、芜湖、繁昌。
8. 南康军 3 县：星子、建昌、都昌。
9. 广德军 2 县：广德、建平。

第五节 江 南 西 路

府一，州六，军四，县五十六（见前图 40）。
1. 隆兴府 8 县：南昌、新建、丰城、分宁、靖安、奉新、武宁、进贤。
2. 江州 5 县、1 监：德化、彭泽、德安、瑞昌、湖口县，广宁监。
3. 赣州 10 县：赣县、安远、雩都、宁都、信丰、瑞金、石城、兴国、会昌、龙南。
4. 吉州 8 县：庐陵、吉水、太和、安福、永新、龙泉、永丰、万安。
5. 袁州 4 县：宜春、萍乡、分宜、万载。
6. 抚州 5 县、1 监：临川、崇仁、宜黄、金溪、乐安县，裕国监。
7. 筠州 3 县：高安、上高、新昌。
8. 兴国军 3 县、1 监：永兴、大冶、通山县，兴国监。
9. 南安军 3 县：大庾、南康、上犹。
10. 临江军 3 县、1 监：清江、新淦、新喻县，丰余监。
11. 建昌军 4 县：南城、南丰、新城、广昌。

第六节 荆 湖 北 路

府三，州九，军三，县五十七（见前图 41）。
1. 江陵府 7 县：江陵、公安、松滋、石首、监利、潜江、枝江。
2. 鄂州 7 县、1 监：江夏、武昌、蒲圻、嘉鱼、崇阳、咸宁、通城县，宝泉监。
3. 德安府 5 县：安陆、孝感、云梦、应城、应山。
4. 复州 2 县：景陵、玉沙。
5. 常德府 4 县、1 军：武陵、龙阳、桃源、沅江县，龙阳军。
6. 澧州 4 县：澧阳、安乡、石门、慈利。

7. 峡州 4 县：夷陵、宜都、长阳、远安。

8. 岳州 4 县：巴陵、华容、平江、临湘。

9. 归州 3 县：秭归、巴东、兴山。

10. 辰州 4 县、1 城、3 寨：沅陵、卢溪、叙浦、辰溪县，会溪城，池蓬、镇溪、黔安寨。

11. 沅州 3 县、5 寨：卢阳、麻阳、黔阳县，安江、竹滩、洪江、若溪、便溪寨。

12. 靖州 3 县、4 寨、5 堡：永平、会同、通道县，狼江、贯保、若水、丰山寨，石家、泸村、多星、大由、天村堡。

13. 荆门军 2 县：长林、当阳。

14. 汉阳军 2 县、1 监：汉阳、汉川县，汉阳监。

15. 信阳军 2 县：信阳、罗山。

第七节 荆湖南路

州七，军二，县三十八（见前图 41）。

1. 潭州 12 县：长沙、善化、湘潭、益阳、湘乡、醴陵、浏阳、攸县、宁乡、衡山、湘阴、安化。

2. 衡州 5 县、1 军：衡阳、茶陵、耒阳、常宁、安仁县，茶陵军。

3. 道州 4 县：营道、江华、宁远、永明。

4. 永州 3 县：零陵、祁阳、东安。

5. 郴州 4 县：郴县、永兴、桂阳、宜章。

6. 邵州 2 县：邵阳、新化。

7. 全州 2 县：清湘、灌阳。

8. 桂阳军 3 县：平阳、蓝山、临武。

9. 武冈军 3 县：武冈、绥宁、新宁。

第八节 京西南路

府一，州四，军一，县十三（见前图 41）。

《要录》绍兴十九年（1149）正月丁亥条言，"诏信阳军拨隶淮西"，则嘉定元年时京西南路实领襄阳府、均房随郢州、光化军等六州军。

1. 襄阳府 4 县：襄阳、谷城、宜城、南漳。

2. 随州 2 县、1 军：随县、枣阳县，枣阳军。

3. 房州 2 县：房陵、竹山。
4. 均州 2 县：武当、郧乡。
5. 郢州 2 县：长寿、京山。
6. 光化军 1 县：光化。

第九节 福 建 路

府一，州五，军二，县四十八（见前图 42）。

1. 福州 12 县：闽县、侯官、福清、连江、永福、长溪、长乐、古田、罗源、闽清、宁德、怀安。
2. 建宁府 7 县、1 监：建安、浦城、建阳、松溪、崇安、政和、瓯宁县，丰国监。
3. 泉州 7 县：晋江、南安、同安、永春、清溪、德化、惠安。
4. 南剑州 5 县：剑浦、顺昌、沙县、尤溪、将乐。
5. 漳州 4 县：龙溪、漳浦、龙岩、长泰。
6. 汀州 6 县：长汀、宁化、上杭、武平、清流、莲城。
7. 邵武军 4 县：邵武、光泽、泰宁、建宁。
8. 兴化军 3 县：莆田、仙游、兴化。

第十节 成 都 府 路

府三，州十一，军二，县六十一（见图 45）。

1. 成都府 9 县：成都、华阳、郫县、新都、温江、新繁、双流、广都、灵泉。
2. 眉州 4 县：眉山、彭山、丹棱、青神。
3. 崇庆府 4 县：晋原、江源、新津、永康。
4. 彭州 3 县：九陇、崇宁、濛阳。
5. 绵州 5 县：巴西、彰明、魏城、罗江、盐泉。
6. 汉州 4 县：雒县、什邡、绵竹、德阳。
7. 嘉定府 5 县、1 监：龙游、夹江、犍为、峨眉、洪雅县，丰远监。
8. 邛州 6 县：临邛、大邑、火井、蒲江、依政、安仁。
9. 简州 2 县：阳安、平泉。
10. 黎州 1 县：汉源。
11. 雅州 5 县、1 场：严道、卢山、名山、荣经、百丈县，茶场。
12. 茂州 2 县、1 城、1 堡、1 寨、1 关：汶山、汶川县，春琪城，敷文堡，镇羌

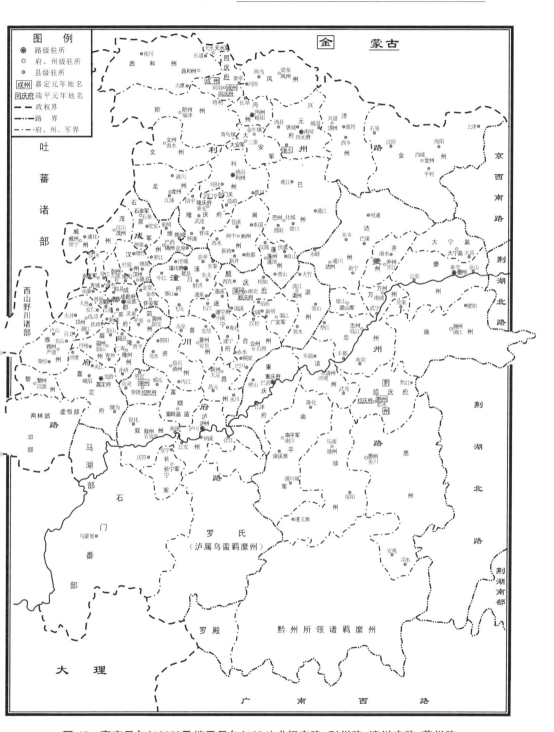

图 45　嘉定元年(1208)及端平元年(1234)成都府路、利州路、潼川府路、夔州路

寨,鸡宗关。

13. 威州 2 县、1 寨：保宁、通化县,嘉会寨。

14. 隆州 4 县、1 镇、1 井：仁寿、井研、贵平、籍县,大安镇,盐井。

15. 永康军 2 县：导江、青城。

16. 石泉军 3 县、9 堡：石泉、神泉、龙安县,会同、靖安、嘉平、通津、横望、平陇、凌霄、耸翠、连云堡。

第十一节 利 州 路

府二,州十三,军二,关一,县五十八(见图 45)。

按：据《宋史》卷 89《地理志五》:"绍兴十四年,分东、西两路;绍熙五年(1135),复合为一;庆元二年(1196),复分;嘉定三年,复合;十一年又分。端平三年(1236),兵乱废。"

利州东路

1. 兴元府 5 县、1 场：南郑、城固、褒城、西县、廉水县,茶场。
2. 利州 4 县：绵谷、葭萌、昭化、嘉川。
3. 洋州 3 县：兴道、西乡、真符。
4. 阆州 7 县：阆中、新井、新政、苍溪、西水、奉国、南部。
5. 隆庆府 5 县：普安、武连、阴平、梓潼、普成。
6. 剑门关 1 县：剑门。
7. 巴州 5 县：化城、恩阳、曾口、难江、通江。
8. 大安军 1 县：三泉。
9. 蓬州 5 县：蓬池、仪陇、伏虞、营山、良山。
10. 金州 6 县：西城、洵阳、汉阴、石泉、平利、上津。

利州西路

1. 文州 1 县：曲水。
2. 龙州 2 县：江油、清川。
3. 沔州 2 县、1 监：略阳、长举县,济众监。
4. 阶州 2 县：福津、将利。
5. 成州 2 县：同谷、栗亭。
6. 天水军,治天水(今甘肃天水市秦州区天水镇),1 县：天水。

7. 西和州 3 县：长道、大潭、祐川。
8. 凤州 3 县：梁泉、两当、河池。

第十二节　潼川府路

府二，州九，军三，监一，县五十五(见图 45)。

1. 潼川府 10 县：郪县、中江、涪城、射洪、通泉、盐亭、铜山、飞乌、东关、安泰。
2. 遂宁府 5 县：小溪、长江、蓬溪、青石、遂宁。
3. 果州 4 县：南充、西充、相如、流溪。
4. 资州 4 县：盘石、资阳、内江、龙水。
5. 普州 3 县：安岳、安居、乐至。
6. 昌州 3 县：大足、昌元、永川。
7. 叙州 4 县：宜宾、南溪、宣化、庆符。
8. 泸州 3 县、1 监、3 城、3 寨、2 堡：泸川、合江、江安县，南井监，乐共、九支、武都城，安远、博望、绥远寨，板桥、政和堡。
9. 长宁军 5 寨、1 堡：武宁、宁远、梅洞、清平、安夷寨，石笋堡。
10. 合州 5 县：石照、汉初、赤水、铜梁、巴川。
11. 荣州 4 县：荣德、威远、应灵、资官。
12. 渠州 4 县：流江、邻山、邻水、大竹。
13. 怀安军 2 县：金水、金堂。
14. 广安军 4 县：渠江、新明、岳池、和溪。
15. 富顺监 13 镇、1 井：战井、歩井、方滩、罗井、新栅、真溪、临江、邓井、鼓井、赖井、茆头、赖易、高市镇，盐井。

第十三节　夔州路

府一，州十，军二，监一，县三十七(见图 45)。

1. 夔州 3 县、1 军：奉节、巫山、云安县，云安军。
2. 黔州 2 县、1 城、2 堡：彭水、黔江县，务川城，邛水、安夷堡。
3. 施州 2 县、1 监：清江、建始县，广积监。
4. 忠州 5 县：临江、垫江、南宾、丰都、龙渠。
5. 万州 2 县：南浦、武宁。
6. 开州 2 县：开江、清水。

7. 达州 6 县：通川、永睦、新宁、巴渠、东乡、明通。
8. 涪州 3 县：涪陵、武龙、乐温。
9. 重庆府 3 县：巴县、江津、壁山。
10. 梁山军 1 县：梁山。
11. 南平军 2 县、1 寨、1 城：南川、隆化县，溱溪寨，播川城。
12. 大宁监 1 县：大昌。
13. 珍州 2 县、1 军：乐源、绥阳县，遵义军。
14. 思州 3 县：务川、安夷、邛水。

第十四节 广 南 东 路

府三，州十一，县四十（见前图 44）。

1. 广州 8 县：南海、番禺、增城、怀集、清远、东莞、新会、香山。
2. 韶州 5 县、1 监：曲江、乐昌、翁源、仁化、乳源县，永通监。
3. 循州 3 县：龙川、兴宁、长乐。
4. 潮州 3 县：海阳、潮阳、揭阳。
5. 梅州 1 县：程乡。
6. 连州 3 县：桂阳、阳山、连山。
7. 南雄州 2 县：保昌、始兴。
8. 英德府 2 县：真阳、浛光。
9. 封州 2 县：封川、开建。
10. 肇庆府 2 县：高要、四会。
11. 新州 1 县：新兴。
12. 德庆府 2 县：端溪、泷水。
13. 南恩州 2 县：阳江、阳春。
14. 惠州 4 县：归善、博罗、海丰、河源。

第十五节 广 南 西 路

府一，州二十一，军三，县七十三（见前图 44）。

1. 静江府 10 县：临桂、灵川、兴安、阳朔、永福、修仁、理定、荔浦、义宁、古县。
2. 容州 3 县：普宁、北流、陆川。

3. 邕州 2 县、1 寨、1 场：宣化、武缘县，太平寨，慎乃场。
4. 融州 2 县：融水、怀远。
5. 象州 3 县：阳寿、来宾、武仙。
6. 贺州 3 县：临贺、富川、桂岭。
7. 昭州 4 县：平乐、恭城、龙平、立山。
8. 梧州 1 县：苍梧。
9. 藤州 2 县：镡津、岑溪。
10. 浔州 2 县：桂平、平南。
11. 柳州 3 县：马平、柳城、洛容。
12. 贵州 1 县：郁林。
13. 宜州 5 县、2 监：龙水、忻城、思恩、天河、河池县，富仁、富安监。
14. 宾州 3 县：岭方、上林、迁江。
15. 横州 2 县：宁浦、永定。
16. 化州 3 县：石龙、吴川、石城。
17. 高州 3 县：电白、茂名、信宜。
18. 雷州 3 县：海康、遂溪、徐闻。
19. 钦州 2 县：安远、灵山。
20. 郁林州 3 县：南流、兴业、博白。
21. 廉州 2 县：合浦、石康。
22. 琼州 5 县：琼山、临高、乐会、澄迈、文昌。
23. 昌化军 3 县：宜伦、昌化、感恩。
24. 万安军，治万宁（今海南万宁市），2 县：万宁、陵水。
25. 吉阳军 1 县：宁远。

第九章　端平元年（1234）的州县

绍定末，宋、蒙联合灭金，相约以陈、蔡为界，然双方均无诚意，端平元年，宋、蒙战争爆发。宋得两淮之寿、泗、宿、亳四州及涟水一军，加上消灭李全所得之海州，共五州、一军、二十县之地，两淮全境收复。京西又得唐、邓、息三州十一县，京东得邳州二县，疆域较前有所扩大。宋于是年，凡领府三十四、州一百三十三、军三十三、监二、关一、县七百四十七。

第一节　两　浙　路

府六，州八，军一，县八十一（见前图38）。

两浙西路
1. 临安府9县：钱塘、仁和、於潜、余杭、富阳、盐官、昌化、新城、临安。
2. 平江府6县：吴县、长洲、昆山、常熟、吴江、嘉定。
3. 镇江府3县：丹徒、丹阳、金坛。
4. 安吉州6县：乌程、归安、安吉、长兴、德清、武康。
5. 常州4县：晋陵、武进、无锡、宜兴。
6. 严州6县、1监：建德、寿昌、遂安、分水、淳安、桐庐县，神泉监。
7. 嘉兴府4县：嘉兴、海盐、华亭、崇德。
8. 江阴军1县：江阴。

两浙东路
1. 绍兴府8县：山阴、会稽、嵊县、诸暨、余姚、上虞、萧山、新昌。
2. 婺州7县：金华、东阳、义乌、兰溪、永康、武义、浦江。
3. 庆元府6县：鄞县、奉化、慈溪、象山、定海、昌国。
4. 温州4县：永嘉、瑞安、乐清、平阳。
5. 台州5县：临海、黄岩、天台、仙居、宁海。

6. 处州 7 县：丽水、松阳、缙云、遂昌、青田、龙泉、庆元。
7. 衢州 5 县：西安、江山、龙游、常山、开化。

第二节 淮 南 东 路

州十一，军三，县四十一（见图 46）。

1. 扬州 2 县：江都、泰兴。
2. 亳州 6 县：谯县、鹿邑、卫真、城父、鄢县、永城。
3. 宿州 4 县：符离、临涣、灵壁、蕲县。
4. 淮安州 4 县：淮安、淮阴、盐城、宝应。
5. 海州 4 县：朐山、赣榆、沭阳、东海。
6. 泰州 2 县：海陵、如皋。
7. 泗州，治淮平（在今江苏泗洪县东南，盱眙县对岸，洪泽湖中），4 县：淮平、临淮、虹县、睢宁。
8. 滁州 3 县：清流、全椒、来安。
9. 真州 2 县：扬子、六合。
10. 通州 2 县：静海、海门。
11. 招信军 3 县：盱眙、天长、招信。
12. 高邮军 2 县：高邮、兴化。
13. 涟水军 1 县：涟水。
14. 邳州，治下邳（今江苏睢宁县古邳镇东三里），2 县：下邳、兰陵。

第三节 淮 南 西 路

府二，州六，军二，县三十三（见图 46）。

按：据《宋史》卷 412《杜杲传》，理宗绍定时，淮西领"九州三十三县"。嘉定元年（1208）时，淮西领一府、六州、二军、三十一县，加寿州二县，则为三十三县。两者完全吻合。

1. 安丰军 4 县：寿春、安丰、六安、霍丘。
2. 寿春府，治下蔡（今安徽凤台县），2 县：下蔡、蒙城。
3. 庐州 3 县：合肥、梁县、舒城。
4. 蕲州 5 县、1 监：蕲春、黄梅、广济、蕲水、罗田县，蕲春监。
5. 和州 3 县：历阳、乌江、含山。

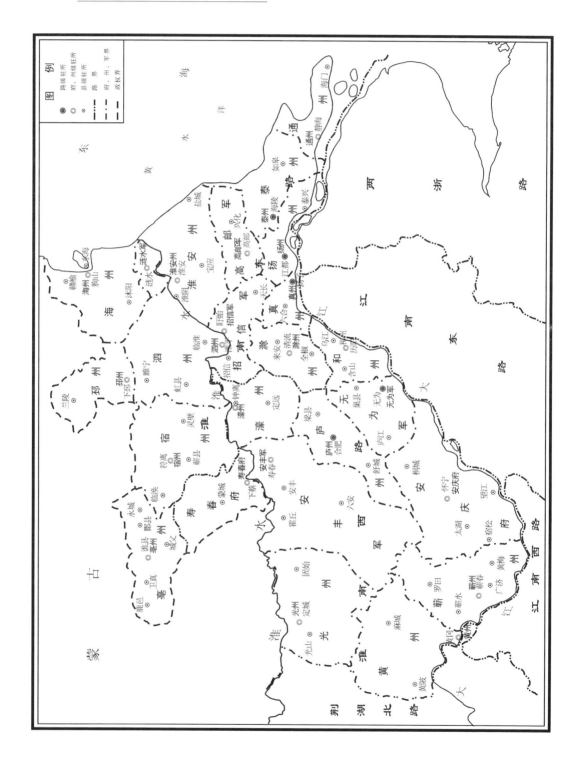

6. 安庆府(今安徽安庆市)5 县、1 监：怀宁、桐城、望江、宿松、太湖县，同安监。

7. 濠州 2 县：钟离、定远。

8. 光州 3 县：定城、光山、固始。

9. 黄州 3 县、1 监：黄冈、麻城、黄陂县，齐安监。

10. 无为军 3 县：无为、巢县、庐江。

第四节　江　南　东　路

府二，州五，军二，县四十三(见前图 40)。

1. 建康府 5 县：江宁、上元、溧水、溧阳、句容。
2. 宁国府 6 县：宣城、泾县、南陵、宁国、旌德、太平。
3. 徽州 6 县：歙县、休宁、绩溪、黟县、祁门、婺源。
4. 池州 6 县、1 监：贵池、建德、石埭、青阳、铜陵、东流县，永丰监。
5. 饶州 6 县、1 监：鄱阳、余干、浮梁、乐平、德兴、安仁县，永平监。
6. 信州 6 县：上饶、弋阳、玉山、贵溪、铅山、永丰。
7. 太平州 3 县：当涂、芜湖、繁昌。
8. 南康军 3 县：星子、建昌、都昌。
9. 广德军 2 县：广德、建平。

第五节　江　南　西　路

府一，州六，军四，县五十六(见前图 40)。

1. 隆兴府 8 县：南昌、新建、丰城、分宁、靖安、奉新、武宁、进贤。
2. 江州 5 县、1 监：德化、彭泽、德安、瑞昌、湖口县，广宁监。
3. 赣州 10 县：赣县、安远、雩都、宁都、信丰、瑞金、石城、兴国、会昌、龙南。
4. 吉州 8 县：庐陵、吉水、太和、安福、永新、龙泉、永丰、万安。
5. 袁州 4 县：宜春、萍乡、分宜、万载。
6. 抚州 5 县、1 监：临川、崇仁、宜黄、金溪、乐安县，裕国监。
7. 瑞州 3 县：高安、上高、新昌。
8. 兴国军 3 县、1 监：永兴、大冶、通山县，兴国监。
9. 南安军 3 县：大庾、南康、南安。
10. 临江军 3 县、1 监：清江、新淦、新喻县，丰余监。
11. 建昌军 4 县：南城、南丰、新城、广昌。

第六节 荆 湖 北 路

府三,州九,军三,县五十五(见前图41)。

1. 江陵府7县:江陵、公安、松滋、石首、监利、潜江、枝江。
2. 鄂州7县、1监:江夏、武昌、蒲圻、嘉鱼、崇阳、咸宁、通城县,宝泉监。
3. 德安府4县:安陆、孝感、云梦、应城。
4. 复州2县:景陵、玉沙。
5. 常德府4县、1军:武陵、龙阳、桃源、沅江县,龙阳军。
6. 澧州4县:澧阳、安乡、石门、慈利。
7. 峡州4县:夷陵、宜都、长阳、远安。
8. 岳州4县:巴陵、华容、平江、临湘。
9. 归州3县:秭归、巴东、兴山。
10. 辰州4县、1城、3寨:沅陵、卢溪、叙浦、辰溪县,会溪城,池蓬、镇溪、黔安寨。
11. 沅州3县、5寨:卢阳、麻阳、黔阳县,安江、竹滩、洪江、若溪、便溪寨。
12. 靖州3县、4寨、5堡:永平、会同、通道县,狼江、贯保、若水、丰山寨,石家、泸村、多星、大由、天村堡。
13. 荆门军2县:长林、当阳。
14. 汉阳军2县、1监:汉阳、汉川县,汉阳监。
15. 信阳军2县:信阳、罗山。

第七节 荆 湖 南 路

府一,州六,军二,县四十一(见前图41)。

1. 潭州12县:长沙、善化、湘潭、益阳、湘乡、醴陵、浏阳、攸县、宁乡、衡山、湘阴、安化。
2. 衡州6县、1军:衡阳、茶陵、耒阳、常宁、安仁、酃县,茶陵军。
3. 道州4县:营道、江华、宁远、永明。
4. 永州3县:零陵、祁阳、东安。
5. 郴州6县:郴县、永兴、桂阳、宜章、兴宁、桂东。
6. 宝庆府2县:邵阳、新化。
7. 全州2县:清湘、灌阳。

8. 桂阳军 3 县：平阳、蓝山、临武。
9. 武冈军 3 县：武冈、绥宁、新宁。

第八节 京西南路

府一,州七,军二,县二十五(见前图 41)。
1. 襄阳府 4 县：襄阳、谷城、宜城、南漳。
2. 邓州 3 县：穰县、南阳、内乡。
3. 随州 2 县：随县、应山。
4. 房州,治房陵(今湖北房县南),2 县：房陵、竹山。
5. 均州 2 县：武当、郧乡。
6. 郢州 2 县：长寿、京山。
7. 唐州 4 县：泌阳、比阳、湖阳、桐柏。
8. 光化军 1 县：光化。
9. 枣阳军 1 县：枣阳。
10. 息州,治新息(今河南息县),4 县：新息、真阳、褒信、新蔡。

第九节 福建路

府一,州五,军二,县四十七(见前图 42)。
1. 福州 12 县：闽县、侯官、福清、连江、永福、长溪、长乐、古田、罗源、闽清、宁德、怀安。
2. 建宁府 7 县、1 监：建安、浦城、嘉禾、松溪、崇安、政和、瓯宁县、丰国监。
3. 泉州 7 县：晋江、南安、同安、永春、安溪、德化、惠安。
4. 南剑州 5 县：剑浦、顺昌、沙县、尤溪、将乐。
5. 漳州 4 县：龙溪、漳浦、龙岩、长泰。
6. 汀州 5 县：长汀、宁化、上杭、武平、莲城。
7. 邵武军 4 县：邵武、光泽、泰宁、建宁。
8. 兴化军 3 县：莆田、仙游、兴化。

第十节 成都府路

府三,州十一,军二,县六十一。

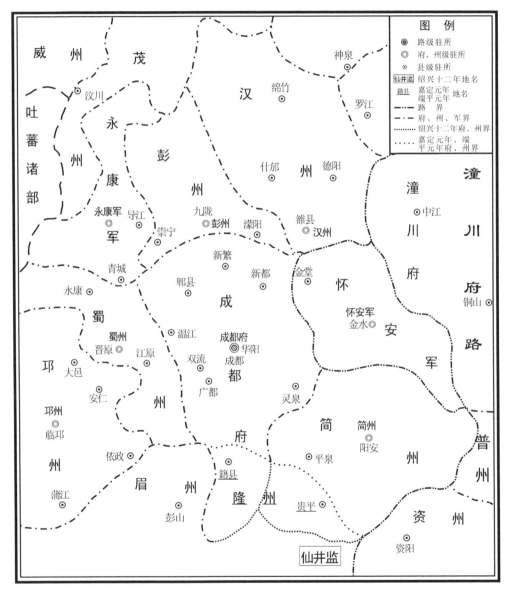

图 47　绍兴十二年(1142)、嘉定元年(1208)、端平元年(1234)成都府附近

1. 成都府 9 县：成都、华阳、郫县、新都、温江、新繁、双流、广都、灵泉(见图 47)。
2. 眉州 4 县：眉山、彭山、丹棱、青神。
3. 崇庆府 4 县：晋原、江源、新津、永康。
4. 彭州 3 县：九陇、崇宁、濛阳。
5. 绵州 5 县：巴西、彰明、魏城、罗江、盐泉。
6. 汉州 4 县：雒县、什邡、绵竹、德阳。
7. 嘉定府 5 县、1 监：龙游、夹江、犍为、峨眉、洪雅县，丰远监。
8. 邛州 6 县：临邛、大邑、火井、蒲江、依政、安仁。
9. 简州 2 县：阳安、平泉。
10. 黎州 1 县：汉源。
11. 雅州 5 县、1 场：严道、卢山、名山、荣经、百丈县，茶场。
12. 茂州 2 县、1 城、1 堡、1 寨、1 关：汶山、汶川县，春琪城，敷文堡，镇羌寨，鸡宗关。
13. 威州 2 县、1 寨、1 军：保宁、通化县，嘉会寨，通化军。
14. 隆州 4 县、1 镇、1 井：仁寿、井研、贵平、籍县，大安镇，盐井。
15. 永康军 2 县：导江、青城。
16. 石泉军 3 县、9 堡：石泉、神泉、龙安县，会同、靖安、嘉平、通津、横望、平陇、凌霄、耸翠、连云堡。

第十一节 利 州 路

府三,州十二,军二,关一,县五十七(见前图 45)。

利州东路
1. 兴元府 4 县、1 场：南郑、城固、褒城、西县，茶场。
2. 利州 4 县：绵谷、葭萌、昭化、嘉川。
3. 洋州 3 县：兴道、西乡、真符。
4. 阆州 7 县：阆中、新井、新政、苍溪、西水、奉国、南部。
5. 隆庆府 5 县：普安、武连、阴平、梓潼、普成。
6. 剑门关 1 县：剑门。
7. 巴州 5 县：化城、恩阳、曾口、难江、通江。
8. 大安军 1 县：三泉。
9. 蓬州 5 县：蓬池、仪陇、伏虞、营山、良山。

10. 金州 6 县：西城、洵阳、汉阴、石泉、平利、上津。

利州西路

1. 文州 1 县：曲水。
2. 龙州 2 县：江油、清川。
3. 沔州 2 县、1 监：略阳、长举县，济众监。
4. 阶州 2 县：福津、将利。
5. 同庆府 2 县：同谷、栗亭。
6. 天水军，治天水（今甘肃天水市秦州区天水镇），1 县：天水。
7. 西和州 3 县：长道、大潭、祐川。
8. 凤州 3 县：梁泉、两当、河池。

第十二节 潼川府路

府四，州七，军三，监一，县五十七（见前图 45）。

1. 潼川府 10 县：郪县、中江、涪城、射洪、通泉、盐亭、铜山、飞乌、东关、安泰。
2. 遂宁府 5 县：小溪、长江、蓬溪、青石、遂宁。
3. 顺庆府 4 县：南充、西充、相如、流溪。
4. 资州 4 县：盘石、资阳、内江、龙水。
5. 普州 3 县：安岳、安居、乐至。
6. 昌州 3 县：大足、昌元、永川。
7. 叙州 4 县：宜宾、南溪、宣化、庆符。
8. 泸州 4 县、1 监、3 城、3 寨、2 堡：泸川、合江、江安、纳溪县，南井监，乐共、九支、武都城，安远、博望、绥远寨，板桥、政和堡。
9. 长宁军，治安宁（今四川长宁县双河镇），1 县、4 寨、1 堡：安宁县，武宁、宁远、梅洞、清平寨，石笋堡。
10. 合州 5 县：石照、汉初、赤水、铜梁、巴川。
11. 绍熙府 4 县：荣德、威远、应灵、资官。
12. 渠州 4 县：流江、邻山、邻水、大竹。
13. 怀安军 2 县：金水、金堂。
14. 广安军 4 县：渠江、新明、岳池、和溪。
15. 富顺监 13 镇、1 井：战井、歩井、方滩、罗井、新栅、真溪、临江、邓井、鼓井、赖井、茆头、赖易、高市镇，盐井。

第十三节 夔州路

府二,州九,军二,监一,县三十七(见前图 45)。

1. 夔州 3 县、1 军:奉节、巫山、云安县,云安军。
2. 绍庆府 2 县、1 城、2 堡:彭水、黔江县,务川城,邛水、安夷堡。
3. 施州 2 县、1 监:清江、建始县,广积监。
4. 忠州 5 县:临江、垫江、南宾、丰都、龙渠。
5. 万州 2 县:南浦、武宁。
6. 开州 2 县:开江、清水。
7. 达州 6 县:通川、永睦、新宁、巴渠、东乡、明通。
8. 涪州 3 县:涪陵、武龙、乐温。
9. 重庆府 3 县:巴县、江津、壁山。
10. 梁山军 1 县:梁山。
11. 南平军 2 县、1 寨、1 城:南川、隆化县,溱溪寨,播川城。
12. 大宁监 1 县:大昌。
13. 珍州 2 县、1 寨:乐源、绥阳县,遵义寨。
14. 思州 3 县:务川、安夷、邛水。

第十四节 广南东路

府三,州十一,县四十(见前图 44)。

1. 广州 8 县:南海、番禺、增城、怀集、清远、东莞、新会、香山。
2. 韶州 5 县、1 监:曲江、乐昌、翁源、仁化、乳源县,永通监。
3. 循州 3 县:龙川、兴宁、长乐。
4. 潮州 3 县:海阳、潮阳、揭阳。
5. 梅州 1 县:程乡。
6. 连州 3 县:桂阳、阳山、连山。
7. 南雄州 2 县:保昌、始兴。
8. 英德府 2 县:真阳、浛光。
9. 封州 2 县:封川、开建。
10. 肇庆府 2 县:高要、四会。
11. 新州 1 县:新兴。

12. 德庆府 2 县：端溪、泷水。
13. 南恩州 2 县：阳江、阳春。
14. 惠州 4 县：归善、博罗、海丰、河源。

第十五节　广 南 西 路

府一，州二十一，军三，县七十三（见前图 44）。

1. 静江府 10 县：临桂、灵川、兴安、阳朔、永福、修仁、理定、荔浦、义宁、古县。
2. 容州 3 县：普宁、北流、陆川。
3. 邕州 2 县、1 寨、1 场：宣化、武缘县，太平寨，慎乃场。
4. 融州 2 县：融水、怀远。
5. 象州 3 县：阳寿、来宾、武仙。
6. 贺州 3 县：临贺、富川、桂岭。
7. 昭州 4 县：平乐、恭城、龙平、立山。
8. 梧州 1 县：苍梧。
9. 藤州 2 县：镡津、岑溪。
10. 浔州 2 县：桂平、平南。
11. 柳州 3 县：马平、柳城、洛容。
12. 贵州 1 县：郁林。
13. 宜州 5 县、2 监：龙水、忻城、思恩、天河、河池县，富仁、富安监。
14. 宾州 3 县：岭方、上林、迁江。
15. 横州 2 县：宁浦、永定。
16. 化州 3 县：石龙、吴川、石城。
17. 高州 3 县：电白、茂名、信宜。
18. 雷州 3 县：海康、遂溪、徐闻。
19. 钦州 2 县：安远、灵山。
20. 郁林州 3 县：南流、兴业、博白。
21. 廉州 2 县：合浦、石康。
22. 琼州 5 县：琼山、临高、乐会、澄迈、文昌。
23. 昌化军 3 县：宜伦、昌化、感恩。
24. 万宁军 2 县：万安、陵水。
25. 吉阳军 1 县：宁远。

第十章　咸淳九年(1273)的州县

端平元年(1234),金朝灭亡后,由于宋朝轻率地发动收复三京的军事行动,遂贻蒙古南下扩张的口实。二年,蒙古兵分两路,进攻宋京湖、淮南、四川等地,宋不仅失去唐、邓、息、邳等新复州郡,还丢失了包括襄阳、兴元、成都在内的大小城池数十座。由于这一阶段蒙军的军事进攻属抄掠性的,故而各路失地多是失而复得。蒙哥即位后,一改前政,在边面各州筑城、屯田,积蓄力量,伺机灭宋。宋朝边面各州军在蒙军的猛烈进攻之下,被迫"徙治",退守山地、江滨,坚持抗战,数年之间,往往几易其帜,出现了两个政权同时并存的局面。因此,自端平以后,宋境实已残破。至元十一年(咸淳十年),忽必烈发动灭宋战争,在不到一年半的时间里消灭了南宋。故今以咸淳九年为断限,条列宋之州县如下。又,端平以后,京湖、四川等路州军,或荒弃,或入于蒙古,难以考详,故不统计是年宋之州县数。

第一节　两　浙　路

府七,州七,军一,县八十一。

两浙西路
1. 临安府 9 县：钱塘、仁和、於潜、余杭、富阳、盐官、昌化、新城、临安。
2. 平江府 6 县：吴县、长洲、昆山、常熟、吴江、嘉定。
3. 镇江府 3 县：丹徒、丹阳、金坛。
4. 安吉州 6 县：乌程、归安、安吉、长兴、德清、武康。
5. 常州 4 县：晋陵、武进、无锡、宜兴。
6. 建德府 6 县,1 监：建德、寿昌、遂安、分水、淳安、桐庐县,神泉监。
7. 嘉兴府 4 县：嘉兴、海盐、华亭、崇德。
8. 江阴军 1 县：江阴。

两浙东路

1. 绍兴府 8 县：山阴、会稽、嵊县、诸暨、余姚、上虞、萧山、新昌。
2. 婺州 7 县：金华、东阳、义乌、兰溪、永康、武义、浦江。
3. 庆元府 6 县：鄞县、奉化、慈溪、象山、定海、昌国。
4. 瑞安府 4 县：永嘉、瑞安、乐清、平阳。
5. 台州 5 县：临海、黄岩、天台、仙居、宁海。
6. 处州 7 县：丽水、松阳、缙云、遂昌、青田、龙泉、庆元。
7. 衢州 5 县：西安、礼贤、龙游、信安、开化。

第二节 淮 南 东 路

州十一，军五，县四十二。

按：嘉熙中，宿州已属蒙古。宝祐二年(1254)，亳州已由蒙将张柔镇守。

1. 扬州 2 县：江都、泰兴。
2. 亳州 6 县：谯县、鹿邑、卫真、城父、酂县、永城。
3. 宿州 4 县：符离、临涣、灵壁、蕲县。
4. 淮安州 4 县：淮安、淮阴、盐城、宝应。
5. 海州 4 县：朐山、怀仁、沭阳、东海。
6. 泰州 2 县：海陵、如皋。
7. 泗州，治淮平，4 县：淮平、临淮、虹县、睢宁。
8. 滁州 3 县：清流、全椒、来安。
9. 真州 2 县：扬子、六合。
10. 通州 2 县：静海、海门。
11. 招信军 3 县：盱眙、天长、招信。
12. 高邮军 2 县：高邮、兴化。
13. 安东州 1 县：涟水。
14. 淮安军，五河(今安徽五河县南浍河南岸)，1 县：五河。
15. 清河军，清河(今江苏淮安市清浦区)，1 县：清河。
16. 邳州 2 县：下邳、兰陵。

第三节 淮 南 西 路

府二，州六，军三，县三十四。

按：端平元年,淮西领二府、六州、二军、三十三县。宝祐时,置怀远军及荆山县。景定时,又置镇巢军。《元史》卷9《世宗纪六》至元十三年(1276)二月戊午条言,"淮西制置夏贵以淮西诸郡来降……得府二、州六、军四、县三十四"。两者完全吻合。

1. 安丰军4县、1军：寿春、安丰、六安、霍丘县,六安军。
2. 寿春府2县：下蔡、蒙城。
3. 庐州3县：合肥、梁县、舒城。
4. 蕲州5县、1监：蕲春、黄梅、广济、蕲水、罗田县,蕲春监。
5. 和州3县：历阳、乌江、含山。
6. 安庆府5县、1监：怀宁、桐城、望江、宿松、太湖县,同安监。
7. 濠州2县：钟离、定远。
8. 光州3县：定城、光山、固始。
9. 黄州3县、1监：黄冈、麻城、黄陂县,齐安监。
10. 无为军3县：无为、巢县、庐江。
11. 怀远军,荆山(今安徽怀远县北),1县：荆山。

第四节　江南东路

府二,州五,军二,县四十三。
1. 建康府5县：江宁、上元、溧水、溧阳、句容。
2. 国府6县：宣城、泾县、南陵、宁国、旌德、太平。
3. 徽州6县：歙县、休宁、绩溪、黟县、祁门、婺源。
4. 池州6县、1监：贵池、建德、石埭、青阳、铜陵、东流县,永丰监。
5. 饶州6县、1监：鄱阳、余干、浮梁、乐平、德兴、安仁县,永平监。
6. 信州6县：上饶、弋阳、玉山、贵溪、铅山、永丰。
7. 太平州3县：当涂、芜湖、繁昌。
8. 南康军3县：星子、建昌、都昌。
9. 广德军2县：广德、建平。

第五节　江南西路

府一,州六,军四,县五十六。
1. 隆兴府8县：南昌、新建、丰城、分宁、靖安、奉新、武宁、进贤。

2. 江州 5 县、1 监：德化、彭泽、德安、瑞昌、湖口县，广宁监。

3. 赣州 10 县：赣县、安远、雩都、宁都、信丰、瑞金、石城、兴国、会昌、龙南。

4. 吉州 8 县：庐陵、吉水、太和、安福、永新、龙泉、永丰、万安。

5. 袁州 4 县：宜春、萍乡、分宜、万载。

6. 抚州 5 县、1 监：临川、崇仁、宜黄、金溪、乐安县，裕国监。

7. 瑞州 3 县：高安、上高、新昌。

8. 兴国军 3 县、1 监：永兴、大冶、通山县，兴国监。

9. 南安军 3 县：大庾、南康、南安。

10. 临江军 3 县、1 监：清江、新淦、新喻县，丰余监。

11. 建昌军 4 县：南城、南丰、新城、广昌。

第六节 荆 湖 北 路

府三，州九，军二，县五十六。

按：端平、嘉熙以后，本路江北诸州，如江陵府、复州、峡州实已残破。而信阳军则自此废弃四十年，至咸淳八年前，蒙古已筑城。

1. 江陵府 7 县：江陵、公安、松滋、石首、监利、潜江、枝江。

2. 鄂州 7 县、1 监：江夏、武昌、蒲圻、嘉鱼、崇阳、咸宁、通城县，宝泉监。

3. 德安府 4 县：安陆、孝感、云梦、应城。

4. 复州 2 县：景陵、玉沙。

5. 常德府 4 县、1 军：武陵、龙阳、桃源、沅江县，龙阳军。

6. 澧州 4 县：澧阳、安乡、石门、慈利。

7. 峡州 4 县：夷陵、宜都、长阳、远安。

8. 岳州 5 县：巴陵、华容、平江、沅江、临湘。

9. 归州 3 县：秭归、巴东、兴山。

10. 辰州 4 县、1 城、3 寨：沅陵、卢溪、叙浦、辰溪县，会溪城，池蓬、镇溪、黔安寨。

11. 沅州 3 县、5 寨：卢阳、麻阳、黔阳县，安江、竹滩、洪江、若溪、便溪寨。

12. 靖州 3 县、4 寨、5 堡：永平、会同、通道县，狼江、贯保、若水、丰山寨，石家、泸村、多星、大由、天村堡。

13. 荆门军 2 县：长林、当阳。

14. 汉阳军 2 县、1 监：汉阳、汉川县，汉阳监。

15. 信阳军 2 县：信阳、罗山。

第七节 荆湖南路

府一,州六,军二,县四十一。

1. 潭州 12 县：长沙、善化、湘潭、益阳、湘乡、醴陵、浏阳、攸县、宁乡、衡山、湘阴、安化。
2. 衡州 6 县、1 军：衡阳、茶陵、耒阳、常宁、安仁、酃县,茶陵军。
3. 道州 4 县：营道、江华、宁远、永明。
4. 永州 3 县：零陵、祁阳、东安。
5. 郴州 6 县：郴县、永兴、桂阳、宜章、兴宁、桂东。
6. 宝庆府 2 县：邵阳、新化。
7. 全州 2 县：清湘、灌阳。
8. 桂阳军 3 县：平阳、蓝山、临武。
9. 武冈军 3 县：武冈、绥宁、新宁。

第八节 京西南路

府一,州七,军二,县二十五。

按：端平末,唐、邓、息三州已失。宝祐四年(1256),蒙古已城枣阳。咸淳二年,均州已失守。

1. 襄阳府 4 县：襄阳、谷城、宜城、南漳。
2. 邓州 3 县：穰县、南阳、内乡。
3. 随州 2 县：随县、应山。
4. 房州 2 县：房陵、竹山。
5. 均州 2 县：武当、郧乡。
6. 郢州 2 县：长寿、京山。
7. 唐州 4 县：泌阳、比阳、湖阳、桐柏。
8. 光化军 1 县：光化。
9. 枣阳军 1 县：枣阳。
10. 息州 4 县：新息、真阳、褒信、新蔡。

第九节 福 建 路

府一,州五,军二,县四十八。

1. 福州 13 县：闽县、侯官、福清、连江、永福、长溪、长乐、古田、罗源、闽清、宁德、怀安、福安。
2. 建宁府 7 县、1 监：建安、浦城、嘉禾、松溪、崇安、政和、瓯宁县,丰国监。
3. 泉州 7 县：晋江、南安、同安、永春、安溪、德化、惠安。
4. 南剑州 5 县：剑浦、顺昌、沙县、尤溪、将乐。
5. 漳州 4 县：龙溪、漳浦、龙岩、长泰。
6. 汀州 5 县：长汀、宁化、上杭、武平、莲城。
7. 邵武军 4 县：邵武、光泽、泰宁、建宁。
8. 兴化军 3 县：莆田、仙游、兴化。

第十节 成 都 府 路

府三,州十一,军二,县六十一。

按：咸淳九年前,成都、眉、彭、邛、雅、隆、石泉等州军已属蒙古,汉州已残破。

1. 成都府 9 县：成都、华阳、郫县、新都、温江、新繁、双流、广都、灵泉。
2. 眉州 4 县：眉山、彭山、丹棱、青神。
3. 崇庆府 4 县：晋原、江源、新津、永康。
4. 彭州 3 县：九陇、崇宁、濛阳。
5. 绵州 5 县：巴西、彰明、魏城、罗江、盐泉。
6. 汉州 4 县：雒县、什邡、绵竹、德阳。
7. 嘉定府 5 县、1 监：龙游、夹江、犍为、峨眉、洪雅县,丰远监。
8. 邛州 6 县：临邛、大邑、火井、蒲江、依政、安仁。
9. 简州 2 县：阳安、平泉。
10. 黎州 1 县：汉源。
11. 雅州 5 县、1 场：严道、卢山、名山、荣经、百丈县,茶场。
12. 茂州 2 县、1 城、1 堡、1 寨、1 关：汶山、汶川县,春琪城,敷文堡,镇羌寨,鸡宗关。
13. 威州 2 县、1 寨、1 军：保宁、通化县,嘉会寨,通化军。

14. 隆州 4 县、1 镇、1 井：仁寿、井研、贵平、籍县，大安镇，盐井。
15. 永康军 2 县：导江、青城。
16. 石泉军 3 县、9 堡：石泉、神泉、龙安县，会同、靖安、嘉平、通津、横望、平陇、凌霄、耸翠、连云堡。

第十一节 利 州 路

府三，州十二，军二，关一，县五十七。
按：本路除巴州残破、阶州存亡不明外，余州军于咸淳九年前均已属蒙古。

利州东路
1. 兴元府 4 县、1 场：南郑、城固、褒城、西县，茶场。
2. 利州 4 县：绵谷、葭萌、昭化、嘉川。
3. 洋州 3 县：兴道、西乡、真符。
4. 阆州 7 县：阆中、新井、新政、苍溪、西水、奉国、南部。
5. 隆庆府 5 县：普安、武连、阴平、梓潼、普成。
6. 剑门关 1 县：剑门。
7. 巴州 5 县：化城、恩阳、曾口、难江、通江。
8. 大安军 1 县：三泉。
9. 蓬州 5 县：蓬池、仪陇、伏虞、营山、良山。
10. 金州 6 县：西城、洵阳、汉阴、石泉、平利、上津。

利州西路
1. 文州 1 县：曲水。
2. 龙州 2 县：江油、清川。
3. 沔州 2 县、1 监：略阳、长举县，济众监。
4. 阶州 2 县：福津、将利。
5. 同庆府 2 县：同谷、栗亭。
6. 天水军，治天水，1 县：天水。
7. 西和州 3 县：长道、大潭、祐川。
8. 凤州 3 县：梁泉、两当、河池。

第十二节　潼川府路

府四,州七,军三,监一,县五十七。

按:咸淳九年前,潼川、顺庆、绍熙、资、普、怀安已失陷,而叙、泸、合、渠、广安、富顺等州军则退守山区,坚持抗蒙至宋亡。

1. 潼川府 10 县:郪县、中江、涪城、射洪、通泉、盐亭、铜山、飞乌、东关、安泰。

2. 遂宁府 5 县:小溪、长江、蓬溪、青石、遂宁。

3. 顺庆府 4 县:南充、西充、相如、流溪。

4. 资州 4 县:盘石、资阳、内江、龙水。

5. 普州 3 县:安岳、安居、乐至。

6. 昌州 3 县:大足、昌元、永川。

7. 叙州 4 县:宜宾、南溪、宣化、庆符。

8. 泸州 4 县,1 监,3 城,3 寨,2 堡:泸川、合江、江安、纳溪县,南井监,乐共、九支、武都城,安远、博望、绥远寨,板桥、政和堡。

9. 长宁军,1 县,4 寨,1 堡:安宁县,武宁、宁远梅洞、清平寨,石笋堡。

10. 合州 5 县:石照、汉初、赤水、铜梁、巴川。

11. 绍熙府 4 县:荣德、威远、应灵、资官。

12. 渠州 4 县:流江、邻山、邻水、大竹。

13. 怀安军 2 县:金水、金堂。

14. 广安军 4 县:渠江、新明、岳池、和溪。

15. 富顺监 13 镇,1 井:战井、埗井、方滩、罗井、新栅、真溪、临江、邓井、鼓井、赖井、茆头、赖易、高市镇,盐井。

第十三节　夔州路

府三,州八,军二,监一,县三十八。

按:本路开州、梁山军,咸淳九年前已失陷。

1. 夔州 3 县、1 军:奉节、巫山、云安县,云安军。

2. 绍庆府 2 县、1 城、2 堡:彭水、黔江县,务川城,邛水、安夷堡。

3. 施州 2 县、1 监:清江、建始县,广积监。

4. 咸淳府 5 县:临江、垫江、南宾、丰都、龙渠。

5. 万州 2 县：南浦、武宁。
6. 开州 2 县：开江、清水。
7. 达州 6 县：通川、永睦、新宁、巴渠、东乡、明通。
8. 涪州 3 县：涪陵、武龙、乐温。
9. 重庆府 3 县：巴县、江津、壁山。
10. 梁山军 1 县：梁山。
11. 南平军 3 县、1 寨、1 城：南川、隆化、鼎山县，溱溪寨，播川城。
12. 大宁监 1 县：大昌。
13. 思州 4 县：务川、安夷、邛水、酉阳。
14. 播州，乐源（今贵州正安县东北），1 县：乐源。

第十四节 广 南 东 路

府三，州十一，县四十。
1. 广州 8 县：南海、番禺、增城、怀集、清远、东莞、新会、香山。
2. 韶州 5 县、1 监：曲江、乐昌、翁源、仁化、乳源县，永通监。
3. 循州 3 县：龙川、兴宁、长乐。
4. 潮州 3 县：海阳、潮阳、揭阳。
5. 梅州 1 县：程乡。
6. 连州 3 县：桂阳、阳山、连山。
7. 南雄州 2 县：保昌、始兴。
8. 英德府 2 县：真阳、浛光。
9. 封州 2 县：封川、开建。
10. 肇庆府 2 县：高要、四会。
11. 新州 1 县：新兴。
12. 德庆府 2 县：端溪、泷水。
13. 南恩州 2 县：阳江、阳春。
14. 惠州 4 县：归善、博罗、海丰、河源。

第十五节 广 南 西 路

府二，州二十，军三，县七十三。
1. 静江府 10 县：临桂、灵川、兴安、阳朔、永福、修仁、理定、荔浦、义宁、古县。
 2. 容州 3 县：普宁、北流、陆川。
 3. 邕州 2 县、1 寨、1 场：宣化、武缘县，太平寨，慎乃场。
 4. 融州 2 县：融水、怀远。
 5. 象州 3 县：阳寿、来宾、武仙。
 6. 贺州 3 县：临贺、富川、桂岭。
 7. 昭州 4 县：平乐、恭城、龙平、立山。
 8. 梧州 1 县：苍梧。
 9. 藤州 2 县：镡津、岑溪。
 10. 浔州 2 县：桂平、平南。
 11. 柳州 3 县：马平、柳城、洛容。
 12. 贵州 1 县：郁林。
 13. 庆远府 5 县、2 监：龙水、忻城、思恩、天河、河池县，富仁、富安监。
 14. 宾州 3 县：岭方、上林、迁江。
 15. 横州 2 县：宁浦、永定。
 16. 化州 3 县：石龙、吴川、石城。
 17. 高州 3 县：电白、茂名、信宜。
 18. 雷州 3 县：海康、遂溪、徐闻。
 19. 钦州 2 县：安远、灵山。
 20. 郁林州 3 县：南流、兴业、博白。
 21. 廉州 2 县：合浦、石康。
 22. 琼州 5 县：琼山、临高、乐会、澄迈、文昌。
 23. 南宁军 3 县：宜伦、昌化、感恩。
 24. 万安军 2 县：万安、陵水。
 25. 吉阳军 1 县：宁远。

第三编 北宋省地州县的沿革

本编及下编凡例

1. 本编及下编州县的排列顺序,以《宋史·地理志》为依据。
2. 宋代州县存在的年限及名称的变更,在州县后以圆括号的形式标出。
3. 省废州县,其名称一律以方框标出。
4. 叙述宋代州县沿革的起讫年代,一般而言,北宋为 960 年至 1126 年,南宋为 1127 年至 1276 年。但北宋初南北各割据国所辖州县,则起于各归宋之年。而南宋端平以后沿边各地屡遭蒙古军入侵,上述各州县的存在年限,止于所废年代,或止于蒙古地方政权的建立。如某州治所,或废置某州县等。如无此类明确记载,则以宋州军侨置之地失陷为标志。
5. 州县省废,据"年底见在"的原则,在所废之年前一年后,加逗号标出。置废在同一年者,或置而旋废者,则在该年代后加逗号标出。南宋时,某些州县在一段时间内属金、蒙,则在该段时间后加分号标出。西夏国所属州郡,归入北宋省废州军的最后一节。
6. 废置年代不明者,则以问号标出。废置年代大体在某年,则在该年代后以问号标出,或在该年代后加"前"、"后"字样。

第一章　东京开封府州县沿革

东京,开封府(960—1126)——治开封、浚仪(今河南开封市),建隆元年(960),领十五县:开封、浚仪、尉氏、陈留、雍丘、封丘、中牟、阳武、酸枣、匡城、扶沟、鄢陵、考城、太康、襄邑。同年,以避太祖讳,改匡城为长垣。乾德元年(963),析置东明县,领十六县。咸平五年(1002),析置咸平县,领十七县。大中祥符二年(1009),浚仪县改称祥符。熙宁五年(1072),废郑、滑二州,以管城、新郑、白马、韦城、胙城五县来隶,时开封府领二十二县。元丰四年(1081),复滑州,白马等三县割出,开封府领十九县。八年,复郑州,管城、新郑二县割出,开封复领十七县如故。崇宁四年(1105),割襄邑、太康、考城三县建拱州,时开封领十四县。大观四年(1110),废拱州,三县复来隶。政和四年(1114),复拱州,三县复割出。宣和二年(1120),考城复来隶。六年,太康复来隶,时开封领十六县。

《太平寰宇记》卷1言,开封府原领县六,今十六:开封、浚仪、封丘、陈留、尉氏、雍丘、襄邑(宋州割到)、考城(曹州割到)、阳武(郑州割到)、中牟(郑州割到)、太康(陈州割到)、长垣(滑州割到)、酸枣(滑州割到)、扶沟(许州割到)、鄢陵(许州割到)、东明(新置)。

原领六县,见于新旧《唐书·地理志》、《元和郡县图志》,全同。新增之东明县,《太平寰宇记》卷2东明县条言:"东明县,即府界静戎镇之地,寻为东明镇。……皇朝建隆四年(即乾德元年)于本镇城置县,仍以东明为号。"《元丰九域志》、《宋史》卷85《地理志一》同条同。

余九县之割隶,《旧五代史》卷150《郡县志》较详明,可为印证。其文曰:"梁开平元年(907),梁祖初开国,升汴州为开封府,建名东京,元管开封、浚仪、陈留、雍丘、封丘、尉氏六县,至是割滑州之酸枣、长垣,郑州之中牟、阳武,宋州之襄邑,曹州之戴邑,许州之扶沟、鄢陵,陈州之太康九县隶焉。后唐复降为汴州,以宣武军为额,其阳武、长垣、扶沟、考城等四县仍且隶汴州,其余五县却还本部。晋天福中,复升为东京,复以前五县隶之,汉周并因之。"但其中扶沟县据上引河南道言,"天成元年(926)九月,扶沟却隶许州",晋天福三年(938)十月,与五县"并割属开封府",稍有异,当以此为准。又,河南道言,曹州戴邑县,"后唐同光二年(924)二月,复为考城县"。考城即戴邑,上引无交代,亦欠明晰。因此,宋建隆元年代周时,开封府辖十五县。

元祐元年(1086)以前事,见《元丰九域志》。《元丰九域志》卷1开封府条言,"建隆元年,改匡城县为长垣;四年,升东明镇为县。咸平五年,升通许镇为咸平县。大中祥符二年,改浚仪县为祥符。熙宁五年,废滑州,以白马、韦城、胙城三县隶府;又废郑州,以管城、新郑二县隶府;仍省原武县为镇入阳武,荥阳、荥泽二县为镇入管城。元丰四年,复置滑州,白马、韦城、胙城三县复隶滑州。八年,复置郑州,以管城、新郑二县,原武、荥阳、荥泽三镇复为县,并隶郑州"。故元丰八年开封府仍领十七县。然据《元丰九域志》卷1郑州条,荥阳、荥泽、原武三镇实至元祐元年始复为县,则元丰八年时原武镇仍隶开封府阳武县。

北宋末之事,见《宋史》卷85《地理志一》拱州条。该条言,"拱州,保庆军节度,本开封府襄邑县。崇宁四年,建为州,赐军额,为东辅。以开封之考城、太康,南京之宁陵、楚丘、柘城来隶。大观四年,废拱州,复为襄邑县,还隶开封。政和四年,复为州,又复为辅郡。宣和二年,罢辅郡,仍隶京东西路,以襄邑、太康、宁陵为属县,余归旧隶。六年,又以宁陵归南京、太康归开封,复割柘城来隶",则宣和六年时开封府实领十六县。

1. 开封县(960—1126)
2. 浚仪县(960—1009 浚仪县,1010—1126 祥符县)
3. 尉氏县(960—1126)
4. 陈留县(960—1126)
5. 雍丘县(960—1126)
6. 封丘县(960—1126)
7. 中牟县(960—1126)
8. 阳武县(960—1126)
9. 酸枣县(960—1116 酸枣县,1117—1126 延津县)

按:《宋史》卷85开封府条言,延津县,"旧酸枣县,政和七年改"。

10. 匡城县(959 匡城县,960—1126 长垣县)
11. 东明县(963—1126)
12. 襄邑县(960—1126)
13. 扶沟县(960—1126)
14. 鄢陵县(960—1126)
15. 考城县(960—1126)
16. 太康县(960—1126)
17. 咸平县(1002—1126)

第二章 京东路州县沿革

第一节 京 东 东 路

(一) 青州(960—1126)——治益都(今山东寿光市北)

据《太平寰宇记》卷18,青州原领县七,今六:益都、临淄、寿光、临朐、博兴、千乘。一县割出:北海(入潍州)。

新旧《唐书·地理志》、《元和郡县图志》七县同。北海县,据《太平寰宇记》卷18潍州条,潍州,"本青州北海县也","皇朝建隆三年(962),建为北海军。至乾德三年,改为潍州"。《元丰九域志》、《宋史》卷85《地理志一》青州、潍州条同。又,《宋朝事实》卷18潍州条言,"乾德三年(965),以营丘城置安仁县,寻改为昌乐"。营丘城即隋北海郡营丘县,后废。因此,宋初青州实领益都、临淄、寿光、临朐、博兴、千乘、北海七县。建隆三年,割北海县建北海军,以后青州实领六县。乾德三年,又割隋北海郡营丘废县地置昌乐县隶潍州,青州辖地较前收缩。

1. 益都县(960—1126)
2. 临淄县(960—1126)
3. 寿光县(960—1126)
4. 临朐县(960—1126)
5. 博兴县(960—1126)
6. 千乘县(960—1126)

(二) 密州(960—1126)——治诸城(今山东诸城市)

据《太平寰宇记》卷24,密州原领四县:诸城、安丘、莒县、高密。新旧《唐书·地理志》、《元和郡县图志》密州条亦载四县,唯安丘作辅唐,不同。《太平寰宇记》安丘县条言,安丘县,唐"乾元二年(759),改为辅唐县。梁开平二年(908),改为安丘县。后唐改为辅唐县,晋天福七年(942),改为胶西县,避国讳也。今复为安丘县"。"今"据《宋史》卷85《地理志一》同条即开宝四年(971),则宋初安丘仍以胶西名。故宋初密州实辖诸城、胶西、高密、莒县四县。开宝四年,胶西县改称安丘。

又,《宋史》卷85《地理志一》密州条言,"元祐三年(1088),以板桥镇为胶西县,兼临海军使"。《舆地广记》详略稍异,其卷6密州胶西县条言,"唐武德元年(618),省胶西入高密,后以其地为板桥镇。皇朝元祐三年,复置胶西县"。故元祐三年以后密州实领胶西等五县及临海一军使。

1. 诸城县(960—1126)
2. 胶西县(960—970 胶西,971—1126 安丘)
3. 高密县(960—1126)
4. 莒　县(960—1126)
5. 胶西县(1088—1126)

(三) 齐州,济南府(960—1115 齐州,1116—1126 济南府)——治历城(今山东济南市)

据《太平寰宇记》卷19,齐州原领县十,今六:历城、禹城、临邑、章丘、长清、临济。四县废:全节(并入历城)、山茌(并入长清)、丰齐(同上)、亭山(并入章丘)。

据《元和郡县图志》齐州条,齐州唐时辖九县,无山茌县。又据《唐会要》卷70《州县改置上》齐州条,废并诸县在元和十五年(820)。该条言:"元和十五年正月二十三日,平卢州(?)军奏,'齐州都九县,内三县请并省。丰齐县与本州长清县相近,今请废丰齐县,并入长清县。全节县与历城县相近,请废全节县,并入历城县。亭山县与章丘相近,今请废亭山,并入章丘'。"又,行齐州条言,"山茌县,武德元年置。天宝元年(742)七月二十四日,改为丰齐县",是山茌与丰齐为一县。新旧《唐书·地理志》同条同《元和郡县图志》。故《太平寰宇记》"原领县十"之说误,当为九县。而宋初齐州仅领历城、禹城、章丘、长清、临邑、临济六县。

《宋会要·方域》5之15齐州条言,"临济县,咸平四年(1001),废隶章丘县"。又言,"章丘县,景德三年(1006),以县置清平军。熙宁三年(1070),军废来隶,即县治置清平军使",则咸平四年后齐州领五县。景德三年至熙宁三年间齐州实领四县。熙宁三年后,领五县、一军使。

又,《宋史》卷85《地理志一》言,济南府,本齐州,"政和六年(1116),升为府"。

又,《元丰九域志》卷1及《长编》卷289元丰元年(1078)五月己丑条言,京东路,"熙宁七年,分东、西路",齐州属西路。元丰元年,"割齐州属东路,徐州属西路"。

1. 历城县(960—1126)
2. 禹城县(960—1126)
3. 章丘县(960—1126)
4. 长清县(960—1126)

按:《宋会要·方域》5之15言,"长清县,至道二年(996),徙治刺榆店"

(今山东济南市长清区)。

5. 临邑县(960—1126)

按:《宋史》卷85《地理志一》言,"临邑县,建隆元年,河决公乘渡口,坏城,三年,移治孙耿镇"。

6. 临济县(960—1000)

按:《宋会要·方域》5之15齐州条言,"临济县,咸平四年,废隶章丘县"。

(四) 沂州(960—1126)——治临沂(今山东临沂市)

据《太平寰宇记》卷23,沂州原领县五:临沂、沂水、费县、承县、新泰。新旧《唐书·地理志》、《元和郡县图志》同条同。沂州唐宋间辖县未变,宋初至北宋末辖临沂、承县、沂水、费县、新泰五县。

1. 临沂县(960—1126)
2. 承　县(960—1126)
3. 沂水县(960—1126)
4. 费　县(960—1126)
5. 新泰县(960—1126)

(五) 登州(960—1126)——治蓬莱(今山东蓬莱市)

据《太平寰宇记》卷20,登州原领四县:蓬莱、文登、黄县、牟平。新旧《唐书·地理志》、《元和郡县图志》同条同。登州唐宋间辖县未变,宋初至北宋末领蓬莱、文登、黄县、牟平四县。

1. 蓬莱县(960—1126)
2. 文登县(960—1126)
3. 黄　县(960—1126)
4. 牟平县(960—1126)

(六) 莱州(960—1126)——治掖县(今山东莱州市)

据《太平寰宇记》卷20,莱州原领县四:掖县、莱阳、即墨、胶水。新旧《唐书·地理志》、《元和郡县图志》中,莱州亦领四县,唯莱阳作昌阳,据《太平寰宇记》卷20莱阳县条言,为"后唐庄宗同光元年(923),避国讳改为莱阳县",则宋初莱州实领莱阳等四县。终北宋之世,莱州领掖县、莱阳、胶水、即墨四县如故。

1. 掖　县(960—1126)
2. 莱阳县(960—1126)
3. 胶水县(960—1126)
4. 即墨县(960—1126)

(七) 潍州(962—963北海军,964—1126潍州)——治北海(今山东潍坊市)

据《宋朝事实》卷18潍州条言,"建隆三年,以青州北海县置北海军,乾德二年,升为潍州。建隆三年,析北海县地置昌邑县。乾德三年,以营丘城置安仁县,寻改为昌乐"。《元丰九域志》、《宋会要·方域》5 之 15、《长编》卷 6、《文献通考》卷 317 言潍州建于乾德三年,是。《舆地广记》卷 6 同条言建于乾德二年,同《宋朝事实》。则建隆三年建北海军时军领二县,乾德三年升潍州后,州领北海、昌邑、昌乐三县。

  1. 北海县(960—1126)   2. 昌邑县(962—1126)

  按:《元丰九域志》卷 1 潍州条言,建隆三年,析北海县置昌邑县。

  3. 昌乐县(965—1126)

(八)淄州(960—1126)——治淄川(今山东淄博市淄川区)

  据《太平寰宇记》卷 19,淄州原领县五,今四:淄川、长山、高苑、邹平。一县废:济阳(入高苑)。据新旧《唐书·地理志》,淄州亦辖四县。《新唐书》卷 42《地理志二》高苑县条载,"济阳县,元和十五年省"。故宋初淄州实辖四县。

  又,《宋会要·方域》5 之 15 淄州条言,"高苑县,景德三年,以县置宣化军。熙宁三年,军废,县复来隶,即县治置宣化军使",则景德三年至熙宁三年间淄州实领三县。熙宁三年后淄州领淄川、长山、邹平、高苑四县,一军使。

  1. 淄川县(960—1126)   3. 邹平县(960—1126)
  2. 长山县(960—1126)

  按:《宋会要·方域》5 之 15 淄州条言,"邹平县,旧治县北故城。景德元年,徙治广阳城"。

  4. 高苑县(960—1126)

(九)淮阳军(982—1126)——治下邳县(今江苏睢宁县古邳镇东三里)

  据《元丰九域志》卷 1 淮阳军条言,"太平兴国七年(982),以徐州下邳县置军。治下邳县"。又,"以徐州宿迁县隶军"。要之,淮阳军自太平兴国七年至北宋末领下邳、宿迁二县。

  1. 下邳县(960—1126)   2. 宿迁县(960—1126)

第二节 京 东 西 路

(一)南京,宋州,应天府(960—1005 宋州,1006—1126 应天府,1014—1126 南京)——治宋城(今河南商丘市睢阳区南)

  据《太平寰宇记》卷 12,宋州原领县十,今七:宋城、楚丘、柘城、谷熟、下邑、虞城、宁陵。三县割出:襄邑(入开封府)、砀山(入单州)、单父(入单州)。

三县割出之时间，据《五代会要》卷20《州县分道改置》，宋州襄邑县，晋天福三年(938)十月，复割隶开封府。据《新唐书》卷38《地理志二》宋州砀山条，光化二年(899)，朱全忠以砀山、虞城、单父，曹州之成武，表置辉州。《资治通鉴》卷261昭宗光化二年条同。《太平寰宇记》卷14单州条谓开平初置辉州，似不可信。又《太平寰宇记》卷14宋州虞城县条谓"景福二年(893)，以砀山县为辉州"，自相矛盾。该条又谓是时"虞城隶焉。辉州废，今隶宋"。据《太平寰宇记》卷14单州条，"后唐同光二年(924)，改辉州为单州"，则虞城复隶宋州，当在是年。可见，宋初宋州实领宋城、宁陵、谷熟、下邑、虞城、楚丘、柘城七县。

《宋史》卷85《地理志一》拱州条言，崇宁四年(1105)，建拱州，"以开封之考城、太康，南京之宁陵、楚丘、柘城来隶。大观四年(1110)，废拱州"，"政和四年(1114)，复为州"。宣和二年(1120)，"以襄邑、太康、宁陵为属县，余归旧隶。六年，又以宁陵归南京，太康归开封，复割柘城来隶"。则崇宁四年至大观四年间，应天府领四县。大观四年至政和四年间，复领七县。政和四年至宣和二年间，复领四县。宣和二年至六年，宁陵割隶拱州，应天府领六县。宣和六年，柘城割隶拱州，宁陵复来隶，而应天府实领柘城等六县。

又，《元丰九域志》卷1南京应天府条言，唐宋州，"皇朝景德三年(1006)，升应天府。大中祥符七年(1014)，升南京"。

1. 宋城县(960—1126)　　　　　3. 谷熟县(960—1126)
2. 宁陵县(960—1126)

按：《清一统志》卷194归德府谷熟故城条言，宋开宝五年(972)，汴水决，迁治城南。

4. 下邑县(960—1126)　　　　　6. 楚丘县(960—1126)
5. 虞城县(960—1126)　　　　　7. 柘城县(960—1126)

（二）兖州，袭庆府(960—1117兖州，1118—1126袭庆府)——治瑕丘（今山东济宁市兖州区东北）

据《太平寰宇记》卷21，兖州原领县十，今七：瑕丘、曲阜、邹县、莱芜、龚丘、乾封、泗水。三县割出：任城（入济州）、金乡（入济州）、鱼台（入单州）。

据《太平寰宇记》卷14济州条，"广顺二年(952)复置济州。是年，割……兖之金乡、任城来隶"。又，《五代会要》卷20《州县分道改置》亦载复置济州事，较《太平寰宇记》更详尽，仅金乡自单州改隶济州，与《太平寰宇记》不同。鱼台入单州之时间，《太平寰宇记》未言，见于《文献通考》。《文献通考》卷317

兖州条谓,"后唐以鱼台属单州"。可见,宋初兖州实领瑕丘、乾封、泗水、龚丘、曲阜、莱芜、邹县七县。

又,《宋史》卷85《地理志一》袭庆府条言,"政和八年,升为府"。

1. 瑕丘县(960—1109 瑕丘县,1110—1126 瑕县)

按:《宋史》卷85《地理志一》袭庆府条言,"大观四年,以瑕丘县为瑕县"。《清一统志》卷165兖州府滋阳县条言,"宋大观四年,避孔子讳,改曰瑕县,寻又改为嵫阳"。同书卷166兖州府条言,"瑕丘旧城,在滋阳县西二十里"。嵫阳之说,宋代诸史志不载,今不取,姑存。

2. 乾封县(960—1007 乾封县,1008—1126 奉符)

按:《宋史》卷85《地理志一》言,"乾封县,开宝五年,移治岱岳镇。大中祥符元年改"奉符。《清一统志》卷179泰安府奉符故城条言,乾封县,"大中祥符初,改曰奉符,又筑新城,在今州东南三里,而以此(岱岳镇)为旧城"。

3. 泗水县(960—1126)

4. 龚丘县(960—1109 龚丘县,1110—1126 龚县)

按:《宋会要·方域》5之16言,"端拱元年(988)三月二十一日,京东转运使刘甫英言,兖州龚丘县民请选(迁)于旧邑。从之。先是,国家有东封之意,故迁是邑以供行在。至是中辍,民欲复其故地"。又,《宋史》卷85《地理志一》袭庆府条言,"大观四年,龚丘县为龚县"。

5. 曲阜县(960—1011 曲阜县,1012—1126 仙源县)

按:《元丰九域志》卷1兖州条言,"大中祥符五年,改曲阜为仙源"。《宋会要·方域》5之16,《宋史》卷85《地理志一》同。然,《舆地广记》卷7、《宋朝事实》卷18同条以为曲阜改仙源在元年,《文献通考》卷317同条言在三年,均误。《长编》卷79系此事于大中祥符五年闰十月戊寅。

6. 莱芜县(960—1126)　　　　7. 邹　县(960—1071,1084—1126)

按:《元丰九域志》卷1兖州条言,"熙宁五年(1072),省邹县为镇入仙源。元丰七年(1084),复为县"。

8. 莱芜监(960—1126)

按:《太平寰宇记》卷21载,"莱芜监在兖州莱芜县之界,古冶铁之务也,管一十八冶,县监不相统"。又,《元丰九域志》、《宋史》卷85《地理志一》兖州、袭庆府条均有莱芜监,主铁冶。

(三) 徐州(960—1126)——治彭城(今江苏徐州市)

据《太平寰宇记》卷15,徐州原领县七,今五:彭城、沛县、滕县、萧县、丰县。二县割出：下邳(置淮阳军)、宿迁(入淮阳军)。

下邳、宿迁入淮阳军之时间，见于《元丰九域志》卷1淮阳军条，该条谓"太平兴国七年(982)，以徐州下邳县置军"，同年又"以徐州宿迁县隶军"，则宋初徐州所辖当为彭城、沛县、萧县、滕县、丰县、下邳、宿迁七县。

唯《太平寰宇记》卷17淮阳军条、卷16泗州条及《元丰九域志》卷5泗州条谓，二县自泗州割隶淮阳军，与前抵牾。

检《新唐书》卷38《地理志二》徐州宿迁条，谓"本宿预，隶泗州。宝应元年(762)更名，来隶"。又，下邳条谓："贞观元年(627)……以下邳隶泗州。……元和四年(809)来隶"。《旧唐书》卷38《地理志二》泗州条亦谓"宿预、下邳隶徐州"，可见，二县自中唐以来即隶徐州，泗州之说误。

太平兴国七年，下邳、宿迁二县割出，则七年以后徐州领五县。又，《元丰九域志》卷1徐州利国监条言，"太平兴国四年，以徐州彭城县狄丘冶务升为监，仍隶州"。《宋史》卷85《地理志一》言，"主铁冶"，则四年以后徐州领一监。《宋史》卷85《地理志一》徐州宝丰监条言，"元丰六年置，铸铜钱，八年废"。《长编》卷345言宝丰监置于元丰七年四月甲午，有异同。要之，元丰末，徐州有宝丰一铜钱监。

又，京东路，"熙宁七年，分东西路"，徐州属东路。《长编》卷289元丰元年五月己丑条言，"割齐州属东路，徐州属西路"。

1. 彭城县(960—1126)　　　　3. 萧　县(960—1126)
2. 沛　县(960—1126)

按，《清一统志》卷101徐州府萧县故城条言，"宋时河决，乃改筑南徙治焉"。

4. 滕　县(960—1126)　　　　6. 利国监(979—1126)
5. 丰　县(960—1126)　　　　7. 宝丰监(1083—1084)

(四) 曹州，兴仁府(960—1103曹州，1104—1126兴仁府)——治济阴(今山东曹县西北)

据《太平寰宇记》卷13，曹州原领县六，今四：济阴、冤句、乘氏、南华。二县割出：考城(入开封府)、成武(入单州)。

《旧五代史》卷150《郡县志》曹州戴邑县条言，"梁开平三年(909)二月，割隶汴州。后唐同光二年二月，复为考城县"。又，检《新唐书》卷38《地理志二》宋州条，"光化二年，朱全忠以砀山、虞城、单父，曹州之成武，表置辉州"。是成武、考城割隶在唐光化二年与梁开平三年，宋初曹州仅领济阴、冤句、乘氏、南华四县。

《元丰九域志》卷1曹州条言,"太平兴国二年,以济阴县定陶镇置广济军"。《宋史》卷85《地理志一》、《太平寰宇记》、《文献通考》同,《长编》系于二年闰七月癸丑,《宋朝事实》卷18作三年,稍异。要之,太平兴国二年以后,曹州辖境有所缩小。

又,《元丰九域志》卷1曹州条言,"广济军,熙宁四年废军,以定陶县隶州"。《宋史》卷85《地理志一》广济军条言,"元祐元年(1086),复为军",领定陶县。则熙宁四年至元丰八年时曹州实领定陶等五县。

《宋会要·方域》5之16言,"兴仁府,旧曹州、督府、彰信军。建中靖国元年(1101),改兴仁。崇宁三年,升兴仁军为兴仁府,仍还彰信旧节"。《宋史》卷19《徽宗纪一》系于崇宁三年十一月丙申,《宋史》卷85《地理志一》言在元年,似误。

1. 济阴县(960—1126)
2. 冤句县(960—1107冤句县,1108—1126宛亭县)

按:《舆地广记》兴仁府条言,"冤亭县,本曰冤句。皇朝大观二年,改为冤亭"。《宋会要·方域》5之16、《宋朝事实》卷18同条同,唯"冤"作"宛"。《宋史》卷85《地理志一》同条系于元祐元年,《文献通考》卷320同条言在元祐间,未审孰是,今姑从《宋会要·方域》。

3. 乘氏县(960—1126)　　　4. 南华县(960—1126)

(五)郓州,东平府(960—1118郓州,1119—1126东平府)——治须城(今山东东平县西北)

据《太平寰宇记》卷13,郓州原领县十,今七:须城、寿张、中都、平阴、东阿、卢县、阳谷。二县割出:巨野(入济州)、郓城(入济州)。一县废:东平(并入须城)。

上引须城县条言,"废东平县,太和六年(832)七月废入须昌县"。新旧《唐书·地理志》同条同。须城,两《唐书·地理志》作须昌,当是后唐避其祖李国昌之讳改。又,检《五代会要》卷20《州县分道改置》,"周广顺二年(952)九月,以郓州巨野升为州。……至其年十二月,又割郓州郓城县隶之"。因此,宋初郓州实领须城、阳谷、中都、寿张、东阿、平阴、卢县七县。

然宋代诸史志郓州均六县,唯《太平寰宇记》七县,多卢县,不知此县废于何时。要之,北宋时郓州领六县。又,北宋时,郓州尝领东平监,数度废罢。

《宋史》卷85《地理志一》东平府条言,"宣和元年,改为东平府"。

《宋会要·方域》5之17言,郓州,咸平三年(1000),因水灾以地卑下,移治旧州东南十里。《清一统志》卷179泰安府须昌故城条言,宋咸平三年,徙州治于东南十五里汶阳乡之高原,即今治(今山东东平县)也。

1. 须城县(960—1126)　　　　2. 阳谷县(960—1126)

按:《太平寰宇记》卷13郓州条言,阳谷县,"皇朝开宝六年,又河水冲破县城,至太平兴国四年,移于上巡镇,即今县理"。《宋会要·方域》5之17言,阳谷县,旧顺昌县地。景德三年,徙治孟店。

3. 中都县(960—1126)　　　　5. 东阿县(960—1126)
4. 寿张县(960—1126)

按:《清一统志》卷166兖州府东阿废县条言,开宝八年,迁县治于今东阿县之南谷镇,在故城西南五十里。卷179泰安府东阿县条言:"太平兴国二年,徙治利仁镇。"

6. 平阴县(960—1126)　　　　8. 东平监(?—1020,?—1071,?—
7. 卢　县(960—?)　　　　　　　 1112,1120—1126)

按:《长编》卷97言,天禧五年(1021)正月丁酉,"废郓州东平监",则天禧五年以前郓州尚领东平一监。又,《长编》卷250熙宁七年二月壬申条言,"废郓州东平监,以其牧地听民出租,以其马给禁兵邮传,其下斥卖",则七年郓州仍领东平监,然不知天禧五年废后,何时复置。《宋史》卷85《地理志一》东平府条言,东平监,"政和三年罢,宣和二年复置"。

(六) 济州(960—1126)——治巨野(今山东巨野县南)

据《太平寰宇记》卷14济州条,"广顺二年九月,平兖州,回至巨野,因诏于此复置济州。仍割兖州之任城、金乡,郓州之中都等县隶之。其年十二月,又割郓州郓城县隶之,中都却入郓州"。又同记卷21兖州条亦谓任城、金乡割自兖州。唯《五代会要》卷20《州县分道改置》谓金乡自单州割隶,不同。因此,宋初济州实领巨野、郓城、金乡、任城四县。又,据宋代诸史志记载,北宋时,济州领四县如故。

1. 巨野县(960—1126)　　　　2. 郓城县(960—1126)

按:《长编》景祐元年(1034)七月己亥条言,徙济州郓城县于盘沟乡。

3. 金乡县(960—1126)　　　　4. 任城县(960—1126)

(七) 单州(960—1126)——治单父(今山东单县)

据《太平寰宇记》卷14,单州原领县四:单父(宋州割到)、砀山(同)、成武(曹州割到)、鱼台(兖州割到)。

《新唐书》卷 38《地理志二》宋州条言,"光化二年(899),朱全忠以砀山、虞城、单父、曹州之成武,表置辉州"。光化三年,辉州徙治单父。后唐灭梁,"同光二年,改辉州为单州",虞城县复隶宋州,详见宋州条。至于鱼台割隶单州之时间,检《文献通考》卷 317 兖州条,谓"后唐以鱼台属单州",则宋初单州实辖单父、砀山、成武、鱼台四县。又,据宋代诸史志,北宋时,单州领四县如故。

1. 单父县(960—1126)
2. 砀山县(960—1126)
3. 成武县(960—1126)
4. 鱼台县(960—1126)

(八) 濮州(960—1126)——治鄄城(今山东鄄城县旧城镇)

据《太平寰宇记》卷 14 濮州条,濮州原领县五,今四:鄄城、临濮、雷泽、范县。一县割出:濮阳(入澶州)。据《文献通考》卷 317 濮州条,"晋以濮阳属澶州",则宋初濮州实领四县。又,据宋代诸史志,北宋时,单州领鄄城、雷泽、临濮、范县四县。

1. 鄄城县(960—1126)
2. 雷泽县(960—1126)
3. 临濮县(960—1126)
4. 范　县(960—1126)

(九) 拱州(1105—1109,1114—1126)——治襄邑(今河南睢县)

据《宋史》卷 85《地理志一》拱州条言,"拱州,保庆军节度,本开封府襄邑县。崇宁四年,建为州,赐军额,为东辅。以开封之考城、太康,南京之宁陵、楚丘、柘城来隶。大观四年,废拱州,复为襄邑县,还隶开封。政和四年,复为州,又复为辅郡。宣和二年,罢辅郡,仍隶京东西路,以襄邑、太康、宁陵为属县,余归旧隶。六年,又以宁陵归南京、太康归开封,复割柘城来隶",则拱州崇宁四年至大观三年领襄邑、考城、太康、宁陵、楚丘、柘城六县,为东辅。政和四年至宣和元年复为州,复领六县如故,并再为辅郡。宣和二年,罢辅郡,隶京东西路,领襄邑、太康、宁陵三县,至五年。宣和六年以后领襄邑、柘城二县。

1. 襄邑县(960—1126)
2. 柘城县(960—1126)

(十) 广济军(977—1071,1086—1126)——治定陶(今山东定陶县西北)

据《太平寰宇记》卷 13 广济军条言,"皇朝乾德元年,东疏菏水,漕转兵食于镇,置发运务。开宝元年,寻改为转运司。太平兴国二年,转运使和岘奏请升定陶镇为广济军。至四年,转运使张去华又奏请分曹、单、濮、济四州之境民置定陶县以隶军",则太平兴国四年时广济军领定陶一县。又,《元丰九域志》、《宋史》卷 85《地理志一》、《文献通考》同条"单"均作"澶",然澶州与广济军地不相接,恐有误。

又,《宋史》卷85《地理志一》广济军条言,熙宁四年废军,以定陶县隶曹州。元祐元年,复为军。

定陶县(979—1126)

第三章　京西路州县沿革

第一节　京西南路

（一）襄州，襄阳府(960—1118襄州，1119—1126襄阳府)——治襄阳(今湖北襄阳市)

据《太平寰宇记》卷145，襄州原领县七，今六：襄阳、邓城、谷城、中卢、宜城、南漳。一县割出：乐乡(入荆门军)。

上引宜城县条言，"废乐乡县……周显德二年(955)，并入宜城县。皇朝开宝五年(972)，割隶荆门军"。关于乐乡，《太平寰宇记》卷146荆门军条有更明晰之说明，该条谓"皇朝开宝五年，割荆州之长林县、襄州之故乐乡县，合为一县，置于郭下"。再检《元丰九域志》卷6江陵府长林县条，该条下有乐乡镇。是乐乡县废后，开宝五年，以镇划入荆门军。又，中卢县新旧《唐书·地理志》、《元和郡县图志》作义清。据《元丰九域志》卷1襄州条记载，"太平兴国元年(976)，改义清县为中卢"，则宋初襄州实领襄阳、邓城、谷城、宜城、义清、南漳六县。

《元丰九域志》卷10光化军条言，"熙宁五年(1072)，废军为光化县，省乾德县为镇，隶襄州"。《宋史》卷85《地理志一》光化军条言，"元祐初，复为军"，则熙宁五年至元丰八年(1085)时襄州实领光化等七县。元祐元年(1086)后，襄阳府复领六县如故。

又，《宋史》卷85《地理志一》襄阳府条言，"本襄州，宣和元年，升为府"。

1. 襄阳县(960—1126)
2. 邓城县(960—1126)
3. 谷城县(960—1126)
4. 宜城县(960—1126)
5. 义清县(960—975义清，976—1126中卢)

按：《元丰九域志》卷1襄州条载，太平兴国元年改义清为中卢。

6. 南漳县(960—1126)

(二) 邓州(960—1126)——治穰(今河南邓州市)

据《太平寰宇记》卷142,邓州原领县九,今五:穰县、南阳、内乡、淅川、顺阳。四县废:菊潭、向城(以上二县并入穰县),新野、临濑(以上二县并入穰县)。

上引南阳县条谓,"废菊潭县……周显德五年,并入临濑县","废向城县……周显德三年,废入临濑"。《旧五代史》卷150《郡县志》山南道邓州条载,"菊潭县、向阳县,周显德三年三月废",与《太平寰宇记》稍异。新野县,据《新唐书》卷40《地理志四》邓州穰县条,"乾元元年(758),省新野……入焉"。临濑县,据《舆地广记》卷8邓州条,"皇朝建隆初,省入穰"。又,新旧《唐书·地理志》、《元和郡县图志》所载邓州无顺阳县。《元丰九域志》卷1邓州条言,"太平兴国六年,升内乡县顺阳镇为县",则宋初邓州无顺阳。故宋初邓州实有穰县、南阳、内乡、淅川、临濑五县。

《元丰九域志》卷1邓州条言,"建隆初,废临濑县入穰。太平兴国六年,升内乡县顺阳镇为县。庆历四年(1044),以唐州方城县为镇,隶州。元丰元年,还隶唐州",则宋初至太平兴国五年邓州实领四县。太平兴国六年后邓州领顺阳等五县。庆历四年至熙宁十年,唐州方城县为镇来隶,辖境有所扩大。

1. 穰　县(960—1126)
2. 南阳县(960—1126)
3. 内乡县(960—1126)
4. 淅川县(960—1126)
5. 临濑县(959)
6. 顺阳县(981—1126)

(三) 随州(960—1126)——治随(今湖北随州市)

据《太平寰宇记》卷144,随州领县四:随县、枣阳、唐城、光化。新旧《唐书·地理志》随州条中,天宝以来,随州辖四县如上。由此可知中唐至宋初,随州所辖随县、唐城、枣阳、光化四县未变。

又,《元丰九域志》卷1随州条言,"熙宁元年,废光化县为镇入随",则熙宁元年以后随州领三县。

1. 随　县(960—1126)
2. 唐城县(960—1126)
3. 枣阳县(960—1126)
4. 光化县(960—1067)

(四) 金州(960—1126)——治西城(今陕西安康市)

据《太平寰宇记》卷141,金州原领县六,今五:西城、平利、洵阳、汉阴、石泉。一县废:淯阳(入洵阳)。

洧阳省废之时间,《太平寰宇记》卷 141 洵阳县条谓在大历六年(771),所记并不完整。《新唐书》卷 40《地理志四》金州洵阳县条谓,该县"大历六年,省入洧阳。长庆初复置"。故《太平寰宇记》所记不确。再检《元丰九域志》卷 1 金州条,该条谓"乾德四年(966),省洧阳县入洵阳",则宋初金州领西城、洵阳、汉阴、石泉、平利、洧阳六县。

《元丰九域志》金州条言,"乾德四年,省洧阳县入洵阳。熙宁六年,省平利县为镇入西城"。《宋会要·方域》5 之 21 载,平利县元祐元年(1086)复。《舆地广记》卷 8 金州平利县条、《宋朝事实》卷 18 系于二年。要之,乾德四年后金州领五县。熙宁六年后领四县,元祐元年后复领五县。

1. 西城县(960—1126)
2. 洵阳县(960—1126)
3. 汉阴县(960—1126)
4. 石泉县(960—1126)
5. 平利县(960—1072,1086—1126)
6. 洧阳县(960—965)

(五) 房州(960—1126)——治房陵(今湖北房县)

据《太平寰宇记》卷 143,房州原领县四,今二:房陵、竹山。二县废:上庸(入竹山)、永清(入房陵)。

《元丰九域志》卷 1 房州条谓,"开宝中,省永清县入房陵,上庸县入竹山",是宋初房州尚领房陵、永清、竹山、上庸四县,开宝以后房州领二县。

1. 房陵县(960—1126)
2. 永清县(960—971 前后)
3. 竹山县(960—1126)
4. 上庸县(960—971 前后)

(六) 均州(960—1126)——治武当(今湖北丹江口市西北)

据《太平寰宇记》卷 143,均州原领县三,今二:武当、郧乡。一县废:丰利(入郧乡)。

上引郧乡县条载,"废丰利县,皇朝乾德六年,并入郧乡县",则宋初均州实领武当、郧乡、丰利三县,而乾德六年后均州领二县。

1. 武当县(960—1126)
2. 郧乡县(960—1126)
3. 丰利县(960—967)

(七) 郢州(960—1126)——治长寿(今湖北钟祥市)

据《太平寰宇记》卷 144,郢州原领县三,今二:长寿、京山。一县废:富水(并入京山)。

据《太平寰宇记》京山县条,"废富水县,皇朝乾德二年,并入京山县",则宋初郢州实领长寿、京山、富水三县,而乾德二年后领二县。

1. 长寿县(960—1126)
2. 京山县(960—1126)
3. 富水县(960—963)

(八) 唐州(960—1126)——治泌阳(今河南唐河县)

据《太平寰宇记》卷142,唐州原领县六,今五:泌阳、桐柏、湖阳、方城、比阳。一县废:慈丘(并入比阳)。

据上引比阳县条,"废慈丘县……周显德三年入比阳",是宋初唐州领泌阳等五县。然与《旧唐书》卷39《地理志二》及《元和郡县图志》同条比勘,两志较《太平寰宇记》多平氏县。再检《元丰九域志》卷1唐州条,该条谓,"开宝五年,省平氏县为镇入泌阳",则《太平寰宇记》实脱平氏县。故宋初唐州实领平氏等六县,而开宝五年后仅领泌阳、平氏、湖阳、比阳、桐柏、方城五县。

《元丰九域志》卷1唐州条言,"庆历四年,省方城县为镇,入邓州南阳县。元丰元年,复为县隶州",则庆历四年至熙宁十年唐州实领四县,元丰元年后唐州复领五县如故。

1. 泌阳县(960—1126)
2. 湖阳县(960—1126)
3. 比阳县(960—1126)
4. 桐柏县(960—1126)
5. 方城县(960—1043,1078—1126)
6. 平氏县(960—971)

(九) 光化军(964—1071,1086—1126)——治光化(今湖北老河口市西北)

据《元丰九域志》卷10光化军条言,"乾德二年,以襄州谷城县阴城镇建军,仍析谷城三乡置乾德县,领县一"。《长编》卷5系于乾德二年三月辛卯。又,《太平寰宇记》卷145光化军条言,"仍割谷城县导(遵)教、翔鸾、汉均等三乡置乾德县",则乾德二年后光化军领乾德一县。

《元丰九域志》卷10光化军条及《宋史》卷85《地理志一》光化军条言,"熙宁五年,废军为光化县,省乾德县为镇隶襄州","元祐初,复为军",则熙宁五年至元丰八年光化军废为县并入襄州。

据《舆地纪胜》卷82京西南路条、卷87光化军条,《方舆胜览》卷33光化军条,《宋会要·方域》5之19所载,乾德县在光化军废为县后及光化军复置后改称光化县。《宋史》卷85《地理志一》光化军条所记欠明,当从《舆地纪胜》等。

乾德县(964—1071乾德县,1072—1126光化县)

按:《清一统志》卷347襄阳府阴县故城条引府志言:"县旧治在县西十五

里西集街。"

第二节 京西北路

(一) 西京,河南府(960—1126)——治河南、洛阳(今河南洛阳市)

据《太平寰宇记》卷3,河南府原领县二十六,今十八:河南、洛阳、登封、寿安、伊阙、永宁、长水、新安、福昌、伊阳、巩县、密县、渑池、缑氏、颍阳、王屋、河清、偃师。六县割出:阳翟(入许州)、河阴(以下五县入孟州)、河阳、温县、济源、汜水。二县废:陆浑(并入伊阳)、告成(并入登封)。

《新唐书》卷38《地理志二》许州条谓,阳翟县"会昌三年(843)复来属",则阳翟唐时已割隶许州。《旧唐书》卷38《地理志一》河南府条并同。

至于河阴等五县割隶孟州之时间,详见《旧唐书》卷38《地理志一》孟州条,该条谓孟州"本河南府之河阳县,本属怀州。显庆二年(657),割属河南府。……乾元中,史思明再陷洛阳,太尉李光弼以重兵守河阳。及雍王平贼,留观军容使鱼朝恩守洛阳,乃以河南府之河阳、河清、济源、温四县租税入河阳三城使。河南尹总领其县额。寻又以汜水军赋隶之。会昌三年九月,中书门下奏:'河阳五县,自艰难已来,割属河阳三城使。其租赋色役,尽归河阳,河南尹但总管名额而已,使归一统,便为定制。既是雄镇,足壮三城,其河阳望升为孟州,仍为望,河阳等五县改为望县。'寻有敕,割河阳(阴)隶孟州,河清还河南府"。可知五县划归孟州是会昌三年之事。然《元一统志》卷3汜水县条言,该县"宋建隆元年(960),以河东未定,权隶洛州",不同。

检《新唐书》卷38《地理志二》河南府阳城县条,"万岁登封元年(696),将封嵩山,改阳城曰告成。神龙元年(705),复故名。二年,复为告成",可知告成即阳城。检《文献通考》卷320河南府条,该条谓"周显德中,废阳城县"。

陆浑县,《太平寰宇记》等唐、五代、宋诸地志不载其废并之时间,检《元丰九域志》河南府条已无陆浑县,可见陆浑县已废于宋以前。据此宋初河南府当领十八县。然《文献通考》河南府条谓,"汉乾祐中,置(望)陵县。……宋乾德初,废望陵"。又《宋会要·方域》5之1亦载此事,谓"河南府望陵县,乾德元年(963),废隶登封县"。可见,宋初河南府实领河南、洛阳、偃师、颍阳、巩县、密县、新安、福昌、伊阳、渑池、永宁、长水、寿安、河清、登封、伊阙、缑氏、王屋、望陵十九县,而乾德元年废望陵县,其后河南府则领十八县。《元丰九域志》卷1河南府条言,"景德四年(1007),升永安镇为永安县",则景德四年后河南府实领永安等十九县。

《元丰九域志》卷1河南府条言，"庆历三年(1043)，以王屋县隶孟州，复以孟州氾水县隶府，省入巩县为行庆关，又省寿安、颍阳、偃师、缑氏、河清、王屋县为镇，四年复旧。熙宁三年(1070)，省洛阳县入河南，颍阳县为镇入登封，伊阙县为镇入伊阳，福昌县为镇入寿安，偃师县为镇入缑氏，以王屋县隶孟州。八年，复置偃师县，省缑氏县为镇入焉"。然与其他文献相比勘，《元丰九域志》此条疑误有三。第一，《宋会要·方域》5 之 23 言，"氾水县，熙宁三年，省县为行庆关，隶河南府巩县。四年，复置县，还隶"，则氾水废为行庆关为熙宁时事，非庆历时事。又，《元丰九域志》卷 1 孟州条言，"庆历三年，以河南王屋县隶州，复以氾水县隶河南府，四年复旧"，亦未言氾水县废为行庆关事，可知《元丰九域志》本条所记有误。第二，庆历三年废寿安等六县为镇事，《宋会要·方域》5 之 11、12 之 14 同，然仅河清、寿安、颍阳、缑氏四县，余缺。《长编》卷 149 则系于庆历四年五月己丑，仅五县，无王屋，且言王屋于是时自孟州来隶，有所不同，《元丰九域志》既言王屋庆历三年改隶孟州，同年何来废镇事？必有复隶，方有熙宁三年再度割隶孟州之事。今姑从《元丰九域志》。第三，熙宁三年省割洛阳诸县事，《宋会要·方域》5 之 11、12 之 14 均系于五年，唯偃师县条言，"熙宁三年，废为镇。四年，复置。熙宁五年，又废。八年，复置"，稍异。《宋史》卷 85《地理志一》略同于《宋会要》，亦与《元丰九域志》异。再检《元一统志》卷 1 废王屋县条，该县再隶孟州，亦系于五年。要之，"三"或为"五"之讹。废洛阳等五县为镇，再割王屋县隶孟州应为熙宁五年之事。故熙宁五年后河南府实领十三县。

《宋史》卷 85《地理志一》河南府条言，福昌县，"元祐元年(1086)，复为县"。洛阳县、颍阳县，"元祐二年复"。密县，"崇宁四年(1105)，割隶郑州。宣和二年(1120)，还隶府"，则宣和二年后河南府实领洛阳等十六县。

又，《太平寰宇记》卷 3 言，"河南府，皇朝移于小清化坊"。

1. 河南县(960—1126)
2. 洛阳县(960—1071，1087—1126)

按：《宋史》卷 85《地理志一》河南府条言，洛阳县，"熙宁五年，省入河南，元祐二年复"。

3. 偃师县(960—1042，1044—1069，1071，1075—1126)

按：《宋会要·方域》5 之 11，偃师县，"熙宁三年，废为镇。四年，复置。熙宁五年，又废。八年，复置"。

4. 颍阳县(960—1042，1044—1126)

按：《宋史》卷 85《地理志一》河南府条言，颍阳县，"熙宁二(五)年，省入登封,元祐二年复置"。

　　5. 巩　县(960—1126)　　　　6. 密　县(960—1126)

　　按:《宋史》卷85《地理志一》河南府条言,密县,"崇宁四年,割隶郑州。宣和二年,还隶府"。

　　7. 新安县(960—1126)　　　　8. 福昌县(960—1126)

　　按:《宋史》卷85《地理志一》河南府条言,福昌县,"熙宁五年,省入寿安。元祐元年,复为县"。

　　9. 伊阳县(960—1126)

　　按:《宋史》卷85《地理志一》河南府条言,伊阳县,"熙宁二年,割栾川冶镇入虢州卢氏县"。

　　10. 渑池县(960—1126)

　　按:《宋史》卷85《地理志一》河南府条言,渑池县,"景祐四年(1037),改铁门镇曰延禧"。

　　11. 永宁县(960—1126)　　　　13. 寿安县(960—1042,1044—
　　12. 长水县(960—1126)　　　　　　　1126)

　　按:《宋史》卷85《地理志一》河南府条言,"庆历三年,废为镇,四年复"。

　　14. 河清县(960—1042,1044—1126)

　　按:《宋史》卷85《地理志一》河南府河清县条言,"开宝元年(968)移治白波镇"。《太平寰宇记》卷5同。《宋会要·方域》5之11言在开宝六年,稍异。当为形近而误。

　　15. 登封县(960—1126)　　　　16. 伊阙县(960—1071)

　　按:《宋史》卷85《地理志一》河南府条言,"熙宁五年,废伊阙县为镇入河南。六年,改隶伊阳"。

　　17. 缑氏县(960—1042,1044—1074)　19. 永安县(1007—1126)
　　18. 望陵县(960—962)　　　　　　20. 阜财监(1074—?)

　　按:《元丰九域志》卷1河南府条言,阜财监,"熙宁七年置,铸铜钱"。

(二) 许州,颍昌府(960—1079 许州,1080—1126 颍昌府)——治长社(今河南许昌市)

　　据《太平寰宇记》卷7,许州原领县八,今七:长社、长葛、临颍、许昌、阳翟、郾城、舞阳。一县割出:鄢陵(入开封府)。

　　《旧五代史》卷150《郡县志》言,"许州扶沟县、鄢陵县,梁开平三年(909)二月,割隶汴州。后唐同光二年(924)二月,鄢陵县却隶许州。天成元年

(926)九月,扶沟却隶许州。晋天福三年(938)十月,并割属开封府",可知宋初许州实领长社、郾城、阳翟、长葛、舞阳、许田、临颍七县。然据上引,天成以后许州尚领扶沟县。检新旧《唐书·地理志》、《元和郡县图志》,唐时扶沟均为许州属邑,可知《太平寰宇记》许州条实脱扶沟一县。天成、天福间许州实领九县。

又,据《舆地广记》卷9长社县所载,"许田镇,本许国。二汉为县,属颍川郡。献帝都之。魏文帝改曰许昌。……唐属许州。后唐避讳,改曰许田",则知自后唐以来至于宋初,当以许田名县。

《元丰九域志》卷1颍昌府条言,"熙宁四年,省许田县为镇入长社",则是年以后许州实领六县。

《宋史》卷85《地理志一》颍昌府条言,"郏,元隶汝州,崇宁四年来隶",则是年以后颍昌府领郏县等七县。

又,郏县,《宋史》卷85《地理志一》、《宋朝事实》卷18、《舆地广记》卷9、《宋会要·方城》5之12同,《隋书·地理志》、两《唐书·地理志》、《太平寰宇记》、《元丰九域志》、《文献通考》作郏城,或北宋后期改。

《元丰九域志》卷1颍昌府条言,"唐许州,皇朝元丰三年(1080),升颍昌府"。又,《宋史》卷85《地理志一》颍昌府条言,"崇宁四年,为南辅,隶京畿。大观四年(1110),罢辅郡。政和四年(1114),复为辅郡,隶京畿。宣和二年,复置辅郡,依旧隶京西北路"。

1. 长社县(960—1126)
2. 郾城县(960—1126)
3. 阳翟县(960—1126)
4. 长葛县(960—1126)
5. 舞阳县(960—1126)
6. 许田县(960—1070)
7. 临颍县(960—1126)
8. 郏　县(960—1126)

(三)郑州(960—1071,1085—1126)——治管城(今河南郑州市)

据《太平寰宇记》卷9,郑州原领县七,今五:管城、荥泽、原武、新郑、荥阳。二县割出:阳武(入开封府)、中牟(入开封府)。

《旧五代史》卷150《郡县志》载,"郑州中牟县、阳武县,梁开平三年二月,割隶汴州。后唐同光二年二月,敕:'中牟却隶郑州。'晋天福三年十月,中牟却割属开封府",则宋初郑州实领管城、荥泽、原武、新郑、荥阳五县。

《元丰九域志》卷1郑州条言,"熙宁五年,废州,以管城、新郑二县隶开封府,省原武县为镇入阳武,荥阳、荥泽二县为镇入管城。元丰八年,复置州,管城、新郑县来隶",则元丰八年时郑州实领管城、新郑二县。

《宋史》卷 85《地理志一》郑州条言，元祐元年，"复以荥阳、荥泽、原武为县，与滑州并隶京西路。崇宁四年，建为西辅。大观四年，罢辅郡。政和四年，又复。宣和二年，又罢"，则郑州元祐元年复领荥阳等五县，宣和二年复隶京西北路。

又，《宋会要·方域》5 之 22 郑州条言，"元丰八年，复治管城县"。

1. 管城县(960—1126)
2. 新郑县(960—1126)
3. 荥阳县(960—1071,1086—1126)
4. 荥泽县(960—1071,1086—1126)
5. 原武县(960—1071,1086—1126)

(四) 滑州(960—1071,1081—1126)——治白马(今河南滑县旧滑县城东)

据《太平寰宇记》卷 9，滑州原领县八，今四：白马、韦城、胙城、灵河。四县割出：酸枣(入开封府)、匡城(同上)、卫南(入澶州)、黎阳(建通利军)。

《旧五代史》卷 150《郡县志》言，"滑州酸枣县、长垣县，梁开平三年二月，割隶许州。后唐同光二年二月，酸枣县却隶滑州，长垣县却改为匡城县。晋天福三年十月，酸枣县却割隶开封府"。

又，《文献通考》卷 317 滑州条言，"晋以卫南属澶州，以卫州黎阳来属"。再检《太平寰宇记》卷 57 通利军条，该条谓"通利军本黎阳县。唐属卫州。晋天福中割隶滑州。皇朝雍熙四年(987)，割属澶州。端拱元年(988)，建为通利军，县仍属焉"，则知宋初滑州实领白马、韦城、胙城、灵河、黎阳等五县。

《元丰九域志》卷 1 滑州条言，"雍熙四年，以黎阳县隶澶州。治平三年(1066)，省灵河县为镇入白马"，则滑州雍熙四年后领四县，治平三年后实领三县。

省灵河县系于治平三年，《舆地广记》卷 9、《宋朝事实》卷 18 同条同。《宋史》卷 85《地理志一》同条为熙宁三年，《文献通考》卷 317 同条作熙宁初。不同。

《元丰九域志》卷 1 滑州条言，"熙宁五年，废州。白马、韦城、胙城三县隶开封府。元丰四年，复置州，县复来隶"。

又，《长编》卷 374 元祐元年四月乙未条言，"诏郑、滑州并隶京西路"。《宋史》卷 85《地理志一》郑州条略同。然《长编》卷 315 元丰四年八月己巳条言，"诏白马县复为滑州，隶京西"。则《长编》前条与《宋史》恐有误。据《长编》卷 364 元祐元年正月辛丑条言，郑州"元丰八年十一月十二日复"，数月无所隶尚可，如滑州四年无所隶，则实费解。疑"滑州"为衍文。

1. 白马县(960—1126)
2. 韦城县(960—1126)
3. 胙城县(960—1126)
4. 灵河县(960—1065)

(五) 孟州(960—1118前后孟州,1119前后—1126河阳府)——治河阳(今河南孟州市南)

宋初孟州领河阳、温县、济源、河阴、汜水五县,论证详见河南府条。

又,《元丰九域志》卷1孟州条言,"庆历三年,以河南府王屋县隶州,复以汜水县隶河南府。四年,复旧。熙宁五年,省汜水县为镇入河阴,复以河南府王屋县隶州。元丰三年,复置汜水县",则元丰三年后孟州实领王屋等六县。又,《宋会要·方域》5之23言,"汜水县,熙宁三年,省县为行庆关隶河南府巩县。四年,复置县还隶",可补《元丰九域志》之不足。

《宋本历代地理指掌图·圣朝升改废置州郡图》言,"孟州升为河阳府"。又,《金史》卷26《地理志下》孟州条言,"天会六年(1128),降河阳府为孟州"。天会六年即建炎二年,故孟州升河阳府,应是北宋末事。徽宗喜作,屡屡升改州县,故置于宣和元年。

1. 河阳县(960—1126)
2. 温　县(960—1126)
3. 济源县(960—1126)
4. 汜水县(960—1069,1071,1080—1126)

按:《宋会要·方域》5之23言,"汜水县,熙宁三年,省县为行庆关隶河南府巩县。四年,复置县还隶"。又《宋史》卷85《地理志一》孟州汜水县条言,"熙宁五年,省入河阴。大中祥符四年(1011),改武牢关曰行庆"。

5. 河阴县(960—1126)
6. 王屋县(960—1042,1044—1126)

按:《元丰九域志》卷1河南府、孟州条,《宋史》卷85《地理志一》孟州条言,"庆历三年,以王屋县隶孟州,省为镇,四年复旧。熙宁五年,复隶孟州"。

(六) 蔡州(960—1126)——治汝阳(今河南汝南县)

据《太平寰宇记》卷11蔡州条,该州原领县十:汝阳、上蔡、平舆、西平、遂平、朗山、真阳、新息、褒信、新蔡。新旧《唐书·地理志》、《元丰九域志》、《宋史·地理志》与《太平寰宇记》同,可知北宋时蔡州实领汝阳、上蔡、新蔡、褒信、遂平、新息、朗山、真阳、西平、平舆十县。

1. 汝阳县(960—1126)
2. 上蔡县(960—1126)
3. 新蔡县(960—1126)
4. 褒信县(960—1126)
5. 遂平县(960—1126)
6. 新息县(960—1126)
7. 朗山县(960—1011朗山,1012—1126确山)

按:《元丰九域志》卷1蔡州条言,"大中祥符五年,改朗山县为确山"。

8. 真阳县(960—1126)
9. 西平县(960—1126)
10. 平舆县(960—1126)

(七) 陈州,淮宁府(960—1118 陈州,1119—1126 淮宁府)——治宛丘(今河南淮阳县)

据《太平寰宇记》卷10,陈州原领县六,今五:宛丘、项城、商水、南顿、西华。一县割出:太康(入开封府)。

《旧五代史》卷150《郡县志》言,"陈州太康县,梁开平三年二月,割隶汴州。后唐同光二年二月,复隶陈州。晋天福三年十月,却属开封府"。可见宋初陈州实领宛丘、项城、溵水、西华、南顿五县。又,据《元丰九域志》卷1陈州条,"建隆元年(960),改溵水为商水"。此避宋讳改,故五代末当为溵水县。

《元丰九域志》卷1陈州条言,"熙宁六年,省南顿为镇入商水"。《宋朝事实》卷18同条同。《宋史》卷85《地理志一》同条言,"熙宁六年,省为镇,入商水、项城二县,元祐元年复"。稍异。要之,熙宁六年后陈州领四县,元祐元年后陈州复领五县。

《宋史》卷85《地理志一》淮宁府条言,"宣和元年,升为府"。

1. 宛丘县(960—1126)
2. 项城县(960—1126)
3. 溵水县(959 溵水县,960—1126 商水)
4. 西华县(960—1126)
5. 南顿县(960—1072,1086—1126)

(八) 颍州,顺昌府(960—1115 颍州,1116—1126 顺昌府)——治汝阴(今安徽阜阳市)

据《太平寰宇记》卷11,颍州原领县五,今四:汝阴、沈丘、颍上、万寿(新置)。一县割出:下蔡(置寿州)。

《旧五代史》卷150《郡县志》寿州条言,"周显德四年,(寿州)移于颍州下蔡县,仍以下蔡县为倚郭,以旧寿州为寿春县"。又,据《太平寰宇记》卷11万寿县条,该县"本汝阴县百尺镇也,国朝开宝六年十一月,分汝阴北五乡为万寿县,以万寿乡为名"。据此,可知宋初颍州实领汝阴、沈丘、颍上三县,而开宝六年后领万寿等四县。

又,《宋史》卷85《地理志一》顺昌府条言,"政和六年,改为府"。

1. 汝阴县(960—1126)

按:《宋史》卷85《地理志一》言,汝阴县,"开宝六年,移治于州城东南十里"。《清一统志》卷128颍州府汝阴故城条同,然下有"后复旧"。

2. 沈丘县(960—1126)
3. 颍上县(960—1126)
4. 万寿县（973—1120 万寿县,1121—1126 泰和县）

按:《宋会要·方域》5之24言,"宣和三年,以万寿县改泰和县",万寿县,"咸平五年,徙治旧城东南十里"。

(九) 汝州(960—1126)——治梁县(今河南汝州市西南汝水之南)

据《太平寰宇记》卷8,汝州原领县七,今六:梁县、叶县、郏城、鲁山、龙兴、襄城。一县废:临汝(并入梁县)。

据上引龙兴县条,"废临汝县……周显德三年,废入梁县,其地为镇"。《旧五代史》卷150《郡县志》同。可见,宋初汝州实领梁县、襄城、叶县、龙兴、鲁山、郏城六县。

《元丰九域志》卷1汝州条言,"熙宁四年,省龙兴县为镇入鲁山"。《宋史》卷85《地理志一》同条系于五年。《长编》卷228言为熙宁四年十二月事,则省龙兴为两年之际事,故两书均不误。今从《宋史》卷85《地理志一》,五年汝州实领五县。

《宋史》卷85《地理志一》汝州条言,龙兴县,"元祐元年复。宣和二年,改为宝丰县"。又,颍昌府条言,郏县,"元隶汝州,崇宁四年来隶",则元祐元年后汝州复领六县,崇宁四年后汝州实领五县。

1. 梁　县(960—1126)
2. 襄城县(960—1126)
3. 叶　县(960—1126)
4. 鲁山县(960—1126)
5. 龙兴县（960—1071 龙兴县,1086—1126 宝丰县）

(十) 申州,义阳军,信阳军(960—975 申州,976 义阳军,976—1126 信阳军)——治信阳(今河南信阳市西北淮河北岸)

据《太平寰宇记》卷132信阳军条,"申州,皇朝开宝九年,以户少降为信阳军,仍并罗山、钟山二县入信阳为一县"。是知宋初申州实领信阳、罗山、钟山三县,太平兴国元年领信阳一县。

又,据《元丰九域志》卷1信阳军条言,"唐申州,皇朝开宝九年,降义阳军。太平兴国元年,改信阳军",并改"义阳县为信阳",可见信阳初以义阳名。信阳军亦然。

《元丰九域志》卷1信阳军条言,"雍熙三年,复置罗山县"。则雍熙三年后信阳军实领罗山等二县。又,"雍熙三年",《舆地纪胜》卷80同《元丰九域志》,

《宋史》卷85《地理志一》、《文献通考》作"雍熙二年"。

1. 义阳县(960—975 义阳县，976—1126 信阳县)
2. 罗山县(960—975,986—1126)
3. 钟山县(960—975)

第四章 河北路州县沿革

第一节 河北东路

(一) 北京,大名府(960—1126大名府,1042—1126北京)——治元城、大名(今河北大名县东北)

据《太平寰宇记》卷54,魏州原领县十,今十七：大名、元城、南乐、魏县、馆陶、冠氏、莘县、朝城、夏津、临清、永济、宗城、经城(以上五县贝州割到)、清平(博州割到)、内黄、成安、洹水(以上三县相州割到)。二县割出：顿丘、临黄(并入澶州)。

《新唐书》卷39《地理志三》言,"澶州……贞观三年(629),州废,县还故属。大历七年(772),田承嗣表以魏州之顿丘、临黄复置"。

又检《文献通考》卷317魏州条,"后唐……以贝州临清来属。晋……以临清属澶州。……周……又以贝州之永济、宗城、经城,相州之内黄、咸(成)安、洹水,博州之清平七县来属"。魏州割到9县,仅夏津、临清时间不明。宋初魏州应领元城、大名、莘县、内黄、成安、魏县、馆陶、临清、夏津、清平、冠氏、宗城、朝城、南乐、洹水、永济、经城十七县。

《元丰九域志》卷1大名府条言,"熙宁五年(1072),省永济县为镇入馆陶,寻改隶临清。六年,省大名县为镇入元城,洹水县为镇入成安,经城县为镇入宗城"。又,《宋史》卷86《地理志二》大名府宗城县条言,"熙宁五年,省临清县为镇入焉,当年复旧",则是年后大名府领十三县。

《宋会要·方域》5之12言,大名县,"绍圣三年(1096)复";南乐县,"绍圣三年,废隶大名"。是绍圣三年有大名无南乐。然《宋史》卷86《地理志二》开德府朝城县条言,"旧隶大名府,崇宁四年(1105),与南乐来隶",则绍圣三年至崇宁四年间南乐县又置。检《舆地广记》卷5大名府条,该府时领十一县,无朝城、南乐、大名,则绍圣三年至政和中大名县复废。然《宋史》卷86《地理志二》大名府大名县条言,"政和六年(1116),徙治南乐镇",则大名县或于政和六年复置,并徙治。故政和六年后大名府实领大名等十二县。

《元丰九域志》卷1大名府条言,"皇朝庆历二年(1042),升北京,治元城县"。

1. 元城县(960—1126)
2. 大名县(960—1072,1096—?,1116—1126)

按:《清一统志》卷35大名府大名故城条引旧志言,"故城在今县东三十里,俗名旧县村。宋熙宁中,移治洹水镇"。

《宋史》卷86《地理志二》大名府大名县条言,"政和六年,徙治南乐镇"。

3. 莘　县(960—1126)
4. 内黄县(960—1126)
5. 成安县(960—1126)
6. 魏　县(960—1126)
7. 馆陶县(960—1126)

按:《宋会要·方域》5之12言,"熙宁六年六月十八日,北京留守司、河北都转运司言,'馆陶县在大河南堤之间,欲迁于高囤村以避水,公私以为便'。从之"。

8. 临清县(960—1071,1072—1126)
9. 夏津县(960—1126)
10. 清平县(960—1126)

按:《宋史》卷86《地理志二》博州博平县条言,"熙宁二年,割明灵寨隶北京清平"。《清一统志》卷168东昌府清平旧城条引《齐乘》言,"旧治在县西四十里清平镇。元丰间,漯河决坏城,徙治明灵寨,即今治也"。

11. 冠氏县(960—1126)
12. 宗城县(960—1126)
13. 洹水县(960—1072)
14. 永济县(960—1071)
15. 经城县(960—1072)

(二)澶州、开德府(960—1105澶州,1106—1126开德府)——治濮阳(今河南濮阳市)

据《太平寰宇记》卷57,澶州原领县四,今六:顿丘、观城、清丰、临河(相州割到)、濮阳(濮州割到)、卫南(滑州割到)。一县废:临黄(入观城)。理顿丘(今河南濮阳市)。

据新旧《唐书·地理志》,澶州领顿丘、清丰、观城、临黄四县。据《太平寰宇记》卷57临河县条,该县"贞观十七年(643),(黎)州废,县隶相州。天祐三年(906),属魏州。晋天福九年(944),隶澶州"。又检《旧五代史》卷77《晋高祖纪三》,"天福三年十一月癸亥,割濮州濮阳县隶澶州"。又检《文献通考》卷317滑州条,"晋以卫南属澶州"。又检《舆地广记》卷10,"临黄县,皇朝雍熙四年(987),省入观城",则知宋初澶州实领顿丘、濮阳、观城、临河、清丰、临黄、卫南七县,即原领四县,加上割到临河、濮阳、卫南三县。

《太平寰宇记》卷57通利军条言,"通利军,本黎阳县。唐属卫州。晋天福中,割隶滑州。皇朝雍熙四年,割属澶州。端拱元年(988),建为通利军,县仍属焉"。则雍熙四年增黎阳而废临黄,仍领七县。端拱元年,黎阳割隶通利军,则仅领六县。

《元丰九域志》卷2澶州条言,"庆历四年,徙清丰县治德清军,即县治置军使,隶州",则是年以后澶州领六县、一军使。

该条又言,"皇祐元年(1049),省观城县入濮阳、顿丘。四年,复置观城县。熙宁六年,省顿丘县入清丰",则是年以后澶州实领五县,而以濮阳为州治(今河南濮阳市南)。

《宋史》卷86《地理志二》朝城县条言,"旧隶大名府,崇宁四年,与南乐来隶",则是年以后开德府实领朝城等七县。

《宋史》卷86《地理志二》开德府条言,"崇宁四年,建为北辅。五年,升为府。宣和二年(1120),罢辅郡,仍隶河北东路"。《宋会要·方域》5之2、5之27略同。然据《宋史》卷85《地理志一》京畿路条所言,于宣和二年前尚应补入"属京畿。大观四年(1110),罢四辅,澶州还隶河北东路。政和四年(1114),复为北辅"。

又,《清一统志》卷35大名府德胜故城条言,"州初治南城。熙宁十年,南城圮于水,移治北城,唯以濮阳县为治"。则澶州复移治于今濮阳市。

1. 顿丘县(960—1072)
2. 濮阳县(960—1126)
3. 观城县(960—1048,1052—1126)

按:《宋会要·方域》5之27言,"观城县,皇祐四年复置于水北镇"。

4. 临河县(960—1126)
5. 清丰县(960—1126)

按:《元丰九域志》卷2澶州条言,"庆历四年,徙清丰县治德清军,即县治置军使,隶州"。

6. 卫南县(960—1126)
7. 临黄县(960—986)
8. 朝城县(960—1126)

按:《长编》卷113言,明道二年(1033),"徙大名之朝城县于社婆村"。

9. 南乐县(960—1095,1105前—1126)

按:《长编》元祐三年(1088)闰十二月癸卯朔,迁大名府南乐县于金堤东曹节村。

（三）沧州（960—1126）——治清池（今河北沧县东南东关）

据《太平寰宇记》卷65沧州条，该州原领县九，今七：清池、乐陵、南皮（景州割到）、无棣、饶安、盐山、临津（景州割到）。二县废：长芦（并入清池）、乾符（同上）。

《旧五代史》卷150《郡县志》言，"沧州长芦县、乾符县，周显德三年（956）十月，并入清池县"。又检《太平寰宇记》卷68定远军条，该条谓"定远军本景州……周显德二年，废景州为定远军"。所辖五县，以景城隶瀛州外，南皮、临津、东光、弓高四县并隶沧州。至显德六年又"并弓高入东光"。故沧州自景州割到之县，迄于宋初，除南皮、临津外，尚有东光。又检《宋史》卷86《地理志二》清州条，该条谓"清州本乾宁军。幽州芦台军之地，晋陷契丹。周平三关，置永安县，属沧州。太平兴国七年（982）置军，改县曰乾宁，隶焉"。《元丰九域志》卷2乾宁军条略同。据此，则显德时，沧州尚领永安，共清池、无棣、盐山、乐陵、南皮、饶安、临津、东光、永安九县①。

《元丰九域志》卷2永静军条言，"太平兴国六年，以沧州东光县"隶军，又乾宁军条言，"七年，以沧州永安县置军"，则太平兴国七年后沧州实领七县。又，同卷该书沧州条言，"治平元年（1064），徙无棣县治保顺军，即县治军使，隶州。熙宁五年，省饶安县为镇入清池。六年，省临津县为镇入南皮"，则熙宁六年后沧州实领五县、一军使。

1. 清池县（960—1126）　　3. 盐山县（960—1126）
2. 无棣县（960—1126）　　4. 乐陵县（960—1126）

按：《元丰九域志》卷2沧州条言，"熙宁二年，徙乐陵县治咸平镇"。又，《清一统志》卷176武定府乐陵旧城条言，"在今县西北二十五里，盖即宋时所徙之咸平镇"。

5. 南皮县（960—1126）　　7. 临津县（960—1072）
6. 饶安县（960—1071）

（四）冀州（960—1126）——治信都（今河北冀州市）

据《太平寰宇记》卷63，冀州原领县十，今八：信都、南宫、阜城、武邑、堂阳、枣强、衡水、蓨县（德州割到）。二县割出：武强、下博（以上并入深州）。

《新唐书》卷39《地理志三》冀州条言，"蓨，本隶德州，永泰元年（765）来

---

① 按：《太平寰宇记》卷68乾宁军条、《通鉴》卷294显德六年四月条言，乾宁军建于显德六年，与《宋史·地理志》、《元丰九域志》不同。

属"，武强"永泰元年复隶深州，唐末来属"。又检《文献通考》卷316冀州条，谓"周以武强隶深州"。至于下博，《新唐书》卷39《地理志三》深州条谓，"永泰元年复来属"。则宋初冀州实领信都、蓨县、南宫、枣强、武邑、衡水、阜城、堂阳八县。

《元丰九域志》卷2冀州条言，"淳化元年(990)，以阜城县隶永静军"，则是年冀州领七县。

该条又言，"皇祐四年(1052)，省堂阳县为镇入南宫，升新河镇为县。嘉祐八年(1063)，省武邑县为镇入蓨。熙宁元年(1068)，省枣强县为镇入信都。六年，省新河县为镇入南宫。十年，复置枣强、武邑县"，则熙宁十年后冀州实领六县。

又，上引皇祐四年，《舆地广记》卷10、《宋朝事实》卷18所记同。《长编》卷183系于嘉祐元年八月癸亥，有异。

1. 信都县(960—1126)
2. 蓨　县(960—1126)
3. 南宫县(960—1126)
4. 枣强县(960—1067，1077—1126)
5. 武邑县(960—1062，1077—1126)
6. 衡水县(960—1126)
7. 堂阳县(960—1051)
8. 新河县(1052—1072)

（五）瀛州，河间府(960—1107？瀛州，1108—1126河间府)——治河间（今河北河间市）

据《太平寰宇记》卷66，瀛州原领县六，今四：河间、束城、高阳、景城（景州割到）。三县割出：乐寿[入海(深)州]、博野(入深州)、平舒(入霸州)。

又据《太平寰宇记》卷68定远军条，"定远军，本景州。周显德二年，废景州为定远军"，以"景城入瀛州"。又检《新五代史》卷60《职方考》霸州条，该条谓"霸州，周显德六年，克益津关置，治永清，割莫州之文安、瀛州之大城为属"。据《太平寰宇记》卷67霸州条载，大城即平舒。

乐寿县、博野县，检《新唐书》卷39《地理志三》深州条，二县"元和十年(815)复隶瀛州，后又来属"。又博野县，检《旧五代史》卷150《郡县志》深州条，该县"周显德四年五月，割隶定州"。则二县自瀛州隶深州，当在此前。故宋初瀛州实领河间、束城、高阳、景城四县。

《元丰九域志》卷2瀛州条言，"至道三年(997)，以高阳县隶顺安军，以深州乐寿县隶州"，则是年以后瀛州领乐寿等四县。同条言，"熙宁六年，省束城县为镇入河间，景城县为镇入乐寿"，则是年以后瀛州实领二县。

《宋史》卷86《地理志二》河间府条言，束城，"元祐元年复"，则是年以后河间府实领束城等三县。同条言,"大观二年,升为府"。

《宋会要·方域》5之28言,"河间县旧县在州衙前,雍熙中,于县西置平虏寨。景德二年(1005),改为肃宁城。三年,徙州就今治"。

1. 河间县(960—1126)
2. 束城县(960—1072,1086—1126)
3. 景城县(960—1072)
4. 乐寿县(960—1126)

(六)博州(960—1126)——治聊城(今山东聊城市东南)

据《太平寰宇记》卷54,博州原领县六,今四:聊城、堂邑、高唐、博平。一县割出:清平(入魏州)。一县废:武水(并入聊城县)。

《旧五代史》卷150《郡县志》载,"博州武水县,周显德三年十月,并入聊城"。又《文献通考》卷317魏州条言,周以"博州之清平"来属,可知宋初博州实领聊城、堂邑、高唐、博平四县。又据宋代诸史志,终北宋之世,博州领四县未变。

《宋会要·方域》5之28言,"淳化三年(992),河决,移州治于李①武渡西,并县迁焉",即移治今山东聊城市。

1. 聊城县(960—1126)
2. 堂邑县(960—1126)

按:《清一统志》卷168东昌府条言,"堂邑旧城,在今堂邑县西十里。宋熙宁中,圮于水,因东徙今治焉"。

3. 高唐县(960—1126)
4. 博平县(960—1126)

按:《清一统志》卷168东昌府博平县条,"宋景祐四年(1037),移治宽河镇"。《宋史》卷86《地理志二》博州博平县条言,"熙宁二年,割明灵寨隶北京清平"。

(七)棣州(960—1126)——治厌次(今山东惠民县东南)

据《太平寰宇记》卷64,棣州原领县五,今三:厌次、商河、阳信。二县割出:蒲台、渤海(以上二县入滨州)。

据上引滨州条,"滨州,本赡国军。周显德三年三月,升为州,仍割棣州之渤海、蒲台两县属焉"。《新五代史》卷60《职方考》同。故棣州宋初实领厌次、商河、阳信三县。

《元丰九域志》卷2棣州条言,"大中祥符八年,徙州城及厌次县于阳信县地,复徙阳信县于旧厌次县"。《宋史》卷86《地理志二》、《文献通考》卷317言,是年,

---

① "李",《宋史》卷86《地理志二》、《文献通考》作"孝"。

"移治阳信县界八方寺"。《宋史》卷299《李仕衡传》言,"棣州污下苦水患,仕衡奏徙州西北七十里,既而大水没故城丈余",即移治于今山东惠民县。

1. 厌次县(960—1126)
2. 商河县(960—1126)
3. 阳信县(960—1126)

(八)莫州(960—1126)——治莫县(今河北任丘市北鄚州镇)

据《太平寰宇记》卷66,莫州原领县六,今三:莫县、任丘、长丰。二县割出:文安(割入霸州)、清苑(割入保州)。一县废:唐兴(并入莫县)。

据上引莫县条,"废唐兴县……周显德六年,并入莫县"。又检《太平寰宇记》卷67霸州条,该条谓"周显德六年收复,因置霸州并永清县,仍割莫州之文安、瀛州之大城二县隶焉"。至于清苑县,《太平寰宇记》卷68保州条言,"保塞军,太平兴国六年(981),升为保州,仍割清苑县属焉",则清苑宋初仍属莫州,故莫州宋初实领莫县、任丘、长丰、清苑四县。

《元丰九域志》卷2莫州条言,"太平兴国六年,以清苑县隶保州。熙宁六年,省长丰县为镇,并省莫县入任丘"。则太平兴国六年后莫州实领三县。熙宁六年后莫州仅领任丘一县,并移州治于此,即今河北任丘市。《宋史》卷86《地理志二》莫州条言,"元祐二年,复莫县,寻又罢为镇"。莫州仍领一县如故。

1. 莫 县(960—1072,1087)
2. 任丘县(960—1126)
3. 长丰县(960—1072)

(九)雄州(960—1126)——治归信、容城(今河北雄县)

据《太平寰宇记》卷67雄州条,"雄州,本……瓦桥关。周显德六年,收复三关,以其地控扼幽、蓟,建为雄州,仍移归义并易州之容城二县于城中"。然《舆地广记》卷10雄州条言,"容城,周显德六年,属雄州,寻废。皇朝建隆四年(963)复置"。又,《宋朝事实》卷18雄州条明言,"容城,周显德六年废",则宋初雄州实领归义一县。乾德元年后雄州领二县,治归义、容城。

1. 归义县(960—975归义县,976—1126归信县)

按:《元丰九域志》卷2雄州条言,"太平兴国元年,改归义县为归信"。

2. 容城县(963—1126)

(十)霸州(960—1126)——治文安(今河北霸州市)

据《太平寰宇记》卷67霸州条,"霸州,本……幽州之古益津关。晋天福初,陷虏庭。周显德六年收复,因置霸州并永清县,仍割莫州之文安、瀛州之大城二县隶焉",则宋初霸州实领永清、文安、大城三县。

《元丰九域志》卷2霸州条言,"景祐元年,省永清县入文安,徙文安县(今县)为州治。皇祐元年,复徙旧地"。然《长编》卷117言,"景祐二年十月己未,省霸州永清县,徙文安治永清"。《宋史》卷86《地理志二》同,亦在二年。省永清与复旧治之时间均不同。未审孰是,今姑从前者。

1. 永清县(960—1034)
2. 文安县(960—1126)
3. 大城县(960—1126)

(十一) 德州(960—1126)——治安德(今山东德州市陵城区)

据《太平寰宇记》卷64,德州原领县八,今五:安德、平原、德平、将陵、安陵。一县割出:蓨县(入冀州)。二县废:长河(并入将陵)、归化(为镇)。

《文献通考》卷317德州条言,"周以景州安陵来属,废长河"。又检《元丰九域志》卷2德州条,该条谓"乾德六年,省归化县入德平"。至于蓨县,唐时已隶冀州,详见该条。故德州宋初实领安德、平原、德平、将陵、安陵、归化六县,乾德六年后领五县。

《元丰九域志》卷2德州条言,"景祐二年,省安陵县为镇入将陵。庆历七年(1047),以将陵县隶永静军。熙宁六年,省德平县为镇入安德",则熙宁六年后德州实领二县。

《清一统志》卷162济南府条言,"德平县,元符二年(1099)复置,属德州",则元符二年后德州实领德平等三县。

1. 安德县(960—1126)
2. 平原县(960—1126)
3. 德平县(960—1072,1099—1126)
4. 归化县(960—967)
5. 安陵县(960—1034)

(十二) 滨州(960—1126)——治渤海(今山东滨州市)

据《太平寰宇记》卷64,"滨州,本赡国军。周显德三年三月升为州,仍割棣州之渤海、蒲台两县属焉"。故宋初滨州实领渤海、蒲台二县。

《元丰九域志》卷2滨州条言,"大中祥符五年(1012),省蒲台县为镇入渤海",《宋朝事实》卷18、《宋史》卷86《地理志二》同,《舆地广记》卷10系于三年,稍异,今从前者,则大中祥符五年后滨州实领一县。

《元丰九域志》卷2滨州条又言,"庆历三年,析地置招安县。熙宁六年,省为镇。元丰二年,复为县"。"庆历三年",《宋史》卷86《地理志二》同条作"二年",《舆地广记》卷10同条作"六年"。今从《元丰九域志》。

1. 渤海县(960—1126)
2. 蒲台县(960—1011)
3. 招安县(1043—1072,1079—1126)

(十三) 贝州,恩州(960—1047 贝州,1048—1126 恩州)——治清河(今河北清河县旧城)

据《太平寰宇记》卷58,贝州原领县十,今五:清河、清阳、武城、漳南、历亭。五县割出:夏津、临清、永济、宗城、经城(以上五县入魏府)。五县割出之时间,详见大名府。宋初贝州实领清河、清阳、武城、漳南、历亭五县。

《元丰九域志》卷2恩州条言,"庆历八年,改恩州","至和元年(1054),省漳南县为镇入历亭。熙宁四年,省清阳县入清河",则熙宁四年后恩州实领三县。

1. 清河县(960—1126)

按:《宋会要·方域》5之29恩州清河县条言,"端拱元年,徙州北永宁镇。淳化五年(994)徙今治"。

2. 清阳县(960—1070)
3. 武城县(960—1126)

按:《清一统志》卷184临清州东武城故城条言:"宋大观间,卫河决,徙今治,在旧治东十里"。

4. 漳南县(960—1053)
5. 历亭县(960—1126)

(十四) 定远军,永静军(960—1003 定远军,1004—1126 永静军)——治东光(今河北东光县)

据《太平寰宇记》卷68定远军条,"周显德二年,废景州为定远军,县属沧州"。《五代会要·军》所载同,唯言"所管东光、弓高两县隶沧州,安陵县隶德州",而《太平寰宇记》景州所辖五县无安陵,东光、弓高、南皮、临津四县隶沧州,景城一县隶瀛州。

《元丰九域志》卷2永静军条言,永静军,本"唐景州。周降为定远军,隶沧州。皇朝太平兴国六年,以军直隶京师"。又言,"太平兴国六年,以沧州东光县,淳化元年,以冀州阜城县隶军"。则可见宋初定远军无领县,隶属沧州。太平兴国时,升格,直隶京,同下州,治东光(今河北东光县)。淳化初,领二县。

《元丰九域志》卷2永静军条又言,"庆历七年,以德州将陵县隶军。嘉祐八年(1063),省阜城为镇入东光。熙宁十年,复为县",则熙宁后永静军实领将陵等三县。

1. 东光县(960—1126)
2. 阜城县(960—1062,1077—1126)
3. 将陵县(960—1126)

按:《宋史》卷86《地理志二》同条言,将陵县,"景祐元年,移治于长河镇"。《文献通考》卷317德州将陵县条言,"景德元年,移治西长河"。稍异。《元丰九域志》卷2永静军条言,"景德元年,改永静"。

(十五) 乾宁军(982—1107乾宁军,1108—1126清州)——治范桥镇(今河北青县)

据《宋史》卷86《地理志二》清州条言,"本乾宁军。幽州芦台军之地,晋陷契丹。周平三关,置永安县,属沧州。太平兴国七年置军,改县曰乾宁,隶焉"。然《宋会要·方域》5之29言,"乾宁县,太平兴国七年,以沧州永安县北折(析)置,县来隶"。与《宋史》等诸史志不同。又,《元丰九域志》卷2乾宁军条言,该军又领六寨:钓台、独流北、独流东、当城、沙涡、百万。则咸平二年时乾宁军实领乾宁一县及上引六寨。

《宋朝事实》卷18乾宁郡(军)条言,"太平兴国七年,以永安县之范桥镇置",是乾宁军治所在乾宁县范桥镇。

《舆地广记》卷10清州条言,"乾宁县,本永安县之范桥镇,皇朝太平兴国七年置。熙宁六年,省为镇"。又,《宋史》卷86《地理志二》清州条言,乾宁县,"元符二年复,崇宁三年再省,政和五年又复"。《宋会要·方域》5之29"元符"作"元祐",误。《长编》卷507元符二年三月辛酉有复乾宁县事,与《宋会要》同,可证。

又,《宋史》卷86《地理志二》清州条言,"大观二年,升为州"。

乾宁县(982—1072,1099—1103,1115—1126)

(十六) 破虏军(982—1003破虏军,1004—1126信安军)——治淤口寨(今河北霸州市信安镇)

据《元丰九域志》卷2信安军条言,"太平兴国六年,以霸州淤口寨为破虏军",又,"以霸州永清、文安二县隶军,后以二县复隶霸州"。又领寨六:周河、刀鱼、田家、狼城、佛圣涡、李详。则破虏军领六寨。

《长编》卷58景德元年十二月甲辰条言,"改威虏曰广信、静戎曰安肃、破虏曰信安、平戎曰保定,宁边曰永定、定远曰永静、定羌曰保定、平虏城曰肃宁",《宋史》卷86《地理志二》同。则破虏军易名在景德元年。然《宋史》卷86、《舆地广记》卷10、《文献通考》卷316同条系于二年,差可。《元丰九域志》卷2、《宋会要·方域》5之30系于三年,显误。

《宋史》卷86《地理志二》信安军条言,"元丰四年(1081),霸州鹿角寨始隶军",则是年后信安军实领鹿角等七寨。

(十七)平戎军,保定军,保定县(981—1003平戎军,1004—1124保定军,1125—1126保定县)——治新镇(今河北文安县西北)

据《元丰九域志》卷2保定军条言,"太平兴国六年,以涿州归信县新镇建平戎军",景德元年改保定军(详见上条论证)。"景祐元年,析霸州文安、大城二县五百户隶军"。又,《元丰九域志》载该军下领桃花、父母二寨。《武经总要·前集》卷16上言,保定军领桃花、父母等十寨,均未言何时置。

又,《宋史》卷86《地理志二》保定军条言,"宣和七年,废保定军为保定县,隶莫州。知县事仍兼军使,寻依旧"。

第二节 河 北 西 路

(一)真定府(960—1126)——治真定(今河北正定县)

据《太平寰宇记》卷61,置真定府前,镇州原领县十,今十三：真定、藁城、石邑、获鹿、井陉、平山、灵寿、行唐、九门、元氏(赵州割出)、栾城(赵州割出)、束鹿(深州割出)、鼓城。

《文献通考》卷316真定府条谓,"汉复为成德军真定府。后以赵州之元氏、栾城二县来属。宋开宝间,废九门、石邑二县",则二县来隶当为汉周时事。至于束鹿县,《太平寰宇记》束鹿县条仅言"至德元年(756),改为束鹿。今属镇州"。不知确在何时。《元丰九域志》亦不载,可见束鹿属镇,应是至德以后至宋以前时事。综上可知,宋初真定府实领真定、藁城、石邑、获鹿、井陉、平山、灵寿、行唐、九门、元氏、栾城、束鹿、鼓城十三县。

《元丰九域志》卷2真定府条言,"建隆元年(960),以娘子关地建承天军,隶府,后废。开宝六年(973),省石邑县为镇入获鹿,九门县入藁城。端拱二年(989),以鼓城县隶祁州。淳化元年(990),以束鹿县隶深州",则淳化元年后真定府实领九县。该条又言,北寨"咸平三年(1000)置"。又,《宋史》卷86《地理志二》系于二年,稍异。

《元丰九域志》卷2真定府条又言,"熙宁六年(1073),省井陉县入获鹿、平山。八年,复置井陉县,徙天威军,即县治置军使,隶府。八年,省灵寿县为镇入行唐"。又言,"熙宁八年,析行唐县二乡隶寨"。则熙宁八年后真定府实领八县、一军、一寨。

《宋会要·方域》5 之 31 言，"灵寿县，元祐二年（1087）复"。《舆地广记》卷 11 同条同。则是年以后真定府复领九县。

1. 真定县（960—1126）
2. 藁城县（960—1126）
3. 石邑县（960—972）
4. 获鹿县（960—1126）
5. 井陉县（960—1072，1075—1126）

按：《元丰九域志》卷 2 真定府条言，"熙宁八年，复置井陉县，徙天威军，即县治置军使，隶府"。

6. 平山县（960—1126）
7. 灵寿县（960—1074，1087—1126）
8. 行唐县（960—1126）
9. 九门县（960—972）
10. 元氏县（960—1126）
11. 栾城县（960—1126）
12. 承天军（960—?）

（二）相州（960—1126）——治安阳（今河南安阳市）

据《太平寰宇记》卷 55，相州原领县十一，今六：安阳、邺县、汤阴、永定、临漳、林虑。五县割出：滏阳（入磁州）、内黄、成安、洹水（以上三县入魏州）、临河（入澶州）。

《旧唐书》卷 39《地理志二》磁州条谓，"永泰元年（765）六月，昭义节度使薛嵩请于滏阳复置磁州"。是代宗时，滏阳已割出。至于内黄等四县则于后周、后晋时已割出，可参见魏州、澶州条。因此，宋初相州实领安阳、永定、汤阴、临漳、邺县、林虑六县。

《元丰九域志》卷 2 相州条言，"天圣七年（1029），改永定县为永和。熙宁六年，省永和县为镇入安阳，邺县为镇入临漳"，则是年以后相州实领四县。"六年"，《宋史》卷 86《地理志二》、《宋朝事实》卷 18 作五年。废永和县，《长编》卷 247 系于熙宁六年九月。废邺县，《长编》两歧：卷 233 系于熙宁五年五月，卷 247 系于熙宁六年九月。《文献通考》卷 316 同条系于五年。今姑从《元丰九域志》。

《宋会要·方域》5 之 31 言，"汤阴县，宣和二年（1120）二月，以县隶浚州，八月内复来隶"。

1. 安阳县（960—1126）
2. 永定县（960—1028 永定县，1029—1072 永和县）
3. 汤阴县（960—1126）
4. 临漳县（960—1126）
5. 邺县（960—1072）
6. 林虑县（960—1126）

(三)定州,中山府(960—1112定州,1113—1126中山府)——治安喜(今河北定州市)

据《太平寰宇记》卷62,定州原领县十一,今八:安喜、蒲阴、唐县、陉邑、北平、望都、新乐、曲阳。三县割出:无极(入祁州)、深泽(入祁州)、博野(建宁边军)。

《新唐书》卷39《地理志三》定州无极县条言,"景福二年(893),节度使王处存以县及深泽表置祁州",是唐末二县已割出。又检《元丰九域志》卷2定州条,"建隆元年(960),以易州北平县隶州。太平兴国元年(976),改义丰县为蒲阴",是五代末,北平尚属易州,宋初蒲阴尚名义丰。又检《元丰九域志》卷2永宁军条,"雍熙四年(987),以定州博野县地置宁边军",是宋初博野尚属定州。因此宋初定州实领安喜、陉邑、义丰、曲阳、唐县、望都、新乐、博野八县。

《元丰九域志》卷2定州条言,"建隆元年,以易州北平县隶州。太平兴国元年,改义丰县为蒲阴。雍熙四年,以博野县隶永定军"。又有军城寨,"雍熙元年置"(《宋史》卷86《地理志二》言"隶曲阳县")。则雍熙后定州实领北平、蒲阴等八县及军城一寨。

上引该条言,"景德元年(1004),以蒲阴县隶祁州,以祁州无极县隶州"。

该条又言,"康定元年(1040),废陉邑县入安喜。庆历二年(1042),以北平寨建军。四年,复隶州,即北平县治置军使,隶州"。又言,"熙宁九年(1076),析曲阳、唐县人户隶寨"。则熙宁九年后定州实领七县、一军、一寨。

又,《宋史》卷86《地理志二》中山府条言,中山府,本定州,"政和三年(1113),升为府"。

1. 安喜县(960—1126)
2. 陉邑县(960—1038)
3. 曲阳县(960—1126)
4. 唐　县(960—1126)
5. 望都县(960—1126)
6. 新乐县(960—1126)
7. 无极县(960—1126)
8. 北平县(960—1126)
9. 北平军(1042—1043)

(四)邢州,信德府(960—1118邢州,1119—1126信德府)——治邢台(今河北邢台市)

据《太平寰宇记》卷59,邢州原领县九,今八:龙冈、沙河、南和、任县、平乡、巨鹿、尧山、内丘。一县废:青山(并入内丘)。

据上引内丘县条,"废青山县……文宗开成四年(839),泽潞节度使刘从谏奏废之",则自开成至于宋初邢州实领龙冈、沙河、任县、尧山、南和、巨鹿、平乡、内丘八县。

《元丰九域志》卷2邢州条言,"熙宁五年,省任县为镇入南和。六年,省尧山县为镇入内丘,平乡县为镇入巨鹿",则熙宁六年后邢州实领五县。

《宋史》卷86《地理志二》信德府条言,平乡、尧山、任县,"元祐元年复",则元祐元年后信德府复领八县。

《宋史》卷86《地理志二》信德府条言,"邢州,宣和元年,升为府"。

1. 龙冈县(960—1119 龙冈县,1120—1126 邢台县)

按:《宋史》卷86《地理志二》信德府条言,"宣和二年,龙冈县改邢台"。

2. 沙河县(960—1126)　　　　4. 巨鹿县(960—1126)
3. 南和县(960—1126)

按:《清一统志》卷30顺德府条言:"巨鹿故城,在今巨鹿县南。大观二年(1108)河决,陷巨鹿县,诏迁于高地。"

5. 内丘县(960—1126)　　　　7. 尧山县(960—1072,1086—1126)
6. 平乡县(960—1072,1086—1126)　　8. 任　县(960—1071,1086—1126)

(五) 通利军,安利军,浚州(988—1022通利军,1023—1032安利军,1033—1069,1086—1114通利军,1115—1126浚州)——治黎阳(今河南浚县东)

据《元丰九域志》卷10通利军条言,"端拱元年(988),以澶州黎阳县建军。天圣元年(1023),改安利,四年以卫州卫县隶军……明道二年(1033),复为通利",则端拱初通利军领黎阳一县,天圣四年后领黎阳、卫县。

《宋会要·方域》5之34言,"浚州,旧通利军。熙宁三年,废为黎阳县,隶卫州。元祐元年,复为军。政和五年八月,升为州"。又言,卫县,"元祐元年,复军,依旧来隶"。则元祐元年后浚州实领黎阳、卫县等二县。

又,《宋史》卷86《地理志二》浚州条言,卫县,"熙宁六年,废为镇入黎阳,后复",可补上引《宋会要》之不足。复卫县之时间,或在隶通利军之时。

《宋史》卷93《河渠志三》政和五年八月己亥都水监言:"大河以就三山通流,正在通利之东,虑水溢为患。乞移军城于大伾山,居山之间,以就高仰。"从之。

1. 黎阳县(960—1126)
2. 卫　县(960—1072,1086?—1126)

(六) 怀州(960—1126)——治河内(今河南沁阳市)

据《太平寰宇记》卷53,怀州领县五:河内、武德、修武、武陟、获嘉。新旧

《唐书·地理志》《元和郡县图志》同，则唐至宋初，怀州实领河内、武德、修武、武陟、获嘉五县。

《元丰九域志》卷2怀州条言，"天圣四年，以获嘉县隶卫州。熙宁六年，省武德县为镇入河内，修武县为镇入武陟"。又，《宋史》卷86《地理志二》怀州修武县条言，"元祐元年复"。据《文献通考》卷316，武德县，元祐初复。

1. 河内县(960—1126) 3. 修武县(960—1072,1086—1126)
2. 武德县(960—1072,1086—1126) 4. 武陟县(960—1126)

(七) 卫州(960—1126)——治汲县(今河南卫辉市西南)

据《太平寰宇记》卷56，卫州领县四：汲县、新乡、卫县、共城。

《文献通考》卷316载"晋以黎阳隶滑州"。检新旧《唐书·地理志》《元和郡县图志》，卫州均领五县，有黎阳。则《太平寰宇记》所载似是晋以后之事，故少黎阳一县。又，《新五代史》卷60《职方考》载，"黎阳，故属滑州，晋割隶卫州"，恰与《文献通考》相反，似误。要之，宋初卫州领汲县、新乡、卫县、共城四县。

《元丰九域志》卷2卫州条言，"天圣四年，以怀州获嘉县隶州，以卫县隶通利军。熙宁三年，废通利军，以卫、黎阳县隶州。六年，省卫县为镇入黎阳县，新乡县为镇入汲"。又言，黎阳监，"熙宁七年置，铸铜钱"。则熙宁七年后卫州实领获嘉、黎阳等四县及黎阳一监。

《宋史》卷86《地理志二》卫州条言，新乡县，"元祐二年复"。又，黎阳县，据前文浚州条，元祐元年复为通利军。则是年以后卫州实领新乡等四县。又，"二年"，《宋会要·方域》5之31、《舆地广记》卷11卫州条均作"三年"。然《长编》卷394系于元祐二年正月甲戌，则三年为误。

1. 汲　县(960—1126) 4. 获嘉县(960—1126)
2. 新乡县(960—1072,1087—1126) 5. 黎阳监(1074—1126)
3. 共城县(960—1126)

(八) 洺州(960—1126)——治永年(今河北永年县东南旧永年)

据《太平寰宇记》卷58，洺州原领县八，今六：永年、平恩、鸡泽、曲周、临洺、肥乡。二县割出(废并)：洺水(入曲周)、清泽(入肥乡)。

检上引曲周县条，"废洺水县……唐会昌三年(843)正月，并入曲周县"。又，该书肥乡县条言，"废清泽县……唐会昌三年，并入肥乡县"。新旧《唐书·地理志》洺州条同。故自会昌以来至于宋初洺州实领永年、平恩、鸡泽、曲周、临洺、肥乡六县。

《元丰九域志》卷 2 洺州条言,"熙宁三年,省曲周县为镇入鸡泽。六年,省临洺县为镇入永年"。

《宋史》卷 86《地理志二》洺州条言,"元祐二年,曲周、临洺复为县,寻复为镇。四年,曲周、鸡泽依旧别为两县",则宣和五年时洺州实领曲周等五县。

又,《清一统志》卷 33 广平府条言:"曲周故城,在今曲周县东北,盖宋元祐时移今治也。"

1. 永年县(960—1126)
2. 平恩县(960—1126)
3. 鸡泽县(960—1126)
4. 曲周县（960—1069，1087，1089—1126)
5. 临洺县(960—1072,1087)
6. 肥乡县(960—1126)

(九) 深州(960—1126)——治静安(今河北深州市南)

据《太平寰宇记》卷 63,深州原领县五,今六:陆泽、饶阳、安平、武强(冀州割到)、下博(冀州割到)、乐寿(瀛州割到)。二县割出:鹿城(入镇州)、博野(入定州)。理陆泽(今河北深州市深州镇旧州村)。

《文献通考》卷 316 深州条言,"周以博野属定州,以冀州武强来属"。至于下博、乐寿、鹿城(束鹿),分别参见该书冀州、瀛州、镇州各条。深州宋初实领陆泽、饶阳、安平、武强、下博、乐寿六县。

《元丰九域志》卷 2 深州条言,"太平兴国八年,以下博县隶静安军。雍熙二年,军废,还隶。三年省下博县,四年复置,改静安,仍省陆泽县入焉。淳化元年(990),以真定府束鹿县隶州。至道三年(997),以乐寿县隶瀛州",则至道后深州实领束鹿等五县。

又,《长编》卷 28 雍熙四年二月丁未条言,"诏以故静安军为深州治所,避敌祸也。深治陆泽,于是省陆泽入下博,因改下博曰静安",则雍熙四年后深州治静安县。

《清一统志》卷 53 深州条言:"深州故城,在今州南二十五里。"

1. 陆泽县(960—986)
2. 饶阳县(960—1126)
3. 安平县(960—1126)
4. 武强县(960—1126)
5. 下博县（960—985 下博县,987—1126 静安县)
6. 束鹿县(960—1126)

(十) 磁州(960—1126)——治滏阳(今河北磁县)

据《太平寰宇记》卷 56 磁州条,该州原领县四:滏阳、武安、邯郸、昭义。

新旧《唐书·地理志》、《元和郡县图志》均载此四县,《元丰九域志》熙宁前亦载此四县,故磁州宋初实领滏阳、武安、邯郸、昭义四县。熙宁六年,据《元丰九域志》卷 2 磁州条言,时"省昭德县为镇入滏阳",则此后磁州实领三县。

1. 滏阳县(960—1126)
2. 武安县(960—1126)
3. 邯郸县(960—1126)
4. 昭义县(960—975 昭义县,976—1072 昭德县)

按:《元丰九域志》卷 2 磁州条言,"太平兴国元年,改昭义县为昭德"。

(十一) 祁州(960—1126)——治蒲阴(今河北安国市)

宋初祁州领无极、深泽二县,治无极(今河北无极县)参见定州条论证。

又,《宋会要·方域》5 之 32 言,"鼓城县,端拱二年,自真定府来隶"。又言,"祁州,端拱二年,徙置于真定府鼓城",则端拱后祁州实领鼓城三县,并移治鼓城(今河北晋州市)。

《元丰九域志》卷 2 祁州条言,"景德元年,以无极县隶定州,以定州蒲阴县隶州"。又,《长编》卷 57 景德元年九月乙巳条言,"置祁州于蒲阴县",则是年以后祁州实领蒲阴等三县,并移治蒲阴。

《元丰九域志》卷 2 祁州条又言,"熙宁六年,省深泽县为镇入鼓城县",则是年以后祁州领二县。《宋史》卷 86《地理志二》祁州条言,深泽县,"元祐元年复",则是年以后祁州复领三县。

1. 鼓城县(960—1126)
2. 深泽县(960—1072,1086—1126)
3. 义丰县(960—975 义丰县,976—1126 蒲阴县)

按:《元丰九域志》卷 2 定州条言,"太平兴国元年,改义丰县为蒲阴"。

(十二) 赵州,庆源府(960—1118 赵州,1119—1126 庆源府)——治平棘(今河北赵县)

据《太平寰宇记》卷 60,赵州原领县九,今七:平棘、宁晋、高邑、柏乡、临城、赞皇、昭庆。二县割出:栾城、元氏(以上二县入镇州)。

《太平寰宇记》卷 61 镇州条言,栾城县,"隋属栾州,又改属赵州。唐大历三年(768),与定州鼓城同隶恒州"。《旧唐书》卷 39《地理志二》镇州条同。《新唐书》卷 39《地理志三》系于大历二年,稍异。又《文献通考》卷 316 赵州条载,"唐为赵州或为赵郡,属河北道,领县九,后以元氏、栾城二县隶真定府。宋为庆源军节度",则栾城于大历后可能又复隶赵州,五代时与元氏一同再割属镇州。要之，宋初赵州领平棘、宁晋、高邑、柏乡、临城、赞皇、昭庆七县。

《元丰九域志》卷 2 赵州条言，"熙宁五年，省柏乡、赞皇二县为镇入高邑。六年，省隆平县为镇入临城"，则六年后赵州实领四县。

《宋史》卷 86《地理志二》庆源府条言，柏乡、赞皇、隆平三县，"元祐元年复"。则此后赵州复领七县。

上引该条又言，"宣和元年，升为府"。

1. 平棘县(960—1126)
2. 宁晋县(960—1126)
3. 高邑县(960—1126)
4. 柏乡县(960—1071,1086—1126)
5. 临城县(960—1126)
6. 赞皇县(960—1071,1086—1126)
7. 昭庆县（960—971 昭庆县，972—1072,1086—1126 隆平县）

按：《元丰九域志》卷 2 赵州条言，"开宝五年，改昭庆为隆平县"。《宋史》卷 93《河渠志三》言，大观二年五月丙申，以隆平下湿，迁之。《清一统志》卷 51 赵州广阿故城引县志言，"故城在今县东十二里，俗呼旧城村"。

（十三）保塞军，保州(960—980 保塞军，981—1126 保州)——治保塞（今河北保定市）

据《元丰九域志》卷 2 保州条言，"建隆元年，以莫州清苑县地置保塞军。太平兴国六年，升为州"。又，《太平寰宇记》卷 68 保州条言，"保塞军，太平兴国六年，升为保州，仍割清苑县属焉"。据此，则保塞军无辖县，升州后，始辖保塞一县。

清苑县(960—980 清苑县，981—1126 保塞县)

按：《元丰九域志》卷 2 保州条言，"太平兴国六年，改清苑县为保塞"。又，《宋史》卷 86《地理志二》保州条言，保塞县，"太平兴国六年，析易州满城之南境入焉"。

（十四）静戎军，安肃军(981—1003 静戎军，1004—1124,1125—1126 安肃军)——治安肃（今河北徐水县）

据《文献通考》卷 316 安肃军条言，"本唐易州遂城县地。后唐置宥戎镇，周为梁门口寨。宋太平兴国六年建为静戎军，析易州遂城县三乡置静戎县隶焉"[①]。故太平兴国六年后静戎军领静戎一县。

---

① 《宋史》卷 4《太宗纪一》言，太平兴国六年正月癸卯，置静戎军，"丙寅，改静戎军为安静军"。《长编》卷 22 太平兴国六年正月乙卯条注言，"《实录》又于此月丙寅书改静戎军为静安（安静）军"。《宋会要》同。则静戎军旋改为安静军。然《宋史》卷 5《太宗纪二》端拱二年二月又有静戎军，或又改回。

《元丰九域志》卷 2 安肃军条言,静戎军,"景德元年,改安肃"。县并同。《宋史》卷 86《地理志二》安肃军条言,"宣和七年,废军为安肃县,知县事仍兼军使,寻依旧"。

静戎县(981—1003 静戎县,1004—1126 安肃县)

(十五)宁边军,永定军,永宁军(987—1003 宁边军,1004—1028 永定军,1029—1124,1125—1126 永宁军)——治博野(今河北蠡县)

据《元丰九域志》卷 2 永宁军条言,"雍熙四年,以定州博野县地建宁边军。景德元年,改永定。天圣七年,改永宁"。《宋史》卷 86《地理志二》永宁军条言,"宣和七年,废为博野县,知县事仍兼军使,寻依旧"。故是军始终领博野一县。

博野县(960—1126)

(十六)威虏军,广信军(981—1003 威虏军,1004—1126 广信军)——治遂城(今河北徐水县遂城镇)

据《元丰九域志》卷 2 广信军条言,"太平兴国六年,以易州遂城县地置威虏军。景德元年,改广信"。故是军始终领遂城一县。

遂城县(960—1126)

(十七)顺安军(992—1126)——治高阳(今河北高阳县庞口镇旧城村)

据《元丰九域志》卷 2 顺安军条言,"太平兴国七年,以瀛州废唐兴县地置唐兴寨(今河北安新县安州东南)。淳化三年,升为顺安军","至道三年,以瀛州高阳县隶军。熙宁六年省为镇,十年复为县"。故是军自至道后始终领高阳一县。

又,《宋会要·方域》5 之 27 言,"高阳县,开宝二年十二月四日,诏瀛州高阳行县复旧邑。先是,高阳陷北虏,尝为边民蹂躏。虏迁其民于县北三十里为行县而无城壁。及朝廷复其疆土,民上诉请完葺故县而居之,故有是诏"。

高阳县(969—1072,1077—1126)

第五章　河东路州县沿革

（一）并州，太原府（978 太原府，979—1058 并州，1059—1126 太原府）——治阳曲（今山西太原市）

据《太平寰宇记》卷40，并州原领县十三：阳曲、平晋（新置）、文水、祁县、榆次、太谷、清源、寿阳、孟县。二县废：太原（入平晋）、晋阳（同）。三县割出：交城（入大通监）、广阳（建军）、乐平（入广阳军）。理太原、晋阳（今山西太原市晋源区晋源街道古城营村）。

上引平晋县条言，"皇朝平伪汉，其太原城中晋阳、太原二县并废为平晋县"。又，《元丰九域志》卷4太原府条言，"太平兴国四年（979）……改广阳县为平定，并乐平县隶平定军，以交城县隶大通监"，则平定北汉前并州实领太原、晋阳、阳曲、文水、祁县、榆次、太谷、清源、寿阳、孟县、交城、广阳、乐平十三县。

《长编》卷20太平兴国四年五月戊子条言，是日"毁太原旧城，改为平晋县。以榆次县为并州"。其注又言，"七年二月，又徙阳曲"。《宋会要·方域》6之4言，"阳曲县，七年徙州治于县之唐明镇"。《宋史》卷4《太宗纪一》同。则太平兴国四年平北汉后并州治于榆次（今山西晋中市榆次区），七年以来治于阳曲县。

《太平寰宇记》卷40并州条言，"皇朝平伪汉，其太原城中晋阳、太原二县并废为平晋县"。《元丰九域志》卷4、《宋朝事实》卷18太原府条及《宋会要·方域》6之4均将平晋县误作平晋军。建隆四年（即乾德元年，963年），升为平晋军者当为乐平县。《宋史》卷1《太祖纪一》乾德元年八月丁亥条言，"王全斌攻北汉乐平县，降之。辛卯，以乐平县为平晋军"。《长编》卷4是日所载同，唯平晋军作乐平军。晋阳县，据《太平寰宇记》卷40并州条言，为北汉并州之治所，在"太原城中"，乾德元年，宋兵何得攻克？故《元丰九域志》等书所记显误。平晋军本末，详见本章平晋军条论证。

《元丰九域志》卷4太原府条言，太平兴国四年，"废（平晋）军为（乐平）县，改广阳县为平定，并乐平县隶平定军，以交城县隶大通监"，则是年凡废二县，割出三县,割到一县,新建一县。太原府原领十二县,太平兴国四年,平北汉后实领榆次、平晋、阳曲、文水、祁县、太谷、清源、寿阳、盂县等九县。

《元丰九域志》卷 4 太原府条言,"嘉祐四年(1059),复为太原府"。又言,"宝元二年(1039),交城县复隶府。熙宁三年(1070),省平晋县入阳曲"。又言,"天圣元年(1023),改大通(监)为交城。明道二年(1033),复旧。宝元二年,以大通监隶府,俾知交城县兼领监事"。又,《文献通考》卷 316 永利监条言,该监,"宝元二年,以隶太原府"。要之,宝元后,太原府实领阳曲、交城、文水、祁县、榆次、太谷、清源、寿阳、盂县九县,大通、永利二监。

又,《长编》卷 212 言,熙宁三年六月,"废太原府平晋县,以其地入榆次、清源、阳曲"。与《元丰九域志》稍异。

《宋史》卷 86《地理志二》太原府条言,平晋县,"政和五年(1115)复",则宣和五年(1123)时太原府实领平晋等十县。

1. 太原县(978)
2. 晋阳县(978)
3. 阳曲县(979—1126)
4. 平晋县(979—1069,1115—1126)
5. 文水县(979—1126)

按:《清一统志》卷 136 太原府条言,文水故城,在今文水县东十里。宋元符间,因水患徙南漳沱村高阜。

6. 祁　县(979—1126)
7. 榆次县(979—1126)
8. 太谷县(979—1126)
9. 清源县(979—1126)
10. 寿阳县(979—1126)
11. 盂　县(979—1126)
12. 交城县(979—1126)
13. 大通监(1039—1126)
14. 永利监(1039—1126)

(二)潞州,隆德府(960—1103 潞州,1104—1126 隆德府)——治上党(今山西长治市)

据《太平寰宇记》卷 45,潞州原领县十,今八:上党、长子、潞城、屯留、壶关、襄垣、黎城、涉县。二县割出:武乡(建威胜军)、铜鞮(入威胜军)。检同上书卷 50 威胜军条,该条谓"威胜军,本潞州铜鞮县地。皇朝太平兴国二年四月于此建军,仍割铜鞮、武乡二县来属"。《元丰九域志》同。则宋初潞州实领上党、长子、潞城、屯留、壶关、襄垣、黎城、涉县、武乡、铜鞮十县,而太平兴国二年后领八县。

《宋史》卷 86《地理志二》隆德府黎城县条言,"熙宁五年,省入潞城县,元祐元年(1086)复"。则熙宁五年至元祐初潞州实领七县。熙宁五年事,《元丰九域志》卷4同条、《长编》卷233熙宁五年五月条同。《宋会要·方域》6之4言,"黎城县,熙宁五年,废隶潞城、涉二县"。有异同。

《宋史》卷86《地理志二》隆德府条言,潞州,"崇宁三年(1104),升为府"。

1. 上党县(960—1126)
2. 长子县(960—1126)
3. 潞城县(960—1126)
4. 屯留县(960—1126)
5. 壶关县(960—1126)
6. 襄垣县(960—1126)
7. 黎城县(960—1071,1086—1126)

按：《宋史》卷86《地理志二》隆德府黎城县条言,"天圣三年,徙治涉之东南白马驿"。

8. 涉　县(960—1126)

(三)晋州,平阳府(960—1115晋州,1116—1126平阳府)——治临汾(今山西临汾市)

据《太平寰宇记》卷43,晋州原领县九,今十：临汾、洪洞、襄陵、神山、霍邑、赵城、汾西、冀氏、岳阳、和川。

《元丰九域志》卷4晋州条言,"太平兴国六年废沁州,以和川县隶州",则宋初晋州实领临汾、洪洞、襄陵、神山、霍邑、赵城、汾西、冀氏、岳阳九县,太平兴国六年后方领和川等十县。

《元丰九域志》卷4晋州条言,"熙宁五年,省赵城县为镇入洪洞,和川县为镇入冀氏。元丰二年(1079),赵城复为县"。又言,炼矾、矾山二务,"庆历元年(1041)置"。则元丰二年后晋州实领九县、二务。

《宋史》卷86《地理志二》平阳府条言,和川镇,"元祐元年,复为县"。又,庆祚军条言,"政和三年,以赵城造父始封之地升为军,以军事领之"。则宣和五年时平阳府实领和川等九县。

《宋史》卷86《地理志二》平阳府条言,晋州,"政和六年,升为府"。

1. 临汾县(960—1126)
2. 洪洞县(960—1126)
3. 襄陵县(960—1126)

按：《宋会要·方域》6之4言,"襄陵县,天圣元年,徙治晋桥店"。《清一统志》卷138平阳府襄陵故城条与之详略互异,言,"宋移治汾西宿水店,在今县西南十里。后又移治晋桥,即今治"。《宋史》卷86《地理志二》晋州襄陵县条言,熙宁五年,"废慈州乡宁县分隶焉"。

4. 神山县(960—1126)
5. 霍邑县(960—1126)
6. 汾西县(960—1126)

按：《宋会要·方域》6之4言，"汾西县，太平兴国七年，徙今治"。

7. 冀氏县(960—1126)　　　　　8. 岳阳县(960—1126)

按：《清一统志》卷138平阳府岳阳故城条言，"在今岳阳县东，宋元丰以前移今治"。

9. 和川县(979—1071,1086—1126)①　　　10. 炼矾务(1041—1126)

11. 矾山务(1041—1126)

(四) 庆祚军(1113—1126)——治赵城(今山西洪洞县赵城镇西南)

按：详见前文晋州条论证。

赵城县(960—1071,1079—1126)

(五) 绛州(960—1126)——治正平(今山西新绛县)

据《太平寰宇记》卷47，绛州原领县九，今七：正平、曲沃、太平、翼城、稷山、绛县、垣县(陕州割到)。三县割出：万泉(入蒲州)、闻喜(入解州)、龙门(入蒲州)。

同上书垣县条言，"垣县，贞元三年(787)入陕，元和三年(808)，又归绛"。《唐会要》卷70、《新唐书》卷39《地理志三》同。又检《太平寰宇记》卷46蒲州龙门县条，该县"贞观十七年(643)，(泰)州废，隶绛州。大顺二年(891)，与万泉割属蒲州"。又检《太平寰宇记》卷46解州条，该条谓"汉乾祐元年(948)，蒲帅李守贞反，权盐制置使郑元昭奏，请于解县置解州以捍凶渠。于是，授郑元昭为刺史，仍割蒲之安邑、绛之闻喜与解县为三邑以属焉"。《新五代史》卷60《职方考》言闻喜属河中，与此异。则宋初绛州实领正平、曲沃、太平、翼城、稷山、绛县、垣县七县。又检宋代诸史志，终北宋之世，绛州领七县如故。

1. 正平县(960—1126)　　　　　3. 太平县(960—1126)
2. 曲沃县(960—1126)

按：《宋史》卷86《地理志二》绛州条言，"熙宁五年，废慈州，以乡宁县分隶太平、稷山"。

4. 翼城县(960—1126)　　　　　6. 绛　县(960—1126)
5. 稷山县(960—1126)
7. 垣　县(960—? 垣县,?—1126 垣曲县)

按：《舆地广记》卷18绛州条言，"垣曲县，本垣县(汉唐以来为垣县)，今

---

① 按：和川县原属沁州，太平兴国四年，北汉平，归宋。

曰垣曲"。又《元丰九域志》、《宋史》卷86《地理志二》均作垣曲,然均不载改名之时。

(六)泽州(960—1126)——治晋城(今山西晋城市)

据《太平寰宇记》卷44,泽州原领县六:晋城、高平、阳城、端氏、陵川、沁水。新旧《唐书·地理志》、《元和郡县图志》、《元丰九域志》、《宋史》卷86《地理志二》同,可见唐宋以来泽州辖县未变,北宋实领晋城、高平、阳城、端氏、陵川、沁水六县。又,《宋史》卷86《地理志二》泽州条言,雄定关,"旧天井关,属晋城县。靖康元年(1126),改今名",则是年泽州增领一关。

1. 晋城县(960—1126)
2. 高平县(960—1126)
3. 阳城县(960—1126)
4. 端氏县(960—1126)
5. 陵川县(960—1126)
6. 沁水县(960—1126)

按:《清一统志》卷145泽州府沁水故县条引《明一统志》言,沁水县,"宋后移治今治"。

7. 雄定关(1126)

(七)代州(979—1126)——治雁门(今山西代县)

据《太平寰宇记》卷49,代州原领县五:雁门、五台、崞县、繁畤、唐林。新旧《唐书·地理志》、《元和郡县图志》同。故太平兴国四年灭北汉时代州实领五县。《元丰九域志》卷4代州条言,"景德二年(1005),省唐林县入崞",则是年以后代州实领雁门、五台、崞县、繁畤四县。《宋史》卷86《地理志二》所载领县同,则北宋时代州领四县。

1. 雁门县(979—1126)
2. 五台县(979—1126)
3. 崞 县(979—1126)
4. 繁畤县(979—1126)
5. 唐林县(979—1004)

(八)忻州(979—1126)——治秀容(今山西忻州市)

据《太平寰宇记》卷42,忻州原领县二:秀容、定襄。新旧《唐书·地理志》、《元和郡县图志》同。《宋史》卷86《地理志二》忻州秀容县条言,"熙宁五年,省定襄入焉。元祐元年,定襄复为县",则熙宁五年后至元祐初除外,忻州均领秀容、定襄二县。

1. 秀容县(979—1126)
2. 定襄县(979—1071,1086—1126)

（九）汾州(979—1126)——治西河(今山西汾阳市)

据《太平寰宇记》卷41,汾州原领县五：西河、孝义、平遥、介休、灵石。新旧《唐书·地理志》、《元和郡县图志》所载五县同。唐以来汾州领县未变,太平兴国四年灭北汉时汾州实领五县。又,《宋史》卷86《地理志二》汾州孝义县条言,"熙宁五年,省为镇入介休,元祐元年复",则熙宁五年后至元祐初除外,汾州均领西河、孝义、平遥、介休、灵石五县。

1. 西河县(979—1126)
2. 孝义县(979—? 中阳县,? —1071孝义县,1086—1126孝义县)

按：《元丰九域志》卷4汾州条言,"太平兴国元年,改孝义为中阳①,后复为孝义"。

3. 平遥县(979—1126)
4. 介休县(979—1126)
5. 灵石县(979—1126)

（十）辽州(979—1073,1085—1126)——治辽山(今山西左权县)

据《太平寰宇记》卷44,辽州领县四：辽山、和顺、榆社、平城。新旧《唐书·地理志》、《元和郡县图志》同。则太平兴国四年灭北汉时辽州实领辽山、和顺、榆社、平城四县。

《宋史》卷86《地理志二》辽州条言,"熙宁七年,州废,省平城、和顺二县为镇入辽山县,隶平定军；省榆社县为镇,入威胜军武乡县。元丰八年,复置州、县、镇并复来隶。元祐元年,复置和顺、榆社、平城县",则元祐元年后迄于北宋末年辽州复领四县。

1. 辽山县(979—1126)
2. 和顺县(979—1073,1086—1126)
3. 榆社县(979—1073,1086—1126)
4. 平城县(979—1073,1086—1126)

（十一）宪州(979—1069,1077—1126)——治静乐(今山西静乐县)

据《太平寰宇记》卷42,宪州原领县三：楼烦、玄池、天池。新旧《唐书·地理志》同,则太平兴国四年灭北汉时宪州实领楼烦、玄池、天池三县。又,宋初宪州理楼烦(今山西娄烦县)。

《元丰九域志》卷4宪州条言,"咸平五年(1002),废静乐军,以静乐县隶州,省天池、玄池二县入静乐,楼烦,以楼烦县隶岚州"。《宋史》卷86《地理志二》、《文献通考》卷316同条言天池、玄池二县废入静乐,稍异,又《文献通考》

---

① 按：太平兴国四年,宋灭北汉始得汾州,故孝义县改为中阳,实为是年之事。

言,"以州卑隘多水潦,移治静乐军之静乐县,遂废军"。据此,是年后宪州仅领静乐一县。

《元丰九域志》卷4宪州条又言,"熙宁三年,州废,以静乐隶岚州。十年,复置",静乐县"复隶州"。则复州后宪州仍领静乐一县。

1. 静乐县(979—1126)
2. 玄池县(979—1001)
3. 天池县(979—1001)

(十二) 岚州(979—1126)——治宜芳(今山西岚县北)

据《太平寰宇记》卷41,岚州原领县四,今三:宜芳、静乐、合河。一县割出:岚谷(入岢岚军)。《元丰九域志》卷4岚州条言,"太平兴国五年,以岚谷县隶岢岚军",则太平兴国四年灭北汉时岚州应领宜芳、静乐、合河、岚谷四县(岢岚军条可参考)。

《文献通考》卷316言,"宁化军,本岚州地。刘崇置固军,太平兴国四年,徙军城稍南,改为宁化县。五年置军,属河东路",则四年灭北汉后岚州当领宁化等五县,五年割宁化、岚谷二县,仅领三县。

《元丰九域志》卷4岚州条言,"咸平二年,以静乐县隶静乐军。五年,军废,县隶宪州,以宪州楼烦县隶州"。然《长编》卷46咸平三年二月甲戌条言,"置静乐军,实岚州静乐寨也"。《皇宋十朝纲要》卷3、《宋史》卷6《真宗纪一》同,则置军当在三年,故咸平五年后岚州实领楼烦等三县。《元丰九域志》卷4岚州条又言,"熙宁三年,宪州废,以静乐县隶州。十年,复隶宪州",则熙宁三年后岚州领静乐等四县,元丰以后岚州仍领三县如故。

1. 宜芳县(979—1126)
2. 合河县(979—1126)

按:《清一统志》卷36太原府合河故城条言,合河县,宋元丰中徙治蔚汾水北,在兴县西北五十里。

3. 楼烦县(979—1126)

(十三) 石州(979—1126)——治离石(今山西吕梁市离石区)

据《太平寰宇记》卷42,石州原领县五:离石、临泉、平夷、方山、定胡,新旧《唐书·地理志》、《元和郡县图志》同,故太平兴国四年灭北汉时石州领离石、临泉、平夷、方山、定胡五县。《宋史》卷86《地理志二》石州条言,"元丰五年(1082),置葭芦、吴堡二寨隶州。元符二年(1099),升葭芦寨为晋宁军,以州之临泉县隶焉。大观三年(1109),复以定胡县隶晋宁军",则大观三年后石州领三县。

1. 离石县(979—1126)
2. 平夷县(979—1126)
3. 方山县(979—1126)

（十四）隰州(960—1126)——治隰川(今山西隰县)

据《太平寰宇记》卷48,隰州领县六：隰川、蒲县、温泉、永和、石楼、大宁。新旧《唐书·地理志》、《元和郡县图志》同,《元丰九域志》熙宁以前辖县同。可见唐宋以来隰州辖县未变,宋初实领隰川、蒲县、温泉、永和、石楼、大宁六县。

《宋史》卷86《地理志二》隰州条言,"熙宁五年,废慈州,以吉乡县隶州,即县治置吉乡军使,仍省文城县为镇隶焉。元祐元年,复慈州",则熙宁五年后隰州实领吉乡等七县及吉乡军使,元祐元年后复领六县如故。

1. 隰川县(960—1126)
2. 蒲　县(960—1126)
3. 温泉县(960—1126)
4. 永和县(960—1126)
5. 石楼县(960—1126)
6. 大宁县(960—1126)

（十五）慈州(960—1071,1086—1126)——治吉乡(今山西吉县)

据《太平寰宇记》卷48,慈州原领县五,今三：吉乡、文城、乡宁。二县废：仵城(并入吉乡)、吕香(并入乡宁)。

检同上书乡宁县条,该条谓"废吕香县,周显德三年(956),并入乡宁县"。文城县条言,"废仵城县,显德三年,并入吉乡县"。《新五代史》卷60《职方考》、《旧五代史》卷150《郡县志》并同。是宋初慈州实领吉乡、文城、乡宁三县。

《元丰九域志》卷10、《宋史》卷86《地理志二》慈州条言,"熙宁五年,废州,省文城县为镇入吉乡县,隶隰州；省乡宁,析其地入晋、绛二州",元祐元年复,领吉乡一县。

1. 吉乡县(960—1126)
2. 文城县(960—1071)
3. 乡宁县(960—1071)

按：《清一统志》卷138平阳府昌宁故城条言："皇祐三年(1051),(乡宁县)迁今治。"

（十六）麟州(960—1126)——治新秦(今陕西神木县北三十里杨家城)

据《太平寰宇记》卷38,麟州原领县三：新秦、连谷、银城。新旧《唐书·地理志》、《元和郡县图志》、《元丰九域志》同。可见唐宋以来麟州辖县未变,宋初实领新秦、连谷、银城三县。《宋史》卷86《地理志二》麟州新秦县条言,"政和四年,废银城、连谷二县入焉",则是年以后麟州实领一县。

《清一统志》卷240榆林府麟州故城条引《元一统志》言:"麟州,周显德五年,刘崇不宾,移垒小堡。"《宋史》卷86《地理志二》言,乾德初,移治吴儿堡(今陕西神木县西南)。又,《元一统志》卷4《延安路·葭州·神木县》言,"端拱元年(988),治新秦"。

1. 新秦县(960—1126)
2. 连谷县(960—1113)
3. 银城县(960—1113)。

(十七)府州(960—1126)——治府谷(今陕西府谷县)

据《太平寰宇记》卷38府州条,"府谷县,本府谷镇,唐天祐七年(910),升为县"。《元丰九域志》同,是五代以来至于北宋初府州始终领府谷一县。

《宋史》卷86《地理志二》府州条言,宁川堡,"元符元年赐名","宁疆堡,宣和六年,独移庄岭建堡,赐名宁疆","宁边寨,地名端正平,元符二年进筑,赐今名","震威城,宣和六年,铁炉骨堆建寨,赐名",则北宋末府州领一县、二堡、一寨、一城。

府谷县(960—1126)

(十八)丰州(969—1040,1062—1126)——治所约在今陕西府谷县西北二百里处的窟野河流域

丰州领三寨:永安、来远、保宁。

按:《长编》卷10开宝二年(969)十月戊戌易州条言,契丹右千牛卫将军王甲以丰州来降,即命其子承美为丰州衙内指挥使。此已非唐之丰州。唐代丰州领九原、永丰二县及三受降城,而开宝二年时,丰州仅领永安、来远、保宁三寨。司马光嘉祐六年(1061)十二月十四日所上《论复置丰州札子》可证,该札子言,"向者王氏知州之时,所部蕃族甚众。有永安、来远、保宁三寨,皆以蕃族守之。庆历初,拓跋元昊攻陷州城,州民及三寨蕃族,尽为所虏,扫地无遗,今州城之中,但有丘墟瓦砾,环城数十里,皆草莽林麓而已"。至于丰州的地望,据《长编》宝元二年(1039)八月戊辰条载,时知庆州张崇俊言:"知丰州王余庆之祖承美,本藏才族首领,自其归朝,于府州西北二百里建丰州,以承美为防御使、知藩汉公事。"又,《宋史》卷253《王承美传》言,"淳化二年(991)冬,来朝,令归所部,控子河汊"。知丰州治所当在辽东胜州南,今陕西府谷县西北二百里处的窟野河流域。

《宋史》卷86《地理志二》丰州条言,"庆历元年(1041),元昊攻陷州地。嘉祐七年,以府州萝泊川掌地(在今陕西府谷县北)复建为州"。《元丰九域志》卷4丰州条言,重建后之丰州有寨二:永安、保宁。

(十九) 威胜军(977—1126)——治铜鞮(今山西沁县)

据《元丰九域志》卷4威胜军条言,"太平兴国二年,以潞州铜鞮县置军"。同年,"以潞州武乡县,六年以沁州沁源县,宝元二年,以大通监绵上县,并隶军。熙宁七年,废辽州,以榆社县为镇入武乡。元丰八年,榆社镇还隶辽州"。则威胜军初领铜鞮、武乡二县,后增至三县,宝元以后遂领四县。

1. 铜鞮县(960—1126)
2. 武乡县(960—1126)①
3. 沁源县(979—1126)
4. 绵上县(979—1126)②

按:《宋史》卷86《地理志二》同条言,绵上县,"庆历六年,徙治军西北大觉寺地"。

(二十) 平定军(979—1126)——治平定(今山西平定县)

《元丰九域志》卷4平定军条言,"太平兴国四年,以并州平定县置军,治平定县",又,"以并州乐平县隶军",则是年平定军实领平定、乐平二县。

《元丰九域志》卷4平定军条又言,"熙宁七年,废辽州,以辽山县隶军,仍省平城、和顺二县为镇以隶。元丰八年,复隶辽州",则元丰末平定军复领二县如故。

1. 广阳县(978广阳县,979—1126平定县)
2. 乐平县(963—1126)③

(二十一) 岢岚军(980—1126)——治岚谷(今山西岢岚县)

《长编》卷20太平兴国四年四月"乙卯,折御卿等破岢岚军,杀戮甚众,擒军使折令图以献"。

《资治通鉴》卷290广顺二年(952)载,"北汉遣兵寇府州,防御使折德扆败之,杀二千余人。二月庚子,德扆奏攻拔北汉岢岚军,以兵戍之"。其下注引《旧唐书》卷39《地理志二》曰:岚州岚谷县,"旧岢岚军也,在宜芳县北界。长

---

① 按:铜鞮、武乡二县括注所据,参见潞州条论证。
② 按:沁源、绵上二县括注所据,参见废沁州条论证。
③ 按:《宋史》卷1《太祖纪一》乾德元年(963)八月丁亥条言,"王全斌攻北汉乐平县,降之"。

安三年(703),分宜芳,于岢岚旧军置岚谷县。神龙二年(706),废县置军。开元十二年(724),复置县"。此盖后唐复置军也。可见,北汉时有岢岚军。此时岢岚军可能循唐旧制于建军时废县,故应无属县岚谷。岢岚军可能亦于北汉亡后复废为岚谷县,故太平兴国五年复建岢岚军时,得用宋制,以岚谷县隶岢岚军。此见《元丰九域志》卷4岚州条。该条又言,"熙宁三年,废岚谷县。元丰六年,复置"。

岚谷县(979—1069,1083—1126)①

(二十二)宁化军(980—1126)——治宁化(今山西宁武县西南宁化)

《文献通考》卷316言,"宁化军,本岚州地。刘崇置固军,太平兴国四年,徙军城移南改为宁化县。五年,置军属河东路"。《宋朝事实》卷18、《舆地广记》卷19、《元丰九域志》卷4同条及《元一统志》卷1宁化城条同,则宁化军初实领岚谷一县。然《太平寰宇记》卷50同条言置军在六年,《长编》卷23系于七年八月癸亥,又宁化县作宣化县,恐《元丰九域志》等系年有误。

《宋史》卷86《地理志二》宁化军条言宁化县,"熙宁三年废,元祐元年复。崇宁三年,又废为镇"。

据《元丰九域志》卷4同条,熙宁废县后,宁化军有窟谷一寨。

宁化县(979—1069,1086—1102)

(二十三)火山军(982后—1126)——治雄勇镇西(今山西河曲县东南)

《文献通考》卷316言,"火山军,本岚州地。刘崇置雄勇镇。宋太平兴国七年建为军,徙治镇西三十里"。又,《元一统志》卷1旧岚州条言,"旧岚之雄勇镇。宋太平兴国四年北汉平,六年以北山时有烟焰,故筑城以镇之,因名。后升为火山军,隶代州"。则该军初似非同下州之军。

《宋史》卷86《地理志二》言,火山军旧领雄勇、偏头、董家、横谷、桔槔、护水六寨。庆历元年,置下镇寨。嘉祐六年,废偏头寨。治平四年(1067),置火山县。熙宁元年,废桔槔寨。四年,废火山县。据此,火山军治平、熙宁间尚领火山一县。又,《元丰九域志》仅载下镇一寨,则雄勇等四寨当废于此前。

《宋会要·方域》卷18之24言,"横谷寨,在火山军,雍熙三年(986)置"。余寨置年不详。

---

① 按:岚谷县括注所据,参见岚州条论证。

火山县(1067—1070)

(二十四)定羌军,保德军(993—1003 定羌军,1004—1126 保德军)——治今山西保德县

《宋史》卷86《地理志二》保德军条言,"淳化四年,析岚州地置定羌军。景德元年改"。又,《元丰九域志》卷4保德军条言,大堡、沙谷二津,"咸平四年置"。

置军时间,《元丰九域志》系于二年。据《长编》载,景德元年十二月甲辰,改"定羌曰保德"。则《宋史》近是。

(二十五)晋宁军(1099—1126)——治葭芦寨(今陕西佳县)

《宋史》卷86《地理志二》晋宁军条言,"晋宁军,本西界葭芦寨。元丰五年收复,六月,并吴堡寨并隶石州。元祐四年,以葭芦寨给赐西人。绍圣四年(1097)收复。元符二年,以葭芦寨为晋宁军,割石州之临泉隶焉。大观三年,复以石州定胡县来隶",则宣和五年时晋宁军实领临泉、定胡二县。又言,"神泉寨,地名榆木川,在废葭芦寨北。元符元年赐今名";"乌龙寨,元符二年,进筑赐名";"通秦寨,地名升啰岭,元符二年赐今名";"宁河寨,地名窟薛岭,元符二年赐名";"弥川寨,地名弥勒川,元符二年赐名";"三交堡,地名三交川岭,元符元年,神泉寨筑堡毕工,赐名";"通秦堡,地名精移堡,元符二年,同寨赐名";"宁河堡,地名哥崖岭,元符二年,同寨赐名";"弥川堡,地名小红崖,元符二年,同寨赐名"。又有靖川堡,不得其时。要之,晋宁军又领神泉、乌龙、通秦、宁河、弥川五寨,三交、通秦、宁河、靖川、弥川五堡。

1. 临泉县(979—1126)　　　　2. 定胡县(979—1126)[①]

---

① 按:临泉、定胡二县括注所据,参见石州条论证。

第六章　陕西路州县沿革

第一节　永兴军等路

（一）京兆府（960—1126）——治长安、万年（今陕西西安市）

据《太平寰宇记》卷25，京兆府原领县二十四，今十三：万年、长安、鄠县、蓝田、咸阳、醴泉、泾阳、栎阳、高陵、兴平、昭应、武功、乾祐。十一县割出：华原、富平、三原、云阳、同官、美原（以上六县属耀州）、奉天、好畤（以上二县属乾州）、奉先（入同州）、渭南（入华州）、盩厔（入凤翔）。

《太平寰宇记》卷31耀州条言，"华原县……唐末李茂贞据凤翔僭行墨制，建置耀州。……后唐同光元年（923）……割雍州之富平、三原、云阳、同官、美原以属焉"。《五代会要》卷20《州县分道置置》、《旧五代史》卷150《郡县志》京兆府条仅记同官、美原二县，所载稍异。

奉天、好畤、盩厔三县，据《太平寰宇记》卷31乾州条所载，该州"本京兆奉天县。唐末，李茂贞建为乾州。乾宁中，以覃王出镇，建为威胜军，割奉天、好畤、武功、盩厔、醴泉等五县以隶焉。至庄宗同光年中，改为刺史，属凤翔，其武功、醴泉二县还京兆府，盩厔入凤翔，只领奉天、好畤二县。至明宗天成三年（928），又割好畤还京兆府，只领奉天一县。至皇朝乾德二年（964），割好畤、（邠州）永寿二县属焉"。检《元丰九域志》卷3京兆府条，"乾德二年，以奉先县隶同州"。

渭南县，据《太平寰宇记》卷29华州条，该县"周显德三年（956），自京兆割隶华州"。以上诸县，除奉先、好畤乾德二年割出，宋初当属京兆府外，其余九县均于唐末、五代改隶他州，故宋初京兆府实领长安、万年、鄠县、蓝田、咸阳、醴泉、泾阳、栎阳、高陵、兴平、昭应、武功、乾祐、奉先、好畤十五县。

《元丰九域志》卷3京兆府条言，"乾德二年，以奉先县隶同州，好畤县隶乾州"，则是年后京兆府实领十三县。《文献通考》卷322永兴军条言，"宋建隆中，复以奉先隶同州。乾德二年，以好畤属乾州"，稍异。

《元丰九域志》卷3京兆府条言，"熙宁五年（1072），乾州废，以奉天县隶府"。又言,铜钱监,"熙宁四年置,铸铜钱";铁钱监,"八年置,铸铁钱"。则熙宁八年后京兆府实领十四县、二监。

《宋史》卷87《地理志三》清平军条言,"清平军,本凤翔府盩厔县清平镇。大观元年(1107),升为军,复置终南县,隶京兆府。清平军使兼知终南县,专管勾上清太平宫"。又,醴州条言,"醴州,本京兆府奉天县。政和七年(1117),复以县为州,更名醴","武功、醴泉二县,本属京兆府,政和八年三月,割属醴州"。京兆府樊川县条言,"旧万年县,宣和七年(1125)改"。然《文献通考》卷322永兴军万年县条言在三年,今从《文献通考》。则宣和末京兆府实领终南等十二县、清平一军使。《宋史》卷87《地理志三》清平军立专条比同下州,误。

1. 长安县(960—1126)
2. 万年县(960—1120 万年县, 1121—1126 樊川县)
3. 鄠　县(960—1126)
4. 蓝田县(960—1126)
5. 咸阳县(960—1126)
6. 泾阳县(960—1126)
7. 栎阳县(960—1126)
8. 高陵县(960—1126)
9. 兴平县(960—1126)
10. 昭应县(960—1014 昭应县, 1015—1126 临潼县)

按:《元丰九域志》卷3京兆府条言,"大中祥符八年(1015),改昭应县为临潼"。

11. 乾祐县(960—1126)
12. 终南县(1107—1126)
13. 铜钱监(1071—1126)
14. 铁钱监(1075—1126)

(二) 河中府(960—1126)——治河东(今山西永济市蒲州镇)

据《太平寰宇记》卷46,蒲州原领县十一,今九:河东、河西、虞乡、临晋、宝鼎、猗氏、永乐、龙门、万泉(龙门、万泉自绛州割到)。二县割出:解县、安邑(二县入解州)。

论证详见上章河东路绛州条。宋初河中府领河东、河西、虞乡、临晋、宝鼎、猗氏、永乐、龙门、万泉九县。

《文献通考》卷316庆成军条言,"庆成军,本河中府宝鼎县。大中祥符四年,建为军,隶河中府。七年,置(直)属京师,领一县:荣河(即宝鼎县)",则七年后河中府实领八县。

《元丰九域志》卷3河中府条言,"庆成军,熙宁元年,废军以荣河县隶府,即县治置军使。三年省河西县,六年省永乐县,并入河东",则元丰八年(1085)时河中府实领荣河等七县、庆成一军。

1. 河东县(960—1126)　　2. 河西县(960—1069)

按：《宋会要·方域》5 之 38 河中府条言，"河西县，开宝五年(972)，徙于西关城外。天禧五年(1021)，徙府城内通化坊"。

3. 虞乡县(960—1126)　　5. 宝鼎县(960—1010 宝鼎县，
4. 临晋县(960—1126)　　　　1011—1126 荣河县)

按：《元丰九域志》卷 3 河中府条言，大中祥符四年，改宝鼎县为荣河。

6. 猗氏县(960—1126)　　8. 龙门县(960—1126)
7. 永乐县(960—1072)　　9. 万泉县(960—1126)

(三)解州(960—1126)——治解县(今山西运城市盐湖区解州镇)

宋初解州领解县、安邑、闻喜三县。又，《元丰九域志》、《宋史》卷 87《地理志三》亦载三县，则终北宋之世解州领三县如故。论证详见上章河东路绛州条。

1. 解　县(960—1126)　　3. 闻喜县(960—1126)
2. 安邑县(960—1126)

(四)陕州——治陕县(今河南陕县西南)

据《太平寰宇记》卷 6，陕州原领县六，今八：陕县、芮城、平陆、灵宝、硖石、夏县、阌乡(虢州割到)、湖城(虢州割到)。

上引阌乡县条言，"唐贞观……八年(634)，(鼎)州废为县，复属虢。皇朝太平兴国二年，割阌乡、湖城二县隶陕州"。《元丰九域志》、《舆地广记》并同，然其事系于三年，今从之。可见，宋初二县尚未属陕，陕州宋初实领陕县、芮城、平陆、灵宝、硖石、夏县六县。

《元丰九域志》卷 3 陕州条言，"太平兴国三年，以虢州阌乡、湖城二县隶州"。《宋史》卷 87《地理志三》、《舆地广记》卷 13 同条同。《太平寰宇记》记为二年事。则太平兴国三年后陕州实领阌乡、湖城等八县。

《元丰九域志》卷 3 陕州条又言，"熙宁四年，省湖城县为镇入灵宝。六年，省硖石县为镇入陕。元丰六年，复置湖城县"。又言，铜钱监，"熙宁四年置"，铁钱监，"八年置，铸铁钱"。则元丰六年后陕州领七县、二监。

1. 陕县(960—1126)　　4. 灵宝县(960—1126)
2. 芮城县(960—1126)　　5. 硖石县(960—1072)
3. 平陆县(960—1126)

按：《宋会要·方域》5 之 39 言，"硖石县，乾德五年，移治石壕镇，仍割河南永宁县之胡郭管隶焉"。

6. 夏　　县(960—1126)
7. 阌乡县(960—1126)
8. 湖城县(960—1070,1083—1126)
9. 铜钱监(1071—1126)
10. 铁钱监(1075—1126)

(五) 商州(960—1126)——治上洛(今陕西商洛市商州区)

据《太平寰宇记》卷141,商州原领县六,今五：上洛、上津、丰阳、商洛、洛南。一县割出：乾元(入雍州)。

《太平寰宇记》卷27雍州条谓"乾祐县,本安业县。乾元三年(760),改为乾元县,仍属京兆府,寻又归商州,汉乾祐二年(949),又属京兆,便以年号名县",是宋初商州实领上洛、上津、丰阳、商洛、洛南五县。又,《元丰九域志》、《宋史》卷87《地理志三》所载同,则终北宋之世商州领五县不变。

1. 上洛县(960—1126)
2. 上津县(960—1126)
3. 丰阳县(960—1126)
4. 商洛县(960—1126)
5. 洛南县(960—1126)

(六) 虢州(960—1126)——治虢略(今河南灵宝市)

据《太平寰宇记》卷6,虢州原领县六,今四：恒农、朱阳、卢氏、玉城。二县割出：阌乡、湖城(并入陕州)。

据同上书恒农县条,该县"本弘农县,皇朝建隆三年(962),改为恒农,避庙讳",是宋初仍为弘农。又阌乡、湖城二县,太平兴国二年割出,详见陕州条,是宋初虢州实领弘农、朱阳、卢氏、玉城、阌乡、湖城六县。

《元丰九域志》卷3虢州条言,"建隆元年,改弘农县为常(恒)农。乾德六年,省朱阳县入常(恒)农①。太平兴国三年,以阌乡、湖城二县隶陕州。七年,复置朱阳县。至道三年(997),改常农县为虢略。熙宁二年,以西京伊阳县栾川冶镇隶卢氏。四年,省玉城县为镇入虢略",则太宗末年虢州实领虢略、朱阳、卢氏、玉城等四县。而熙宁四年后仅领三县。

《宋史》卷87《地理志三》虢州条言,"栾川,元祐二年(1087),以栾川冶为镇。崇宁三年(1104),改为县"。则是年后虢州实领栾川等四县。

1. 弘农县(959弘农县,960—996
　　恒农县,997—1126虢略县)
2. 朱阳县(960—967,982—1126)
3. 卢氏县(960—1126)
4. 玉城县(960—1070)
5. 栾川县(1104—1126)

---

① 按："常",《太平寰宇记》卷6虢州条作"恒",是。"常"为此后避真宗讳追改,当改回。

(七) 同州(960—1126)——治冯翊(今陕西大荔县)

据《太平寰宇记》卷28,同州原领县七,今八:冯翊、郃阳、澄城、白水、夏阳、韩城、朝邑、蒲城(雍州割到)。

《元丰九域志》卷3同州条言,"乾德二年,以京兆府奉先县隶州。开宝四年,改为蒲城","乾德三年,于冯翊、朝邑二县境置牧马监(沙苑)隶州"。故宋初同州实领冯翊、郃阳、澄城、白水、夏阳、韩城、朝邑七县,而开宝四年后同州则领蒲城等八县、一监。该条又言,"蒲城,天禧四年(1020),析隶华州。熙宁三年,省夏阳县为镇入郃阳",则熙宁三年后同州实领七县、一监。

1. 冯翊县(960—1126)
2. 郃阳县(960—1126)
3. 澄城县(960—1126)
4. 白水县(960—1126)
5. 夏阳县(960—1069)
6. 韩城县(960—1126)
7. 朝邑县(960—1126)
8. 沙苑监(965—1126)

(八) 华州(960—1126)——治郑县(今陕西华县西南)

据《太平寰宇记》卷29,华州原领县三,今四:郑县、下邽、华阴、渭南(京兆府割到)。《五代会要》卷20《州县分道改置》言,"京兆府渭南县,周显德三年四月,割属华州"。是宋初华州实领郑县、下邽、华阴、渭南四县。

《元丰九域志》卷3华州条言,"天禧四年,同州蒲城县隶州。熙宁六年,省渭南县为镇入郑。元丰元年,复为县"。又言,铜钱监,"熙宁四年置,铸铜钱",铁钱监,"八年置,铸铁钱"。则元丰八年后华州实领五县、二监。

1. 郑　县(960—1126)
2. 下邽县(960—1126)
3. 华阴县(960—1126)
4. 渭南县(960—1072,1078—1126)
5. 奉先县(960—970 奉先县, 971—1126 蒲城县)

按:《元丰九域志》卷3同州条言,"乾德二年,以京兆府奉先县隶州。开宝四年,改为蒲城。天禧四年,析隶华州"。

6. 铜钱监(1071—1126)
7. 铁钱监(1075—1126)

(九) 耀州(960—1126)——治华原(今陕西铜川市耀州区)

据《太平寰宇记》卷31,耀州原领县六:华原、富平、三原、云阳、同官、美原。论证详见京兆府条。宋初耀州实领华原、富平、三原、云阳、同官、美原六县。

《元丰九域志》卷3耀州条言,"淳化四年(993),以云阳县梨园镇为淳化县",则是年以后耀州实领淳化等七县。该条又言,铁钱监,"熙宁八年置"。

《宋史》卷87《地理志三》载耀州领六县,不载铁钱监,恐熙、丰后已废罢。又,邠州条言,淳化县,"宣和元年,自耀州来隶",则是年以后耀州仅领六县、一监。

1. 华原县(960—1126)　　　　　　2. 富平县(960—1126)

按:《清一统志》卷228西安府富平故城条引《长安志》言:"开宝九年,诏后周太庙去富平县镇十三里,今移县就庙。"

3. 三原县(960—1126)　　　　　　6. 美原县(960—1126)
4. 云阳县(960—1126)　　　　　　7. 铁钱监(1075—?)
5. 同官县(960—1126)

(十)延州,延安府(960—1088延州,1089—1126延安府)——治肤施(今陕西延安市)

据《太平寰宇记》卷36,延州原领县十:肤施、延长、延水、门山、临真、敷政、丰林、甘泉(鄜州割到)、金明、延川。甘泉何时割到,唐、五代诸志、会要未见载,详见鄜州条。要之,宋初延州领肤施、延长、延水、门山、临真、敷政、丰林、甘泉、金明、延川十县。

《元丰九域志》卷3延州条言,"熙宁五年,省丰林县为镇、金明县为寨并入肤施。八年,省延水县为镇入延川"。则熙宁八年后延州实领七县。

又,《元丰九域志》卷3延州条、《宋史》卷87《地理志三》延安府条言,康定元年(1040),置青涧城。元符二年,隶绥德城。治平四年(1067),收复绥州。熙宁二年,废为绥德城。元符二年,改为军。则元符二年后延安府无此二城。

又,熙宁四年,置罗兀城、抚宁宾草二堡,寻废。元丰五年,置永乐城,赐名银川寨,寻废。《宋史》卷87《地理志三》延安府条又言,"塞门寨,延州北蕃部旧寨,元丰四年,收复";"平羌寨,地本克胡山寨,绍圣四年(1097)赐名";"平戎寨,地本杏子河东山,绍圣四年赐名";"殄羌寨,地名那娘山,元符元年进筑,赐名";"威羌寨,地名白洛觜,元符元年进筑,赐名";"石堡寨,崇宁三年进筑,赐名威德军,五年复为寨";"威戎城,地本升平塔(《宋会要·方域》18之7作声平塔,是),绍圣四年赐名";"御谋城,崇宁三年进筑,赐名";"制戎城,政和八年,赐鄜延路天降山新城改今名"。又有芦移、屈丁、万安、丹头、青石崖、窟啰六堡,不得其时。

《元丰九域志》卷3延州条言,铁钱监,熙宁八年置。

《宋史》卷87《地理志三》延安府条言,"元祐四年,升为府"。又,《元一统志》卷4延安故城条言,该城"在延水东","至宋庆历五年(1045)改卜延水西,今路城是。与旧城相直,人呼故城为东川"。

1. 肤施县(960—1126)
2. 延长县(960—1126)
3. 延水县(960—1074)
4. 门山县(960—1126)
5. 临真县(960—1126)
6. 敷政县(960—1126)
7. 丰林县(960—1071)
8. 甘泉县(960—1126)
9. 金明县(960—1071)
10. 延川县(960—1126)
11. 铁钱监(1075—1126)

(十一) 鄜州(960—1126)——治洛交(今陕西富县)

据《太平寰宇记》卷35,鄜州原领县六,今五:洛交、洛川、三川、直罗、鄜城(坊州割到)。一县割出:甘泉(入延州)。

据新旧《唐书·地理志》、《元和郡县图志》,唐鄜州领洛交、洛川、三川、直罗、甘泉五县。鄜城县,据《太平寰宇记》卷35鄜城县条,该县"唐武德二年(619),改属坊州。唐末李茂贞建为翟州。梁开平三年(909),改为禧州,又改其县为昭化县。后唐同光元年(923),复为鄜城县,依旧隶鄜州"。甘泉县何时割出,不明,必当在同光元年以后,否则"原领县六"之说不能成立。又检《元丰九域志》卷3延州条,甘泉已为其属邑,又未言割到时间,当是五代时事,故鄜州宋初实领洛交、洛川、三川、直罗、鄜城五县。

《元丰九域志》卷3鄜州条言,"康定二年,即鄜城县治置康定军使,仍隶州。熙宁七年,省三川县为镇入洛交",则元丰八年时,鄜州实领四县、一军使。

1. 洛交县(960—1126)
2. 洛川县(960—1126)
3. 三川县(960—1073)
4. 直罗县(960—1126)
5. 鄜城县(960—1126)

(十二) 丹州(960—1126)——治宜川(今陕西宜川县)

据《太平寰宇记》卷35,丹州原领县五,今三:宜川、云岩、汾川。一县割出:门山(入延州)。一县废:咸宁(并入宜川)。

《新唐书》卷37《地理志一》延州条言,门山县,"武德三年,析汾川置,隶丹州。广德二年(764)来属"。

至于咸宁县,检《太平寰宇记》卷35丹州宜川县条,"废咸宁城……皇朝太平兴国九年,并入宜川"。《元丰九域志》卷3丹州条谓在太平兴国三年,稍异。又《五代会要》卷20以咸宁为鄜州属邑,"显德三年三月十日废"。《文献通考》卷322略同。

宜川县，据《元丰九域志》言，原为义川县，"太平兴国元年改"，故宋初丹州实领义川、云岩、汾川、咸宁四县。

《元丰九域志》卷3丹州条言，"太平兴国元年，改义川县为宜川。三年，省咸宁县。熙宁三年省汾川县，七年省云岩县为镇，八年析同州韩城县新封乡并入宜川"，则熙宁七年后丹州实领一县。

1. 义川县（960—975 义川县，976—1126 宜川县）
2. 云岩县（960—1073）
3. 汾川县（960—1069）
4. 咸宁县（960—977）

（十三）坊州（960—1126）——治中部（今陕西黄陵县南沮河南岸）

据《太平寰宇记》卷35，坊州原领县四，今三：中部、宜君、升平。一县割出：鄜城（并入鄜州）。鄜城，后唐同光元年割隶鄜州（详见鄜州条论证），则宋初坊州实领中部、宜君、升平三县。《元丰九域志》卷3坊州条言，"熙宁元年，省升平县为镇入宜君"，则熙宁后坊州实领二县。

1. 中部县（960—1126）
2. 宜君县（960—1126）
3. 升平县（960—1067）

（十四）保安军（977—1126）——治永安镇（今陕西志丹县）

《太平寰宇记》卷37保安军条言，"保安军，本延州之古栲栳城。唐咸亨中曾驻泊禁军于此，至贞元十四年（798），建为神策军，寻改为永康镇，属延州，扼截蕃界。迨至皇朝太平兴国二年，升为保安军，管三镇、一十九寨"。然"永康镇"，《元丰九域志》卷3、《宋朝事实》卷18、《文献通考》卷322同条作"永安镇"。

《元丰九域志》卷3保安军条言，"天禧四年（1020），置建子城。天圣元年（1023），改德靖寨。康定二年，置保胜寨。庆历四年，置顺宁（寨）。五年，废保胜"。又言，园林堡，"庆历五年置"。故庆历五年后保安军实领德靖、顺宁二寨，园林一堡。

《宋史》卷87《地理志三》保安军条言，"金汤城，旧金汤寨，在德靖寨西南。元符二年进筑"，"威德军，保安军之北，两界上有泜流名藏底河，夏人近是筑城，为要害必争之地。政和三年，贾炎乞进筑不果。七年，知庆州姚古克之，即威德军"，则元符后又增金汤城、威德军。

（十五）绥德军（1099—1126）——治绥德城（今陕西绥德县）

《宋史》卷87《地理志三》绥德军条言，绥德城，"元符二年，改为军，并将暖泉、米脂、开光、义合、怀宁、克戎、临夏、绥平寨,青涧城,永宁关,白草、顺安寨并隶军"。又言,"暖泉寨,元符二年进筑,赐名";"米脂寨,本西夏寨,元丰四年收复,为米脂城,后复为寨,隶延州延川县。七年,改隶绥德城。元祐四年,给赐夏人。元符元年收复,仍赐旧名";"义合寨,本夏人寨,元丰四年收复,隶延州延川县。七年,改隶绥德城";"怀宁寨,延州延川县旧寨";"克戎寨,本西人细浮图寨,元丰四年收复,隶延州延川县。七年,改隶绥德城。元祐四年,给赐夏人。绍圣四年收复,赐名";"临夏寨,地名啰岩谷岭,元符元年筑城,赐今名";"绥平寨,延州延川县旧寨,元符二年,割隶绥德军";"白草寨,延州延川县旧寨,元符二年废,后复置。顺安寨,延州延川县旧寨,元符二年废,后复置。嗣武寨,旧啰兀城,属延州,元丰四年置,寻废。崇宁三年修复,赐名";"龙泉寨,宣和二年,改名通泉,寻复故";"开光堡,绍圣四年修筑。元符元年赐名。二年,自延安府来属","黑水、安定、安塞,本延安旧堡"。余寨堡,"凡不书年月者,皆未详建置本末"。又,该卷银州条言,银州,"五代以来,为西夏所有。熙宁三年收复,寻弃不守。元丰四年,收复。五年,即永乐小川筑新城,距故银州二十五里,前据银州大川,赐名银川寨,旋被西人陷没。崇宁四年,收复,仍为银州。五年,废为银川城"。则宣和五年时绥德军领暖泉、米脂、义合、怀宁、克戎、临夏、绥平、白草、顺安、嗣武、龙泉、镇边、清边、龙安十四寨,开光、海末、窟儿、大厥、花佛岭、临川、定远、马栏、中山、黑水、安定、佛堂、唐推、双林、安塞、浮图、柏林十七堡,青涧、银川二城,永宁一关。

(十六)庆州,庆阳府(960—1118 庆州,1119—1126 庆阳府)——治安化(今甘肃庆阳市)

据《太平寰宇记》卷33,庆州原领县十一,今三:安化、华池、乐蟠。三县新并合:同川(入安化)、延庆(入安化)、合水(入乐蟠)。五县旧废:马岭、洛源、方渠、怀安、蟠交。

《元丰九域志》卷3庆州条谓"乾德二年,改顺化县为安化,省同川县入焉"。又检《太平寰宇记》卷33庆州安化县条,"废延庆县⋯⋯周显德三年,并入安化县"。同卷乐蟠县条言"废合水县⋯⋯周显德三年,并入乐蟠"。又,本条又列废马岭县、废方渠县、废怀安县、废洛源县;并于废马岭县下言,"按韦述《十道录》与同川、怀安、方渠等四县并废",则诸县应废于唐时。唯并废四县中未言及洛源县。又,检新旧《唐书·地理志》、《元和郡县图志》,唐时庆州辖十县,无蟠交县。又,诸志均言"天宝元年(742),更蟠交曰合水"。则《太平寰宇记》蟠交为衍文。宋初庆州实领顺化、华池、乐蟠、同川四县。

《元丰九域志》卷3庆州条言,"乾德二年,改顺化县为安化,省同川县入焉",则乾德二年后庆州实领安化等三县。该条又言,"熙宁三年,以宁州彭原县隶州。四年,省华池、乐蟠二县置合水县",则熙宁四年后庆州实领合水、彭原等三县。

《宋史》卷87《地理志三》庆阳府条言,"安疆寨,本西人礓诈寨。元丰五年,收复赐名。元祐四年,给赐夏人。绍圣四年,修复";"横山寨,地名西撩,元符元年进筑,赐名";"宁羌寨,地本萌门三岔,元符元年进筑,赐名";"府城寨,元丰二年已废,不知何年修复";"通塞堡,元符元年进筑";"麦川堡,本名麦经岭","威宁堡,本名衡家堡",均"政和六年赐名。系环庆路,未详属何州军,姑附于此";"镇安城,政和六年进筑"。余堡塞未详何年置。要之,政和六年时庆州领安疆、横山、宁羌、府城、威边五寨,通塞、麦川、威宁、矜戎、金村、胜羌、定戎、怀威八堡,镇安一城。

《宋会要·方域》5之41、5之3并言,"庆阳府,旧庆州。政和七年,升为庆阳军。宣和元年,升为府"。《宋史》卷87《地理志三》庆阳府条言在七年,恐误。

1. 顺化县(960—963 顺化县,964—1126 安化县)
2. 华池县(960—1070)
3. 乐蟠县(960—1070)
4. 同川县(960—963)
5. 合水县(1071—1126)
6. 彭原县(960—1126)

(十七)通远军,环州(960—993 通远军,994—1126 环州)——治通远(今甘肃环县)

据《太平寰宇记》卷37,通远军,本西蕃边界灵州方渠镇。晋天福四年(939),建为威州,仍割宁州木波、马岭二镇隶之。至周广顺二年避讳改为环州。显德四年,以地理不广、人户至简,降为通远军,管通远一县,并木波、石昌、马岭等三镇征科人户。

《元丰九域志》卷3环州条言,"通远军,皇朝淳化五年(994)复为环州",治通远县。又言,"天圣元年,改通远县为方渠。景祐元年(1034),复为通远"。又,《长编》卷154言,庆历五年正月"丙寅,以细腰城隶环州"。

《宋史》卷87《地理志三》环州条言,"兴平城,地名灰家觜,元符元年筑,赐名";"安边城,地名徐丁台,崇宁五年筑,赐名";"清平关,志名之字平,元符二年进筑,赐名";"罗沟堡,朱灰台至绥远寨中路,地名火罗沟及阿原烽,政和三年建筑,赐名";"阿原堡,地名见罗沟堡,政和三年赐名";"朱台堡,本朱灰台,政和三年建筑,赐名";"安边寨,大拔寨,元丰二年已废,不知何年复修"。余堡寨未详何年置。则哲、徽二朝环州尚领兴平、安边二城,清平一关,罗沟、阿原、朱台、流井、归德、木瓜、麝香、通归、惠丁九堡,安边、大拔、方渠三寨。

通远县(960—1022 通远县,1023—1033 方渠县,1034—1126 通远县)

(十八) 邠州(960—1126)——治新平(今陕西彬县)

据《太平寰宇记》卷34,邠州原领县五,今四:新平、三水、宜禄、定平(宁州割到)。一县割出:永寿(入乾州)。

同上书定平县条言,该县"唐末丧乱,曾为衍州。周世宗显德五年,废为定平县隶邠州,寻属宁州。皇朝又隶邠州"。又检《太平寰宇记》卷31乾州条,该条谓"皇朝乾德二年,割好畤、永寿二县属焉"。据上引,永寿宋初尚隶邠州,而定平似以五代末隶宁州为宜。故宋初邠州实领新平、三水、宜禄、永寿四县。

《元丰九域志》卷3邠州条言,"乾德二年,以永寿县隶乾州",又,《太平寰宇记》卷34邠州条言,"定平县,唐末丧乱,曾为衍州。周世宗显德五年,废为定平县隶邠州,寻属宁州。皇朝又隶邠州",则乾德二年后邠州实领定平等四县。

《元丰九域志》卷3邠州条又言,"永寿县,熙宁五年废乾州,复隶州,以定平县隶宁州",则是年以后邠州实领永寿等四县。

《宋史》卷87《地理志三》邠州条言,定平县,"政和七年,自宁州来隶";淳化县,"宣和元年,自耀州来隶"。醴州永寿县条言,"政和八年,复(自邠州)来隶",则宣和五年时邠州实领淳化、定平等五县。

1. 新平县(960—1126)
2. 三水县(960—1126)
3. 宜禄县(960—1126)
4. 定平县(960—1126)
5. 淳化县(993—1126)

按:《元丰九域志》卷3耀州条言,"淳化四年,以云阳县梨园镇为淳化县"。

(十九) 宁州(960—1126)——治定安(今甘肃宁县)

据《太平寰宇记》卷34,宁州原领县六,今五:定安、彭原、贞(真)宁、襄乐、彭阳。一县割出:定平(入邠州)。同上书彭阳县条言,"唐武德二年(619),分彭原县为丰义县。皇朝开宝九年(976),改为彭阳县"。又,定平割出见邠州条。是宋初宁州实领定安、彭原、真宁、襄乐、丰义、定平六县。

宋初,宁州领六县,寻割定平属邠州,详见上条论证。又,《元丰九域志》卷

3 宁州条言,"太平兴国元年,改丰义县为彭阳。至道三年,以彭阳县隶原州",则至道后宁州实领四县。

《元丰九域志》卷3宁州条又言,"熙宁三年,以彭原县隶庆州。五年,以邠州定平县隶州",则熙宁五年以后宁州实领定平等四县。政和七年,定平县割隶邠州,则是年以后宁州实领三县。邠州条可参考。

1. 定安县(960—1126)
2. 真宁县(960—1126)
3. 襄乐县(960—1126)

(二十)乾州(960—1071乾州,1117—1126醴州)——治奉天(今陕西乾县)

据《太平寰宇记》卷31,乾州"本京兆奉天县,唐末李茂贞建为乾州。皇朝乾德二年,割好畤、永寿二县属焉"。《元丰九域志》卷10乾州条亦言,"乾德二年,析京兆好畤、邠州永寿二县隶州,领县三。熙宁五年废州,以奉天县隶京兆府,永寿县还旧隶,好畤县隶凤翔府",则乾州宋初实领奉天一县,而乾德二年后乾州领奉天、好畤、永寿三县。熙宁五年州废。

《宋史》卷87《地理志三》醴州条言,醴州,本京兆府奉天县,"政和七年,复以县为州","八年,割属环庆路"。又言,永寿县,政和八年,复"自邠州来隶"。武功、醴泉二县本属京兆府,好畤本属凤翔府,"政和八年三月,割属醴州"。则宣和五年时醴州实领奉天、永寿、武功、醴泉、好畤五县。

1. 奉天县(960—1126)
2. 永寿县(960—1126)
3. 武功县(960—1126)
4. 醴泉县(960—1126)

按:《清一统志》卷228西安府醴泉故城引县志言,"宋县,在今县东少南三十里"。又比勘《元和郡县图志》与《元丰九域志》、《长安志》所载县至京兆府之道里,断言徙治为元丰以前之事。

5. 好畤县(960—1126)

(二十一)定边军(1099后—1126)——治定边(今陕西吴起县西北)

《宋史》卷87《地理志三》定边军条言,"元符二年,环庆路进筑定边城,后改为军"。又言,定边县,"政和六年,于定边军置倚郭一县,诏赐今名。白豹城,元符二年进筑,赐旧名";"东谷寨,旧寨";"绥远寨,地名骆驼巷,元符二年进筑,赐名";"神堂堡,大观二年进筑,赐名"。余堡不详何年置。则元符后定边军领定边一县,白豹一城,东谷、绥远二寨,神堂、观化、通化、九阳、鸡觜五堡。

定边县(1116—1126)

第二节 秦凤等路

(一) 秦州(960—1126)——治成纪(今甘肃天水市)

据《太平寰宇记》卷150,秦州原领县五,今六:成纪、陇城、清水、天水(新置)、长道(成州割出)、大潭(本良恭、大潭二镇合为一县)。二县废:上邽(废为镇)、伏羌(为塞)。

同上书天水县条言,该县"唐末废。后唐长兴三年(932),于南治县界置"。检《新唐书》卷40《地理志四》秦州长道县条,该县"本隶成州,天宝末废。咸通十三年(872)复置,来属"。检《元丰九域志》卷3秦州条,"建隆三年(962),以良恭、大潭二镇置大潭县"。《太平寰宇记》在第二年即乾德元年的记载,稍有异。检《太平寰宇记》卷150清水县条,"废上邽县……唐天宝末,陷入吐蕃。大中初复收(收复)为镇,今为清水县理所"。同卷大潭县条言,"废伏羌县,天宝元年(742),复陷吐蕃。皇朝建隆三年,秦州上言,吐蕃尚波于等进纳伏羌县地,因以旧城置寨"。可见上邽、伏羌二县废于唐时,长道亦唐时割属秦州,天水置于后唐,而大潭建于宋代。是宋初秦州实领成纪、陇城、清水、天水、长道五县。

《元丰九域志》卷3秦州条言,"建隆三年,以良恭、大潭镇置大潭县"。《文献通考》卷322秦州条同。《太平寰宇记》卷150秦州条言在乾德元年,稍异。则建隆以后秦州实领大潭等六县。

又,《元丰九域志》卷3秦州条言,"建隆二年,置伏羌寨",又"置定西。开宝元年(968),置三阳","九年,置床穰寨","太平兴国三年(978)置弓门,四年置静戎",治方寨,"开宝初,于清水县置银冶。太平兴国三年,升为监,隶州"。又,《宋会要·方域》18之14言,永宁寨,"在秦州,旧尚书寨,至道三年(997)改"。该书18之22言,临江寨,"雍熙二年(985)置,隶秦州"。则至道后秦州又领伏羌、定西、三阳、尚书、床穰、弓门、静戎、治方、临江九寨,太平一监。

《元丰九域志》卷3秦州条又言,天禧二年(1018),"置安远"寨,则真宗朝秦州增领一寨。又言,"熙宁七年(1074),以长道、大潭二县隶岷州",则是年以后秦州实领四县。

《元丰九域志》卷3秦州条又言,"熙宁元年,置甘谷城。三年,以伏羌寨为城"。又言,"庆历五年(1045),置陇城。治平四年(1067),置鸡川","庆历五年,置达隆(堡)。熙宁五年,改治坊,八年改床穰并为堡"。临江寨,据《元丰九域志》卷3岷州条言,"熙宁六年隶州"。永宁寨,据《宋史》卷87《地理志三》秦州条言,熙宁五年已割隶通远军。总之,熙宁六年以后秦州总领成纪、陇城、清水、天水四县,甘谷、伏羌二城,定西、弓门、静戎、陇城、鸡川、三阳、安远七寨,床穰、冶方、达隆三堡,太平一监。

又,《宋会要·方域》12之15言,"秦州床穰镇,熙宁三年,以寨改,八年改为堡"。《宋史》卷87《地理志三》秦州条亦言,熙宁"八年,改床穰镇为堡"。二书可补《元丰九域志》之不足。

《宋史》卷87《地理志三》秦州条又言,"堡川城,政和六年(1116),于秦凤东西川口进筑,赐名","定边、绥远二寨,熙宁八年,废为镇,属陇州。其后,复为寨",又有甘泉、小落门、保安、弓钟、董哥平等堡寨。总之,神宗朝以后,秦州又增一城、七寨、二堡。

1. 成纪县(960—1126)　　　　3. 清水县(960—1126)
2. 陇城县(960—1126)

按:《清一统志》卷275秦州清水县言,五代后唐长兴元年(930),县移治上邽。宋初还旧治。

4. 天水县(960—1126)　　　　5. 太平监(978—1126)

(二) 凤翔府(960—1126)——治天兴(今陕西凤翔县)

据《太平寰宇记》卷30,凤翔府原领县九,今十:天兴、扶风、郿县、岐山、宝鸡、麟游、普润、虢县、盩厔(京兆府割到)、崇信(新置)。一县旧废:岐阳(入岐山、扶风)。

同上书盩厔县条言,该县"后唐同光元年(923),割属凤翔"。崇信县条言,该县"本唐神策军之地,后改为崇信军。皇朝建隆四年,以崇信暨赤城东、西两镇及永信镇等四处于此合为崇信县"。岐山县条言,"废岐阳县……元和三年(808)二月,以其地复入岐山、扶风二县,此额已废"。可知,岐阳废于唐,崇信建于宋,宋初凤翔府实领天兴、扶风、郿县、岐山、宝鸡、麟游、普润、虢县、盩厔九县,乾德元年后,增领崇信一县。

《元丰九域志》卷3凤翔府条言,"淳化中,以崇信县隶仪州。熙宁五年,废乾州,以好畤县隶府"。《宋史》卷87《地理志三》凤翔府条言,"政和八年,又以好畤隶醴州"。

又,《宋会要·方域》5之43言:"司竹监,宋因唐制,于凤翔府盩厔县置监,隶凤翔府。"

1. 天兴县(960—1126)　　　　2. 扶风县(960—1126)

3. 郿　县(960—1126)
4. 岐山县(960—1126)
5. 宝鸡县(960—1126)
6. 麟游县(960—1126)
7. 普润县(960—1126)
8. 虢　县(960—1126)
9. 盩厔县(960—1126)
10. 司竹监(960—1126)

(三) 陇州(960—1126)——治汧源(今陕西陇县东南)

据《太平寰宇记》卷32,陇州原领县五,今四:汧源、汧阳、吴山、陇安(新置)。二县废:华亭(入汧源)、南由(入吴山)。

同上书汧源县条言,该县"唐元和三年,并华亭县入"。吴山县条言,该县"唐元和三年,并南由县入"。又检陇安县条言,"国朝开宝二年,割汧阳县之四乡于陇州界置陇安县"。可知,宋初陇州实领汧源、汧阳、吴山三县,开宝二年后陇州实领陇安等四县。

《宋会要·方域》12之15言,"汧源县陇西镇,康定元年(1040),建安边寨,隶秦州。熙宁八年,复为镇来隶。绥远镇、定远镇,并旧系寨,八年改,自秦州来隶"。《长编》卷263熙宁八年闰四月有绥远、定远二镇事,同。《长编》卷271熙宁八年十二月言,废"陇州陇西寨为镇",与《宋会要》异。而《宋史》卷87《地理志三》陇州条言,陇西镇由"秦州定边寨改",又不同。未审孰是。

1. 汧源县(960—1126)
2. 汧阳县(960—1126)
3. 吴山县(960—1126)
4. 陇安县(969—1126)

(四) 成州(960—1126)——治同谷(今甘肃成县)

据《太平寰宇记》卷150,成州原领县三,今二:同谷、栗亭(新置)。一县割出:长道(入秦州)。一县旧废:上禄。

同上书言,成州"自至德之后,为吐蕃侵扰,百姓流散,诸县并废为镇。咸通十三年(872),人户渐复,却置成州并县,又割长道县属秦州"。该条又谓,栗亭县,"本栗亭镇地。后唐清泰三年(936)六月,于秦州奏置栗亭县"。是唐时长道、上禄已废割,而栗亭置于后唐末。宋初成州实领同谷、栗亭二县。《元丰九域志》、《宋史》卷87所载同,则北宋时成州始终领二县。

1. 同谷县(960—1126)
2. 栗亭县(960—1126)

(五) 凤州(960—1126)——治梁泉(今陕西凤县凤州镇)

据《太平寰宇记》卷134,凤州原领县四,今三:梁泉、两当、河池。一县废:黄花(并入梁泉)。

据新旧《唐书·地理志》、《元和郡县图志》，凤州唐时领四县，《新唐书》卷40《地理志四》谓，"黄花县，宝历元年(825)省"。《太平寰宇记》同。《元和郡县图志》谓在"宝应元年(762)"，稍有异。是知自中唐以来迄于宋初凤州实领梁泉、两当、河池三县。《元丰九域志》、《宋史》卷87所载同，则北宋时凤州始终领三县。

又，《宋会要·方域》5之43："开宝监，建隆三年，于凤州两当县七房镇置银冶。开宝五年，升为监，隶凤州"。《宋史》卷87《地理志三》凤州条言，开宝监，"治平元年，罢置官，以监隶两当县，元丰六年(1083)废"。

1. 梁泉县(960—1126)   2. 两当县(960—1126)

按：《宋史》卷87《地理志三》言，两当县，"至道元年，移治广乡镇"。

3. 河池县(960—1126)

按：《宋史》卷87《地理志三》言，河池县，"开宝五年，移治固镇"。

4. 开宝监(972—1063)

(六) 阶州(960—1126)——治福津(今甘肃陇南市武都区东南)

据《太平寰宇记》卷154，阶州原领县三，今二：福津、将利。一县废：盘堤(陷吐蕃)。同上书及《新唐书》卷40《地理志四》阶州条言，盘堤，大历二年(767)，"没蕃后不复置"。则宋初阶州实领福津、将利二县。《元丰九域志》、《宋史》卷87所载同，则北宋时阶州始终领二县。

《宋史》卷87《地理志三》阶州条言，故城寨，"本故城镇，不知何年建为寨"，今姑置于此。

1. 福津县(960—1126)   2. 将利县(960—1126)

(七) 渭州(960—1126)——治平凉(今甘肃平凉市)

据《太平寰宇记》卷151，渭州原领县四，今二：平凉(原州割到)、潘原(泾州割到)。旧四县废：襄武、陇西、鄣县、渭源。

广德元年(763)，陇右洮、兰、秦、渭尽陷吐蕃。据《新唐书》卷37《地理志一》及《太平寰宇记》卷151渭州平凉县条所载，唐元和四年于原州之平凉县置行渭州，后晋天福五年(940)，正式将平凉割属渭州。然《新五代史》卷60《职方考》谓，"平凉，故属泾州。唐末渭州陷吐蕃，权于平凉置渭州而县废。后唐清泰三年，以故平凉之安国、耀武两镇置平凉县，属泾州"，以为平凉原属泾州，后唐复置亦属泾州，与《太平寰宇记》、新旧《唐书·地理志》、《元和郡县图志》等异。

据《太平寰宇记》渭州平凉县条所载，"后周建德元年(572)，割泾州朝那县于今县复置朝那县。至隋大业二年(606)，改为平凉县"。据《元和郡县图志》同条载，平凉县，"隋开皇三年(583)属原州，皇朝因之"，可知隋代平凉即已隶属原州。检《魏书》卷106下《地形志下》有泾州安定郡朝那县，可见《新五代史》所谓"故属泾州"，乃后魏之事，极不确切。

至于后唐复置平凉，不属原州而属泾州，则可以《旧五代史》卷150《郡县志》为证。该志言，"后唐清泰三年正月，泾州奏：'平凉县，自吐蕃陷渭州，权于平凉县为渭州理所，遂罢平凉县。又有安国、耀武两镇兼属平凉，其赋租节目，并无县管。今却置平凉县，管安国、耀武两镇人户。'从之"。

据《新唐书》卷37《地理志一》原州条载，该州"广德元年，没吐蕃，节度使马璘表置行原州于灵台之百里城。贞元十九年(803)，徙治平凉，元和三年，又徙治临泾。大中三年(849)收复关陇，归治平高。广明后，复没吐蕃，又侨治临泾"，是唐末以来原州为行州，寄治于泾州之临泾县。这点可以《旧五代史》卷150《郡县志》临泾县条为证。该条言："后唐清泰三年二月，原州刺史翟建奏：'本州自陷吐蕃，权于临泾县为理所。临泾元属泾州，刺史只管捕盗，其人户即泾州管县。既无属县，刺举何施，伏乞割临泾属当州。'从之。"据上引可知，唐末五代之时，行州不仅寄治于他州，而且无属邑，不可与正州比。因此，《新五代史》记清泰中复置平凉县，属泾州是对的。《太平寰宇记》所记"原州割到"云云，是据唐代地方行政建制而言。

潘原县，据新旧《唐书·地理志》、《元和郡县图志》，唐时为泾州之属邑。该县据《太平寰宇记》卷151渭州潘原县条所载，"广德元年，陷于(吐)蕃。贞元十年，置行县于彰信堡。周显德五年，废新武州入"。据《新唐书》卷37《地理志一》武州条载，武州，"大中五年，以原州之萧置。中和四年(884)，侨治潘原"。所谓新武州，即侨治于潘原的武州，非立于萧关的武州。萧关，唐时沦陷，至北宋末始收复。上引《太平寰宇记》下附废武州条谓"萧关一县，周显德五年六月，废入潘原县，属渭州"，非是，适足以混淆视听，而应以前条为准。据《旧五代史》卷150《郡县志》，武州，周显德五年，废为潘源县，后始割隶渭州。可见，宋初渭州实领平凉、潘原二县。

《元丰九域志》卷3渭州条言，"熙宁五年，废仪州，以安化、崇信、华亭三县隶州"，则熙宁五年后渭州实领五县。

《宋史》卷87《地理志三》渭州条言，"靖夏城，政和六年，赐泾原路席苇平新城名曰靖夏。未详属何军州，姑附此。甘泉堡，崇宁五年(1106)，泾原路经略司于甜井子修筑守御，赐名。未详属何州军，姑附此。别见秦州"。

1. 平凉县(960—1126)
2. 潘原县(960—1126)
3. 安化县(964—1126)

按：《太平寰宇记》卷 150 仪州条言，皇朝乾德二年，割秦陇三镇之地置安化县。《宋会要·方域》5 之 42 安化县条言，"太平兴国八年，徙治制胜关。至道元年，徙安化镇，改今名"，则至道前是县不以安化名，其名史文失佚，不可考详。又，《宋史》卷 87《地理志三》渭州安化县条言，"熙宁七年，废制胜关，移县于关地，以旧地为镇"。

4. 崇信县(963—1126)

按：《元丰九域志》卷 3 凤翔府条言，"乾德元年，以旧崇信军地置崇信县"。

5. 华亭县(960—1126)

(八) 泾州(960—1126)——治保定(今甘肃泾川县北泾河北岸)

据《太平寰宇记》卷 32，泾州原领县五，今三：保定、灵台、良原。二县割出：潘原(唐末割置行渭州)、临泾(唐末割置行原州)。

据上书渭州条所论，唐末于原州平凉县置行渭州，而于潘原县置行武州，该条所谓"潘原，唐末割置行渭州"，恐有误，当为"行武州"。又，潘原县，显德五年(958)始割属渭州。临泾县，唐末为行原州治所，后唐清泰三年割属原州，并见上条。则宋初泾州实领保定、灵台、良原三县。

《宋史》卷 87《地理志三》泾州长武县条言，"咸平四年(1001)，升长武镇为县。五年，省为寨，属保定县。大观二年(1108)，复以寨为县"，则大观二年后泾州实领长武等四县。

1. 保定县(960—1126)
2. 灵台县(960—1126)
3. 良原县(960—1126)
4. 长武县(1001,1108—1126)

(九) 原州(960—1126)——治临泾(今甘肃镇原县)

据《太平寰宇记》卷 33，原州原领县四，今一：临泾(唐末自泾州置原州)。三县落著：平高、百泉、平凉。一县割出：萧关(置武州，后废入潘原县)。

临泾，后唐清泰三年，自泾州割属原州，非自唐末，唐末所置为行原州，《太平寰宇记》脱一"行"字。萧关，唐末沦陷，北宋末始收复，在怀德军北部，与西夏毗邻，并未废入潘原县。平凉县，并未落著，但据《旧五代史》卷 150《郡县志》记载，唐末为行渭州治所后，建制撤销，至后唐清泰三年始复。并见渭州条。

平高、百泉二县,据《新唐书》卷37《地理志一》原州条,知该州于大中三年收复关陇后,归治平高,领平高、百泉二县,"广明后,复没吐蕃"。宋至道时,始于"原州平高县之地"建镇戎军,百泉亦在其境内①。故宋初原州实领临泾一县。

《元丰九域志》卷3原州条言,"至道三年,以宁州彭阳县隶州",则至道后原州领二县。该条又言,"乾兴元年(1022),以庆州柳泉、新城二镇并隶州。熙宁三年,废截原寨入新城",则乾兴后原州又领柳泉、新城二镇。

该条又言,"端拱元年(988)置西壕,咸平元年置开边,天圣五年(1027),置平安。庆历四年,置绥宁。五年,置靖安。熙宁三年,废新门寨入开边"寨。又,安羌、新城二堡,不见于《元丰九域志》,《宋史》卷87《地理志三》原州条亦未言建置年月,今姑置于此。则原州尚领西壕、开边、平安、绥宁、靖安五寨,安羌、新城二堡。

1. 临泾县(960—1126)
2. 彭阳县(960—1126)
3. 柳泉镇(1022前—1126)
4. 新城镇(1022前—1126)

(十)德顺军(1043—1126)——治陇干城(今宁夏隆德县东北)

《元丰九域志》卷3德顺军条言,"庆历三年,以渭州陇竿城置军","庆历四年置"水洛城,"天禧元年(1017),置羊牧隆城。二年,置静边。天圣六年,置得胜。庆历三年,改羊牧隆城为隆德寨。八年,置通边。治平四年,置治平"寨,"庆历三年置"中安堡。则治平后德顺军实领水洛一城,静边、得胜、隆德、通边、治平五寨,中安一堡。

《宋史》卷87《地理志三》德顺军条言,陇干县,"元祐八年(1093),以外底堡置",则元祐后德顺军领陇干一县。

又,怀远寨、威戎堡,不见于《元丰九域志》,《宋史》卷87《地理志三》亦未言建置年月,今姑置于此。

陇干县(1093—1126)

(十一)镇戎军(995—998,1001?—1126)——治所在今宁夏固原市

《元丰九域志》卷3镇戎军条言,"至道元年,以原州故平高县地置军",然《文献通考》卷322,《宋史》卷5《太宗纪二》、卷87《地理志三》同条均将建军系于三年。《长编》咸平四年十二月乙卯条言,真宗"始即位之二年,弃镇戎军不

---

① 《宋史》卷87《地理志三·镇戎军》。

守",后因李继和固请复城。据《宋史》卷257《李继和传》、《长编》卷50,宋于"咸平二年弃镇戎",至晚于四年末复城之,"以继和知其军"。

《元丰九域志》卷3镇戎军条又言,"咸平元年置开边"堡,"咸平二年置东山"寨,"咸平六年置"彭阳城,"乾兴元年置乾兴,天圣元年置天圣,八年置三川,庆历二年置高平、定川,熙宁元年置熙宁"寨,"熙宁四年废安边堡入开远,五年置张义"堡。

《宋史》卷87《地理志三》镇戎军条言,"镇羌寨,绍圣四年(1097)赐名";"威川寨,政和七年赐名,本密多台。飞泉寨,政和七年赐名,本飞井坞";"高平堡,元符元年(1098)修复,赐旧寨名"。则镇戎军尚领彭阳一城,东山、乾兴、天圣、三川、高平、定川、熙宁、镇羌、威川、飞泉十寨,开边、张义、高平三堡。

(十二) 会州(1099—1126)——治敷文(今甘肃靖远县)

《宋史》卷87《地理志三》会州条言,"元符二年,始进筑,割安西城以北六寨隶州。崇宁三年,置倚郭县曰敷文,又以会州隶泾原路"。又言,"安西城,旧名汝遮,绍圣三年进筑,赐名,属熙河路";"会川城,旧名青南讷心,元符二年建筑,赐名,属秦凤路";"德威城,政和六年,筑清水河新城,赐名,属秦凤路";"会宁关,旧名颠耳关,元符元年建筑,赐名通会,未几改今名,属秦凤路";"平西寨,绍圣四年赐名,地本青石硖,属熙河路";"新泉寨,旧名东北冷牟,元符元年赐名,属秦凤路";"怀戎堡,崇宁二年筑,属秦凤路"。则政和六年后会州实领敷文一县,安西、会川、德威三城,平西、新泉二寨,会宁一关,怀戎一堡。

敷文县(1104—1126)

(十三) 怀德军(1108—1126)——治平夏城(今宁夏固原市西北)

《宋史》卷87《地理志三》怀德军条言,"怀德军,本平夏城,绍圣四年进筑。大观二年,展城作军,名曰怀德。以荡羌、灵平、通峡、镇羌、九羊、通远、胜羌、萧关隶之,增置将兵,与西安、镇戎互为声援应接。萧关初名威德,又改今名"。又言,"荡羌寨,故没烟后峡,元符元年进筑,赐名";"通峡寨,故没烟前峡,元符元年建筑,赐名";"灵平寨,故好水寨,绍圣四年赐名。大观二年,自镇戎军来属";"九羊寨,故九羊谷,元符元年建筑,赐名";"石门堡,故石门峡东塔子觜,元符元年建筑,赐名";"萧关,崇宁四年建筑"。则大观二年后怀德军实领荡羌、通峡、灵平、九羊、通远、胜羌六寨,镇羌、石门二堡,萧关一关。

(十四) 西安州(1099—1126)——治南牟会新城(今宁夏海原县西)

《宋史》卷87《地理志三》西安州条言,"西安州,元符二年,以南牟会新城建为西安州"。又言,"通会堡,元符元年赐名,系熙河兰会路修筑,地名祭厮坚谷口,不知何年拨属泾原路西安州";"定戎堡,元符二年赐名,地本碱隈川";"天都寨,元符二年,洒水平新寨赐名天都";"临羌寨,元符二年,秋苇平新寨赐名临羌";"宁安寨,崇宁五年,武延川巘朱龙山下新寨赐名宁安";"通安寨,崇宁五年,乌鸡三岔新寨赐名通安"。余者不载建置年月。要之,崇宁五年后西安州领通会、宁韦、定戎、劈通川、没宁、北岭上、山前、高峰、那罗牟、寺子岔、石棚泉、绥戎十二堡,天都、临羌、宁安、通安四寨。

(十五) 镇洮军,熙州(1072 镇洮军,1072—1126 熙州)——治狄道(今甘肃临洮县)

《宋会要·方域》6 之 2 言,"熙宁五年八月,以唐临州地羌人号武胜军地置镇洮军。十月,改熙州、临洮郡、镇洮军节度"。又言,"熙州狄道县,熙宁五年收复置,九年废,元丰二年复"。又,《宋史》卷87《地理志三》熙州条言,"熙宁六年,置康乐城为寨,省马骔寨。马骔寨旧属秦州长道县","熙宁五年,置庆平、通谷、渭源、北关。六年,改刘家川为当川,置南关、南川。七年,置结河。元丰七年,置临洮"。

《宋史》卷87《地理志三》熙州条又言,"安羌城,宣和六年(1124),赐熙河兰廓路新建溢机堡名为安羌城,不知属何州军,姑附于此"。又有广平堡,未书建置年月,亦附于此。则至北宋末熙州实领狄道一县,康乐一寨,通谷、庆平、渭源、结河、南川、当川、南关、北关、临洮、广平十堡,安羌一城。

狄道县(1072—1075,1079—1126)

(十六) 河州(1073—1126)——治所在今甘肃临夏市

《元丰九域志》卷 3 河州条言,本"唐河州,后废。皇朝熙宁六年收复,仍旧置"。

《宋史》卷87《地理志三》河州条言,宁河县,"熙宁六年,置枹罕县,九年省。崇宁四年,升宁河寨为县,旧香子城",则河州崇宁四年后领宁河一县。

《元丰九域志》卷 3 河州条又言,定羌城,"熙宁七年置。七年,置南川、宁河二寨"。《宋史》卷87《地理志三》河州条又言,"熙宁七年,置东谷。八年,置阎精。元丰三年,置西原、北河二堡","熙宁七年置"通会关。又,"阎精",《元丰九域志》作"阔精"。

《宋史》卷87《地理志三》河州条又言,"循化城,旧一公城,崇宁二年收复,改今名",来羌城、怀羌城,"崇宁三年,王厚收复","元符二年,洮西安抚司收复河南讲朱、一公、错凿、当标、彤撒、东迎六城,寻弃之。崇宁二年,再收复"。一公城即循化城;当标城即安疆寨,后属乐州。则宣和五年时河州领一县、七城。该条又言,"来同堡,旧名甘扑堡,崇宁三年筑,赐今名";"通津堡,旧名南达堡,崇宁三年赐今名"。又有临滩堡不知何时置。南山堡,该条引《元丰九域志》言,"属原州绥宁县"。然原州唐宋以来无绥宁县,且与河州地里不相接,中隔数州军,恐有误,今不取。则宣和五年时河州又领七堡。该条又言,"安乡关,旧城桥关,元符三年赐名",则宣和五年时河州又领二关。

总之,至北宋末,河州凡领宁河一县,定羌、循化、怀羌、来羌、讲朱、彤撒、东迎七城,南川、宁河二寨,东谷、闾精、西原、北河、来同、通津、临滩七堡,通会、安乡二关。

1. 枹罕县(1073—1075)　　　　2. 宁河县(1105—1126)

(十七)通远军,巩州(1072—1103通远军,1104—1126巩州)——治陇西(今甘肃陇西县)

《元丰九域志》卷3通远军条、《宋史》卷87《地理志三》巩州条言,"皇祐四年(1052),以渭州地置古渭寨。熙宁五年,建军","崇宁三年,升为州"。

《宋史》卷87《地理志三》巩州条又言,"陇西县,元祐五年增置",永宁、宁远二县,"崇宁三年,升为永宁寨为县,又升宁远寨为县"。则崇宁三年后巩州领陇西、永宁、宁远三县。

《元丰九域志》卷3通远军条又言,"大中祥符七年(1014),置威远寨。熙宁八年,改为镇"。又,《宋史》卷87《地理志三》巩州条言,"元丰四年,以兰州西使城为定西城。五年,改定西城为通远军,以汝遮堡为定西城,属通远军"。"五年"以下内容,《元丰九域志》不载。检《长编》卷331元丰五年十二月癸丑条有之,为李宪之建议,未见施行,时通远军并未升改州名,因而定西也不可能升为通远军。故当以《元丰九域志》为是。但《宋史》卷27《高宗纪四》载,绍兴三年(1133)十二月丙申,"王似承制废通远军"。此一通远军当为定西城升改。因为据上引旧通远军崇宁三年已升为巩州。因此,可断定在崇宁三年通远军升为巩州后,始采纳李宪的建议,升定西城为通远军。不过,此军既附于巩州条之中,可能仅为县级军。则元丰五年后通远军领有威远镇、定西城。威远镇,《宋史》卷87《地理志三》不载,恐熙、丰后废罢;定西城后为通远军。

《宋史》卷87《地理志三》又言,"熙宁五年,割秦州永宁、宁远、威远、通渭、熟羊、来远六寨隶军。六年,置盐川寨。八年,废威远寨为镇。元丰五年,收通西寨。七年,废来远寨为镇,属永宁",则元丰七年后通远军领有永宁等六寨。崇宁三年永宁、宁远二寨升为县,则此后仅有四寨。

《宋史》卷87《地理志三》又言,"熙宁五年,割秦州三岔、乜羊、广吴、渭川、哑儿五堡隶军。七年,以岷州遮羊堡来隶。元丰元年,遮羊复隶岷州。五年,置榆木岔、熨斗平二寨堡。七年,废乜羊、广吴、渭川、哑儿四堡",则通远军应领三岔、榆木岔、熨斗平三堡。然同卷定西城条下注文言,"崇宁二年,废定西城管下熨斗平堡,通西寨管下榆木岔堡",则崇宁二年前,二堡实为定西城、通西寨管下小堡,原不得与三岔堡比,故通远军实领三岔一堡,与《元丰九域志》所记正合。又,《元丰九域志》、《宋史》卷87《地理志三》均言,三岔堡"熙宁四年置",则元丰七年后通远军又领三岔一堡。要之,崇宁三年后巩州实领陇西、永宁、宁远三县,通远一军,通渭、熟羊、盐川、通西四寨,三岔一堡。

1. 陇西县(1090—1126)　　　3. 宁远县(1104—1126)
2. 永宁县(1104—1126)　　　4. 通远军(1104?—1126)

(十八) 岷州(1073—1126)——治祐川(今甘肃宕昌县西北)

《元丰九域志》卷3岷州条言,"唐岷州,后废。皇朝熙宁六年收复,仍旧置","熙宁六年[①],以秦州大潭、长道二县隶州"。《元一统志》卷4西和州条言,"崇宁三年,复置祐川县以为附郭",则崇宁三年后岷州实领祐川等三县。

又,《长编》卷263熙宁八年闰四月壬子条言,于旧城白草平建筑岷州城。(今甘肃岷县)《清一统志》卷256巩昌府临洮故城条引《宋史·地理志》言:"州始治祐川县。崇宁中置。"

《元丰九域志》卷3岷州条又言,"雍熙二年置临江寨隶秦州,熙宁六年隶州,仍置荔川,七年置床川、闾川、宕昌"诸寨,"熙宁七年置遮羊、谷藏,十年置铁城"诸堡,滔山监,"熙宁九年置,铸铁钱"。又,荔川,《宋史》卷87《地理志三》岷州条言七年置,是。《长编》卷253系此事于熙宁七年五月。《宋史》卷87《地理志三》又载有马务堡,熙宁六年自秦州来隶。《长编》卷254熙宁八年五月己丑条言,"是日改岷州马务堡为镇"。马务镇,《元丰九域志》列为长道县八镇之一。则熙宁九年后岷州实领祐川、大潭、长道三县,临江、荔川、床川、闾川、宕昌五寨,遮羊、谷藏、铁城三堡,滔山一监。

1. 祐川县(1104—1126)　　　2. 大潭县(962—1126)

---

① 按:《元丰九域志》卷3秦州条、《宋史》卷87《地理志三》岷州条均系于七年,似是。

按：《宋史》卷87《地理志三》岷州条言，大潭县，"建隆三年，合良恭、大潭两镇置县，隶秦州"。

3. 长道县(960—1126)　　　　4. 滔山监(1076—1126)

（十九）兰州(1081—1126)——治兰泉(今甘肃兰州市)

《元丰九域志》卷3兰州条言，"唐兰州，后废。皇朝元丰四年收复，仍旧置"。《宋史》卷87《地理志三》兰州条言，兰泉县，"崇宁三年置，倚郭"。该条又言，"元丰四年，置龛谷、吹龙二寨。七年，割吹龙属阿千堡"，则元丰七年后兰州领一寨。

《宋会要·方域》20之3言，"陕西熙河路兰州东关堡、皋兰堡，元丰四年置。内皋栏堡七年废"，"陕西熙河路兰州阿干堡、西关堡并元丰六年置"，则元丰七年时兰州又领东关、西关、阿干三堡。西关堡，《宋史》卷87《地理志三》不载，恐后废。

又有胜如、质孤二堡，《元丰九域志》言废于元丰五年，《宋史》卷87《地理志三》言废于六年。元祐五年，复修，寻废。检《长编》卷331言，"是岁(元丰五年)，废兰州胜如、质孤二堡"。又该书卷446元祐五年八月庚子条载苏辙言，"熙河帅臣与其将佐乃敢不候朝旨，于元请之外，修胜如、质孤二寨。二寨既于元丰五年废罢，具载《九域图志》，见今无使臣兵马住坐，而妄谓夏人旧系守把，朝廷从而助之，以《九域图志》为差误也"，则二堡实废于元丰五年，而复于元祐五年，二志各得其一偏。

《宋史》卷87《地理志三》又言，"定远城，元祐七年筑，旧名李诺平，本龛谷寨，因地窄及无水，故废之，改筑为定远军城"；"金城关，绍圣四年进筑"；"京玉关，元符三年赐名，本号把拶桥"。总之，元符末，兰州实领兰泉一县，龛谷一寨，东关、阿干二堡，定远军一城，金城、京玉二关。

兰泉县(1104—1126)

（二十）洮州(1099—1100？，1108—1126)——治临洮城(今甘肃临潭县)

《宋史》卷87《地理志三》洮州条言，"洮州，唐末陷于吐蕃，号临洮城。熙宁五年，诏以熙河洮岷通远军为一路，时未得洮州。元符二年得之，寻弃不守。大观二年收复，改临洮城仍旧为洮州"，有通岷一寨。

（二十一）廓州(1104—1126)——治宁塞城(今青海尖扎县北)

《宋史》卷87《地理志三》廓州条言，"元符二年，以廓州为宁塞城。崇宁三年弃之,是年收复,仍为廓州。城下置一县,五年罢"。又言,"肤公城,旧名结啰城,崇宁三年收复,后改今名";"米川城,旧米川县,崇宁三年修筑";"绥平堡,旧名保敦谷,崇宁三年兴筑,赐名"。同波堡、宁塞寨未言建置年月。则崇宁末廓州领肤公、米川二城,绥平、同波二堡,宁塞一寨。

附郭县(1104—1105)

(二十二)湟州,乐州(1099—1100,1103—1118 湟州,1119—1126 乐州)——治邈川城(今青海海东市乐都区)

《宋史》卷87《地理志三》乐州条言,"乐州,旧邈川城。元符二年收复,建为湟州,建中靖国元年(1101)弃之。崇宁二年又复,三年置倚郭县,五年罢。宣和元年,改为乐州"。又言,"通湟寨,故啰叭抹通城,元符二年收复,三年赐名";"宁洮寨,故吹瓦寨,元符二年收复,三年赐名";"安陇寨,故陇朱黑城,元符二年收复,三年赐名";"安疆寨,旧名当标寨……崇宁三年改";"德固寨,旧名胜锋谷,崇宁三年,筑五百步城,后赐名德固寨";"临宗寨,崇宁三年赐名";"安川堡,故臙哥堡,在巴金岭上,元符二年收复,三年赐名";"宁川堡,元符二年收复,三年赐名,寻弃之。崇宁二年,再收复";"通川堡,崇宁二年,王厚收复";"南宗堡,元符二年,与啰叭抹通城同收复,寻弃之。后再收复";"峡口堡,与通川、南宗堡,皆崇宁二年王厚收复";"绥远关,旧名洒金平,崇宁二年进筑,赐今名";"来宾城,旧名氐当川,崇宁三年赐名";"大通城,旧名达南城"。则宣和初乐州领通湟、宁洮、安陇、安疆、德固、临宗六寨,安川、宁川、通川、南宗、峡口五堡,绥远一关,来宾、大通二城。

附郭县(1104—1105)

(二十三)鄯州,西宁州(1099 鄯州,1104—1126 西宁州)——治青唐城(今青海西宁市)

《宋史》卷87《地理志三》西宁州条言,"西宁州,旧青唐城。元符二年,陇拶降,建为鄯州,仍为陇右节度,三年弃之。崇宁三年收复,建陇右都护府,改鄯州为西宁州,又置倚郭县。赐郡名曰西平,升中都督府。三年,加宾德军节度。五年,罢倚郭县"。又言,"龙支城,旧宗哥城,元符二年改今名,寻弃之。崇宁三年收复";"宁西城,旧名林金城(崇宁三年收复——引者注),改今名";"宣威城,旧名氂牛城,崇宁三年,改今名";"清平寨,旧名溪兰宗堡","保塞寨,旧名安儿城","皆崇宁三年收复,赐名";"绥边寨,旧名宗谷,崇宁三年建筑,后改今名";"怀和寨,旧名丁令谷,崇宁三年置寨,赐名,又隶积石军";"制羌寨,政和八年赐名。地名乩毡岭,属西宁州"。则政和末西宁州领龙支、宁西、宣威三城,清平、保塞、绥边、怀和、制羌五寨。

附郭县(1104—1105)

(二十四) 震武军(1116—1126)——治古骨龙城(今青海西宁市东北)

《宋史》卷87《地理志三》震武军条言,"政和六年,进筑古骨龙城,赐名震武城。未几,改为震武军"。又言,"通济桥,震武城浮桥,政和六年赐名。善治堡,政和六年,震武城通济桥堡赐名。大同堡,本名古骨龙城应接堡,政和六年赐名。德通城,本瞎令古城。政和七年,刘法既解震武军围,进筑赐名。石门堡,瞎令古城北,地名石门子,政和七年赐名"。则宣和五年时震武军领通济一桥,善治、大同、石门三堡,德通一城。

(二十五) 积石军(1108—1126)——治溪哥城(今青海贵德县西)

《宋史》卷87《地理志三》积石军条言,"积石军,本溪哥城。元符间,为吐蕃溪巴温所据。大观二年,臧征扑哥以城降,即其地建军",领怀和寨,顺边、临松二堡。

第七章　两浙路州县沿革

两浙路,熙宁七年(1074)四月,分东、西两路。以杭、苏、湖、润、常、秀、睦为西路,越、明、婺、温、台、衢、处为东路。同年九月,合为一路。九年复分,十年复合。

(一) 杭州(978—1126)——治钱塘、仁和(今浙江杭州市)

据《太平寰宇记》卷93,杭州原领县八,今十:钱塘、仁和(新置)、於潜、余杭、富阳、盐官、临安、昌化、新城、南新(新置)。

上引南新县条言,"本临安县地,皇朝乾德五年(967),钱氏割临安县地置南新场以便征科。至太平兴国六年(981),改为南新县"。《元丰九域志》同条言,淳化六年(990)改,不同。要之,太平兴国三年时,南新未升为县。

仁和县,据《乾道临安志》卷2言,"龙德三年(923),析钱唐、盐官地置钱江县(今仁和县也),与钱唐分治城下。其年(太平兴国三年),改钱江为仁和"。然《舆地广记》卷22杭州钱唐县条言,"五代时,晋改县为钱江,后别置钱塘县,与钱江分治"。又,仁和县条言,"钱江,皇朝太平兴国四年,改曰仁和"。与《临安志》异,未审孰是,今从《舆地广记》。要之,吴越归地前该县仍以钱江名。

又,《舆地纪胜》卷8睦州条言,"桐庐县,光化三年(900),钱镠割隶杭州。《国朝会要》云:太平兴国二(三)年,钱氏纳土,诏还隶睦州"。《新五代史》卷60《职方考》言,"武康,故属湖州,梁割属杭州"。《元丰九域志》卷5湖州条言,"太平兴国四年,以杭州武康县隶州"。则太平兴国三年归地前二县尚属杭州。

《太平寰宇记》卷93杭州条言,昌化县,本唐唐山县,"梁改为金昌县,后唐同光初复旧。晋改为横山县,后复旧。迨至太平兴国三年,改为昌化县";新城县,"朱梁改为新登县。至太平兴国四年,改为新城复旧名"。临安县,据《舆地广记》卷22杭州条言,"梁改临安县曰安国县以尊之。皇朝太平兴国三年复曰临安"。则太平兴国三年归地前,三县应名唐山、新登、安国。

《宋会要·方域》6之21言,"临安县,旧名安国。太平兴国三年,改今名,隶顺化军。五年,军废,县复来隶",则临安县隶属杭州应是五年事,《太平寰宇记》所言不确。

要之,太平兴国三年杭州实领钱塘、钱仁、於潜、余杭、富春、盐官、唐山、新登、桐庐、武康十县。随后,桐庐、武康相继割出,钱江改为仁和,横山改为昌化,新登改为新城,故四年杭州实领仁和、昌化、新城、临安等八县。

《元丰九域志》卷5杭州条言,"太平兴国三年,改安国县为临安,五年,废顺化军,以临安县隶州。淳化五年,以南新场为昭德县。六年改昭德县为南新。熙宁五年,省南新县为镇入新城"。省南新之时,《宋会要·方域》6之21、《宋史》卷88《地理志四》临安府条同《元丰九域志》,《长编》卷237系于熙宁五年八月。《文献通考》卷318临安府条系于崇宁五年,显误。则熙宁五年后杭州实领临安等九县。

1. 钱塘县(978—1126)
2. 钱江县(978 钱江县,979—1126 仁和县)

按:《清一统志》卷284杭州府钱江故县条言:"在仁和县治北武林门内梅家桥南,宋徙今治。"

3. 於潜县(978—1126)
4. 余杭县(978—1126)

按:《清一统志》卷284杭州府余杭故城引县志言:"旧城在苕溪南,汉陈浑徙溪北。唐末,吴越王复徙溪南,号青平军城。宋雍熙中,军废,再徙溪北,自后因之。即今余杭县治。"

5. 富阳县(978—1126)
6. 盐官县(978—1126)
7. 唐山县(977 唐山县,978—1126 昌化县)
8. 新登县(978 新登县,979—1126 新城县)
9. 安国县(977 安国县,978—1126 临安县)

按:《清一统志》卷284杭州府临水故城条言,"(临安县)旧治在县北四里。宋景定中,移西墅"。

10. 昭德县(994 昭德县,995—1071 南新县)

(二) 越州(978—1126)——治会稽、山阴(今浙江绍兴市)

据《太平寰宇记》卷96,越州原领县七,今八:山阴、会稽、剡县、诸暨、余姚、上虞、萧山、新昌(新置)。新旧《唐书·地理志》、《元和郡县图志》亦载唐时领七县。又,上引新昌县条言,"唐末钱镠割据钱塘时,以去温州之道路悠远,此地人物稍繁,且无馆驿,乃析剡县一十三乡,置新昌县"。《宋史》卷88《地理志四》载北宋亦领八县。故太平兴国三年后迄北宋末,越州实领山阴、会稽、剡县、诸暨、余姚、上虞、萧山、新昌八县。

1. 会稽县(978—1126)
2. 山阴县(978—1126)
3. 剡县(978—1120 剡县,1121—1126 嵊县)

按:《宋史》卷88《地理志四》绍兴府嵊县条言,"嵊,望。旧剡县,宣和三年改"。

4. 诸暨县(978—1126)
5. 余姚县(978—1126)
6. 上虞县(978—1126)
7. 萧山县(978—1126)
8. 新昌县(978—1126)

(三)苏州,平江府(978—1112 苏州,1113—1126 平江府)——治吴县、长洲(今江苏苏州市)

据《太平寰宇记》卷91,苏州原领县八,今五:吴县、长洲、昆山、常熟、吴江(新置)。三县割出:嘉兴、海盐、华亭(以上县建秀州)。

《新唐书》卷41《地理志五》、《元和郡县图志》载领七县。《太平寰宇记》卷91吴江县条言,"梁开平三年(909),两浙奏析吴县于松江置"。又,同书卷95秀州条言,"本苏州嘉兴县地。晋天福四年(939),于此置秀州,从两浙钱元瓘之所请也。仍割嘉兴、海盐、华亭三县并置崇德县以属焉"。则太平兴国三年后,苏州实领吴县、长洲、昆山、常熟、吴江五县。

《宋史》卷88《地理志四》平江府条言,"本苏州,政和三年(1113),升为府"。北宋领县同《元丰九域志》,则迄北宋末苏州平江府领五县不变。

1. 吴　县(978—1126)
2. 长洲县(978—1126)
3. 昆山县(978—1126)
4. 常熟县(978—1126)
5. 吴江县(978—1126)

(四)润州,镇江府(975—1112 润州,1113—1276 镇江府)——治丹徒(今江苏镇江市)

据《太平寰宇记》卷89,润州原领县六,今四:丹徒、延陵、丹阳、金坛。二县割出:上元(入昇州)、句容(入昇州)。《文献通考》卷318镇江府条言,"南唐以上元、句容隶江宁"。故开宝八年(975)时,润州实领丹徒、延陵、丹阳、金坛四县。又,《元丰九域志》卷5润州条言,"熙宁五年省延陵县为镇入丹阳"。《宋史》卷88《地理志四》镇江府条言,"本润州,政和三年,升为府"。则北宋末润州镇江府实领三县。

1. 丹徒县(975—1126)
2. 延陵县(975—1071)
3. 丹阳县(975—1126)
4. 金坛县(975—1126)

(五) 湖州(978—1126)——治乌程、归安(今浙江湖州市)

据《太平寰宇记》卷94,湖州原领县五,今六:乌程、归安、武康、安吉、长兴、德清。上引归安县条言,"本乌程县地",皇朝太平兴国七年,分置归安县居郭下。又,《元丰九域志》卷5湖州条言,"太平兴国四年以杭州武康县隶州",则太平兴国三年时湖州尚无归安、武康二县,是时湖州实领乌程、安吉、长兴、德清四县。四年,武康来隶。七年析置归安,治乌程、归安二县。《元丰九域志》、《宋史》卷88《地理志四》等并同,则太平兴国七年以后迄北宋末,湖州领乌程、归安、武康、安吉、长兴、德清六县。

1. 乌程县(978—1126)
2. 归安县(982—1126)
3. 武康县(978—1126)
4. 安吉县(978—1126)
5. 长兴县(978—1126)
6. 德清县(978—1126)

(六) 婺州(978—1126)——治金华(今浙江金华市)

据《太平寰宇记》卷97,婺州领县七:金华、东阳、义乌、兰溪、永康、武义、浦阳。新旧《唐书·地理志》、《元和郡县图志》、《元丰九域志》、《宋史》卷88《地理志四》载婺州亦领七县,唯《元丰九域志》、《宋史》卷88《地理志四》浦阳作浦江。据《宋史》卷88《地理志四》婺州条言,"浦江、唐浦阳县,梁钱镠奏改"。则北宋时婺州实领金华、东阳、义乌、兰溪、永康、武义、浦江七县。

1. 金华县(978—1126)
2. 东阳县(978—1126)
3. 义乌县(978—1126)
4. 兰溪县(978—1126)
5. 永康县(978—1126)
6. 武义县(978—1126)
7. 浦江县(978—1126)

(七) 明州(978—1126)——治鄞县(今浙江宁波市)

据《太平寰宇记》卷98,明州原领县六,今五:鄞县、奉化、慈溪、象山、定海(新置)。一县旧废:翁山。

上引言,"定海县,海壖之地。梁开平三年(909),吴越王钱镠以地滨海口,有鱼盐之利,因置望海县,后改为定海县",又"废翁山县,唐开元时与州同置。大历六年(771),因袁晁反于此县,遂废之"。故太平兴国三年时,明州实领鄞县、奉化、慈溪、象山、定海五县。

又,鄞县,新旧《唐书·地理志》、《元和郡县图志》、《太平寰宇记》均作鄮,然《元丰九域志》作鄞。据《乾道四明图经》卷2鄞县条言,"唐武德四年(621),复分置,更名鄞县,属鄞州。八年州废,还属越州。开元二十六年(738),又为鄞县,于县置明州"。今从《元丰九域志》、《乾道四明图经》。

《元丰九域志》卷5明州条言,"熙宁六年,析鄞县地置昌国县"。《宋史》卷88《地理志四》庆元府条领县同。则是年以后迄北宋末明州实领昌国等六县。

1. 鄞　　县(978—1126)
2. 奉化县(978—1126)
3. 慈溪县(978—1126)
4. 象山县(978—1126)
5. 定海县(978—1126)
6. 昌国县(1073—1126)

(八)常州(975—1126)——治晋陵、武进(今江苏常州市)

据《太平寰宇记》卷92,常州原领县五,今四:晋陵、武进、无锡、宜兴。一县割出:江阴(建军)。

《太平寰宇记》卷92江阴军条言,"江阴军,本江阴县。伪唐昇元年中,建为军,以江阴县属焉。皇朝因之"。又《元丰九域志》卷5常州条言,"太平兴国元年,改义兴县为宜兴"。则开宝八年时宜兴当为义兴,故是年常州实领晋陵、武进、无锡、义兴四县。

《元丰九域志》卷5常州条又言,"淳化元年(990),废江阴军,以江阴县隶州,三年复置军,仍以县隶。熙宁四年,复废军隶州"。《宋史》卷88《地理志四》江阴军条言,"建炎初,以江阴复置军"。则熙宁四年后迄北宋末,常州实领江阴等五县及江阴一军使。

1. 晋陵县(975—1126)
2. 武进县(975—1126)
3. 无锡县(975—1126)
4. 义兴县(975 义兴县,976—1126 宜兴县)
5. 江阴县(975—1126)

(九)温州(978—1126)——治永嘉(今浙江温州市)

据《太平寰宇记》卷99,温州领县四:永嘉、瑞安、乐清、平阳。《新唐书》卷41《地理志五》、《元和郡县图志》载温州领永嘉、安固、横阳、乐城四县。据《文献通考》卷318温州条言,"乐清,唐乐城(成)县,梁时改","平阳,唐横杨(阳)县,梁改"。瑞安,据《嘉靖瑞安县志·沿革》言,"昭宗天复二年(902),以获双白乌之瑞,改安固为瑞安"。则太平兴国三年时温州领永嘉、瑞安、乐清、平阳四县。又《元丰九域志》、《宋史》卷88《地理志四》等载温州亦领此四县,则北宋时温州领四县不变。

1. 永嘉县(978—1126)
2. 瑞安县(978—1126)
3. 乐清县(978—1126)
4. 平阳县(978—1126)

(十) 台州(978—1126)——治临海(今浙江临海市)

据《太平寰宇记》卷98,台州领县五:临海、黄岩、天台、永安、宁海。《新唐书》卷41《地理志五》、《元和郡县图志》载台州领五县,即临海、唐兴、黄岩、永安、宁海。据上引天台县条言,唐为"唐兴县,梁改为天台县,后唐同光初复旧,晋天福初改为台兴县,今为天台县"。再检《元丰九域志》卷5台州条,该条言,"建隆元年(960),改台兴县为天台"。又,永安县,据《宋史》卷88《地理志四》台州条言,"仙居,唐乐安县,梁钱镠改永安。景德四年(1007),改今名"。则太平兴国三年台州实领临海、黄岩、天台、永安、宁海五县。景德四年后,领仙居等五县至北宋末。

1. 临海县(978—1126)
2. 黄岩县(978—1126)
3. 天台县(978—1126)
4. 永安县(978—1006 永安县,1007—1126 仙居县)
5. 宁海县(978—1126)

(十一) 处州(978—1126)——治丽水(今浙江丽水市西)

据《太平寰宇记》卷99,处州领县六:丽水、白龙、缙云、遂昌、青田、龙泉。新旧《唐书·地理志》、《元和郡县图志》亦载处州领六县,唯白龙作松阳。上引白龙县条言,唐松阳县,"梁开平四年,改为长松县,又改为白龙县"。则太平兴国三年处州实领丽水、白龙、缙云、遂昌、青田、龙泉六县。

《元丰九域志》卷6处州条言,"咸平二年(999),改白龙为松阳"。《宋史》卷88《地理志四》处州龙泉县条言,"宣和三年,改为剑川县。绍兴元年(1131)复改"。则北宋末处州实领松阳、剑川等六县。

1. 丽水县(978—1276)
2. 白龙县(978—998 白龙县,999—1126 松阳县)
3. 缙云县(978—1276)
4. 遂昌县(978—1276)
5. 青田县(978—1276)
6. 龙泉县(978—1120 龙泉县,1121—1126 剑川县)

(十二) 衢州(978—1126)——治西安(今浙江衢州市)

据《太平寰宇记》卷97,衢州原领县六,今五:西安、江山、龙游、常山、开化(新置)。一县废:盈川。《新唐书》卷41《地理志五》衢州龙丘县条言,"元和七年(812),省盈川入信安"。又,《元丰九域志》卷5衢州条言,"乾德四年分常山县置开化场,太平兴国六年升为县"。《宋史》卷88《地理志四》所载同《元丰九域志》。故太平兴国三年时衢州实领西安、江山、龙游、常山四县,而六年后迄北宋末衢州则领开化等五县。

1. 西安县(978—1126)
2. 江山县(978—1126)
3. 龙游县(978—1120 龙游县，1121—1126 盈川县)

按：《宋史》卷88《地理志四》衢州龙游县条言，"宣和三年，改为盈川县。绍兴初复改"。

4. 常山县(978—1126)

按：《清一统志》卷301衢州府信安故城条引旧志言："宋宣和三年，方腊陷衢州，州守高至临于龟峰山筑城，即今治。"

5. 开化县(981—1126)

（十三）睦州，严州(978—1120 睦州，1121—1126 严州)——治建德（今浙江建德市东北）

据《太平寰宇记》卷95，睦州领县六：建德、桐庐、寿昌、遂安、分水、青溪。《舆地纪胜》卷8睦州条言，"桐庐县，光化三年，钱镠割隶杭州。《国朝会要》云，太平兴国二（三）年，钱氏归土，诏还隶睦州"。则太平兴国三年收复时睦州实领建德、寿昌、遂安、分水、青溪五县，太平兴国三年后睦州实领桐庐等六县。《宋史》卷88《地理志四》亦载六县，故北宋时是州实领六县。

又，《宋史》卷88《地理志四》睦州条言，神泉监，"熙宁七年置，铸铜钱，寻罢"。《宋会要·方域》6之23言，"严州，旧睦州。宣和三年，改今名"。

1. 建德县(978—1126)
2. 寿昌县(978—1126)
3. 遂安县(978—1126)
4. 分水县(978—1126)
5. 青溪县(978—1121 青溪县，1121—1126 淳化县)

按：《宋会要·方域》6之23言，"淳化县，元青溪县，宣和三年改"。

6. 桐庐县(978—1126)
7. 神泉监(1074)

（十四）秀州(978—1126)——治嘉兴（今浙江嘉兴市）

《太平寰宇记》卷95秀州条言，"本苏州嘉兴县地。晋天福四年(939)，于此置秀州，从两浙钱元瓘之所请也。仍割嘉兴、海盐、华亭三县并置崇德县以属焉"，则太平兴国三年时秀州领嘉兴、海盐、华亭、崇德四县。《元丰九域志》、《宋史》卷88《地理志四》等并同，则北宋时秀州领四县不变。

1. 嘉兴县(978—1126)
2. 海盐县(978—1126)
3. 华亭县(978—1126)
4. 崇德县(978—1126)

第八章　淮南路州县沿革

第一节　淮 南 东 路

(一) 扬州(960—1126)——治江都(今江苏扬州市)

据《太平寰宇记》卷123,扬州原领县七,今三：江都、广陵、六合。四县割出：高邮(建军)、天长(建军)、海陵(入泰州)、永贞(入建安军)。理江都、广陵二县(今江苏扬州市)。

《太平寰宇记》卷130泰州条谓,"泰州,本扬州海陵县。伪吴乾贞中,立为制置院。伪唐昇元元年(937),升为泰州"。又,上引高邮军条谓,"高邮军,本扬州高邮一县。皇朝开宝四年(971),建为军,仍以县隶焉,直属京师"。建安军条谓,"建安军,本扬州白沙镇地。伪吴顺义二年(922),改为迎銮镇。……皇朝建隆三年(962),升为建安军。雍熙三年(986),仍割扬州之永贞县以属焉"。是宋初仅海陵一县割出,而永贞、高邮二县仍属扬州。

至于天长县,诸书说法不一,试稍作辨证。据马令《南唐书》卷30《建国谱》载,南唐"以六合置雄州,俄罢,复来肄(隶)。以天长置天长军"。此与《元丰九域志》卷5扬州条所载,"至道二年(996),仍废天长军为县"相吻合,可衔接。《新五代史》卷60《职方考》谓,"天长、六合,故属扬州。南唐以天长为军,六合为雄州,周复故",稍近,然与《元丰九域志》所载相抵牾。

《太平寰宇记》卷130天长军条谓,"天长军,晋天福年中,江南伪命改为建武军。周显德四年(957),平定江淮,改为雄州。国朝既克江南,降雄州为天长军兼领县事"。此条极可疑。如周显德四年以天长县为雄州,至开宝九年克平江南始改为天长军,那么,显德六年就不当再以雄州名瓦桥关。《资治通鉴》亦载兹事,谓"显德五年正月,唐以天长为雄州,以建武军使易文赟为刺史"。《文献通考》卷318扬州条略同,谓"天长,唐县。伪唐置建武军,又改雄州。周改天长军。宋至道时,军废为县"。然周取淮南十四州却无雄州,可见均非确论。陆游《南唐书·州军总音释》谓,雄州"割扬之六合、天长置"。然是书卷2《元宗纪》交泰元年(958)春正月壬辰条谓,"周师次雄州,刺史易文赟举城降。州,天长县也",与上文相抵牾,亦不足为信。

因此,宋初扬州实领江都、广陵、六合、永贞、高邮五县。

《元丰九域志》卷5扬州条言,"开宝四年,以高邮县建军。雍熙二年以永贞县,至道二年以六合县,并隶建安军,仍废天长军为县"。则至道二年后扬州实领江都、广陵、天长三县。

该条又言,"熙宁五年(1072),废高邮军,并以县隶州,省广陵县入江都"。则是年后扬州实领江都、天长、高邮三县。

《宋史》卷88《地理志四》高邮军条言,高邮县,"元祐元年(1086),复为军"。招信军条言,天长县,"建炎元年(1127)升军"。《宋会要·方域》6之10扬州条,6之14高邮军条同,《宋史》卷88《地理志四》扬州条言,北宋末年扬州仅领江都一县,误。要之,元祐元年后至北宋末扬州实领江都、天长二县。

1. 江都县(960—1126)
2. 广陵县(960—1071)
3. 天长县(960—1126)

(二)亳州(960—1126)——治谯县(今安徽亳州市)

据《太平寰宇记》卷12,亳州原领县八,今七:谯县、城父、蒙城、酂县、鹿邑、永城、真源。一县割出:临涣(入宿州)。《太平寰宇记》卷17宿州条言,"元和九年(814),又割亳州之临涣属焉"。又《新唐书》卷38《地理志二》宿州临涣县条亦谓"元和后来属",与上引吻合。《太平寰宇记》卷17宿州临涣县条谓,该县,"大和元年(827),隶宿州"似误。因此,亳州宋初实领谯县、城父、蒙城、酂县、鹿邑、永城、真源七县。

《元丰九域志》卷5亳州条言,"大中祥符七年(1014),改真源县为卫真县,以宿州临涣县隶州,天禧元年(1017)还隶宿州"。《宋史》卷88《地理志四》同。则天禧元年后至北宋末亳州实领卫真等七县。

1. 谯　县(960—1126)
2. 城父县(960—1126)
3. 蒙城县(960—1126)
4. 酂　县(960—1126)
5. 鹿邑县(960—1126)
6. 永城县(960—1126)
7. 真源县(960—1013 真源县,1014—1126 卫真县)

(三)宿州(960—1126)——治符离(今安徽宿州市)

《太平寰宇记》卷17宿州条言,"元和四年正月,以徐州符离之地,南临汴河,有埇桥为舳舻之会,襟带梁宋,运漕所历,防虞是资。仍以符离、蕲县并泗州之虹县三邑立宿州。九年,又割亳州之临涣属焉"。可见,自唐元和迄于宋初,宿州实领符离、虹县、蕲县、临涣四县。

《宋会要·方域》6 之 11 言,"大中祥符七年正月二十一日,诏割宿州临涣县隶亳州,其税户差徭依真源县例施行。天禧元年,县复还隶宿州,但析天净宫大李一乡隶亳州蒙城县"。

《宋史》卷 88《地理志四》宿州条言,"元祐元年,以虹之零壁镇为县,七月,复为镇。七年二月,零壁复为县。政和七年(1117),改零壁为灵壁"。则元祐元年后至北宋末宿州实领灵壁等五县。

1. 符离县(960—1126)
2. 虹　县(960—1126)
3. 蕲　县(960—1126)
4. 临涣县(960—1126)
5. 零壁县(1086,1092—1116 零壁县,1117—1126 灵壁县)

(四) 楚州(960—1126)——治山阳(今江苏淮安市)

据《太平寰宇记》卷 124,楚州原领县五,今四:山阳、淮阴、宝应、盐城。一县割出:盱眙(入泗州)。

《舆地纪胜》卷 39 楚州条载,"《新山阳志》云:'国初,楚县四,曰:山阳、宝应、淮阴、盱眙。乾德元年(963),盱眙属泗州,领县三,开宝九年,以泰州盐城还楚,复领四。'"盐城属楚之时间,《元丰九域志》同《舆地纪胜》,而《太平寰宇记》卷 124 楚州盐城条则记为太平兴国三年(978),有异同,今从前者。则宋初楚州实领山阳、淮阴、宝应、盱眙四县。

《元丰九域志》卷 5 楚州条言,"乾德元年,以盱眙县隶泗州。开宝九年,以泰州盐城县隶州。熙宁五年,废涟水军,以涟水县隶州",则熙宁五年后楚州实领盐城、涟水等五县。

《宋史》卷 88《地理志四》楚州条言,涟水县,"元祐二年,复为涟水军"。然《宋会要·方域》6 之 11 言,"建炎四年五月二十四日,诏楚州涟水军虽有军额,自来秪差(差)知县隶楚州,事力单弱。可令依旧额,更不隶楚州。其合行事件,并申取镇抚使指挥施行",则北宋末年,涟水军似又降充军使隶楚州。又,该书 6 之 12 言"绍兴三年(1133)十一月九日,淮南东路安抚提刑司言,楚州吴城县所管止有八十八户,乞依旧为镇,隶淮阴县"。《要录》卷 70 绍兴三年十月庚申条同,则北宋末时楚州有吴城县。要之,北宋末楚州实领涟水、吴城等六县及涟水一军使。

1. 山阳县(960—1126)
2. 淮阴县(960—1126)

按：《舆地纪胜》卷 39 楚州淮阴县条引《国朝会要》言，"熙宁十年，析泗州临淮地入焉"。

3. 宝应县(960—1126)　　　　4. 盐城县(960—1126)

按：《清一统志》卷 94 淮安府盐渎故城条按语言，《元丰九域志》所记盐城县去州道里与今略同，而《太平寰宇记》少四十里，疑宋太平兴国后南徙今治也。

5. 涟水县(960—1126)　　　　6. 吴城县(1126 前—1126)

（五）海州(960—1126)——治朐山（今江苏连云港市海州区海州街道）

据《太平寰宇记》卷 22，海州原领县四：朐山、东海、怀仁、沭阳。新旧《唐书·地理志》、《元和郡县图志》载海州领县四，同《太平寰宇记》。然《长编》卷 11 开宝三年春正月癸丑条载，是日"废海州东海监复为县"。《元丰九域志》卷 5 海州条同。东海县何时改为东海监不明。宋初海州领县姑以三县计，开宝三年后海州则领东海等四县。《元丰九域志》、《宋史》卷 88《地理志四》亦载海州领四县，可知北宋时海州领四县不变。

1. 朐山县(960—1126)　　　　3. 沭阳县(960—1126)
2. 怀仁县(960—1126)　　　　4. 东海县(970—1126)

（六）泰州(960—1126)——治海陵（今江苏泰州市）

据《太平寰宇记》卷 130，泰州原领县五，今四：海陵、兴化、泰兴、如皋。一县割出：盐城（还楚州）。《元丰九域志》卷 5 泰州条谓，"开宝九年，以盐城县隶楚州"。《舆地纪胜》卷 39 楚州条引《新山阳志》同。故宋初泰州实领海陵、兴化、泰兴、如皋、盐城五县。《太平寰宇记》卷 124 楚州盐城县条言在太平兴国三年，与上引两书稍有不同。太平兴国元年后，泰州领四县。《宋史》卷 88《地理志四》同，则迄北宋末泰州领四县如故。

1. 海陵县(960—1126)　　　　3. 泰兴县(960—1126)
2. 兴化县(960—1126)

按：《宋会要·方域》6 之 12 言：泰兴县，乾德二年，徙治柴墟镇。

4. 如皋县(960—1126)　　　　5. 海陵监(960—974 后)

按：《太平寰宇记》卷 130 言，"海陵监，煮盐之务也。唐开元元年(713)①，置海陵县为监于海陵县，置泰州以辖其监。皇朝开宝七年，移监于如皋县置，从盐场之近便也"。又，《宋会要·方域》6 之 20 言，"海陵监，伪唐于泰州海陵

---

① 按：泰州建于南唐昇元元年，故"唐开元元年"，依《太平寰宇记》之体例，当是"伪唐昇元元年"之讹。

县置鹭盐监。开宝七年,移治于如皋,后废"。

(七)泗州(960—1126)——治盱眙(今江苏盱眙县)

据《太平寰宇记》卷16泗州条,泗州原领县七,今三:临淮、盱眙(楚州割到)、招信(濠州割到)。三县割出:涟水(为涟水军)、宿迁(入淮阴军)、下邳(同)。一县废:徐城(并入临淮)。理临淮县(今江苏盱眙县西北淮水西岸)。

据上引临淮县条,"废徐城县,皇朝建隆二年,并入临淮县",则徐城宋初仍存。又,《舆地广记》卷20泗州条谓,盱眙县,"武德八年(625),属楚州。建中二年(781),属泗州。后复属楚州。皇朝乾德元年,又属泗州。州徙治于此",则盱眙宋初尚隶楚州。又,上引谓,招信县,唐"属濠州。皇朝乾德元年,来属,太平兴国元年更名",则宋初招信亦不隶泗州。涟水县,据《太平寰宇记》卷17涟水军条谓,"涟水军,本楚州涟水县也。皇朝太平兴国三年十二月建为涟水军",则宋初涟水尚属泗州。至于宿迁、下邳二县,唐时已改隶徐州,《太平寰宇记》泗州条所记有误,详见徐州条之论证。要之,宋初泗州领临淮、涟水、徐城三县,而太平兴国三年后泗州实领盱眙、临淮、招信三县,并移治盱眙。《元丰九域志》、《宋史》卷88《地理志四》所载北宋泗州领县同,则北宋时泗州领盱眙等三县不变。

1. 盱眙县(960—1126)　　　　2. 临淮县(960—1126)

按:《文献通考》卷317泗州临淮县条言,"景德三年(1006),移治徐城驿(今江苏泗洪县临淮镇)"。

3. 徐城县(960)
4. 招义县(960—975招义县,976—1126招信县)

(八)滁州(960—1126)——治清流(今安徽滁州市)

据《太平寰宇记》卷128,滁州领县三:清流、全椒、永阳。

滁州三县,新旧《唐书·地理志》、《元丰九域志》、《宋史》卷88《地理志四》同,唯永阳《元丰九域志》、《宋史》卷88《地理志四》作来安。检《舆地纪胜》卷42滁州条,该条谓"《唐志》云,唐永阳县属滁州。《旧经》云,南唐昇元二年,改为来安县",则《太平寰宇记》失于改正。故北宋时,滁州领清流、全椒、来安三县。

(九)建安军,真州(964—1012建安军,1013—1126真州)——治扬子(今江苏仪征市)

《元丰九域志》卷5真州条言,"乾德二年,以扬州永贞县迎銮镇(今江苏仪征市真州镇)为建安军。大中祥符六年,升为州。治扬子"。又言,"雍熙二年以扬州永贞县,至道二年以六合县并隶州"。《宋史》卷88《地理志四》所载领县同,则北宋时真州领二县。

1. 永贞县(960—1012 永贞县,1013—1126 扬子县)

按:《宋会要·方域》6 之 14 言,"杨(扬)子县,旧名永正(贞)。……大中祥符六年改"。《清一统志》卷 96 扬州府仪征县条言:大中祥符六年,升军为真州,始移扬子于州郭。

2. 六合县(960—1126)

(十) 通州、崇州(960—1022 通州,1023—1032 崇州,1033—1126 通州)——治静海(今江苏南通市)

据《太平寰宇记》卷 130,通州领县二:静海、海门。《文献通考》卷 318 言,"通州,本唐盐亭场。南唐立为静海制置院。周升为静海军,属扬州。俄改为州,析其地为静海、海门二县以隶焉"。故宋初通州实领静海、海门二县。又,《元丰九域志》、《宋史》卷 88《地理志四》所载领县同,则北宋时通州领县不变。

通州又有利丰监(今江苏南通市)。《太平寰宇记》卷 130 利丰监条言,"利丰监,古之煎盐之所也。国朝升为监,在通州城南三里,管八场"。又《宋会要·方域》6 之 20 言,"利丰监,伪唐鬻盐之所,在通州城南。太平兴国八年,移治州西南琅山,后废"。《元丰九域志》所载无利丰监,应已废,与《宋会要》合。然《宋史》卷 88《地理志四》所载未言废,有利丰监,言移监事略同《宋会要》。要之,利丰监,宋初建,太平兴国时尚存。

《元丰九域志》卷 5 通州条言,"天圣元年(1023),改崇州,明道二年(1033)复旧"。

1. 静海县(960—1126)　　　　3. 利丰监(960—983 后)
2. 海门县(960—1126)

(十一) 高邮军(971—1071,1086—1126)——治高邮(今江苏高邮市)

《太平寰宇记》卷 130 高邮军条谓,"高邮军,本扬州高邮一县。皇朝开宝四年,建为军,仍以县隶焉,直属京师"。又《宋史》卷 88《地理志四》高邮军条言,"熙宁五年,废为县,隶扬州。元祐元年,复为军"。则元祐后至北宋末,高邮仍为军,领高邮一县。

高邮县(960—1126)

(十二) 涟水军(978—1071,1087—1126)——治涟水(今江苏涟水县)

《宋史》卷88《地理志四》安东州条言,"本涟水军,太平兴国三年,以泗州涟水县置军。熙宁五年,废为县,隶楚州。元祐二年,复为军",则元祐二年后至北宋末涟水军领涟水一县。然《宋会要·方域》6之11言,"建炎四年五月二十四日,诏楚州涟水军虽有军额,自来祇羌(差)知县隶楚州,事力单弱。可令依旧额,更不隶楚州。其合行事件,并申取镇抚使指挥施行",则北宋末年,涟水军似又降充军使隶楚州。

涟水县(960—1126)

第二节 淮南西路

(一) 寿州,寿春府(960—1115寿州,1116—1126寿春府)——治下蔡(今安徽凤台县)

据《太平寰宇记》卷129,寿州原领县六,今五:下蔡(颍州割到)、寿春、安丰、霍丘、六安。一县废:霍山(并入六安)。

《元丰九域志》卷5寿州条言,"开宝元年(968),省霍山县为镇入盛唐。四年,改盛唐为六安"。《宋史》卷88《地理志四》、《文献通考》同条作"开宝中,废霍山、盛唐二县",误。《太平寰宇记》卷129寿州条言,寿州,"周显德三年(956),平淮南,降为防御州。旧理寿春县,仍移州于颍州之下蔡县为理所",则宋初寿州领下蔡、寿春、安丰、霍丘、盛唐、霍山六县,治下蔡。而开宝四年后寿州实领六安等五县。

《宋史》卷88《地理志四》寿春府条言,寿州"政和六年(1116),升为府。八年,以府之六安县为六安军",则政和后迄北宋末寿春府实领四县。

1. 下蔡县(960—1126)
2. 寿春县(960—1126)
3. 安丰县(960—1126)
4. 霍丘县(960—1126)
5. 霍山县(960—967)

(二) 六安军(1118—1126)——治六安(今安徽六安市)

《宋史》卷88《地理志四》六安军条言,"政和八年,升县为军。绍兴十三年,废为县"。

盛唐县(960—970盛唐县,971—1126六安县)

(三) 庐州(960—1126)——治合肥(今安徽合肥市)

据《太平寰宇记》卷 126，庐州领县五：合肥、慎、巢、庐江、舒城。新旧《唐书·地理志》所载同《太平寰宇记》。《元丰九域志》卷 5 庐州条言，"太平兴国三年(978)，以巢、庐江二县隶无为军"。则宋初庐州领合肥、慎县、巢县、庐江、舒城五县，而太平兴国三年后庐州实领三县。《宋史》卷 88《地理志四》所载领县同《元丰九域志》，则至北宋末，庐州领三县如故。

1. 合肥县(960—1126)
2. 慎　县(960—1126)
3. 舒城县(960—1126)

(四) 蕲州(960—1126)——治蕲春(今湖北蕲春县蕲州镇西北)

据《太平寰宇记》卷 127，蕲州领县四：蕲春、黄梅、广济、蕲水。新旧《唐书·地理志》、《元丰九域志》同条同，是唐宋间蕲州辖县未变，宋初实领蕲春、黄梅、广济、蕲水四县。

《宋史》卷 88《地理志四》蕲州条言，"元祐八年(1093)，以蕲水县石桥为罗田县"，则是年以后迄北宋末蕲州实领罗田等五县。

1. 蕲春县(960—1126)
2. 黄梅县(960—1126)
3. 广济县(960—1126)
4. 蕲水县(960—1126)
5. 罗田县(1093—1126)

按：《清一统志》卷 300 黄州府罗田故城条引县志言："县旧治在今县东六十里魁山之麓。元大德八年(1304)，县尹周广移县于官渡河，即今治也。"

(五) 和州(960—1126)——治历阳(今安徽和县)

据《太平寰宇记》卷 124，和州领县三：历阳、乌江、含山。新旧《唐书·地理志》、《元丰九域志》、《宋史》卷 88《地理志四》同条同，是唐宋时和州辖县未变，北宋时实领历阳、乌江、含山三县。

1. 历阳县(960—1126)
2. 乌江县(960—1126)
3. 含山县(960—1126)

(六) 舒州(960—1126)——治怀宁(今安徽潜山县)

据《太平寰宇记》卷 125，舒州领五县：怀宁、桐城、望江、宿松、太湖。《新唐书·地理志》、《元丰九域志》、《宋史》卷 88《地理志四》同条同。是唐宋间舒州辖县未变，北宋时舒州实领怀宁、桐城、望江、宿松、太湖五县。

1. 怀宁县(960—1126)
2. 桐城县(960—1126)

3. 望江县(960—1126)　　　　　5. 太湖县(960—1126)
4. 宿松县(960—1126)　　　　　6. 同安监(1075—1126)

按:《元丰九域志》卷5舒州条言,同安监,"熙宁八年(1075)置,铸铜钱"。

(七)濠州(960—1126)——治钟离(今安徽凤阳县临淮关镇)

据《太平寰宇记》卷128,濠州原领县三,今二:钟离、定远。一县割出:招义(入泗州)。《元丰九域志》卷5濠州条言,"乾德元年(963),以招义县隶泗州",则宋初濠州实领钟离、定远、招义三县,而乾德元年后濠州实领二县。《宋史》卷88《地理志四》领县同《元丰九域志》,则北宋末濠州领二县如故。

1. 钟离县(960—1126)　　　　　2. 定远县(960—1126)

(八)光州(960—1126)——治定城(今河南潢川县)

据《太平寰宇记》卷127,光州原领县五,今四:定城、光山、仙居、固始。一县废:殷城(并入固始)。《元丰九域志》卷5光州条谓,"建隆元年(960),改殷城县为商城,后省为镇入固始",则宋初光州实领定城、光山、仙居、固始、殷城五县。商城县省废时间,《宋朝事实》卷18、《太平寰宇记》卷127、《宋史》卷88《地理志四》同条亦未明言,今已不可考详,应是宋初之事。

1. 定城县(960—1126)　　　　　4. 固始县(960—1126)
2. 光山县(960—1126)　　　　　5. 殷城县(959 殷城县,960—?商城县)
3. 仙居县(960—1126)

(九)黄州(960—1126)——治黄冈(今湖北黄冈市)

据《太平寰宇记》卷131,黄州领县三:黄冈、麻城、黄陂。新旧《唐书·地理志》、《元丰九域志》、《宋史》卷88《地理志四》同条同,唐宋间黄州辖县未变,宋初实领黄冈、麻城、黄陂三县。

1. 黄冈县(960—1126)　　　　　3. 黄陂县(960—1126)
2. 麻城县(960—1126)

(十)无为军(978—1126)——治无为(今安徽无为县)

《元丰九域志》卷5无为军条言,"太平兴国三年,以庐州巢县无为镇(今安徽无为县)建军",并"以庐州巢、庐江二县隶军"。《宋史》卷88《地理志四》、《宋朝事实》卷18同条同。然《长编》卷19太平兴国三年七月丁未条"无为镇"作"无为监",未审孰是。

《宋朝事实》卷 18 无为军条言,"无为县,熙宁三年,析巢县、庐江县地置"。又,《元丰九域志》同条言,"治无为县",则熙宁三年后至北宋末无为军实领无为、巢县、庐江三县。

1. 无为县(1070—1126)　　　　2. 巢　县(960—1126)

按:《宋史》卷 88《地理志四》言,巢县,"至道二年(996),移治郭下"。

3. 庐江县(960—1126)

第九章　江南东路州县沿革

（一）昇州，江宁府（974江宁府，975—1017昇州，1018—1126江宁府）——治江宁、上元（今江苏南京市）

据《太平寰宇记》卷90，昇州原领县八，今五：江宁、上元、溧水、溧阳、句容。三县割出：当涂（置太平州）、芜湖（入太平州）、繁昌（入太平州）。

《太平寰宇记》卷105太平州条言，"太平州，本宣州当涂县。周世宗画江为界之后，伪唐于县立新和州，又为雄远军。迨至开宝八年（975），平江南，改为平南军。太平兴国二年（977），升为太平州，割当涂、芜湖、繁昌三县以隶焉"。可见，当涂自昇州割出后，并未当即就置太平州，其间经过了置新和州、雄远军、平南军诸阶段。上引芜湖县条亦言，"伪唐割宣城、当涂二邑之地复置，隶昇州。国破还宣州，今隶太平州"。再检《元丰九域志》卷6太平州条，该条言，"太平兴国二年，以宣州芜湖、繁昌二县隶州"。可见，当涂、芜湖、繁昌三县自昇州"置太平州"、"入太平州"非是。《太平寰宇记》有省文，不确。

陆游《南唐书·州军总音释》言，"昇：都，金陵府（江宁府）。以宣之当涂、广信（德）升置。芜湖、铜陵、繁昌未（来）属。及当涂为雄远军，复以池之青阳来属。与旧领上元、江宁、句容、溧水、溧（溧）阳为十县也"。此处广信，当为广德之讹。检《元丰九域志》卷6宣州条，"开宝八年，以昇州广德、芜湖、繁昌三县隶州"，可见广信当作广德。《元丰九域志》卷6池州条，"开宝八年，以昇州青阳、铜陵二县隶州"。据此《太平寰宇记》昇州条言"元领县八"为误，当为十县，中脱青阳、铜陵、广德三县，又误以当涂为属邑。故开宝八年南唐未平前，江宁府实领江宁、上元、溧水、溧阳、句容、芜湖、繁昌、青阳、铜陵、广德十县。

《元丰九域志》卷6昇州条言，"唐昇州，伪唐改为江宁府。皇朝开宝八年，为昇州"，并"以芜湖、繁昌、广德三县隶宣州，以青阳、铜陵二县隶池州"，《文献通考》卷318建康府条同。故是年平南唐后昇州实领江宁、上元、溧水、溧阳、句容五县。

又,《长编》卷91天禧二年(1018)二月"丁卯,以昇州为江宁府"。

1. 江宁县(975—1126)
2. 上元县(975—1126)
3. 溧水县(975—1126)
4. 溧阳县(975—1126)
5. 句容县(975—1126)

按:《宋史》卷88《地理志四》江宁府条言,句容县,"天禧四年,改名常宁"。《文献通考》卷318建康府条同。然据《景定建康志》卷13言,"天禧元年,置常宁镇于句容县"。又,该书卷16言,"常宁镇,在句容县东南五十,天禧元年,以镇置寨"。两处均未言句容改名常宁事,前两书当是误书。

(二) 宣州(975—1126)——治宣城(今安徽宣城市)

据《太平寰宇记》卷103,宣州原领县十,今六:宣城、泾县、南陵、宁国、旌德、太平。四县割出:当涂(建太平州)、广德(置军)、溧水(入昇州)、溧阳(入昇州)。

溧水、溧阳二县入昇州之时间,据《新唐书》卷41《地理志五》昇州条载,是州,"光启三年(887),复以上元、句容、溧水、溧阳四县置",则二县似于是时入昇州。然《太平寰宇记》卷90昇州上元县条言,"光启三年,复为昇州,领上元一县",与《新唐书》异。又,溧阳县条言,"天祐二年(905),隶润州"。故二县隶昇州时间当在此后。检《太平寰宇记》昇州条言,"天祐十四年,伪吴遣部将徐温城之为金陵府。伪唐改为江宁府,因之建都",则二县当于天祐十四年吴建金陵府之时,划归昇州,作为吴之都城,侈大其制,是情理中之事。

据《新唐书》卷41《地理志五》,宣州领八县:宣城、当涂、泾、广德、南陵、太平、宁国、旌德。当涂、广德二县,据《南唐书·州军总音释》言,"昇:都,金陵府。以宣之当涂、广信(德)升置",则二县吴天祐十四年时已隶昇州。又,当涂、广德二县,据昇州条论证,周世宗得淮南十四州后,前者升为雄远军,后者尚属昇州,均非宣州属邑,《太平寰宇记》所记有误。

要之,开宝八年平江南时,宣州辖宣城、泾县、南陵、宁国、旌德、太平六县。

《元丰九域志》卷6宣州条言,"开宝八年,以昇州广德、芜湖、繁昌三县隶州。太平兴国二年,以芜湖、繁昌二县隶太平州。四年,以广德县隶广德军",则太平兴国四年后宣州仍领六县如故。《宋史》卷88《地理志四》所载领县同《元丰九域志》,则北宋时宣州领六县不变。

1. 宣城县(975—1126)
2. 泾　县(975—1126)
3. 南陵县(975—1126)
4. 宁国县(975—1126)
5. 旌德县(975—1126)
6. 太平县(975—1126)

（三）歙州，徽州（975—1120 歙州，1121—1126 徽州）——治歙县（今安徽歙县）

据《太平寰宇记》卷 104，歙州领县六：歙、休宁、绩溪、黟、祁门、婺源。《新唐书》卷 41《地理志五》、《元和郡县图志》、《元丰九域志》、《宋史》卷 88《地理志四》所载六县同。则北宋时歙州实循唐之旧，领歙县、休宁、绩溪、黟县、祁门、婺源六县。

《宋史》卷 88《地理志四》徽州条言，"宣和三年（1121），改歙州为徽州"。《宋史》卷 22《徽宗纪四》、《文献通考》卷 318 同。《宋会要·方域》6 之 24 系于元年，误，改州名当在平方腊后。

1. 歙　县（975—1126）

按：《清一统志》卷 112 徽州府歙县故城条言："宋宣和中，为睦寇方腊所陷，事平筑新城于溪北三里，因民不便，复还旧治，即故址修筑。"

2. 休宁县（975—1126）　　5. 祁门县（975—1126）
3. 绩溪县（975—1126）　　6. 婺源县（975—1126）
4. 黟　县（975—1126）

（四）江州（975—1126）——治德化（今江西九江市）

据《太平寰宇记》卷 111，江州原领县七，今五：德化、彭泽、德安、瑞昌、湖口。二县割出：东流（入池州）、都昌（入南康军）。

《元丰九域志》卷 6 江州条言，"太平兴国三年，以星子镇置县，以东流县隶池州。七年，以星子、都昌二县隶南康军"。故开宝八年平江南时江州实领德化、彭泽、德安、瑞昌、湖口、东流、都昌七县，太平兴国七年后江州领德化、彭泽、德安、瑞昌、湖口五县。《宋史》卷 88《地理志四》所载江州领县同，则北宋时江州领五县。

1. 德化县（975—1126）　　4. 瑞昌县（975—1126）
2. 彭泽县（975—1126）　　5. 湖口县（975—1126）
3. 德安县（975—1126）　　6. 广宁监（1000—?）

按：《元丰九域志》卷 6 江州条言，广宁监，"咸平三年（1000）置，铸铜钱"。然《宋史》卷 34《孝宗纪二》乾道六年（1170）十二月甲子条言，时尝"置江州广宁监……铸铁钱"，则广宁监咸平、乾道间尝废。又，"铁"，《宋史》卷 88《地理志四》作"铜"，似是，则《宋史》卷 34《孝宗纪二》有误。

（五）池州（960—1126）——治贵池（今安徽池州市贵池区）

据《太平寰宇记》卷 105，池州原领县四，今六：贵池、青阳、建德、石埭、铜陵(宣州割到)、东流(同上)。

《元丰九域志》卷6池州条言,"开宝八年,以昇州青阳、铜陵二县,太平兴国三年,以江州东流县并隶州"。则《太平寰宇记》青阳漏书"昇州割到",铜陵自昇州而非宣州割到,东流自江州而非宣州割到。昇州、宣州、江州条论证可参考。新旧《唐书·地理志》、《元和郡县图志》载池州领秋浦、青阳、至德、石埭四县。青阳,南唐时割隶昇州,详见昇州条论证。秋浦、至德,据《太平寰宇记》载,吴顺义时改为贵池、建德。则开宝八年时池州实领贵池、建德、石埭三县。

《元丰九域志》卷6池州条言,"开宝八年,以昇州青阳、铜陵二县隶州。太平兴国三年,以江州东流县"隶州。《宋史》卷88《地理志四》、《宋朝事实》同条同。《太平寰宇记》作自宣州来隶,误,今不取。《元丰九域志》又言,永丰监,"至道二年(996)置,铸铜钱",《宋史》卷88《地理志四》亦载有该监。则至道二年后至北宋末池州实领东流等六县及永丰一监。

1. 贵池县(975—1126)
2. 建德县(975—1126)
3. 石埭县(975—1126)
4. 青阳县(975—1126)
5. 铜陵县(975—1126)
6. 东流县(975—1126)
7. 永丰监(996—1126)

(六)饶州(975—1126)——治鄱阳(今江西鄱阳县)

据《太平寰宇记》卷107,饶州领县五:鄱阳、余干、浮梁、乐平、德兴。《宋史》卷88《地理志四》同。《太平寰宇记》卷107德兴县条言,唐邓公场,"伪唐升为德兴县"。又据新旧《唐书·地理志》、《元和郡县图志》载,唐时饶州领鄱阳等四县,则开宝八年平江南时饶州实领鄱阳、余干、浮梁、乐平、德兴五县。

《元丰九域志》卷6饶州条言,"开宝八年以余干县地置安仁场,端拱元年(988)升为县"。《宋史》卷88《地理志四》同,则北宋时饶州领安仁等六县。

又,饶州有永平一监。《元和郡县图志》饶州条言,"永平监,置在郭下,每岁铸钱七千贯",然《太平寰宇记》同卷永平监条言,"永平监者,本饶州铸钱之所,伪唐立为监,皇朝平江南因之不改"。《宋会要·食货》34之34言,"李煜尝因唐旧制于饶州永平监岁铸钱六万贯。江南平,增为七万贯"。《宋史》卷88《地理志四》亦载此监,铸铜钱。则永平铸钱监,始置于唐代,后或省废,而南唐复置。李煜宋建隆二年(961)即位,则饶州永平监最早当复设于是年。

1. 鄱阳县(975—1126)
2. 余干县(975—1126)
3. 浮梁县(975—1126)
4. 乐平县(975—1126)
5. 德兴县(975—1126)
6. 安仁县(988—1126)
7. 永平监(975后—1126)

(七)信州(975—1126)——治上饶(今江西上饶市西北)

据《太平寰宇记》卷107,信州原领县五,今四:上饶、弋阳、玉山、贵溪。一县直隶朝廷:铅山。上引铅山县条言,"伪唐昇元四年(940),于上饶、弋阳二县析五乡以为场,后升为县。皇朝平江南后,直属朝廷"。又,新旧《唐书·地理志》载信州领四县:上饶、弋阳、玉山、贵溪。故开宝八年平江南时信州实领上饶、弋阳、玉山、贵溪、铅山五县。《元丰九域志》卷6信州条言,"开宝八年,以铅山县直隶京,后复隶州。淳化五年(994),以弋阳县宝丰镇置县",则淳化五年后信州领铅山、宝丰等六县。

宝丰事,《宋史》卷88《地理志四》同《元丰九域志》,唯"镇"作"场"。而《舆地广记》卷24、《宋朝事实》卷18则系此事于开宝八年。

《元丰九域志》卷6信州条言,宝丰县,"景祐二年(1035)省,康定元年(1040)复置,庆历三年(1043)复为镇。熙宁七年(1074),以上饶县永丰镇置县"。《舆地广记》卷24同。《宋史》卷88《地理志四》信州条"景祐二年"作"景德元年(1004)",有异。《长编》卷115系此事于景祐元年八月,《宋朝事实》卷19引《宋史》作景祐元年。则今本《宋史》"德"为"祐"之讹,当以景祐元年为是。故熙宁七年后迄于北宋末信州实领永丰等六县。

1. 上饶县(975—1126)
2. 弋阳县(975—1126)
3. 玉山县(975—1126)
4. 贵溪县(975—1126)
5. 铅山县(975—1126)
6. 宝丰县(994—1034,1040—1042)
7. 永丰县(1074—1126)

(八)雄远军,平南军,太平州(974雄远军,975—976平南军,977—1126太平州)——治当涂(今安徽当涂县)

《太平寰宇记》卷105太平州条言,"太平州,本宣州当涂县。周世宗画江为界之后,伪唐于县立新和州,又为雄远军。迨至开宝八年,平江南,改为平南军。太平兴国二年,升为太平州,割当涂、芜湖、繁昌三县以隶焉",则开宝八年平江南时南唐雄远军或宋平南军俱领当涂一县,太平兴国二年后太平州实领三县。《元丰九域志》、《宋史》卷88《地理志四》载太平州亦领三县,则北宋时太平州领三县不变。

上引言,太平兴国二年,以宣州芜湖、繁昌二县隶州。《元丰九域志》同条同。《宋史》卷88《地理志四》、《宋朝事实》将二县来隶系于三年。

1. 当涂县(975—1126)
2. 芜湖县(975—1126)
3. 繁昌县(975—1126)

(九) 南康军(982—1276)——治星子(今江西星子县)

《元丰九域志》卷6南康军条言,"太平兴国七年,以江州星子县置军,治星子县","以江州都昌、洪州建昌二县隶州"。《太平寰宇记》、《宋史》卷88《地理志四》同条同。则北宋南康军实领星子、建昌、都昌三县。

1. 星子县(975—1126)
2. 建昌县(975—1126)
3. 都昌县(975—1126)

(十) 广德军(979—1126)——治广德(今安徽广德县)

《元丰九域志》卷6广德军条言,"太平兴国四年,以宣州广德县置军,治广德县。端拱元年,以广德县郎步镇置建平县"。《太平寰宇记》、《宋史》卷88《地理志四》、《文献通考》并同《元丰九域志》。则端拱元年后迄于北宋末,广德军领广德、建平二县不变。《宋朝事实》卷18广平(德)军条言,该军建于开宝八年,误。

1. 广德县(975—1126)
2. 建平县(988—1126)

第十章　江南西路州县沿革

（一）洪州（975—1126）——治南昌、新建（今江西南昌市）

据《太平寰宇记》卷106，洪州原领县四，今七：南昌、新建（新置）、丰城、分宁、靖安、奉新、武宁。二县割出：高安（为筠州）、建昌（入南康军）。理南昌县。

《太平寰宇记》卷106筠州条言，筠州南唐保大十年（952）置，高安县，"伪唐再置筠州，为郭下县"，自洪州割出。又，洪州新建县条言，该县，本"南昌县地。皇朝太平兴国六年（981）①，割南昌水西一十四乡置新建县"，则宋初洪州无此二县。又，靖安县条言，该县"伪唐昇元年中，改为县，取靖安乡以名县"。再检《元丰九域志》卷6南康军条，该条言，太平兴国七年，以洪州建昌县隶州。则宋初洪州有靖安、建昌二县。又，《舆地广记》卷25洪州条，新建县，"皇朝太平兴国六年，析南昌县置，与南昌分治郭下"。要之，开宝八年（975）平江南时，洪州领南昌、丰城、分宁、靖安、奉新、武宁、建昌七县。而太平兴国七年后洪州领新建等七县，治南昌、新建二县。

《宋史》卷88《地理志四》隆兴府条言，"崇宁二年（1103），以南昌县进贤镇升为县"。《清一统志》卷308南昌府钟陵旧城条引县志言，"宋时，割南昌县归仁、崇礼、崇信、真隐四乡及新建县玉溪东、西二乡置县。大观二年（1108），复返新建二乡，而割南昌钦风乡益之"。则崇宁二年后洪州实领进贤等八县。

1. 南昌县（975—1126）
2. 新建县（981—1126）
3. 丰城县（975—1126）
4. 分宁县（975—1126）
5. 靖安县（975—1126）
6. 奉新县（975—1126）
7. 武宁县（975—1126）
8. 进贤县（1103—1126）

（二）虔州（975—1126）——治赣县（今江西赣州市）

据《太平寰宇记》卷108，虔州原领县九，今十三：赣县、安远、雩都、虔化、南康、大庾、信丰、瑞金、石城、上游（犹）（新置）、龙南（新置）、兴国（新置）、会昌（新置）。

---

① 按："六年"，《元丰九域志》卷6、《舆地广记》、《宋史》卷88《地理志四》、《宋朝事实》同。而《宋会要·方域》6之25、《舆地纪胜》卷26引《国朝会要》系于四年。

瑞金、龙南、石城、上犹四县，并南唐置。上引《太平寰宇记》言，"瑞金县，本瑞金场，淘金之地也。伪唐升为县"；"石城县，本石城场，伪唐改为石城县"；"上游(犹)县，本南康县地，伪吴天年中，析南康县之一乡半为场，伪唐壬子岁(952)改为县"；"龙南县，本信丰县地，伪吴武义年中析信丰县顺仁乡之新兴一里为场，壬子岁伪唐改为县"。又，《元丰九域志》卷6虔州条言，"太平兴国八年，以赣县险江镇置兴国县，雩都县九洲镇置会昌县。淳化元年(990)，以大庾、南康、上犹三县隶南安军"。则开宝八年平江南时尚无兴国、会昌二县，时虔州实领赣县、安远、雩都、虔化、南康、大庾、信丰、瑞金、石城、上犹、龙南十一县。则太平兴国后虔州领兴国、会昌等十三县，淳化元年后仅领十县。

1. 赣　县(975—1126)
2. 安远县(975—1126)
3. 雩都县(975—1126)
4. 虔化县(975—1126)
5. 信丰县(975—1126)
6. 瑞金县(975—1126)
7. 石城县(975—1126)
8. 兴国县(983—1126)
9. 会昌县(983—1126)
10. 龙南县(975—1120 龙南县，1121—1126 虔南县)

按：《宋史》卷88《地理志四》赣州龙南县条言，"宣和三年(1121)，改虔南"。

(三) 吉州(975—1126)——治庐陵(今江西吉安市)

据《太平寰宇记》卷109，吉州原领县五，今七：庐陵、新淦、太和、安福、永新、吉水(新置)、龙泉(新置)。

新旧《唐书·地理志》载吉州领五县。又上引《太平寰宇记》言，"龙泉县，本吉州太和县龙泉乡什善镇地。伪唐保大元年，析龙泉、光化、遂兴、和属等四乡置龙泉场，以乡为名，采择材木之故也。显德七年(建隆元年)，升为县"。《元丰九域志》卷6吉州条言，"太平兴国九年，以古吉阳县地置吉水县"。据《宋史》卷88《地理志四》言，古吉阳县地，在庐陵县境。吉水县实析庐陵县地置。则开宝八年平江南时吉州尚无吉水县，时吉州实领庐陵、新淦、太和、安福、永新、龙泉六县，而雍熙元年(984)后领吉水等七县。

《元丰九域志》卷6吉州条言，"淳化三年，以新淦县隶临江军。至和元年(1054)，以吉水县报恩镇置永丰县①。熙宁四年(1071)，以龙泉县万安镇置万安县"。熙宁四年后吉州实领永丰、万安等八县。

---

① 按：永丰县，《舆地广记》卷25、《舆地纪胜》卷31、《文献通考》卷318、《宋朝事实》卷19同条同。《宋史》卷88《地理志四》同条作永新县，似误。

《宋会要·方域》6之26言,"龙泉县,宣和三年,改名泉江。绍兴元年(1131)依旧"。《舆地纪胜》卷31同。则北宋末吉州领泉江等八县。

1. 庐陵县(975—1126)
2. 吉水县(984—1126)
3. 太和县(975—1126)
4. 安福县(975—1126)
5. 永新县(975—1126)
6. 龙泉县(975—1120 龙泉县,1121—1126 泉江县)
7. 永丰县(1054—1126)
8. 万安县(1071—1126)

(四) 袁州(975—1126)——治宜春(今江西宜春市)

据《太平寰宇记》卷109,袁州原领县三,今五:宜春、分宜(新置)、萍乡、新喻、万载(筠州割到)。新旧《唐书·地理志》、《元和郡县图志》载袁州领宜春、萍乡、新喻三县。又,《元丰九域志》卷6袁州条言,"开宝八年,以筠州万载县隶州。雍熙元年,析宜春地置分宜县"。则开宝八年平江南时袁州领宜春、萍乡、新喻三县如故。雍熙元年后始领万载、分宜等五县。

《元丰九域志》卷6袁州条又言,"淳化三年,以新喻县隶临江军",则是年以后至北宋末袁州实领四县。

1. 宜春县(975—1126)
2. 萍乡县(975—1126)
3. 分宜县(984—1126)
4. 万载县(975—1120 万载县,1121—1126 建城县)

按:《宋史》卷88《地理志四》袁州万载县条言,"宣和三年,改名建城。绍兴元年,复今名"。

(五) 抚州(975—1126)——治临川(今江西抚州市临川区)

据《太平寰宇记》卷110,抚州原领县五,今县四、场一:临川、崇仁、南丰、宜黄县、金溪场(新置)。一县割出:南城(为建昌军)。新旧《唐书·地理志》载抚州领四县:临川、崇仁、南丰、南城。据《太平寰宇记》卷110建昌军条载,"建昌军,本抚州南城县。开宝二年,伪唐置建武军。皇朝太平兴国四年,改为建昌军"。又,《太平寰宇记》抚州条言,"宜黄县,本临川县地。乾德六年(968),李煜割崇仁之仙桂、崇贤、待贤三乡复立宜黄县"。则开宝八年平江南时抚州实领临川、崇仁、南丰、南城、宜黄四县。

《元丰九域志》卷6抚州条言,"淳化二年,以南丰县隶建昌军。五年①,以

---

① 按:"淳化五年",《宋史》卷88《地理志四》、《宋朝事实》卷18、《舆地广记》卷25、《文献通考》卷318作"开宝五年",《舆地纪胜》卷29引《国朝会要》同《元丰九域志》。

金溪场升为县",则淳化五年后抚州实领金溪等四县。《宋史》卷88《地理志四》所载领县同,则北宋时抚州领四县。

1. 临川县(975—1126) 3. 宜黄县(975—1126)
2. 崇仁县(975—1126) 4. 金溪县(994—1126)

（六）筠州(975—1126)——治高安(今江西高安市)

据《太平寰宇记》卷106,筠州原领县五,今四：高安、清江、上高、新昌。一县割出：万载（入袁州）。

上引又言,"伪唐保大十年,再置筠州,（领）高安、上高、万载、清江等四县"。又,新昌县条言,"本高安县管古宜丰县地盐步镇,皇朝太平兴国六（三）年,于此置新昌县"。又,《元丰九域志》卷6袁州条言,"开宝八年,以筠州万载县隶州"。则开宝八年平江南前筠州领高安、上高、清江、万载四县,开宝八年平江南后为三县。

《元丰九域志》卷6筠州条言,"太平兴国三年①,以高安县盐步镇置新昌县。淳化三年,以清江县隶临江军"。则淳化三年后筠州实领新昌等三县。《宋史》卷88《地理志四》所载领县同,则北宋时筠州实领三县。

1. 高安县(975—1126) 3. 新昌县(978—1126)
2. 上高县(975—1126)

（七）永兴军,兴国军(977 永兴军,978—1126 兴国军)——治永兴（今湖北阳新县）

《元丰九域志》卷6兴国军条言,"太平兴国二年,析鄂州永兴县置永兴军,三年改兴国。治永兴县",又"以鄂州通山②、大冶二县隶军"。《太平寰宇记》卷113同。《宋史》卷88《地理志四》领县同,则北宋时兴国军实领永兴、大冶、通山三县。

1. 永兴县(975—1126) 2. 大冶县(975—1126)

---

① 按："太平兴国三年",《宋朝事实》卷18、《舆地广记》卷25同《元丰九域志》。《太平寰宇记》卷106、《宋史》卷88、《文献通考》卷318同条作"六年"。《舆地纪胜》卷27瑞州新昌县条下引《国朝会要》则作"七年"。今姑从《元丰九域志》。盐步镇,《舆地纪胜》同《元丰九域志》、《太平寰宇记》、《舆地广记》,《宋朝事实》作监步镇。
② 按：通山县,《太平寰宇记》卷113兴国军条言,"本永兴县新丰之一乡也。淮南伪吴武义年中,隶中山镇征赋。周显德六年(959),唐国建为通山县"。然《宋史》卷88地理志四》兴国军条言,"通山县,太平兴国二年,升羊山镇为县"。《宋会要·方域》6之27同,不知孰是,今姑从《太平寰宇记》。

3. 通山县(975—1126)

(八)南安军(990—1126)——治大庾(今江西大余县)

《元丰九域志》卷6南安军条言,"淳化元年,以虔州大庾县置军,治大庾县",又"以虔州南康、上犹二县隶军"。则淳化元年后南安军实领大庾、南康、上犹三县。

《宋史》卷88《地理志四》南安军条引《崇宁地理》言,"不载南康县,不知并于何时",则元祐、崇宁间,南康县一度废罢。要之,北宋末,南安军仍领三县。

1. 大庾县(975—1126)

按:《清一统志》卷332南安府大庾故城条言,宋淳化二年,置南安军,始移筑今治。

2. 南康县(975—1126)　　　3. 上犹县(975—1126)

(九)临江军(992—1126)——治清江(今江西樟树市临江镇)

《元丰九域志》卷6临江军条言,"淳化三年,析筠州清江县置军,治清江县",又,"以吉州新淦、袁州新喻二县隶军"。《宋史》卷88《地理志四》同,则北宋时临江军领清江、新淦、新喻三县。

1. 清江县(975—1126)　　　3. 新喻县(975—1126)
2. 新淦县(975—1126)

(十)建武军,建昌军(975—978建武军,979—1126建昌军)——治南城(今江西南城县)

《太平寰宇记》卷110建昌军条载,"建昌军,本抚州南城县。开宝二年,伪唐置建武军。皇朝太平兴国四年,改为建昌军"。《元丰九域志》卷6建昌军条言,"淳化二年,以抚州南丰县隶军"。《宋史》卷88《地理志四》所载领县同,则北宋时建昌军领南城、南丰二县。

1. 南城县(975—1126)　　　2. 南丰县(975—1126)

第十一章　荆湖北路州县沿革

(一) 江陵府(963—1126)——治江陵(今湖北江陵县)

据《太平寰宇记》卷146,荆州原领县八,今九:江陵、枝江、公安、松滋、石首、建宁、潜江、玉沙(以上三县新置)、监利(复州割到)。三县割出:荆门(别为军)、当阳(入荆门)、武安(并入荆门军)。

《新唐书》卷40《地理志四》江陵府条载,荆州唐领江陵、枝江、公安、松滋、石首、荆门、当阳、武安八县,此即上引所谓原领八县。

其中"荆门、当阳、武安"三县,唐末割出。《太平寰宇记》卷146荆门军条言,该军"本汉旧县,隋时废,即荆襄之要津,唐贞元二十一年(805)复置。唐末,荆州高氏割据建为军,领荆州当阳县。皇朝开宝五年(972),割荆州之长林县、襄州之故乐乡县,合为一县,置于郭下。领县二:长林、当阳"。又,《元丰九域志》卷10、《宋史》卷88《地理志四》荆门军条言,"开宝五年,即江陵府荆门镇建军,以长林①、当阳二县隶军"。《长编》卷13开宝五年二月乙亥条略同。据此,唐末、宋初,荆门军尝两置。然两次荆门军均不领荆门县,当是唐末割出建军后废为镇,并入长林。故宋初复置,即以荆门镇为军治。若然荆门县宋初已不复存在,唐之旧县,此时仅存七县。

又检上引监利县条,该条谓,是县"梁开平三年(909),以荆州割据,遂属荆州",则宋初荆州领有此县。

上引建宁县条谓,"建宁县,唐元和十一年(816),以人户输纳不便,于是置征科巡院。皇朝乾德三年(965),因之升为建宁县"。又,潜江县条谓,"潜江县,唐大中十一年(857),以人户输纳不便,置征科巡院于白洑。皇朝乾德三年,因之升为潜江县"。玉沙县条谓,"朱梁开平四年(910),分汉江南为白沙征科巡院,皇朝乾德三年,因之升为玉沙县"。三县均于乾德三年由巡院升为县,故乾德元年荆州无此三县。

要之,乾德元年,江陵府共领江陵、枝江、公安、松滋、石首、监利、长林、当

---

① 按:将《新唐书》卷40《地理志四》江陵府条、《太平寰宇记》卷146荆州、荆门军条对此,长林县应是武安县,或建荆门军后改长林。

阳八县,而乾德三年后领建宁、潜江、玉沙等十一县。开宝五年,复建荆门军,割长林、当阳两县,则领所余九县。

《元丰九域志》卷6江陵府条言,"乾德三年,又升万庾巡为县,寻省。至道三年(997),以玉沙县隶复州",则至道末江陵府实领八县。又言,"熙宁六年(1073),省枝江县为镇入松滋,建宁县为镇入石首;废复州,以玉沙县为镇入监利;废荆门军,以长林、当阳二县隶府",则熙宁六年后江陵府实领长林、当阳等八县。又,《元丰九域志》卷10复州条言,"宝元二年(1039),省沔阳县入玉沙县",则熙宁时玉沙县实有玉沙、沔阳两县之地。

《宋史》卷88《地理志四》江陵府条言,枝江、建宁二县,"元祐元年(1086)复"。然《舆地纪胜》卷64江陵府条引《图经》言,建宁县,"崇宁五年(1106),复省其地入石首、监利、华容三县",则崇宁后江陵府无建宁县。然《宋史》卷88《地理志四》江陵府建宁县条言"南渡后省",或北宋末又复。又,同卷荆门军条言,"元祐三年,复为军。县二:长林、当阳",则崇宁以后至于北宋末江陵府实领枝江、建宁等八县。又,监利县玉沙镇,据该书复州条言,"元祐元年复"为县隶复州。

1. 江陵县(963—1126)
2. 公安县(963—1126)
3. 松滋县(963—1126)
4. 石首县(963—1126)
5. 监利县(963—1126)
6. 潜江县(965—1126)
7. 枝江县(963—1072,1086—1126)
8. 建宁县(965—1072,1086—1105,?—1126)
9. 万庾县(965)

(二)鄂州(975—1126)——治江夏(今湖北武汉市武昌区)

据《太平寰宇记》卷112,鄂州原领县九,今六:江夏、武昌、蒲圻、嘉鱼、崇阳、永安。三县割出:永兴(置兴国军)、通山(入兴国军)、大冶(同上)。

新旧《唐书·地理志》载鄂州领县七:江夏、永兴、武昌、蒲圻、唐年、汉阳、汉川。周世宗取南唐江北十四州、六十县,得汉阳建汉阳军,以汉川入安州,各见汉阳军条、安州条论证。则宋初鄂州领唐旧县凡五。

据《太平寰宇记》卷112鄂州崇阳县条载,唐天宝二年(743),"置唐年县。伪吴顺义七年改崇阳,伪唐改为唐年,皇朝又改为崇阳"。又据《舆地广记》卷27,宋改唐年为崇阳在开宝八年。

又,嘉鱼、永安、通山三县五代时置。《太平寰宇记》卷112鄂州条言,"嘉鱼县,本蒲圻县,隋之鲇渎镇,伪吴升为嘉鱼县。永安县,伪唐保大十二年(743)升为县"。该书卷113兴国军条言,"通山县,本永兴县新丰之一乡也,周显德六年(959),唐国建为通山县。大冶县,本鄂州武昌县地。天祐二年(905),伪吴析置大冶青山场院主盐铁。乾德五年,唐国升为大冶县"。则开宝八年平江南时鄂州领江夏、永兴、武昌、蒲圻、唐年、嘉鱼、永安、通山、大冶九县。

《元丰九域志》卷6鄂州条言,"太平兴国二年(977),以永兴、通山、大冶三县隶兴国军",则是年以后鄂州实领六县。又言,"景德四年(1007),改永安县为咸宁"。《舆地纪胜》卷66鄂州条言,"避永安陵名故改"。

《元丰九域志》卷6鄂州条又言,"熙宁四年,废汉阳军为县、汉川县为镇,并隶州。五年,升崇阳县通城镇为县。六年,废复州,析地益嘉鱼"。又,《宋史》卷88《地理志四》鄂州条言,宝泉监,"熙宁七年置,铸铜钱"。则熙宁七年后鄂州实领汉阳、通城等八县,宝泉一监。

《宋史》卷88《地理志四》汉阳军条言,"元祐元年,复置。县二:汉阳、汉川",则是年以后鄂州实领七县、一监。

1. 江夏县(975—1126)
2. 武昌县(975—1126)
3. 蒲圻县(975—1126)
4. 嘉鱼县(975—1126)
5. 崇阳县(975—1126)
6. 永安县(975—1006 永安县,1007—1126 咸宁县)
7. 通城县(1072—1126)
8. 宝泉监(1074—1126)

(三) 安州,德安府(960—1118 安州,1119—1126 德安府)——治安陆(今湖北安陆市)

据《太平寰宇记》卷132,安州原领县七,今六:安陆、孝感、云梦、应城、应山、汉川(鄂州割到)。一县废:吉阳。

安州原领七县,除汉川外,均为唐旧县,见《新唐书》卷41《地理志五》。孝感,唐作孝昌,后唐避讳改。又,《太平寰宇记》安州条谓,"汉川县,唐属鄂州。周显德五年,平淮南。画江为界。江南以汉阳、汉川二县在大江之北,故先进纳。世宗因以汉川隶安州"。又,孝感县条谓,"废吉阳县,皇朝开宝二年,并入孝感县"。则宋初安州实领安陆、孝感、云梦、应城、应山、汉川、吉阳七县,开宝二年后仅领六县。

《元丰九域志》卷6安州条、《舆地纪胜》卷79汉阳军汉川县下引《皇朝郡县志》言,"皇朝改汉川为义川县,太平兴国二年,避太宗讳,改曰汉川县,隶汉阳军",则是年安州实领五县。

《元丰九域志》卷6安州条又言,"熙宁二年,省云梦县为镇入安陆。六年,废复州,以景陵县隶州",则熙宁六年后安州实领景陵等五县。

《宋史》卷88《地理志四》德安府条言,云梦县,"元祐元年复"。复州条言,景陵县,"熙宁六年,废州,以景陵县属安州。元祐元年复",则元祐元年后德安府复领云梦等五县。

《宋史》卷88《地理志四》德安府条又言,"宣和元年(1119),升为府"。

1. 安陆县(960—1126)
2. 孝感县(960—1126)
3. 云梦县(960—1068,1086—1126)
4. 应城县(960—1126)
5. 应山县(960—1126)

按:《宋会要·方域》6之33言,"应城县,淳化元年(990),徙旧县置治所"。

6. 吉阳县(960—968)

(四)复州(960—1072,1086—1126)——治景陵(今湖北天门市)

据《太平寰宇记》卷144,复州原领县三,今二:景陵、沔阳。一县割出:监利(入荆州)。

据《新唐书》卷40《地理志四》,复州,唐代领竟陵、沔阳、监利三县。《太平寰宇记》卷146荆州条言,"监利县,梁开平三年,以荆州割据遂属荆州"。又,《元丰九域志》卷10复州条载,建隆三年(962),改竟陵县为景陵,则宋初景陵县当是竟陵,后以讳改。则宋初复州实领竟陵、沔阳二县,建隆三年后领景陵、沔阳二县。

《元丰九域志》卷10复州条言,"至道三年,以江陵府玉沙县隶州。宝元二年(1039),省沔阳县入玉沙。熙宁六年废州,以景陵县隶安州,省玉沙县为镇入江陵府监利县",则至道、宝元间复州领玉沙等三县,熙宁六年后复州废。

《宋史》卷88《地理志四》言,复州,元祐元年复,景陵、玉沙二县复来隶,则北宋后期复州仍领二县如故。

1. 竟陵县(960—961 竟陵县,962—1126 景陵县)
2. 沔阳县(960—1038)
3. 玉沙县(965—1072,1086—1126)

按:《太平寰宇记》卷146荆州玉沙县条谓,"朱梁开平四年,分汉江南为白沙征科巡院,皇朝乾德三年,因之升为玉沙县"。

(五)朗州,鼎州(963—1011 朗州,1012—1126 鼎州)——治武陵(今湖南常德市)

据《太平寰宇记》卷118,朗州原领县二,今三:武陵、龙阳、桃源(新置)。

检上引桃源县条,该县,"本武陵县地。皇朝乾德二年,以朗州所管武陵、龙阳二县,敷余一场人户不等,仍析武陵上下二乡四千余户于延泉村,别置一县,以桃源为名"。据此,乾德元年时,朗州尚无桃源县。

检《新唐书》卷40《地理志四》朗州条,该州唐时辖两县与《太平寰宇记》所载同。然据《舆地广记》卷28岳州沅江县条言,该县,唐"乾宁中,改曰桥江。五代时属朗州。皇朝乾德元年,复曰沅江,来属",则桥江五代时已改属朗州。又据该书岳州条论证,乾德元年与桥江一道改隶岳州的还有湘阴,亦唐时旧县。二县唐时属岳州,《太平寰宇记》或以二县复归岳州之故,而从省略。故究其实,朗州收复前实领武陵、龙阳、桥江、湘阴四县,乾德元年后领二县,二年领桃源等三县。

《元丰九域志》卷6鼎州条言,唐朗州,"大中祥符五年(1012),改鼎州"。

《舆地纪胜》卷68常德府条引言,沅江,"元符二年(1099),拨隶鼎州"。然《宋史》卷88《地理志四》常德府条言,"南渡后,增县一:沅江",则北宋末沅江似又还隶岳州。

1. 武陵县(963—1126)
2. 龙阳县(963—1108? 龙阳县,1109—1126 辰阳县)

按:《宋史》卷88《地理志四》又言,龙阳县,"大观中,改辰阳。绍兴元年(1131)复旧"。

3. 桃源县(964—1126)

(六) 澧州(963—1126)——治澧阳(今湖南澧县)

据《太平寰宇记》卷118,澧州原领县四:澧阳、安乡、石门、慈利。新旧《唐书·地理志》、《元丰九域志》、《宋史》卷88《地理志四》同。则北宋澧州循唐之旧,仍辖澧阳、安乡、石门、慈利四县。

1. 澧阳县(963—1126)   3. 石门县(963—1126)
2. 安乡县(963—1126)   4. 慈利县(963—1126)

(七) 峡州(963—1126)——治夷陵(今湖北宜昌市)

据《太平寰宇记》卷147,峡州原领县五,今四:夷陵、宜都、长阳、远安。一县旧废:巴山。

《新唐书》卷40《地理志四》峡州长阳县条言,"天宝八载,省巴山入长阳",与旧废之说合。然《元丰九域志》卷6峡州条又言,"开宝八年,省巴山县为寨隶夷陵"。则在两次省废之间,巴山县必定又曾复置,然不得其时,或在乾德元年与开宝八年间。乾德元年峡州姑以四县计。开宝八年后,峡州复领夷陵、宜都、长阳、远安四县。《宋史》卷88《地理志四》所载峡州领县数同,则北宋时峡州领四县不变。

又,《元一统志》卷3峡州路条言,开宝三年,"以归、峡二州直隶京师。咸平四年(1001),隶荆湖北路"。

1. 夷陵县(963—1126)　　　　3. 长阳县(963—1126)
2. 宜都县(963—1126)　　　　4. 远安县(963—1126)

（八）岳州(963—1126)——治巴陵(今湖南岳阳市)

据《太平寰宇记》卷113,岳州原领场县六,今县四、场一：巴陵、华容、平江、桥江(旧名沅江)县,王朝场。一县割出：湘阴(入潭州)。

岳州五县均唐时旧县,平江县,唐名昌江,后唐讳改。《元丰九域志》卷6鼎州条言,"乾德元年,改桥江县为沅江,以湘阴、沅江二县隶岳州",则二县乾德元年前属鼎州,亦即朗州。"桥江,旧名沅江",据《舆地广记》卷28岳州沅江县条言,隋开皇"十八年(598),改曰沅江,唐因之。乾宁中,改曰桥江"。则"旧"应指隋开皇十八年至唐乾宁间。宋乾德元年后复旧,又名沅江。故宋初岳州实领巴陵、华容、平江三县,乾德元年后领桥江、湘阴等五县。

《元丰九域志》卷6岳州条言,"淳化四年,以湘阴县隶潭州。五年,升王朝场为县。至道二年,改王朝县为临湘",则至道二年后岳州实领临湘等五县。

《舆地纪胜》卷68常德府条引《旧经》言,沅江,"元符二年,拨隶鼎州"。然《宋史》卷88《地理志四》常德府条言,"南渡后,增县一：沅江",则北宋末沅江似又还隶岳州。要之,北宋末岳州领仍五县。

1. 巴陵县(963—1126)　　　　4. 沅江县(963—1126)
2. 华容县(963—1126)　　　　5. 王朝县（994—995 王朝县,
3. 平江县(963—1126)　　　　　　996—1126 临湘县）

（九）归州(963—1126)——治秭归(今湖北秭归县)

据《太平寰宇记》卷148,归州领县三：秭归、巴东、兴山。新旧《唐书·地理志》归州条同。则北宋时归州循唐之旧制仍领秭归、巴东、兴山三县。

《宋史》卷88《地理志四》归州秭归条言,"熙宁五年,省兴山县为镇入焉。元祐元年复",则元祐元年后归州仍领三县。

1. 秭归县(963—1126)　　　　3. 兴山县（963—1071,1086—
2. 巴东县(963—1126)　　　　　　1126)

按：《宋史》卷88《地理志四》言,兴山县治,"开宝元年,移治昭君院。端拱二年(989),又徙香溪北"。

(十) 辰州(963—1126)——治沅陵(今湖南沅陵县)

《太平寰宇记》卷119辰州条今亡佚。据新旧《唐书·地理志》、《元和郡县图志》,辰州领沅陵、卢溪、叙浦、麻阳、辰溪五县。检《元丰九域志》卷6辰州条,辰州领沅陵、叙浦、辰溪、卢溪四县。然该条又言,"太平兴国七年,析麻阳县地置招谕县。熙宁七年,以麻阳、招谕二县隶沅州",则直至熙宁七年前,辰州仍领麻阳县。要之,宋初辰州仍领沅陵、卢溪、叙浦、麻阳、辰溪五县,太平兴国七年后领招谕等六县,熙宁七年后仅领四县。

《元丰九域志》卷6辰州条又言,"熙宁八年置"会溪城,"嘉祐三年(1058)置池蓬,熙宁三年置镇溪,八年置黔安"寨,则熙宁八年后辰州又领会溪一城、池蓬、镇溪、黔安三寨。

1. 沅陵县(963—1126) 3. 叙浦县(963—1126)
2. 卢溪县(963—1126) 4. 辰溪县(963—1126)

(十一) 沅州(1074—1126)——治卢阳(今湖南芷江侗族自治县)

《元丰九域志》卷6沅州条言,"熙宁七年,收复溪洞黔、衡、古、显、叙、峡、中胜、富、赢、绣、允、云、洽、俄、奖、晃、波、宜十七州,即唐叙、锦、奖州地置州。治卢阳"。又言,"熙宁七年,以唐叙州潭阳县地置卢阳县,以辰州麻阳、招谕二县隶州。八年,废锦州寨及招谕县入麻阳。元丰三年(1080),以黔江城为黔阳县"。又言,"熙宁五年,收复,以峡、中胜、云、鹤、绣五州即唐叙州龙标县之东境置安江寨,富、锦、圆三州即唐叙州龙标县地置镇江寨。七年,以辰州铜安、龙门二寨隶州,寻废为铺。元丰三年,置托口、贯保寨,废镇江寨为铺。六年,以贯保寨隶诚州"。又,《宋史》卷88《地理志四》沅州条言,托口寨,"元丰八年罢"。则熙丰后沅州实领卢阳、麻阳、黔阳三县,安江一寨。

《宋史》卷88《地理志四》沅州条又言,竹滩、洪江二寨,"并元祐五年置,隶黔阳县";若溪寨,"崇宁三年置";便溪寨,"崇宁三年,以奖州改";渠阳寨,"元祐三年,以渠阳军改,来隶"。然渠阳寨据《宋史》卷88《地理志四》靖州条,元祐五年,已废为羁縻诚州。详见靖州条论证。

1. 卢阳县(1074—1126) 2. 麻阳县(963—1126)

按:《清一统志》卷369沅州府麻阳故城条言,"唐置县,宋移治于锦州界,在今麻阳县东"。

3. 黔阳县(1080—1126)

（十二）诚州，渠阳军，靖州（1082—1086 诚州，渠阳军 1087，1103—1126 靖州）——治永平县（今湖南靖州苗族侗族自治县）

《元丰九域志》卷6诚州条言，"唐溪洞诚州。皇朝熙宁九年收复，元丰四年仍旧置。治渠阳县"。又据《长编》元丰五年正月戊申条及同年四月庚辰条，时以贯保寨（在今湖南靖州苗族侗族自治县北）为治所，置贯保县，隶诚州。后贯保改名渠阳。六年七月丙午，以"渠阳县治所基址卑下，近复遭水患"，始"移县治于诚州，倚郭建置"，而贯保却于别寨择地建立。因此，元丰五年后诚州实领渠阳一县。

《宋史》卷88《地理志四》靖州条言，"元祐二年，废为渠阳军。三年，废军为寨，属沅州。元祐五年，复以渠阳寨为诚州。崇宁二年，改为靖州"。据《长编》卷453元祐五年十二月十六日丙午条所言，是时之诚州为"溪洞之诚州"。上引《宋史》卷88该条当于"诚州"之前补"溪洞"或"羁縻"二字，则意方足。又据《舆地广记》卷28、《宋朝事实》卷19靖州条言，"绍圣中复置诚州"，则此诚州当为省地正州，为新党所复之元丰旧制，当补出。又，元祐三年，渠阳军废为寨隶沅州后，渠阳县当并废。

又，《浮溪集》卷19《靖州营造记》言，"建中靖国二年（即崇宁元年年），又移（渠阳）军于渠阳江之西，赐名靖州"，则是时靖州治所有所变动。

《宋史》卷88靖州条又言，永平县，"本渠阳县，崇宁二年改名"；会同县，"本三江县，崇宁二年改名"；通道县，"本罗蒙县，崇宁二年改"。三江、罗蒙二县未言何时置，当是崇宁二年设置靖州时析置，并旋改名。则是年以后靖州实领永平、会同、通道三县。

该条又言，"元丰六年，置收溪，复以沅州贯保来隶。七年，置罗蒙。元祐三年，废收溪、罗蒙。崇宁二年，又置若水、丰山二寨"；"元丰四年置石家、浐村，六年置多星，七年置大由、天村。元祐三年，废多星、大由、天村等堡，崇宁三年复置"。

1. 贯保县（1082 贯保县，1083？—1087 渠阳县，1103—1126 永平县）
2. 三江县（1103 三江县，1103—1126 会同县）
3. 罗蒙县（1103 罗蒙县，1103—1126 通道县）

（十三）荆门军（963后，972—1072，1088—1126）——治长林（今湖北荆门市）

宋平荆南前，荆门军领当阳一县，治荆门镇。开宝五年，复置荆门军，领长林、当阳二县。论证详见江陵府条。要之，荆门军地当冲要，为荆楚之门户、襄汉之藩垣，故荆州高氏、宋代均于此设军。高氏所设，或废于宋平荆南之前。

《宋史》卷88《地理志四》荆门军条言,"熙宁六年,废军,县复隶江陵府。元祐三年,复为军",领"县二:长林、当阳"。《宋会要·方域》6之37同。则元祐三年后荆门军仍领二县如故。

    1. 长林县(963—1126)   2. 当阳县(963—1126)

(十四)汉阳军(960—1170,1086—1126)——治汉阳(今湖北武汉市汉阳区)

据《太平寰宇记》卷131,汉阳军领县二:汉阳、汉川。《元丰九域志》卷10汉阳军条谓,"周以鄂州汉阳地建军,领县一。皇朝太平兴国二年,以安州汉川县隶军。领县二"。因此,汉阳军宋初实领汉阳一县。太平兴国二年后始领汉阳、汉川二县。

又,《太平寰宇记》汉阳军条谓,周"仍析汉阳地置汉川县以属焉",似误。《舆地广记》卷28汉阳军所记较详明。该条言,"唐武德四年(621),析汉阳置汉川县,属沔州,州废属鄂州。周属安州。皇朝太平兴国二年改曰汉川,属汉阳军"。《舆地纪胜》卷79汉阳军条记宋初事颇详,该条引《皇朝郡县志》谓,"皇朝改汉川为义川县。太平兴国二年,避太宗讳改曰汉川县,属汉阳军"。《太平寰宇记》恐与唐事混为一谈。新旧《唐书·地理志》亦载武德四年析汉阳置汉川县之事。

《宋史》卷88《地理志四》汉阳军条言,汉阳军,"熙宁四年,废为县,以汉川县为镇,属鄂州。元祐元年,复置",领"县二:汉阳、汉川",则元祐元年后汉阳军复领二县。

    1. 汉阳县(960—1126)

    2. 汉川县(960—? 汉川县,?—976 义川县,977—1070,1086—1126 汉川县)

第十二章　荆湖南路州县沿革

(一) 潭州(963—1126)——治长沙、善化(今湖南长沙市)

据《太平寰宇记》卷114,潭州原领县六,今十:长沙、湘潭、益阳、湘乡、醴陵、浏阳、攸县(衡州割到)、衡山(衡州割到)、湘阴(岳州割到)、宁乡(新置)。

《文献通考》卷319潭州条言,"梁以衡州攸县来属",则宋初攸县已为潭州属邑。又,《元丰九域志》卷6潭州条言,乾德三年(965),"升常丰场为县。开宝中,省入长沙县。太平兴国二年(977)①,析长沙县地置宁乡县。淳化四年(993),以衡州衡山县、岳州湘阴县隶州"。则乾德元年潭州尚无此三县,仅领长沙、湘潭、益阳、湘乡、醴陵、浏阳、攸县七县,而淳化四年后领宁乡、衡山、湘阴等十县。

《舆地广记》卷26潭州条言,"安化县,本益阳县地,皇朝熙宁六年(1073)置"。又,《宋史》卷88《地理志四》潭州条言,"安化,望,熙宁六年置。改七星寨为镇入焉,废首溪寨。元符元年(1098),以长沙县五乡、湘潭县两乡为善化县"。又,《方舆胜览》卷23潭州条言,"治长沙、善化"。则元符元年后潭州实领善化等十二县。

1. 长沙县(963—1126)
2. 善化县(1098—1126)
3. 湘潭县(963—1126)
4. 益阳县(963—1126)
5. 湘乡县(963—1126)
6. 醴陵县(963—1126)
7. 浏阳县(963—1126)
8. 攸　县(963—1126)
9. 常丰县(965—971?)
10. 宁乡县(977—1126)
11. 衡山县(963—1126)
12. 湘阴县(963—1126)
13. 安化县(1073—1126)

(二) 衡州(963—1126)——治衡阳(今湖南衡阳市)

据《太平寰宇记》卷115,衡州原领县六,今五:衡阳、茶陵、耒阳、常宁、安

---

① 按:宁乡县,《宋朝事实》卷19言建于太平兴国七年,稍异。又据《新五代史》卷60《职方考》载,"潭州龙喜,汉乾祐三年(950),马希范置"。《太平寰宇记》、《元丰九域志》均不载,不知废于何时。当是《职方考》所谓"尝置而复废,尝改割而复旧者,皆不足书"之属。

仁(潭州割到)。二县割出：衡山、攸县(以上二县入潭州)。

据《新唐书》卷41《地理志五》，衡州原领六县均为唐之旧县。又《太平寰宇记》卷115衡州安仁县条言，"安仁县，本安仁镇。后唐清泰二年(935)，徙(析)潭州衡山县，割宜阳、熊耳两乡为场，在熊耳乡。周显德元年(954)，贼乱烧掠，移向北五十里宜阳乡置。皇朝乾德二年①，升为县"。据此，乾德元年衡州尚无安仁县。又，攸县、衡山分别于后梁及淳化四年割隶潭州，详见潭州条论证。故乾德元年衡州实领衡阳、茶陵、耒阳、常宁、衡山五县，而淳化四年后衡州领安仁等五县。

1. 衡阳县(963—1126)
2. 茶陵县(963—1126)
3. 耒阳县(963—1126)
4. 常宁县(963—1126)
5. 安仁县(964—1126)

按：《清一统志》卷362衡州府安仁场条言：淳化中，徙治永安镇之香草坪，今为宜阳乡。

(三) 道州(963—1126)——治营道(今湖南道县)

据《太平寰宇记》卷116，道州原领县五，今四：营道、宁远、永明、江华。一县废：大历(并入宁远)。

道州五县，并唐之旧县。《元丰九域志》卷6道州条言，"建隆三年(962)，改宏道县为营道。乾德三年，改延喜县为宁远，仍省大历县入焉"，则乾德元年宏道县已改为营道县，而大历县仍存。延喜，据《太平寰宇记》道州宁远县条，当为延唐。该条言，唐唐兴县，"天宝元年(742)，又改为延唐县。梁改为延昌县，后唐同光初复旧。晋天福初，改为延喜县，后复旧。皇朝乾德二年，荆湖转运使张永锡奏以户口少，其大历县春陵场割入延唐县，其延唐县奉敕改为宁远县"。因此，乾德元年，道州实领营道、延唐、永明、江华、大历五县，而乾德三年后领营道、宁远等四县。

《宋史》卷88《地理志四》道州营道条言，"熙宁五年，省永明县为镇入焉。元祐元年(1086)复"，则元祐元年后道州复领永明等四县。

1. 营道县(963—1126)
2. 延唐县(963 延唐县，964—1126 宁远县)
3. 永明县(963—1071,1086—1126)
4. 江华县(963—1126)
5. 大历县(963—964)

---

① 按：《宋史》卷88《地理志四》同条同，言在二年。《元丰九域志》卷6、《舆地广记》卷26、《舆地纪胜》卷55、《文献通考》卷319同条作"三年"。

(四)永州(963—1126)——治零陵(今湖南永州市)

据《太平寰宇记》卷116,永州原领县五,今三:零陵、祁阳、东安。二县割出:湘源、灌阳(二县为全州)。

《太平寰宇记》同卷全州条言,"晋天福四年(939),于永州清湘县置全州,仍割清湘、灌阳二县以属焉,从潭州节度使马希范之请也",则宋初永州已不领上述二县。清湘即湘源,据全州清湘县条载,"后唐时,节度使马殷改为清湘县"。

然《五代会要》卷20《州县分道改置》全州条言,"晋天福四年四月,湖南马希范奏,以湘川县置州,仍置清湘县,并割灌阳县隶之"。《旧五代史》卷78《晋高祖纪四》天福四年四月戊子条略同。则全州以三县组成。然新旧《唐书·地理志》、《元和郡县图志》所载永州及他州并无湘川县。检《舆地广记》卷26全州清湘县条,清湘县,本"汉零陵、洮阳二县地,并属零陵郡。东汉、晋、宋、齐、梁、陈皆因之。隋省而置湘源县,属永州。唐因之,后改为湘川。楚又改为清湘而置永州"。据此,则湘川本湘源县,与诸志记载相吻合。《五代会要》、《旧五代史》并误。

检新旧《唐书·地理志》、《元和郡县图志》,唐时永州辖四县,无东安。东安县,据《元丰九域志》卷6永州条言,"雍熙元年(984)①,以零陵县东安场置县",则乾德元年尚无东安县。故时永州仅领零陵、祁阳二县,雍熙元年后始领东安等三县。《宋史》卷88《地理志四》同,则北宋时永州领三县不变。

1. 零陵县(963—1126)
2. 祁阳县(963—1126)
3. 东安县(984—1126)

(五)郴州(964—1126)——治郴县(今湖南郴州市)

据《太平寰宇记》卷117,郴州原领县八:郴县、临武、蓝山、高亭、资兴、平阳、义昌、义章。

《文献通考》卷319郴州条言,晋"废临武、高亭二县,以其地入桂阳监,又废资兴县",则晋以后郴州所领无此三县。

又,义昌县,据《宋史》卷88《地理志四》郴州桂阳县条言,本"唐义昌县,后唐改郴义,太平兴国初又改",则义昌乾德二年应为郴义县。

据《元丰九域志》卷6,郴州领郴县等四县。该书又言"太平兴国元年,改

---

① 按:"雍熙元年",《舆地广记》卷26、《舆地纪胜》卷56引《国朝会要》、《宋朝事实》卷19、《宋史》卷88同《元丰九域志》,《太平寰宇记》永州条系于太平兴国七年,有异同。

郴义县为桂阳,义章县为宜章。景德元年(1004)①,以蓝山县隶桂阳监。熙宁六年,改高亭县为永兴"。则乾德二年郴州实领郴、蓝山、高亭、郴义、义章五县,景德元年后迄北宋末领四县。

1. 郴　县(964—1126)
2. 高亭县(964—1072 高亭县,1073—1126 永兴县)
3. 郴义县(964—975 郴义县,976—1126 桂阳县)
4. 义章县(964—975 义章县,976—1126 宜章县)

(六)邵州(963—1126)——治邵阳(今湖南邵阳市)

据《太平寰宇记》卷115,邵州原领县二:邵阳、武冈。

新旧《唐书·地理志》、《元和郡县图志》同,《元丰九域志》同条所载熙、丰前亦同。乾德元年邵州实领邵阳、武冈二县。

《元丰九域志》卷6邵州条言,"熙宁五年,收复梅山,以其地置新化县。元丰四年(1081),以溪洞徽州为莳竹县,隶州",则元丰八年时邵州实领新化、莳竹等四县。

《宋朝事实》卷19武冈军条言,"崇宁五年(1106),升武冈县为军,以莳竹县分为绥宁、临冈二县隶焉"。《文献通考》卷319同。则崇宁以后邵州实领邵阳、新化二县。

1. 邵阳县(963—1126)　　　3. 莳竹县(1081—1105)
2. 新化县(1072—1126)

按:《清一统志》卷361宝庆府新化故城条言:在新化县北八十里石马乡,地名白溪白石坪。又,《舆地纪胜》卷59宝庆府条引《国朝会要》言,"绍圣二年(1095),县迁于白沙,人以为便"。

(七)全州(963—1126)——治清湘(今广西全州县)

《太平寰宇记》卷116全州条言,"晋天福四年,于永州清湘县置全州,仍割清湘、灌阳二县以属焉,从潭州节度使马希范之请也"。全州领县,《元丰九域志》、《宋史》卷88《地理志四》所载同,则北宋时全州领清湘、灌阳二县。又,永州条可参考。

1. 清湘县(963—1126)　　　2. 灌阳县(963—1126)

---

① 按:《宋会要·方域》6之30、《文献通考》卷319桂阳军条同,亦系于元年。《文献通考》卷319郴州条系于二年,《宋史》卷88《地理志四》桂阳军条系于三年,今不取。

（八）桂阳监(963—1126)——治平阳（今湖南桂阳县）

据《太平寰宇记》卷117，"桂阳监，在桂阳洞之南，历代已来，或为监，出银之务也。晋天福四年，割出郴州平阳、临武两县人户属监"。平阳、临武两县虽割隶桂阳监，但《太平寰宇记》桂阳监条下并无所辖县。《宋会要·方域》6之30桂阳军条言，"平阳县，天禧三年(1019)①置。蓝山县，景德元年，自郴州来隶"，可见二县划归桂阳监后，建制已撤销。至真宗时，桂阳监始有属邑，两书记载恰好吻合。故乾德元年桂阳监有两县之地、户，但并无辖县，景德元年后始领平阳、蓝山二县。

桂阳监治所，据《元和郡县图志》言，唐代设在郴县城内，据《元丰九域志》言，宋代置于平阳县。天禧三年前平阳县建制虽不存在，然揆诸情理似应改置于废平阳县治。又，《舆地纪胜》卷61引《国朝会要》言，"天禧三年，于倚郭复置平阳县来属"，则天禧三年后桂阳监治平阳，即今湖南桂阳县。

1. 平阳县(1019—1126)　　　　2. 蓝山县(963—1126)

（九）武冈军(1106—1126)——治武冈（今湖南武冈市）

《宋朝事实》卷19武冈军条言，"崇宁五年，升武冈县为军，以莳竹县分为绥宁、临冈二县隶焉"。《文献通考》卷319同。又，《宋史》卷88《地理志四》武冈军临冈县条言，"本莳竹县。元丰八年，建临口寨，崇宁五年，改寨为县，隶武冈军"，则临冈县治临口寨，可补《宋朝事实》武冈军条之不足。要之，崇宁以后武冈军实领武冈、绥宁、临冈三县。

1. 武冈县(963—1126)　　　　3. 临冈县(1106—1126)
2. 绥宁县(1106—1126)

---

① 按：置平阳县之时间诸书多异。《文献通考》卷319、《宋史》卷88《地理志四》桂阳军条同《宋会要·方域》6之30，《元丰九域志》卷6、《舆地广记》卷26桂阳监条系于元年。今从《宋会要·方域》。

第十三章　福建路州县沿革

（一）福州（978—1126）——治闽县、侯官（今福建福州市）

据《太平寰宇记》卷100，福州原领县十，今十二：闽县、福清、连江、永泰、侯官、长溪、长乐、古田、永贞、闽清、宁德、怀安（自永贞以下四县新置）。二县割出：尤溪（入南剑州）、德化（入泉州）。

原领十县中，闽县、连江、永泰、侯官、长溪、长乐、古田、尤溪八县与《新唐书》卷41《地理志五》所载同。

《太平寰宇记》卷100南剑州条言，尤溪县，唐"属福州。伪唐保大六年（948），割属剑州"。

福清县，《新唐书》卷41《地理志五》作"福唐"。《太平寰宇记》言，福唐县，"朱梁改为永昌县，后唐同光初复旧，晋天福初改为南台县，后复旧，今为福清县"。《淳熙三山志》卷3福清县条云，"唐圣历二年（699）析长乐南八乡置万安县，天宝元年（742）改为福唐，梁开平二年（908）改为永昌，唐同光元年（923）复为福唐，伪闽龙启元年（933）改为福清"。

闽清县，《太平寰宇记》言，"唐贞观元年（627），割侯官县十一里为梅溪场。至梁乾元元年（758）改为县"。《新唐书》卷41《地理志五》作梅溪县，贞元元年（785）析侯官置，有异。然《元和郡县图志》载福州领九县，无梅溪。《新唐书》似有误。

《太平寰宇记》卷102泉州条言，"德化县，元属福州。伪命日置，庚戌年（950）归属当州"。该县五代时闽置，后割属泉州。则福州原领实福唐等九县，《太平寰宇记》所述有误。此九县，除尤溪外，均为宋初福州之属邑。

新置县之时间，《太平寰宇记》言，"永贞县，唐大中元年（847），割连江县一乡置罗源场。至长兴四年（933），改为永贞县。宁德县，唐开成年中，割长溪、古田两县置盛德场，续改为县。怀安县，皇朝太平兴国七年（982）[1]，割闽县敦业等九乡置怀安县"。闽清县，已见上述，后梁时置。又，《宋史》卷89《地理志

---

[1] 按：《元丰九域志》卷9、《宋会要·方域》7之10、《宋朝事实》卷19、《舆地纪胜》卷128、《文献通考》卷318同条系此事于五年，《舆地纪胜》引《图经》系于六年，《舆地广记》卷34同条系于二年。

五》福州条言,"宁德,王审知时置"。则永贞、闽清、宁德三县,五代时已设置。

要之,太平兴国三年时,福州实领闽县、侯官、福唐、连江、永泰、长溪、长乐、古田、永贞、闽清、宁德十一县,太平兴国七年后领怀安等十二县。

《元丰九域志》卷9福州条言,"天禧五年(1021),改永贞县为永昌。乾兴元年(1022),改罗源"。《宋会要·方域》7之11言,"永福县,崇宁元年(1102),以永泰县犯哲宗陵名故改之"。

1. 闽　县(978—1126)　　　　2. 侯官县(978—1126)

按:《淳熙三山志》卷9诸县官厅条言,"侯官自唐贞元徙治郡城。天圣初,大创厅宇,令据西南,主簿居其东。崇宁中,又分取主簿之东以为丞治所。尉厅旧出怡山门西建,寇焚烬,旋为教场,至今寓龙山寺"。则《太平寰宇记》仅言治于闽县非是,福州自唐贞元后即治于闽、侯官二县。

3. 福清县(978—1126)　　　　6. 长溪县(978—1126)
4. 连江县(978—1126)　　　　7. 长乐县(978—1126)
5. 永泰县(978—1101 永泰县,　8. 古田县(978—1126)
　 1102—1126 永福县)

按:《清一统志》卷425福州府古田故城条引宋县令李堪《古田县记》言:"太平兴国五年,转运使杨克让奏迁邑治于水口。端拱元年(988),转运使崔策复还旧治。"又引旧志:"县旧置于双溪之汇、屏山之南,即今治也。其宋初所移,即今水口镇。"

9. 永贞县(978—1020 永贞县,1021 永昌县,1022—1126 罗源县)

按:《清一统志》卷425福州府永贞废条引《罗源县纪略》言:"旧治在今水陆寺西隅界,双溪之间,水潦时至。庆历八年(1048),迁于戴坑,即今治也。"

10. 闽清县(978—1126)　　　12. 怀安县(982—1126)
11. 宁德县(978—1126)

按:《清一统志》卷425福州府怀安废县条言,"县初治芋原江北三十里。咸平二年(999),移置石岊广故驿为县治,东南去州城二十五里"。

(二) 建州(975—1126)——治建安(今福建建瓯市)

据《太平寰宇记》卷101,建州原领县八,今县四、场一:建安、浦城、建阳、松溪(新置)县,崇安场(新置)。三县割出:邵武(建军)、将乐(入剑州)、沙县(入剑州)。

《旧唐书》卷40《地理志三》载建州领六县,即建安、邵武、浦城、建阳、将乐、沙县。《新唐书》卷41《地理志五》、《元和郡县图志》载领五县,少沙县。据

《太平寰宇记》卷 100 南剑州条言,"沙县,旧隶建州。至大历十二年(777),隶汀州。伪唐隶剑州"。则沙县唐时已割出,不为建州属邑,与《新唐书》、《元和郡县图志》合。沙县自建入汀州,该条言"入剑州",乃终言之,不确。

又,据《文献通考》卷 318 建宁府条言,"南唐置归化、建宁二县。宋太平兴国四年,以将乐属南剑州。五年,以邵武、归化、建宁三县属邵武军"。检《太平寰宇记》卷 101 邵武军条,归化县南唐显德五年(958)置,建宁县南唐建隆二年(961)置,则宋初有归化县,应属《太平寰宇记》建州条所谓原领八县之一。

又,松溪县,据《太平寰宇记》建州条载,"本建安县地。旧为闽越之界戍兵所屯,号松溪镇焉,伪唐保大中,得闽地因为县,取旧镇为名"。则开宝八年(975)建州实领建安、浦城、建阳、将乐、邵武、归化、松溪、建宁八县。

《元丰九域志》卷 9 建州条言,"太平兴国四年,以将乐县隶南剑州。五年,以邵武、归化、建宁三县隶邵武军。淳化五年(994),升崇安场为县。咸平三年①,升关隶镇为县。置丰国监,铸铜钱"。则咸平三年后建州实领崇安、关隶等六县及丰国一监。

《元丰九域志》卷 9 建州条又言,"治平三年(1066),析建安、建阳、浦城三县地置瓯宁县。熙宁三年(1070)罢"。《宋史》卷 89《地理志五》建宁府条言,瓯宁县,"元祐元年(1086)复","政和五年(1115),改关隶为政和县",则政和五年时建州实领瓯宁、政和等七县。

1. 建安县(975—1126)
2. 浦城县(975—1126)
3. 建阳县(975—1126)
4. 松溪县(975—1126)
5. 崇安县(994—1126)

按:《宋会要·方域》7 之 11 言,"崇安县,咸平元年,析建杨(阳)县地以益之。松溪县,至道二年(996),析蒲城县地以益之"。

6. 关棣县(1000—1114 关棣县,1115—1126 政和县)

按:《清一统志》卷 431 建宁府条言:关棣废县,在政和县东南七十里,天王寺北,废址犹存。

7. 瓯宁县(1066—1069,1086—1126)
8. 丰国监(1000—1126)

---

① 按:《宋会要·方域》7 之 11、《宋史》卷 89《地理志五》同《元丰九域志》。《文献通考》卷 318、《宋朝事实》卷 19、《舆地广记》卷 34、《舆地纪胜》卷 129 同条引《国朝会要》系于五年。

(三) 泉州(978—1126)——治晋江(今福建泉州市)

据《太平寰宇记》卷102,泉州原领县四,今七:晋江、南安、同安(自同安以下新置)、永春、清溪、德化、惠安。三县割出:莆田、仙游(以上二县入兴化军)、长泰(新置,入漳州)。

《文献通考》卷318泉州条言,唐"领县四:晋江、南安、莆田、仙游。闽王氏置同安、清溪、永春、德化、长泰五县",宋太平兴国"四年,以莆田、仙游二县属兴化军。五年,以长泰属漳州。六年①,析晋安(江)置惠安"。则太平兴国三年时泉州尚无惠安,莆田、仙游、长泰三县亦尚未割出,故是时泉州实领晋江、南安、同安、永春、清溪、德化、莆田、仙游、长泰九县,而太平兴国六年后领惠安等七县。《宋史》卷89《地理志五》所载领县同,则北宋时泉州领七县不变。

1. 晋江县(978—1126)　　　　2. 南安县(978—1126)

按:《清一统志》卷428泉州府南安故城条引府志言:"宋大中祥符间,始建治在莲花峰南,即今南安县治。"

3. 同安县(978—1126)　　　　1119—1126安溪县)

4. 永春县(978—1126)　　　　6. 德化县(978—1126)

5. 清溪县(978—1118清溪县,　　7. 惠安县(981—1126)

按:《明一统志》卷75安溪县条言,清溪县,"宣和初,改为安溪县"。

(四) 剑州(975—978剑州,979—1126南剑州)——治剑浦(今福建南平市)

据《太平寰宇记》卷100,剑州原领县五:剑浦、顺昌、沙县、尤溪、将乐。上引又言,唐"永平镇,伪唐保大四年,立为延平军。因析沙县、建安、顺昌等县所管交溪、上阳、员当、逐咨、芹哨、富沙等六里户口,共成九里,为军额。至保大六年,升为剑州。仍割古田县积善、濑溪二里,共一十一里为剑浦县。又割沙县、顺昌、尤溪等县来属。皇朝太平兴国四年,割将乐县以隶焉。以西有剑州,此故名南剑州"。又,沙县等四县,均唐之旧县。则开宝八年剑州领剑浦、顺昌、沙县、尤溪四县,太平兴国四年后改名南剑州,领将乐等五县。《宋史》卷89《地理志五》所载领县同,则北宋南剑州领五县不变。

1. 剑浦县(975—1126)　　　　4. 尤溪县(975—1126)

2. 顺昌县(975—1126)　　　　5. 将乐县(975—1126)

3. 沙　县(975—1126)

---

① 按:置惠安之时间,《太平寰宇记》卷102,《宋会要·方域》7之11,《宋史》卷89,《元丰九域志》卷9同条同《文献通考》。《宋朝事实》卷19,《舆地广记》卷34,《舆地纪胜》卷130引《图经》言在淳化五年。

（五）漳州(978—1126)——治龙溪(今福建漳州市)

据《太平寰宇记》卷102，漳州原领县三，今四：龙溪、漳浦、龙岩、长泰(泉州割到)。

《新唐书》卷41《地理志五》、《元和郡县图志》载漳州领三县，同。又上引《太平寰宇记》长泰县条言，长泰县"本属泉州，皇朝太平兴国五年，割属漳州"，故太平兴国三年时漳州领龙溪、漳浦、龙岩三县，而太平兴国五年后漳州领长泰等四县。《宋史》卷89《地理志五》同，则北宋时漳州领四县不变。

1. 龙溪县(978—1126)　　　　3. 龙岩县(978—1126)
2. 漳浦县(978—1126)　　　　4. 长泰县(978—1126)

（六）汀州(975—1126)——治长汀(今福建长汀县)

据《太平寰宇记》卷102，汀州原领县三，今二：长汀、宁化。一县割出：沙县(入剑州)。

《新唐书》卷41《地理志五》、《元和郡县图志》载汀州三县。《太平寰宇记》卷100南剑州条言，沙县，"大历十二年(777)，隶汀州。伪唐隶剑州"。则开宝八年汀州实领长汀、宁化二县。

《元丰九域志》卷9汀州条言，"淳化五年，升上杭、武平二场并为县"。又，《宋史》卷89《地理志五》汀州条言，"元符元年(1098)，析长汀、宁化置清流县"。则元符元年后汀州实领上杭、武平、清流等五县。

1. 长汀县(975—1126)

按：《元一统志》卷8长汀县条引《宋沿革志》言，"政和三年，因白鹤仙改卜郡于白石村，而县理亦迁于此村之衣锦乡"。据此，是年汀州亦移治。

2. 宁化县(975—1126)　　　　3. 上杭县(994—1126)

按：《清一统志》卷434汀州府上杭故县条言，"至道二年始迁治鳖沙，在今上杭县东北三十里，又名白沙里，而故县遂废。咸平二年，又迁治语口①，去鳖沙二百步"。《元丰九域志》稍略。然《元一统志》卷8上杭县条稍有异。该条言，"宋淳化三年因民便，始创县于鳖沙之语口市，后迁于平团之钟寮"。《宋史》卷89《地理志五》汀州条言，上杭县，"天圣二年(1024)，徙治钟寮场东"。又，《清一统志》卷434汀州府上杭故县条言，钟寮场，在今上杭县西北。

4. 武平县(994—1126)　　　　5. 清流县(1098—1126)

---

① 按："语口"，《宋会要·方域》7之11作"浯口"。

（七）邵武军(980—1126)——治邵武(今福建邵武市)

按：《元丰九域志》卷9邵武军条言，"太平兴国五年，以建州邵武县①置军，治邵武县"，又"以建州归化、建宁二县隶军。六年，析邵武县西置光泽县"。则太平兴国时邵武军实领邵武、光泽、归化、建宁四县。又，《宋史》卷89《地理志五》邵武军条言，"归化县，元祐元年，改为泰宁"，则北宋时邵武军领四县如故。

1. 邵武县(975—1126)   2. 光泽县(981—1126)
3. 归化县(975—1085 归化县，1086—1126 泰宁县)
4. 建宁县(975—1126)

（八）太平军，兴化军(979 太平军，979—1126 兴化军)——治莆田(今福建莆田市)

《太平寰宇记》卷102兴化军条言，"兴化军，本泉州莆田县地。皇朝太平兴国四年，于泉州游洋镇置兴化县，并割莆田、仙游②等县以属焉。至八年以游洋镇地不当冲要，移于莆田县为军理"。《元丰九域志》、《宋史》卷89《地理志五》于建军事稍详，其兴化军条言，"太平兴国四年，析泉州莆田县游洋、丰丈二镇地置太平军，寻改兴化"，则太平兴国四年初建时为太平军，旋改名兴化军。兴化军北宋时实领莆田、仙游、兴化三县。

1. 莆田县(978—1126)   3. 兴化县(979—1126)
2. 仙游县(978—1126)

---

① 按：检《元丰寰宇记》卷101邵武军条言，邵武县，唐之旧县，归化县，南唐显德五年置，建宁县，南唐建隆二年置。
② 按：莆田、仙游二县，据《新唐书》卷41，均为唐之旧县，属泉州。

第十四章　益州成都府路州县沿革

《元丰九域志》卷7成都府路条言,"嘉祐四年(1059),以益州路为成都府路"。

(一) 益州,成都府(965—980 成都府,981—987 益州,988—993 成都府,994—1058 益州,1059—1126 成都府)——治成都、华阳(今四川成都市)

据《太平寰宇记》卷72,益州领县十:成都、华阳、郫县、新都、温江、新繁、双流、犀浦、广都、灵池。新旧《唐书·地理志》、《元和郡县图志》同。《元丰九域志》卷7成都府条言,"天圣四年(1026),改灵池县为灵泉。熙宁五年(1072),省犀浦县为镇入郫;废陵州,以贵平、籍县为镇入广都"。则乾德三年(965)成都府实领成都、华阳、郫县、新都、温江、新繁、双流、犀浦、广都、灵池十县,而熙宁五年后成都府领灵泉等九县。

《元丰九域志》卷7成都府条言,"唐成都府、剑南西川节度。皇朝太平兴国六年(981),降为益州,罢节度。端拱元年(988),复为成都府、剑南西川节度。淳化五年(994),复为益州。嘉祐四年,复升为府"。

1. 成都县(965—1126)
2. 华阳县(965—1126)
3. 郫　县(965—1126)
4. 新都县(965—1126)
5. 温江县(965—1126)
6. 新繁县(965—1126)
7. 双流县(965—1126)
8. 犀浦县(965—1071)
9. 广都县(965—1126)

按:《元丰九域志》卷7成都府条言,"熙宁五年,废陵州,以贵平、籍县为镇入广都"。然检该书广都县条,该县仅有籍镇,不见贵平镇。贵平镇见于同卷简州平泉县。《宋朝事实》卷19载,"熙宁五年,省贵平县入平泉县"。又,《舆地广记》卷30简州平泉县条言,贵平镇,"皇朝熙宁五年,省入平泉",则《元丰九域志》成都府条所记有误,或仅以贵平县部分乡里划入广都县。

10. 灵池县(965—1025 灵池县,1026—1126 灵泉县)

(二) 眉州(965—1126)——治通义(今四川眉山市)

据《太平寰宇记》卷74,眉州领县五:通义、彭山、洪雅、丹棱、青神。新旧《唐书·地理志》、《元和郡县图志》同,《元丰九域志》卷7眉州条载领县四,"淳化四年以洪雅隶嘉州",故乾德三年(965)眉州实领通义、彭山、洪雅、丹棱、青神五县,而淳化四年后则领四县。《宋史》卷89《地理志五》所载领县同,则北宋时眉州领四县不变。

1. 通义县(965—975 通义县,976—1126 眉山县)

按:《元丰九域志》卷7眉州条言,"太平兴国元年,改通义县为眉山"。

2. 彭山县(965—1126) 4. 青神县(965—1126)

3. 丹棱县(965—1126)

(三) 蜀州(965—1126)——治晋原(今四川崇州市)

据《太平寰宇记》卷75,蜀州领县四:晋原、江原、新津、永康。

上引永康县条言,"伪蜀广政十二年(949),割郭信等八乡就横渠镇置征税院。至十六年,改为永康县(953),以便于民",则永康五代后蜀时已设。

《元和郡县图志》卷31载,蜀州唐时领晋原、唐兴、青城、新津四县。新旧《唐书·地理志》略同。则《太平寰宇记》少青城一县。该记卷73言:"永康军,本彭州导江县灌口镇地。唐贞观十年(636),立为镇静军,管四乡。皇朝乾德三年,平蜀。四年,改为永安军,仍割蜀州之青城、彭州之导江二县隶焉。太平兴国三年,改为永康军。"则乾德三年蜀州领有青城。

又,江原县,《元和郡县图志》作唐兴县,是。据该志言,"唐兴县,本江原县地,武德元年(618),于废州置唐隆县,属益州。垂拱二年(686),割入蜀州。先天元年(712),以犯讳改为唐安。至德二年(757),改为唐兴县"。又《旧五代史》卷60《郡县志》言,"蜀州唐兴县,梁开平二年(908)八月,改为陶胡县。后唐同光元年(923)十月,复为唐兴县"。则乾德时江原仍以唐兴名。故乾德三年蜀州实领晋原、唐兴、新津、青城、永康五县,而乾德四年后领四县。

《舆地广记》卷30永康军条言,青城县,"熙宁五年,军废,复属蜀州。元祐初,复置,今县二",导江、青城二县,并"元祐初来属",则元祐元年(1086)后蜀州复领四县。

又,《宋史》卷89《地理志五》石泉军条言,"政和七年(1117),建为军,割蜀之永康,绵之龙安、神泉来隶。宣和三年(1121),降为军使,县皆还旧隶",则政和七年后蜀州领三县,而宣和三年后蜀州仍领四县如故。

1. 晋原县(965—1126)
2. 唐兴县(965—970 唐兴县,971—1126 江原县)

按:《宋史》卷89《地理志五》言,江原,唐唐安县,开宝四年(971)改。

3. 新津县(965—1126)　　　　4. 永康县(965—1126)

(四) 彭州(965—1126)——治九陇(今四川彭州市)

据《太平寰宇记》卷73,彭州原领县四,今三:九陇、永昌、濛阳。一县割出:导江(入永康军)。《元和郡县图志》、《新唐书》卷42《地理志六》同。《元丰九域志》卷7彭州条言,"乾德四年,以导江县隶永康军。开宝四年,改唐昌县为永昌县"。则乾德三年导江未改隶永康军,唐昌亦未改名,故是时彭州实领九陇、唐昌、濛阳、导江四县,而开宝四年后彭州领永昌等三县。

《元丰九域志》卷7彭州条言,"熙宁二年,置堋口县。四年,省为镇入九陇。五年,废永康军为寨,以导江县还隶。七年,废永康寨。九年,复即导江县治置永康军使",则元丰八年(1085)时彭州实领导江等四县、永康一军使。

《舆地广记》卷30永康军条言,元祐初,复置,导江县,"元祐初来属"。元祐初,复以导江县置永康军,详见蜀州条论证。又,《宋史》卷89《地理志五》彭州条言,"崇宁,唐(永)昌县,崇宁元年(1102)改",则是年以后彭州实领崇宁等三县。

1. 九陇县(965—1126)　　　　崇宁县)
2. 唐昌县(965—970 唐昌县,　　3. 濛阳县(965—1126)
   971—1101 永昌县,1102—1126　　4. 堋口县(1069—1070)

(五) 绵州(965—1126)——治巴西(今四川绵阳市东)

据《太平寰宇记》卷83,绵州原领县九,今八:巴西、彰明、魏城、罗江、神泉、龙安、盐泉、西昌。一县割出:涪城(入梓州)。

《新唐书》卷42《地理志六》、《元和郡县图志》同条同。《旧唐书》卷41《地理志四》同条多涪城县。又,三志彰明均作昌明。检《太平寰宇记》卷82梓州条,该条言,涪城县,"大历十三年(778),又自绵州却隶梓州",与唐代三志合,是大历以后绵州已不领涪城县。又,检《太平寰宇记》绵州彰明条,该条言,"本汉涪县、西魏昌隆县地。唐先天元年(712),避庙讳改为昌明县。今改为彰明县"。改"昌"为"彰",当是避后唐庙讳。故乾德三年绵州实领巴西、彰明、魏城、罗江、神泉、龙安、盐泉、西昌八县。

《元丰九域志》卷7绵州条言,"熙宁五年,省西昌县为镇入龙安。九年,以茂州石泉县隶州",则是年后绵州实领石泉等八县。

《宋史》卷89《地理志五》石泉军条言,"石泉军,本绵州石泉县。政和七年,建为军,割蜀之永康,绵之龙安、神泉来隶。宣和三年,降为军使,县皆还旧隶。宣和七年,复为军额。县三:石泉、神泉、龙安",则宣和七年时绵州实领五县。

1. 巴西县(965—1126)
2. 彰明县(965—1126)
3. 魏城县(965—1126)
4. 罗江县(965—1126)
5. 盐泉县(965—1126)
6. 西昌县(965—1071)

(六) 汉州(965—1126)——治雒县(今四川广汉市)

据《太平寰宇记》卷73,汉州原领县五,今四:雒县、什邡、绵竹、德阳。一县割出:金堂(入怀安军)。新旧《唐书·地理志》《元和郡县图志》同,《太平寰宇记》卷76言:"怀安军,本简州金水县。皇朝乾德六年二月,于金水县置怀安军,从西川转运使曹翰奏请也。仍以汉州金堂县隶焉"。则乾德三年汉州实领雒县、什邡、绵竹、德阳、金堂五县,而乾德六年后汉州实领四县。《宋史》卷89《地理志五》同,则南宋时汉州领四县不变。

1. 雒　县(965—1126)
2. 什邡县(965—1126)
3. 绵竹县(965—1126)
4. 德阳县(965—1126)

(七) 嘉州(965—1126)——治龙游(今四川乐山市)

据《太平寰宇记》卷74,嘉州领县七:龙游、夹江、犍为、平羌、峨眉、玉津、罗目。新旧《唐书·地理志》《元和郡县图志》载嘉州领八县,多绥山县。据上引罗目县条言,"皇朝乾德四年,废绥山入焉",则乾德三年嘉州实领龙游、夹江、犍为、平羌、峨眉、玉津、罗目、绥山八县。

《元丰九域志》卷7嘉州条言,"乾德四年,省绥山、罗目二县为镇入峨眉,玉津县为镇入犍为。淳化四年,以眉州洪雅县隶州",则淳化四年后嘉州实领六县。

《元丰九域志》卷7嘉州条又言,丰远监,"景德二年(1005)置,铸铁钱","熙宁五年,省平羌县为镇入龙游",则熙宁五年后嘉州实领五县、一监。

1. 龙游县(965—1118 龙游县,1119—1126 嘉祥县)

按:《宋会要·方域》7之1言,"龙游县,宣和元年,改为嘉祥,绍兴元年(1131)改今名"。

2. 夹江县(965—1126)
3. 犍为县(965—1126)

按:《元一统志》卷5犍为县条言,"大中祥符四年(1011),徙治惩非镇。按县治在府大江之下临江滨,距府一百二十里"。

4. 平羌县(965—1071)　　　　8. 绥山县(965)
5. 峨眉县(965—1126)　　　　9. 洪雅县(965—1126)
6. 玉津县(965)　　　　　　10. 丰远监(1005—1126)
7. 罗目县(965)

(八) 邛州(965—1126)——治临邛(今四川邛崃市)

据《太平寰宇记》卷75,邛州领县七:临邛、大邑、火井、蒲江、依政、安仁、临溪。新旧《唐书·地理志》、《元和郡县图志》同。《宋史》卷89《地理志五》邛州临邛县条言,"熙宁五年,省临溪县为镇入焉,并入依政、蒲江、火井",则乾德三年邛州实领临邛、大邑、火井、蒲江、依政、安仁、临溪七县,而熙宁五年后邛州实领六县。

1. 临邛县(965—1126)　　　　3. 火井县(965—1126)
2. 大邑县(965—1126)

按:《宋史》卷89《地理志五》言,火井县,"开宝三年,移治平乐镇,至道三年(997)复旧"。

4. 蒲江县(965—1126)　　　　7. 临溪县(965—1071)
5. 依政县(965—1126)　　　　8. 惠民监(1001—1126)
6. 安仁县(965—1126)

按:《元丰九域志》卷7邛州条言,惠民监,"咸平四年置,铸铁钱"。《宋史》卷89《地理志五》邛州条言,该监"建炎三年罢"。

(九) 简州(965—1126)——治阳安(今四川简阳市西)

据《太平寰宇记》卷76,简州原领县三,今二:阳安、平泉。一县割出:金水(建怀安军)。新旧《唐书·地理志》、《元和郡县图志》同。又,《太平寰宇记》卷76言:"怀安军,本简州金水县。皇朝乾德六年二月,于金水县置怀安军,从西川转运使曹翰奏请也。仍以汉州金堂县隶焉",则乾德三年简州实领阳安、平泉、金水三县,而乾德六年后仅领二县。

1. 阳安县(965—1126)　　　　2. 平泉县(965—1126)

(十) 黎州(965—1126)——治汉源(今四川汉源县西北)

据《太平寰宇记》卷77,黎州原领县三,今二:汉源、通望。一县废:飞越(并入汉源)。《元和郡县图志》卷32黎州汉源县条言,"仪凤二年(677),置飞越县,天宝初废",则乾德三年黎州实领汉源、通望二县。《元丰九域志》卷7黎州条言,"庆历七年(1047),省通望县为镇入汉源"。《舆地广记》卷30同条同。《宋史》卷89《地理志五》系于六年。今从前者,则庆历七年后迄于北宋末黎州领汉源一县。

1. 汉源县(965—1126)　　　　2. 通望县(965—1046)

（十一）雅州(965—1126)——治严道(今四川雅安市)

据《太平寰宇记》卷77,雅州原领县五：严道、卢山、名山、百丈、荣经。新旧《唐书·地理志》、《元和郡县图志》同。《元丰九域志》卷7雅州条言,"熙宁五年,省百丈县为镇入名山"。又言,茶场,"熙宁九年置",在"州城内"。《宋史》卷89《地理志五》同。则乾德三年雅州实领严道、卢山、名山、百丈、荣经五县,熙宁九年后领四县、一场。

《宋史》卷89《地理志五》雅州条言,百丈县,"元祐二年复",则是年后雅州实领百丈等五县、一场。

又,《方舆胜览》卷55雅州条引《图经》言,"州治旧在雅安山上,大中祥符间,国子博士何昌言为守,以地多岚瘴闻于朝,徙山之麓"。

1. 严道县(965—1126)　　　　4. 百丈县(965—1071,1087—1126)
2. 卢山县(965—1126)　　　　5. 荣经县(965—1126)
3. 名山县(965—1126)　　　　6. 茶　场(1076—1126)

（十二）茂州(965—1126)——治汶山(今四川茂县)

据《太平寰宇记》卷78,茂州原领县四,今三：汶山、汶川、石泉。一县旧废：通化。

新旧《唐书·地理志》、《元和郡县图志》、《文献通考》同。《太平寰宇记》、《唐会要·州县改置下》、《通典》、新旧《五代史》不载通化废于何时。然既言旧废,当是唐代之事,则乾德三年茂州应领汶山、汶川、石泉三县。

《元丰九域志》卷7茂州条言,"熙宁九年①,即汶川县治置威戎军使,以石泉县隶绵州",又有镇羌寨、鸡宗关,并"熙宁九年置",则元丰八年时茂州实领汶山、汶川二县,威戎一军使,镇羌一寨,鸡宗一关。

《宋史》卷89《地理志五》茂州条言,"春琪城,本羁縻保州。政和四年,建为琪州,县曰春琪。宣和三年,废为城,隶茂州",则宣和时茂州尝领春琪一城。

---

① 按：置军使,《宋朝事实》系于七年,似误。《舆地广记》卷30、《文献通考》卷321茂州条均言置于九年。又,《长编》卷279言,熙宁九年十二月,"即茂州汶川县置威戎军使及置镇羌寨、鸡宗关",亦可证。

又言,"寿宁寨,本羁縻直州。政和六年,建寿宁军,在大皂江外,距茂州五里。八年,废为寨。宣和三年,废寨为堡,又废敷文关为敷文堡","四年,又废寿宁堡入汶川县";"延宁寨,本威戎军,熙宁间所建。政和六年,汤延俊等纳土,重筑军城,改名延宁。宣和三年废为寨,隶茂州,四年,又废寨入汶川县"。则政、宣间茂州尝领寿宁、延宁二军使。

该条又言,茂州仅领汶山一县,汶川南渡后增。然据上引延宁寨条所言,则宣和四年时汶川县尚存,或废于北宋末。

要之,北宋末,茂州又增领春琪一城、敷文一堡。

1. 汶山县(965—1126)
2. 汶川县(965—1122后)
3. 寿宁军(1116—1120)
4. 延宁军(1116—1120)

(十三)维州,威州(965—1035 维州,1036—1126 威州)——治保宁(今四川理县薛城镇)

据《太平寰宇记》卷78,维州原领县三,今二:保宁(旧名薛城)、通化(旧名小封)。一县割出:定廉(割属保州)。

《太平寰宇记》卷80保州条言,"保州,本维州之定廉县。唐开元二十八年(740),羌夷内附,因置奉州,以董晏立为刺史,领定廉一县。乾元元年(758),改为保州",则乾德三年维州实领保宁、通化二县。

《清一统志》卷421杂谷厅维州故城条言,"维州故城在厅西十里,唐置。五代孟蜀徙治中州城。宋时,先建在河西霸州境内,后迁至风坪坡底。其故城屡经迁徙,几莫知所在",则维州治所之确址,今已不可考详。

《元丰九域志》卷7维州条言,"唐维州,皇朝景祐三年(1036)改威州"。又言,"天圣元年(1023),改通化县为金川。景祐四年,复旧。治平三年(1066),即县治置通化军使"①。

《宋史》卷89《地理志五》威州条言,"嘉会寨,本羁縻霸州。政和四年,建为亨州,县曰嘉会。宣和三年,废州,以县为寨,隶威州。通化军,政和三年,董舜咨纳土,因旧名重筑军城。宣和三年省军使为监押,隶威州",则政、宣间威州尝领通化军使,而宣和三年后威州增领嘉会一寨。

1. 保宁县(965—1126)
2. 通化县(965—1022通化县,1023—1036金川县,1037—1126通化县)

---

① 按:置军使时间,《宋朝事实》卷19、《舆地广记》卷30、《舆地纪胜》卷148同条同。《宋史》卷89同条言,"通化军,熙宁间所建,在保、霸二州之间",系年恐有误。

3. 通化军(1113—1120)

(十四)镇静军,永安军,永康军(965 镇静军,966—977 永安军,978—1071,1086—1126 永康军)——治灌口镇(今四川都江堰市)

据《太平寰宇记》卷 73 永康军条言,"永康军,今理灌口镇。本彭州导江县灌口镇地。唐贞观十年,立为镇静军,管四乡。皇朝乾德三年平蜀,四年改为永安军,仍割蜀州之青城、彭州之导江二县隶焉。太平兴国三年,改为永康军",则太平兴国三年后永康军实领导江、青城二县。

《舆地广记》卷 30 永康军条言,青城县,"熙宁五年,军废,复属蜀州。元祐初,复置,今县二",导江、青城二县,并"元祐初来属"。则元祐元年后永康军复领二县如故。

1. 导江县(965—1126)

按:《长编》熙宁七年五月条言,"移彭州导江县于永康寨,以旧县为镇"。

2. 青城县(965—1126)

(十五)陵州,陵井监,仙井监(965—1071 陵州,1072—1112 陵井监,1113—1126 仙井监)——治仁寿(今四川仁寿县)

据《太平寰宇记》卷 85,陵州原领县五:仁寿、贵平、井研、始建、籍县。新旧《唐书·地理志》、《元和郡县图志》同。《元丰九域志》卷 7 陵井监条言,"咸平四年,省始建县为镇入井研",熙宁五年,陵州"废为监,治仁寿县",又"省贵平、籍二县入成都府广都县",则乾德三年陵州领仁寿、贵平、井研、始建、籍县五县,咸平四年后领四县,熙宁五年后领仁寿、井研二县。

又,《太平寰宇记》陵井监条言,陵井监,"伪蜀井塞。国朝乾德三年平蜀,陵州通判贾琎重开旧井。雍熙元年(984)春冬日收三千八百一十七斛,秋夏日收三千四百四十七斛",则乾德三年陵州尚领陵井一监。雍熙时陵井监仍存。《元丰九域志》又言,陵井监尚管一盐井,不知与陵州之陵井监是何关系,或陵州废为陵井监后,原陵州下辖之陵井监降为盐井。

《舆地广记》卷 30 仙井监条、《宋朝事实》卷 19 隆州条言,"政和三年,改为仙井"①。

1. 仁寿县(965—1126)　　　2. 贵平县(965—1071)

---

① 按:陵进监改仙井监之时间,《宋史》卷 20《徽宗纪二》系于大观四年(1110)闰八月癸卯,《宋史》卷 89、《宋会要·方域》7 之 2 系于宣和四年,恐有误。

3. 井研县(965—1126)   6. 陵井监(965—1071?)
4. 始建县(965—1000)   7. 盐　井(1072?—1126)
5. 籍　县(965—1071)   8. 大安镇(1103—1126)

按：据《宋史》卷89《地理志五》，仙井监尚领大安一镇，系"旧永安镇，崇宁二年改"。永安镇，据《元丰九域志》所载，系仁寿县下辖九镇之一，或崇宁时升改。

(十六) 石泉军(1117—1120，1125—1126)——治石泉(今四川北川羌族自治县西北)

《宋史》卷89《地理志五》石泉军条言，"石泉军，本绵州石泉县。政和七年，建为军，割蜀之永康，绵之龙安、神泉来隶。宣和三年，降为军使，县皆还旧隶。宣和七年，复为军额。县三：石泉、神泉、龙安"，则政和七年时石泉军领石泉、永康、龙安、神泉四县，而宣和七年复置时则领石泉、神泉、龙安三县。

又，上引该条言，会同等九堡并"重和元年(1118)置"，则宣和七年时石泉军又领会同、靖安、嘉平、通津、横望、平陇、凌霄、耸翠、连云九堡。

1. 石泉县(965—1126)   3. 龙安县(965—1119 龙安县，
2. 神泉县(965—1126)   1120—1126 安昌县)

按：《宋史》卷89《地理志五》言，"宣和元年，改龙安曰安昌，后复故"。而《舆地纪胜》卷152石泉军龙安县条引《图经》言，"宣和二年，改曰安昌。绍兴元年，改今名"。今从后者。

第十五章　梓州潼川府路州县沿革

《宋会要·方域》7之3言,"旧梓州路,重和元年(1118),升为潼川府路"。

(一) 梓州,潼川府(965—1117梓州,1118—1126潼川府)——治郪县(今四川三台县)

据《太平寰宇记》卷82,梓州原领县九:郪县、玄武、涪城(绵州割到)、射洪、通泉、盐亭、铜山、飞乌、永泰、东关(伪蜀置)。

上引东关县条言,"东关县,本盐亭县雍江草市也。伪蜀明德四年(937),以地去县远,征输稍难,寇盗盘泊之所,因割乐平等三乡,立招葺院,计征两税钱一万三千贯硕。皇朝乾德四年(966),平蜀升为县,取古东关地之名"。又,涪城,据《太平寰宇记》绵州条论证,于唐大历十三年(778)割属梓州,则乾德三年梓州实领郪县、玄武、涪城、射洪、通泉、盐亭、铜山、飞乌、永泰九县,乾德四年后领东关等十县。

《元丰九域志》卷7梓州条言,"熙宁五年(1072),省梓州永泰县为镇入盐亭县。十年,复置尉司",则熙宁后梓州实领九县、一尉司。

《宋史》卷89《地理志五》潼川府条言,"重和元年,升为府"。又,《舆地纪胜》卷154潼川府条引《国朝会要》言,永泰尉司,"建中靖国初,以犯哲宗陵名改安泰"。

又,《太平寰宇记》卷82富国监条言,"富国监(治在今四川三台县境)者,本梓州郪县富国镇新井煎盐之场也。皇朝置监以董其事,兼领通泉、飞乌等盐井地,去梓州九十里"。然《元丰九域志》卷7梓州条不载此监,仅于郪县条下列富国镇,而《宋史》卷89《地理志五》同条亦不载,恐已废于太宗朝。

1. 郪　　县(965—1126)
2. 玄武县(965—1011玄武县,1012—1126中江县)

按:《元丰九域志》卷7梓州条言,"大中祥符五年(1012),改玄武县为中江"。

3. 涪城县(965—1126)　　　　4. 射洪县(965—1126)

5. 通泉县(965—1126)
6. 盐亭县(965—1126)
7. 铜山县(965—1126)
8. 飞乌县(965—1126)
9. 永泰县(965—1071,1077—1100 永泰尉司,1101—1126 安泰尉司)
10. 东关县(966—1126)
11. 富国监(965—?)

(二)遂州,遂宁府(965—1114 遂州,1115—1126 遂宁府)——治小溪(今四川遂宁市)

据《太平寰宇记》卷87,遂州领县五:小溪、长江、蓬溪、青石、遂宁。新旧《唐书·地理志》、《元和郡县图志》亦载遂州领五县,然小溪作方义。《太平寰宇记》遂州条言,"小溪县,本晋小溪县地。……后魏恭帝二年(555),改小溪为方义县。皇朝太平兴国二年(977),复为小溪县",则乾德三年小溪仍以方义名。故是时遂州领方义、长江、蓬溪、青石、遂宁五县。

《元丰九域志》卷7遂州条言,"熙宁六年,省青石县入遂宁。七年,复置"。《宋史》卷89《地理志五》遂宁府条言,"政和五年(1115),升为府"。

1. 方义县(965—976 方义县,977—1126 小溪县)
2. 长江县(965—1126)
3. 蓬溪县(965—1126)
4. 青石县(965—1072,1074—1126)
5. 遂宁县(965—1126)

(三)果州(965—1126)——治南充(今四川南充市北)

据《太平寰宇记》卷86,果州原领县五,今四:南充、西充、相如、流溪。一县割出:岳池(入广安军)。据《新唐书》卷40《地理志四》,五县俱唐时旧县。《元丰九域志》广安军条言,"开宝二年(969),以果州岳池县隶军",则乾德三年果州领南充、西充、相如、流溪、岳池五县,而开宝二年后领四县。

《元丰九域志》卷7果州条言,"熙宁六年,省流溪县为镇入南充",则是年后果州实领三县。

1. 南充县(965—1126)
2. 西充县(965—1126)
3. 相如县(965—1126)
4. 流溪县(965—1072)

(四)资州(965—1126)——治盘石(今四川资中县)

据《太平寰宇记》卷76,资州原领县八,今四:盘石、资阳、内江、龙水。四县废:银山、月山、丹山(以上三县并入盘石)、清溪(并入内江)。新旧《唐书·地理志》、《元和郡县图志》同,则八县俱唐时旧县。又,《元丰九域志》卷7资州条言,"乾德五年,省月山、丹山、银山三县为镇入磐(盘)石,清溪县入内江",则乾德三年资州领盘石、资阳、内江、龙水、银山、月山、丹山、清溪八县,而乾德五年后资州领四县。《宋史》卷89《地理志五》同,则北宋时资州领四县。

1. 盘石县(965—1126)

按:《元丰九域志》卷7资州条言,"熙宁六年,以磐(盘)石县赵市镇隶内江"。

2. 资阳县(965—1126)
3. 内江县(965—1126)
4. 龙水县(965—1119 龙水县,1120—1126 资川县)

按:《宋史》卷89《地理志五》资州条言,"宣和二年(1120),改龙水为资川,后复故"。复当为高宗朝事,故北宋末应为资川。

(五)普州(965—1126)——治安岳(今四川安岳县)

据《太平寰宇记》卷87,普州原领县六,今四:安岳、安居、普康(本隆康改)、乐至。二县废:崇龛(旧隆龛,今改,并入安居)、普慈(并入乐至)。

上引仅言崇龛、普慈二县废,未言何时。《元丰九域志》卷7普州条言,"乾德五年,省普康县为镇入安岳,崇龛县为镇入安居,普慈县为镇入乐至",稍异,然乾德三年普康等三县仍存。又,《新唐书》卷42《地理志六》普州条言,"普康,本隆康,先天元年(712)更名"。又言,"崇龛,本隆龛,先天元年更名"。则上引"今改"之"今"非开宝前后,而为先天元年,时避玄宗讳改。故乾德三年普州领安岳、安居、普康、乐至、崇龛、普慈六县,而乾德五年后领安岳、安居、乐至三县。

《宋会要·方域》7之6言,"普州普康县,熙宁五年废"。《文献通考》卷321普州普康县条、《梦溪笔谈》卷12熙宁中废并天下州县条同。检《宋会要·方域》12之16,该条言,"普州安岳县普康镇、安居县崇龛镇、乐至县普慈镇,并乾德五年废县置"。又,《宋朝事实》卷19普州条同《元丰九域志》,故《元丰九域志》所言应不误。普康县当是先废于乾德五年,后废于熙宁五年,唯不知何时复置,然既见于《太平寰宇记》,当多半为太宗朝之事。要之,乾德后与熙宁五年前普州领普康等四县,熙宁五年后复领三县如故。

1. 安岳县(965—1126)

按:《清一统志》卷407潼川府安岳故县条言,"宋开宝四年,移今治"。

2. 安居县(965—1126)
3. 普康县(965—966,? —1071)
4. 乐至县(965—1126)
5. 崇龛县(965—966)
6. 普慈县(965—966)

(六)昌州(965—1126)——治大足(今重庆大足区)

据《太平寰宇记》卷88,昌州原领县四,今三:大足、昌元、永川。一县废:

静南(分入三县)。原领四县,《元和郡县图志》《新唐书》卷42同,则四县为唐时旧县。又《太平寰宇记》永川县条言,"废静南县,以地荒民少,皇朝并入大足等三县"。此条虽未明言废于何时,当是平蜀以后事,故乾德三年昌州领大足、昌元、永川、静南四县,后领三县。《宋史》卷89《地理志五》所载领县同,则北宋时昌州领三县。

  1. 大足县(965—1126)   2. 昌元县(965—1126)

  按:《宋会要·方域》7之5言,"昌元县,咸平四年(1001),徙治罗市"。《宋史》卷89所载同。《舆地纪胜》卷161昌州昌元县条言,"《图经》云,'周显德元年(954),为寇焚荡,移罗市镇。国朝天禧中,迁今治'"。不同。

  3. 永川县(965—1126)   4. 静南县(965—?)

(七) 戎州、叙州(965—1113 戎州,1114—1126 叙州)——治僰道(今四川宜宾市)

  据《太平寰宇记》卷79,戎州原领县五,今三:僰道、宜宾、南溪。二县废:开边、归顺(以上二县并入僰道)。新旧《唐书·地理志》《元和郡县图志》同,则五县俱是唐时旧县。《元丰九域志》卷7戎州条言,"乾德五年,省开边、归顺二县入僰道。太平兴国元年,改义宾县为宜宾"。据此,乾德三年戎州领僰道、义宾、南溪、开边、归顺五县,太平兴国元年后领宜宾等三县。

  《元丰九域志》卷7戎州条言,"熙宁六年,省宜宾县入僰道",则是年戎州实领二县。

  《宋史》卷89《地理志五》叙州条言,"本戎州,政和四年改"。然《方舆胜览》卷65叙州条载,改名叙州在绍圣四年(1097),因戎州通判苏时建言而改。

  叙州,熙宁六年后领二县,《宋史》卷89言,"政和四年,改僰道为宜宾";宣化县,本僰道县宜宾镇,"宣和元年,复以镇为县,改今名";庆符县,"本叙州徽外地,政和三年,建为祥州,置庆符、来附二县①,宣和三年,州废,并来附县入庆符县,隶叙州"。则宣和三年后叙州实领宜宾、南溪、宣化、庆符四县。

  1. 僰道县(965—1113 僰道县,1114—1126 宜宾县)
  2. 义宾县(965—975 义宾县,976—1072 宜宾县,1119—1126 宣化县)
  3. 南溪县(965—1126)

  按:《宋史》卷89《地理志五》言,南溪县,"乾德中,移治旧奋城"。奋城,《读史方域纪要》卷70叙州府南溪县条作"奋戎城",似是。

---

① 《宋会要·方域》7之6言,祥州及庆符县建于大观三年(1109)。

4. 开边县(965—966)　　　　6. 庆符县(1121—1126)
5. 归顺县(965—966)

(八)　泸州(965—1126)——治泸川(今四川泸州市)

据《太平寰宇记》卷88,泸州原领县六,今三:泸川、合江、江安。一县割出:富顺(为监)。二县废:绵水(并入江安)、泾南(旧废入泸川)。

《旧唐书》卷41《地理志四》载泸州领泸川、合江、江安、绵水、泾南、富义六县,《新唐书》、《元和郡县图志》载领五县,无泾南。《元丰九域志》卷7泸州条言,"乾德五年,省绵水县为镇入江安"。该书富顺监条言,"乾德四年,以泸州富义县地置富义监。太平兴国元年改富顺"。则乾德三年有绵水,而富顺县为富义县。

泾南,据《新唐书》卷42《地理志六》泸州泸川县条言,"贞观八年(634),析置泾南县,后省",与旧废之说合。然《舆地纪胜》卷153同条言,"乾德五年,并泾南县入焉"。此与《太平寰宇记》江安县条言"废泾南县,今废入泸川县"合。如诸书所记属实,则在两次省废之间,泾南县当又曾复置。泸州乾德三年所领姑以六县计,即泸川、合江、江安、绵水、泾南、富义;而乾德后泸州仅领泸川、合江、江安三县。

又,《元丰九域志》泸州条有淯井、南井二监,不知何年置。《方舆胜览》卷65长宁军条言,"伪蜀王建置淯井刺史。国朝初,置淯井监,属泸州",则该监之设,当是乾德三年平蜀后事。《清一统志》卷311南井监条云,"宋熙宁八年置,元初废"。

《元丰九域志》卷7泸州条言,"熙宁八年,夷人献纳长宁等十州土地隶淯井"。又言,乐共城,"元丰五年(1082)置"。《宋史》卷89《地理志五》泸州条言,"安远寨,元丰三年置"。则元丰五年后泸州实领泸川、合江、江安三县,淯井、南井二监,乐共一城,安远一寨。

《舆地广记》卷31长宁军条言,"皇朝置淯井监,属泸州。熙宁八年,夷人献纳十州地以属焉。政和四年,改置长宁军",则是年后,泸州无淯井监。

又,《宋史》卷89《地理志五》泸州条又言,"大观三年,建纯州,置九支、安溪两县及美利城。宣和三年,废纯州及九支县为九支城,以安溪、美利城为寨";"大观三年,建滋州,置承流、仁怀两县。宣和三年,废州为武都城,以仁怀为堡,承流县并入仁怀";"安远寨,大观四年废,政和五年复";"博望寨,政和七年置";"绥远寨,前隶武都城,宣和三年隶州";"板桥堡、政和堡,政和六年置"。则宣和三年后泸州又增领九支、武都二城,博望、绥远二寨,板桥、政和二堡。

1. 泸川县(965—1126)
2. 合江县(965—1126)
3. 江安县(965—1126)
4. 绵水县(965—966)
5. 泾南县(965—966)
6. 南井监(1075—1126)

(九) 长宁军(1114—1126)——治武宁寨(今四州珙县东)

《舆地广记》卷31长宁军条言,"皇朝置淯井监,属泸州。熙宁八年,夷人献纳十州地以属焉。政和四年,改置长宁军"。又,《宋史》卷89《地理志五》长宁军条言,"长宁军,本羁縻州。熙宁八年,夷人得箇祥献长宁、晏、奉、高、薛、巩、淯、思峨等州,因置淯井监隶泸州。政和四年,建为长宁军"。此条言淯井监置于熙宁八年,显误。然所列数羁縻州可补《舆地广记》之不足。

又,《宋史》卷89《地理志五》言,长宁军领武宁寨等六堡寨:"武宁寨,熙宁七年置,旧名小溪口。十年,改今名。元丰四年废。五年,复置。政和四年,建长宁军,以武宁为倚郭县。宣和三年①,废县为堡。四年,复为寨。宁远寨,皇祐元年(1049),置三江寨,三年,改今名。宣和三年,以寨为堡。四年,复为寨。安夷寨,熙宁六年置,旧名婆娑。大观四年废。政和六年复置","梅洞寨,政和五年置。清平寨,旧隶祥州,政和二年建筑,赐今名。宣和三年废祥州,以寨隶军","石笋堡,政和五年置,初名梅赖,后赐今名"。则宣和三年时长宁军实领武宁、宁远、梅洞、清平、安夷五寨,石笋一堡。

武宁县(1114—1120)

(十) 合州(965—1126)——治石照(今重庆合川区)

据《太平寰宇记》卷136,合州原领县六,今五:石镜、汉初、赤水、铜梁、巴川。一县废(割出):新明(入广安军)。新旧《唐书·地理志》、《元和郡县图志》同,则六县俱是唐时旧县。《元丰九域志》卷7合州条言,"乾德三年,改石镜县为石照。开宝二年,以新明县隶广安军"。故乾德三年合州实领石镜、汉初、赤水、铜梁、巴川、新明六县,而开宝二年后领石照等五县。

《元丰九域志》卷7合州条言,"熙宁四年,省赤水县入铜梁。七年,复置",则是年后合州复领五县如故。

1. 石镜县(965—964 石镜县,965—1126 石照县)
2. 汉初县(965—1126)
3. 赤水县(965—1070,1074—1126)
4. 铜梁县(965—1126)
5. 巴川县(965—1126)

---

① 按:《舆地纪胜》卷166长宁军条引《皇朝郡县志》言,废武宁县在靖康元年(1126),与《宋史》异。

(十一) 荣州(965—1126)——治荣德(今四川荣县)

据《太平寰宇记》卷85,荣州原领县六,今五:旭川、威远、应灵、资官、公井。一县废:和义(并入威远)。新旧《唐书·地理志》《元和郡县图志》同,则六县俱是唐时旧县。《太平寰宇记》威远县条言,"废和义县,皇朝乾德五年,废入威远县"。故乾德三年荣州实领旭川、威远、应灵、资官、公井、和义六县,而乾德五年后则领五县。

《元丰九域志》卷7荣州条言,"治平四年(1067),改旭川县为荣德。熙宁四年,省公井县为镇入荣德",则熙宁四年后荣州实领荣德等四县。

1. 旭川县(965—1066 旭川县,1067—1126 荣德县)
2. 威远县(965—1126)
3. 应灵县(965—1126)
4. 资官县(965—1126)
5. 公井县(965—1070)
6. 和义县(965—966)

(十二) 渠州(965—1126)——治流江(今四川渠县)

据《太平寰宇记》卷138,渠州原领县五,今四:流江、邻山、邻水、大竹。一县割出:渠江(入广安军)。《新唐书》卷42《地理志六》同,则五县俱唐时旧县。《元丰九域志》卷7渠州条言,"开宝二年,以渠江县隶广安军",故乾德三年渠州实领流江、邻山、邻水、大竹、渠江五县,而开宝二年后则领四县。

《元丰九域志》卷7渠州条言,"景祐二年(1035)①,省大竹县为镇入流江",则是年后渠州领三县。《宋史》卷89《地理志五》同,则北宋时渠州领三县不变。

1. 流江县(965—1126)
2. 邻山县(965—1126)

按:《宋史》卷89《地理志五》言,邻山县,"乾德三年,移治故邻州城"。

3. 邻水县(965—1126)

按:《宋史》卷89《地理志五》言,邻水县,"乾德四年,移治昆楼镇"。

4. 大竹县(965—1034)

(十三) 怀安军(968—1126)——治金水(今四川金堂县淮口镇南沱江南岸)

据《太平寰宇记》卷76言:"怀安军,本简州金水县。皇朝乾德六年二月,于金水县置怀安军,从西川转运使曹翰奏请也。仍以汉州金堂县隶焉。"《元丰

---

① 按:《宋会要·方域》12之16、《宋朝事实》卷19同条同《元丰九域志》,《长编》卷116系于景祐二年六月乙亥。《宋史》卷89《地理志五》作"三年",误。

九域志》卷7怀安军条系于乾德五年,稍异。要之,开宝元年后怀安军领金水、金堂二县。《宋史》卷89《地理志五》同,则北宋时怀安军领二县。

  1. 金水县(965—1126)   2. 金堂县(965—1126)

  (十四)广安军(969—1126)——治渠江(今四川广安市)

  《元丰九域志》卷7广安军条言,"开宝二年,以合州浓洄、渠州新明二镇置军"。又言,"以合州新明、渠州渠江、果州岳池三县隶军"。然《太平寰宇记》卷138广安军条言,置军为乾德六年事,稍异,今从《元丰九域志》。则开宝二年广安军实领渠江、新明、岳池三县。《宋史》卷89《地理志五》同,则北宋时广安军领三县不变。

  1. 渠江县(965—1126)   2. 新明县(965—1126)

按:《宋史》卷89《地理志五》宁西军条言,新明县,"(开宝)六年,移治单溪镇"。

  3. 岳池县(965—1126)

  (十五)富义监,富顺监(966—975富义监,976—1126富顺监)——(今四川富顺县)

  《元丰九域志》卷7富顺监条言,"乾德四年,以泸州富义县地置富义监。太平兴国元年改富顺"。

  又,《太平寰宇记》卷88富顺监条言,富义县,"皇朝乾德四年割为富顺监,其县废",故富义监不领县,然下辖十三镇、一井。据《元丰九域志》所载,十三镇为战井、歩井、方滩、罗井、新栅、真溪、临江、邓井、鼓井、赖井、茆头、赖易、高市,一井为盐井。镇、井未言何时置,姑置于此。

  《元丰九域志》卷7富顺监条言,"治平元年,置富顺县。熙宁元年废"。《宋会要·方域》12之16言,"富顺监富顺镇,熙宁元年废县置"。如从《宋会要》,熙宁元年后,富顺监当增一镇富顺。

  富顺县(1064—1067)

第十六章　利州路州县沿革

（一）兴元府(965—1126)——治南郑(今陕西汉中市东)

据《太平寰宇记》卷133，兴元府原领县六，今三：南郑、城固、褒城。二县割出直隶京：西县、三泉。一县废：金牛(入褒城)。

《新唐书》卷40《地理志四》兴元府西县条言，"宝历元年(825)，省金牛县入焉"。又，《元丰九域志》卷8兴元府条言，"乾德五年(967)[①]，以三泉县直隶京师。至道二年(996)，以西县隶大安军(即三泉县)。三年，军废隶府"，则乾德三年时，兴元府实领南郑、城固、褒城、西县、三泉五县，而至道后则领西县等四县。

《长编》卷48咸平四年(1001)三月辛巳条言，"诏分川峡转运使为益、梓、利、夔四路。……利州路总利、洋、兴、剑、文、集、壁、巴、蓬、龙、阆、兴元、剑门、三泉、西县凡十五州、府、军、县"，则西县咸平四年时又曾为直属京县，然不知何时复隶兴元府。

《元丰九域志》卷8兴元府条言，"熙宁八年(1075)置"茶场。《宋史》卷89《地理志五》同条同。

1. 南郑县(965—1126)　　　　2. 城固县(965—1126)

按：《清一统志》卷238汉中府城固故城条引府志言：宋崇宁二年(1103)，县尉柴炳移今治。旧县城在今县西十八里。

3. 褒城县(965—1126)

按：《清一统志》卷238汉中府褒中故城条引县志言：唐褒城在县东南十里。宋嘉祐中，徙治山河堰北，后移堰南，即今治。

4. 西　县(965—1126)　　　　5. 茶　场(1075—1126)

（二）利州(965—1126)——治绵谷(今四川广元市)

据《太平寰宇记》卷135，利州原领县六，今四：绵谷、葭萌、平蜀、昭化。一

[①] 按：《舆地广记》卷32、《宋朝事实》卷19大安军条，《文献通考》卷321兴元府条同《元丰九域志》。《长编》卷8乾德五年五月庚寅条言，"诏兴元府三泉县直隶京师"，《宋史》卷89大安军条、《宋会要·方域》7之8言在三年，误。

县废：景谷（入平蜀县）。一县割出：嘉川（入集州）。

上引平蜀县条言，是县，"天宝元年（742），改为胤山县。皇朝乾德三年，改为平蜀"。上引昭化县条言，是县，"天宝中，改为益昌县。皇朝开宝五年（972），敕改为昭化县"。则乾德三年时，二县以胤山、益昌为名。

又，上引昭化县条言，"废景谷县，宝历元年（825），山南西道节度使裴度废，以其地并入胤山县"。又《太平寰宇记》卷140嘉川县言，该县"永泰元年（765），割属集州"。则乾德三年时，利州领绵谷、葭萌、胤山、益昌四县，而开宝五年后领平蜀、昭化等四县。

《元丰九域志》卷8利州条言，"咸平五年，以集州嘉川县隶州"，《宋史》卷89《地理志五》同。《宋会要·方域》7之7系于四年。则咸平五年时利州实领嘉川等五县。

《元丰九域志》卷8利州条又言，"熙宁三年，省平蜀县入嘉川"，则是年后利州领四县。

1. 绵谷县（965—1126）
2. 葭萌县（965—1126）
3. 胤山县（964 胤山县，965—1069 平蜀县）
4. 益昌县（965—971 益昌县，972—1126 昭化县）
5. 嘉川县（965—1126）

（三）洋州（965—1126）——治兴道（今陕西洋县）

据《太平寰宇记》卷138，洋州原领县五，今三：兴道、西乡、真符。二县废：洋源（散入邻近县）、黄金（入真符县）。

废洋源县事，上引西乡县条言，"宝历元年，山南西道节度使裴度奏，准今年二月敕，洋源县为乡，以其里地隶诸邻近邑"。《舆地纪胜》卷190洋州条言，"《九域志》云，皇朝乾德四年，省黄金县入真符县。仍移县就黄金县，即今理也"。故乾德三年时，洋州实领兴道、西乡、真符、黄金四县，而四年后则领三县。《宋史》卷89《地理志五》同，则洋州北宋时领三县不变。

1. 兴道县（965—1126）
2. 西乡县（965—1126）

按：《清一统志》卷238汉中府西乡故城条引县志言：宋改建县治于嵩坪之阳百步许，未有城池。

3. 真符县（965—1126）
4. 黄金县（965）

（四）阆州（965—1126）——治阆中（今四川阆中市）

据《太平寰宇记》卷86，阆州领县九：阆中、新井、晋安、新政、苍溪、西水、奉国、南部、岐坪。新旧《唐书·地理志》所载九县同。《元丰九域志》同条熙宁三年以前亦载九县。故乾德三年,阆州实领阆中、新井、晋安、新政、苍溪、西水、奉国、南部、岐坪九县。

《元丰九域志》卷8阆州条言,"熙宁三年①,省岐平县为镇入奉国,晋安县为镇入西水",则是年后至北宋末阆州领七县。

1. 阆中县(965—1126)
2. 新井县(965—1126)
3. 晋安县(965—1069)
4. 新政县(965—1126)
5. 苍溪县(965—1126)
6. 西水县(965—1126)
7. 奉国县(965—1126)
8. 南部县(965—1126)
9. 岐坪县(965—1069)

(五)剑州(965—1126)——治普安(今四川剑阁县)

据《太平寰宇记》卷84,剑州领县七:普安、武连、阴平、剑门、梓潼、临津、普成。新旧《唐书·地理志》、《元和郡县图志》载领八县,较《太平寰宇记》多永归县。又检《元丰九域志》卷8剑州条言,"乾德五年,省永归县入剑门"。《文献通考》同条同。故乾德三年时,剑州实领普安、武连、阴平、剑门、梓潼、临津、普成、永归八县,而乾德五年后则领七县。

《元丰九域志》卷8剑州条言,"景德三年(1006),以剑门县隶剑门关。熙宁五年,省临津县为镇入普安,以剑门县复隶州",则熙宁五年后剑州实领剑门等六县。《宋史》卷89《地理志五》载领县同,则熙宁后至北宋末剑州领六县不变。

《宋会要·方域》7之7剑门关条言,"景德三年,以剑州剑门关直隶京,以兵马监押主之。熙宁五年,县复隶(剑州),剑门关仍别置",则景德三年前剑州尚领剑门一关。

1. 普安县(965—1126)
2. 武连县(965—1126)
3. 阴平县(965—1126)
4. 剑门县(965—1126)
5. 梓潼县(965—1126)
6. 临津县(965—1071)
7. 普成县(965—1126)
8. 永归县(965—966)

---

① 按:"三年",《宋史》卷89、《文献通考》卷321同条言在四年。《宋会要·方域》7之7、12之16,《舆地纪胜》卷185引《国朝会要》言在熙宁五年。然《宋朝事实》卷19、《舆地广记》卷32阆州条言,"乾德五年,省岐坪县入奉国县"。今姑从熙宁省并之说。

(六) 剑门关(1006—1126)——治剑门(今四川剑阁县东北)

《宋会要·方域》7 之 7 剑州条言,"剑门县,景德二年①,以县隶剑门关,兵马都监主之。熙宁五年,复来隶"。剑门关条言,"景德三年,以剑州剑门关直隶京,以兵马监押主之。熙宁五年,县复隶(剑州),剑门关仍别置"。要之,景德三年至熙宁五年间,剑门关曾领剑门一县。

(七) 巴州(965—1126)——治化城(今四川巴中市)

据《太平寰宇记》卷 139,巴州原领县九,今六:化城、恩阳、曾口、其章、清化、七盘。三县废:归仁(并入曾口)、始宁(同上)、盘道(并入清化)。《新唐书》卷 40《地理志四》所载领县同,则九县均是唐时旧县。《元丰九域志》卷 8 巴州条言,"乾德四年,省盘道县入清化,归仁县入曾口,始宁县入其章"。《太平寰宇记》巴州曾口、其章、清化诸条同,是始宁废入其章,非废入曾口,上引"同上"二字误书。要之,乾德三年,巴州实领化城、恩阳、曾口、其章、清化、七盘、归仁、始宁、盘道九县,而乾德四年后则领六县。

《宋史》卷 89《地理志五》巴州条言,"咸平五年,以清化属集州",则是年后巴州实领五县。

《元丰九域志》卷 8 巴州条言,"熙宁二年,省七盘县为镇入恩阳。五年,省其章县为镇入曾口;废集州,以难江县隶州,仍省清化县为镇入化城;又废壁州,省白石、符阳二县入通江县隶州"。则熙宁五年后巴州实领难江、通江等五县。《宋史》卷 89《地理志五》同,则熙宁五年后至北宋末巴州领五县不变。

1. 化城县(965—1126)
2. 恩阳县(965—1126)
3. 曾口县(965—1126)
4. 其章县(965—1071)
5. 七盘县(965—1068)
6. 归仁县(965)
7. 始宁县(965)
8. 盘道县(965)
9. 难江县(965—1126)
10. 通江县(965—1126)

(八) 文州(965—1126)——治曲水(今甘肃文县西南)

据《太平寰宇记》卷 134,文州原领县二,今一:曲水。一县废:长松(并入曲水)。废长松县,上引曲水县条言,"唐宝应元年(762),以县接陇右,频遭羌浑烧劫,百姓流亡,空存县额,贞元六年(790)九月,废入曲水县"。《新唐书》卷 40《地理志四》同,则乾德三年时文州实领曲水一县。《元丰九域志》、《宋史》卷

---

① 按:"二年",据下条及《元丰九域志》剑州条,当作"三年"。

89《地理志五》均载领一县,则北宋时文州领一县不变。

曲水县(965—1126)

(九)兴州(965—1126)——治顺政(今陕西略阳县)

据《太平寰宇记》卷135,兴州原领县三,今二:顺政、长举。一县废:鸣水(并入长举)。《新唐书》卷40《地理志四》兴州长举县条言,"州又领鸣水县,长庆元年(821)省入焉",则乾德三年时兴州实领顺政、长举二县。

又,《元丰九域志》卷8兴州条言,济众监,"景德三年置,铸铁钱"。《宋史》卷89《地理志五》所载领县、监同,则北宋时兴州领二县、一监。

1. 顺政县(965—1126)
2. 长举县(965—1126)
3. 济众监(1006—1126)

(十)蓬州(965—1126)——治蓬池(今四川仪陇县南)

据《太平寰宇记》卷139,蓬州原领县七,今六:蓬池、良山、仪陇、伏虞、蓬山、朗池。一县废:宕渠(入良山)。

《元丰九域志》卷8蓬州条言,"乾德三年,省宕渠县入良山"。《宋朝事实》卷19同条同。故蓬州乾德三年收复时实领蓬池、良山、仪陇、伏虞、蓬山、朗池、宕渠七县,同年废宕渠,领六县。

《元丰九域志》卷8言,"熙宁三年,省蓬山县为镇入营山。五年,省良山县为入伏虞",则元丰八年(1085)时蓬州实领四县。

1. 蓬池县(965—1126)
2. 良山县(965—1071)
3. 仪陇县(965—1126)
4. 伏虞县(965—1126)
5. 蓬山县(965—1069)
6. 朗池县(965—1011 朗池县,1012—1126 营山县)

按:《元丰九域志》卷8蓬州条言,"大中祥符五年(1012),改朗池县为营山"。

7. 宕渠县(964)

(十一)龙州(965—1114 龙州,1115—1126 政州)——治江油(今四川平武县东南)

据《太平寰宇记》卷84,龙州领县二:江油、清川。新旧《唐书·地理志》、《元和郡县图志》、《元丰九域志》同条同,则乾德三年龙州实领江油、清川二县。《元丰九域志》、《宋史》卷89《地理志五》领县同,则北宋时龙州领二县不变。

《宋史》卷89 政州条言,本龙州,"政和五年(1115),改为政州"。

1. 江油县(965—1126) 2. 清川县(965—1126)

(十二)三泉县、大安军(965—995 三泉县,996 大安军,997—1126 三泉县)——治所在今陕西宁强县阳平关镇

据《元丰九域志》卷8三泉县条言,"三泉县,唐隶兴元府。皇朝乾德五年,以县直隶京师。至道二年(996),建为大安军,仍以兴元府西县隶焉。三年,废军为县,以西县还旧隶"。则三泉县领金牛、青乌二镇。

1. 金牛镇(965—1126) 2. 青乌镇(965—1126)

第十七章　夔州路州县沿革

(一) 夔州(965—1126)——治奉节(今重庆奉节县东)

据《太平寰宇记》卷148，夔州原领县四，今三：奉节、巫山、大昌。一县割出：云安(置军)。原领四县，新旧《唐书·地理志》同。又，《元丰九域志》卷8夔州条言，"开宝六年(975)，以云安县置云安军"。故乾德三年(965)时，夔州实领奉节、巫山、大昌、云安四县，而开宝六年后则领三县。

《宋史》卷89《地理志五》大宁监条言，"大昌，端拱元年(988)①，自夔州来隶"，则是年后迄北宋末夔州实领二县。

《宋会要·方域》7之9言，"夔州，景德三年(1006)，自白帝城徙城东今治"。《宋史》卷89所载同。

1. 奉节县(965—1126)　　　　2. 巫山县(965—1126)

(二) 黔州(965—1126)——治彭水(今重庆彭水苗族土家族自治县)

据《太平寰宇记》卷120，黔州领县六：彭水、黔江、洪杜、洋水、信宁、都濡。新旧《唐书·地理志》、《元和郡县图志》同。又，《元丰九域志》卷8黔州条言，"嘉祐八年(1063)，省洪杜、洋水二县为寨，信宁、都濡二县为镇，并隶彭水"。故乾德三年时，黔州实领彭水、黔江、洪杜、洋水、信宁、都濡六县，而嘉祐后则领彭水、黔江二县。《宋史》卷89《地理志五》载黔州领二县同，则嘉祐至于北宋末黔州领二县不变。

《宋史》卷89《地理志五》思州条言，"思州，政和八年(1118)建，领务川、邛水、安夷三县。宣和四年(1122)，废州为城及务川县，以务川城为名，邛水、安夷二县皆作堡，并隶黔州"，则宣和四年后黔州又领务川一城，邛水、安夷二堡。

1. 彭水县(965—1126)

按：《元丰九域志》卷8黔州条言，"熙宁二年(1069)，改洋水寨为镇"。

---

① 按："元年"，《舆地广记》卷33同条同。《元丰九域志》卷8、《舆地通考》卷321大宁监条作"元年"，夔州条作"二年"，互歧。

2. 黔江县(965—1126)
3. 洪杜县(965—1062)
4. 洋水县(965—1062)
5. 信宁县(965—1062)
6. 都濡县(965—1062)

(三) 施州(965—1126)——治清江(今湖北恩施市)

《太平寰宇记》卷119施州条今亡佚。检新旧《唐书·地理志》、《元和郡县图志》、《元丰九域志》，施州均领清江、建始二县，故乾德三年施州亦当领清江、建始二县。又《宋史》卷89《地理志五》施州条言，广积监，"绍圣三年(1096)置，铸铁钱"。则北宋时施州领二县、一监。

1. 清江县(965—1126)
2. 建始县(965—1126)
3. 广积监(1096—1126)

(四) 忠州(965—1126)——治临江(今重庆忠县)

据《太平寰宇记》卷149，忠州领县五：临江、丰都、垫江、南宾、桂溪。新旧《唐书·地理志》所载五县同。据《元丰九域志》卷8忠州条载，熙宁五年以前亦领五县。故乾德三年时，忠州实领临江、丰都、垫江、南宾、桂溪五县。

《元丰九域志》卷8忠州条言，"乾德六年，以夔州龙渠镇隶州。开宝二年，置尉司"。尉司以南宾名，据《宋朝事实》卷19忠州条言，"乾德六年，以夔州龙渠镇属南宾县"，或以此得名。则开宝二年后忠州领五县及南宾一尉司。

《元丰九域志》卷8忠州条又言，"熙宁五年，省桂溪县入垫江"，则是年后忠州实领四县、一尉司。《舆地广记》卷33亦载忠州领四县。然《宋史》卷89《地理志五》咸淳府条言，北宋时忠州仅领三县，无丰都，南渡后增，则丰都或废于政和前后。

1. 临江县(965—1126)
2. 丰都县(965—?)
3. 垫江县(965—1126)
4. 南宾县(965—1126)
5. 桂溪县(965—1071)
6. 南宾尉司(969—1126)

(五) 万州(965—1126)——治南浦(今重庆万州区)

据《太平寰宇记》卷149，万州原领县三，今二：南浦、武宁。一县割出：梁山(置军)。新旧《唐书·地理志》亦载领三县。又，《太平寰宇记》梁山军条言，"梁山军，本万州梁山县。皇朝开宝三年，置屯田务，因建为梁山军，管梁山一县"。故乾德三年时万州实领南浦、武宁、梁山三县，而开宝三年后则领二县。

又,《宋史》卷89《地理志五》梁山军条言,"元祐元年(1086),还隶万州,寻复故"。则北宋时万州领二县不变。

1. 南浦县(965—1126)　　　　　2. 武宁县(965—1126)

(六) 开州(965—1126)——治开江(今重庆开县)

据《太平寰宇记》卷137,开州领县三:开江、万岁、新浦。新旧《唐书·地理志》同。《元丰九域志》卷8开州条言,"庆历四年(1044),省新浦县入开江"。故乾德三年,开州实领开江、万岁、新浦三县,而庆历四年后则领二县。

《宋史》卷89《地理志五》开州条言,清水县,"旧名万岁县,后改",未言何时。《宋朝事实》卷19言,"庆历四年,改万岁为清水县"。然《元丰九域志》卷8开州条仍为万岁县,则此说不可信。揆诸袁州万载县改名建城、吉州龙泉县改名泉江、虔州龙南县改名虔南、处州龙泉县改名剑川、衢州龙游县改名盈川、鼎州龙阳县改名辰阳、涪州武龙县改为枳县、邢州龙冈县改名邢台、龙州改名政州,均发生在徽宗一朝。又,《要录》卷43绍兴元年(1131)四月甲戌条中,庄绰言,"自大观以后,避龙、天、万载等字,更易州县名不当也",则万岁县改名清水,必在徽宗朝无疑。要之,北宋末,开州领开江、清水二县。

1. 开江县(965—1126)　　　　　县?—1126)
2. 万岁县(965—? 万岁县,清水　　3. 新浦县(965—1043)

(七) 通州,达州(964通州,965—1126达州)——治通川(今四川达州市)

据《太平寰宇记》卷137,达州原领县九,今七:通川、永穆、石鼓、新宁、巴渠、三冈、东乡。二县废:阆英(入石鼓)、宣汉(入东乡)。场一:宣汉井场。《新唐书》卷40《地理志四》所载领县同,则九县俱是唐时旧县。《元丰九域志》卷8言,"乾德五年,省阆英县入石鼓①,宣汉县入东乡"。又言,"唐通州,皇朝乾德三年②,改达州"。此应为平蜀之后事,当以淮南有通州之故,则平蜀前仍为通州。要之,乾德三年时,通州实领通川、永穆、石鼓、新宁、巴渠、三冈、东乡、阆英、宣汉九县,乾德五年后则领七县。

《元丰九域志》卷8达州条言,明通院,"伪蜀催科税赋之地,皇朝因之"。然《太平寰宇记》卷137通州条无明通院,仅有宣汉井场。此场在《元丰九域

---

① 按:《宋朝事实》卷19达州条言,"乾德五年,省阆英县入新宁",与《元丰九域志》异。检《太平寰宇记》卷137、《宋会要·方域》7之9均同《元丰九域志》,今不取《宋朝事实》。
② 按:通州改达州之时间,《舆地广记》卷33、《宋史》卷89、《宋朝事实》卷19同条同《元丰九域志》,《长编》卷6言在乾德三年正月,《太平寰宇记》言在乾德二年,误。

志》中仅为明通院下辖三场之一,或《太平寰宇记》所记为蜀国割据前事。

《元丰九域志》卷 8 达州条又言,"熙宁六年省三冈县,七年省石鼓县,分隶通川、新宁、永睦三县"。《宋史》卷 89《地理志五》同,则熙宁七年后迄北宋末达州实领五县、一院。

1. 通川县(965—1126)　　　　　999—1126 永睦县)
2. 永穆县(965—998 永穆县,

按:"永穆",《元丰九域志》作"永睦"。《宋史》卷 89《地理志五》同条言,永睦县,"隋永穆县,今改",则改永睦,当是入宋后事。又,《清一统志》卷 408 绥定府永穆废县条言,永穆县,咸平二年(999)改曰永睦。

3. 石鼓县 (965—1073)

《宋会要·方域》7 之 9 言,"石鼓县,至道三年(997),移治新安市"。

4. 新宁县(965—1126)　　5. 巴渠县(965—1126)

按:《宋会要·方域》7 之 9 言,"巴渠县,乾德三年,移治江西风乐坝"。

6. 三冈县 (965—1072)

按:《宋会要·方域》7 之 9 言,"三冈县,(乾德)三年,移治索心市"。

7. 东乡县(965—1126)　　9. 宣汉县 (965—966)
8. 阆英县 (965—966)　　10. 明通院(965—1126)

(八)涪州(965—1126)——治涪陵(今重庆涪陵区)

据《太平寰宇记》卷 120,涪陵领县四:涪陵、宾化、武龙、乐温。《新唐书》卷 40《地理志四》载涪州领县五,多温山一县。又,《元丰九域志》卷 8 涪陵条言,"熙宁三年①,省温山县为镇入涪陵"。《太平寰宇记》失书。故乾德三年时,涪州实领涪陵、宾化、武龙、乐温、温山五县,而熙宁三年后领四县。

《元丰九域志》卷 8 涪州条言,"嘉祐八年,省宾化县入隆化②。熙宁七年,以隆化县隶南平军"。则熙宁七年后涪州实领三县。《宋史》卷 89《地理志五》亦载领三县,则北宋后期涪州仍领三县。

1. 涪陵县(965—1126)
2. 武龙县(965—1118 武龙县,1119—1126 枳县)

---

① 按:《舆地广记》卷 33、《宋朝事实》卷 19、《文献通考》卷 321 同条同,言在三年。《舆地纪胜》卷 174 同条引《国朝会要》言在七年,稍异。
② 按:涪州初无隆化,检《舆地广记》卷 33 南平军条言,"隆化县,唐正(贞)观十一年置,属涪州。先天元年(712),改宾化。后复故名"。则知隆化即宾化,嘉祐八年之举,实为复隆化之旧名。《元丰九域志》有误。

按：《宋史》卷89《地理志五》涪州条言，"宣和元年①，改武龙县为枳县"。
3. 乐温县(965—1126)　　　　4. 温山县(965—1069)

（九）渝州(965—1101渝州,1102—1126恭州)——治巴县(今重庆巴南区北)

据《太平寰宇记》卷136,渝州原领县五,今四：巴县、江津、南平、璧山。一县废：万寿(并入江津)。《元和郡县图志》、《新唐书》卷42《地理志六》亦载领五县。《太平寰宇记》璧山县条言,"万寿县,皇朝平蜀后,废入江津县"。故乾德三年时,渝州实领巴县、江津、南平、璧山、万寿五县。

《宋会要·方域》7之9言,"万寿县,乾德五年,废隶江津县"。《元丰九域志》卷8渝州条言,"雍熙三年(986),省南平县并入江津",则雍熙三年后渝州实领三县。

《宋史》卷89《地理志五》重庆府条言,"庆历八年,以黔州羁縻南、溱二州来隶。皇祐五年(1053),以南州置南川县。熙宁七年,以南川县隶南平军",则熙宁七年时渝州仍领三县如故。

又,《长编》卷174皇祐五年二月己亥条言,"夔州路转运司请升南川为怀化军,并三溪入南川县,以朝臣为军使,兼知南川县,置簿、尉各一员。从之"。此条可补《宋史》卷89《地理志五》之不足。

《宋史》卷89《地理志五》重庆府条言,渝州,"崇宁元年,改恭州"。
1. 巴县(965—1126)　　　　2. 江津县(965—1126)

按：《宋史》卷89《地理志五》言,江津县,"乾德五年,移治马骏镇"。

3. 南平县(965—985)　　　　5. 万寿县(965—966)
4. 璧山县(965—1126)

（十）云安军(973—1126)——治云安(今重庆云阳县)

《元丰九域志》卷8云安军条言,"开宝六年②,以夔州云安县置军,治云安县",则是年后云安军实领云安一县。

又,《资治通鉴》卷277后唐长兴二年(931)三月庚申载,李仁罕"陷云安监"。其下有注言,"其地产盐,故置监",则云安监至迟于后唐时已置。据《元

---

① 按：《元丰九域志》卷8、《宋史》卷89、《文献通考》卷321同条同《宋会要·方域》。《宋朝事实》卷19、《舆地广记》卷33同条言在宣和三年,稍异。
② 按："开宝六年",《宋会要·方域》7之9、《宋史》卷89、《文献通考》卷321同条同。《舆地纪胜》卷182同条引《长编》言在开宝七年。然检《长编》,系此事于开宝六年正月甲子,则《舆地纪胜》误。又,《太平寰宇记》卷147同条言在乾德二年,时宋尚未伐后蜀,显误,不取。

丰九域志》所载,云安监属云安军,与云安县等。故开宝六年云安军又领云安一监。

《元丰九域志》卷8云安军条言,"熙宁四年,以云安监户口析置安义县。八年,户口还隶云安县,复为监",则安义县八年废。

《宋史》卷89《地理志五》云安军条所载领县、监同,则北宋时云安军领一县、一监。

1. 云安县(965—1126)
2. 安义县(1071—1074)
3. 云安监(965—1126)

(十一) 梁山军(970—1085,1086—1126)——治梁山(今重庆梁平县)

《元丰九域志》卷8梁山军条言,"开宝三年,以万州石氏屯田务置军",又,"以万州梁山县隶军","熙宁五年,又析忠州桂溪县地益焉",则梁山军设置后领梁山一县。

《宋史》卷89《地理志五》梁山军条言,"元祐元年,还隶万州,寻复故"。

梁山县(965—1126)

(十二) 南平军(1074—1126)——治南川县(治在今重庆綦江区东溪镇附近)

《元丰九域志》卷8南平军条言,"熙宁七年,诏收西南蕃部,以渝州南川县铜佛坝地置军,治南川县"。又言,"熙宁七年,以涪州隆化县隶军,仍省渝州南川县为镇入焉。元丰元年(1078),复置南川县",则元丰元年后南平军实领南川、隆化二县。

《宋史》卷89《地理志五》南平军条言,"溱溪寨,本羁縻溱州,领荣懿、扶欢二县。熙宁七年招纳,置荣懿等寨,隶恭州,后隶南平军。大观二年(1108),别置溱州及溱溪、夜郎两县。宣和二年,废州及县,以溱溪寨为名,隶南平军",则宣和二年后南平军又领溱溪一寨。

《宋史》卷89《地理志五》播州条言,"大观二年,南平夷人杨文贵等献其地,建为州,领播川、琅川、带水三县。宣和三年,废为城,隶南平军"。又据《舆地纪胜》卷180播州条言,播州废为播川城,则宣和三年后,南平军又领播川一城。又,"南平夷人杨文贵",《舆地纪胜》作"播州夷"、"杨光荣"。检《舆地广记》卷33遵义军遵义县条,该条言,"唐衰,播州为杨氏两族所分据,一居播川,一居遵义,以仁江水为界。其后居播川者曰光荣,得唐所给铜牌;居遵义者曰文贵,得州铜印。皇朝大观二年,两族各献其地,皆自以为播州。议者以光荣为族长,重违其意,乃以播川立州,遵义立军焉"。则《宋史》卷89《地理志五》所记有误,当从《舆地纪胜》。

1. 南川县(1053—1073,1078—1126)

按:《宋史》卷89《地理志五》重庆府条言,"庆历八年,以黔州羁縻南、溱二州来隶。皇祐五年,以南州置南川县"。

2. 宾化县(965—1062 宾化县,1063—1126 隆化县)

按:详见涪州条论证。

(十三) 大宁监(973—1126)——治大昌(今重庆巫山县大昌镇)

《元丰九域志》卷8大宁监条言,"开宝六年,以夔州大昌县盐泉所置监。端拱元年(988),以夔州大昌县隶监","治大昌县",则端拱元年后大宁监领大昌一县。

又,《宋史》卷89《地理志五》大宁监大昌县条言,"旧在监南六十里,嘉定八年,徙治水口监"。或大宁监元丰后复移治盐泉所旧址。

大昌县(965—1126)

(十四) 珍州(1108—1126)——治乐源(今贵州正安县西南)

《宋朝事实》卷19珍州条言,"大观二年,大骆解上下族帅骆世华、骆文贵献地东西四百五里,南北三百五十一里,以其地为珍州,亦曰乐源郡,复立乐源县,为州治焉"。《读史方舆纪要》卷70真安州废珍州条言,"大观中,复置珍州,移于今治",治在真安州"西南四十里"处。

又,《宋史》卷89《地理志五》珍州条言,"(承州)本羁縻夷州。大观三年,酋长献其地,建为承州,领绥阳、都上、义泉、宁夷、洋川五县。宣和三年,废州及都上等县,以绥阳隶珍州。遵义寨,大观二年,播州杨文贵献其地,建遵义军及遵义县。宣和三年,废军及县,以遵义寨为名,隶珍州",则宣和三年后,珍州领乐源、绥阳二县及遵义一寨。

1. 乐源县(1108—1126)　　　　　2. 绥阳县(1109—1126)

第十八章 广南东路州县沿革

(一) 广州(971—1126)——治南海、番禺(今广东广州市)

据《太平寰宇记》卷157,广州原领县十三,今八:南海、增城、怀集、清远、东莞、四会、新会、信安。三县废:番禺(入南海)、浈水(入怀集)、化蒙(入四会)。二县割出:洽洭(入浈州)、浈阳(同上)。

据《元和郡县图志》、《新唐书》卷43上《地理志七上》所载,上引所列十三县中,除咸宁、常康外,均唐时旧县。

又,《太平寰宇记》南海县条言,"南海县,本汉番禺县,属南海郡,分番禺置此。先是,广州伪命日,析南海郡(县)为常康、咸宁二县及永丰、重合二场。皇朝平南越,开宝六年(973)①,并二县、二场依旧为南海县,并废番禺县入"。故咸宁、常康二县俱五代时置。开宝四年时,广州领有常康、咸宁、番禺三县,而无南海县。

《元丰九域志》卷9广州条言,"(开宝)五年,省四会县入南海,东莞县入增城,义宁县入新会,游(浈)水入怀集。六年,复置四会、东莞、义宁三县,省化蒙入四会"。则浈水、化蒙二县开宝四年仍存。

又,《元丰九域志》卷9广州条言,"开宝四年,改洽洭县为洽光,以隶连州"。《太平寰宇记》卷160英州条言,"英州,本广州浈阳县地。广南伪汉乾和五年(947),于此置英州"。则二县分别割属连、英二州,《太平寰宇记》言二县割属浈州,并误。浈州,即后之惠州,查诸志惠州条无此事。综上所述,知开宝四年时广州已不领浈阳县,然尚领洽洭县。

又,《太平寰宇记》信安县条言,义宁,"皇朝太平兴国二年(977),改为信安县"。《元丰九域志》言在元年,稍异。故开宝四年时,信安尚名义宁。

总之,开宝四年时,广州实领咸宁、常康、番禺、义宁、增城、怀集、清远、东莞、新会、四会、浈水、化蒙、洽洭十三县,治咸宁、常康二县(今广东广州市)。太平兴国二年时,广州领南海、信安、增城、怀集、清远、东莞、新会、四会八县,

---

① 按:《元丰九域志》卷9广州条系此事于五年。

治南海。

《元丰九域志》卷 9 广州条言,"皇祐三年(1051),复置番禺县。熙宁五年(1072),以信安县隶新州。六年,以四会县隶端州",则元丰八年(1085)时广州实领番禺等七县,治南海、番禺(今广东广州市)。

《宋史》卷 90《地理志六》广州条言,新州新兴县信安镇,"元祐元年(1086),复为县。绍圣元年(1094),复省为镇,后复为县,还隶广州"。《舆地广记》卷 35 载广州领七县,无信安,则信安镇复为县恐是政和以后事。要之,北宋徽宗时广州领八县。

1. 咸宁县(971—972)
2. 常康县(971—972)
3. 南海县(973—1126)
4. 番禺县(971—972,1051—1126)
5. 义宁县(971,973—976 义宁县,977—1126 信安县)

按:《清一统志》卷 448 肇庆府信安废县条引县志言:"在县东北一百里。今县东有古州墟,盖即宋时迁理之东溪也。"

6. 增城县(971—1126)
7. 怀集县(971—1126)
8. 清远县(971—1126)
9. 东莞县(971,973—1126)

按:《清一统志》卷 441 广州府东莞县条言:"宋开宝六年,移置东莞县于今治。"

10. 新会县(971—1126)
11. 浈水县(971)
12. 化蒙县(971—972)

(二) 韶州(971—1126)——治曲江(今广东韶关市)

据《太平寰宇记》卷 159,韶州原领县六,今三:曲江、乐昌、翁源。一县废:仁化(入乐昌)。二县割出:浈昌、始兴(入南雄州)。原领六县,新旧《唐书·地理志》、《元和郡县图志》所载同,则六县俱是唐时旧县。

《太平寰宇记》言,"伪乾和二年,割浈昌、始兴二县置雄州"。同书卷 160 南雄州条言在四年,稍异。然《元丰九域志》韶州、南雄州条均言,"开宝四年,以始兴县隶南雄州"。《宋会要·方域》7 之 16、《宋朝事实》卷 19、《文献通考》卷 323 南雄州条同。如诸书记载不误,则南汉乾和后又曾将始兴县复还隶韶州,南雄州于开宝四年平广南前实领浈昌一县。

又,《太平寰宇记》乐昌县条言,废仁化县,"皇朝开宝六年,并入乐昌县"。故开宝四年时韶州实领曲江、乐昌、翁源、仁化、始兴五县,而六年则领曲江、乐昌、翁源三县。

《宋史》卷 90《地理志六》韶州条言,仁化县,"咸平三年(1000),复置"。

《元丰九域志》卷9、《舆地广记》卷35、《宋朝事实》卷19同。然《舆地纪胜》卷90引《国朝会要》将复置仁化县事系于四年,稍异。据此,咸平三年时韶州实领仁化等四县。

《舆地广记》卷35韶州条言,"建福县,皇朝崇宁元年(1102)[1],以岑水场析曲江、翁源置",则是年后韶州实领建福等五县。

又,《宋史》卷90有永通监。《长编》卷165庆历八年(1048)九月癸亥条言,"三司言韶州天兴场铜大发,岁采二十五万斤,请置监铸钱,诏以为永通监(注云:赐名永通在皇祐元年(1050)二月,今从本志并书)"。

《舆地纪胜》卷90韶州条引《国朝会要》言,"咸平二年,徙治浈水西善政坊"。《宋会要·方域》7之13系于三年。

1. 曲江县(971—1126)　　　　3. 翁源县(971—1126)
2. 乐昌县(971—1126)

按:《清一统志》卷444韶州府翁源故城条言:"宋淳化中,迁下窖,在今县北五十里,址漫。景祐五年(1038),迁曲江县界濛瀼驿,在今县西北九十五里。"

4. 仁化县(971—972,1000—1126)

按:《清一统志》卷444韶州府仁化故城条言:"咸平三年复置,乃改建于光泽乡,即今治也。"

5. 建福县(1102—1126)　　　　6. 永通监(1049—1126)

(三) 循州(971—1126)——治龙川(今广东龙川县佗城)

《太平寰宇记》卷159循州条言,"唐末刘𬬮割据,伪号乾宁元年(894),分归善、博罗、海丰、河源四县为浈州。今只领龙川、兴宁二县"。据此,开宝四年循州领龙川、兴宁二县。又,循州与浈州之关系,浈州条可参考。

《元丰九域志》卷9循州条言,"熙宁四年[2],析兴宁县地置长乐县",则是年后循州实领长乐等三县。《宋史》卷90《地理志六》亦载领三县,则北宋后期循州领三县不变。

1. 龙川县(971—1120龙川县,1121—1126雷乡县)

按:《宋史》卷90《地理志六》循州条言,"宣和三年(1121),改龙川曰雷乡。

---

[1] 按:《宋朝事实》卷19同《舆地广记》。《宋会要·方域》7之13系于是年闰六月二十二日。然《宋史》卷90及《文献通考》系于宣和三年,恐有误。今从《舆地广记》。

[2] 按:《宋会要·方域》7之13、《宋史》卷90、《舆地广记》卷35、《宋朝事实》卷19同《元丰九域志》。《舆地纪胜》卷91引《国朝会要》言在五年。

绍兴元年(1131)复旧"。

2. 兴宁县(971—1126)

按:《清一统志》卷456嘉兴故城条言:"南汉刘䶮移旧县西六十里,地名长乐,即今长乐县也。宋天禧二年,移还故县,即今治。"①

3. 长乐县(1070—1126)

按:《清一统志》卷456嘉应州长乐故城条引新志言,"在今县东北二里,紫金山之北"。

(四) 潮州(971—1126)——治海阳(今广东潮州市)

据《太平寰宇记》卷158,潮州原领县三,今二:海阳、潮阳。一县割出:程乡(为梅州)。《太平寰宇记》卷160言,"梅州,本潮州程乡县。广南伪汉乾和三年,升为敬州,仍领程乡县。皇朝开宝四年,平广南,以名犯国讳,改为梅州",故开宝四年时潮州领海阳、潮阳二县。

《元丰九域志》卷9潮州条言,"熙宁六年,废梅州,以程乡县隶州。元丰五年(1082),程乡县复梅州"。

《宋会要·方域》7之16言,"宣和六年五月二十日,诏割潮州海阳县光德、太平、怀德三乡置揭阳县"。然《宋史》卷90、《文献通考》卷318潮州条均言在三年。要之,宣和末潮州实领揭阳等三县。

1. 海阳县(971—1126)　　　3. 揭阳县(1124—1126)
2. 潮阳县(971—1126)

(五) 连州(971—1126)——治桂阳(今广东连州市)

据《太平寰宇记》卷117,连州原领县三:桂阳、阳山、连山。新旧《唐书·地理志》、《元和郡县图志》、《元丰九域志》同条同。故开宝四年时连州领桂阳、阳山、连山三县。

《元丰九域志》卷9连州条言,"开宝四年,以广州浛光县隶州。六年,以浛光县隶英州",则是年连州仍领三县如故。《宋史》卷90《地理志六》所载领县同,则北宋时连州领三县不变。

1. 桂阳县(971—1126)　　　3. 连山县(971—1126)
2. 阳山县(971—1126)

---

① 按:《宋会要·方域》7之13言,"兴宁县,天禧二年,移治长乐旧址",《宋史》卷90作"天禧三年",均异于《清一统志》。然《清一统志》所据为《太平寰宇记》、《舆地纪胜》,《宋会要》、《宋史》恐有误。

(六) 敬州,梅州(970敬州,971—1072,1082—1126梅州)——治程乡(今广东梅州市)

《太平寰宇记》卷160言,"梅州,本潮州程乡县。广南伪汉乾和三年,升为敬州,仍领程乡县。皇朝开宝四年,平广南,以名犯国讳,改为梅州",则开宝四年敬州改梅州,领程乡一县。

《元丰九域志》卷9潮州条言,"熙宁六年,废梅州,以程乡县隶州。元丰五年,程乡县复梅州"。《宋史》卷90《地理志六》所载领县同,则北宋时梅州领程乡一县。

程乡县(971—1126)

(七) 雄州,南雄州(970雄州,971—1126南雄州)——治保昌(今广东南雄市)

《太平寰宇记》言,"伪乾和二年,割浈昌、始兴二县置雄州"。同书卷160南雄州条言在四年,稍异。然《元丰九域志》韶州、南雄州条均言,"开宝四年,以始兴县隶南雄州"。《宋会要·方域》7之16、《宋朝事实》卷19、《文献通考》卷323南雄州条同。如诸书记载不误,则南汉乾和后又曾将始兴复还隶韶州,南雄州于开宝四年平广南前实领浈昌一县,同年平广南后增领始兴县。《宋史》卷90《地理志六》所载领县同,则北宋时南雄州领二县不变。

《元丰九域志》卷9南雄州条言,"伪汉雄州,皇朝开宝四年,以河北路有雄州,加'南'字"。

1. 浈昌县(971—1021浈昌县,1022—1126保昌县)

按:《舆地纪胜》卷93南雄州保昌县条引《图经》言,"后避仁宗嫌名改曰保昌"。据《元丰九域志》卷9英州条言,"乾兴元年(1022),改浈阳县为真阳"。则浈昌之改保昌亦当在此时。

2. 始兴县(971—1126)

(八) 英州(971—1126)——治真阳(今广东英德市)

《太平寰宇记》卷160英州条言,"英州,本广州浈阳县地。广南伪汉乾和五年,于此置英州",则开宝四年时英州实领浈阳一县。

《元丰九域志》卷9英州条言,"开宝六年,以连州洭光县隶州",则是年后英州领浈阳、洭光二县。《宋史》卷90《地理志六》所载领县同,则北宋时英州领二县不变。

1. 浈阳县(971—1021浈阳县,1022—1126真阳县)

按:《元丰九域志》卷9英州条言,"乾兴元年,改浈阳县为真阳"。又,《清一统志》卷444广州府浈阳故城条引县志言:"古英州城,五代南汉置,在今城北一里大庆山,宋迁今治。"

2. 洭浧县(970洭浧县,971—1126洭光县)

按:《元丰九域志》卷9广州条言,"开宝四年,改洭浧县为洭光"。

(九) 贺州(971—1126)——治临贺(今广西贺州市八步区贺街镇)

据《太平寰宇记》卷161,贺州原领县六,今三:临贺、富川、桂岭。三县废:荡山(入临贺)、封阳(入临贺)、冯乘(入富川)。《元丰九域志》卷9贺州条言,"开宝四年,省荡山、封阳二县,宝城场入临贺,冯乘县入富川"。故是年得广南前贺州实领临贺、富川、桂岭、荡山、封阳、冯乘六县,同年平广南后领临贺、富川、桂岭三县。《宋史》卷90《地理志六》贺州条领县同,又言,贺州,"本属东路。大观二年(1108)五月,割属西路",则北宋时贺州领三县不变。

1. 临贺县(971—1126) 4. 荡山县(970)
2. 富川县(971—1126) 5. 封阳县(970)
3. 桂岭县(971—1126) 6. 冯乘县(970)

(十) 封州(971—1126)——治封川(今广东封开县东南封川)

据《太平寰宇记》卷164,封州领县二:封川、开建。新旧《唐书·地理志》、《元和郡县图志》、《元丰九域志》同,故开宝四年封州实领封川、开建二县。

《元丰九域志》卷9封州条言,"开宝五年,省开建入封川,六年复置"。《宋史》卷90《地理志六》同,则北宋时封州领二县如故。

1. 封川县(971—1126) 2. 开建县(971,973—1126)

(十一) 端州(971—1112端州,1113—1117兴庆府,1118—1126肇庆府)——治高要(今广东肇庆市)

据《太平寰宇记》卷159,端州原领县二,今一:高要。一县废:平兴(入高要)。上引高要县条言,废平兴县,"皇朝开宝五年,入高要县"。故开宝四年,端州实领高要、平兴二县,而五年则领高要一县。

《元丰九域志》卷9端州条言,"熙宁六年,以广州四会县隶州",是年后端州实领二县。《宋史》卷90《地理志六》载领县同,则北宋后期端州肇庆府领二县不变。

《宋史》卷21《徽宗纪三》言,政和三年(1113)十一月癸未,"升端州为兴庆府"。《宋会要·方域》5之7言,"政和八年,改为肇庆府"。

1. 高要县(971—1126)
2. 平兴县(971)
3. 四会县(971—1126)

(十二) 新州(971—1126)——治新兴(今广东新兴县)

据《太平寰宇记》卷163，新州原领县三，今一：新兴。二县废：孛（索）卢（旧废）、永顺（今并入新兴）。《新唐书》卷43上《地理志七上》新州新兴县条言，"乾元后，又省索卢"。《元丰九域志》卷9新州条言，"开宝五年，省永顺县，入新兴"。故开宝四年时，新州实领新兴、永顺二县，而五年则领一县。

《宋史》卷90《地理志六》广州条言，新州新兴县信安镇，"元祐元年，复为县。绍圣元年，复省为镇，后复为县，还隶广州"。检《舆地广记》卷35，广州领七县，无信安，则信安镇复为县还隶广州恐是政和以后事。要之，元祐时新州尚领信安一县。

1. 新兴县(971—1126)

按：《宋史》卷90广州条言，"咸平六年，移治州城西"。《清一统志》卷448肇庆府废新州条引旧志言，"新兴旧县，在今县东五十步"。

2. 永顺县(971)

(十三) 康州(971,973—1126)——治端溪(今广东德庆县)

《元丰九域志》卷9康州条言，"开宝五年，省悦城、晋康、都城三县入端溪，以端溪县隶端州，寻还隶。六年，废泷州，以泷水县隶州"。则开宝五年康州废而复置后仅领端溪一县。六年泷州废，所领四县开阳、建水、镇南、泷水，并为泷水一县，隶康州。故太平兴国四年时康州实领端溪、泷水二县。废泷州事参见该条论证。《宋史》卷90《地理志六》所载领县同，则北宋时康州仍领二县。

1. 端溪县(971—1126)
2. 悦城县(971)
3. 晋康县(971)
4. 都城县(971)
5. 泷水县(971—1126)

(十四) 恩州，南恩州(971—1047 恩州，1048—1126 南恩州)——治阳江(今广东阳江市)

《元丰九域志》卷9恩州条言，"开宝五年①，废春州，以阳春县隶州，废恩

---

① 按：废恩平、杜陵二县之时间，《宋朝事实》卷19南恩州条同《元丰九域志》，言在五年。《太平寰宇记》卷158恩州条言在六年，《文献通考》卷323南恩州条言在九年，《舆地纪胜》卷98南恩州条言在元年，显误。今从《元丰九域志》。

平、杜陵二县入阳江。六年,复置春州,阳春县复隶焉"。故开宝四年恩州实领阳江、恩平、杜陵三县,五年领阳江、阳春二县,六年则仅领阳江一县。

《元丰九域地》卷9恩州条言,"庆历八年,以改河北路贝州为恩州,加'南'字"。又,卷10春州条言,"熙宁六年,又废,省铜陵县入阳春,隶南恩州",则是年后南恩州实领阳春等二县。《宋史》卷90《地理志六》所载领县同,则北宋后期南恩州领二县不变。

1. 阳江县(971—1126)
2. 恩平县(971)
3. 杜陵县(971)
4. 阳春县(971—1126)

(十五)浈州,惠州(971—1019浈州,1020—1126惠州)——治归善(今广东惠州市)

《太平寰宇记》卷160言,"惠州,本循州之旧理也。广南伪汉刘䶮乾亨元年(979),移循州雷乡县,于此置浈州,仍割循州之归善、博罗、海丰、河源四县以属之"。又,《元丰九域志》同条亦领四县,故开宝四年时,浈州实领归善、博罗、海丰、河源四县。

《宋会要·方域》7之16言,"惠州,旧州名同仁宗庙讳,天禧五年改"。《元丰九域志》卷9、《宋朝事实》卷19同条同。《文献通考》卷323同条系于四年。《长编》言,天禧四年三月戊辰,"改祯(浈)州为惠州",今从《长编》。

1. 归善县(971—1126)
2. 博罗县(971—1126)
3. 海丰县(971—1126)
4. 河源县(971—1126)

第十九章　广南西路州县沿革

（一）桂州(971—1126)——治临桂(今广西桂林市)

据《太平寰宇记》卷162，桂州原领县十，今县十一、场一：临桂、灵川、兴安、阳朔、永福、修仁、理定、慕化、荔浦、永宁、义宁（新置）县，古县场（新置）。

上引义宁县条言，"晋天福八年(943)，析灵川县归义为场，复升为义宁县"。

又，上引古县场条言，"唐乾宁二年(895)，分慕化县三[①]里一乡为古县场"。然《新唐书》卷43上《地理志七上》桂州条言，"古县，乾宁二年，析慕化置"，无"场"字。《元丰九域志》卷9载，桂州所辖有古县，未言何时由场改县。未知孰是，姑从《新唐书》。

又，《元丰九域志》言，"太平兴国元年(976)，改全义县为兴安"。《文献通考》卷323桂州条言，"永宁，唐丰水县，梁改"。则开宝四年(971)时，桂州实领临桂、灵川、全义、阳朔、永福、修仁、理定、慕化、荔浦、永宁、义宁、古县十二县，而太平兴国元年后领兴安等十二县。

《元丰九域志》卷9桂州条言，"嘉祐六年(1061)，省慕化县为镇入临桂。熙宁四年(1071)，省永宁、修仁二县为镇入荔浦。元丰元年(1078)，复置修仁县"，则元丰元年后桂州实领十县。

《宋史》卷90《地理志六》静江府条言，荔浦县永宁镇[②]，"元祐元年(1086)复"。又，《岭外代答》卷1融州兼广南西路兵马都监条言，"大观初，置融州为黔南经略使，所管皆夷州，帅府地狭，割柳之柳城、宜之天河、桂之古县以益之，厥后罢融为郡，三县复仍其旧"。罢帅府，据《宋史》卷90《地理志六》融州条，在大观三年(1109)，则大观三年后桂州实领永宁、古县等十一县。

1. 临桂县(971—1126)
2. 灵川县(971—1126)
3. 全义县（971—975 全义县，976—1126 兴安县）

[①] 按："三"，光绪八年(1882)金陵书局本作"之"。今据文渊阁本《太平寰宇记》改。

[②] 按：永宁镇，《长编》元祐元年六月己酉条作"永宁场"。

4. 阳朔县(971—1126)

5. 永福县(971—1126)

6. 修仁县(971—1070,1078—1126)

7. 理定县(971—1126)

按：《清一统志》卷461桂林府理定故城条引旧志言，"理定故城，在永福西南四十里，宋迁治上清音驿，在今县西北"。

8. 慕化县(971—1060)

9. 荔浦县(971—1126)

10. 永宁县(971—1070,1086—1126)

11. 义宁县(971—1126)

12. 古县(971—1126)

(二) 容州(971—1126)——治普宁(今广西容县)

据《太平寰宇记》卷167，容州原领县六，今三：北流、普宁、陆川。三县废：欣道(入普宁)、渭龙(同上)、陵城(入北流)。《元丰九域志》卷9言，"开宝五年，省欣道、渭龙二县并绣州入普宁，省陵城县并禺州入北流，废顺州入陆川"，则开宝四年容州实领普宁、北流、陆川、欣道、渭龙、陵城六县，而五年后容州实领普宁、北流、陆川三县。《宋史》卷90《地理志六》所载领县同，则北宋时容州领三县不变。

1. 普宁县(971—1126)

2. 北流县(971—1126)

3. 陆川县(971—1126)

按：《宋史》卷90《地理志六》容州条言，陆川县，"开宝九年，移治公平。淳化五年，又徙治于旧温水县"。

4. 欣道县(971)

5. 渭龙县(971)

6. 陵城县(971)

(三) 邕州(971—1126)——治宣化(今广西南宁市南)

据《太平寰宇记》卷166，邕州原领县八，今五：宣化、乐昌、武缘、如和、上林。三县废：朗宁(入宣化)、思笼(入如和)、封陵(入武缘)。

《元丰九域志》卷9邕州条言，"开宝五年，省朗宁县入宣化、封陵县入武缘、思龙县入如和①，改晋兴县为乐昌，又废澄、宾二州，以上林、岭方二县隶州。六年，复置宾州，岭方复隶焉"，则朗宁、思笼(龙)、封陵三县开宝四年尚存，乐昌县开宝四年名晋兴。

又，新旧《唐书·地理志》、《元和郡县图志》载邕州领七县，无上林县。据上

---

① 按："思龙入如和"，《宋朝事实》卷19邕州条作"入宣化县"，《舆地广记》卷36同。然《太平寰宇记》卷166、《宋会要·方域》7之17邕州条均同《元丰九域志》，今从之。又，澄州事参见废澄州条论证。

引《元丰九域志》,该县原属澄州,澄州废,改隶邕州,则唐诸志是。《太平寰宇记》邕州条"上林"下脱"自澄州割到"数字,有误。故开宝四年,邕州实领宣化、晋兴、武缘、如和、朗宁、思笼、封陵七县,六年则领宣化、乐昌、武缘、如和、上林五县。

《元丰九域志》卷9邕州条言,"端拱三年(990),以上林县隶宾州。景祐三年(1036),省如和县入宣化,乐昌县入武缘",则景祐三年后邕州实领宣化、武缘二县。

该条又言,慎乃场,"熙宁六年置,金场",又有太平寨,未言何时置。检《武经总要·前集》卷20邕州条,"置四寨守之,太平寨、迁龙寨、永平寨、南平寨",则知庆历以前已有太平寨。又,《宋史》卷90《地理志六》邕州条言,"旧领永平、太平、古万、横山四寨",与《武经总要》不同。又,"慎乃"作"镇乃"。则熙宁时邕州实领二县、一寨、一场。

《宋史》卷90《地理志六》兖州条言,"政和四年(1114),置隆州、兖州并兴隆县、万松县。宣和三年(1121),废隆州及兴隆县为威远寨,兖州及万松县为靖远寨。二州先置思忠、安江、凤怜、金斗、朝天等五寨并废,各隶新寨,仍并隶邕州",则宣和三年后邕州又领威远、靖远二寨。

《清一统志》卷471南宁府晋兴故城条引《明一统志》言,"邕州故城在今府城南二里。宋皇祐中,平侬智高,始移治江北"。

1. 宣化县(971—1126)

按:《元一统志》卷10邕州路宣化县条言,治平四年(1067),以"宾州上林县止戈乡隶于本县"。

2. 晋兴县(971 晋兴县,972—1035 乐昌县)

3. 武缘县(971—1126)

按:《清一统志》卷471南宁府武缘废县条言,"在宣化县东。宋景祐中,始移治乐昌县界"。

《元一统志》卷10武缘县条言,"治平四年,割本县上东、下南隶宣化,即以宣化之永宁乡、武颙里及宾州上林县止戈乡隶本县"。

4. 如和县(971—1035)　　6. 思笼县(971)
5. 朗宁县(971)　　　　　　7. 封陵县(971)

(四)融州(971—1126)——治融水(今广西融水苗族自治县)

据《太平寰宇记》卷166,融州原领县二,今三:融水、武阳、罗城(新割到)。上引罗城县条言,"皇朝开宝五年割到"。又《元丰九域志》卷9融州条言,"开宝五年,以桂州之珠川洞地置罗城县",故开宝四年融州实领融水、武阳二县,而五年增领罗城县。

《元丰九域志》卷9融州条言,"熙宁七年,省武阳、罗城二县为镇入融水"。又,融江寨、临溪堡、文村堡、浔江堡,并"元丰七年(1084)置"。则元丰七年后融州实领融水一县,融江一寨,临溪、文村、浔江三堡。

《宋史》卷90《地理志六》平州条言,"崇宁四年(1105)三月,王江古州蛮户纳土,于王口寨建军,以怀远为名,割融州融江、文林、浔江、临溪四堡寨并隶军。寻改怀远军为平州,仍置倚郭怀远县",则崇宁四年后融州不领四堡寨。

又,上引《宋史》卷90《地理志六》庆远府条言,"大观元年(1107)六月,以天河县并德谨寨、堰江堡隶融州。靖康元年(1126)九月,复来隶"。然据桂州条所引《岭外代答》及《宋史》卷90《地理志六》融州条知,大观三年天河县已复隶宜州,则大观三年后迄于北宋末融州仍领融水一县。

1. 融水县(971—1126)
2. 武阳县(971—1073)
3. 罗城县(972—1073)

(五) 象州(971—1126)——治阳寿(今广西象州县)

据《太平寰宇记》卷165,象州领县三:阳寿、武化、武仙。《新唐书》卷43上《地理志七上》、《元和郡县图志》所载三县同。《旧唐书》卷41《地理志四》载四县,多武德一县。然《新唐书》卷43上《地理志七上》象州阳寿县条言,"天宝元年(742),省武德入阳寿"。又,《元丰九域志》卷9象州条言,"开宝七年,废严州,以来宾县隶州"。又据《宋会要·方域》7之18载,"武化县,开宝七年废隶来宾县"。则开宝四年象州领阳寿、武化、武仙三县,而七年后象州实领来宾等三县。严州事,废严州条论证可参考。

《宋史》卷90《地理志六》象州条言,武化县,"元祐元年(1086)复",则是年后象州实领武化等四县。

1. 阳寿县(971—1126)
2. 武仙县(971—1126)
3. 武化县(971—973,1086—1126)
4. 来宾县(971—1126)

(六) 昭州(971—1126)——治平乐(今广西平乐县西南)

据《太平寰宇记》卷163,昭州原领县三,今二:平乐、恭城。一县废:永平(并入平乐)。《元丰九域志》卷9昭州条言,"开宝五年,废永平县入平乐,又废富州,以龙平县隶州",故开宝四年昭州实领平乐、恭城、永平三县,而五年后实领龙平等三县。又,富州事,废富州条论证可参考。

《元丰九域志》卷9昭州条言,"熙宁五年,废蒙州,以立山县隶州。八年①,以龙平县隶梧州。元丰三年,复来隶",则元丰三年后昭州实领立山等四县。《宋史》卷90《地理志六》同,则北宋后期昭州仍领四县。

又,《宋史》卷90《地理志六》言,平乐县,"大中祥符元年(1008),移治州城东(今广西平乐县)"。《宋会要·方域》7之18同。

1. 平乐县(971—1126)　　　　　2. 恭城县(971—1126)

按:《宋史》卷90《地理志六》言,"恭城,太平兴国元年(976),徙治于北乡龙渚市。景定元年(1260)复旧"。

3. 永平县(971)

4. 龙平县(971—1121? 龙平县,1122?—1126昭平县)

按:《宋史》卷90《地理志六》言,龙平县,"宣和中,改昭平"。

5. 立山县(971—1126)

(七) 梧州(971—1126)——治苍梧(今广西梧州市)

据《太平寰宇记》卷164,梧州原领三,今二:苍梧、戎城。一县废:孟陵(并入苍梧)。《元丰九域志》卷9梧州条言,"开宝五年,省孟陵、戎城二县为镇入苍梧,六年复置戎城县",可知开宝四年时梧州实领苍梧、戎城、孟陵三县,而六年后则领二县。

《元丰九域志》卷9梧州条又言,"熙宁四年,复省戎城县为镇入苍梧。八年,以昭州龙平县隶州。元丰三年,复隶昭州",则元丰三年时梧州实领一县。《宋史》卷90《地理志六》同,则北宋后期梧州领一县不变。

1. 苍梧县(971—1126)　　　　　3. 孟陵县(971)

2. 戎城县(971,973—1070)

(八) 藤州(971—1126)——治镡津(今广西藤县东北)

据《太平寰宇记》卷158,藤州原领县四,今一:镡津。三县废:宁风、感义、义昌(以上并入镡津)。《元丰九域志》卷9藤州条言,"开宝五年,省宁风、感义、义昌三县入镡津",则藤州开宝四年实领镡津、宁风、感义、义昌四县,五年后领镡津一县。

《元丰九域志》卷9藤州条又言,"熙宁四年,废南仪州,以岑溪县隶州",则元丰八年时藤州实领岑溪等二县。《宋史》卷90《地理志六》同,则北宋后期藤

---

① 按:"八年",《宋会要·方域》7之19作"五年",稍异。

州领二县不变。

《太平寰宇记》卷 158 藤州条言，"开宝六年,移州于大江西岸为理"。

1. 镡津县(971—1126)
2. 宁风县(971)
3. 感义县(971)
4. 义昌县(971)
5. 岑溪县(971—1126)

（九）龚州(971—1110,1113—1126)——治平南(今广西平南县)

开宝四年,龚州领五县。《元丰九域志》卷 9 龚州条言,"开宝六年,省阳川、武林、隋建、大同四县入平南;又废思明州,以武郎县隶州",故开宝四年龚州实领平南、阳川、武林、隋建、大同五县,而六年后则领平南、武郎二县。又,思明州事,废思唐州条论证可参考。

《元丰九域志》卷 9 龚州条言,"嘉祐二年(1057),省武郎县入平南",则是年后龚州实领一县。

《宋会要·方域》7 之 19 言,"龚州,政和元年,废隶浔州,三年复"。

1. 平南县(971—1126)
2. 阳川县(971—972)
3. 武林县(971—972)
4. 隋建县(971—972)
5. 大同县(971—972)
6. 武郎县(971—1056)

（十）浔州(971—1126)——治桂平(今广西桂平市西)

据《太平寰宇记》卷 163,浔州原领县三,今一:桂平。二县废:皇化、大宾(以上二县并入桂平)。

浔州领县数,诸书记载不一。《新唐书》卷 43 上《地理志七上》、《元和郡县图志》、《太平寰宇记》载领三县,《旧唐书》卷 41《地理志四》、《元丰九域志》、《文献通考》载领二县,少大宾。由此,各书记载开宝五年所废县数亦有不同。上引《太平寰宇记》桂平县条言,"皇化、大宾二县,皇朝开宝五年,并入桂平县"。而《文献通考》卷 323 浔州条言,"唐置浔州,或为浔江郡,属岭南道。领县三:桂平、宣(皇)化、大宾。后废大宾,宋开宝五年废宣(皇)化"。《元丰九域志》略同。今姑从《太平寰宇记》,开宝四年浔州所领以三县计,即桂平、皇化、大宾,五年则领桂平一县。

《宋会要·方域》7 之 19 言,"龚州,政和元年,废隶浔州,三年复",则是时浔州尝一度领桂平、平南二县。要之,北宋末,浔州仅领桂平一县。

1. 桂平县(971—1126)

按:《清一统志》卷 470 浔州府条言,"桂平故城,在今桂平县西、思陵山之半,隋置。宋嘉祐间,始移县于平地,即今治"。

2. 皇化县(971)　　　　　3. 大宾县(971)

(十一) 柳州(971—1126)——治马平(今广西柳州市)

据《太平寰宇记》卷168,柳州领县五:马平、龙城、象县、洛曹、洛容。新旧《唐书·地理志》、《元和郡县图志》载领县同。《元丰九域志》载淳化元年(990)以前亦领五县,故开宝四年柳州领马平、龙城、象县、洛曹、洛容五县。

《元丰九域志》卷9柳州条言,"淳化元年,以洛曹县隶宜州。嘉祐四年,省象县入洛容",则是年后柳州实领三县。

《岭外代答》卷1融州兼广南西路兵马都监条言,"大观初,置融州为黔南经略使,所管皆夷州,帅府地狭,割柳之柳城、宜之天河、桂之古县以益之,厥后罢融为郡,三县复仍其旧"。罢帅府,据《宋史》卷90《地理志六》融州条,在大观三年,则大观时柳州尝一度领二县。

1. 马平县(971—1126)
2. 龙城县(971—1005 龙城县,1006—1126 柳城县)

按:《元丰九域志》卷9柳州条言,"景德三年(1006),改龙城县为柳城"。

3. 象　县(971—1058)　　　　　4. 洛容县(971—1126)

(十二) 贵州(971—1126)——治郁林(今广西贵港市)

据《太平寰宇记》卷166,贵州原领县四,今一:郁林。三县废:怀泽、潮水、义山。

上引郁林县条言,怀泽县、潮水县、义山县,"以上三县,皇朝开宝五年,废入郁林县",则开宝四年,贵州实领四县。然《元丰九域志》卷9贵州条言,"开宝四年,改郁平县为郁林",《宋朝事实》卷19贵州条同,则此前郁林县应为郁平县。检《元丰九域志》卷9郁林州条,该条言,"开宝五年,省郁平、兴德二县入兴业",《宋朝事实》卷19郁林州条同,《宋会要·方域》7之21言在六年,余亦同。则开宝四年以前,岭南道地里相接之两州有两郁平县并存,实匪夷所思。

检《新唐书》卷43上《地理志七上》、《元和郡县图志》贵州条作郁林,而《旧唐书》卷41《地理志四》贵州条则作郁平。再检《隋书》卷31《地理志下》郁林郡郁林县条,该条言,"旧置郁林郡。平陈,郡废。大业初,又置郡,又废武平、龙山、怀泽、布山四县入"。《新唐书》卷43上载贵州怀泽郡四县,其中,"怀泽,武德四年(621)置。潮水,武德四年,析郁林置",又有一折冲府,龙山。故怀泽、潮水等,开宝五年废入郁林,从隋唐以来分合废置的历史看,是非常合乎情理的。贵州所领应为郁林而非郁平,《旧唐书》误,开宝四年,贵州实领郁林、怀泽、潮水、义山四县,而五年仅领郁林一县。《宋史》卷90《地理志六》亦载领郁林一县,则北宋时贵州领一县不变。

1. 郁林县(971—1126)

按:《清一统志》卷470 浔州府引旧志言,"郁林故城,在贵县南郁江南三里,宋时移今治"。

2. 怀泽县(971)
3. 潮水县(971)
4. 义山县(971)

(十三) 宜州(971—1126)——治宜山(今广西宜州市)

据《太平寰宇记》卷168,宜州原领县四、场一:龙水、崖山、东玺、天河县,都感场。《文献通考》卷323 宜州条载,"南汉省崖山、东玺"。又,《元丰九域志》同条不载以上二县,故开宝四年宜州实领龙水、天河二县。

又,《太平寰宇记》言,都感场在州"北六十里,无乡、管,二里,出花布"。据《元丰九域志》卷9 宜州条言,"乾德二年,置富仁"监,则开宝四年时宜州又领都感一场、富仁一监。

《元丰九域志》卷9 宜州条言,"淳化元年,以柳州洛曹县隶州","二年置富安"监,则淳化二年后宜州领洛曹等三县、富安等二监。

《元丰九域志》不载都感场,或已废。又,《宋会要·方域》7 之20 言,"淳化元年正月十四日,诏岭南道羁縻环州、镇宁州、金城州、智州、怀远军,并依前隶宜州。先是,建琳州为怀远军,以溪洞诸州隶焉。至是,始复旧制,夷人便之"。

《元丰九域志》卷9 宜州条言,"庆历三年(1043),以羁縻芝忻、归恩、纡三州地为忻城县。嘉祐七年,省洛曹县入龙水。治平二年,以羁縻智州河池县隶州,省富力县入焉。熙宁八年,废怀远军古阳县为怀远寨①、述昆县为镇,并思立寨并入龙水;以环州思恩县隶州,徙治带溪寨,省镇宁州礼丹县入焉。元丰六年,复徙旧治",则元丰六年后宜州实领忻城、思恩、河池等五县、二监。又,怀远军,据《长编》所载,天圣三年(1025)五月己丑,徙治于江口寨。

---

① 按:怀远军自熙宁八年后,不见于载籍。另外,《宋史》卷90《地理志六》平州条言,崇宁四年,广西融州的王江古州蛮纳土,建为怀远军,则广西不当同时领有两怀远军。故疑熙宁八年宜州怀远军已与所属古阳县并废,而降为怀远寨。

《宋史》卷90《地理志六》庆远府条言，"大观元年六月，以天河县并德谨寨、堰江堡隶融州。靖康元年九月，复来隶"。然据桂州条所引《岭外代答》及《宋史》卷90融州条，则天河县三年已复隶宜州。《宋史》所记似误，不可为据。又，《舆地纪胜》卷122宜州河池县条引《皇朝郡县志》言，"大观元年，于县置庭州，以县为怀德县隶焉。四年，废庭州，其怀德县复为河池县，隶宜州"。然《宋史》卷90《地理志六》庆远府条言，"河池县，不详何年并省"。又言，"南渡后，增县一：河池"。则河池县北宋末已废。又，《舆地纪胜》卷122引《广西郡邑图》言，宣和元年，"更龙水曰宜山"。要之，宣和时宜州实领天河等四县。

又，《宋史》卷90《地理志六》溪州条言，"大观元年，以宜州思恩县带溪寨置溪州。四年废"。

1. 龙水县（971—1118 龙水县，1119—1126 宜山县）
2. 天河县（971—1126）
3. 洛曹县（971—1061）
4. 忻城县（1043—1126）
5. 河池县（1065—1106 河池县，1107—1109 怀德县，1110—1126 前河池县）
6. 思恩县（1075—1126）
7. 富仁监（971—1126）
8. 富安监（991—1126）

（十四）宾州（971，973—1126）——治岭方（今广西宾阳县东南古城）

《宋史》卷90《地理志六》宾州条言，"开宝五年，废州，琅琊、保城二县，以岭方隶邕州。六年，以岭方复置州"①，则开宝四年时，宾州实领岭方、琅琊、保城三县，而六年后则领一县。

《元丰九域志》卷9宾州条言，"端拱三年（990），以邕州上林县隶州"②，则是年宾州领岭方、上林二县。

《舆地广记》卷37宾州条言，"迁江县，本思刚州。唐为羁縻州，隶邕州都督府。皇朝天禧四年，废为迁江县来属"，则是年后宾州实领迁江等三县。《宋史》卷90所载领县同，则北宋时宾州领三县不变。

1. 岭方县（971—1126）

---

① 按：《元丰九域志》卷9邕州、宾州条亦系此事于五年，《太平寰宇记》卷165宾州条系于六年，今从《宋史》。

② 按：《宋朝事实》卷19、《舆地广记》卷37同条同。《宋史》卷90言，"上林，开宝五年，自邕州来属，废澄州止戈、贺水、无虞入焉"，误。《宋会要·方域》7之22言，"澄州，领四县。开宝五年，废，省止戈、贺水、无虞三县入上林县隶邕州"。又《宋朝事实》卷19宾州条言，"开宝五年，废澄州上林县属邕州。端拱三年来属"。则《宋史》卷90实将二事混为一谈，都系于开宝五年，今不取。

按:《舆地纪胜》宾州条言,"开宝六年,移州及领(岭)方县,皆治于旧城北二十里废琅琊县,即今治"①。

2. 琅琊县(971)
3. 保城县(971)
4. 上林县(971—1126)
5. 迁江县(1020—1126)

(十五) 横州(971—1126)——治宁浦(今广西横县)

《太平寰宇记》卷166横州条言,"皇朝开宝五年,并淳风(从化)、乐山、岭山三县入宁浦县"。《舆地纪胜》卷113同。

《新唐书》卷43上《地理志七上》横州条言,岭山,唐时已废。《旧唐书》卷41《地理志四》载横州"天宝领县三"。则天宝以前岭山已省并。《太平寰宇记》未言岭山何时复置。又,《元丰九域志》卷9、《宋朝事实》卷19、《舆地广记》卷37言,"开宝五年,省乐山、从化二县入宁浦",亦无岭山。《文献通考》卷323横州条亦载三县,无岭山,而废在二年。《太平寰宇记》所据不确,今从《元丰九域志》,开宝四年,横州领县以三县计,即宁浦、从化、乐山。

《元丰九域志》卷10峦州条言,"开宝五年,废州,省武罗、灵竹二县入永定县,隶横州",则开宝五年后横州实领宁浦、永定二县。

《元丰九域志》卷9横州条言,"熙宁四年,省永定县入宁浦",则是年后横州实领一县。

《长编》卷407元祐二年十一月壬戌条言,"复横州永定县",则是年后横州复领二县。《宋史》卷90《地理志六》所载领县同,则北宋后期横州仍领二县。

1. 宁浦县(971—1126)
2. 从化县(971)
3. 乐山县(971)
4. 永定县(971—1070,1087—1104永定县,1105永淳县,1106—1126永定县)

按:《舆地纪胜》卷113横州条引《图经》言,永定县,"崇宁四年,改曰永淳。寻复旧名"。

(十六) 辩州,化州(971—979辩州,980—1126化州)——治石龙(今广东化州市)

《太平寰宇记》卷167化州条言,唐辩州,"皇朝太平兴国五年,改为化州,

---

① 按:《太平寰宇记》卷165宾州岭方县条言,废琅琊县在州东二十里,方位与《舆地纪胜》异。检《元和郡县图志》同条,琅琊县"西北至州二十五里",当在宾州之东南,而不可能在宾州之北。《舆地纪胜》误。

废陵罗、龙化、罗辩三县,但领石龙一县"。

罗辩,唐末已隶属容州,论证详见废禺州条。又,《旧唐书》卷41《地理志四》载辩州武德中领六县,有罗辩,而天宝后领石龙、陵罗、龙化三县,无罗辩。《元丰九域志》卷9化州条言,"开宝五年,省陵罗、龙化二县入石龙",无罗辩。《宋朝事实》卷19横州条同。故《太平寰宇记》所载化州领罗辩实误。

又,《新唐书》卷43上《地理志七上》载辩州仅领石龙、陵罗二县,龙化在顺州。然同书顺州条言,"龙化,武德四年置,六年隶辩州"。故唐时辩州当领龙化等三县。由此亦反证《旧唐书》卷41辩州条是。然《文献通考》卷323化州条言,唐辩州"领县三:石龙、陵罗、龙化。后废龙化。宋开宝五年,废陵罗",又与《新唐书》卷43上合。今姑从《元丰九域志》,开宝四年,辩州领县以三县计,即石龙、陵罗、龙化。

《元丰九域志》卷9化州条言,"开宝五年,废罗州,以吴川县隶州",则五年时辩州实领石龙、吴川二县。《宋史》卷90《地理志六》所载领县同,则北宋时化州领二县不变。

1. 石龙县(971—?石龙县,?—1126罗川县)

按:《宋会要·方域》7之20言,"石龙县,改为罗川县。绍兴三年(1133)依旧"。改罗川,例之以他地,当为徽宗时事。

2. 陵罗县(971)
3. 龙化县(971)
4. 吴川县(971—1126)

(十七)高州(971—1003,1006—1126)——治电白(今广东高州市东北)

《元丰九域志》卷9高州条言,"开宝五年,省良德、保宁二县入电白,又废潘州,以茂名县隶州",则开宝四年,高州实领电白、良德、保宁①三县,而五年领电白、茂名二县。废潘州条论证可参考。

《元丰九域志》卷9高州条又言,高州,"景德元年,废隶窦州。三年,复置","熙宁四年,废窦州,以信宜县隶州",则是年后高州实领信宜等三县。《宋史》卷90《地理志六》载领县同,则北宋后期高州领三县不变。

1. 电白县(971—1126)
2. 良德县(971)
3. 保宁县(971)
4. 茂名县(971—1126)
5. 信宜县(971—975信义县,976—1126信宜县)②

---

① 按:保宁,《新唐书》卷43上同,《太平寰宇记》、《旧唐书》卷41作保定,今从前者。
② 按:所据参见废窦州条。

(十八) 雷州(971—1126)——治海康(今广东雷州市)

据《太平寰宇记》卷169,雷州原领县三,今一:海康。二县废:遂溪、徐闻。上引海康县条言,"废遂溪县,皇朝开宝五年①,并为新福县(乡)。废徐闻县,皇朝开宝五年,并为时邑乡。已上二县并入海康县"。故开宝四年平南汉前雷州实领海康、遂溪、徐闻三县,而五年则领海康一县。《宋史》卷90《地理志六》载领县同,则北宋时雷州领一县不变。

1. 海康县(971—1126)　　　　3. 徐闻县(971)
2. 遂溪县(971)

(十九) 钦州(971—1126)——治灵山(今广西灵山县灵城镇)

据《太平寰宇记》卷167,钦州原领县七,今二:灵山、保京。三县废:遵化、钦江、内亭。二县旧废:安海、南宾②。

上引保京县条言,安海县、南宾县,"已上二县,皆唐时废"。《旧唐书》卷41《地理志四》言,钦州旧领县七,天宝领县五,则二县废于唐天宝前。钦州治钦江(今广西钦州市东北钦江西北岸)。

《元丰九域志》卷9钦州条言,"开宝五年③,省遵化、内亭、钦江三县入灵山","治灵山"。又,《宋史》卷90《地理志六》钦州条言,"唐保京县,宋初改安京"。故开宝四年时,钦州实领钦江、灵山、保京、遵化、内亭五县,而五年后钦州实领安京等二县。《宋史》卷90《地理志六》所载领县同,则北宋时钦州领二县不变。

《清一统志》卷450廉州府钦州灵山县条言,"宋初,徙钦州宁越郡来治"。据上引,移治灵山应在开宝五年废钦江等县时。然《清一统志》钦州条又言,"天圣元年,徙州治灵山",自相矛盾。揆诸事理,灵山县条似是。《宋史》卷90《地理志六》言,"天圣元年,徙州治南宾寨(今广西灵山县旧州镇)",则天圣时非"徙州治灵山",而当是徙州治于灵山县之南宾寨。

1. 钦江县(971)　　　　　　2. 灵山县(971—1126)

《读史方舆纪要》卷104南宾废县条言,"治平三年,徙今治"。

---

① 按:"五年",《宋朝事实》卷19、《文献通考》卷323雷州条同。《元丰九域志》卷9、《舆地纪胜》卷118引《国朝会要》言在四年。
② 按:据《新唐书》卷43上《地理志七上》、《元和郡县图志》卷38钦州条,南宾县即灵山县,贞观十年移治,天宝元年更名为灵山。故《太平寰宇记》、《旧唐书·地理志》均有误。移治后的灵山县今地不详。
③ 按:"五年",《宋朝事实》、《文献通考》同《元丰九域志》。《太平寰宇记》系于六年。

3. 保京县(971,972—1005 安京县,1006—1126 安远县)

按:《元丰九域志》卷9钦州条言,"景德三年(1006),改安京县为安远"。

4. 遵化县(971)　　　　　　5. 内亭县(971)

(二十) 白州(971,974—1110,1113—1126)——治博白(今广西博白县)

按:《太平寰宇记》卷167,白州原领县四,今一:博白。三县废入博白:建宁、周罗、南昌(旧自潘州割入)。《元丰九域志》卷9白州条言,"开宝五年①,省周罗、建宁、南昌三县入博白"。又《新唐书》卷43《地理志七上》上同条言,"南昌,本隶潘州,后来属",则南昌自唐时已为白州属邑。故开宝四年白州实领博白、建宁、周罗、南昌四县。

《元丰九域志》又言,白州,"开宝五年废隶廉州,七年复置",则七年后白州领博白一县。

《宋史》卷90《地理志六》郁林州条言,"政和元年,废白州,博白来隶。三年,复置白州,以博白还旧隶"。

1. 博白县(971—1126)　　　3. 周罗县(971)
2. 建宁县(971)　　　　　　4. 南昌县(971)

(二十一) 郁林州(971—1126)——治南流(今广西玉林市)

据《太平寰宇记》卷165,郁林州原领县六,今二:兴业、南流。二县旧废:石南、潭栗。二县新废:郁平、兴德。

《新唐书》卷43上《地理志七上》,郁林州领五县:郁平、兴业、兴德、潭栗及石南。其中,石南于建中二年(781),并入兴业。《文献通考》卷323郁林州条同。该条又言,潭栗入宋前已废。又,南流县实非郁林州原领之县(详见废牢、党州条论证),《太平寰宇记》所言有误。要之,郁林州原领郁平、兴业、兴德、石南、潭栗五县,其中石南、潭栗废于宋以前。

《太平寰宇记》郁林州条又言,"皇朝开宝五年,并郁平、兴德两县入兴业县,为州治",则开宝四年时郁林州实领郁平、兴业、兴德三县,五年徙治于兴业(今广西玉林市西北旧县),仅领兴业一县。

《元丰九域志》卷9郁林州条言,"开宝七年,废党、牢二州,以其地入南流县,隶州",则是年后郁林州实领兴业、南流二县。又,废党、牢二州论证可参

---

① 按:"五年",《宋朝事实》、《文献通考》、《宋会要·方域》7之21同《元丰九域志》,《太平寰宇记》系此事于六年。

考。《宋史》卷90《地理志六》所载领县同,则北宋时郁林州领二县不变。

《清一统志》卷474郁林州兴业县条言,"宋至道二年,又移州治南流,以兴业为属县"。《元丰九域志》载郁林州治于南流,当是至道之制。

1. 郁平县(971)
2. 兴业县(971—1126)
3. 兴德县(971)
4. 南流县(971—1126)

(二十二)廉州,太平军(971—982廉州,983—997太平军,998—1126廉州)——治合浦(今广西灵山县旧州镇)

《元丰九域志》卷9廉州条言,"开宝五年,省封山、蔡龙、大廉三县入合浦,以旧常乐州博电、零渌、盐场三县地置石康县,又废白州,以博白县隶州,七年复置白州",则开宝四年廉州实领合浦、封山、蔡龙、大廉四县,五年领合浦、石康、博白三县,七年领合浦、石康二县。又,常乐州,开宝五年始废,不得谓之"旧",废常乐州条论证可参考。

《太平寰宇记》卷169太平军条言,"太平军,理海门,本廉州。皇朝开宝五年,自旧州理移西南四十里地名长沙置州,并封山、蔡龙、大廉三县合为合浦一县。至太平兴国八年,废廉州,移就海门三十里建太平军,其廉州并入石康一县",则廉州废为太平军后仅领石康一县。

《元丰九域志》卷9廉州条言,"太平兴国八年,省合浦县入石康。咸平元年复置",则是年后廉州仍领二县,治于海门(今广西合浦县)。

1. 合浦县(971—982,998—1126)
2. 封山县(971)
3. 蔡龙县(971)
4. 大廉县(971)
5. 石康县(972—1126)

(二十三)琼州(971—1126)——治琼山(今海南海口市琼山区东南)

据《太平寰宇记》卷169,琼州原领县五,今三:琼山、临高、乐会。二县废:颜罗、容琼。新旧《唐书·地理志》载琼州领琼山、临高、曾口、乐会、颜罗五县,与《太平寰宇记》相校,多曾口,少容琼。据《文献通考》卷323琼州条载,贞元"七年(791),省容琼。五代时,省曾口、颜罗"。容琼废并事,亦见于新旧《唐书·地理志》。故开宝四年时琼州实领琼山、临高、乐会三县。

《元丰九域志》卷9琼州条言,"开宝五年,废旧崖州,以舍城、文昌、澄迈三县隶州",则五年后时琼州实领六县。

《元丰九域志》卷9琼州条又言,"熙宁四年,省舍城县入琼山",则是年后琼州实领五县。

《清一统志》卷453琼州府琼山故城条言:"故县在今县东六十里。宋熙宁四年,始移今治(今海南海口市琼山区)。"

《宋史》卷90《地理志六》琼州条言,乐会县,"大观三年,割隶万安军。后复来隶"。检《舆地广记》卷37,琼州领五县,则乐会或于政和时复隶琼州。

1. 琼山县(971—1126)　　　　4. 舍城县(971—1070)
2. 临高县(971—1126)　　　　5. 澄迈县(971—1126)
3. 乐会县(971—1126)　　　　6. 文昌县(971—1126)

(二十四)儋州,昌化军(971—1072儋州,1073—1126昌化军)——治宜伦(今海南儋州市新州镇)

据《太平寰宇记》卷169,儋州原领县五,今四:宜伦、昌化、感恩、洛场。一县旧废:富罗。新旧《唐书·地理志》所载同,亦五县。《文献通考》卷323儋州条言,"南汉废富罗"。则开宝四年,儋州实领义伦、昌化、感恩、洛场四县。

《元丰九域志》卷9昌化军条言,"太平兴国元年,改义伦县为宜伦"。又,《记纂渊海》卷16言,"本朝太平兴国改义伦县曰宜伦,省洛场县"。改名与省并当同时,即太平兴国元年省洛场县。据此,咸平二年时儋州实领三县。

《元丰九域志》卷9昌化军条言,儋州,"皇朝熙宁六年,废为昌化军","省昌化、感恩二县为镇入宜伦。元丰三年,复置昌化县。四年,复置感恩县",则元丰四年后昌化军领三县如故。

《宋会要·方域》7之28言,政和元年"十二月二十三日,广南西路转运副使陈仲宜等奏,据昌化军状,昨于大观元年六月内,于海南黎母山心置一州以镇州为名,及于沿海置一军,以延德军为名,各将本军元管下昌化、感恩两县拨隶上项州军,却于本军界内创置通华(远)①、四达两县,出差货物不多,并深在黎洞中间,别无人旅往还。奉圣旨海南新置镇州、延德年(军)县寨并废罢,所有昨赐镇州作靖海军军额拨归琼州",则大观元年至政和元年间昌化军仅领宜伦一县,其后复领三县如故。

1. 义伦县(971—975义伦县,976—1126宜伦县)
2. 昌化县(971—1072,1080—1126)

按:《清一统志》卷453琼州府昌化故城条言:"宋移治今县南十里南北二江间洲中。"

3. 感恩县(971—1072,1081—1126)　　4. 洛场县(971—975)

---

① 按:"通华",《宋史》卷90延德军条作"通远",今从之。

（二十五）振州，崖州，朱崖军，吉阳军(971 振州,972—1072 崖州,1073—1116 朱崖军,1117—1126 吉阳军)——治宁远(今海南三亚市崖州区)

《太平寰宇记》卷 169 新崖州条言，"崖州，本振州也。皇朝开宝六年①，割旧崖州之地隶琼州，却改振州为崖州。领县五：宁远、延德、吉阳、临川、落屯"。《舆地广记》卷 37 言，"初，唐振州，领宁远、延德、吉阳、临川、落屯五县。南汉时，省延德、临川、落屯三县"，则开宝四年时振州实领宁远、吉阳二县。

《元丰九域志》卷 9 朱崖军条言，"皇朝开宝五年，改崖州。熙宁六年，废为军"，"省吉阳、宁远二县为临川、藤桥镇"，则熙宁六年后朱崖军实领二镇。

《舆地纪胜》卷 127 吉阳军条言，"政和七年，改朱崖军为吉阳军"，又"合二县之旧地再置宁远一县"，则是年后吉阳军实领一县。

又，《宋史》卷 90《地理志六》延德军条言，"崇宁五年，初置延德县于朱崖军黄流、白沙、侧浪之间。大观元年，改为军，又置倚郭县曰通远。政和元年，废延德军为威恩县、昌化军通远县为通远镇，隶朱崖军。政和六年，置延德寨，又以通远镇为寨"。据此，政和六年后，朱崖军又领延德、通远二寨。又，关于政和元年一句之辨证，详见废延德军条注文。

1. 宁远县(971—1072 宁远县,1073—1116 临川镇,1117—1126 宁远县)
2. 吉阳县(971—1072 吉阳县,1073—1116 藤桥镇)

（二十六）万安州，万安军(971—1073 万安州,1074—1126 万安军)——治万宁(今海南万宁市)

据《太平寰宇记》卷 169，万安州原领县四，今二：万宁、陵水。二县废：富云、博辽。上引陵水县条言，"废富云县、废博辽县，唐末废"。又，《文献通考》卷 323 万安州条言，"南汉省富云、博辽"，则开宝四年时万安州实领万宁、陵水二县。

《元丰九域志》卷 9 万安军条言，万安州，"皇朝熙宁七年，废为军"，"省陵水县为镇入万宁。元丰三年，复为县"，则元丰八年时万安军实领二县。

《舆地纪胜》卷 126 万安军条言，"大观二年，移军于陵水洞，又移于客(容)寮，后移今处"。

1. 万宁县(971—1126)　　　　2. 陵水县(971—1073,1080—1126)

---

① 按："六年"，《元丰九域志》作"五年"，今从之。

(二十七）怀远军，平州（1105 怀远军，1106—1110，1120 前—1126 平州）——治怀远（今广西三江侗族自治县老堡乡老堡口）

《宋史》卷 90《地理志六》平州条言，"崇宁四年三月，王江古州蛮户纳土，于王口寨建军，以怀远为名，割融州融江、文村、浔江、临溪四堡寨并隶军。寻改怀远军为平州，仍置倚郭怀远县。又置百万寨及万安寨。政和元年，废平州，依旧为王口寨，并融江、文村、浔江、临溪四堡寨并依旧隶融州，废怀远县。又废从州为乐古寨，并通靖、镇安、百万寨并拨隶允州。又废允州，权留平州，又权置百万寨。宣和二年，赐平州郡名曰怀远"。又言，"绍兴四年，废平州，仍为王口寨，隶融州"。则北宋末平州实领文村、浔江、临溪三堡，融江、百万二寨。怀远县、万安寨，于政和元年废后可能未复。

怀远县（1105—1110）

（二十八）观州（1107—1109，1110—1126）——治所在今广西南丹县东南新州

《宋史》卷 90《地理志六》观州条言，"大观元年，克南丹州，以南丹州为观州（今广西南丹县），置倚郭县。大观四年，以南丹州还莫公晟，复于高峰寨置观州。绍兴四年，废观州为高峰寨，存留木门、马台、平洞、黄泥、中村等堡寨"，则北宋末有观州。

上引该条又言，"大观元年，以地州建隆县置孚州，倚郭县曰归仁。四年，废孚州及归仁县为靖南寨。先于南丹州中平县置靖南寨，今移置此。政和七年，复置孚州及归仁县，仍移靖南寨归旧处。宣和三年，复废孚州及归仁县，置靖南寨。大观四年，隶观州。绍兴四年，废靖南寨"。则宣和时之靖南寨即大观时之靖南寨，宣和时孚州废后，靖南寨应亦隶观州，故宣和五年观州应领靖南一寨。

又，《宋会要·方域》7 之 27 言，大观元年"十一月二十七日，广南西路经略安抚使王祖道奏，知南丹州莫公佞就擒，已进筑平、允、从州外，到（收）文、地、兰、那、安化、外、习、南丹八州之地，并为镇庭孚观州、延德军，通八州军"。八州军中，镇州、延德军，在今海南岛，除外。余者，据《宋史》卷 90 所载，那、兰、文州，并"崇宁五年，纳土"。其中，文州，"大观元年，置绥南寨。绍兴四年废"。则宣和五年时观州应又领绥南一寨。

第二十章　燕山府路州县沿革

《宋史》卷90《地理志六》燕山府路条言,"宣和四年(1122),诏山前收复州县,合置监司,以燕山府路为名"。又言,"金人灭契丹,以燕京及涿、易、檀、顺、景、蓟六州二十四县来归"。然据《金史》卷3《太宗纪一》,天会三年(1125),金攻宋,十二月,燕山州县悉平。

(一) 燕山府 (1123—1124)——治析津、宛平(今北京西南)

燕山府领十二县:析津、宛平、都市、昌平、良乡、潞、武清、安次、永清、玉河、香河、漷阴。《宋史》卷90《地理志六》燕山府条言,"宣和四年,改燕京为燕山府,又改郡曰广阳,节度曰永清军,领县十二。五年,童贯、蔡攸入燕山。七年,郭药师以燕山叛,金人复取之。析津、宛平、都市(赐名广宁)、昌平、良乡、潞、武清、安次、永清、玉河、香河(赐名清化)、漷阴"。

(二) 涿州 (1122—1124)——治范阳(今河北涿州市)

涿州二领四县:范阳、归义、固安、威城。《宋史》卷90涿州条言,"宣和四年,金将郭药师以州降,赐郡名曰涿水,升威行军节度。县四:范阳、归义、固安、新城(赐名威城)"。

(三) 檀州 (1122—1124)——治密云(今北京密云县)

檀州领二县:密云、行唐。《宋史》卷90檀州条言,"宣和四年,金人以州来归,赐郡名曰横山,升镇远军节度。七年,金人复破之。县二:密云、行唐(赐名威塞)"。"威塞",《宋会要·方域》5之35作"卢城"。

(四) 易州 (1122—1124)——治易水(今河北易县)

易州领三县:易水、涞水、安城。《宋史》卷90《地理志六》易州条言,"雍熙四年(987),陷于契丹。宣和四年,金人以州来归,赐郡名曰遂武,防御。县三:易水、涞水、容城"。

（五）顺州(1122—1124)——治怀柔(今北京顺义区)

顺州领一县：怀柔。《宋史》卷90《地理志六》顺州条言，"宣和四年，金人以州来归，赐郡名曰顺兴，团练。县一：怀柔"。

（六）蓟州(1122—1124)——治平卢(今天津蓟县)

蓟州领二县：平卢、三河。《宋史》卷90《地理志六》蓟州条言，"宣和四年，金人以州来归，赐郡名曰广川，团练。七年，金人破之。县三：渔阳（赐名平卢）、三河、玉田"。然宣和六年析玉田置经州，故是年后蓟州实领二县。

（七）经州(1124)——治玉田(今河北玉田县)

经州领一县：玉田。《宋史》卷90《地理志六》经州条言，"经州，本蓟州玉田县。宣和六年，建为州。七年，陷于金"。

（八）景州(1122—1124)——治遵化(今河北遵化市)

景州领一县：遵化。《宋史》卷90《地理志六》景州条言，"景州，契丹置。宣和四年，金人以州来归，赐郡名曰滦川，军事。县一：遵化"。

（九）平州(1123)——治卢城(今河北卢龙县)

平州领三县：卢城、临关、安城。《宋史》卷90《地理志六》平州条言，宣和"五年，辽将张觉来降，寻为金所破。县三：卢龙（赐名卢城）石城（赐名临关）、马城（赐名安城）"。

（十）营州(1122)——治镇山(今河北昌黎县)

营州领一县：柳城。《宋史》卷90《地理志六》营州条言，"宣和四年，赐郡名曰平卢，防御。县一：柳城（赐名镇山）"。

第二十一章　云中府路州县沿革

（一）武州(1123)——治神武(今山西神池县)

《宋史》卷90《地理志六》武州条言,"宣和五年(1123),金人以州来归。六年,筑固疆堡。寻复为金人所取"。据《辽史》卷41《地理志五》,武州领神武一县。

（二）应州(1123)——治金城(今山西应县)

《宋史》卷90《地理志六》应州条言,"宣和五年,契丹将苏京以州来降。金人寻逐京复取之"。据《辽史》卷41,应州领金城、浑源、河阴三县。

（三）朔州(1123)——治鄯阳(今山西朔州市)

《宋史》卷90《地理志六》朔州条言,"宣和五年,守将韩正以州来降。金人寻逐正复取之"。据《辽史》卷41,朔州鄯阳、宁远、马邑三县。

（四）蔚州(1123)——治灵仙(今河北蔚县)

《宋史》卷90《地理志六》蔚州条言,"宣和五年,守将陈翊以州来降。六年,翊为金人所杀,复取之"。据《辽史》卷41《地理志五》,蔚州领灵仙、安定、飞狐、灵丘、广陵五县。

第二十二章　北宋省废州军

第一节　京　东　路

（一）清平军（1006—1070）——治章丘（今山东章丘市西北旧章丘）

《宋会要·方域》5 之 15 齐州条言，"章丘县，景德三年（1006），以县置清平军。熙宁三年（1070），军废，县来隶，即县治置清平军使"。故景德、熙宁间，清平军领章丘一县。

章丘县（960—1126）

（二）宣化军（1006—1070）——治高苑（今山东高青县东南）

《宋会要·方域》5 之 15 淄州条言，"高苑县，景德三年，以县置宣化军。熙宁三年，军废，县复来隶，即县治置宣化军使"。故景德、熙宁间，宣化军领高苑一县。

高苑县（960—1126）

第二节　河　北　路

（一）保顺军（970 后—1063）——治保顺镇（今山东无棣县西北）

《太平寰宇记》卷 68 保顺军条言，"保顺军，本沧州无棣县之保顺镇。周显德六年（959）建为军，以旧镇为名"。而《长编》开宝三年（970）五月戊辰条言，以沧州无棣县为保顺军。则是年保顺军始建并有县。《宋史》卷 86《地理志二》保顺军条亦载开宝事，稍异，言，"周置军于沧州无棣县南二十里。开宝三年，又以沧、棣二州界保顺、吴桥二镇之地益焉，仍隶沧州"。则开宝时之保顺军似为县级建制。而《元丰九域志》卷 2 沧州条言，"治平元年（1064），徙无棣县治保顺军，即县治置军使，隶州"。《宋史》卷 86《地理志二》同条同。则治平前保顺军应为州级建制，同下州之军，或开宝以后，有保顺军升格事，而史文缺失。

（二）易州(960—988)——治易县(今河北易县)

据《太平寰宇记》卷67，易州原领县八，今二：易县、满城。二县割出：容城(入雄州)、遂城(建威虏军)。四县废：涞水(入易县)、五回(同上)、楼亭(旧废)、板城(旧废)。

《新唐书》卷39《地理志三》易州五回县条言，该县"开元二十三年(735)，析易置，并置楼亭、板城二县。天宝后省"。《旧唐书》卷39《地理志二》、《文献通考》卷316易州条同。是易州自天宝后实领五县。又检《太平寰宇记》卷67易县条，"废涞水县……皇朝太平兴国六年(981)，并入易县"。《太平寰宇记》卷68威虏军条言，该军"本遂城县，皇朝太平兴国六年置"。至于容城县，周显德末已割属雄州，参见雄州条。又，《元丰九域志》定州条言，"建隆元年(960)，以易州北平县隶州"，《文献通考》卷316定州条同，则五代末北平应是易州属邑。《太平寰宇记》失载。由此可知，宋初易州实领易、满城、涞水、遂城、北平五县。然《元丰九域志》卷2定州条言，"建隆元年，以易州北平县隶州"，则同年易州领四县。

太平兴国中，宋以易州遂城县地分置威虏、静戎二军，又析易州满城南境地益保州清苑县，并置平塞军(详见各条论证)。雍熙中，太宗再度北伐失败，此后遂失易州易县、满城、涞水三县地。故《文献通考》卷316易州条言，"宋惟得遂城，置安肃、广信(即静戎、威虏)二军，得蒲(满)城南境以益保州，余地悉于雍熙四年(987)陷于契丹"[①]。

1. 易　县(960—988)　　3. 涞水县(960—980)
2. 满城县(960—988)

（三）静安军(960—984)——治李晏口(今河北冀州市南)

《五代会要》卷24《军》言，后周显德"二年三月，以李晏口为静安军"。《旧五代史》卷115《周世宗纪二》显德二年三月辛未条亦载，颇详，谓周"以李晏口为静安军，其军南距冀州百里，北距深州三十里，夹胡卢河为垒。先是，贝、冀之境，密迩戎疆，居常敌骑涉河而南，驰突往来，洞无阻碍，北鄙之地，民不安居。帝乃按图定策，筑垒于李晏口，以兵戍守，及垒成，颇扼要害，自是敌骑虽

---

① 按：《辽史》卷40《地理志四》易州条言，"统和七年(端拱二年)，攻克之"。《辽史》卷12《圣宗纪三》言，(统和)七年正月"甲辰，大军齐进，破易州，降刺史刘墀"。又，《宋史》卷326《田敏传》言，"端拱初，以所部兵屯定州。契丹攻唐河北，大将李继隆遣部将逆战，为敌所乘，奄至水南。敏以百骑奋击，敌惧，退水北，遂引去。又出狼山，袭契丹，至满城，获首级甚众。既而敌陷易州，敏失其家所在"。则《文献通考》所言似不确，易州失陷当是端拱二年事(989)。

又,《元丰九域志》卷 2 深州条亦载静安军,言,"太平兴国八年,以下博县隶静安军。雍熙二年,军废,还隶"。《太平寰宇记》失载。则太平兴国、雍熙间静安军领下博一县。

(四) 平塞军 (981—988)——治平塞(治在今河北易县南)

《太平寰宇记》卷 68 平塞军条言,"平塞军治平塞县。皇朝太平兴国六年二月改为("为"当为衍字——引者)易州南三十五里太保村塞为平塞军,仍割易县侯台、凌云两乡白润河已南人户及满城县玉山乡人户以属焉。至七年又于军城置平塞县",则太宗朝平塞军领平塞一县。又据《宋史》卷 308《李继宣传》,平塞军,端拱元年(988)尚存。二年,易州陷于辽,平塞当同时沦陷。

平塞县 (982—988)

(五) 天威军 (979 前—1074)——治在今河北井陉县北威州

天威军不详何时设置,《长编》卷 20 太平兴国四年四月癸亥,有太宗"次天威军"事,则天威军应置于此前。又,《元丰九域志》卷 2 真定府条言,熙宁"八年,复置井陉县,徙天威军,即县治置军使隶府",则天威军废于此时。

(六) 德清军 (960—1043)——治陆家店(今河南濮阳市北七十里)

《五代会要》卷 24《军》言,后晋天福"六年(941)八月,改澶州顿丘镇为德清军"。《旧五代史》卷 80《晋高祖纪六》、《太平寰宇记》卷 57 亦载,可见宋初应有德清军。又,《元丰九域志》卷 2 澶州条载,"庆历四年(1044),徙清丰县治德清军,即县治置军使"。可见,德清军无辖县,庆历四年始废。

(七) 义丰军 (960—976 前)——治义丰(今河北安国市)

《读史方舆纪要》卷 12 祁州蒲阴废县条言,"隋开皇七年(587),改置义丰县,属定州,唐因之。五代周广顺初,置义丰军,二年契丹寇定州,围义丰败去。宋废军,太平兴国初改曰蒲阴,寻为祁州治"。检《旧五代史》卷 112《周太祖纪三》广顺三年(953)闰正月辛卯,载"契丹攻义丰军"败走之事,可见《纪要》所言不虚,故宋初应有义丰军。

(八) 大通军——治胡梁渡(今河南滑县东北)

《旧五代史》卷 80《晋高祖纪六》言,晋天福六年十月"己丑,诏以胡梁度月城为大通军,浮桥为大通桥"。

大通军,宋无,宋初存亡不明。胡梁渡,据《大清一统志》卷158《卫辉府·津梁》言,在"滑县东北"。检《新五代史》卷51《范延光传》,天福二年,天雄军节度使范延光反,"以兵二万距黎阳,掠滑、卫。高祖以杨光远为招讨使,引兵自滑州渡胡梁攻之",可为证。又,检《资治通鉴》卷284,开运二年(945)正月,晋"西京留守景延广自滑州引兵守胡梁度"以备契丹,亦可为证,是五代时大通军在滑州境。

第三节 河 东 路

(一) 沁州 (979—980)——治沁源(今山西沁源县)

《太平寰宇记》中无沁州的记载。据《元丰九域志》卷20沁州条言,"太平兴国六年(981)废州,以和川县隶晋州,沁源县隶威胜军,绵上县隶大通监"。又,新旧《唐书·地理志》、《元和郡县图志》领县同,故宋初沁州实领沁源、和川、绵上三县,太平兴国六年州废。

1. 沁源县(960—1126)
2. 和川县(960—1126)
3. 绵上县(960—1126)

(二) 隆州 (978)——治所在今山西祁县东南隆州城

《太平寰宇记》中无隆州的记载。检《通鉴》卷290广顺元年(951)正月戊寅条,该条言,"是日,刘崇即皇帝位于晋阳,仍用乾祐年号,所有者并、汾、忻、代、岚、宪、隆、蔚、沁、辽、麟、石十二州之地",则是时已有隆州。《长编》卷20太平兴国四年三月庚辰朔条言,"命郢州刺史尹勋攻隆州。隆非古州,北汉依险筑城以拒王师,故先分兵围之",亦可证北汉确有隆州。太平兴国四年五月癸未,北汉平,丁酉,即"废隆州,毁其城",或以是《太平寰宇记》不载。

又,据《读史方舆纪要》卷40《山西二·太原府·祁县》言,"县东南三十里,或谓之隆州城。五代周初刘崇据河东十二州,隆州其一也。继(既)而刘继元筑城以拒周师"。据此,隆州在今山西祁县境内。

(三) 平晋军 (963—978)——治乐平(今山西昔阳县)

《宋史》卷1《太祖纪一》乾德元年(963)八月丁亥条言,"王全斌攻北汉乐平县,降之。辛卯,以乐平县为平晋军"。《长编》卷4是日所载同,唯平晋军作乐平军。然《元丰九域志》卷 4 太原府条言,"建隆四年(即乾德元年),以晋阳县为平晋军。太平兴国四年,废军为县"。晋阳县,据《太平寰宇记》卷 40 并州条言,为北汉并州之治所,在"太原城中",乾德元年,宋兵何得攻克?故《元丰九域志》所记为误。要之,平晋军,乾德元年以乐平县建,太平兴国四年废。

乐平县(963—1126)

(四) 静乐军(1000—1001)——治静乐县(今山西静乐县北)

《皇宋十朝纲要》卷 3、《元丰九域志》卷 4 岚州条言,"咸平三年(1000),以岚州静乐县北静乐寨置静乐军","五年,军废,县隶宪州"。

静乐县(979—1126)

(五) 固军(978)——治所在今山西宁武县西南宁化

《长编》卷 23 太平兴国七年八月癸亥条言,"初,北汉置固军于岚州。北汉亡,废为宜(宁)化县。甲戌,复号宁化军"。又,固军,《太平寰宇记》卷 50 宁化军条作"故军"。

(六) 宝兴军(979—?)——治所在今山西繁峙县东南

宝兴军,北汉时建。据《太平寰宇记》卷 49 言,"宝兴军者,本代州烹银之冶务,刘继元割据时建为宝兴军,地属五台山寺。皇朝平河东,因之不改"。又,《长编》卷 4 乾德元年闰十二月丙子条言,"北汉地狭产薄,又岁输契丹,故国用日削,乃拜五台僧继颙为鸿胪卿,继颙为人多智,善商财利,世祖颇倚赖之。继颙能讲华严经,四方供施,多积蓄以佐国用。五台当契丹界上,继颙常得其马以献,号'添都马',岁率数百匹,又于柏谷置银冶,募民凿山取矿烹银。北汉主取其银以输契丹,岁千斤,因即其冶建宝兴军"。

据《宋史》卷 86《地理志二》代州条言,繁峙县下有宝兴军寨,则军后或废。

《清一统志》卷 151 代州宝兴军条言,宝兴军"在繁峙县东南"。

(七) 大通监,交城监(979—1022 大通监,1023—1032 交城监,1033—1038 大通监)——治交城(今山西交城县)

《元丰九域志》卷 4 太原府条言,"太平兴国四年,以交城县置大通监。六年,以沁州绵上县隶焉。天圣元年(1023),改大通为交城,明道二年(1033)复旧。宝元二年(1039),以大通监隶府,俾知交城县兼领监事",则太平兴国四年至宝元二年间大通监同下州,隶属河东路,初领交城一县,后增领绵上一县,宝元末降为县级监。

(八) 永利监 (1001—1038)——治在今山西太原市之南境

《文献通考》卷316永利监条言,"宋太平兴国四年,平太原,徙盐务于平晋县,本卤县也。咸平四年,建为监,属河东路。宝元二年,以隶太原府"。《长编》卷48咸平四年二月己巳条亦言,"改河东榷盐院为永利监"。《宋会要·方域》6之9所载同。然《元丰九域志》卷4太原府条言,太平兴国"九年,于平晋县置监务。咸平四年,升为永利监",言置务于九年,稍异。又,"监务"之"监"当是"盐"之讹。据此,太平兴国至宝元间,有永利监同下州,隶属河东路,宝元末降为监。

《长编》卷20太平兴国四年五月戊子条言,是日"毁太原旧城,改为平晋县",则永利监当在今山西太原市之南境。

第四节 陕 西 路

(一) 义州, 仪州 (960—976义州,977—1071仪州)——治华亭(今甘肃华亭县)

据《太平寰宇记》卷150仪州条,该州"唐为神策军,后唐同光元年(923),改为义州。周显德六年(959),置华亭县于州郭。皇朝乾德二年(964),割秦陇三镇之地置安化县。太平兴国二年(977),改为仪州,避御名"。故宋初仪州尚名义州,领华亭一县;乾德二年增安化县;太平兴国二年后,为仪州。

《元丰九域志》卷10仪州条言,"淳化中,以凤翔府崇信县隶州",则此后仪州实领崇信等三县。

1. 华亭县(960—1126)　　　　2. 安化县(964—1126)

按:《宋会要·方域》5之42安化县条言,"太平兴国八年,徙治制胜关。至道元年(995),徙安化镇,改今名"。

3. 崇信县(963—1126)[①]

---

① 按:三县括注所据,参见渭州条论证。

(二) 凉州 (960—1002)——治姑臧 (今甘肃武威市)

《宋史》卷492《吐蕃传》言,"是岁(至道元年),凉州复来请帅,诏以丁惟清知州事,赐以牌印"。又,《宋史》卷7《真宗纪二》咸平六年(1003)十二月甲子条言,"西面部署言李继迁攻西凉,知府丁惟清没焉",则咸平六年凉州陷于夏。

(三) 庆成军 (1014—1067)——治荣河 (今山西万荣县西南宝鼎)

按：《文献通考》卷316庆成军条言,庆成军,本河中府宝鼎县。大中祥符七年,直属京师,领荣河(即宝鼎)一县。《元丰九域志》卷3河中府条言,"庆成军,熙宁元年,废军以荣河县隶府,即县治置军使"。

宝鼎县(960—1010宝鼎县,1011—1126荣河县)①

(四) 清边军——治所在今宁夏吴忠市东南,无县

《旧五代史》卷78《晋高祖纪四》言：天福四年(939)五月乙巳,"改旧威州为清边军"。

所谓旧威州,即唐代建于废鸣沙县地之安乐州。据《新唐书》卷37《地理志一》威州条言,"威州,本安乐州。初,吐谷浑部落自凉州徙于鄯州,不安其居,又徙于灵州之境。咸亨三年(672),以灵州之故鸣沙县地置州以居之。至德后,没吐蕃。大中三年(849)收复,更名"。其距离灵州仅一天的路程。五代名将药元福,后晋末为威州(此威州与清边军同时设,治于灵州方渠镇。后周改为环州,又改为通远军)刺史,护送朔方帅冯晖赴灵州任上。其事见于《宋史》卷254《药元福传》："朔方距威州七百里,无水草,号旱海,师须赍粮以行,至耀德食尽,比明,行四十里。(酋长拓跋)彦超等众数万,布为三阵,扼要路,据水泉,以待晖军。……元福请以麾下骑先击西山兵……晖军继进,彦超大败,横尸蔽野。是夕,入清边军。明日至灵州,元福还郡。"

清边军,入宋不见于载籍,宋初存亡不明。《资治通鉴》卷285开运三年(946)八月条载,仁宗前期人赵珣所撰《聚米图经》言："盐、夏、清远军间,并系沙碛,俗谓之旱海。自环州出青冈川,本灵州大路。自此过美利寨,渐入平夏,经旱海中,难得水泉。至耀德、清边镇入灵州。"文中提到的清边镇与灵州毗邻,当是五代时的清边军。据《武经总要·前集》卷18下清远军条言,该军"东南七十里至环州美泥寨,西北五十里至浦洛河,又七十里至圣泉,七十里至定

---

① 按：荣河县括注所据,参见河中府条论证。

边镇,又五十里至灵州"。这里的定边镇,据上引诸条,当是清边镇之讹。该镇距灵州仅五十里之遥,与《宋史》卷254《药元福传》一日之程相吻合。

又,清边军,《五代会要》卷24《军》作"清远军",误。据《宋史》卷5《太宗纪二》、《隆平集》卷1《郡县》等史料,清远军建于淳化五年(994)八月戊戌。该军据上引,应在清边军东南二百四十里,旱海之南。

(五) 威肃军——治定远(今宁夏平罗县东南),无县

《五代会要》卷24《军》言,晋天福"七年四月,改……警州为威肃军,其军使委命本道差补"。

《新唐书》卷37《地理志一》警州条言,"警州,本定远城,在灵州东北二百里。先天二年(713),朔方大总管郭元振置。其后为上县,隶灵州。景福元年(892),灵威(武)节度使韩遵(逊)表为州"。据此,定远城及其后之定远县隶属灵州,为警州及威肃军之前身。威肃军,天福后不见载籍。检《太平寰宇记》卷36,灵州下辖一县七镇,有"定远镇管蕃部四"。又《武经总要·前集》卷18下灵州条言,"定远镇,唐削("削"字应为衍文)朔方节度使下定远一军七千人在北(此)城。南至怀远镇一百里,西(至)贺兰山六(十)里,西南至(州)二百里。本朝至道中,建为威远军,咸平中陷。今为伪定州。……国初,管蕃部四族,以酋长为巡检使"。据此,至道前的定远镇即五代时的威肃军。然威肃军何时降为定远镇,今已不可考见。

(六) 昌化军,无县

《五代会要》卷24《军》言:晋天福"七年四月,改雄州为昌化军,其军使委命本道差补"。

雄州,据《新唐书》卷37《地理志一》言,"在灵州西南百八十里"。五代时与警州并属朔方节度使管内(《旧五代史》卷31《唐庄宗纪五》同光二年正月辛酉载)。昌化军,天福后不见载籍。据《太平寰宇记》灵州条所载,七镇内有昌化镇,似即五代时的昌化军,然昌化军何时废为昌化镇,今已不可考见。

(七) 清远军(994—1000)——治席鸡城寨(今甘肃环县甜水镇附近)

《宋史》卷5《太宗纪二》言,淳化五年八月戊戌,"置清远军"。《宋史》卷6《真宗纪一》言,咸平四年九月,"李继迁陷清远军"。又,《宋会要·方域》7之26言,"淳化五年八月十九日,以席鸡城寨为清远军"。

（八）威远军（995—1000）——治定远镇（今宁夏平罗县姚伏镇）

《宋会要·方域》6 之 3 言，"至道元年五月二十日，诏灵州界定远镇宜建为军，仍以威远军为额"。该军咸平四年陷于夏。

（九）威塞军（994—997 后）——治石堡寨（今地不详）

《宋会要·方域》5 之 39 言，"淳化五年五月二十三日，以延州石堡寨为威塞军"。《宋史》卷 87《地理志三》延安府条言，"塞门寨，延州北蕃部旧寨。至道后，与芦关、石堡、安远寨俱废"，则威塞军可能废于咸平中宋夏缔和后。

（十）雄胜军（960—971?）——治固镇（今甘肃徽县），无县

《五代会要》卷 24《军》言，显德"六年十一月，以凤州固镇为雄胜军"。《太平寰宇记》等宋代诸史志均不载，疑后蜀灭亡后撤销。《元丰九域志》卷 3 凤州条言，固镇在凤州河池县境内。又，《宋史》卷 87《地理志三》言，河池县，"开宝五年（972），移治固镇"，则雄胜军可能废于此时，或稍前。

第五节　两　浙　路

（一）衣锦军，顺化军（977 衣锦军，978—979 顺化军）——治临安县（今浙江临安市）

《乾道临安志》卷 2 言，"天祐四年（907），以临安县衣锦城为安国衣锦军。朱梁开平二年（908），改临安为安国。其年（太平兴国三年），升安国衣锦军为顺化军，治临安县。五年，废顺化军，以其县复隶杭州"。可见，衣锦军无辖县。太平兴国三年（978），改顺化军后，方领安国一县。然《元丰九域志》卷 10 顺化军条言，"伪唐以杭州安国县建衣锦军，领县一。皇朝太平兴国三年，改顺化军，仍改安国县为临安。五年，废军，以县还旧隶"。言衣锦军领县，则恐为王存依宋制而误撰。

安国县（977 安国县，978—1126 临安县）①

（二）江阴军（975—989，992—1070）——治江阴（今江苏江阴市）

《元丰九域志》卷 5 常州条言，"淳化元年，废江阴军，以江阴县隶州，

---

① 按：临安县括注，据杭州条论证。

三年复置军,仍以县隶。熙宁四年,复废军隶州"。《宋史》卷88《地理志四》江阴军条言,"建炎初,以江阴复置军"。则熙宁四年后迄北宋末江阴军废。

江阴县(975—1126)

第六节 淮 南 路

(一) 东海监(960—969)——治今江苏连云港市海州区南城街道

据《长编》卷11,开宝三年(970)正月癸丑,废东海监复为县。据新旧《唐书·地理志》、《元和郡县图志》、《太平寰宇记》,海州领东海等四县。然《元丰九域志》、《宋会要·方域》6之12海州条均同《长编》,则唐以后至开宝三年前东海县确曾一度改为东海监,显德时极有可能为东海监。

又,据《太平寰宇记》卷117桂阳监之记载,"晋天福四年(939),割出郴州平阳、临武两县人户属监",然该条下确无"领县二:平阳、临武"字样,异于州府各条,可见平阳、临武二县划归桂阳监后,县制即已撤销。援此,五代时设东海监后,东海县应相应撤销。《新五代史》卷60《职方考》言,"五代置军六,皆寄治于县,隶于州,故不别出。监者,物务之名尔,故不载于地理",即是对这一历史现象的总结。

(二) 盐城监(960—?)——治所在今江苏盐城市境

据《太平寰宇记》卷124,"盐城监,古之盐亭也。历代海岸煎盐之所,元管九场。伪唐以为盐监,周显德三年(956),平江淮之后,因之不改焉"。然《元丰九域志》、《宋史·地理志》不载,或后废。

(三) 天长军(960—995)——治天长(今安徽天长市)

马令《南唐书》卷30《建国谱》扬州条言,"以六合置雄州,俄罢,复来肄(隶)。以天长置天长军"。又,《元丰九域志》卷5扬州条言,"至道二年(996),仍废天长军为县",则宋初有天长军。

天长县(960—1126)[①]

---

① 按:天长县括注,据扬州条论证。

第七节　成都府路

（一）琪州（1114—1120）——治春琪（今四川理县北孟屯河中下游）

《宋史》卷89《地理志五》茂州条言，"春琪城，本羁縻保州。政和四年（1114），建为琪州，县曰春琪。宣和三年（1121），废为城，隶茂州"，则政、宣间琪州领春琪一县。又，《清一统志》卷421杂谷厅废保州条言，羁縻保州在清杂谷厅西北。

春琪县（1114—1120）

（二）亨州（1114—1120）——治嘉会（今四川理县下孟乡）

《宋史》卷89《地理志五》威州条言，"嘉会寨，本羁縻霸州，政和四年，建为亨州，县曰嘉会。宣和三年，废州，以县为寨，隶威州"，则政、宣间亨州领嘉会一县。又，《读史方舆纪要》卷67《威州·坝州堡》言羁縻霸州位于威州西北二十五里处，威州治今理县薛城镇，则羁縻霸州当在今理县下孟乡一带。

嘉会县（1114—1120）

第八节　梓州潼川府路

（一）祥州（1113—1120）——治庆符（今四川高县庆符镇）

《宋史》卷89《地理志五》叙州条言，庆符县，"本叙州徼外地。政和三年，建为祥州，置庆符、来附二县①。宣和三年，州废，并来附县入庆符县，隶叙州"。

1. 庆符县（1113—1126）　　2. 来附县（1113—1120）

（二）纯州（1109—1120）——治九支（今四川泸州市东南）

《宋史》卷89《地理志五》泸州条言，"大观三年（1109），建纯州，置九支、安溪两县及美利城。宣和三年，废纯州及九支县为九支城，以安溪、美利城为寨"。

1. 九支县（1109—1120）　　2. 安溪县（1109—1120）

（三）滋州（1109—1120）——治承流（今贵州习水县一带）

《宋史》卷89《地理志五》泸州条言，"大观三年，建滋州，置承流、仁怀两

---

① 《宋会要·方域》7之6言，祥州及庆符县建于大观三年。

县。宣和三年,废州为武都城,以仁怀为堡,承流县并入仁怀"。

1. 承流县(1109—1120)　　　　　2. 仁怀县(1109—1120)

第九节　利　州　路

(一) 集州(965—1071)——治难江(今四川南江县)

据《太平寰宇记》卷140,集州原领县四,今二:难江、嘉川。二县废:大牟(并入难江)、通平(并入嘉川)。上引难江县条言,废大牟县,"皇朝乾德五年(967),并入难江县"。嘉川县条言,废通平县,"皇朝乾德五年,并入嘉川县"。然《元丰九域志》卷10集州条言,"乾德五年,省通平、大牟二县入难江县",稍异。故乾德三年时集州领难江、嘉川、大牟、通平四县,而五年则领难江、嘉川二县。

《元丰九域志》卷10又言,"咸平五年(1002),以嘉川县隶利州,以巴州清化县隶州。熙宁三(五)年废州,以难江县隶巴州,省清化县为镇隶巴州化城县"。

1. 难江县(965—1126)　　　　　3. 大牟县(965—966)
2. 通平县(965—966)　　　　　　4. 清化县(965—1071)

(二) 壁州(960—971,972—1071)——治通江(今四川通江县)

据《太平寰宇记》卷140,壁州原领县五,今三:通江、白石、符阳。二县废:广纳、东巴(并入通江)。《新唐书》卷40《地理志四》所载五县同,则五县俱是唐时旧县。《元丰九域志》卷10壁州条言,"乾德四年,省广纳、东巴二县入通江"。《太平寰宇记》通江县条同,则乾德三年时,壁州实领通江、白石、符阳、广纳、东巴五县,而乾德四年时则领三县。

《元丰九域志》卷10又言,"开宝五年(972)废州,寻复置。熙宁五年(1072)废州,省符阳、白石县入通江县,隶巴州"。

1. 通江县(965—1022 通江县,1023 诺水县,1023—1126 通江县)

按:《宋会要·方域》7之8言,"通江县,天圣元年(1023),改诺水,(寻)复旧"。

2. 广纳县(965)　　　　　　　　4. 符阳县(965—1071)
3. 东巴县(965)　　　　　　　　5. 白石县(965—1071)

第十节 夔州路

（一）㵲州(1108—1119)——治溱溪(今重庆綦江区打通镇吹角村)

《宋史》卷89《地理志五》南平军条言，"溱溪寨，本羁縻溱州，领荣懿、扶欢二县。熙宁七年(1074)招纳，置荣懿等寨，隶恭州，后隶南平军。大观二年(1108)，别置溱州及溱溪、夜郎两县。宣和二年(1120)，废州及县，以溱溪寨为名，隶南平军"。

1. 溱溪县(1108—1119)　　　　2. 夜郎县(1108—1119)

（二）承州(1109—1120)——治绥阳(今贵州凤冈县)

《宋史》卷89《地理志五》珍州条言，承州，"本羁縻夷州。大观三年，酋长献其地，建为承州，领绥阳、都上、义泉、宁夷、洋川五县。宣和三年，废州及都上等县，以绥阳隶珍州"。

1. 绥阳县(1109—1126)　　　　4. 宁夷县(1109—1120)
2. 都上县(1109—1120)　　　　5. 洋川县(1109—1120)
3. 义泉县(1109—1120)

（三）播州(1108—1120)——治播川(今贵州桐梓县西南)

《宋史》卷89《地理志五》播州条言，"大观二年，南平夷人杨文贵[①]等献其地，建为州，领播川、琅川、带水三县。宣和三年，废为城，隶南平军"。又据《舆地纪胜》卷180播州条言，播州废为播川城。则在大观、宣和间播州尝领播川、琅川、带水三县。

1. 播川县(1108—1120)　　　　3. 带水县(1108—1120)
2. 琅川县(1108—1120)

（四）遵义军(1108—1120)——治遵义县(今贵州遵义市西南)

《宋史》卷89《地理志五》珍州条言，"遵义寨，大观二年，播州杨文贵献其

[①] 按："南平夷人杨文贵"，《舆地纪胜》作"播州夷"、"杨光荣"。检《舆地广记》卷33遵义军遵义县条，该条言，唐衰，播州为杨氏两族所分据，一居播川，一居遵义，以仁江水为界。其后居播川者曰光荣，得唐所给州铜牌；居遵义者曰文贵，得州铜印。皇朝大观二年，两族各献其地，皆自以为播州。议者以光荣为族长，重违其意，乃以播川立州，遵义立军焉。则《宋史》卷89《地理志五》所记有误，当从《舆地纪胜》。

地,建遵义军及遵义县。宣和三年,废军及县,以遵义寨为名,隶珍州"。

遵义县 (1108—1120)

(五) 思州 (1118—1121)——治务川(今贵州务川仡佬族苗族自治县)

《宋史》卷89《地理志五》思州条言,"思州,政和八年(1118)建①,领务川、邛水、安夷三县。宣和四年,废州为城及务川县,以务川城为名,邛水、安夷二县皆作堡,并隶黔州",则政、宣之际思州尝领务川、安夷、邛水三县。

1. 务川县 (1118—1121)
2. 安夷县 (1118—1121)
3. 邛水县 (1118—1121)

第十一节 广 南 东 路

(一) 泷州 (971—972)——治泷水(今广东罗定市东南)

《太平寰宇记》卷164康州条言,开宝"六年(973),又废泷州开阳、建水、镇南等县入泷水一县来属"。据此,开宝四年,泷州实领泷水、开阳、建水、镇南四县。

1. 泷水县 (971—1126)
2. 开阳县 (971—972)
3. 建水县 (971—972)
4. 镇南县 (971—972)

(二) 勤州 (971—972)——治铜陵(今广东阳春市北)

《元丰九域志》卷10言,"勤州,领县二。开宝五(六)年②,废州,省富林县入铜陵县,隶春州",故开宝四年,勤州实领铜陵、富林二县。

1. 铜陵县 (971—1072)
2. 富林县 (971—972)

(三) 春州 (971,973—1015,1020—1072)——治阳春(今广东阳春市)

《太平寰宇记》卷158春州条言,"皇朝平广南,开宝五年废州,以其地隶恩州,至六年复置,仍并流南、罗水二县入阳春一县。又废勤州之富林入铜陵一县来属",故开宝四年时春州实领阳春、流南、罗水三县,六年时领阳春、铜陵二县。

---

① 按:思州建置时间,《宋会要·方域》7之10、《舆地纪胜》卷178引《国朝会要》同《宋史》卷89。《方舆胜览》卷61、《文献通考》卷319思州条言在大观元年。《舆地广记》不载思州,则大观元年或是蕃部田祐恭献地之年,而建州实在政和八年。

② 按:《太平寰宇记》卷158春州条、《元丰九域志》卷10春州条并言,开宝六年,勤州废入,故五年误。

《元丰九域志》卷10春州条言,"大中祥符九年(1016),又废入新州,为新春(阳春)县。天禧四年(1020)复置。熙宁六年(1073),又废,省铜陵县入阳春县,隶南恩州",则天禧四年春州复置时仍领二县如故。

《清一统志》卷448肇庆府阳春废郡条言,"宋景德中,本道转运使以州城水土恶弱迁于铜石,越数岁,复归于旧。大中祥符九年并入新州,天禧四年复置。熙宁六年废"。又引县志言,"故春州治在阳春县北八十里铜石山南,即宋时所移也"。《长编》卷95天禧四年五月壬戌条与《文献通考》卷323春州条亦载,然"铜石"作"明石津古城"与"石津"。

1. 阳春县(971—1126)
2. 流南县(971—972)
3. 罗水县(971—972)
4. 铜陵县(971—1072)

第十二节 广南西路

(一) 澄州(971)——治上林(今广西上林县南)

据《太平寰宇记》卷165,澄州原领县四,今一:上林。三县废:止戈、无虞、贺水(以上并入上林)。该条又言,"皇朝开宝六年(973),并为上林一县属邕州,当年复置,从本部民之请也"。据《元丰九域志》卷10、《宋会要·方域》7之22澄州条言,废州在五年。又,州废未复,恐《太平寰宇记》与宾州事相混而误书,今从《元丰九域志》。要之,开宝四年,澄州领上林、止戈、无虞、贺水四县。

1. 上林县(971—1126)[①]
2. 止戈县(971)
3. 无虞县(971)
4. 贺水县(971)

(二) 绣州(971)——治常林(今广西桂平市南)

《太平寰宇记》卷167容州条言,"皇朝开宝五年,废绣、禺、顺三州地入容州"。上引又言,废绣州领县三:常林、阿林、罗绣(以上废入普宁等县)。《元丰九域志》卷9容州条言,"开宝五年,省绣州入普宁",无"等"字,是,当从《元丰九域志》。故开宝四年时绣州实领常林、阿林、罗绣三县。

1. 常林县(971)
2. 阿林县(971)
3. 罗绣县(971)

---

① 按:所据,参见宾州条。

(三) 禹州(971)——治峨石(今广西北流市东南)

《太平寰宇记》卷167容州条言,"皇朝开宝五年,废绣、禺、顺三州地入容州"。上引又言,"废禹州领县四:峨石、温水、罗辩、扶莱(以上废入普宁等县)"。《元丰九域志》言,开宝五年,省禹州入北流,从之。

又,《新唐书》卷43上《地理志七上》禹州(东峨州)罗辩县条言,罗辩,"本陆川,隶辩州,后更名。本罗辩洞地",则罗辩即陆川。检该书容州条,该条言,"陆川,本隶东峨州,唐末来属",与《太平寰宇记》、《元丰九域志》所载容州领陆川县相吻合。故《太平寰宇记》言,废禹州领四县含罗辩,实误。《旧唐书》卷41《地理志四》禹州条言,禹州领陆川、扶桑(莱)、温水、峨石四县,《太平寰宇记》或据此而误。故开宝四年禹州实领峨石、温水、扶莱三县。

1. 峨石县(971)
2. 温水县(971)
3. 扶莱县(971)

(四) 顺州(971)——治龙豪(今广西博白县东)

《太平寰宇记》卷167容州条言,"皇朝开宝五年,废绣、禺、顺三州地入容州"。上引又言,"废顺州领县二:龙豪、南河(以上废入普宁等县)"。《元丰九域志》言,开宝五年,废顺州入陆川,是,从之。故开宝四年顺州实领龙豪、南河二县。

1. 龙豪县(971)
2. 南河县(971)

(五) 富州(971)——治龙平(今广西昭平县)

《太平寰宇记》卷163昭州条言,"废富州元领县三,今一:龙平。二县废:思勤、马江(并入龙平)"。上引又言,开宝五年,"废富州之思勤、马江二县入龙平一县来属",则开宝四年富州实领龙平、思勤、马江三县。

1. 龙平县(971—1121? 龙平县,1122—1126 昭平县)①
2. 思勤县(971)
3. 马江县(971)

(六) 峦州(971)——治永定(今广西横县西北)

《太平寰宇记》卷166横州条言,皇朝开宝五年,"废峦州武罗、灵竹二县入永定一县,隶当州",则开宝四年时,峦州实领永定、武罗、灵竹三县。

---

① 按:所据,参见昭州条。

1. 永定县（971—1070，1087—1104 永定县，1105 永淳县，1106—1126 永定县）①
2. 武罗县 (971)
3. 灵竹县 (971)

（七）罗州 (971)——治廉江（今广东廉江市北）

《太平寰宇记》卷 167 化州条言，"废罗州元领县五，今一：吴川。四县废：石城、廉江、干水、零绿（并入吴川）"。

上引吴川县条言，"罗州，皇朝太平兴国五年（980），州废"。然《元丰九域志》卷 9、《舆地广记》卷 37、《舆地纪胜》卷 116 引《国朝会要》、《宋史》卷 90《地理志六》化州条、《文献通考》卷 323 罗州及化州条、《宋会要·方域》7 之 22、《宋朝事实》卷 19 罗州条并言在开宝五年，《太平寰宇记》恐有误。

又，《新唐书》卷 43 上《地理志七上》言，罗州领廉江、吴川、干水、零绿四县。又言，廉江，"本石城，天宝元年（742）更名"，则石城、廉江为重出。检《舆地广记》、《舆地纪胜》亦不载石城，与《新唐书》卷 43 上合，故石城当删去。

又，《舆地纪胜》卷 120 廉州条言，常乐州，南汉立，"开宝五年，废常乐州，省县，以博电、零绿、盐场地置石康县来属"。《元丰九域志》卷 9、《舆地广记》卷 37、《宋朝事实》卷 19 廉州条同，则零绿可能于常乐州初立时来隶。清吴兰修《南汉地理志》罗州条可参考。故开宝四年时罗州实领吴川、廉江、干水三县。

又据《元丰九域志》卷 10 罗州条所载，开宝五年州废，诸县并入吴川，隶化州。

1. 廉江县 (971)
2. 吴川县 (971—1126)②
3. 干水县 (971)

（八）潘州 (971)——治茂名（今广东高州市）

《太平寰宇记》卷 161 高州条言，"皇朝开宝五年，仍废潘州，以潘州南巴、潘水二县并入茂名县来属"，则开宝四年，潘州实领茂名、南巴、潘水三县。

1. 茂名县 (971—1126)③
2. 南巴县 (971)
3. 潘水县 (971)

---

① 按：所据，参见横州条。
② 按：所据，参见化州条。
③ 按：所据，参见高州条。

(九) 常乐州(971)——治所在今广西合浦县东北

《太平寰宇记》卷169太平军条言,"废常乐州元领县四,今一:石康。三县废:博电、零绿、盐场"。上引又言,"皇朝开宝五年,仍废常乐州,以博电、零绿、盐场三县并为石康一县来属",与前不同。《元丰九域志》卷9、《宋朝事实》卷19廉州条、《元丰九域志》卷10常乐州条同,当从后者。石康县原无,乃三县合并后所建之新县。故开宝四年常乐州实领博电、零绿、盐场三县。

1. 博电县(971)
2. 零绿县(971)
3. 盐场县(971)

(十) 崖州(971)——治舍城(今海南海口市琼山区东南)

《太平寰宇记》卷169琼州条言,"旧崖州元领县三:舍城、澄迈、文昌(已上三县并属琼州)"。上引文昌县旧废崖州条言,"皇朝开宝五年,平南越,却废崖州之域入琼州"。《元丰九域志》卷9琼州条同,故开宝四年崖州实领舍城、澄迈、文昌三县。

1. 舍城县(971—1070)①
2. 澄迈县(971—1126)
3. 文昌县(971—1126)

(十一) 思唐州,思明州(970思唐州,971—972思明州)——治武郎(今广西宁明县东)

《太平寰宇记》卷158龚州条言,开宝六年,"省思明州之平原县入武郎,隶龚州,其思明州废"。上引武郎县条言,"废思明州,旧名思唐州、武郎郡,皇朝开宝四年,平南越,改为思明州"。又《新唐书》卷43上《地理志七上》思唐州思和县条言,"本平原,长庆三年(823)更名",则开宝四年时州为思唐,领武郎、思和二县。

1. 武郎县(971—1126)②
2. 思和县(971—972)

(十二) 严州(971—973)——治来宾(今广西来宾市兴宾区东南)

《太平寰宇记》卷165象州条言,"废严州元领县二,今一:来宾(割属象州)。一县废:归化(并入来宾)"。《元丰九域志》卷10言,"严州领县二。开宝七年,

---

① 按:舍城等三县所据,参见琼州条。
② 按:所据参见龚州条。

废州,省归化县入来宾县,隶象州",则开宝四年时严州实领来宾、归化二县。

然据新旧《唐书·地理志》载,严州治来宾,领来宾、循德、归化三县。《元和郡县图志》载严州治循德,领循德、来宾二县。《文献通考》卷323严州条亦言,严州"领县三:来宾、归化、修德。宋开宝七年,废严州,以修德、归化属来宾,隶象州"。清吴兰修《南汉地理志》据此以为,南汉时严州领循德等三县,言"《寰宇记》、《九域志》、《宋志》、《宋朝事实》、《舆地广记》、《舆地纪胜》皆不及循德,误"。然《文献通考》象州条同宋诸史志。其来宾县条言,"本严州县,开宝中废(严州),以归化并入",亦不载循德。故循德未必废于开宝时,或在南汉。今不取《南汉地理志》,仍从宋诸史志。

来宾县(971—973)

(十三) 牢州(971—973)——治南流(今广西玉林市)

《太平寰宇记》卷165郁林州条言,"废牢州元领县二:定川、岩川(并并入南流)"。据新旧《唐书·地理志》,牢州领南流、定川、宕川三县。《宋朝事实》卷9郁林州条、《宋会要·方域》7之22牢州条同。故牢州原领三县,即南流、定川、宕川。《太平寰宇记》该条有误。

《太平寰宇记》又言,开宝"七年,又并牢州之定川、岩(宕)川二县入南流县"。《宋朝事实》、《文献通考》、《元丰九域志》郁林州条同,然《宋会要·方域》言在五年,稍有异。故开宝四年时牢州实领南流、定川、宕川三县。

1. 南流县(971—1126)①
2. 定川县(971—973)
3. 宕川县(971—973)

(十四) 党州(971—973)——治善劳(今广西玉林市西北)

《太平寰宇记》卷165郁林州条言,"废党州元领县四(平琴州废入):容山(旧平琴州管)、怀义(旧平琴州管)、抚康②、善劳(已上并入南流)"。

上引言,开宝七年,"又并入容山、怀义、抚康、善劳四县入南流县,来属郁林州"。《宋会要·方域》7之22党州条、《文献通考》卷323郁林州条言在五年,稍异。则开宝四年时党州实领善劳、抚康、容山、怀义四县。

1. 善劳县(971—973)
2. 抚康县(971—973)

---

① 按:所据,参见郁林州条。
② 按:抚康,《新唐书》卷43上、《通典》卷184党州条及《文献通考》均作抚安。《宋会要》、《宋朝事实》、《宋史》卷90《地理志六》均作抚康。未知孰是。

3. 容山县(971—973)　　　　　4. 怀义县(971—973)

(十五) 窦州(971—978)——治信义(今广东信宜市镇隆镇)

据《太平寰宇记》卷163,"窦州元领县四,今一:信宜。三县废:怀德、潭峨、特亮(并入信宜)"。《元丰九域志》卷10言,"窦州,领县四。开宝六年,省怀德、潭峨、特亮三县入信义县。太平兴国元年,改信义为信宜。四年废州,以信宜隶高州"。故开宝四年窦州实领信义、怀德、潭峨、特亮四县,而太平兴国初窦州实领信宜一县。

1. 信义县(971—975 信义县,976—1126 信宜县)①
2. 怀德县(971—972)
3. 潭峨县(971—972)
4. 特亮县(971—972)

(十六) 义州,南义州,南仪州(970 义州,971,973—975 南义州,976—1070 南仪州)——治岑溪(今广西岑溪市南渡镇)

南仪州即义州、南义州,开宝四年平广南前领三县。据《元丰九域志》卷10南仪州条言,"唐义州,领县三。皇朝开宝四年加'南'字,五年废入窦州,六年复置,省连城、永业二县入岑溪县。太平兴国初,改南仪州。熙宁四年(1071)废,以岑溪县隶藤州",则开宝四年义州改南义州,领岑溪、连城、永业三县,太平兴国初,改南仪州,领岑溪一县,熙宁中州废。

又,《长编》天圣四年(1026)五月癸未条言,"诏徙南仪州于岑雄驿,以旧州地险,中多瘴雾之毒,吏民岁死者众故也"。

《清一统志》卷469梧州府龙城废县条言,"在岑溪县东二十里,唐初置,后改曰岑溪,宋初迁县于今治(今广西岑溪市)"。《清一统志》言徙治在宋初,或别有所据。否则,与《长编》相较,不确。

1. 岑溪县(971—1126)②
2. 连城县(971—972)
3. 永业县(971—972)

(十七) 蒙州(971—1071)——治立山(今广西蒙山县西河镇古眉村)

据《太平寰宇记》卷163,蒙州领县三:立山、正义、东区。新旧《唐书·地理志》、《元和郡县图志》同。又,《元丰九域志》卷10蒙州条亦同。则开宝四年

---

① 按:所据,参见高州条。
② 按:所据,参见藤州条。

蒙州实领立山、正义、东区三县。

《元丰九域志》卷10蒙州条言，"太平兴国初，改正义县为蒙山。熙宁五年废州，省蒙山、东区二县入立山县，隶昭州"。

1. 立山县(971—1126)①　　　　　　976—1071 蒙山县)
2. 正义县（971—975 正义县，　3. 东区县(971—1071)

（十八）庭州(1107—1109)——治怀德(今广西河池市北)

《舆地纪胜》卷122宜州河池县条引《皇朝郡县志》言，"大观元年(1107)，于县置庭州，以县为怀德县隶焉。四年，废庭州，其怀德县复为河池县，隶宜州"。

怀德县(1107—1109)

（十九）溪州(1107—1109)——治思恩(今广西环江毛南族自治县北)

《宋史》卷90《地理志六》溪州条言，"大观元年，以宜州思恩县带溪寨置溪州。四年废"。

（二十）镇州(1107—1110)——治镇宁(今海南东方市广坝乡)

《宋史》卷90《地理志六》镇州条言，"大观元年，置镇州于黎母山心，倚郭县以镇宁为名，升镇州为都督府，赐静海军额。政和元年(1111)，废镇州，以静海军额为琼州"。

又，据《宋会要·方域》7之28言，大观元年，又割昌化军昌化县隶州。政和元年，州废，昌化县复还旧隶。详见延德军条所引。则大观、政和间镇州尝领镇宁、昌化二县。

镇宁县(1107—1110)

（二十一）延德军(1107—1110)——治通远(在今海南乐东黎族自治县西南黄流、白沙间)

《宋史》卷90《地理志六》延德军条言，"崇宁五年(1106)，初置延德县于朱崖军黄流、白沙、侧浪之间。大观元年，改为军，又置倚郭县曰通远。政和元年，废延德军为感恩县、昌化军通远县为通远镇，隶朱崖军②。政和六年，置延

---

① 按：所据，参见昭州条。
② 按："废延德军为感恩县、昌化军通远县为通远镇，隶朱崖军"一句恐有误。据昌化军条所引《宋会要》，延德军有倚郭县通远，又有昌化军拨与感恩县。则"废延德军为感恩县"之"感恩县"当为"延德县"之讹，该军即自延德县升置，废收当复为延德县，延德县后废为延德寨。感恩县割自昌化军，当复还旧隶。而以通远县为昌化军属邑则大误，疑"昌化军"三字为衍文。

德寨，又以通远镇为寨"。

又，《宋会要·方域》7 之 28 言，政和元年"十二月二十三日，广南西路转运副使陈仲宜等奏，据昌化军状，昨于大观元年六月内，于海南黎母山心置一州以镇州为名，及于沿海置一军，以延德军为名，各将本军元管下昌化、感恩两县拨隶上项州军，却于本军界内创置通华(远)、四达两县，出差货物不多，并深在黎洞中间，别无人旅往还。奉圣旨海南新置镇州、延德年(军)县寨并废罢，所有昨赐镇州作靖海军军额拨归琼州"。要之，大观、政和间，延德军尝领通远、四达、感恩、昌化四县。

1. 通远县 (1107—1110)　　　　2. 四达县 (1107—1110)

(二十二) 格州，从州 (1105 格州，1106—1110 从州)——治所在今贵州黎平县永从乡西①

《宋史》卷 90 平州条言，崇宁四年，"于中古州置格州及乐古县。五年，改格州为从州。政和元年，废从州为乐古寨，并通靖、镇安、百万寨并拨隶允州"。

乐古县 (1105—1110)

(二十三) 允州 (1105—1110)——治所在今贵州黎平县永从乡南

《宋史》卷 90《地理志六》平州条言，崇宁四年，"于安口隘置允州及安口县。政和元年，废从州为乐古寨，并通靖、镇安、百万寨并拨隶允州，又废允州"。

安口县 (1105—1110)

(二十四) 隆州 (1114—1120)——治兴隆(今广西东兰县南)

《宋史》卷 90《地理志六》兑州条言，"政和四年，置隆州、兑州并兴隆县、万松县。宣和三年，废隆州及兴隆县为威远寨，兑州及万松县为靖远寨。二州先置思忠、安江、凤怜、金斗、朝天等五寨并废，各隶新寨，仍并隶邕州"。

兴隆县 (1114—1120)

(二十五) 兑州 (1114—1120)——治万松(今广西东兰县东南)

详见隆州条论证。

万松县 (1114—1120)

---

① 按：从州地望，据《清一统志》卷 508《黎平府·从州故城》。

(二十六) 孚州 (1107—1109,1117—1120)——治归仁（今广西东兰县东北）

《宋史》卷90《地理志六》孚州条言，"大观元年，以地州建隆县置孚州，倚郭县曰归仁。四年，废孚州及归仁县为靖南寨。先于南丹州中平县置靖南寨，今移置此。政和七年，复置孚州及归仁县，仍移靖南寨归旧处。宣和三年，复废孚州及归仁县，置靖南寨。大观四年，隶观州。绍兴四年(1134)，废靖南寨"，故北宋末宋尝两度置孚州及归仁县。

归仁县 (1107—1109,1117—1120)

第十三节　西夏国所属州郡

(一) 灵州 (960—1002)——治回乐（今宁夏灵武市西南）

据《太平寰宇记》卷36，灵州原领县六，今一：回乐。五县废：怀远、灵武、弘静、温池、鸣沙。《元丰九域志》卷10化外州灵州条同。则宋初灵州领回乐一县。又据《宋史》卷494《夏国传上》，"咸平五年(1002)三月，继迁大集蕃部，攻陷灵州，以为西平府。六年春，遂都于灵州，诏割河西、灵夏等五州与之"，则是年灵州正式割隶西夏。

(二) 盐州——治五原（今陕西定边县）

据《太平寰宇记》卷37，盐州原领县二：五原、白池。《新五代史》卷60《职方考》有盐州。《太平寰宇记》谓州废，但未言何时。《文献通考》卷322盐州条谓，是州"五代及宋时俱没于夏"。

(三) 会州 (960—984)——治会宁（今甘肃靖远县）

《元和郡县图志》卷4《关内道》言，灵武节度使领灵州、会州、盐州。会州有县二：会宁、乌兰。然《太平寰宇记》卷37言，会州废，未言废在何时。《宋史》卷494《夏国传上》言，雍熙二年(985)三月，李继迁军"破会州，焚毁城郭而去"，可见该州尚属宋方，然不知此时州县建制尚存否。

(四) 银州 (960—1002)——治儒林（今陕西横山县党岔镇附近大寨梁）

据《太平寰宇记》卷38，银州原领县四：儒林、真乡、开光、抚宁。然《读史方舆纪要》卷57真乡废县条言，"宋，县废"；抚宁城条言，"抚宁县，唐属银州，宋为抚宁寨"；开光城条言，开光县，"唐属银州，唐末废"。则银州咸平六年入夏时恐至多存附郭儒林一县。

又，《宋史》卷87《地理志三》银州条言，"熙宁三年(1070)收复，寻弃不守。元丰四年(1081)收复，五年即永乐小川筑新城，距故银州二十五里，前据银州大川，赐名银川寨，旋被西人陷没。崇宁四年(1105)收复，仍为银州，五年废为银川城"。

(五) 绥州 (960—1002)——治所在今陕西绥德县，无县

《太平寰宇记》卷38绥州条言，"自唐末蕃寇扰，所管五县并废，或陷在蕃界，亦无乡里，其民皆蕃族，州差军将征科"。原领县五，并废：龙泉、城平、绥德、延福、大斌。故绥州宋初无属邑。咸平六年，割隶西夏。

(六) 夏州 (960—1002)——治朔方（今陕西靖边县红墩界镇白城子村）

据《太平寰宇记》卷37，夏州原领县四，今三：朔方、宁朔、德静。一县割出：长泽（入宥州）。

唐元和后，夏州领朔方、宁朔、德静三县（详见宥州条论证）。宋初，夏州仍存。《长编》淳化五年(994)四月乙酉条载，宋在擒获李继捧后，为防止夏州日后为割据势力所利用，"诏隳夏州故城，迁其民于绥、银等州"，因此夏州及其附郭朔方县恐于此时即撤销。又，《读史方舆纪要》卷61有宁朔城、德静城，但未言何时废县为城，恐前此即废去。夏州，咸平六年割隶西夏。

(七) 宥州 (960—1002)——治长泽（今内蒙古鄂托克前旗东南城川镇古城）

《太平寰宇记》卷39宥州条言，"(开元)二十六年(738)，置宥州及延恩、怀德、归仁三县。(元和)十五年(820)，移治长泽县，为吐蕃所破。长庆四年(824)，夏州节度李祐复置。唐末流离，三县复废。后立于长泽县，即今理"。又，上引长泽县条谓，"开皇中，以县属夏州。元和十五年，夏州节度奏请立宥州于此邑，仍就便移隶宥州"。故自中唐至于宋初宥州领长泽一县。咸平六年，宥州割隶西夏。《读史方舆纪要》卷61长泽城条言，该城"宋没于西夏，县废"。

(八) 静州 (960—1002)——治所在今陕西米脂县北，无县

《资治通鉴》卷288后汉乾祐二年(949)正月条言，"诏以静州隶定难军"。按：唐无静州。定难军，唐时领银、夏、绥、宥四州。然上引胡注言，静州

即"唐置静边州都督于银州界，以处党项降者"。《旧唐书》卷38《地理志一》、《太平寰宇记》银州条亦均言，该州"旧治银川郡界内，管小州十八"。可见，静州的前身为银川境内的羁縻州。《新唐书》卷43下《地理志七下》羁縻州条载，"静边州都督府，贞观中置。初在陇右，后侨治庆州之境"。不同。

《宋史·地理志》、《东都事略·太宗本纪》等诸多文献均言李继捧以四州八县归宋。然《东都事略》卷127《西夏传》则言，"太平兴国七年（982），（继捧）来朝，以夏、银、绥、宥、静五州之地来归"。《宋史》卷485《夏国传下》亦言，咸平六年春，"割河西、夏银等五州与之"。西夏李继捧以下，至元昊，均以"定难军节度，夏、银、绥、宥、静等州观察处置押蕃落使"入衔。又，该传言及元昊立国前之规模时亦言，"元昊既悉有夏、银、绥、宥、静、灵、盐、会、胜、甘、凉、瓜、沙、肃"。可见，静州自五代以来至宋是存在的，只是原属银州，又无属县（诸书均不见载），虽为正州，然与羁縻州亦无甚差异，故往往忽略，相沿成习，多只言四州。

第四编　南宋省地州县的沿革

第一章　两浙路州县沿革

(一) 杭州，临安府(1127—1128 杭州，1129—1276 临安府)——治钱塘、仁和(今浙江杭州市)

《宋史》卷88《地理志四》临安府条载，建炎三年(1129)，杭州升为府，领钱塘、仁和、余杭、临安、富阳、於潜、新城、盐官、昌化九县。《舆地纪胜》、《方舆胜览》同。

1. 钱塘县(1127—1276)
2. 仁和县(1127—1276)
3. 於潜县(1127—1276)
4. 余杭县(1127—1276)
5. 富阳县(1127—1276)
6. 盐官县(1127—1276)
7. 昌化县(1127—1276)
8. 新城县(1127—1276)
9. 临安县(1127—1276)

(二) 平江府(1127—1276)——治吴县、长洲(今江苏苏州市)

北宋时，平江府领吴县、长洲、昆山、常熟、吴江五县。《吴郡志》卷38言，"嘉定县，嘉定十年(1217)置"。据注所引《省札》，知因知平江府赵彦橚奏请而置。据同书卷11《牧守题名》，赵知平江府在嘉定十年六月五日至次年七月，则嘉定十年后平江府领嘉定等六县。《宋史》卷88《地理志四》平江府条言，嘉定县，"嘉定十五年，析昆山县置，以年为名"，所记有误，今不取。

1. 吴　县(1127—1276)
2. 长洲县(1127—1276)
3. 昆山县(1127—1276)
4. 常熟县(1127—1276)
5. 吴江县(1127—1276)
6. 嘉定县(1217—1276)

(三) 镇江府(1127—1276)——治丹徒(今江苏镇江市)

镇江府，北宋时，领丹徒、丹阳、金坛三县。《宋史》卷88《地理志四》、《舆地纪胜》、《方舆胜览》同，则南宋仍领三县如故。

1. 丹徒县(1127—1276)
2. 丹阳县(1127—1276)
3. 金坛县(1127—1276)

(四) 秀州,嘉兴府(1127—1194 秀州,1195—1276 嘉兴府)——治嘉兴(今浙江嘉兴市)

《宋史》卷88《地理志四》嘉兴府条言,秀州,"庆元元年(1195),以孝宗所生之地升府"。北宋时,秀州领嘉兴、海盐、华亭、崇德四县。《宋史》卷88《地理志四》、《舆地纪胜》、《方舆胜览》等并同,则南宋时秀州(嘉兴府)仍领四县。

1. 嘉兴县(1127—1276)　　3. 华亭县(1127—1276)
2. 海盐县(1127—1276)　　4. 崇德县(1127—1276)

(五) 湖州,安吉州(1127—1225 湖州,1226—1276 安吉州)——治乌程、归安(今浙江湖州市)

《宋史》卷41《理宗纪一》宝庆二年(1226)十月辛亥条言,"改湖州为安吉州"。《舆地纪胜》卷4、《方舆胜览》卷4亦言在二年。唯《宋史》卷88《地理志四》湖州条言在元年,似误。

北宋时,湖州领乌程、归安、武康、安吉、长兴、德清六县。《宋史》卷88《地理志四》、《舆地纪胜》、《方舆胜览》等所载领县同,则南宋时湖州(安吉州)仍领六县。

1. 乌程县(1127—1276)　　4. 安吉县(1127—1276)
2. 归安县(1127—1276)　　5. 长兴县(1127—1276)
3. 武康县(1127—1276)　　6. 德清县(1127—1276)

(六) 常州(960—1276)——治晋陵、武进(今江苏常州市)

北宋后期,常州领晋陵、武进、无锡、宜兴、江阴等五县及江阴一军使。《宋史》卷88《地理志四》江阴军条言,"建炎初,以江阴复置军。绍兴二十七年(1157)废,三十一年复置",则绍兴后常州至南宋末领四县不变。

1. 晋陵县(1127—1276)　　3. 无锡县(1127—1276)
2. 武进县(1127—1276)　　4. 宜兴县(1127—1276)

按:《清一统志》卷86常州府宜兴县条言,"宋末改置军"。

(七) 严州,建德府(1127—1264 严州,1265—1276 建德府)——治建德(今浙江建德市东北)

《宋史》卷88《地理志四》建德府条言,严州,"咸淳元年(1265),升府"。又,北宋时严州领建德、寿昌、遂安、分水、淳化、桐庐六县。《舆地纪胜》、《方舆胜览》所载领县同,则南宋时严州建德府亦领六县。

《宋史》卷88《地理志四》建德府条又言,神泉监,"熙宁七年(1074)置,铸铜钱,寻罢。庆元三年复"。

1. 建德县(1127—1276)
2. 寿昌县(1127—1276)
3. 遂安县(1127—1276)
4. 分水县(1127—1276)
5. 淳化县(1127—1130 淳化县,1131—1276 淳安县)

按:《宋史》卷88《地理志四》建德府淳安县条言,"淳化,南渡改今名"。《系年要录》卷51绍兴二年二月丁卯条言,殿中侍御史江跻奏:"徽猷阁直学士、江淮发运使汤东野,承议郎、知淳安县鲍慎好奸赃,胁使输钱五千缗,庇而不发"。则绍兴二年时已改为淳安县,《清一统志》卷234淳安县条言,"绍兴元年始改曰淳安",当是。

6. 桐庐县(1127—1276)
7. 神泉监(1197—?)

(八)江阴军(1127—1156,1161—1276)——治江阴(今江苏江阴市)
详见常州条论证。

江阴县(1127—1276)

(九)越州,绍兴府(1127—1130 越州,1131—1276 绍兴府)——治会稽、山阴(今浙江绍兴市)

北宋时,越州领山阴、会稽、嵊县、诸暨、余姚、上虞、萧山、新昌八县。《宋史》卷88《地理志四》绍兴府条言,"乾道八年(1172),以枫桥镇置义安县。淳熙元年(1174)省"。又,《宋会要·职官》48之39言,乾道八年"五月十一日,诏绍兴府诸暨县枫桥镇改为县,本处有义安乡,以义安为名",则淳熙元年后复领八县如故。

《宋史》卷88《地理志四》绍兴府条言,"绍兴元年,升为府"。

1. 会稽县(1127—1276)
2. 山阴县(1127—1276)
3. 嵊　县(1127—1276)
4. 诸暨县(1127—1276)
5. 余姚县(1127—1276)
6. 上虞县(1127—1276)
7. 萧山县(1127—1276)
8. 新昌县(1127—1276)
9. 义安县(1172—1173)

(十)明州,庆元府(1127—1193 明州,1194—1276 庆元府)——治鄞县(今浙江宁波市)

《宋史》卷88《地理志四》庆元府条言,"绍熙五年(1194),以宁宗潜邸升为府"。

北宋时,明州领鄞县、奉化、慈溪、象山、定海、昌国六县,《舆地纪胜》、《方舆胜览》所载领县同,则南宋明州庆元府仍领六县如故。

1. 鄞　县(1127—1276)
2. 奉化县(1127—1276)
3. 慈溪县(1127—1276)
4. 象山县(1127—1276)
5. 定海县(1127—1276)
6. 昌国县(1127—1276)

(十一) 温州,瑞安府(1127—1264 温州,1265—1276 瑞安府)——治永嘉(今浙江温州市)

《宋史》卷 88《地理志四》瑞安府条言,"本温州,咸淳元年,以度宗潜邸升府"。

北宋时,温州领永嘉、瑞安、乐清、平阳四县。《宋史》卷 88《地理志四》、《舆地纪胜》、《方舆胜览》等载温州亦领此四县,则南宋温州瑞安府领四县不变。

1. 永嘉县(1127—1276)
2. 瑞安县(1127—1276)
3. 乐清县(1127—1276)
4. 平阳县(1127—1276)

(十二) 婺州(1127—1276)——治金华(今浙江金华市)

北宋时,婺州领金华、东阳、义乌、兰溪、永康、武义、浦江七县。《宋史》卷 88《地理志四》、《舆地纪胜》、《方舆胜览》载婺州亦领七县,则南宋时婺州亦领七县。

1. 金华县(1127—1276)
2. 东阳县(1127—1276)
3. 义乌县(1127—1276)
4. 兰溪县(1127—1276)
5. 永康县(1127—1276)
6. 武义县(1127—1276)
7. 浦江县(1127—1276)

(十三) 台州(1127—1276)——治临海(今浙江临海市)

北宋时,台州领临海、黄岩、天台、仙居、宁海五县。《宋史》卷 88《地理志四》、《舆地纪胜》、《方舆胜览》等所载台州领县同,则南宋时台州仍领五县。

1. 临海县(1127—1276)
2. 黄岩县(1127—1276)
3. 天台县(1127—1276)
4. 仙居县(1127—1276)
5. 宁海县(1127—1276)

(十四) 衢州(1127—1276)——治西安(今浙江衢州市)

北宋时,衢州领西安、江山、龙游、常山、开化五县。《宋史》卷 88《地理志四》、《舆地纪胜》、《方舆胜览》同,则南宋时衢州亦领五县不变。

1. 西安县(1127—1276)
2. 江山县(1127—1266? 江山县,1267?—1276 礼贤县)

按:《宋史》卷88《地理志四》衢州条言,"礼贤,紧。本江山县,南渡后改"。《方舆胜览》卷7仍作为江山县。《浙江通志》卷7言,"咸淳中,改江山为礼贤县"。而《元史》卷163《高兴传》,至元十三年(1276)有高兴战于江山县之记载。《元史》卷62《地理志五》衢州路条所载仍为江山县。或礼贤县旋复旧名。

3. 盈川县(1127—1130 盈川县,1131—1276 龙游县)

按:《宋史》卷88《地理志四》衢州龙游县条言,"宣和三年,改为盈川县。绍兴初复改"。

4. 常山县(1127—1266 常山县,1267—1276 信安县)

按:《宋史》卷88《地理志四》衢州条言,信安县,"本常山县,咸淳三年改"。

5. 开化县(1127—1276)

(十五) 处州(1127—1276)——治丽水(今浙江丽水市西)

北宋末,处州领丽水、松阳、缙云、遂昌、青田、剑川六县。《宋史》卷88《地理志四》处州庆元县条言,"庆元三年,分龙泉松源乡置县,因以年纪名",则是年以后处州实领庆元等七县。

1. 丽水县(1127—1276)
2. 松阳县(1127—1276)
3. 缙云县(1127—1276)
4. 遂昌县(1127—1276)
5. 青田县(1127—1276)
6. 剑川县(1127—1130 剑川县,1131—1276 龙泉县)

按:《宋史》卷88《地理志四》处州龙泉县条言,"宣和三年,改为剑川县。绍兴元年复故"。

7. 庆元县(1197—1276)

第二章　淮南东路州县沿革

（一）扬州（1127—1276）——治江都（今江苏扬州市）

北宋后期，扬州领江都、天长二县。《宋史》卷88《地理志四》招信军天长县条言，"建炎元年（1127）升军"，则南渡后天长不隶扬州。

又，该书扬州条言，"南渡后，增县二：广陵、泰兴"，广陵未言何时复置。泰兴县条言，"旧隶泰州，绍兴五年（1135）来属。十年，又属泰州。十二年，又来隶，以柴墟镇延冷村隶海陵。二十九年，尽仍旧"。然《宋会要·方域》5之10言，"泰兴县，建炎四年割隶泰州；绍兴五年，依旧来隶"，则建炎时泰兴已曾来隶，此可补《宋史》卷88《地理志四》之缺失。

又，《宋史》卷88《地理志四》高邮军条言，"建炎四年，升承州，割泰州兴化县来属，置镇抚使。绍兴五年，废为县，复隶扬州，以知县兼军使。三十一年，复为军"，则绍兴末年以后扬州领江都、广陵、泰兴三县。

又，《舆地纪胜》卷37、《方舆胜览》卷44扬州条均言，"今领县二：江都、泰兴"，则广陵或因战乱废并，今不得其时，或因李全之乱，姑置于绍定四年（1231）灭全时。

1. 江都县（1127—1276）　　　　3. 泰兴县（1127—1276）
2. 广陵县（1127后—1230?）

按：《宋史》卷88《地理志四》扬州条言，"绍兴十二年，以柴墟镇延冷村隶海陵。二十九年，尽仍旧"。然《清一统志》卷106通州泰兴旧县条言，"绍兴十四年，又徙延令村"，则绍兴十四年前延令村当又隶泰兴，否则两者必有一误。

（二）亳州（1127—1141；1234—1253）——治谯县（今安徽亳州市）

北宋时，亳州领谯县、城父、蒙城、鄠县、鹿邑、永城、卫真七县。《宋史》卷88《地理志四》亳州条言，"南渡后，没于金"。《元史》卷59《地理志二》亳州条言，"金亡，宋复之"。又，《金史》卷25《地理志中》亳州条言，县六：谯县、鹿邑、卫真、城父、鄠县、永城。蒙城县，据《金史》卷25《地理志中》，已属寿州辖县，故端平元年（1234）时宋复领有亳州及六县。《元史》卷3《宪宗纪》言，宪宗四年(宝祐二年,1254),元将张柔移镇亳州,则时宋已失亳州。

1. 谯　县(1127—1141;1234—1253)
2. 城父县(1127—1141;1234—1253)
3. 酂　县(1127—1141;1234—1253)
4. 鹿邑县(1127—1141;1234—1253)
5. 永城县(1127—1141;1234—1253)
6. 卫真县(1127—1141;1234—1253)

(三) 宿州(1127—1141;1234—1237)——治符离(今安徽宿州市)

北宋时,宿州实领符离、虹县、蕲县、临涣、灵壁五县。《宋史》卷88《地理志四》宿州条言,"绍兴中,割虹县隶楚(泗)州,后没于金",割虹县及宿州入金时间俱不明。据泗州条言,虹县,"绍兴九年,自宿州来隶",十二年入金,后复。则知前者为九年事,后者为十二年事,当是绍兴和议后割出。

又,《元史》卷59《地理志二》宿州条言,"金亡,宋复之。元初隶归德府,领临涣、蕲、灵壁、符离四县并司候司"。又,《金史》卷25《地理志中》载宿州亦领四县,故端平元年时宋复领有宿州四县。

《元史》卷123《月里麻思传》、卷5《世祖纪二》言,岁戊戌(嘉熙二年,1238),蒙军破南宿州,中统三年(1262),复立宿州,则嘉熙时宿州已归蒙。

1. 符离县(1127—1141;1234—1237)
2. 蕲　县(1127—1141;1234—1237)
3. 临涣县(1127—1141;1234—1237)
4. 灵壁县(1127—1141;1234—1237)

(四) 楚州,淮安军,淮安州(1127—1227楚州,1228—1233淮安军,1234—1276淮安州)——治山阳(今江苏淮安市)

北宋末,楚州领山阳、淮阴、宝应、盐城、涟水、吴城六县及涟水一军使。《宋会要·方域》6之11楚州条言,涟水县,"建炎四年,升为军。绍兴五年,复为县。十一年陷。三十二年收复,依旧来隶"。又,6之12言,"绍兴三年十一月九日,淮南东路安抚、提刑司言,楚州吴城县所管止有八十八户,乞依旧为镇,隶淮阴县"。

又,《宋史》卷88《地理志四》楚州条言,"山阳,望。建炎间没于金,绍兴元年收复";盐城县,"建炎间入于金,绍兴元年隶涟水,三年又来属";"淮阴,中。绍兴五年,废为镇。六年,复"。则绍兴十二年时楚州不领涟水、吴城二县,仅领山阳等四县。

《文献通考》卷317涟水军条言,涟水县,绍兴"三十二年收复,依旧隶楚州,又隶海州。以去海州二百四十里不便升军"。又,海州条言,"隆兴初,魏瞻(胜)下海州,虏攻之不克。汤思退割以遗虏,金人隶山东东路,又拨涟水县来隶",嘉定十三年(1220),制臣贾涉遣李全收复。则涟水县绍兴末收复后升军,隆兴时复割以隶金。

《宋史》卷88《地理志四》楚州条又言,"绍定元年(1228),升山阳县为淮安军。端平元年,改军为淮安州"。又,同条言,"宝庆三年(1227),升宝应县为州"。《宋史全文》卷32端平元年正月壬戌条言,"诏以宝应州依旧为保(宝)应县,同盐城县隶淮安府(州)"。《宋史》卷477《李全传下》言,绍定四年六月甲子"淮阴降金"。《金史》卷18《哀宗纪下》载天兴二年(1233)八月,金哀帝言,"近淮阴来归,彼多以金币为赎,朕若爱财是货之也,付之全城,秋毫无犯",则端平时淮阴县仍为淮安州属邑,时淮安州仍领四县如故,迄于南宋末。而降为淮安军时,则仅领淮安、淮阴二县。其间绍定四年至六年(金天兴二年)仅有淮安一县。其中究竟,正如《宋史》卷477《李全传下》所言,"朝廷以淮乱相仍,遣帅必毙,莫肯往来。即时欲轻淮而重江,楚州不复建阃,就以帅杨绍云兼制置,改楚州名淮安军,命通判张国明权守,视之若羁縻然州"。

1. 山阳县(1127—1230;1231—1227 山阳县,1228—1276 淮安县)

按:《宋史》卷88《地理志四》山阳县条言,"绍定元年,改县为淮安"。

2. 淮阴县(1127—1134,1136—1276)

按:《宋史》卷88《地理志四》淮阴县条言,"嘉定七年,徙治八里庄"。

3. 宝应县(1127—1276)

4. 盐城县(1127—1130;1131—1276)

5. 吴城县(1127—1132)

(五)海州(1127—1139;1140,1141—1219;1220—1276)——治朐山(今江苏连云港市海州区海州街道)

《文献通考》卷317海州条言,"建炎后,陷于金。绍兴十年,韩世忠遣王胜收复。十一年,张浚(俊)夷其城,迁其民于镇江",则绍兴十一年后海州已废弃。

《文献通考》卷317海州条又言,"隆兴初,魏胜(胜)下海州,虏攻之不克。汤思退割以遗虏,金人隶山东东路",嘉定十三年,制臣贾涉遣李全收复。

《宋史》卷88《地理志四》海州条言,"嘉定十二年复。宝庆末,李全据之。绍定四年,全死,又复。端平二年,徙治东海县(今江苏连云港市海州区南城街道)",则海州端平元年属宋。

《宋史》卷88《地理志四》海州条又言,"淳祐十二年(1252),全子瓒又据之,治朐山。景定二年(1261),瓒降,置西海州"。《宋史》卷45《理宗纪五》言瓒降在景定三年二月庚戌,"李瓒以涟、海三城叛大元来归,献山东郡县",三月"辛未,诏升海州东海县为东海军"。又言,"八月甲午,海州石湫堰成",则景定时所置为东海军,非西海州。《宋史》卷47《瀛国公纪》载德祐元年(1275)三月

"甲申,大元兵至西海州,安抚丁顺降。乙酉,知东海州施居文乞降于西海州",则宋置西海州乃景定三年以后事。南宋末年,又有东海州,或东海军升置。

1. 朐山县(1127—1139;1140,1141—1219;1220—1276)
   按:景定三年后,改为西海州。
2. 怀仁县(1127—1139;1140,1141—1219;1220—1276)
3. 沭阳县(1127—1139;1140,1141—1219;1220—1276)
4. 东海县(1127—1139;1140,1141—1219;1220—1276)
   按:景定三年,升东海军。南宋末,升州。

(六) 泰州(1127—1276)——治海陵(今江苏泰州市)

北宋时,泰州领海陵、兴化、泰兴、如皋四县。《宋史》卷88《地理志四》泰州条言,"建炎三年,入于金,寻复。四年,置通泰镇抚使。绍兴十年,移(州)治泰兴沙上,时泰兴隶海陵,(后)复旧治"①。

又,《宋会要·方域》6之10扬州条言,"泰兴县,建炎四年,割隶泰州;绍兴五年,依旧来隶",则泰兴建炎四年前曾隶扬州。《宋史》卷88《地理志四》扬州泰兴县条言,绍兴"十年,又属泰州。十二年,又来隶,以柴墟镇延冷村隶海陵",则泰兴绍兴十年至十二年间又曾隶泰州,绍兴十二年改隶扬州。

又,《宋会要·方域》6之13泰州条言,"兴化县,建炎四年,拨隶高邮军。绍兴五年,军废复来隶,是年废为镇"。《宋史》卷88《地理志四》高邮军条言,"十九年,复县,隶泰州。乾道二年(1166)还隶,寻又隶泰州,淳熙四年(1177)复旧",则淳熙四年后泰州仅领海陵、如皋两县。

1. 海陵县(1127—1276)　　　　2. 如皋县(1127—1276)

(七) 泗州(1127—1141,1142—1160;1161—1163,1164—1205;1206—1207,1208—1233?;1234—1276)——治淮平(今江苏盱眙县西北二十里)

《宋史》卷88《地理志四》泗州条言,"绍兴十二年入金,后复","县三:临淮,上。虹,中。绍兴九年,自宿州来隶。淮平,上。绍兴二十一年,地入于金,析临淮地置今县"。未言泗州何时复属宋。检《宋史》卷32《高宗纪九》、《金史》卷5《海陵王纪》,泗州,绍兴三十一年复,隆兴和议复割予金。开禧二年(1206)复,嘉定、宝庆时又属金。检《宋史》卷417《赵葵传》,有"端平元年,(葵)授兵部侍郎、淮东制置使、移司泗州"之语。又检《宋史》卷474《贾似道

---

① 按:据《清一统志》卷97扬州府海陵废县条补。

传》,有"自端平初,孟珙师师会大元兵共灭金,约以陈、蔡为界"的记载。则泗州属宋当是宋蒙约灭金以后之事。

又,《金史》卷 25《地理志中》泗州条言,"淮平,旧盱眙县,明昌六年(1195),以宋有盱眙军故更",与《宋史》卷 88《地理志四》异。《宋史》卷 30《高宗纪七》、《要录》卷 162 绍兴二十一年不载泗州淮平县事,今姑从《宋史》卷 88《地理志四》。

1. 淮平县(1151—1194?,1195 前—1205;1206—1207,1208—1233?;1234—1276)

按:《金史》卷 25《地理志中》有明昌六年盱眙县更名淮平事,则此前该县当已属金。《清一统志》卷 134 泗州条言,淮平故城,在旧城西二十里。

2. 临淮县(1127—1141,1142—1160;1161—1163;1164—1205;1206—1207,1208—1233?;1234—1276)

3. 虹　县(1127—1141,1142—1160;1161—1163;1164—1205;1206—1207,1208—1233?;1234—1276)

4. 睢宁县(1234—1275 前)

按:《金史》卷 25《地理志中》言,"睢宁,兴定二年(1218)四月,以宿迁之古城置"。《清一统志》卷 100 睢宁县条言,"元初废,至元十二年(1275)复置"。则睢宁县端平后应属宋。

(八) 滁州(1127—1276)——治清流(今安徽滁州市)

北宋时,滁州领清流、全椒、来安三县。《宋史》卷 88《地理志四》、《舆地纪胜》、《方舆胜览》领县同,则南宋时滁州仍领三县。

1. 清流县(1127—1276)
2. 全椒县(1127—1276)
3. 来安县(1127—1134,1148—1172,1175—1276)

按:《宋史》卷 88《地理志四》滁州来安县条言,"绍兴五年,废入清流,十八年复。乾道九年废为镇,淳熙二年复"。

(九) 真州(1127—1276)——治扬子(今江苏仪征市真州镇)

北宋时,真州领扬子、六合二县。《宋史》卷 88《地理志四》、《舆地纪胜》、《方舆胜览》领县同,则南宋时真州仍领二县。

1. 扬子县(1127—1276)

按:《宋史》卷 88《地理志四》真州扬子县条言,"建炎元年升军,四年废为县。绍兴十一年复升军,十二年复为县"。

2. 六合县(1127—1276)

(十)通州(1127—1276)——治静海(今江苏南通市)

北宋时,通州领静海、海门二县。《宋史》卷88《地理志四》、《舆地纪胜》、《方舆胜览》领县同,则南宋时通州仍领二县。

1. 静海县(1127—1276)　　　　　2. 海门县(1127—1276)

按:《宋史》卷88《地理志四》通州条言,"建炎四年,入于金,寻复"。

(十一)高邮军,承州(1127—1129 高邮军,1130—1135 承州,1161—1276 高邮军)——治高邮(今江苏高邮市)

《宋史》卷88《地理志四》高邮军条言,"建炎四年,升承州,割泰州兴化县来属。绍兴五年,废为县,复隶扬州,以知县兼军使。三十一年,复为军,仍以兴化来属",则南宋时高邮军领高邮、兴化二县。然据下列兴化县条所言,则乾道二年至淳熙四年间,高邮军仅领高邮一县。

1. 高邮县(1127—1276)

2. 兴化县(1127—1134,1149—1276)

按:《宋史》卷88《地理志四》高邮军兴化县条言,"旧隶扬州,改隶泰州。建炎四年来隶。绍兴五年废为镇。十九年,复县,隶泰州。乾道二年还隶,寻又隶泰州。淳熙四年复旧"。据此,兴化县乾道二年及淳熙四年以后仍隶高邮军。

(十二)涟水军,安东州(1127—?,1130—1134,?—1141,1162—1230,1231—1233;1234—1259,1260—1261 涟水军;1262—1276 安东州)——治涟水(今江苏涟水县)

《宋史》卷88《地理志四》安东州条言,"本涟水军,绍兴五年,废为县,三十二年,复为军。绍定元年,属宝应州。端平元年,复为军。景定初,升安东州"。

上引有疏漏不确之处四:

第一,《宋会要·方域》6之11言,"建炎四年五月二十四日,诏楚州涟水军虽有军额,自来祇差(差)知县隶楚州,事力单弱。可令依旧额,更不隶楚州。其合行事件,并申取镇抚使指挥施行"。又检《宋史》卷26《高宗纪三》,建炎四年五月乙丑,赵立为楚泗州、涟水军镇抚使,则建炎四年前涟水军又降充军使隶楚州。

第二,据《金史》卷25《地理志中》山东东路海州条言,宋涟水军,"皇统二年(即绍兴十二年),降为县来属"。《文献通考》卷317涟水军条言,涟水县,绍兴"三十二年收复,依旧隶楚州,又隶海州。以去海州二百四十里不便升军",

则绍兴十二年至三十二年间,涟水属金。

第三,《宋史》卷476—477《李全传》言,嘉定中,涟水军已属宋方,季先统率之忠义军驻扎在此。十三年,涟水为李全所得。绍定四年六月,李全死,其妻杨妙真归涟水拒宋,涟水实已属金。故《金史》卷18《哀宗纪下》天兴元年(绍定五年)十一月有"兖王用安攻徐州久不能下,退保涟水"之事。二年六月,"临淄郡王王义深据灵璧望口寨以叛,遣近侍直长女奚烈完出将徐、宿兵讨之,义深败走涟水,入宋",或因此涟水复归于宋,故方有"端平元年复为军"之举。

第四,《宋史》卷45《理宗纪五》景定三年二月庚戌条言,"李璮以涟、海三城叛大元来归,献山东郡县。诏改涟水为安东州"。《玉海》卷18《郡名》、《宋史全文》卷36同,《宋史》卷88《地理志四》有误。

又据《宋史》卷45《理宗纪五》所载,开庆元年(1259)二月壬辰,"诏蠲涟水军制司所收屯田租",则李璮占据涟水亦不过二三年之时间。

涟水县(1127—1141,1142—1161;1162—1230,1231—1233;1234—1259,1260—1261;1262—1276)

(十三)盱眙军,招信军(1129,1142—1214?盱眙军,1215前—1226招信军,1227—1231;1232—1276招信军)——治盱眙(今江苏盱眙县)

《宋会要·方域》6之15言,"盱眙军,旧泗州盱眙县。建炎三年,升为军。四年,废为县。绍兴十一年,隶天长军。十二年,复升为军,割天长、招信两县来隶"①,则绍兴十二年时盱眙军领盱眙、天长、招信三县。

又,盱眙军,建炎四年废为县后隶泗州,《宋会要》同页建炎四年九月二十二日条、《要录》卷37建炎四年九月辛酉条均可证。《宋史》卷88《地理志四》招信军条言隶濠州,误。

招信军,本盱眙军。据《永乐大典》卷14621《吏部条法事类》望县、紧县、上县诸条载,嘉定八年时,盱眙军已名招信军,领三县。又,《宋史》卷88《地理志四》招信军条言,"宝庆三年,入于金,绍定四年复,仍为招信军"。然据《宋史》卷41《理宗纪一》及《宋史全文》卷32所载,"金将以盱眙军来降,敕盱眙,改为招信军",实为绍定五年十月戊子事。又据《方舆胜览》卷47招信军所载,是军领县一同盱眙军。

1. 盱眙县(1127—1226,1227—1231;1232—1276)
2. 天长县(1127—1226,1227—1231;1232—1276)

① 按:据《要录》,绍兴七年九月,泗州并盱眙县曾改隶京东。

3. 招信县(1127—1226,1227—1231;1232—1276)

(十四) 淮安军(1271—1276)——治五河(今安徽五河县南浍河南岸)

《宋史》卷88《地理志四》淮安军条言,"本泗州五河口。端平二年,金亡,遗民来归,置隘使屯田。咸淳七年六月,置军。县一:五河"。《玉海》卷18《郡名》所载同①。《清一统志》卷134泗州条言,"淮安军,在县北二里沱河北岸,俗谓之故军城,遗址尚存","五河故城,在今县南浍河南岸"。

五河县(1271—1276)

(十五) 清河军(1273—1276)——治清河(今江苏淮阴市东)

《宋史》卷88《地理志四》清河军条言,"咸淳九年置。县一:清河"。《元史》卷59《地理志二》淮安州清河县条言,"本泗州之清河口,宋立清河军,至元十五年(1278)为县",则宋亡前清河军无领县。《清一统志》卷94淮安府清河旧城条引旧志言,"故城在县东十里大清口"。

(十六) 邳州(1234,?—1261后;?—1275前)——治下邳(今江苏睢宁县古邳镇东)

《元史》卷59《地理志二》言,邳州,"金亡,宋暂有之",则邳州端平初属宋方。邳州即北宋淮阳军,金改。又以沂州承县来属,明昌六年(1195)改名兰陵。元光二年(1223),金又废宿迁县。故邳州端平元年实领下邳、兰陵二县。

据《宋史》卷45《理宗纪五》,景定二年二月丙申,"孙虎臣战邳州,全师而归",德祐元年正月丙戌,"邳州降",则邳州景定时属蒙古,宋末又属宋方。据《金史》卷25《地理志中》,时邳州领下邳、兰陵二县。

1. 下邳县(1234—1275)   2. 兰陵县(1234—1275)

---

① 按:《宋史》卷46《度宗纪》咸淳七年六月己未,卷47《瀛国公纪》德祐元年(1275)七月庚申,"淮安军"均作"安淮军"。

第三章　淮南西路州县沿革

（一）安丰军（1142—1161，1167—1276）——治寿春（今安徽寿县）

北宋时，寿春府领下蔡、寿春、安丰、霍丘四县。《宋会要·方域》6 之 17 言，"寿春府，刘豫改为寿州。绍兴九年（1139）收复，依旧寄治安丰县。十二年，置安丰军，遂废"。6 之 19 安丰军条言，"绍兴十二年正月十九日，诏安丰县升为安丰军，以寿春、霍丘、六安三县隶本军"，"四月十九日，诏安丰军许置倚郭安丰县"。《文献通考》卷 318 寿州条言，"中兴后，下蔡没于金"①。六安县原属六安军，绍兴时军废，亦归安丰军。《宋史》卷 88《地理志四》言军废于绍兴十三年，与《宋会要》异，或"三"为"二"之讹。则绍兴十一年时宋失寿春府并位于淮水之北的附郭下蔡县。十二年，于安丰县置安丰军，领原属寿春府的安丰、霍丘、寿春三县，又废六安军，以六安县来隶。要之，绍兴十二年时安丰军共领四县。

《宋史》卷 88《地理志四》寿春府条言，绍兴"三十二年，升寿春为府，以安丰军隶焉。隆兴二年（1164），军使兼知安丰军事。乾道三年（1167），罢寿春，复为安丰军"。又，寿春县条言，"乾道三年为倚郭"。则乾道三年时安丰军仍领四县，移治寿春。

《宋史》卷 45《理宗纪五》景定三年（1262）十月丙辰条言，"诏安丰六安县升军使"。又，《清一统志》卷 133 六安州条言，"英山县，宋蕲州罗田县地。咸淳初，分置英山县，属六安军，寻废。德祐二年（1276）复置"。据此，则咸淳初及德祐末六安尝由军使升军，时安丰军实领三县。

1. 寿春县（1127—1276）　　　　3. 霍丘县（1127—1276）
2. 安丰县（1127—1276）

（二）六安军（1127—1141，1232？—1233，1265，1276）——治六安（今安徽六安市）

《宋史》卷 88《地理志四》六安军条言，"政和八年，升县为军。绍兴十三

---

① 按：据《宋史》卷 29《高宗纪六》，绍兴九年三月，宋收复寿春。十一年正月，复失。

(二)年,废为县。景(绍)定五年,复为军。端平元年(1234),又为县,后复为军"。本条讹误有二:第一,绍兴废军,当以十二年为是,此举当与绍兴和议签订有关,又《宋会要》作十二年,详见上条论证。第二,景定是理宗最后一个年号,在端平之后,《宋史》卷88《地理志四》行文颠倒,疑为"绍定"之讹,或为景定三年六安升军使,详见上条所引。又,"后复为军",或即上条所引《清一统志》所指咸淳、德祐之事。

六安县(960—1126)

(三)庐州(1127—1276)——治合肥(今安徽合肥市)

北宋末,庐州领合肥、慎县、舒城三县。《宋史》卷88《地理志四》无为军巢县条言,绍兴"十一年,隶庐州。十二年,复来属"。又,庐州条言,"绍兴初,寄治巢县"。庐州梁县条言,"本慎县。绍兴三十二年,避孝宗讳改今名",则南宋时庐州领梁县等三县。

1. 合肥县(1127—1276)　　　　　　1162—1276 梁县)
2. 慎　县(1127—1161 慎县,　　3. 舒城县(1127—1276)

(四)蕲州(1127—1276)——治蕲春(今湖北蕲春县蕲州镇西北)

北宋时,蕲州领蕲春、黄梅、广济、蕲水、罗田五县。《宋史》卷88《地理志四》蕲州条言,"建炎初,为盗所据,绍兴五年收复"。又,《宋会要·方域》6之18言,罗田县,"绍兴五年废为镇,是年复。广济县,绍兴五年废为镇,六年复",则南宋时蕲州仍领五县如故。

《宋史》卷34《孝宗纪二》载乾道六年六月"癸酉,置蕲州蕲春监,铸铁钱"。淳熙二年(1175)正月甲午,废蕲春监。卷38《宁宗纪二》载开禧元年(1205)六月壬寅,复蕲春监。

《宋史》卷88《地理志四》蕲州条言,"景定元年,移治龙矶"。

1. 蕲春县(1127—1276)

按:《宋史》卷88《地理志四》蕲州条言,"蕲春,望。嘉熙元年(1237),治(鸿)宿(州)。景定二年,随州治泰和门外"。又,《清一统志》卷340黄州府蕲春故城条引州志言,"旧城在治西北。宋景定四年,迁麒麟山"。

2. 黄梅县(1127—1276)

按:《元史》卷59《地理志二》蕲州条言,"黄梅,中。嘉熙兵乱,侨治中洲,后复旧"。《清一统志》卷340黄州府永兴故城引县志言,"黄梅州城,在今县西白花坂,元初移于今治"。

3. 广济县(1127—1134,1136—1276)

按:《元史》卷59《地理志二》蕲州条言,"广济,中。宋嘉熙兵乱,徙治大江中洲,归附后复旧治"。

4. 蕲水县(1127—1276)

5. 罗田县(1127—1134,1135—1276?)

按:《元史》卷59《地理志二》蕲州条言,"罗田,中。兵乱县废,归附后始立"。

6. 蕲春监(1170—1174,1205—?)

(五) 和州(1127—1276)——治历阳(今安徽和县)

北宋时,和州领历阳、乌江、含山三县。《宋史》卷88《地理志四》和州条言,"乌江,中。绍兴五年废为镇,七年复",则南宋时和州仍领三县如故。

1. 历阳县(1127—1276)　　　3. 含山县(1127—1276)
2. 乌江县(1127—1134,1137—1276)

(六) 舒州,安庆府(1127—1276)——治怀宁(今安徽潜山县)

《宋史》卷88《地理志四》安庆府条言,"庆元元年(1195),以宁宗潜邸,升为府"。又,《景定建康志》卷38言,景定初,马光祖等言,"自旧安庆府荒榛之后,寓治杨柴洲上,鸿雁飞鸣,无城郭可恃,旧城既未可复,此地去寓治不远,有险可恃,徙民为便"。又,《宋史全文》卷36景定二年正月乙丑条言,"以安庆城(今安徽安庆市)成,马光祖特转两官,仍令学士院降诏奖谕",则安庆府景定初移于新治。

又,北宋时,舒州领怀宁、桐城、望江、宿松、太湖及同安一监。《宋会要·方域》6之18言,"舒州太湖县,绍兴五年,废入怀军(宁)县,是年复。宿松县,绍兴五年,废入望江县,是年复",则南宋时舒州安庆府仍领五县如故。

又,北宋时,舒州领同安一监。《宋史》卷34《孝宗纪二》载淳熙二年正月甲午,废同安监。十年五月辛卯,"废舒州宿松监"。卷38《宁宗纪二》载开禧元年六月壬寅,复同安监。则南宋时舒州安庆府仍领同安一监。宿松监,史未明言何时置。

1. 怀宁县(1127—1276)　　　5. 太湖县(1127—1134,1135—1276)
2. 桐城县(1127—1276)　　　6. 同安监(1127—1174,1205—?)
3. 望江县(1127—1276)　　　7. 宿松监(?—1182)
4. 宿松县(1127—1134,1135—1276)

(七) 濠州(1127—1276)——治钟离(今安徽凤阳县临淮关镇)

北宋时,濠州领钟离、定远二县。《宋史》卷88《地理志四》、《舆地纪胜》、《方舆胜览》同,则南宋时濠州领二县如故。又,《文献通考》卷318濠州条言,"乾道初移戍藕塘,开禧城定远,嘉定复旧"。

1. 钟离县(1127—1276)   2. 定远县(1127—1276)

(八) 光州,蒋州(1127—1157光州,1158—1160蒋州,1161—1274光州)——治定城(今河南潢川县)

《宋史》卷88《地理志四》光州条言,"绍兴二十八年,避金太子光瑛讳改蒋州"。据《要录》卷195绍兴三十一年十二月癸卯条言,是时复为光州。又言,"嘉熙元年,兵乱,徙治金刚台,寻复故"。《元史》卷7《世祖纪四》言,至元九年(咸淳八年,1272),元城光州。然《元史》卷59《地理志二》则言,至元十二年(德祐元年),内附,似光州数年间尝数易其手。德祐元年,已属蒙古。

又,北宋时,光州领定城、光山、固始、仙居四县。《宋史》卷88《地理志四》光州条言,仙居县,"南渡无",则南宋时光州仅领三县。

又,《宋史》卷36《光宗纪》载绍熙三年(1192)六月丁未,"废光州定城监"。该监设置时间不明。

1. 定城县(1127—1274)
2. 光山县(1127—1157光山县,1158—1160期思县,1161—1274光山县)

按:《宋会要·方域》6之18言,"光山县,绍兴二十八年,改为期思县。三十一年依旧"。《元史》卷59《地理志二》光州光山县条言,"兵乱地荒,至元十二年,复立旧治"。

3. 固始县(1127—1274)

按:《元史》卷59《地理志二》光州固始县条言,"宋末兵乱,徙治无常。至元十二年,复旧治"。

4. 仙居县(1127—?)   5. 定城监(?—1191)

(九) 黄州(1127—1276)——治黄冈(今湖北黄冈市)

北宋时,黄州领黄冈、麻城、黄陂三县。《宋史》卷88《地理志四》、《舆地纪胜》、《方舆胜览》领县同,则南宋时仍领三县如故。

1. 黄冈县(1127—1276)   2. 麻城县(1127—1276)

按:《宋史》卷88《地理志四》黄州条言,麻城县,"端平三年,治什子山"。《元史》卷59《地理志二》言,麻城县"归附还旧治"。

3. 黄陂县(1127—1276)

按：《宋史》卷88《地理志四》黄州条言,黄陂县,"端平三年,寓治青山矶"。《元史》卷59《地理志二》言,黄陂县"归附还旧治"。

4. 齐安监(1170—?)

按：《宋史》卷34《孝宗纪二》载乾道六年六月"癸酉,置黄州齐安监,铸铁钱"。《宋史》卷88《地理志四》不载,不明何时废。

(十) 无为军(1127—1276)——治无为(今安徽无为县)

北宋时,无为军领无为、巢县、庐江三县。《宋史》卷88《地理志四》无为军条言,"建炎二年,入于金,寻复"。又言,巢县,"绍兴五年废,六年复。十一年隶庐州,十二年复来属",则南宋时无为军仍领三县。

1. 无为县(1127—1276)
2. 巢　县(1127—1134,1136—1276)

按：《宋史》卷45《理宗纪五》载景定元年六月壬子,"诏升巢县为镇巢军"。《景定建康志》卷14言,景定元年,"江阃节制淮西三郡,巢县尤为要害,奏创镇巢军,辟置军使"。又,卷38亦言"镇巢军使兼知无为军巢县事",则镇巢军实为无为军辖下一县级军使,而非同下州之军,《宋史》卷88无为军条所言有误。

3. 庐江县(1127—1276)

(十一) 怀远军(1257—1276)——治荆山(今安徽怀远县北)

《宋史》卷88《地理志四》怀远军条言,"宝祐五年(1257)五月置。县一：荆山"。荆山,即宿州蕲县荆山镇。

(十二) 寿春府(1233—1237?,1244—1276)——治下蔡(今安徽凤台县)

北宋时,寿春府领下蔡、安丰、霍丘、寿春四县。《宋会要·方域》6之17言,"寿春府,刘豫改为寿州。绍兴九年收复,依旧寄治安丰县。十二年,置安丰军,遂废"。又,《文献通考》卷318寿州条言,"中兴后,下蔡没于金",则绍兴十一年寿春府及附郭下蔡县已属金。检《金史》卷25《地理志中》,金寿州所辖,除下蔡县外,尚有蒙城一县。又,《金史》卷18《哀宗纪下》天兴二年(1234)八月癸未言,"元帅楚珏复立寿州于蒙城",则金末寿州尝移治蒙城(今安徽蒙城县)。

《金史》卷18《哀宗纪下》载天兴二年八月,哀帝言,"(宋)今乘我疲敝,据我寿州,诱我邓州,又攻我唐州,彼为谋亦浅矣"。又,《宋史全文》卷32端平元年二月甲午条言,"前知安丰军王瓒进对奏,'今日备边之计,宜于新复州军,留息以卫光,留寿春以卫安丰,留泗以卫招信,留涟水以卫山阳,以外不必经理'。上曰,'朝廷正要如此区处,庶可安边息民'"。则南宋端平元年有寿春府。寿春府即金之寿州,史文互出。

《后村先生大全集》卷155《安抚殿撰赵公》言,"嘉熙改元(1237),秋,鞑暴过。濠倅阙,制置陈公韡(韡)檄摄事。……鞑围安丰,陈公委公督夏皋、赵东军,亦遣余公玠与公同援丰入寿。围解改秩,知安庆府怀宁县兼通判事。……又言,寿之存亡,系丰、濠安危。……公素疑寿将李敏,劝杜公留其子帐下,辄亡去,未几寿城叛。……淳祐改元……问边备,乞合江淮复寿春,不改素论。上令与 相国三公赞庙谟,荐王安,既不(而)复寿,鞑环而攻之,众言咎公主议。安死守,援至寇遁。寿城至今屹立"。又,《元史》卷8《世祖纪五》至元十二年六月癸卯条言,"遣两浙大都督范文虎持诏往谕安丰、寿州、招信、五河等处镇戍官吏军民",则寿春府嘉熙时失守,淳祐时复,迄于南宋末年。然《元史》卷59《地理志二》安丰路条言,"宋为寿春府,又以安丰县为安丰军,继迁安丰军于寿春府"。揆之于《元史》卷8,则军、府合并当是入元后事,非宋末之事。

淳祐复寿事,《宋季三朝政要》亦载,较详明。其卷2淳祐四年(1244)六月条言,"寿春城筑甫毕,北兵突至,植栅重桥,绝港以遏援师",则端平元年后寿春府复治下蔡。

1. 下蔡县(1233—1237?,1244—1276)
2. 蒙城县(1233—1237?,1244—1276)

第四章　江南东路州县沿革

（一）江宁府,建康府(1127—1128 江宁府,1129—1276 建康府)——治江宁、上元(今江苏南京市)

北宋时,江宁府领江宁、上元、溧水、溧阳、句容五县。《宋史》卷 88《地理志四》、《舆地纪胜》、《方舆胜览》所载领县同,则南宋时领五县如故。又,《宋会要·方域》6 之 24 言,"建炎三年(1129)五月九日,诏江宁府改为建康府"。

1. 江宁县(1127—1276)

按:《景定建康志》卷 15 地所统县条言,"江宁县,国朝移郭下,在城西北,距行宫三百步"。

2. 上元县(1127—1276)

按:《景定建康志》卷 15 地所统县条言,"上元县,宋初迁司会府,今府治之东。建炎徙今治,在城东隅,距行宫才一里"。

3. 溧水县(1127—1276)　　　　5. 句容县(1127—1276)
4. 溧阳县(1127—1276)

（二）宣州,宁国府(1127—1165 宣州,1166—1276 宁国府)——治宣城(今安徽宣城市宣州区)

北宋时,宣州领宣城、泾县、南陵、宁国、旌德、太平六县。《宋史》卷 88《地理志四》、《舆地纪胜》、《方舆胜览》领县同,则南宋时领六县如故。又,宁国府,本宣州。《宋史》卷 88《地理志四》宁国府条言,"乾道二年(1166),以孝宗潜邸升为府"。

1. 宣城县(1127—1276)　　　　2. 泾　县(1127—1276)

按:《清一统志》卷 116 宁国府泾县故城条言,"宋崇宁间,赏溪东徙,城为所圮。嘉定三年(1210),移于溪东,去旧治二里,地名留村"。

3. 南陵县(1127—1276)　　　　5. 旌德县(1127—1276)
4. 宁国县(1127—1276)　　　　6. 太平县(1127—1276)

(三) 徽州(1127—1276 徽州)——治歙县(今安徽歙县)

北宋时,徽州领歙县、休宁、绩溪、黟县、祁门、婺源六县。《宋史》卷88《地理志四》、《舆地纪胜》、《方舆胜览》领六县同,则南宋时徽州仍领六县如故。

1. 歙　县(1127—1276)
2. 休宁县(1127—1276)
3. 绩溪县(1127—1276)
4. 黟　县(1127—1276)
5. 祁门县(1127—1276)
6. 婺源县(1127—1276)

(四) 池州(960—1276)——治贵池(今安徽池州市贵池区)

北宋时,池州领贵池、建德、石埭、青阳、铜陵、东流六县及永丰一监。《宋史》卷88《地理志四》、《舆地纪胜》、《方舆胜览》载六县同,则南宋时池州仍领六县、一监如故。

1. 贵池县(1127—1276)
2. 建德县(1127—1276)
3. 石埭县(1127—1276)
4. 青阳县(1127—1276)
5. 铜陵县(1127—1276)
6. 东流县(1127—1276)
7. 永丰监(1127—1276)

(五) 饶州(1127—1276)——治鄱阳(今江西鄱阳县)

北宋时,饶州领鄱阳、余干、浮梁、乐平、德兴、安仁六县。《宋史》卷88《地理志四》、《舆地纪胜》、《方舆胜览》同,则南宋时饶州仍领六县如故。又,《宋史》卷88《地理志四》载永平监,则南宋时是监仍存。

1. 鄱阳县(1127—1276)
2. 余干县(1127—1276)
3. 浮梁县(1127—1276)
4. 乐平县(1127—1276)
5. 德兴县(1127—1276)
6. 安仁县(1127—1276)
7. 永平监(1127—1276)

(六) 信州(1126—1276)——治上饶(今江西上饶市西北)

北宋时,信州领上饶、弋阳、玉山、贵溪、铅山、永丰六县。《宋史》卷88《地理志四》、《舆地纪胜》、《方舆胜览》同,则南宋时信州仍领六县如故。

1. 上饶县(1126—1276)
2. 弋阳县(1126—1276)
3. 玉山县(1126—1276)
4. 贵溪县(1126—1276)
5. 铅山县(1126—1276)

按:《清一统志》卷315广信府铅山故址条引县志言,"宋绍定中,县令章谦亨又迁于八树岭之南,故基在今北关外"。

6. 永丰县(1126—1276)

(七) 太平州(1126—1276)——治当涂(今安徽当涂县)

北宋时,太平州领当涂、芜湖、繁昌三县。《宋史》卷88《地理志四》、《舆地纪胜》、《方舆胜览》同,则南宋时太平州领三县不变。

1. 当涂县(1126—1276) 3. 繁昌县(1126—1276)
2. 芜湖县(1126—1276)

(八) 南康军(1127—1276)——治星子(今江西星子县)

北宋时,南康军领星子、建昌、都昌三县。《宋史》卷88《地理志四》、《舆地纪胜》、《方舆胜览》同,则南宋时南康军仍领三县如故。

又,《宋会要·方域》6之23、6之26言,绍兴元年(1131),南康军改属江南西路。绍兴四年,依旧隶江南东路。

1. 星子县(1127—1276) 3. 都昌县(1127—1276)
2. 建昌县(1127—1276)

按:《宋史》卷88《地理志四》言,"绍兴七年,自江州来隶"。

(九) 广德军(1127—1276)——治广德(今安徽广德县)

北宋时,广德军领广德、建平二县。《宋史》卷88《地理志四》、《舆地纪胜》、《方舆胜览》同,则南宋时广德军仍领二县如故。

1. 广德县(1127—1276) 2. 建平县(1127—1276)

第五章 江南西路州县沿革

(一) 洪州(1127—1162 洪州,1163—1276 隆兴府)——治南昌、新建(今江西南昌市)

隆兴府,本洪州。《宋会要·方域》6 之 25 言,"隆兴元年(1163)十月二十五日,升为隆兴府"。

北宋时,洪州领南昌、新建、丰城、分宁、靖安、奉新、武宁、进贤八县。《宋史》卷 88《地理志四》、《舆地纪胜》、《方舆胜览》领县同,则南宋时洪州隆兴府仍领八县如故。

1. 南昌县(1127—1276)　　3. 丰城县(1127—1276)
2. 新建县(1127—1276)　　4. 分宁县(1127—1276)

按:《宋史》卷 88《地理志四》言,分宁县,"建炎间,升义宁军,寻复"。

5. 靖安县(1127—1276)　　7. 武宁县(1127—1276)
6. 奉新县(1127—1276)　　8. 进贤县(1127—1276)

(二) 江州(1127—1276)——治德化(今江西九江市)

北宋时,江州领德化、彭泽、德安、瑞昌、湖口五县。《宋史》卷 88《地理志四》、《舆地纪胜》、《方舆胜览》所载领县同,则南宋时江州仍领五县。

又,据《宋会要·方域》6 之 23,江州,绍兴元年(1131)正月十日,改隶江南西路。

1. 德化县(1127—1276)　　4. 瑞昌县(1127—1276)
2. 彭泽县(1127—1276)　　5. 湖口县(1127—1276)
3. 德安县(1127—1276)　　6. 广宁监(1170—?)

按:《宋史》卷 34《孝宗纪二》乾道六年(1170)十二月甲子条言,时尝"置江州广宁监……铸铁(铜)钱"。

(三) 虔州,赣州(1127—1152 虔州,1153—1276 赣州)——治赣县(今江西赣州市)

赣州即虔州。《宋史》卷 88《地理志四》赣州条言,绍兴"二十三年,改今名"。又,北宋时,虔州领赣县、安远、雩都、虔化、信丰、瑞金、石城、兴国、会昌、虔南十县。《宋史》卷88《地理志四》言,虔化县,"绍兴二十三年,改宁都";虔南县,"绍兴二十三年,改龙南",则南宋时赣州领宁都、龙南等十县。然《清一统志》卷330赣州府条言,会昌县,"绍定四年(1231)升县为军,咸淳五年(1269)复为县",则其间赣州实领九县。

1. 赣　县(960—1126)
2. 安远县(960—1126)
3. 雩都县(960—1126)
4. 虔化县(1126—1152 虔化县,1153—1276 宁都县)
5. 信丰县(1126—1276)
6. 瑞金县(1126—1276)
7. 石城县(1126—1276)
8. 兴国县(1126—1276)
9. 会昌县(1126—1276)
10. 虔南县(1127—1152 虔南县,1153—1276 龙南县)

(四) 吉州(1127—1276)——治庐陵(今江西吉安市)

北宋时,吉州领庐陵、吉水、太和、安福、永新、泉江、永丰、万安八县。《舆地纪胜》卷31引《国朝会要》言,"泉江,绍兴元年,复名龙泉"。《宋会要·方域》6之26同。则南宋时吉州领龙泉等八县。

1. 庐陵县(1127—1276)
2. 吉水县(1127—1276)
3. 太和县(1127—1276)
4. 安福县(1127—1276)
5. 永新县(1127—1276)
6. 泉江县(1127—1130 泉江县,1131—1276 龙泉县)
7. 永丰县(1127—1276)
8. 万安县(1127—1276)

(五) 袁州(1126—1276)——治宜春(今江西宜春市)

北宋时,袁州领宜春、萍乡、分宜、建城四县。《宋史》卷88《地理志四》袁州万载县条言,"建城,绍兴元年,复今名",则南宋时袁州仍领四县。

1. 宜春县(1127—1276)
2. 萍乡县(1127—1276)
3. 分宜县(1127—1276)
4. 建城县(1127—1130 建城县,1131—1276 万载县)

(六) 抚州(1127—1276)——治临川(今江西抚州市临川区)

北宋时,抚州领临川、崇仁、宜黄、金溪四县。《宋会要·方域》6之26言,"绍兴十九年十二月,诏于抚州管下地名詹墟置乐安县。割本州崇仁县天授、乐安、忠义三乡及吉州吉水县云盖一乡隶属。仍将吉州吉水县迁莺一乡割还永丰县。抚(州)临川县惠安、永秀两乡割还崇仁县,从本路诸司请也。绍兴二十四年十一月五日,诏抚州安乐(乐安)县云盖乡复隶吉州永丰县。其永丰县迁莺乡依旧拨还吉州吉水县",则南宋时抚州实领乐安等五县。

《宋史》卷34《孝宗纪二》乾道六年十二月甲子条言,置"抚州裕国监,铸铁钱"。然《宋史》卷88《地理志四》不载,或后废。

据《宋会要·方域》6之23、6之26所载,绍兴元年正月十日,抚州改隶江南东路,绍兴四年七月二十六日,抚州依旧隶江南西路。

1. 临川县(1127—1276)
2. 崇仁县(1127—1276)
3. 宜黄县(1127—1276)
4. 金溪县(1127—1276)
5. 乐安县(1149—1276)
6. 裕国监(1170—?)

(七)筠州,瑞州(1127—1224筠州,1225—1276瑞州)——治高安(今江西高安市)

北宋时,筠州领高安、上高、新昌三县。《宋史》卷88《地理志四》、《舆地纪胜》、《方舆胜览》领县同,则南宋时仍领三县。又,《宋史》卷88《地理志四》瑞州条言,本筠州,"宝庆元年(1225),避理宗讳,改今名"。

1. 高安县(1127—1276)
2. 上高县(1127—1276)
3. 新昌县(1127—1276)

(八)兴国军(1127—1276)——治永兴(今湖北阳新县)

北宋时,兴国军领永兴、大冶、通山三县。《宋史》卷88《地理志四》兴国军条言,通山县,"绍兴四年,又为镇,五年复"。《宋史》卷34《孝宗纪二》载乾道六年七月"己丑,置兴国军兴国监"。然《宋史全文》卷25下乾道八年九月作"富民监"。《宋史》卷88《地理志四》不载,或后废。

1. 永兴县(1127—1276)
2. 大冶县(1127—1276)
3. 通山县(1127—1133,1235—1276)
4. 兴国监(1170—?)

(九)南安军(1127—1276)——治大庾(今江西大余县)

北宋时,南安军领大庾、南康、上犹三县。《宋史》卷88《地理志四》南安军条言,上犹县,"嘉定四年(1211),改南安",则南宋时领南安等三县。

1. 大庾县(1127—1276)
2. 南康县(1127—1276)
3. 上犹县(1127—1210 上犹县,1211—1126 南安县)

按:《清一统志》卷352南安府条言,"上犹场,在今县西灵岩寺北,后改为县,其治亦在县西。宋绍兴间,始移今治"。

(十)临江军(1127—1276)——治清江(今江西樟树市临江镇)

北宋时,临江军领清江、新淦、新喻三县。《舆地纪胜》、《方舆胜览》同,则南宋时临江军仍领三县。《宋史》卷34《孝宗纪二》乾道六年十二月甲子条言,置"临江军丰余监……铸铁钱"。《宋史》卷88《地理志四》不载,或后废。

1. 清江县(1127—1276)
2. 新淦县(1127—1276)
3. 新喻县(1127—1276)
4. 丰余监(1170—?)

(十一)建昌军(1127—1276)——治南城(今江西南城县)

北宋时,建昌军领南城、南丰二县。《宋会要·方域》6之28言,"绍兴八年三月十八日,江西安抚、转运、提刑、提举司言,建昌军南丰县天授乡揭坊耆并南城县黎滩市,乞各添置一县。诏揭坊耆以广昌县为额,黎滩市以新城县为额"。又,《宋史》卷88《地理志四》建昌军条言,"新城,绍兴八年,析南城五乡置。广昌,绍兴八年,析南丰南境三乡置"。《舆地纪胜》、《方舆胜览》同,则南宋时建昌军实领南城、南丰、新城、广昌四县。

《宋会要·方域》6之23、6之26言,绍兴元年正月十日,建昌军改隶江南东路。绍兴四年七月二十六日,建昌军依旧隶江南西路。

1. 南城县(1127—1276)
2. 南丰县(1127—1276)
3. 新城县(1138—1276)
4. 广昌县(1138—1276)

第六章　荆湖北路州县沿革

(一) 江陵府荆南府(1127—1173 江陵府,1174 荆南府,1175?—1276 江陵府)——治江陵(今湖北江陵县)

《宋史》卷88《地理志四》江陵府条言,"淳熙元年(1174),还为荆南府。未几,复为江陵府"。又,枝江县条言,"建炎四年,江陵寄治。绍兴五年(1135)还旧"。

北宋时,江陵府领江陵、公安、松滋、石首、监利、潜江、枝江、建宁八县。《宋史》卷88《地理志四》江陵府建宁县条言,"南渡后省",则南宋时江陵府领七县。

1. 江陵县(1127—1276)　　　　2. 公安县(1127—1276)

按:《舆地纪胜》卷64江陵府条引《国朝会要》言,"建炎三年,公安县升为军使。绍兴五年复旧"。

3. 松滋县(1127—1276)

按:《清一统志》卷344荆州府松滋故城条引旧志言,"宋绍兴间,尝迁治县东南二里之瀼口,即今治"。

4. 石首县(1127—1276)　　　　5. 监利县(1127—1276)

按:《元史》卷59《地理志二》中兴路监利县条言,"宋末兵乱民散,收附后始复旧"。

6. 潜江县(1127—1276)　　　　7. 枝江县(1127—1276)

按:《宋史》卷88《地理志四》江陵府枝江县条言,"嘉熙元年(1237),移渐涅洲。咸淳六年(1270),移江南白水镇下沱市"。

8. 建宁县(1127—?)

(二) 鄂州(1127—1276)——治江夏(今湖北武汉市武昌区)

北宋时,鄂州领江夏、武昌、蒲圻、嘉鱼、崇阳、咸宁、通城七县及宝泉一监。《舆地纪胜》卷66鄂州条言,通城县,"绍兴五年,复为镇隶崇阳。十七年,复为县"。

《宋史》卷88《地理志四》寿昌军条言,"本鄂州武昌县。嘉定十五年

(1222),升寿昌军使,续升军。端平元年(1234),以武昌县还隶鄂州"。又言,武昌县,"南渡后,为江州治所,后复故"。

《宋史全文》卷33淳祐四年(1244)二月丁酉条言,"寿昌飞虎军统制郑大成追三官,以其出戍涪州不至,以致弃城故也",则时武昌县又升为寿昌军。

要之,南宋时,除上述几段时间外,鄂州均领七县。

1. 江夏县(1127—1276)　　　　5. 崇阳县(1127—1276)
2. 武昌县(1127—1276)　　　　6. 咸宁县(1127—1276)
3. 蒲圻县(1127—1276)　　　　7. 通城县(1127—1134,1147—1276)
4. 嘉鱼县(1127—1276)　　　　8. 宝泉监(1127—1276)

(三) 德安府(1127—1276)——治安陆(今湖北安陆市)

北宋时,德安府领安陆、孝感、云梦、应城、应山五县。《舆地纪胜》卷83随州条言,"嘉定十二年,制置赵方奏升枣阳为军,却割德安府应山县来属",则是年以后德安府实领四县。

1. 安陆县(1127—1276)　　　　2. 孝感县(1127—1276)

按:《清一统志》卷338汉阳府孝昌故城条引县志言,"建炎中,尝移治紫资寨。元至元十六年(1279),复还旧治"。

3. 云梦县(1127—1276)

按:《宋史》卷88《地理志四》德安府云梦县条言,"绍兴七年,移治仵落市。十八年复旧"。

4. 应城县(1127—1276)

(四) 复州(1127—1276)——治景陵(今湖北天门市)

北宋时,复州领景陵、玉沙二县。《舆地纪胜》、《方舆胜览》同,则南宋时复州仍领二县。

《宋史》卷88《地理志四》复州条言,"端平三年,移治沔阳镇"。《元史》卷59《地理志二》沔阳府景陵县条言,"兵乱徙治无常,归附后还旧治"。

1. 景陵县(1127—1276)　　　　2. 玉沙县(1127—1276)

(五) 鼎州,常德府(1127—1164鼎州,1165—1276常德府)——治武陵(今湖南常德市)

常德府,本鼎州。《宋史》卷88《地理志四》常德府条言,"乾道元年(1165),以孝宗潜藩升府"。北宋时,鼎州领武陵、龙阳、桃源三县。《宋史》卷88《地理志四》常德府条又言,"南渡后,增县一:沅江,中下。自岳州来隶。乾道中,割隶岳州。今复来隶",则南宋时鼎州领沅江等四县,仅乾道前后领三县。

1. 武陵县(1127—1276)
2. 辰阳县(1127—1130 辰阳县,1131—1276 龙阳县)

按:《宋史》卷88《地理志四》言,龙阳县,"大观中,改辰阳。绍兴元年复旧。五年,升军使,移治黄城寨。三十年复县"。《宋会要·方域》6之34所载稍有异,"城"作"诚","三十年"作"三十一年","黄诚寨"后又"寻还旧治"。当据以补正。

3. 桃源县(1127—1276) 　　　　4. 沅江县(1127—1276)

(六)澧州(1127—1276)——治澧阳(今湖南澧县)

北宋时,澧州辖澧阳、安乡、石门、慈利四县。《舆地纪胜》、《方舆胜览》同,则南宋仍领四县。

又,建炎时,澧州治地多所移易。《宋史》卷88《地理志四》澧州条言,"建炎四年,寓治陶家市山寨,随复旧"。《清一统志》卷374澧州条言,"竹城在州城东南一里。《舆地纪胜》:澧州当建炎之扰,尝寄治于仙眠洲之南岸,以竹为城,至今人犹以竹城目之"。

1. 澧阳县(1127—1276) 　　　　2. 安乡县(1127—1276)

按:《清一统志》卷374澧州安乡故城条引县志言,"宋建炎戊申,县令胡衿筑城在今县南一里,遗迹尚存。绍兴癸亥,县令毛晃移治城北"。

3. 石门县(1127—1276) 　　　　4. 慈利县(1127—1276)

(七)峡州(1127—1276)——治夷陵(今湖北宜昌市)

北宋时,峡州领夷陵、宜都、长阳、远安四县。《舆地纪胜》、《方舆胜览》同,则南宋时峡州仍领四县。

《元一统志》卷3峡州路条言,"建炎中,移治于紫阳、石鼻山。绍兴五年,复旧"。然据《要录》卷41绍兴元年正月乙丑条,"荆南镇抚使解潜言:'……峡州宜都县在大江之南,背山面水,险阻可恃,乞移治宜都。'从之"。二者未审孰是,或山在宜都县境。

1. 夷陵县(1127—1276)

按:《元一统志》卷3峡州路夷陵县条言,"端平甲午,随州迁无定治。归附国朝后,还归江北旧理"。

2. 宜都县(1127—1276) 　　　　3. 长阳县(1127—1276)

4. 远安县(1127—1276)

(八) 岳州(1127—1154 岳州,1155—1130 纯州,1131—1276 岳州)——治巴陵(今湖南岳阳市)

北宋时,岳州领巴陵、华容、平江、沅江、临湘五县。《宋史》卷88《地理志四》常德府条言,"南渡后,增县一:沅江。自岳州来隶",则南宋时岳州仅领四县。

又,《宋史》卷88《地理志四》岳州条言,"绍兴二十五年,改州曰纯,改军曰华容。三十一年,复旧"。

1. 巴陵县(1127—1276)　　　3. 平江县(1127—1276)
2. 华容县(1127—1276)　　　4. 临湘县(1127—1276)

(九) 归州(1126—1276)——治秭归(今湖北秭归县)

北宋时,归州领秭归、巴东、兴山三县。《舆地纪胜》、《方舆胜览》同,则南宋时归州仍领三县如故。

《宋史》卷88《地理志四》归州条言,"建炎四年,隶夔路。绍兴五年复"。《舆地纪胜》卷74归州条言,"绍兴二十一年,夔州诸司请复隶夔。淳熙十四年,复归湖北。十五年,夔州帅臣兼提举归峡兵甲司公事"。"绍兴二十一年",据《宋会要·方域》6之35及《宋史》卷88《地理志四》归州条应是"绍兴三十一年"。

《元史》卷63《地理志六》归州条言,"宋端平三年,元兵至江北,遂迁郡治于江南曲沱,次新滩,又次白沙、南浦,今州治是也"。

1. 秭归县(1126—1276)　　　2. 巴东县(1126—1276)

按:《清一统志》卷350宜昌府巴东故城条言,"南渡后,尝移江北,后复还今治"。

3. 兴山县(1126—1276)

按:《清一统志》卷350宜昌府兴山故城条引县志言,"宋末,县令郭永忠迁今治"。

(十) 辰州(1127—1276)——治沅陵(今湖南沅陵县)

北宋时,辰州领沅陵、卢溪、叙浦、辰溪四县,会溪一城,池蓬、镇溪、黔安三寨。《宋史》卷88《地理志四》同,则南宋时辰州仍领四县、一城、三寨。

1. 沅陵县(1127—1276)　　　2. 卢溪县(1127—1276)

按:《宋史》卷494《蛮夷传二》载:乾道七年,前知辰州章才邵言,"卢溪诸蛮以靖康多故,县无守御,犵狑乘隙焚劫。后徙县治于沅陵县之江口,蛮酋田仕罗、龚志能等遂雄据其地"。《清一统志》卷366辰州府卢溪故城条引府志言,"旧县址在县西南二十里洗溪口,今名院场坪。宋南渡后,县徙今治"。

3. 溆浦县(1127—1276)　　4. 辰溪县(1127—1276)

(十一) 沅州(1127—1276)——治卢阳(今湖南芷江侗族自治县)

北宋时,沅州领卢阳、麻阳、黔阳三县。《舆地纪胜》、《方舆胜览》同,则南宋沅州仍领三县。

1. 卢阳县(1127—1276)　　3. 黔阳县(1127—1276)
2. 麻阳县(1127—1276)

(十二) 靖州(1127—1276)——治永平(今湖南靖州苗族侗族自治县)

北宋时,靖州领永平、会同、通道三县。《舆地纪胜》、《方舆胜览》同,则南宋时靖州仍领三县如故。

1. 永平县(1127—1276)

按:《宋史》卷88《地理志四》靖州永平县条言,"绍兴八年,移入州"。

2. 会同县(1127—1276)

(十三) 荆门军(1127—1276)——治长林(今湖北荆门市)

《宋史》卷88《地理志四》荆门军条言,"端平三年,移治当阳县"。

1. 长林县(1127—1276)
2. 当阳县(1127—1143,1146—1126)

按:《宋史》卷88《地理志四》荆门军条言,当阳县,"绍兴十四年,废入长林。十六年复"。

(十四) 汉阳军(1127—1134,1137—1273)——治汉阳(今湖北武汉市汉阳区)

《宋会要·方域》6之36言,"绍兴二年十一月二十六日,诏汉阳军依旧拨隶荆湖北路。以枢密院勘会汉阳军旧隶湖北帅司,与鄂州对岸,实为唇齿控扼之地。昨来拨隶德安府,相去三百余里,缓急措置后时。兼近降指挥,湖北帅臣于鄂州置司,故有是命",则绍兴二年时汉阳军不属湖北路。又据《宋史》卷88《地理志四》德安府条言,"建炎四年,为安陆汉阳镇抚使。绍兴三年,复来属",则绍兴二年前汉阳军属安陆汉阳镇抚使,三年该镇抚使撤销,德安府与汉阳军始并改隶绍兴二年复建之荆湖北路。

又,北宋时,当阳军领汉阳、汉川二县。《宋史》卷88《地理志四》汉阳军条言,"绍兴五年,又废为县。七年,复为军"。又言,汉川县,"绍兴五年废,七年复"。《要录》卷92绍兴五年八月壬子条言,"废汉阳军为县,隶岳州,以户口减少故也",则南宋时汉阳军仍领二县。

《宋史》卷38《宁宗纪二》开禧元年(1205)六月壬寅,复汉阳监。然《宋史》卷88《地理志四》不载此监,或复废。

《元史》卷63《地理志六》汉阳府条言,"咸淳十年(1274),郡守孟琦以城来归。元至元十四年(1277),升汉阳府。……领县二:汉阳、汉川"。

1. 汉阳县(1127—1276)   3. 汉阳监(1205—?)
2. 汉川县(1127—1134,1137—1273)

(十五)寿昌军(1222—1233,1244前—1273)——治武昌(今湖北鄂州市)

《宋史》卷88《地理志四》寿昌军条言,"本鄂州武昌县。嘉定十五年,升寿昌军使,续升军。端平元年,以武昌县还隶鄂州"。又言,武昌县,"南渡后,为江州治所,后复故"。

《宋史全文》卷33淳祐四年二月丁酉条言,"寿昌飞虎军统制郑大成追三官,以其出戍涪州不至,以致弃城故也"。又,《元史》卷63《地理志六》武昌路条言,武昌县,"宋升寿昌军,以其为江西冲要地也。元因之,至元十四年升散府",则南宋末武昌县复升为寿昌军。

武昌县(1127—1276)

(十六)信阳军(1127—1234)——治信阳(今河南信阳市)

《舆地纪胜》卷80信阳军条引《国朝会要》言,绍兴"十九年正月,隶淮南西路。是年三月,隶湖北路"。

北宋时,信阳军领信阳、罗山二县。《元史》卷59《地理志二》信阳州条言,"端平间,兵乱地荒,凡四十余年。元至元十四年,改立信阳府,领罗山、信阳二县"。又据《元史》卷132《昂吉儿传》,至元九年(咸淳八年)前,元已城信阳。则端平之乱时信阳军及其二县已不复存在。

1. 信阳县(1127—1234)   2. 罗山县(1127—1234)

第七章　荆湖南路州县沿革

(一) 潭州(1127—1276)——治长沙、善化(今湖南长沙市)

北宋时,潭州领长沙、善化、湘潭、益阳、湘乡、醴陵、浏阳、攸县、宁乡、衡山、湘阴、安化十二县。《宋会要·方域》6 之 28 言,"益阳县,绍兴三年(1133)隶鼎州,五年还隶",则南宋时潭州仍领十二县。

《清一统志》卷 355 长沙府湘阴故城条言,"宋绍兴初,迁治赤竹城,五年复迁今治。赤竹城,在湘阴县南十里"。益阳故城条引县志言,"沧水铺,宋建炎间,曾移治于彼一载"。安化故城条言,"安化故治,在伊溪之东。宋建炎中,迁伊溪西,在今安化县东启安坪"。

1. 长沙县(1127—1276)
2. 善化县(1127—1276)
3. 湘潭县(1127—1276)
4. 益阳县(1127—1276)
5. 湘乡县(1127—1276)
6. 醴陵县(1127—1276)
7. 浏阳县(1127—1276)
8. 攸　县(1127—1276)
9. 宁乡县(1127—1276)
10. 衡山县(1127—1276)
11. 湘阴县(1127—1276)
12. 安化县(1127—1276)

(二) 衡州(1127—1276)——治衡阳(今湖南衡阳市)

《要录》卷 127 绍兴九年三月癸卯条言,"升衡州茶陵县为军,以知县兼军使。县当江西、湖南境土,其地方二千余里,皆深山大泽,在唐尝为云州。至是,湖南诸司言,比年寇盗多,民不安业,请建为军,故有是命,仍以将兵三百隶之"。

《舆地纪胜》卷 63 茶陵军条言,"茶陵军使兼知衡州茶陵县事(今制)。今领县一,治茶陵"。《方舆胜览》卷 26 同。该书卷 24 衡州条则明言,"升军使,见后(即茶陵军条)"。又,《宋史》卷 43《理宗纪三》载淳祐七年(1247)十一月丁巳,诏:"茶陵知县事黄端卿为郴寇所害,进官三秩,官一子将仕郎,立庙衡州。"可见茶陵军端平前后均为军使,隶衡州。然据《宋史》卷 88《地理志四》茶陵军条言,"嘉定四年(1211),析康乐、云阳、常平三乡置酃县,亦尝隶衡州。县一:酃",则茶陵军嘉定时尝领茶陵、酃县二县,为同下州之军(详见第十六章"南宋省废州军"茶陵军条论证)。

要之,南宋时,衡州一同北宋,领衡阳、茶陵、耒阳、常宁、安仁五县,唯茶陵县兼军使。

1. 衡阳县(1127—1276)
2. 茶陵县(1127—1276)
3. 耒阳县(1127—1276)
4. 常宁县(1127—1276)
5. 安仁县(1127—1276)

(三)道州(1127—1276)——治营道(今湖南道县)

北宋时,道州领营道、宁远、永明、江华四县。《舆地纪胜》、《方舆胜览》同,则南宋时道州仍领四县如故。

1. 营道县(1127—1276)
2. 宁远县(1127—1276)
3. 永明县(1127—1276)
4. 江华县(1127—1276)

(四)永州(1127—1276)——治零陵(今湖南永州市)

北宋时,永州领零陵、祁阳、东安三县。《舆地纪胜》、《方舆胜览》同,则南宋时永州仍领三县。

1. 零陵县(1127—1276)
2. 祁阳县(1127—1276)
3. 东安县(1127—1276)

(五)郴州(1127—1276)——治郴县(今湖南郴州市)

北宋时,郴州领郴县、永兴、桂阳、宜章四县。《宋史》卷88《地理志四》郴州条言,"南渡后,增县二:兴宁,嘉定二年,析郴县资兴、程水二乡置资兴县,后改今名;桂东,本郴县地,嘉定四年,析桂阳之零陵、宜城二乡置今县于上犹寨",则嘉定四年后郴州实领资兴、桂东等六县。又,《文献通考》卷319郴州条言,资兴县置于嘉定四年。稍有异。

又,郴州六县与《元史》卷63《地理志六》郴州路比勘,五县相同,唯郴县,《元史》卷63作"郴阳"。《元史》卷63该条言,"倚郭。旧为敦化县,至元十三年(1276),改今名",则宋末郴县曾改为敦化,《宋史》卷88《地理志四》似失载。

要之,南宋时,郴州领敦化、兴宁、桂东等六县。

1. 郴　县(1127—?郴县,?—1275敦化县)
2. 永兴县(1127—1276)
3. 桂阳县(1127—1276)
4. 宜章县(1127—1276)

5. 资兴县(1209—1227 资兴县,1228—1276 兴宁县)

按:《清一统志》卷 378 郴州条言,"资兴故城,在兴宁县南。宋置资兴县,其治即今凤凰山前之梵安寺。至绍定初,移管子濠,改曰兴宁,而故城遂废。管子濠,即今治"。

6. 桂东县(1211—1276)

(六) 邵州,宝庆府(1127—1224 邵州,1225—1276 宝庆府)——治邵阳(今湖南邵阳市)

《宋史》卷 88《地理志四》宝庆府条言,"宝庆元年(1225),以理宗潜藩升府"。

又,北宋时,邵州领邵阳、新化二县。《舆地纪胜》、《方舆胜览》同,则南宋时邵州宝庆府仍领二县。

1. 邵阳县(1127—1276)　　　2. 新化县(1127—1276)

(七) 全州(1127—1276)——治清湘(今广西全州县)

北宋时,全州领清湘、灌阳二县。《舆地纪胜》、《方舆胜览》同,则南宋时全州仍领二县。

1. 清湘县(1127—1276)　　　2. 灌阳县(1127—1276)

(八) 桂阳监,桂阳军(1127—1132 桂阳监,1133—1145?桂阳军,1146—1151 桂阳监,1152—1276 桂阳军)——治平阳(今湖南桂阳县)

北宋时,桂阳监领平阳、蓝山二县。《宋会要·方域》6 之 30 言,绍兴"十六年三月十三日,诏复桂阳监管下临武洞为县,从本路诸司之请也",则是年后桂阳监实领临武等三县。

《宋会要·方域》6 之 30 又言,"桂阳军,旧桂阳监。绍兴三年,升为军","绍兴二十二年九月十七日,诏升桂阳监为桂阳军",则桂阳军又尝复为监。《方舆胜览》卷 26 桂阳军条引军志言,"自置军后,守臣用武。自绍兴十六年,守臣始用文臣",则桂阳复为监,恐在十六年。上段所引可为佐证。

1. 平阳县(1127—1276)　　　2. 蓝山县(1127—1276)

按:《清一统志》卷 375 桂阳州条言,"蓝山故城,在今蓝山县北,唐时旧治也。宋末,迁于今治"。

3. 临武县(1146—1276)

(九) 武冈军(1106—1126)——治武冈(今湖南武冈市)

北宋时,武冈军领武冈、绥宁、临冈三县。《宋会要·方域》6 之 30 言,"绍兴二十五年,荆湖南路安抚司于武冈军水头江北岸平广去处建县,以新宁为名,拨扶阳、恭和、宣义、零阳四乡隶之"。又,《宋史》卷 88《地理志四》武冈军条言,绥宁县,绍兴"二十五年,还旧(治)。后废临冈来入"。据《舆地纪胜》卷 62 同条言,临冈县废为临口寨。则绍兴二十五年后武冈军实领新宁等三县。

1. 武冈县(1127—1276)　　　3. 临冈县(1127—1154)
2. 绥宁县(1127—1276)　　　4. 新宁县(1155—1276)

按:《清一统志》卷 361 宝庆府新宁旧城条言,"治在今县东二里"。

第八章　京西南路州县沿革

（一）襄阳府(1127—1235,1239—1249,1251—1272)——治襄阳(今湖北襄阳市)

北宋时，襄阳府领襄阳、谷城、宜城、南漳、中卢、邓城六县。《宋会要·方域》5之18言，中卢县"绍兴五年(1135)，入南漳县。邓城县，绍兴五年，废入襄阳府(县)"。《舆地纪胜》、《方舆胜览》所载领县同，则南宋时襄阳府实领襄阳、谷城、宜城、南漳四县。

据《宋史》卷42《理宗纪二》、卷412《孟珙传》，襄阳，端平三年(1236)失守，嘉熙三年(1239)收复，后复失，淳祐十一年(1341)再复，咸淳九年(1273)复失。"后复失"，据《元史》卷124《李桢传》，似在淳祐九年、十年间。定宗时(淳祐六年至八年)，桢建言取襄阳。庚戌(淳祐十年)，已为襄阳军马万户，可证。

1. 襄阳县(1127—1272)　　　　3. 宜城县(1127—1272)
2. 谷城县(1127—1272)　　　　4. 南漳县(1127—1272)

按：《清一统志》卷346襄阳府南漳县条言，"绍兴五年，移治中庐(卢)镇。元仍还旧治"。

5. 中卢县(1127—1134)　　　　6. 邓城县(1127—1134)

（二）随州(1127—1236,?—1259前;?—1274)——治随县(今湖北随州市)

北宋时，随州领随县、枣阳、唐城三县。《舆地纪胜》卷83随州条言，"绍兴五年，废唐城为镇隶随县"。又，《宋会要·方域》5之20言，"枣阳军，旧随州枣阳县。绍兴十二年，升为军。是年，降军使，隶随州"，"孝宗隆兴二年(1164)九月二十五日，户部尚书兼湖北京西路制置使韩仲通言，'唐州桐柏县①，系在淮河之南。昨绍兴十二年与金国通和，桐柏县废为镇，拨隶随州'"。则绍兴十

---

① 按：唐州桐柏县，据《宋会要·方域》5之19、20载，绍兴五年，以在淮河之南、人户不及百废为镇，隶唐州附郭泌阳县，并分其地隶随州枣阳等县。三十二年收复唐州，又以桐柏户口增殖复。隆兴二年，和议成，唐州再属金国，桐柏县复废为镇，隶随州。

二年后随州领随县、枣阳二县及枣阳一军使,并有唐州桐柏一县地。

《舆地纪胜》卷83随州条言,"嘉定十二年(1219),制置赵方奏升枣阳为军,却割德安府应山县来属。仍以枣阳之桐柏镇隶随县,却将随县近便乡村拨换,与枣阳军对易。今领县二:曰随县,曰应山。治随县",则是年后随州实领应山等二县。

据《元史》卷2《太宗纪》,嘉熙元年,随州一度失守。又据《元史》卷151《高闹儿传》,己未(开庆元年,1259),元将高闹儿镇守随州。然《元史》卷59《地理志二》随州条言,随州"至元十二年(1275)归附",则其中当数度易帜。随州州治,据志言,端平"后因兵乱,迁徙无常"。

1. 随　县(1127—1236,?—1259前;?—1274)
2. 应山县(1127—1236,?—1259前;?—1274)
3. 唐城县(1127—1134)
4. 桐柏县(1127—1134,1162—1163)

(三) 房州(1127—1274)——治房陵(今湖北房县南)

北宋时,房州领房陵、竹山二县。《舆地纪胜》、《方舆胜览》同,则南宋房州仍领二县。

又,《文献通考》卷321房州条言,"建炎二年(1128),尝置金、房、开、达四州安抚使,以房隶金。未几,又改隶利州路"。《宋会要·方域》5之21言,"建炎四年,改隶利州路。绍兴六年,依旧"。

《元一统志》卷3房州条言,建炎"二年,金人入寇,公私室庐俱煨烬,遂移治竹山。绍兴三年复迁于房陵之张罗平,六月乃移理南山之南","绍定四年(1231),遭兵乱焚毁,明年复立,州治迁于城南五里","德祐元年(1275)夏,知州事黄思贤闻江陵府归附,于是至江陵中书行省自纳土"。

1. 房陵县(1127—1274)

按:《元一统志》卷3房州房陵县条言,"绍定四年经兵火,随州迁理于城南"。

2. 竹山县(1127—1274)

(四) 均州(1127—1253,1254—1263;1264—1265)——治武当(今湖北丹江口市西北)

《宋史》卷44《理宗纪四》、《元史》卷5《世宗纪二》、卷165《张禧传》言,宝祐二年(1254),均州失守。三年初,"城均州龙山"。景定五年(1264),宋复均州。咸淳二年,复失。又,《元史》卷59《地理志二》均州条言,二县"兵乱迁治无常,至元十四年复置"。

1. 武当县(1127—1253,1254—1263;1264—1265)
2. 郧乡县(1127—1253,1254—1263;1264—1265)

(五) 郢州(1127—1274)——治长寿(今湖北钟祥市)

北宋时,郢州领长寿、京山二县。《舆地纪胜》、《方舆胜览》同,则南宋时郢州仍领二县如故。

1. 长寿县(1127—1274)   2. 京山县(1127—1274)

按:《元史》卷59《地理志二》安陆府京山县条言,"兵乱,移治汉滨。至元十二年,还旧治"。

(六) 光化军,通化军(1127—1157光化军,1158—1160通化军,1161—1253光化军)——治光化(今湖北老河口市西北)

《宋会要·方域》5之19言,光化军,"绍兴二十八年,改为通化军。三十一年依旧。光化县,绍兴二十八年,改为通化县。三十一年依旧"。

据《宋史》卷44《理宗纪四》,宝祐二年,元城光化旧治,五年,光化军奏捷,则宋光化军已失,宋朝军民徙治他处,仍坚持抗蒙。又,《清一统志》卷346襄阳府光化县条言,后军与县俱废,元至元十四年,复置县,属南阳府。

光化县(1127—1157光化县,1158—1160通化县,1161—1253光化县)

(七) 枣阳军(1142,1219—1255)——治枣阳(今湖北枣阳市)

《宋会要·方域》5之20言,"枣阳军,旧随州枣阳县。绍兴十二年,升为军。是年,降军使,隶随州"。

《舆地纪胜》卷83随州条言,"嘉定十二年,制置赵方奏升枣阳为军,却割德安府应山县来属。仍以枣阳之桐柏镇隶随县,却将随县近便乡村拨换,与枣阳军对易"。

《宋史》卷44《理宗纪四》言,"宝祐四年,元城枣阳"。

1. 枣阳县(1127—1255)   2. 应山县(1127—1255)

(八) 邓州(1234—1235)——治穰县(今河南邓州市)

《宋史》卷41《理宗纪一》端平元年九月壬寅条言,"全子才削一秩,措置唐、邓、息营田边备",则端平初宋有三州之地。又据《金史》卷25《地理志中》,

邓州领三县：穰、南阳、内乡。

《元史》卷2《太宗纪》载太宗八年（端平三年），"邓州赵祥从曲出充先锋伐宋"。宪宗二年（淳祐十二年），蒙古始屯田于唐、邓等州。据此，则邓州端平末已失。

1. 穰　县(1234—1235)　　　　3. 内乡县(1234—1235)
2. 南阳县(1234—1235)

（九）唐州(1234—1235)——治泌阳（今河南唐河县）

据《宋季三朝政要》卷1记事及邓州条考证，唐州，端平二年，仍属于宋。三年，失守。又，据《金史》卷25《地理志中》，唐州领泌阳、比阳、湖阳、桐柏四县。

1. 泌阳县(1234—1235)　　　　3. 湖阳县(1234—1235)
2. 比阳县(1234—1235)　　　　4. 桐柏县(1234—1235)

（十）息州(1234—1235)——治新息（今河南息县）

据《元史》卷119《塔察儿传》，丙申（端平三年），塔察儿破宋息、光诸州，太宗以息州军民三千户赐之，则息州当与唐、邓等同时入元。又，据《金史》卷25《地理志中》，息州领四县：新息、真阳、褒信、新蔡。

1. 新息县(1234—1235)　　　　3. 褒信县(1234—1235)
2. 真阳县(1234—1235)　　　　4. 新蔡县(1234—1235)

第九章　福建路州县沿革

（一）福州，福安府(1127—1275 福州，1276 福安府)——治闽县、侯官(今福建福州市)

北宋时，福州领闽县、侯官、福清、连江、永泰、长溪、长乐、古田、罗源、闽清、宁德、怀安十二县。《读史方舆纪要》卷 96 福州府条言，福安县，"淳祐四年(1244)，析长溪县置"，则南宋淳祐四年后似又增福安一县。又，《宋史》卷 47《益王纪》载景炎元年(1276)五月乙未朔，"改福州为福安府"。

1. 闽　　县(1127—1276)
2. 侯官县(1127—1276)
3. 福清县(1127—1276)
4. 连江县(1127—1276)
5. 永泰县(1127—1276)
6. 长溪县(1127—1276)
7. 长乐县(1127—1276)
8. 古田县(1127—1276)
9. 罗源县(1127—1276)
10. 闽清县(1127—1276)
11. 宁德县(1127—1276)
12. 怀安县(1127—1276)
13. 福安县(1244—1276)

（二）建州，建宁府(1127—1161 建州，1162—1276 建宁府)——治建安(今福建建瓯市)

《宋史》卷 89《地理志五》建宁府条言，建宁府，"本建州。……绍兴三十二年(1162)，以孝宗旧邸升府"。

又，北宋时，建州领建安、浦城、建阳、松溪、崇安、政和、瓯宁七县，丰国一监。《宋史》卷 89《地理志五》载嘉禾县，本建阳县，景定元年(1260)改今名。然据《永乐大典》卷 14621《吏部条法事类》望县条载，嘉定八年(1215)时，建阳县已名嘉禾县。则南宋时建州建宁府仍领七县、一监如故。

1. 建安县(1127—1276)
2. 浦城县(1127—1276)
3. 建阳县(1127—1215 前建阳县，1215 前—1276 嘉禾县)
4. 松溪县(1127—1276)
5. 崇安县(1127—1276)
6. 政和县(1127—1276)
7. 瓯宁县(1127—1276)

8. 丰国监(1127—1276)

(三) 泉州(1127—1276)——治晋江(今福建泉州市)

北宋时,泉州领晋江、南安、同安、永春、安溪、德化、惠安七县。《舆地纪胜》、《方舆胜览》同,则南宋时泉州领七县如故。

1. 晋江县(1127—1276)
2. 南安县(1127—1276)
3. 同安县(1127—1276)
4. 永春县(1127—1276)
5. 安溪县(1127—1276)
6. 德化县(1127—1276)
7. 惠安县(1127—1276)

(四) 南剑州(1127—1276)——治剑浦(今福建南平市)

北宋时,南剑州领剑浦、顺昌、沙县、尤溪、将乐五县,《舆地纪胜》、《方舆胜览》同,则南宋时南剑州仍领五县如故。

1. 剑浦县(1127—1276)
2. 顺昌县(1127—1276)
3. 沙 县(1127—1276)
4. 尤溪县(1127—1276)
5. 将乐县(1127—1276)

(五) 漳州(1127—1276)——治龙溪(今福建漳州市)

北宋时,漳州领龙溪、漳浦、龙岩、长泰四县。《舆地纪胜》、《方舆胜览》同,则南宋时漳州仍领四县如故。

1. 龙溪县(1127—1276)
2. 漳浦县(1127—1276)
3. 龙岩县(1127—1276)
4. 长泰县(1127—1276)

(六) 汀州(1127—1276)——治长汀(今福建长汀县)

北宋时,汀州领长汀、宁化、上杭、武平、清流五县。《宋史》卷89《地理志五》汀州条言,"莲城,本长汀莲城堡,绍兴三年升县"。然《清一统志》卷434汀州府条言,清流县,绍定中废,元复置,则南宋绍定后汀州领莲城等五县。

1. 长汀县(1127—1276)
2. 宁化县(1127—1276)
3. 上杭县(1127—1276)

按:《宋会要·方域》7之11言:"乾道四年(1168)正月十日,福建路安抚转运提刑司言:'汀州上杭县治,元在钟寮场,缘知县兼监坑,遂移县治。累遭兵火,见存上百余家,僻在山隅,不通商旅,风水败坏,人民不安。本县旧基见在,地方郭坊,人烟翕习,正当十二乡之中,四路坦平,民间便于输纳,兼有大河溯流,上通本州,顺流平抵湖(潮)州,陆路通于漳、潮、梅、赣等州,商旅往还不绝,士庶父老皆乞迁复以便民。'"新县治,据《元一统志》卷8上杭县条载,在来苏里,"即旧州之故地"。

  4. 武平县(1127—1276)   6. 莲城县(1133—1276)
  5. 清流县 (1127—1230?)

（七）邵武军(1127—1276)——治邵武(今福建邵武市)

  北宋时,邵武军领邵武、光泽、泰宁、建宁四县。《舆地纪胜》、《方舆胜览》同,则南宋时邵武军仍领四县如故。

  1. 邵武县(1127—1276)   3. 泰宁县(1127—1276)
  2. 光泽县(1127—1276)   4. 建宁县(1127—1276)

（八）兴化军(1127—1276)——治莆田(今福建仙游县游洋镇古邑村)

  北宋时,兴化军领莆田、仙游、兴化三县。《舆地纪胜》、《方舆胜览》同,则兴化军南宋时仍领三县。

  1. 莆田县(1127—1276)   3. 兴化县(1127—1276)
  2. 仙游县(1127—1276)

第十章　成都府路州县沿革

（一）成都府(1127—1240)——治成都、华阳(今四川成都市)

北宋时,成都府领成都、华阳、郫县、新都、温江、新繁、双流、广都、灵泉等九县。《舆地纪胜》《方舆胜览》同,则南宋时成都府仍领九县如故。

据《宋史》卷42《理宗纪二》载,端平三年(1236)十月成都失守,十一月复。淳祐元年(1241),再度失守,遂入蒙古。

1. 成都县(1127—1240)
2. 华阳县(1127—1240)
3. 郫　县(1127—1240)
4. 新都县(1127—1240)
5. 温江县(1127—1240)
6. 新繁县(1127—1240)
7. 双流县(1127—1240)
8. 广都县(1127—1240)
9. 灵泉县(1127—1240)

（二）眉州(1127—1267)——治通义(今四川眉山市)

北宋时,眉州领眉山、彭山、丹棱、青神四县。《舆地纪胜》《方舆胜览》同,则南宋时眉州领四县如故。又,据《元史》卷6《世祖纪三》,至元五年(1268),元成眉州。

1. 眉山县(1127—1267)
2. 彭山县(1127—1267)
3. 丹棱县(1127—1267)
4. 青神县(1127—1267)

（三）蜀州,崇庆府(1127—1176蜀州,1177—1276崇庆府)——治晋原(今四川崇州市)

崇庆府,本蜀州。《宋史》卷89《地理志五》崇庆府条言,"淳熙四年(1177),升府"。又,北宋时蜀州领晋原、江源、新津、永康四县,《舆地纪胜》《方舆胜览》同,则南宋时蜀州崇庆府领四县如故。

1. 晋原县(1127—1276)
2. 江源县(1127—1276)
3. 新津县(1127—1276)
4. 永康县(1127—1276)

（四）彭州（1127—1257）——治九陇（今四川彭州市）

北宋时，彭州领九陇、崇宁、濛阳三县。《舆地纪胜》、《方舆胜览》同，则南宋时彭州仍领三县。又，据《元史》卷129《纽璘传》，宪宗八年（宝祐六年，1258），彭、汉、怀、绵等州悉平。

1. 九陇县（1127—1257）
2. 崇宁县（1127—1257）
3. 濛阳县（1127—1257）

（五）绵州（1127—1257）——治巴西（今四川绵阳市东）

北宋时，绵州领巴西、彰明、魏城、罗江、盐泉五县。《舆地纪胜》、《方舆胜览》同，则南宋时绵州仍领五县。

1. 巴西县（1127—1257）
2. 彰明县（1127—1257）
3. 魏城县（1127—1257）
4. 罗江县（1127—1257）
5. 盐泉县（1127—1257）

（六）汉州（1127—1234，?—1240，1241—?；?—1257，1258—1260；1261—1270）——治雒县（今四川广汉市）

北宋时，汉州领雒县、什邡、绵竹、德阳四县。《舆地纪胜》、《方舆胜览》同，则南宋时汉州仍领四县。

据《元史》卷121《按竺迩传》、卷166《刘恩传》、卷129《纽璘传》、《清一统志》卷384成都府条言，汉州，端平中废，淳祐元年、宝祐六年两度失守。元中统元年（景定元年，1260）复置汉州，然后又为宋夺回。故至元三年，元又欲取汉州。

又据《元史》卷60《地理志三》汉州条，中统元年，蒙古置汉州时，州仅领什邡、绵竹、德阳三县，雒县可能因战乱而荒弃。德阳县条言，该县"至元八年（咸淳七年），升为德州"。绵竹县条言，"至元十三年，以户少并入州，后复置"。

1. 雒　县（1127—1260前）
2. 什邡县（1127—1276）
3. 绵竹县（1127—1276）
4. 德阳县（1127—1270）

（七）嘉州，嘉定府（1127—1195嘉州，1196—1276嘉定府）——治龙游（今四川乐山市）

嘉定府，本嘉州。《宋史》卷89《地理志五》嘉定府条言，"庆元二年（1196），以宁宗潜邸升府"。又，北宋时，嘉州领龙游、夹江、犍为、峨眉、洪雅五县及丰远一监。《舆地纪胜》、《方舆胜览》所载领县同，则南宋时嘉州嘉定府仍领五县、一监。

1. 嘉祥县(1127—1130 嘉祥县,1131—1276 龙游县)

按:《宋会要·方域》7 之 1 言,"龙游县,宣和元年(1119),改为嘉祥,绍兴元年改今名"。

2. 夹江县(1127—1276)
3. 犍为县(1127—1276)
4. 峨眉县(1127—1276)
5. 洪雅县(1127—1276)
6. 丰远监(1127—1276)

(八) 邛州(1127—1259)——治临邛(今四川邛崃市)

北宋时,邛州领临邛、大邑、火井、蒲江、依政、安仁六县及惠民一监。《舆地纪胜》、《方舆胜览》同,则南宋时邛州仍领七县如故。《宋史》卷 89《地理志五》邛州条言,惠民监,"建炎三年(1129)罢"。又,《元史》卷 4《世祖纪一》言,中统元年(景定元年)五月,成都路侍郎张威安抚邛州,则时邛州应已属蒙。

1. 临邛县(1127—1259)
2. 大邑县(1127—1259)
3. 火井县(1127—1259)
4. 蒲江县(1127—1259)
5. 依政县(1127—1259)
6. 安仁县(1127—1259)
7. 惠民监(1127—1128)

(九) 简州(1127—1276)——治阳安(今四川简阳市西)

北宋时,简州领阳安、平泉二县。《舆地纪胜》、《方舆胜览》同,则南宋时简州仍领二县如故。

1. 阳安县(1127—1276)
2. 平泉县(1127—1276)

(十) 黎州(1127—1276)——治汉源(今四川汉源县西北)

北宋时,黎州领汉源一县。《舆地纪胜》、《方舆胜览》同,则南宋时黎州仍领一县。

汉源县(1126—1276)

(十一) 雅州(1127—1257)——治严道(今四川雅安市)

北宋时,雅州领严道、卢山、名山、荣经、百丈五县及一茶场。《舆地纪胜》、《方舆胜览》领县同,则南宋时雅州仍领五县、一场如故。又,《元史》卷 3《宪宗纪》言,宪宗八年(宝祐六年),元拔雅州。

1. 严道县(1127—1257)
2. 卢山县(1127—1257)

3. 名山县(1127—1257)
4. 百丈县(1127—1257)
5. 荣经县(1127—1257)
6. 茶　场(1127—1257)

(十二) 茂州(1127—1276)——治汶山(今四川茂县)

北宋末,废汶川县,茂州仅领一县汶山。《宋史》卷89《地理志五》茂州条言,"南渡后,增县一：汶川",又有镇羌寨、鸡宗关,则南宋时茂州复领二县及一寨、一关。

1. 汶山县(1127—1276)　　2. 汶川县(1127?—1276)

(十三) 威州(1127—1276)——治保宁(今四川理县薛城镇)

北宋时,威州领保宁、通化二县。《舆地纪胜》、《方舆胜览》同,则南宋时威州仍领二县如故。

1. 保宁县(1127—1276)　　2. 通化县(1127—1276)

(十四) 永康军(1127—1276)——治灌口镇(今四川都江堰市)

北宋时,永康军领导江、青城二县。《舆地纪胜》、《方舆胜览》同,则南宋时永康军仍领二县如故。

1. 导江县(1127—1276)　　2. 青城县(1127—1276)

(十五) 仙井监,隆州(1127—1162 仙井监,1163—1257 隆州)——治仁寿(今四川仁寿县)

北宋时,仙井监领仁寿、井研二县,大安一镇,一盐井。《宋史》卷89《地理志五》仙井监条言,"隆兴元年(1163),改为隆州"。又,贵平、籍县,"乾道六年(1170)复",则是年后隆州实领四县、一镇、一井。又,《元史》卷3《宪宗纪》言,宪宗八年(宝祐六年),隆州降。

1. 仁寿县(1127—1257)
2. 贵平县(1170—1257)
3. 井研县(1127—1257)
4. 籍　县(1170—1257)
5. 盐　井(1127—1257)
6. 大安镇(1127—1257)

(十六) 石泉军(1127—1257)——治石泉(今四川北川羌族自治县西北)

北宋时,石泉军领石泉、神泉、安昌三县及会同、靖安、嘉平、通津、横望、平陇、凌霄、耸翠、连云九堡。《舆地纪胜》、《方舆胜览》所载领县同,则南宋时石泉军仍领三县、九堡如故。

又,《宋史》卷89《地理志五》石泉军龙安县条言,"宝祐后,为军治所(今西川安县东北)"。《清一统志》卷399龙安府石泉故城条言,"宝祐后,徙废"。而《元史》卷3《宪宗纪》、卷60《地理志三》安州条言,宪宗八年(宝祐六年),石泉降。"中统五年(景定五年),升为安州。"据上引可知,石泉军,自宝祐六年降蒙后,移治龙安县,而石泉县废。元得之,于中统元年升为安州。

1. 石泉县(1127—1257)
2. 神泉县(1127—1257)
3. 安昌县(1127—1130 安昌县,1131—1257 后龙安县)

按:《舆地纪胜》卷152石泉军龙安县条引《图经》言,"宣和二年,改曰安昌。绍兴元年,改今名"。

第十一章 潼川府路州县沿革

(一) 潼川府(1127—1257)——治郪县(今四川三台县)

北宋时,潼川府领郪县、中江、涪城、射洪、通泉、盐亭、铜山、飞乌、东关九县及安泰一尉司。

《舆地纪胜》卷154潼川府条引《图经》言,安泰尉司,"绍兴初,复为县,未几复废"。

绍兴十二年(1142),潼川府领九县。《宋会要·方域》7之4言,"绍兴三十一年五月七日,四川安抚制置司言,'相度到潼川府东关县管县令、主簿、县尉三员,安泰尉司止管尉司官一员,却管六案仓库刑狱等事。今欲将东关县主簿一员废罢,令县尉兼领主簿职事。仍乞将安泰尉司依旧复置安泰县,将尉司官改注县令,却将东关县所废主簿一员拨隶安泰县差置,仍兼县尉职事。内酒务官钱隶属本县拘催外,余收纳商税并监合同场职事委自主簿兼监。即是每县各将县令一员、簿尉一员'。从之"。则绍兴后潼川府实领安泰等十县。然安泰县《宋史》卷89《地理志五》、《方舆胜览》作永泰县,或南宋后期改,或误书。

《元史》卷3《宪宗纪》、《廿二史考异》卷69言,潼川府移治长宁山,宪宗八年(宝祐六年,1258)归蒙。

1. 郪　县(1126—1257)
2. 中江县(1127—1257)
3. 涪城县(1127—1257)
4. 射洪县(1127—1257)
5. 通泉县(1127—1257)
6. 盐亭县(1127—1257)
7. 铜山县(1127—1257)
8. 飞乌县(1127—1257)
9. 东关县(1127—1257)
10. 安泰尉司(1127—1129 安泰尉司,1130 安泰县,1131—1160 安泰尉司,1161—? 安泰县,?—1257 永泰县)

(二) 遂宁府(1127—1276)——治小溪(今四川遂宁市)

北宋时,遂宁府领小溪、长江、蓬溪、青石、遂宁五县。《宋史》卷89《地理志五》遂宁府条言,"端平三年(1235),兵乱,权治蓬溪寨"。又言,是年,长江、青石、遂宁三县俱废。

1. 小溪县(1127—1276?)
2. 长江县(1127—1235)
3. 蓬溪县(1127—1276?)
4. 青石县(1127—1235)
5. 遂宁县(1127—1235)

(三) 果州,顺庆府(1127—1226 果州,1227—1257 顺庆府)——治南充(今四川南充市北)

北宋时,果州领南充、西充、相如三县。《宋史》卷89《地理志五》顺庆府条言,流溪镇,"绍兴二十七年,复为县"。又言,"顺庆府,本果州……宝庆三年(1227),以理宗初潜之地升府"。则南宋时果州顺庆府复领四县。

《宋史》卷89、《元史》卷3《宪宗纪》言,"端平三年,兵乱。淳祐九年(1249),徙治青居山";宝祐六年,元军至青居山,裨将刘渊等杀都统段元鉴降,遂失顺庆府。

1. 南充县(1127—1257)
2. 西充县(1127—1257)
3. 相如县(1127—1257)
4. 流溪县(1157—1257)

(四) 资州(1127—1242)——治盘石(今四川资中县)

北宋时,资州领盘石、资阳、内江、资川四县。《舆地纪胜》、《方舆胜览》同,则南宋时资州仍领四县如故。又,《宋史》卷89《地理志五》、《元史》卷121《按竺迩传》言,淳祐三年,元破资州,其属邑龙水县亦废。

1. 盘石县(1127—1242)
2. 资阳县(1127—1242?)
3. 内江县(1127—1242?)

按:《宋会要·方域》7之6言,"内江县,绍兴十七年,移治于旧城"。

4. 资川县(1127—1130 资川县,1131—1242 龙水县)

按:《宋史》卷89《地理志五》资州条言,"宣和二年(1120),改龙水为资川,后复故",未言复名龙水在何时。然绍兴初为拨乱反正期,循他地复旧名之例,资川复名龙水,亦当在此时。

(五) 普州(1127—1258?)——治安岳(今四川安岳县)

北宋时,普州领安岳、安居、乐至三县。《舆地纪胜》、《方舆胜览》同,则南宋时普州仍领三县如故。又,《宋史》卷89《地理志五》、《宋史》卷42《理宗纪二》言,端平三年,兵乱。淳祐元年冬,州城破。三年,据险置治。宝祐以后废。

1. 安岳县(1127—1258?)　　　3. 乐至县(1127—1258?)
2. 安居县(1127—1258?)

(六) 昌州(1127—1276)——治大足(今重庆大足区)

北宋时,昌州领大足、昌元、永川三县。《舆地纪胜》、《方舆胜览》同,则南宋时昌州仍领三县。

1. 大足县(1127—1276)　　　3. 永川县(1127—1276)
2. 昌元县(1127—1276)

(七) 叙州(1127—1276)——治僰道(今四川宜宾市)

北宋时,叙州领宜宾、南溪、宣化、庆符四县。《舆地纪胜》、《方舆胜览》同,则南宋时叙州仍领四县。

《宋史》卷89《地理志五》叙州条言,"咸淳三年(1267),徙治登高山"。《清一统志》卷396叙州府僰道故城条言,"元至元十三年(景炎元年,1276),复徙治三江口"。

1. 宜宾县(1127—1276)　　　3. 南溪县(1127—1276)
2. 宣化县(1127—1276)　　　4. 庆符县(1127—1276)

(八) 泸州,江安军,江安州(1127—1260,1261;1262—1265 前江安军,1265 前—1271 后江安州,1275 前泸州)——治泸川(今四川泸州市)

北宋时,泸州领泸川、合江、江安三县,南井一监及诸城、寨、堡。《宋史》卷89《地理志五》泸州条言,纳溪寨,"绍定五年(1232),升为县",则是年后泸州实领纳溪等四县、南井监及诸城、寨、堡。

《宋史》卷89《地理志五》言,"嘉熙三年(1239),筑合江之榕山,再筑江安之三江碛。四年,又筑合江之安乐山为城。淳祐三年,又城神臂崖以守。景定二年(1261),刘整以城归大元,后复取之,改江安州"。然据《宋史》卷45《理宗纪五》所载,景定三年正月甲戌,宋"复泸州,改为江安军"。度宗咸淳元年十月庚辰,首见"江安州",未明言升军为州在何年。又,咸淳七年六月癸巳亦有"江安州"。然德祐元年(1275)梅应春以泸州降,则七年以后江安州或复名泸州。

1. 泸川县(1127—1260,1261;1262—1276)
2. 合江县(1127—1260,1261;1262—1276)
3. 江安县(1127—1260,1261;1262—1276)
4. 纳溪县(1232—1260,1261;1262—1276)

（九）长宁军(1127—1276)——治武宁寨(今四川珙县东)

北宋时，长宁军领武宁、宁远、梅洞、清平、安夷五寨，石笋一堡。《宋史》卷89《地理志五》长宁军条言，安宁县，"嘉定四年(1211)①，升安夷寨为县(今四川长宁县双河镇)。有武宁、宁远二寨"。如此，梅洞、清平二寨，石笋一堡，或废或隶军。如属后者，则是年后长宁军领安宁一县，梅洞、清平二寨，石笋一堡。

安宁县(1211—1276)

（十）合州(1127—1278)——治石照(今重庆合川区)

北宋时，合州领石照、汉初、赤水、铜梁、巴川五县。《宋史》卷89《地理志五》、《舆地纪胜》、《方舆胜览》同，则南宋时合州领五县如故。

又，《宋史》卷89《地理志五》合州条言，"淳祐三年，移州治于钓鱼山"。《元史》卷60《地理志三》言，"元至元十五年，宋安抚使王立以城降"。

1. 石照县(1127—1242)　　4. 铜梁县(1127—1242)
2. 汉初县(1127—1242)　　5. 巴川县(1127—1242)
3. 赤水县(1127—1242)

（十一）荣州，绍熙府(1127—1232荣州，1233—1258后绍熙府)——治荣德(今四川荣县)

《宋史全文》卷32载绍定六年二月"丁亥，诏荣州升为绍兴(熙)府"。《方舆胜览》卷64绍熙府条言，"后以系光宗皇帝潜藩升绍熙府"。

又，北宋时，荣州领荣德、威远、应灵、资官四县。《宋史》卷89《地理志五》、《舆地纪胜》、《方舆胜览》同，则南宋时荣州绍熙府仍领四县。

《宋史》卷89《地理志五》荣州条言，"端平三年，择地侨治。宝祐后废"。又言，荣德县，"端平三年废"。

1. 荣德县(1127—1235)　　3. 应灵县(1127—1258后)
2. 威远县(1127—1258后)　　4. 资官县(1127—1258后)

（十二）渠州(1127—1273)——治流江(今四川渠县)

北宋时，渠州领流江、邻山、邻水三县。《宋会要·职官》48之43言，绍熙"二年(1191)七月二十一日，吏部言，'潼川路逐司审度到渠州大竹镇乞与兴复为县'。诏依"，则是年后渠州实领大竹等四县。

---

① 按："四年"，《舆地纪胜》卷166长宁军条作"二年"。

《宋史》卷89《地理志五》、卷46《度宗纪》言,"宝祐三年(1255),徙治礼义山",咸淳十年,元兵破渠州礼义城。

1. 流江县(1127—1254)
2. 邻山县(1127—1254)
3. 邻水县(1127—1254)
4. 大竹县(1191—1254)

(十三)怀安军(1127—1257)——治金水(今四川金堂县淮口镇南沱江南岸)

北宋时,怀安军领金水、金堂二县。《舆地纪胜》、《方舆胜览》同,则怀安军南宋时仍领二县。

《元史》卷129《纽璘传》言,宪宗八年(宝祐六年),怀州平。怀州,据《元史》卷60《地理志三》成都路条,即宋怀安军,元初升,则怀安军时应已归蒙。

1. 金水县(1127—1257)
2. 金堂县(1127—1257)

(十四)广安军,宁西军(1127—1257,1258—1259;1260—1266 广安军,1267—1276 宁西军)——治渠江(今四川广安市)

北宋时,广安军领渠江、新明、岳池三县。《舆地纪胜》卷165广安军条言,和溪县,"本新明县之和溪镇。开禧三年(1207),升为县",则是年后广安军领和溪等四县。

《宋史》卷89《地理志五》宁西军条言,"淳祐三年,城大良平为治所。宝祐末,归大元。景定初,复取之。咸淳二年,改军名"。改军名,《宋史》卷46《度宗纪》系于咸淳三年二月己未,是日,宋以"克复广安军,诏改为宁西军"。

1. 渠江县(1127—1257,1258—1259;1260—1276)
2. 新明县(1127—1257,1258—1259;1260—1276)
3. 岳池县(1127—1257,1258—1259;1260—1276)
4. 和溪县(1207—1257,1258—1259;1260—1276)

(十五)富顺监(1127—1236,1237—1276)——(今四川富顺县)

北宋时,富顺监领战井、岁井、方滩、罗井、新栅、真溪、临江、邓井、鼓井、赖井、茆头、赖易、高市十三镇,及一盐井。《宋史》卷89《地理志五》同,则南宋时该监仍领镇、井如故。

《宋史》卷89富顺监条及《读史方舆纪要》卷70叙州府富顺县、虎头城条言:嘉熙元年蜀乱,监废寻复。咸淳元年,徙治县南六十里之虎头山。

第十二章　利州路州县沿革

（一）兴元府(1127—1254前)——治南郑(今陕西汉中市东)

北宋时，兴元府领南郑、城固、褒城、西县四县，一茶场。《舆地纪胜》卷183兴元府条言，"绍熙四年(1193)，安抚使宇文价奏，于南郑县南路石幢修置廉水县，以便民户输纳，省南郑县丞改县令，就南尉兼主簿之职，析治诸事焉"，则是年后兴元府实领廉水等五县、一茶场。

《宋史》卷44《理宗纪四》、《元史》卷3《宪宗纪》言，宝祐二年(1254)，王坚为兴元都统兼知合州，六年，蒙简括兴元户口，宪宗驻跸汉中，则宝祐初宋已失兴元。

1. 南郑县(1127—1254前)

按：《清一统志》卷238汉中府南郑故城条引《舆地纪胜》卷183言，"古汉中郡城，在今县东二里许，即秦厉公所筑。嘉定二年(1209)，始徙今治"。

2. 城固县(1127—1254前)　　4. 西　县(1127—1254前)
3. 褒城县(1127—1254前)　　5. 廉水县(1193—1230?)

按：《清一统志》卷238汉中府廉水故城条引旧志言，廉水县，"绍定中废"。《元史》卷60《地理志三》所载兴元路条略同。

6. 茶　场(1127—1254前)

（二）利州(1127—1235)——治绵谷(今四川广元市)

北宋时，利州领绵谷、葭萌、昭化、嘉川四县。《舆地纪胜》、《方舆胜览》同，则南宋时利州仍领四县。

《宋史》卷89《地理志五》利州条言，"端平三年(1236)，兵乱废"。又，《元史》卷60《地理志三》广元路条言，"端平后，兵乱无宁岁，地荒民散者十有七年。元宪宗三年(宝祐元年)，立利州治，设都元帅府"。《宋史》卷44《理宗纪四》宝祐二年正月乙亥朔条亦言，"大元城利州、阆州"。然同年六月丙辰条又言，"利州王佐坚守孤垒"。开庆元年(1259)正月丁卯条亦言，"大元兵破利州、隆庆、顺庆诸郡，阆、蓬、广安守将相继纳降"。则宝祐时利州可能州治已失，而尚有守臣坚守残境。

1. 绵谷县(1127—1235)
2.葭萌县(1127—1235)
3. 昭化县(1127—1235)
4. 嘉川县(1127—1235)

(三) 洋州(1127—1264)——治兴道(今陕西洋县)

北宋时,洋州领兴道、西乡、真符三县。《宋史》卷30《高宗纪七》绍兴十六年(1146)二月辛丑条言,"割洋州乾祐县畀金人"。该县北宋末属京兆府,南渡后属洋州,当是陕右尽失后,权拨隶洋州。若是,则是年以前洋州实领乾祐等四县。

《元一统志》卷4真符故县条言,"端平兵革荒废,国朝乙卯年(宝祐三年)于州东十里下道坝复立县理"。《元史》卷60《地理志三》洋州条言,"元至元二年(咸淳元年,1265),省兴道、真符二县入州",则洋州至迟于咸淳元年前已属蒙古。

1. 兴道县(1127—1264)
2. 西乡县(1127—1264)
3. 真符县(1127—1235)

(四) 阆州(1127—1253)——治阆中(今四川阆中市)

北宋时,阆州领阆中、新井、新政、苍溪、西水、奉国、南部七县。《舆地纪胜》、《方舆胜览》同,则南宋时阆州仍领七县。

《宋史》卷89《地理志五》、卷42《理宗纪二》,《元史》卷161《杨大渊传》言,阆州,端平三年,兵乱。淳祐三年(1243),移治大获山。宝祐二年,元城阆州。六年,大获山守将杨大渊降。

1. 阆中县(1127—1253)

按:《宋史》卷89《地理志五》阆州阆中县条言,"绍兴十八年,省玉井镇入焉"。"玉",《元丰九域志》同条作"王",该镇原属新井县。

2. 新井县(1127—1253)
3. 新政县(1127—1253)
4. 苍溪县(1127—1253)
5. 西水县(1127—1253)
6. 奉国县(1127—1253)
7. 南部县(1127—1253)

按:《清一统志》卷391保宁府南充国故县条引旧志言,南部县,"宋端平兵乱,县无定治。宝祐中,尝移治县南跨鳌山,元复还故治"。

(五) 剑州(1127—1189剑州,1190—1258隆庆府)——治普安(今四川剑阁县)

《宋史》卷89《地理志五》言,隆庆府,本剑州,"绍熙元年(1190),升府"。北宋时,剑州领普安、武连、阴平、剑门、梓潼、普成六县。《方舆胜览》卷67剑门关条言,"中兴以来,剑门关亦列在利路十七郡之数,今领县一,治剑门",则南宋时剑州隆庆府实领五县。

《宋史》卷89《地理志五》、卷42《理宗纪二》,《廿二史考异》卷69言,端平三年,兵乱,隆庆府徙治苦竹隘。开庆元年,隆庆失守。

1. 普安县(1127—1258)　　　　3. 阴平县(1127—1258)
2. 武连县(1127—1258)

按:《清一统志》卷414绵州阴平废县条言,"宋末废"。

4. 梓潼县(1127—1258)　　　　5. 普成县(1127—1258)

(六) 剑门关(1127—1258前)——治剑门(今四川剑阁县剑门关镇)

《方舆胜览》卷67剑门关条言,"中兴以来,剑门关亦列在利路十七郡之数,今领县一,治剑门"。《元史》卷3《宪宗纪》言,宪宗八年(宝祐六年),宪宗驻跸剑门,则时关已失守。

剑门县(1127—1258前)

(七) 巴州(1127—1239)——治化城(今四川巴中市)

北宋时,巴州领化城、恩阳、曾口、难江、通江五县。《舆地纪胜》、《方舆胜览》同,则南宋时巴州仍领五县。

《宋史》卷89《地理志五》巴州条言,"嘉熙四年(1240),兵乱民散"。又,《元一统志》卷5巴州条言,"宋为上、下通江二县,盖宋末所分"。

1. 化城县(1127—1239)　　　　4. 难江县(1127—1239)
2. 恩阳县(1127—1239)　　　　5. 通江县(1127—1239)
3. 曾口县(1127—1239)

(八) 文州(1127—1236)——治曲水(今甘肃文县西南)

北宋时,文州领曲水一县。《舆地纪胜》、《方舆胜览》同,则南宋时文州仍领一县。又,《宋史》卷89《地理志五》文州条言,"绍定末,置司成都。端平后,兵乱州废"。

曲水县(1127—1236)

(九) 兴州(1127—1250)——治顺政(今陕西略阳县)

北宋时,兴州领顺政、长举二县,济众一监。《宋史》卷38《宁宗纪二》载开禧三年(1207)四月"己巳,改兴州为沔州"。又,《宋史》卷89《地理志五》沔州条言,顺政县,"开禧三年,改为略阳"。则南宋时沔州仍领二县、一监。

又,《元史》卷155《汪德臣传》言,宪宗初年,蒙古城沔州。

1. 顺政县(1127—1206 顺政县,1207—1250 略阳县)
2. 长举县(1127—1250)
3. 济众监(1127—1250)

(十) 蓬州(1127—1257)——治蓬池(今四川仪陇县南)

北宋时,蓬州领蓬池、仪陇、伏虞、营山四县。《宋史》卷89《地理志五》蓬州条言,良山县,"建炎三年(1129)复",则南宋时蓬州实领良山等五县。

《元一统志》卷5蓬池废县条言,"宋淳祐三年,制置使余玠以蓬州旧治经兵革荒废,移治于营山县界云山上,以蓬池属之"。《宋史》卷43《理宗纪三》淳祐四年五月庚戌条略同。据《元一统志》卷5朗池故县条及《清一统志》卷394顺庆府仪陇故城条,时营山、仪陇二县亦于是时移于云山。又据《宋史》卷89《地理志五》及《清一统志》卷393顺庆府仪陇县条、卷394顺庆府相如故县条,知宝祐六年,相如县自果州来隶,又徙州治相如县,同年郡守张大悦以城降元。

1. 蓬池县(1127—1257)
2. 良山县(1129—1257)
3. 仪陇县(1127—1257)
4. 伏虞县(1127—1257)
5. 营山县(1127—1257)

(十一) 政州(1127—1130 政州,1131—1257 龙州)——治江油(今四川平武县东南)

北宋时,政州领江油、清川二县。《舆地纪胜》、《方舆胜览》同,则南宋时政州仍领二县。

《宋史》卷89《地理志五》政州条言,"绍兴元年,复为龙州"。又言,"端平三年,兵乱。宝祐六年,徙治雍村"。清川县条言,"端平三年,兵乱地废"。又,《元史》卷60《地理志三》龙州条言,"元宪宗岁戊午(宝祐六年),宋守将王知府以城降"。

1. 江油县(1127—1257)
2. 清川县(1127—1235)

(十二) 三泉县,大安军(1127—1132 三泉县,1133—1262 前大安军)——治所在今陕西宁强县阳平关镇

《宋史》卷89《地理志五》大安军条言,"大安军,中,本三泉县。……绍兴三年,复升军"。又,《元史》卷161《杨大渊传》言,中统三年(1262),大渊欲于利州、大安军以盐易军粮。则时大安军应已属蒙。

三泉县(1127—1262前)

(十三) 金州(1127—1258前)——治西城(今陕西安康市)

《宋史》卷89《地理志五》金州条言，金州，"前宋隶京西南路，惟此州未没于金。建炎四年，属利州。绍兴元年，置金均房州镇抚使。六年，复隶京西南路。九年，隶西川宣抚司。十年，置金房开达安抚使。十三年，隶利州路，又以商州上津、丰阳两县来属"，则绍兴十三年后金州属利州路。

北宋时，金州领西城、洵阳、汉阴、石泉、平利五县。商州上津、丰阳二县，为绍兴十二年八月宋割商、秦之半畀金国后所存留。据《要录》卷151，绍兴十四年正月"丁卯，诏上津、丰阳二县隶金州"，故亦附于此，则绍兴十四年后金州实领七县。

《宋史》卷30《高宗纪七》绍兴十六年二月辛丑条言，"割金州丰阳县畀金人"。《宋史》卷89《地理志五》金州条言，"绍兴十六年，以鹘岭关卓驮平为界"。《方舆胜览》卷68金州条言，"鹘岭在上津县，防遏商州来路，地极险要"。宋或以战守之故，弃丰阳，退守于此，洋州乾祐县或亦因此故而放弃。则绍兴十六年后金州领六县。

《元史》卷3《宪宗纪》言，宪宗八年(宝祐六年)，蒙古修治金州，则此前金州已属蒙古。

1. 西城县(1127—1258前)
2. 洵阳县(1127—1258前)
3. 汉阴县(1127—1258前)

按：《宋史》卷89《地理志五》汉阴县条言，"绍兴二年，迁治新店，以旧县为镇"。

4. 石泉县(1127—1258前)
5. 平利县(1127—1258前)
6. 上津县(1127—1258前)

(十四) 阶州(1127—1270前)——治福津(今甘肃陇南市武都区东南)

《文献通考》卷321阶州条言，宋"属秦凤路。中兴后，属利州路"。

又，北宋时，阶州领福津、将利二县。《元史》卷60《地理志三》阶州条言，"旧领福津、将利二县。至元七年(咸淳六年)，并入本州"，则南宋时阶州仍领二县，咸淳六年前已属蒙古。

1. 福津县(1127—1270前)
2. 将利县(1127—1270前)

(十五) 成州，同庆府(1127—1224成州，1225—1242前同庆府)——治同谷(今甘肃成县)

《宋史》卷89《地理志五》同庆府条言，"本成州，隶秦凤路。绍兴十四年来属。宝庆元年(1225),以理宗潜邸,升同庆府"。然《宋史全文》卷31系此事于绍定元年(1228)正月丁卯。

又,《宋史》卷89《地理志五》天水军条言,"绍兴初,秦州入于金,分置南北天水县。十三年,隶成州。……嘉定元年,升军"。北宋时,成州领同谷、栗亭二县。绍兴十三年后成州实领天水等三县,而嘉定元年后复领二县。

《元史》卷60《地理志三》成州条言,"元初岁壬寅(淳祐二年),以田世显挈成都府归附,令迁于栗亭,行栗亭管民司事,不隶成州,割天水县来属,至元七年,并同谷、天水二县入州",则太宗窝阔台末年同庆府已属蒙古。

1. 同谷县(1127—1242前)　　　2. 栗亭县(1127—1242前)

(十六) 岷州,西和州(1127—1143岷州,1144—1237西和州)——治长道(今甘肃西和县西南)

《宋史》卷89《地理志五》西和州条言,岷州,"本隶秦凤路。绍兴元年,入于金,改祐州。十二年,与金人和,以'岷'犯金太祖嫌名,改西和州,因郡名和政云。以淮西有和州,故加'西'字"。《宋会要·方域》7之8言,"绍兴十四年,改为西和州"。《宋史》卷30《高宗纪七》、《要录》卷151绍兴十四年三月丁卯条同,今从后者。

又,检《要录》卷43,绍兴元年三月岷州自金来归。则"绍兴元年入于金",实旋复。《元一统志》卷4西和州条言,"绍兴四年,叛将慕容洧等相继降金,而洮岷之地复失。宣抚使吴玠复五路,以李永琪守岷(《要录》在四年八月),遂徙治于(长道县)白石镇"。则岷州基本在宋方控制之下。

北宋时,岷州领祐川、长道、大潭三县。《元一统志》卷4西和州条言,"戊戌年(嘉熙二年)归附","大潭、祐川自军兴久废。惟有长道一县,元至元七年(咸淳六年),亦并入本州"。

1. 长道县(1127—1269)　　　3. 祐川县(1127—1235)
2. 大潭县(1127—1235)

(十七) 凤州(1127—1234)——治梁泉(治今陕西凤县凤州镇)

北宋时,凤州领梁泉、两当、河池三县。《宋史》卷89《地理志五》凤州条言,"旧属秦凤路,绍兴十四年来隶。县三:梁泉、两当、河池"。

《元史》卷60《地理志三》凤州条言,"至元五年(咸淳四年),以在郭梁泉县并入州,隶兴元路"。

又,徽州条言,"元兵入蜀,凤州二县首降,以凤州仍治梁泉,别置南凤州,治于河池。后又升永宁乡为县,与两当同为属邑。至元元年(景定五年),改为徽州。七年并河池、永宁二县入州。领一县:两当"。

1. 梁泉县(1127—1234)
2. 两当县(1127—1234)
3. 河池县(1127—1234)

(十八)天水军(1208—1257)——治天水(今甘肃天水市秦州区天水镇西南)

《宋史》卷89《地理志五》天水军条言,天水县,"绍兴初,秦州入于金,分置南、北天水县。十三年,隶成州。……嘉定元年,升军。九年,移于天水县旧治。仍置县一:天水"。又言,"绍兴十五年,废成纪、陇城二县来入",即将太平社、东阿社等原属成纪、陇城县之地分并入天水县。

《方舆胜览》卷69天水军条记载稍详细,该条言,"皇朝中兴,虏陷秦州,分画南北界,而天水县属于我,始拨隶成州。虏犯天水,徙治米谷寨,又徙治榆林,又徙兴州平。又以秦州之太平社,陇城之东阿社来属。及和议成,复归于天水。四川宣和抚使安丙奏乞将天水县创为军,仍置天水县。今领县一,治天水",则嘉定元年时天水军领一县。

又,《元史》卷151《薛塔剌海传》言,宪宗八年(宝祐六年),蒙军破天水。

天水县(1127—1257)

第十三章　夔州路州县沿革

（一）夔州(1127—1276)——治奉节(今重庆奉节县东)

北宋时,夔州领奉节、巫山二县。《宋史》卷89《地理志五》云安军条言,"建炎三年(1129)为军使"。又,《方舆胜览》卷58云安军条言,"中兴以来,分道置帅,以云安为夔州属邑,差京朝官为军使,仍借服色。盖虽以县隶而军额仍旧。今领县一"。同书卷57夔州条言,夔州领云安等三县,则南宋时夔州实领奉节、巫山、云安三县及云安一军使。

《元一统志》卷5夔州路条言,宋淳祐二年(1242),复移州治白帝,至元二十二年(1285),仍还瀼西。《清一统志》卷397夔州府云阳县(即宋云安军)条言,(宋)末废,元至元十五年复置军。

1. 奉节县(1127—1276)　　　　3. 云安县(1127—1276)
2. 巫山县(1127—1276)

（二）黔州,绍庆府(1127—1227黔州,1228—1276绍庆府)——治彭水(今重庆彭水土家族苗族自治县)

《宋史》卷89《地理志五》绍庆府条言,本黔州,"绍定元年(1228),升府"。又,北宋时,黔州领彭水、黔江二县及务川一城,邛水、安夷二堡。《舆地纪胜》、《方舆胜览》所载领县同,则南宋时黔州绍庆府仍领二县及三城、堡如故。

1. 彭水县(1127—1276)　　　　2. 黔江县(1127—1276)

（三）施州(1127—1276)——治清江(今湖北恩施市)

北宋时,施州领清江、建始二县,广积一监。《舆地纪胜》、《方舆胜览》所载领县同,则南宋时施州仍领二县、一监如故。

《读史方舆纪要》卷82《施州卫军民指挥使司》都亭山条注:"倚子山,在卫东十五里,峰峦环峙。宋开庆初,郡守谢昌元移城治此,以据险要,今亦名州基山。"

1. 清江县(1127—1276)
2. 建始县(1127—1276)
3. 广积监(1127—1276)

（四）忠州，咸淳府(1127—1264 忠州，1265—1276 咸淳府)——治临江(今重庆忠县)

《宋史》卷89《地理志五》咸淳府条言，"咸淳元年(1265)，以度宗潜邸升府"。

又，北宋时，忠州领临江、垫江、南宾三县及南宾一尉司。《宋史》卷89《地理志五》咸淳府条又言，"南渡后，增县二：丰都、龙渠"。丰都，旧县，北宋末废。龙渠县，当为南宾尉司升置。《元丰九域志》卷8忠州条言，南宾尉司，"乾德六年(968)，以夔州龙渠镇隶州。开宝二年(969)，置尉司"，今置县，以镇名，则南宋时忠州咸淳府实领临江、垫江、南宾、丰都、龙渠五县。

1. 临江县(1127—1276)
2. 丰都县(1127后—1276)
3. 垫江县(1127—1276)
4. 南宾县(1127—1276)
5. 南宾尉司(1127—？南宾尉司，？—1276 龙渠县)

（五）万州(1127—1276)——治南浦(今重庆万州区)

北宋时，万州领南浦、武宁二县。《舆地纪胜》、《方舆胜览》同，则南宋时万州仍领二县如故。

1. 南浦县(1127—1276)
2. 武宁县(1127—1276)

（六）开州(1127—1267前)——治开江(今重庆开县)

北宋时，开州领开江、清水二县。《舆地纪胜》、《方舆胜览》同，则南宋时开州仍领二县如故。又，《元史》卷6《世祖纪三》言，至元四年(咸淳三年)，咸开州。

1. 开江县(1127—1267前)
2. 清水县(1127—1267前)

（七）达州(1127—1276)——治通川(今四川达州市)

北宋时，达州领通川、永睦、新宁、巴渠、东乡五县及明通一院。《宋史》卷89《地理志五》达州条言，"南渡后，增县一：通明。下。旧通明院"。"通明"，《舆地广记》卷33同①。《元丰九域志》卷8、《方舆胜览》卷59同条作"明通"。今从《元丰九域志》。则南宋时达州领明通等六县。

---

① 按：李勇先校注《舆地广记》四川大学出版社2003年8月第一版改作"明通"。

1. 通川县(1127—1276)
2. 永睦县(1127—1276)
3. 新宁县(1127—1276)
4. 巴渠县(1127—1276)
5. 东乡县(1127—1276)
6. 明通院（1127—？ 明通院，？—1276 明通县）

(八) 涪州(1127—1276)——治涪陵(今重庆涪陵区)

北宋时,涪州领涪陵、枳县、乐温三县。《宋史》卷89《地理志五》涪州条言,"宣和元年(1119),改武龙县为枳县。绍兴元年(1131)依旧",则南宋时涪州仍领三县。又,《宋史》卷89《地理志五》涪州条言,"咸淳二年,移治三台山"。

1. 涪陵县(1127—1276)
2. 枳　县(1127—1130 枳县,1131—1276 武龙县)
3. 乐温县(1127—1276)

(九) 恭州,重庆府(1127—1188 恭州,1189—1276 重庆府)——治巴县(今重庆市巴南区北)

重庆府,本恭州。《宋史》卷35《孝宗纪三》载淳熙十六年(1189)"八月甲午,升恭州为重庆府"。《宋会要·方域》5之7同,《舆地纪胜》系于绍熙元年(1190)。

北宋时,恭州领巴县、江津、壁山三县。《舆地纪胜》、《方舆胜览》同,则南宋时恭州重庆府仍领三县如故。

1. 巴　县(1127—1276)
2. 江津县(1127—1276)
3. 壁山县(1127—1276)

(十) 梁山军(1127—1270)——治梁山(今重庆梁平县)

北宋时,梁山军领梁山一县。《舆地纪胜》、《方舆胜览》同,则南宋时梁山军仍领一县。

又,《元史》卷7《世祖纪四》言,至元八年(咸淳七年),以李庆知梁山军,则该军时已失。《元史》卷60《地理志三》梁山州条言,"梁山军,元至元二十年,升为州,领一县：梁山"。

梁山县(1127—1270)

(十一) 南平军(1127—1276)——治南川县(今重庆綦江区东溪镇附近)

北宋时,南平军领南川、隆化二县,溱溪一寨,播川一城。《舆地纪胜》、《方舆胜览》所载领县同。然《清一统志》卷511遵义府鼎山废县条言,"宋宝祐五年(1257),析南川县置,属南平军,后废"。又,卷387重庆府綦江县条言,"嘉熙三年(1239),军徙治隆化(今重庆南川区)"。则南宋时南平军一度增领一县。

1. 南川县(1127—1276)
2. 隆化县(1127—1276)
3. 鼎山县(1257—?)

(十二) 大宁监(1127—1276)——治所在今重庆巫溪县

北宋时,大宁监领大昌一县。《舆地纪胜》、《方舆胜览》同,则南宋时仍领一县。

大昌县(1127—1276)

按:《宋史》卷89《地理志五》大宁监大昌县条言,"旧在监南六十里,嘉定八年(1215),徙治水口监"。

(十三) 思州(1131—1276)——治务川(今贵州务川仡佬族苗族自治县)

《宋史》卷89《地理志五》思州条言,"思州,政和八年(1118)建,领务川、邛水、安夷三县。宣和四年废……隶黔州。绍兴元年,复为思州"。三县并"绍兴二年复",则绍兴后思州实领务川、安夷、邛水三县。《舆地纪胜》、《方舆胜览》同,则南宋时思州领三县不变。

又,《清一统志》卷417酉阳州酉阳废县条引旧志言,"宋置酉阳县,元置州",该县或置于宋末。

又,《宋史》卷44《理宗纪四》载宝祐六年十一月甲寅,"筑黄平,赐名镇远州,吕逢年进一秩"。镇远州,据同年正月甲戌条,为吕逢年所筑。该条言,"诏枢密院编修官吕逢年诣蜀阃,趣办关隘、屯栅、粮饷,相度黄平、思、播诸处险要缓急事宜,具工役以闻"。然开庆元年(1259)正月癸丑条诏文言为吕文德所筑。吕文德,宝祐五年闰四月己酉知靖州,六年七月乙亥深入播州,或吕逢年为其子,工役具体由其承办,亦未可知。镇远州治所,据《清一统志》卷503镇远府黄平故城条载,即今贵州黄平县西北四十里之旧州。

镇远州,《元史》作镇远城。《元史》卷8《世祖纪五》至元十五年十二月庚辰条言,"思州安抚使田景贤、播州安抚使杨邦宪请归宋旧借镇远、黄平二城,仍撤戍卒。不允",可证。今从《元史》,作城,不列专条,附此。

1. 务川县(1132—1276)
2. 安夷县(1132—1276)
3. 邛水县(1132—1276)
4. 酉阳县(? —1276)

(十四) 播州(1236—1276)——乐源(今贵州正安县东北)

《宋史》卷89《地理志五》播州条言,"端平三年(1236),复以白绵堡为播州,三县仍废。嘉熙三年,复设播州,充安抚使。咸淳末,以珍州来属。县一:乐源"。又据《读史方舆纪要》卷70遵义府遵义县及湘江条,播州"嘉熙中,迁置穆家川,元因之"。该川在府治东,又名湘江。是南宋末播州复设后仅领乐源一县,而嘉熙复没,似为迁治。

乐源县(1127—1276)

第十四章　广南东路州县沿革

（一）广州(1127—1276)——治南海、番禺(今广东广州市)

北宋时,广州领南海、番禺、增城、怀集、清远、东莞、新会、信安八县。《宋史》卷 90《地理志六》广州条言,"南渡后,无信安",未明言废于何时。然观下列广东诸州,则知绍兴六七年间宋于广东政区曾有一次较大幅度之调整,故忖度信安抑或废于此时。又言,"绍兴二十二年(1152),以东莞(莞)香山镇为县",则是年后广州实领香山等八县。《舆地纪胜》、《方舆胜览》同,则南宋时广州领香山等八县。

1. 南海县(1127—1276)
2. 番禺县(1127—1276)
3. 信安县(1127—1135?)
4. 增城县(1127—1276)
5. 怀集县(1127—1276)
6. 清远县(1127—1276)
7. 东莞县(1127—1276)
8. 新会县(1127—1276)
9. 香山县(1152—1276)

（二）韶州(1127—1276)——治曲江(今广东韶关市)

北宋时,韶州领曲江、乐昌、翁源、仁化、建福五县及永通一监。《宋史》卷 90《地理志六》韶州条言,"南渡后,无建福",或废于绍兴六七年间,则此后韶州实领四县。又言,"乳源,乾道二年(1166),析曲江之崇信、乐昌依化乡,于洲头津置",则是年后韶州实领乳源等五县。

关于乳源建县之记载,《宋会要·方域》7 之 13、《舆地纪胜》卷 90 略同。《清一统志》稍异,其卷 444 韶州府乳源故城条引县志言,"宋分曲江之乳源崇信二乡十二里、乐昌之新兴乡三里,置县治于花村头津口,地名虞塘,在今县西七里。元至正十二年(1352),为郴寇所陷。明洪武元年(1368),知县张安仁迁于洲头津,即今治",未审孰是。

1. 曲江县(1127—1276)
2. 乐昌县(1127—1276)
3. 翁源县(1127—1276)

按:《清一统志》卷 444 韶州府翁源故县条言,"建炎三年(1129),又迁细草冈,在今县东南四十里,址湮"。
  4. 仁化县(1127—1276)
  5. 建福县(1127—1135?)
  6. 乳源县(1166—1276)
  7. 永通监(1127—1276)

(三) 循州(1127—1276)——治龙川(今广东龙川县佗城镇)

北宋时,循州领雷乡、兴宁、长乐三县。《舆地纪胜》卷91循州条引《国朝会要》言,"长乐县,绍兴六年废为镇,十九年复为县"。又,《宋史》卷90《地理志六》循州条言,"宣和三年(1121),改龙川曰雷乡。绍兴元年复旧",则南宋时循州复领龙川、兴宁、长乐三县。

又,《舆地纪胜》引《循阳志》言,绍兴十五年,韩京迁于城东,即尉佗城之故基。

  1. 雷乡县(1127—1130 雷乡县,1131—1276 龙川县)
  按:《宋史》卷90《地理志六》循州条言,"宣和三年,改龙川曰雷乡。绍兴元年复旧"。
  2. 兴宁县(1127—1276)
  3. 长乐县(1127—1135,1149—1276)
  按:《清一统志》卷456嘉应州条言长乐故城,"在今县东南五十里九龙冈下,宋绍兴中所改置也"。

(四) 潮州(1127—1276)——治海阳(今广东潮州市)

北宋时,潮州领海阳、潮阳、揭阳三县。《宋史》卷90《地理志六》潮州条言,潮阳县,"绍兴二年,废入海阳。八年复";揭阳县,"绍兴二年,废入海阳。八年复,仍移治吉帛村"。又,《舆地纪胜》卷102梅州条引《国朝会要》言,"绍兴六年,废梅州为程乡县,隶潮州。绍兴十四年,复为梅州"。而所引《图经》则言,"绍兴六年,发(废)为程乡县,仍带程乡军使,隶潮州。十年复置"。《要录》卷152同《国朝会要》,系于绍兴十四年七月庚申。今从《国朝会要》,则绍兴十四年后潮州仍领海阳等三县。《舆地纪胜》、《方舆胜览》同,则南宋时潮州领三县不变。

  1. 海阳县(1127—1276)
  2. 潮阳县(1127—1131,1138—1276)
  3. 揭阳县(1127—1131,1138—1276)

(五) 连州(1127—1276)——治桂阳(今广东连州市)

北宋时,连州领桂阳、阳山、连山三县。《宋史》卷90《地理志六》连州条言,"连山,绍兴六年废为镇,十八年复"。《舆地纪胜》、《方舆胜览》领县同,则南宋时连州仍领三县。

1. 桂阳县(1127—1276)
2. 阳山县(1127—1276)
3. 连山县(1127—1135,1148—1276)

(六) 梅州(1127—1135,1144—1276)——治程乡(今广东梅州市)

北宋时,梅州领程乡一县。《舆地纪胜》卷102梅州条引《国朝会要》言,"绍兴六年,废梅州为程乡县,隶潮州。绍兴十四年,复为梅州",则南宋时梅州仍领一县。

程乡县(1127—1276)

(七) 南雄州(1127—1276)——治浈昌(今广东南雄市)

北宋时,南雄州领保昌、始兴二县。《舆地纪胜》、《方舆胜览》同,则南宋时南雄州仍领二县。

1. 保昌县(1127—1276)
2. 始兴县(1127—1276)

按:《清一统志》卷454南雄州正阶故城条言,"宋淳熙丁(乙?)巳,郡守黄邵迁(始兴)治陈坊"。又,上引府志言:"嘉定丁丑(1217),县令赵彦偃迁许塘"。

(八) 英州,英德府(1127—1194英州,1195—1276英德府)——治浈阳(今广东英德市)

《宋史》卷90《地理志六》英德府条言,本英州,"庆元元年(1195),以宁宗潜邸升府"。又,北宋时,英州领真阳、浛光二县。《舆地纪胜》、《方舆胜览》同,则南宋时英州英德府仍领二县如故。

1. 真阳县(1127—1276)
2. 浛光县(1127—1276)

(九) 封州(1127—1136,1140—1276)——治封川(今广东封开县东南封川)

北宋时,封州领封川、开建二县。《舆地纪胜》、《方舆胜览》同,则南宋时封州仍领二县如故。

《宋史》卷90《地理志六》封州条言,"绍兴七年,省州,以二县隶德庆府。十年,复旧"。

1. 封川县(1127—1276)
2. 开建县(1127—1276)

(十)肇庆府(1127—1276)——治高要(今广东肇庆市)

北宋时,肇庆府领高要、四会二县。《舆地纪胜》、《方舆胜览》同,则南宋时肇庆府仍领二县。

    1. 高要县(1127—1276)   2. 四会县(1127—1276)

(十一)新州(1127—1276)——治新兴(今广东新兴县)

北宋时,新州领新兴一县。《舆地纪胜》、《方舆胜览》同,则南宋时新州仍领一县。

新兴县(1127—1276)

(十二)康州,德庆府(1127—1130 康州,1131—1276 德庆府)——治端溪(今广东德庆县)

《宋史》卷 90《地理志六》德庆府条言,本康州,"绍兴元年,以高宗潜邸升为府"。又,北宋时,康州领端溪、泷水二县。《舆地纪胜》、《方舆胜览》同,则南宋时康州德庆府仍领二县。

    1. 端溪县(1127—1276)   2. 泷水县(1127—1276)

(十三)南恩州(1127—1276)——治阳江(今广东阳江市)

北宋时,南恩州领阳江、阳春二县。《舆地纪胜》、《方舆胜览》同,则南宋时南恩州仍领二县不变。

    1. 阳江县(1127—1276)   2. 阳春县(1127—1276)

(十四)惠州(1127—1276)——治归善(今广东惠州市)

北宋时,惠州领归善、博罗、海丰、河源四县。《舆地纪胜》、《方舆胜览》同,则南宋时惠州仍领四县。

    1. 归善县(1127—1276)   3. 海丰县(1127—1276)
    2. 博罗县(1127—1276)   4. 河源县(1127—1276)

第十五章　广南西路州县沿革

（一）桂州，静江府（1127—1132 桂州，1133—1276 静江府）——治临桂（今广西桂林市）

北宋时，桂州领临桂、灵川、兴安、阳朔、永福、修仁、理定、荔浦、义宁、古县、永宁十一县。《宋史》卷90《地理志六》静江府条言，本桂州，"绍兴三年（1133），以高宗潜邸升府"。又言，"南渡后，无永宁县"。《舆地纪胜》、《方舆胜览》领县同，则南宋时桂州静江府实领十县。

1. 临桂县（1127—1276）　　2. 灵川县（1127—1276）

按：《清一统志》卷461桂林府灵川故城条引旧志言，"宋绍定四年（1231），县令郑延年始移今所"。

3. 兴安县（1127—1276）　　4. 阳朔县（1127—1276）

按：《清一统志》卷461桂林府阳朔故城条言，县治，"《寰宇记》在漓水东二十里，永乐水西。按今县在漓水西。疑自南宋后移治也"。

5. 永福县（1127—1276）　　9. 永宁县（1127—?）
6. 修仁县（1127—1276）　　10. 义宁县（1127—1276）
7. 理定县（1127—1276）　　11. 古　县（1127—1276）
8. 荔浦县（1127—1276）

（二）容州（1127—1276）——治普宁（今广西容县）

北宋时，容州领普宁、北流、陆川三县。《舆地纪胜》、《方舆胜览》同，则南宋时容州仍领三县。

1. 普宁县（1127—1276）　　3. 陆川县（1127—1276）
2. 北流县（1127—1276）

（三）邕州（1127—1276）——治宣化（今广西南宁市南）

北宋时，邕州领宣化、武缘二县及太平、威远、靖远三寨，慎乃一场。《舆地纪胜》、《方舆胜览》领县同，则南宋时邕州仍领二县。

1. 宣化县(1127—1276)　　　　　2. 武缘县(1127—1276)

(四) 融州(1127—1276)——治融水(今广西融水苗族自治县)

北宋时,融州领融水一县。《宋会要·方域》7之18言,"绍兴十四年十一月十四日,广南西路经略安抚提点刑狱司言,'融州王口寨元保(系)平州,于绍兴四年九月废为王口寨隶融水县,本寨洞民输赋、词讼并赴融水县理诉,动经月余,方始追人到官。乞改为怀远县,改知寨为知县,差有才力胆勇武臣充。所有理任任满酬赏并乞依经略司元奏得王口寨条例施行'。从之",则是年后融州实领怀远等二县。《舆地纪胜》、《方舆胜览》同,则南宋时融州领融水、怀远二县。

1. 融水县(1127—1276)　　　　2. 怀远县(1144—1276)

按:《宋史》卷90《地理志六》融州条言,怀远县"有临溪、文村、浔江三堡,高峰寨(废观州置)"。

(五) 象州(1127—1276)——治阳寿(今广西来宾市兴宾区旧来宾)

北宋时,象州领阳寿、来宾、武仙、武化四县。《宋史》卷90《地理志六》象州条言,"南渡后,无武化县"。《舆地纪胜》、《方舆胜览》所载领县同,则南宋时象州实领三县。

又,《宋史》卷90《地理志六》言,象州,景定三年(1262),徙治来宾县之蓬莱。

1. 阳寿县(1127—1276)　　　　3. 来宾县(1127—1276)
2. 武仙县(1127—1276)　　　　4. 武化县(1127—?)

(六) 昭州(1127—1276)——治平乐(今广西平乐县)

北宋时,昭州领平乐、恭城、龙平、立山四县。《舆地纪胜》、《方舆胜览》同,则南宋时昭州仍领四县。

1. 平乐县(1127—1276)　　　　2. 恭城县(1127—1276)

按:《宋史》卷90《地理志六》言,恭城县,"太平兴国元年(976),徙治于北乡龙渚市。景定五年复旧"。

3. 昭平县(1127—1178 昭平县,1179—1276 龙平县)

按:《宋史》卷90《地理志六》昭州条言,龙平县,"宣和中改昭平,淳熙六年(1179)复今名"。

4. 立山县(1127—1276)

(七)梧州(1127—1276)——治苍梧(今广西梧州市)

北宋时,梧州领苍梧一县。《舆地纪胜》、《方舆胜览》同,则南宋时梧州仍领一县。

苍梧县(1127—1276)

(八)藤州(1127—1276)——治镡津(今广西藤县)

北宋时,藤州领镡津、岑溪二县。《舆地纪胜》、《方舆胜览》同,则南宋时藤州仍领二县。

《元史》卷63《地理志六》藤州条言,"宋徙州治于大江西岸(即今藤县)"。

1. 镡津县(1127—1276)　　　　2. 岑溪县(1127—1276)

(九)浔州(1127—1276)——治桂平(今广西桂平市西)

北宋时,浔州领桂平一县。《宋会要·方域》7之20言,"平南县,旧龚州。绍兴六年,废为平南县来隶",则绍兴十二年时浔州实领平南等二县。《舆地纪胜》、《方舆胜览》同,则南宋时浔州领二县不变。《读史方舆纪要》卷108浔州府布山废县条注引城邑考言,州城"景定三年,易以砖石,移筑于城西高原"。

1. 桂平县(1127—1276)　　　　2. 平南县(1127—1276)

(十)柳州(1127—1276)——治马平(今广西柳州市)

北宋时,柳州领马平、柳城、洛容三县。《舆地纪胜》、《方舆胜览》同,则南宋时柳州仍领三县。《宋史》卷90《地理志六》柳州条言,"咸淳元年(1265),徙治柳城县之龙江(今广西柳城县旧柳城西龙江北岸)"。

1. 马平县(1127—1276)　　　　3. 洛容县(1127—1276)
2. 柳城县(1127—1276)

(十一)贵州(1127—1276)——治郁林(今广西贵港市)

北宋时,贵州领郁林一县。《舆地纪胜》、《方舆胜览》同,则南宋时贵州仍领一县不变。

郁林县(1127—1276)

(十二)宜州,庆远府(1127—1264宜州,1165—1126庆远府)——治龙水(今广西宜州市)

北宋时,宜州领宜山、天河、忻城、思恩四县,富仁、富安二监。《宋史》卷90

《地理志六》庆远府条言,宜州,"咸淳元年,以度宗潜邸升庆远府","南渡后,增县一:河池"。《舆地纪胜》、《方舆胜览》同,则南宋时宜州庆远府实领河池等五县。

1. 宜山县(1127—1276)　　　　2. 天河县(1127—1276)

按:《清一统志》卷 464 庆远府天河故城条引旧志言,"宋县治在县北思农镇江浒。嘉熙元年(1237),迁于高寨"。

3. 忻城县(1127—1276)　　　　6. 富仁监(1127—1276)
4. 河池县(1127?—1276)　　　　7. 富安监(1127—1276)
5. 思恩县(1127—1276)

(十三)宾州(1127—1276)——治岭方(今广西宾阳县东南古城)

北宋时,宾州领岭方、上林、迁江三县。《舆地纪胜》、《方舆胜览》同,则南宋时宾州仍领三县。

1. 岭方县(1127—1276)　　　　3. 迁江县(1127—1276)
2. 上林县(1127—1276)

按:《清一统志》卷 465 思恩府迁江故城条引《通志》言:"旧城在今城北岸,宋嘉定三年(1210)建"。

(十四)横州(1127—1276)——治宁浦(今广西横县)

北宋时,横州领宁浦、永定二县。《舆地纪胜》、《方舆胜览》同,则南宋时横州仍领二县。

1. 宁浦县(1127—1276)　　　　2. 永定县(1127—1276)

(十五)贺州(1127—1276)——治临贺(今广西贺州市八步区贺街镇)

北宋时,贺州领临贺、富川、桂岭三县。《舆地纪胜》、《方舆胜览》同,则南宋时贺州仍领三县如故。又,《宋史》卷 90《地理志六》贺州条言,贺州,"南渡后,属西路"。

1. 临贺县(1127—1276)　　　　3. 桂岭县(1127—1276)
2. 富川县(1127—1276)

(十六)化州(1127—1276)——治石龙(今广东化州市)

北宋时,化州领罗川、吴川二县。《宋会要·方域》7 之 20 言,"乾道三年(1167)九月十八日,广南西路经略安抚都钤辖提刑转运司言,'化州吴川县管下西乡地广民众,去州遥远。乞将吴川县所隶西乡别为一县,于古辩州石城地创置,以为石城县'。从之",则是年后化州实领石城等三县。《舆地纪胜》、《方舆胜览》同,则南宋时化州领三县不变。

1. 罗川县(1127—1132 罗川县,1133—1276 石龙县)

按:《宋会要·方域》7 之 20 言,"石龙县,改为罗川县。绍兴三年依旧"。

2. 吴川县(1127—1276)　　　　3. 石城县(1167—1276)

(十七) 高州(1127—1276)——治电白(今广东高州市东北)

北宋时,高州领电白、茂名、信宜三县。《舆地纪胜》、《方舆胜览》同,则南宋时高州仍领三县。

1. 电白县(1127—1276)　　　　3. 信宜县(1127—1276)
2. 茂名县(1127—1276)

(十八) 雷州(1127—1276)——治海康(今广东雷州市)

绍兴十二年,雷州领海康一县。《宋史》卷 90《地理志六》雷州条言,"南渡后,复二县:遂溪,绍兴十九年复置①。徐闻,乾道七年复置"。《舆地纪胜》、《方舆胜览》所载领县同,则南宋时雷州实领三县。

1. 海康县(1127—1276)　　　　2. 遂溪县(1149—1276)

按:《清一统志》卷 451 雷州府铁杷废县条引旧志言,遂溪县,"绍兴中,始移今治"。

3. 徐闻县(1171—1276)

《清一统志》卷 451 雷州府齐康废县条引《舆地纪胜》言,"乾道六年,知州戴之邵将隶角场作(徐闻)县治,因于七年复置"。又引旧志言,"旧治本在县西南讨纲村。元至元二十八年(1291)迁宾朴村,即今治。今讨纲村有旧县埠"。

(十九) 钦州(1127—1276)——治安远(今广西钦州市)

北宋时,钦州领灵山、安远二县。《舆地纪胜》卷 42 钦州条言,"今领县二,治安远",则南宋时钦州仍领二县。

1. 安远县(1127—1276)　　　　2. 灵山县(1127—1276)

(二十) 郁林州(1127—1276)——治南流(今广西玉林市)

北宋时,郁林州领南流、兴业二县。《宋会要·方域》7 之 21 言,"博白县,

---

① 按:复遂溪县之时间,《宋会要·方域》7 之 21 有绍兴十九年与二十一年二月十一日两说。

旧白州。绍兴六年,废为博白县来隶"。《舆地纪胜》、《方舆胜览》所载领县同,则南宋时郁林州实领博白等三县。

1. 南流县(1127—1276)　　　　3. 博白县(1127—1276)
2. 兴业县(1127—1276)

(二十一) 廉州(1127—1276)——治合浦(今广西合浦县)

北宋时,廉州领合浦、石康二县。《舆地纪胜》、《方舆胜览》同,则南宋时廉州仍领二县。

1. 合浦县(1127—1276)　　　　2. 石康县(1127—1276)

(二十二) 琼州(1127—1276)——治琼山(今海南海口市琼山区)

北宋时,琼州领琼山、临高、乐会、澄迈、文昌五县。《宋史》卷90《地理志六》南宁军条言,"绍兴六年,废昌化、万安、吉阳三军为县,隶琼州。十三年,为军使。十四年,复为军,以属县还隶本军";万安军条言,"绍兴六年,废军为万宁县,以军使兼知县事,隶琼州。十三年,复为军";吉阳军条言,"绍兴六年,废军为宁远县。十三年复"。《方舆胜览》卷43昌化军条言,"中兴以来,废为宜伦县,隶琼州"。

又,《宋史》卷90《地理志六》南宁军条又言,三军,"十三年,为军使。十四年,复为军",与万安军、吉阳军条异。《宋史》卷30《高宗纪七》绍兴十三年八月辛丑条言,"复昌化、万安、吉阳军",同于万安军条。《要录》所记,则同于南宁军条。绍兴十三年九月戊午,三县升军使。十四年十月庚辰为军。然卷140绍兴十一年六月辛卯条载,"武经郎吉阳军使杨雍言,'徽宗御制,叙述宣和内禅事因及罪己奏天密表,真本见在万安军蔡攸子孙家'。诏藏敷文阁",则可证绍兴十三年以前三县均兼军使。《要录》有难以自圆其说之处。今姑从"十三年复军"之说,则是年琼州领复领五县。《舆地纪胜》、《方舆胜览》所载领县同,则南宋后期琼州仍领五县。

1. 琼山县(1127—1276)　　　　2. 临高县(1127—1276)

按:《宋史》卷90琼州条言,临高县,"绍兴初,移于莫村"。

3. 乐会县(1127—1276)　　　　5. 文昌县(1127—1276)
4. 澄迈县(1127—1276)

(二十三) 昌化军,南宁军(1127—1135,1143—1234昌化军,1235—1276南宁军)——治义伦(今海南儋州市新州镇)

《清一统志》卷452琼州府儋州条言,"端平二年(1235),改曰南宁军"。

《宋史》卷90《地理志六》南宁军条言,绍兴六年,废为县,隶琼州,"十四(三)年,复为军,以属县还隶本军"。又,《方舆胜览》卷43昌化军条亦言,"中兴以来,废为宜伦县,隶琼州",则绍兴时昌化、感恩二县尝一度废并。

《方舆胜览》卷43昌化军条言,"今领县三,治宜伦"。《方舆胜览》同,则南宋后期南宁军仍领宜伦、昌化、感恩三县。

1. 宜伦县(1127—1276)
2. 昌化县(1127—1135,1143—1276)
3. 感恩县(1127—1135,1143—1276)

(二十四) 吉阳军(1127—1135,1143—1276)——治宁远(今海南三亚市崖州区)

北宋时,吉阳军领宁远一县。《宋史》卷90《地理志六》吉阳军条言,"绍兴六年,废军为宁远县。十三年复"。《舆地纪胜》卷127吉阳军条引乾道三年张维《广西邑志》言,"吉阳军,今隶琼管,领县一,治宁远"。《方舆胜览》卷43同。则南宋时吉阳军仍领一县①。

1. 宁远县(1127—1276)

(二十五) 万安军(1127—1135,1143—1276)——治万宁(今海南万宁市)

北宋时,万安军领万宁、陵水二县。《宋史》卷90《地理志六》万安军条言,"绍兴六年,废军为万宁县,以军使兼知县事,隶琼州。十三年,复为军。……县二:万宁、陵水"。《舆地纪胜》、《方舆胜览》同,则南宋时万安军仍领二县。

又,《宋史》卷90《地理志六》言,"万宁,后复名万安"。然《方舆胜览》所载仍为"万宁",故改万安,或是南宋末年之事。

1. 万宁县(1127—? 万宁县,? —1276 万安县)
2. 陵水县(1127—1135,1143—1276)

---

① 按:《宋史》卷90言,吉阳军南渡后领宁远、吉阳二县,吉阳县,绍兴六年复。误。时吉阳军废,不当复置吉阳县,或十三年复军时复,乾道前又废。

第十六章 南宋省废州军

第一节 淮南东路

(一) 天长军(1127—1129,1141)——治天长(今安徽天长市)

《宋会要·方域》6 之 10 扬州条言,天长县,"建炎元年(1127),升为军。四年,废为县。绍兴十一年(1141),复升为军。十二年,复为县隶盱眙军"。6 之 13 泗州条言,招信县,"建炎四年,拨隶濠州。绍兴二年复。十一年隶天长军。二十(十二)年,隶盱眙军"[1]。又,《宋史》卷 88《地理志四》招信军条言,盱眙县,绍兴十一年,隶天长军,则是年天长军领天长、招信、盱眙三县。

1. 天长县(1127—1276)
2. 招信县(1127—1276)
3. 盱眙县(1127—1276)[2]

(二) 宝应州(1227—1233)——治宝应(今江苏宝应县)

《方舆胜览》卷 47 宝应州条言,"宝庆三年(1227)六月,以蒙国进宝玺,诏年谷屡丰,雨旸时若,可谓受宝之应,以宝应县升宝应州"。《宋史全文》卷 32 端平元年(1234)正月壬戌条言,"诏以宝应州依旧为保(宝)应县,同盐城县隶淮安府(州)"。又,《宋史》卷 88《地理志四》安东州条言,涟水县,"绍定元年(1228),属宝应州。端平元年,复为军"。则宝庆、端平间宝应州应领宝应、盐城、涟水三县。

1. 宝应县(1127—1276)
2. 盐城县(1127—1128,1129—1130;1131—1276)
3. 涟水县(1127—1276)[3]

---

[1] 按:据《要录》,天长县升为军,在绍兴十二年正月癸卯,时以盱眙、招信二县隶之。同年五月辛丑,为便于沿边关报,复升盱眙军为军,而废天长军为县,隶盱眙。

[2] 按:诸县括注,据南宋招信军条论证。

[3] 按:宝应、盐城二县括注,据南宋楚州条论证;涟水县括注,据南宋涟水军条论证。

第二节 荆湖南路

茶陵军（1211—1221后）——治茶陵（今湖南茶陵县）

《宋史》卷88《地理志四》茶陵军条言，"嘉定四年（1211），析康乐、云阳、常平三乡置酃县，亦尝隶衡州。县一：酃"。然据《水心集》卷11《茶陵军减苗置寨记》茶陵军实领茶陵、酃二县。作为同下州的军，至少嘉定十四年仍存在。叶适的记作于是年，可证。然《宋史》卷43《理宗纪三》载淳祐七年（1247）十一月丁巳，诏："茶陵知事黄端卿为郴寇所害，进宫三秩，官一子将仕郎，立庙衡州。"《舆地纪胜》卷63茶陵军条言，"茶陵军使兼知衡州茶陵县事（今制）。今领县一，治茶陵"。《方舆胜览》卷26同，可见茶陵军端平前后均匀军使，隶衡州。降为军使后，酃县或废，茶陵军仅领茶陵一县。

1. 茶陵县（1127—1276）　　　2. 酃县（1211—1221后）

第三节 夔州路

（一）珍州（1127—1273）——治乐源（今贵州正安县西南）

北宋时，珍州领乐源、绥阳二县及遵义一寨。《宋史》卷89《地理志五》播州条言，"遵义寨，开禧三年（1207）升军，嘉定十一年（1218）复为寨"。然《宋史》卷38《宁宗纪二》开禧三年十月乙卯条言，"复珍州遵义军"，可知所复为军使，而非同下州之军。又，《方舆胜览》夔州路条亦无遵义军，则开禧末珍州改遵义寨为遵义军使。

又，《宋史》卷89播州条言，"咸淳末，以珍州来属。县一：乐源"，则时珍州及绥阳县废。

1. 乐源县（1127—1276）　　　2. 绥阳县（1127—1273）

（二）云安军（1127—1128）——治云安（今重庆云阳县）

《宋史》卷89《地理志五》云安军条言，"建炎三年（1129）为军使"。又，《方舆胜览》卷58云安军条言，"中兴以来，分道置帅，以云安为夔州属邑，差京朝官为军使，仍借服色。盖虽以县隶而军额仍旧。今领县一"。同书卷57夔州条言，夔州领云安等三县。则云安军建炎三年已降军使隶夔州。

第四节 广 南 西 路

(一) 龚州(1127—1135)——治平南(今广西平南县)

北宋时,龚州领平南、武郎二县。《宋史》卷 90《地理志六》龚州条言,"绍兴六年,复废,仍隶浔州"。《方舆胜览》卷 40 浔州条言,"中兴,废龚州为平南县,隶浔州"。

1. 平南县(1127—1276)   2. 武郎县(1127—1135)

(二) 白州(1127—1135)——治博白(今广西博白县)

北宋时,白州领博白一县。《宋会要·方域》7 之 21 言,"博白县,旧白州。绍兴六年,废为博白县来隶"。

博白县(1127—1276)

(三) 平州(1127—1133)——治王口寨(今广西三江县老堡乡)

《宋史》卷 90《地理志六》平州条言,"绍兴四年,废平州,仍为王口寨,隶融州"。

(四) 观州(1110—1126)——治所在今广西南丹县东南

《宋史》卷 90《地理志六》观州条言,"绍兴四年,废观州为高峰寨,存留木门、马台、平洞、黄泥、中村等堡寨",隶融州。

第五编　宋朝西部的
　　　　地方羁縻体制

10—13世纪的宋朝是一个以汉族为主体的多民族国家。在宋朝辽阔的西部地区居住着众多的少数民族。西北地区,自9世纪中叶吐蕃王国瓦解后,其统治下的党项、回鹘、氐、羌等少数民族的各部族,便星罗棋布地分散在山陕黄河以西,永兴军以北,至河湟、河西走廊的广袤大地上。其中,党项族较集中地居住在"东自河西银、夏,西至灵、盐,南距鄜、延,北连丰、会"的河套地区①。吐蕃族则"自仪、渭、泾、原、环、庆及镇戎、秦州暨于灵、夏皆有之"②。回鹘族较集中地居住在以甘州为中心的河西走廊,另外在秦州等地也有分布。宋朝建立后,陕西、河东沿边地区的蕃部逐渐归附,在"财赋、法令,得以自专"③的前提条件下,纳入诸州,接受宋朝的直接统治。其他地区,入宋前后,各族经过长期的融合,先后建立起若干地方政权,如西凉府蕃、汉联合政权,甘州回鹘政权,麟州杨氏政权,府州折氏政权,丰州王氏政权,唐龙镇、河湟唃厮啰政权,河套地区西夏政权。西南地区,荆湖路居住着西南溪洞诸蛮、诚州与徽州蛮、梅山洞蛮等,广南路居住着南丹州、抚水州、环州、邕州左右江诸蛮及海南黎人。川峡居住着黔涪施高微外诸蛮、南平獠、泸州蛮、叙州三路蛮、黎州诸蛮、威茂渝州蛮和西南诸夷。这一地区,重山复岭,河流密布。西南少数民族就居住在崇山峻岭之中的河谷地带,他们把这样的地形称之为洞,或溪洞④。宋朝因袭唐制,根据部落大小,基本上采用羁縻州、县、洞的方式实行管理。总之,宋朝区别西北、西南少数民族不同的实际情况,因俗为治,分别实行了羁縻部落制和羁縻州县制;同时,又对西北各少数民族的地方政权实施程度不等的羁縻政策。下面除西夏国作专编论述外,将分西南羁縻州县制、西北羁縻部族制、边区的少数民族地方政权三部分加以论述。

---

① 《宋史》卷264《宋琪传》。
② 《宋史》卷492《吐蕃传》。
③ 《长编》卷138庆历二年十月戊辰。
④ (明)刘文征:《滇志·旅途志》。

第一章　宋朝西部的羁縻制度

第一节　西南地区的羁縻州县制

宋朝鉴于前代主要是唐代的教训,同时迫于辽、西夏、金、蒙等北方少数民族政权的军事压力,在两宋三百余年间,"恃文教而略武备",对辽阔的西南民族地区基本执行了羁縻政策。但是,真宗后期,特别是仁宗庆历(1041—1048)以后,这一地区的民族矛盾逐渐尖锐起来,宋王朝逐步建立并完善在这一地区的军政设施,作为威慑力量,以保证羁縻政策的贯彻执行,加强对该地区的统治。

一、宋朝在西南地区的军政设施

1. *广南西路*

皇祐四年(1052),广源州侬智高反,宋廷为镇抚"蛮夷",于桂州置经略安抚使;不久又以"宜、融州守臣兼本路兵马都监,邕守兼本路安抚都监,沿边守臣并带溪峒都巡检使,尽隶于经略安抚使"①。在海南岛,宋初"琼州守臣提举儋、崖、万安等州水陆转运使";宣和五年(1123),"罢转运,改琼管安抚都监","提辖海外逐州军公事"②。邕州是少数民族密集地区,有羁縻州洞六十余。宋于左右江地区设提举官和知寨管辖:"左江四寨二提举,右江四寨一提举","左江屯永平、太平,右江屯横山,掌诸洞烟火、民丁",各寨设"知寨,主簿各一员,掌诸洞财赋"③。

为了镇压少数民族的反抗,"无事足以镇抚,有事足以调发",宋王朝在广南西路部署了数量可观的兵力。神宗时,推行将兵法,东南设十三将,"广西得二将"。自此以后至南宋前期,静江帅府"元屯半将二千五百人,又驻泊兵二千人,效用五百人,又殿前搫锋军五百人,又有雄略、忠敢等军,军容颇盛","邕屯

---

① (宋)周去非:《岭外代答》卷1《广西经略安抚使》。
② 《舆地纪胜》卷124、《岭外代答》卷1《琼州兼广西路安抚都监》。
③ 《文献通考》卷330《四裔七·西原蛮》。

全将五千人,以三千人分戍横山、太平、永平、古万四寨及迁隆镇。其二千人留州更戍,宜州屯半将二千五百人"。另外,宜州城与溪洞都巡检还有不足千人的兵力。境内高峰、带溪、北遐、思立、镇宁诸寨则调发天河、思恩、河池三县土丁戍守。融州的兵力,除了静江府马军二百人外,还有都巡检兵二三百人①。

2. 荆湖路

庆历二年(1042),因桂阳监蛮徭黄捉鬼之乱,"诏置湖南安抚司"②,以"经制蛮事"③。徽宗时,五溪郡县溪洞连年扰边,"缘荆南钤辖司去边远,难以弹压",政和至宣和间(1111—1125)两度分荆湖北路为荆南路、鼎澧路,带都钤辖,治荆南、鼎州,据说"自分路后,至今并无边事"④。

宋代在荆湖路有重兵。仁宗时期,荆南府有禁军十一指挥,潭州有禁军十二指挥。少数民族较集中的州,如辰州有禁军三指挥,邵州有禁军二指挥,全州有禁军三指挥,桂阳监一指挥⑤。神宗以后,宋在沅、诚州又先后增添三指挥兵力。熙、丰(1068—1085)之际,为了增强军队战斗力,将荆湖路诸军的主要兵力组成三将。其中,荆湖北路第七将驻荆南,荆湖南路第八将驻潭州,全、邵、永州准备广西应援军第九将驻全州⑥。

南宋淳熙时(1174—1189),辛弃疾知潭州兼湖南安抚使,"以湖南控带二广,与溪峒蛮獠接连,草窃间作",乃奏请建湖南飞虎军,"招步军二千人,马军五百人,廪人在外,战马铁甲皆备"⑦。

3. 泸南地区

宋代泸南少数民族与宋武装冲突频仍,为了加强对泸南夷人的控制,宋王朝不断提高泸州的地位。大中祥符七年(1014),斗望之乱平定后,以梓夔路钤辖远在遂州,"缓急不能捍御",特置"戎、泸、资、荣州,富顺监都巡检使一员"⑧。元丰五年(1082),归徕州夷乞弟之乱平定后,宋进一步加重泸州专治军旅、边事之责,将梓夔路钤辖司从遂州迁至泸州,泸州知州兼梓夔路钤辖、泸南缘边安抚使⑨,统隶泸、戎州,长宁军三州军。乾道六年(1170),又"以泸南

---

① 《岭外代答》卷3《沿边兵》。
② 《宋会要·职官》41之89。
③ 《长编》卷144庆历三年十月乙未朔。
④ 《宋会要·蕃夷》5之94。
⑤ 《宋史》卷187《兵志一·禁军上》。
⑥ 《长编》卷311元丰四年二月己卯,《永乐大典》卷18207。
⑦ 《宋史》卷401《辛弃疾传》。
⑧ 《长编》卷83大中祥符七年十一月戊戌。
⑨ 《长编》卷325元丰五年四月庚午。

为潼川府路安抚使","自是权任益重"①。就兵力而言,北宋时泸南各地共有禁军宁远六指挥②。

4. 黎、雅州

宋代黎、雅州是四川西路边陲之地,雅州驻有禁军宁远一指挥,而黎州则一直"以西兵出戍,即有边事则调绵子所驻大军讨之"。南宋淳熙时,宋先后在成都创置飞山军、雄边军、义勇军等新军。其中,雄边军一千人,义勇军五百人③。南宋时,黎、雅州常有警,宋即调遣飞山等新军往戍,成为四川沿边一支重要防御力量。

以上是对宋在西南民族地区军政设施的概述。但是南宋中期以后,偏安一隅的小朝廷国势如江河日下,已无力维持此规模。理宗淳祐时(1241—1252),"广右之兵备单弱,邕、宜、融三郡兵屯不满千,经司静江所管亦不过二千人以上"④。随之而来的问题是羁縻之制日趋败坏,"诸洞不供租赋,故无粮以养提举之兵"⑤,结果"诸寨兵戍既废,旧屯提举四员,抵存虚阙"⑥。

二、宋朝西南羁縻地区的政治制度

在宋代西南少数民族地区,存在着唐五代时期设立的数以百计的羁縻州。这些羁縻州主要以土豪领郡,许其世袭;另外,也有少数羁縻州以"牙职典州事"⑦。宋代羁縻州一般规模很小。如荆湖北路辰州所属"南江诸蛮虽有十六州之地,惟富、峡、叙仅有千户,余不满百"⑧。因此,其酋长虽有刺史、知州等名号,实不可与内地正州牧守比。广西左右江地区"洞酋虽号知州县,多服皂白布袍,类里正,户长"⑨。

宋代在西南民族地区授以归附首领节度使、刺史、蕃落使、招讨使、节度副使以及知州、权州、监州、知县、知洞等名号,其下属职官"皆自补置之"⑩。宋代西南民族地区夷官的差遣颇为繁杂,景德四年(1007)的一道诏书中提到的各类职官,有刺史、知州、衙内都指挥使、都教练使、都指挥使、指挥使、招安巡

---

① 《舆地纪胜》卷153。
② 《宋史》卷188《兵志二·禁军下》。
③ 《朝野杂记·甲集》卷18《成都府义勇军》。
④⑥ 《历代名臣奏议》卷338。
⑤⑨ 《文献通考》卷330《四裔七·西原蛮》。
⑦ 《宋史》卷493《蛮夷传一》,《武经总要·前集》卷19《黔州》、卷20《宜州》。
⑧ 《宋史》卷493《蛮夷传一》。
⑩ 《宋会要·蕃夷》5之84。

检使副、都押衙、都部领、大将、军将、承引官、都知兵马使、子城使、散从步奏官、子弟傔人等①。至道元年(996)，南宁州来贡方物，"其本国使从者，有甲头王子、刺史、判官、长史、司马、长行、傔人七等之名"②。大中祥符二年(1009)，南宁州再入贡，其贡使有军府南衙使、刺史、长史、司马、录事、司户、监押部落等③。由此观之，西南民族地区夷官的差遣，基本上是沿用了唐、五代的官制而参以各族习俗相沿之称。

宋朝在西南七蕃、黎州诸蛮等远离省地的少数民族地区，又以武散官授予归义蕃官。总的来说，其做法是在唐制的基础上加以沿革。唐代以怀化、归德大将军、将军、中郎将、郎将、中候、司阶、司戈、执戟长上等十六阶授予归附首领④。宋代除了中郎将、中候、执戟长上不见载籍外，其他各阶均沿用唐制；此外，还增设了保顺、安化、奉化、武宁、安远、宁远、宁德、保义、怀远等名号，较唐繁杂。在荆湖、广南、川峡等与汉地较接近的其他少数民族地区，宋朝则往往推行宋制，授予归附首领以班行，甚至遥郡刺史等武阶官和阁门宣赞舍人等阁职⑤。这种现象越往后越多见，并且逐渐授予"远夷"地区的夷官。

对于西南少数民族的首领，宋代还授其"银青光禄大夫、检校国子祭酒、监察御史、武骑尉"一类的检校兼官⑥，以示宠荣。

羁縻州县洞首领的官职均为世袭。为了减少承袭官职引起的争端，以免危及它在少数民族地区的统治，宋王朝规定了夷官承袭法。首先，承袭者必须是夷官的"子孙若弟侄亲党之当立者"⑦，是"合行承袭之人"。当夷官无子孙承袭而不得不在其族内选择时，此承袭人必须是"忠顺协力之人"⑧，即忠于宋王朝的人。合承袭人由"群酋合议"推举，具名保证，呈报主管溪洞事务部门，由路一级的安抚司作保⑨。最后，由朝廷颁赐敕告印符，承袭人望阙山呼拜谢。承袭人从承袭到成为刺史，一般要经历"进奉、行州事，抚遏蛮人及五年，安抚司为奏，给敕告"，方得为知州⑩，然后由知州再转刺史这样三个阶段。就阶官而言，一般规定承袭人只能承袭其祖先"初补官资"或"纳土初官"⑪。

---

① 《宋会要·蕃夷》5之77。
② 《宋史》卷496《蛮夷传四·西南诸夷》。
③ 《宋会要·蕃夷》5之16。
④ 《新唐书》卷46《百官志一》、《旧唐书》卷42《职官志一》。
⑤ 《宋会要·蕃夷》5之38、39。
⑥ 《宋会要·蕃夷》5之33。
⑦⑩ 《宋史》卷493《蛮夷传一》。
⑧ 《宋会要·蕃夷》5之91。
⑨ 《宋会要·蕃夷》5之102。
⑪ 《宋会要·蕃夷》5之101、96。

对于不忠顺的反叛的酋长，宋王朝则往往将其调离本土，置之内地，轻者縻之以贱职，重者黥配编管，加以监视。乾德五年（967），溪州团练使彭允足、溪州义军都指挥使彭允贤、珍州录事参军田思晓等溪洞酋豪据山险，持两端，宋因其入朝而置之内地，分别任命为濮州、卫州、博州牢城都指挥使①。神宗时，顺州武陵洞麻仲福、黄敷同侬智春寇顺州，元丰二年（1079），宋下诏，麻、黄二人"各杖脊编管，仲福郓州，敷青州，勒家属随行，追夺元补官职宣命"②。

三、宋朝西南羁縻地区的法制

宋王朝正视少数民族地区社会历史的差异，因俗为治，以"夷法"处理西南民族地区的民事、刑事纠纷。大中祥符二年（1009），真宗下诏说："朕常诫边臣，无得侵扰外夷，若自相杀伤，有本土之法，苟以国法绳之，则必致生事。羁縻之道，正在于此。"③真宗的这段话，可以说是宋代处理少数民族地区纠纷的基本原则。但是，宋王朝在西南民族地区的法律并不是一成不变的，宋王朝在坚持以"本土之法"治理西南民族地区的前提下，随着时间的推移，民族融合程度的加深，宋在该地区统治的巩固，而逐步地以汉法取代夷法。

熙宁八年（1075），知黔州张克明看到所"领思、费、夷、播四州又新籍蛮人部族不少，语言不通，习俗各异"，认为"若一概以敕律治之，恐必致惊扰"，请另立适合黔州少数民族地区的条法，宋王朝因而制定了黔州法。黔州法规定：（一）黔南獠与汉人相犯，论如常法；（二）同类相犯，杀人者罚钱自五十千；（三）伤人折二支以下，罚自二十千至六十千；（四）窃盗视所盗数罚两倍；（五）强盗视所盗数罚两倍。其罚钱听以畜产、器甲等物计价准当④。黔州法除第一款外，其他各款均是少数民族相沿习用已久的"罚赎"夷法。黔州法稍后又推行到泸州地区。泸州法规定，同类相犯，"以五刑立定钱数，量减数目断罚入官。应笞罪三贯，杖罪五贯，徒罪十贯，流罪二十贯，死罪三十贯"⑤。泸州法也是罚赎之法，但它是以汉法五刑为依据来确定罚款的法律，与黔州法性质有别。南宋高、孝之际，夔州路、泸州以及其他"沿边溪洞有熟夷人"的居住地区，规定"自今熟夷同类自相杀伤，罪至死者"，"于死罪上减等，从流罪。不

---

① 《宋史》卷493《蛮夷传一》。
② 《长编》卷300元丰二年九月庚寅。
③ 《宋会要·蕃夷》5之43。
④ 《长编》卷263熙宁八年闰四月乙巳。
⑤ 《长编》卷453元祐五年十二月乙卯。

至死,并依本俗专法"①。这样,在上述地区,汉法执行的范围,较之黔州法和泸州法,又从夷、汉相犯扩大到"熟夷同类自相杀伤,罪至死者"。

这种以汉法取代夷法的现象,在荆湖地区的沅州、邵州尤为明显。宋代在上述地区建立直接统治之初,就立即推行汉法,并付诸实施。元丰四年(1081),宋朝明令"徽(邵州莳竹县)、诚州归明团峒应未建城寨以前,有相雠杀及他讼并令以溪峒旧法理断讫";同时又规定"自今有侵犯并须经官陈诉。如敢擅相仇杀,并依汉法处断。其有逃避,即官司会合擒捕及本处收捉施行"②。元丰八年,又规定"邵州芙蓉、石驿、浮城等峒已修寨铺,其归明户及元省地百姓如省地法"③。元祐元年(1086),批准荆湖南路转运司的请求,依诚州立赏捕杀邵州莳竹县杀人在逃犯归明人户龙仁米④。元祐更化,宋朝废诚州和邵州莳竹县,复设羁縻诚州和徽州;在法律上,也相应作出修改。元祐六年,荆湖北路监司提出草案,草案规定"沅州归明人,除附近城寨处及与汉人杂居处,若有相犯,或自相侵,合依律令敕外,有渠阳寨归明人并去城寨至远蛮人,依沅州一州敕,除强盗杀人放火诱略人以上罪,并其余罪犯情理凶恶者,送本州按治,余并令本县寨斟酌罚赎"。草案依据"归明人"居住地距沅州州治的远近以及犯罪情节的轻重,以四等行法。由于渠阳寨在羁縻诚州地区,三省、枢密院的态度较为慎重,对"渠阳寨归明人并去城寨至远蛮人,依沅州一州敕"这一条款提出暂缓执行的意见。但是,修改后的正式法案中汉法的成分仍然是很重的⑤。不过,这种部分地以汉法取代夷法的做法,在西南少数民族地区中并不多见,主要是在一些与省地相毗邻的地区。

宋王朝对于西南各民族间的冲突,基本方针是"和断",不卷入冲突双方之中,以免扩大事端,"劳蔽中国"。大中祥符(1008—1016)中,广南西路万安州"黎洞人互相杀仇,巡检使臣深入诛捕,王卒有战伤者"。针对这一事件,真宗曰:"朕累有宣谕,蛮夷相攻,止令和断,不得擅发兵甲,致其不宁,当令禁止之。"⑥但是,北宋后期,政策有所变化。元祐二年,左右江任洞地区侬顺清与梁贤智争夺任洞"私相仇杀",加之"与广源州杨景通交通",结果侬顺清"并家属就湖南近里州军编管,依例给田土令耕"⑦。政和六年(1116),"诏播州管界都巡检杨光文

---

① 《宋会要·蕃夷》5之96。
② 《长编》卷313元丰四年六月辛巳。
③ 《长编》卷351元丰八年二月丁卯。
④ 《长编》卷365元祐元年二月丙寅。
⑤ 《长编》卷462元祐六年七月庚午。
⑥ 《武经总要·前集》卷20。
⑦ 《长编》卷402元祐二年六月壬寅。

等已系归明,身为王民,受爵命,自当遵守令法,尚敢擅相仇杀,光文且贷命,并惟聪并除名勒停。今后如敢违犯,并行处斩,似此归明人并依此"①。

四、宋朝西南羁縻地区的贡赐、土地、赋役制度

宋王朝与西南民族之间存在着岁犒、请受、贡赐贸易和在边城设立博易场进行中卖、互市等经济联系。宋王朝所进行的这类经济活动,其性质主要是政治性的。宋朝统治者希图借优厚的经济利益满足少数民族首领,"以咲其欲","以维其心";同时,在一定程度上,满足少数民族人民生活生产必需品的需求和改善生活的愿望,以达到"边境安帖,不致生事"的目的。因而,贡赐贸易等是宋王朝羁縻西南各族的重要手段之一。

一般而言,西南各族归附宋王朝成为其羁縻州后,即可获得其岁犒或请受,如元丰初宋量与泸州羁縻归徕州知州甫望个恕等请受,以羁縻之。一般这种请受很微薄,"只是一卒之费"②。又如宜州羁縻安化州"自来朝廷给生料券,岁计盐数万斤、钱数千缗,按月支散,以维其心"③。

归附各族须依例定期遣使向宋"朝贡",贡纳其土特产品,宋则报之以优厚的回赐。如景祐五年(1038),大渡河南邛部川山前后百蛮都王忙海进犀马,宋王朝"倍酬其直,赐袭衣、银带、衣著有差"④。高宗时,武冈军管下溪洞首领杨进经等朝贡,高宗诏地方官"依实估价折还,不得少有亏损,仍于物价上更与优支五分"⑤。西南各族入贡不仅可以得到大量的回赐物,而且可以得到"朝见所赐沿路馆券"⑥,"赐与所得贸市杂物则免税算"⑦。

宋王朝在中卖时一般也不计较经济上的得失。黎州山前山后诸族岁售蛮马于宋,中多"不任战者"。对此,益州路转运使袁抗认为:"朝廷与蛮夷互市,非以取利也,今山前后五部落仰此为衣食,一旦失望侵侮,用几马直可平?"⑧淳熙时(1174—1189),孝宗言及黎州买马时说:"祖宗时,有西北马可用,黎马止是羁縻。"⑨袁抗和孝宗的话,表明了宋王朝在与西南各族的经济交往中所

---

① 《宋会要·兵》17 之 9。
② 《宋会要·蕃夷》5 之 24,《长编》卷 287 元丰元年正月己未。
③ 《宋会要·蕃夷》5 之 102。
④ 《宋会要·蕃夷》7 之 25。
⑤ 《宋会要·蕃夷》5 之 96。
⑥ 《宋会要·蕃夷》7 之 32。
⑦ 《宋会要·蕃夷》7 之 20。
⑧ 《长编》卷 153 庆历四年十一月壬午。
⑨ 《宋史全文》卷 27 下淳熙十一年二月庚辰。

要达到的目的只有一个,那就是在政治上笼络、控制西南各族。因此,宋王朝严禁在经济上"亏损"西南各族的短视做法。大中祥符二年(1009),诏"诸蕃贡物并令估价酬。如闻左藏库减抑所直,目曰润官,自今宜禁之"①。元丰时(1078—1085),宜州收购所属羁縻安化州蛮人蒙光但板木,都监等不依例给见钱②,结果引起"安化州蛮为寇"事件,宋遂将违犯中卖政策的知宜州钱师孟和通判曹觏"属吏"③。

西南各族在朝贡贸易、中卖及岁犒中获得较多的经济利益和生活必需的盐米等物品,因而也就停止或减少"侵扰"。所谓蛮酋"利于回赐,颇觉驯伏",宋王朝以经济利益为诱饵,达到了政治上"招抚蛮獠"的目的。而对于那些有罪或反叛的首长,宋朝则用停止或削减纳贡、中卖、岁犒的方法来迫使他们降服、归顺。如辰州五溪地区,宋"自咸平(998—1003)已来,始听溪洞二十州贡献,岁有常赐,蛮人以为利,有罪即绝之"④。嘉定时(1208—1224),四川嘉定府及叙州附近的董蛮、夷都两部族犯边,成都府路提点刑狱李埴请求中止叙州中马互市之场和嘉定的岁犒,他说:"照得两蜀边面旧来体例,凡遇蛮贼作过,必先止其岁犒,绝其互市,发兵增戍,或议战守,或议攻讨,或先令两处夷将分明开喻,俾归还所卤人口及陪(赔)还已死人骨价,屈膝请命,乃赦其罪,与边吏歃血申立信誓,自今以后,永不犯边,方与放行岁犒,乃通互市,渐次撤警班师,各使夷汉安于无事。盖蛮贼生理所资仰给于汉,若岁犒既止于嘉定,而互市又绝于叙南,则其部族之内,即自窘困,自然悔恨,怀不自安。前后官司区处之善,皆无出于此。"不过,实际情况不尽如李埴所言的那样理想。由于边境互市对夷汉双方都存在着极大的利益,因此,在官方禁绝互市后,"其实私下贸易交通,一切如旧"⑤。

在西南民族地区,宋王朝从维护其统治的目的出发,对该地区原有的土地制度基本上采取了维持不变的政策。首先,宋王朝承认溪洞首领对大量土地的占有权。如广西左右江地区"知州别得养印田,犹圭田也。权州以下无印记者,得荫免田"⑥。宋王朝借此维护各级首领的经济利益,以稳定其在民族地区的统治。其次,严禁破坏溪洞地区"计口给田"的制度。宋代"溪峒之专条,

---

① 《宋会要·蕃夷》7之18。
② 《长编》卷329元丰五年八月辛亥。
③ 《宋会要·蕃夷》5之88。
④ 《长编》卷254熙宁七年七月己未、卷170皇祐三年正月戊寅。
⑤ 《宋会要·蕃夷》5之69。
⑥ 《文献通考》卷330《四裔七·西原蛮》。

山傜、峒丁田地不许与省民交易"①。宋王朝如此措置,动机很明确,"缘典买相混争,致开边隙,故立法禁止"②。嘉定臣僚说得更透彻:"辰、沅、靖三州之地,多接溪峒,其居内地者谓之省民,熟户、山傜、峒丁乃居外为捍蔽。其初区处详密,立法行事,悉有定制。峒丁等皆计口给田,多寡阔狭,疆畔井井。擅鬻者有禁,私易者有罚。一夫岁输租三斗,无他繇役,故皆乐为之用。边陲有警,众庶云集,争负弩矢前驱,出万死不顾。比年防禁日弛,山傜、峒丁得私售田。田之归于民者,常赋外复输税。公家因资之以为利,故谩不加省。而山傜、峒丁之常租仍虚挂版籍,责其偿益急,往往不能聊生,反寄命傜人。或导其入寇,为害滋甚。"③计口给田制破坏后,山傜、洞丁不仅不能屏蔽边陲,反而导其入寇,宋边防藩篱因之大坏。因此当"边民冒法买夷人田"时,宋王朝"依法尽拘入官"④。宋代还严禁溪洞之民侵占省地和在省地创置产业。"武冈军猺人杨再兴父子自建炎(1127—1130)中侵占省地几二十年",绍兴(1131—1162)中,宋"谕以祸福",杨再兴"愿还省地及民田共六十余亩",宋在"其所侵省地置一县,以新宁为名"⑤。淳熙(1174—1189)时,夔州路思州石南堡知堡田祖周"收买省地田产","为能悔过,听从母冉氏训谕,将买过省地归纳",才免予"依法穷治"⑥。

神宗以后,宋王朝在西南民族地区推行省地的经济政策,其方式有二。一是改变一贯禁止汉户不得典买夷人田土的法令,"诏自今汉户典买夷人田土者听之"⑦。王安石希望借此达到"变夷为汉"的目的。但这项政策并未推行多久,徽宗时已有"边民冒法买夷人田,依法尽拘入官"的法令。二是以军事的、政治的和经济的手段,夺取蕃夷田土,招佃承租,改变那里的生产方式。其目的,一是在西南沿边地区建立类似陕西、河东弓箭手的民兵组织,如胜兵、土军以及保甲等,以为内地藩屏;二是"变夷为汉",建立直接统治。熙宁四年(1071),宋平定夔州路渝州作恶多端的首领王衮、李光吉、梁承秀等三族,以其地赋民,得租三万五千四百八十五石、绵丝一万六千五百一十五两、绢二十七匹、银二百三十一两半⑧。熙宁八年,"新附户已团成保甲,每岁阅试"⑨。政

---

① 《文献通考》卷328《四裔五·盘瓠种》。
②⑦ 《长编》卷245熙宁六年五月辛未。
③ 《宋史》卷494《蛮夷传二·西南溪洞诸蛮下》。
④ 《宋史》卷191《兵志五·川峡土丁》。
⑤ 《要录》卷168绍兴二十五年四月丁亥。
⑥ 《宋会要·蕃夷》5之100。
⑧ 《长编》卷225熙宁四年七月丁酉。
⑨ 《长编》卷244熙宁六年四月丁酉。

和(1111—1118)年间,平泸南晏州夷后,仿行陕西弓箭手法,以所得"膏腴之地"及"夺边民所市夷田","人给百亩",建立了一支拥有二千七百人的泸州长宁军胜兵①。熙宁五年,宋又开梅山,"画田亩,分保伍,列乡里,筑二邑隶之。籍其田以亩计者二十四万,增赋数十万"②。

宋代西南羁縻地区一般处于农奴制时期,这一地区的生产关系尚有较强的人身依附关系。如广西左右江地区,其酋长"又以攻剽山獠及博买嫁娶所得生口男女相配,给田使耕,教以武伎,世世隶属,谓之家奴,亦曰家丁,强壮可教勒者谓之田子甲,亦曰马前牌",总谓之洞丁。又如渝州"南川、巴县熟夷李光吉、王衮、梁承秀三族,各有地客数千家,间以威势诱胁汉户,不从者屠之,没入土田,往往投充客户,谓之'纳身'"③。但是,在周边汉族生产关系的汪洋大海的包围下,这些羁縻地区的生产关系,也在悄无声息地发生着变化,租佃制在这里也颇为盛行。比如威、茂州,由于"二郡皆斗入夷腹中,无省地",南宋孝宗时,茂州之丁,"半有为夷人庸耕者"。宁宗时,宋军进攻叙州马湖蛮,战役结束后,向宋军投降的九百人,皆是在马湖地区为蛮首庸耕的省地边民;甚至还出现这样的现象,许多"溪洞之民往往于洞外买省地之田以为己业,役省地之民以为耕夫,而岁以租赋输之于官"④,俨然成为省地役使客户的地主和向国家完粮纳税的主户。

宋王朝对西南各族租税的征收是有区别的。羁縻地区之外的"化外真蛮""无征徭","不供赋役"。而羁縻州洞,尤其是宋王朝已"变夷为汉"建立直接统治的地区,则征收租税。如宋初,维州即有蕃税户九百、蕃客户五千六百九十四,戎州有夷汉主客户五千二百六十三,泸州有溪户主户二千四十七。并且,这些地区的蕃夷主户与汉民一样,也按五等划分户等⑤。宋王朝在这类地区所征收的赋税主要有身丁税和二税役钱等。

宋代"蜀中无丁赋"⑥,或以此之故,川蜀沿边地区亦不见征收丁税的记录。宋代西南民族地区丁口之赋的征收,仅限于广西、荆湖地区。时"瑶人每丁岁纳三斗三升,谓之身丁米"⑦,但如果被选充土丁、弩手,则蠲免瑶赋。

---

① 《朝野杂记·乙集》卷17《泸州长宁军胜兵夷义军》。
② (宋)刘挚:《忠肃集》卷12《直龙图阁蔡君墓志铭》。
③ 《文献通考》卷330《四裔七·西原蛮》,《长编》卷219熙宁四年正月乙未。
④ 《朝野杂记·甲集》卷18《黎雅土丁》,《朝野杂记·乙集》卷20《辛未利店之变》,《宋会要·蕃夷》5之99。
⑤ 《太平寰宇记》卷78、79、88,《长编》卷414元祐三年九月丁未。
⑥ 《文献通考》卷11《户口二·历代户口丁中赋役》。
⑦ 《宋会要·蕃夷》5之98。

宋代"省地熟夷纳二税役钱"①。如成都府路茂州"蕃汉并纳夏税斛斗"②。荆湖北路，熙宁九年，以"沅州新归明人户实贫乏，乞除放去年倚阁秋税"③。元祐初，尽罢新法；荆湖北路转运司考虑到沅、诚州为新建州郡，提出"沅、诚二州今既罢免役法，若遭依内地差徭，恐新附蛮人难从一律。请沅、诚州募役仍旧，俟新附之人日久驯习，即视辰州例差徭"。这表明宋代省地少数民族是要承担差役的。在推行新法时期则要缴纳免役钱。不过，总的来讲，这些地区由于处于"夷夏杂居"之区，故"税赋不多"。而且蕃夷户的赋役负担往往也较汉户为轻。如泸州江安县夷税户，自第三等以上，"从汉户单丁法减半，第四等以下并免"④。应当指出的是，这类地区在西南民族地区并不多。其中不少新建郡县的地区，"变夷为汉"后，并无赋入。徽宗时，开纳土之议，诱置熟蕃，改建州县，"入版图者存虚名，充府库者无实利"。长宁军"以地边夷落无复租税"⑤。广西沿边堡寨，改建州县后，"地属徼外，租赋亦无所入，而支费烦内郡，民不堪其弊"⑥。靖州（即诚州）"民不服役，田不输赋"⑦。其中不少地区又复为羁縻州县。

宋代不少羁縻州县"供税役"⑧，但与省地熟夷不同，据泸州纳溪寨罗个牟村蛮的情况来看，仅"量纳官税"⑨。

另外，在宋代叙南、泸南地区，还有一种两属蛮户，除了向宋地方政府纳税外，还要向本部族首领纳税。如叙州的马湖蛮之地，有胡盐、黎溪、平夷、都夷、什葛、蒲润、荒桃等七村。七村之中，"惟胡盐、黎溪、平夷三村，两输汉、蛮之税"⑩。

五、宋朝西南羁縻地区的乡兵制度

宋王朝为了"镇抚"西南各民族，除了部署数量可观的官军外，还成立了各种形式的民兵组织，将边地的熟夷、降羌和汉民组织起来。这些民兵组织是宋

---

①⑨ 《长编》卷303元丰三年四月辛亥。
② 《长编》卷373元祐元年三月壬午。
③ 《长编》卷278熙宁九年十月辛亥。
④ 《长编》卷296元丰二年二月甲辰、卷377元祐元年五月乙丑、卷414元祐三年九月丁未。
⑤ 《舆地纪胜》卷166。
⑥ 《宋史》卷495《蛮夷传三·抚水州》。
⑦ 《宋史》卷494《蛮夷传二·西南溪洞诸蛮下》。
⑧ 《文献通考》卷328《四裔五·充州》。
⑩ 按：事见《朝野杂记·乙集》卷20《辛未利店之变》、《长编》卷304元丰三年五月甲申。又，河北亦有两属户，其地称两属地，如河北的雄州即有此类地区。详见拙作《北宋河北雄州的两属地》，《南京大学学报》1993年第3期。

王朝在西南民族地区的重要统治力量,是宋王朝"以蛮夷治蛮夷"思想在军事方面的具体体现。

1. 夔州路义军

夔州路义军由"州县籍税户充,或自溪洞归投,分隶边寨",总隶于都巡检司。仁宗时,施州有土丁、壮丁一千九百五十人,黔州有一千六百二十五人,思州有一千四百二十二人①,充义军者"不给赋役,不资馈饷"。夔州路义军是宋统治该地区的主要军事力量,土丁"习其风土,故罕婴瘴毒,知其溪谷,故可制狡狯"②,故而"遇蛮入寇,遣使袭讨,官军但据险策应"而已③。它战斗力很强,北宋时多次远征泸南等地。史言:"施黔比近蛮,子弟精悍,用木弩药箭,战斗矫捷,朝廷尝团结忠义胜军。其后,泸州、渣井、石泉蛮叛,皆获其用。"④除此之外,夔州路有涪州义军,恭州把截将,施黔勇敢及思州、遵义少数民族首领田、杨等族家丁"皆骁健可用"。

2. 泸南白芀子弟、胜兵、夷义军

白芀子弟始建于大中祥符二年(1009)秋,时嘉眉戎泸州都巡检司孙正辞奉命讨江安夷人,"以北兵不谙山川道路,因点集乡丁,目曰'白芀子弟',给兵器,使为乡导。事平皆锡钱罢归"。皇祐元年(1049)秋,泸州白芀子弟总三千三百六十三人。至和二年(1055),始令子弟同官军把守诸边寨,后恐妨农,治平元年(1064),乃命权放一半,遇有警则尽调之。白芀子弟政和七年(1117)废,并入胜兵。

夷义军为元丰二年(1079)创建。时宋刚刚平定泸州纳溪蛮,遂命依"义军法团结十九族夷人三千八百九十五人为夷义军。凡年十八以上皆刺之,遇勾集把隘则日支钱米"。五年,配备马匹,令习马战,并将收到州夷人土地两万八千多亩,给付投降夷人佃食。七年,又将新收复到罗始党一带夷族随夷情编为三十一指挥,共一万五千六百六十人。至此,泸南一带夷义军共二万六百余人,于农隙习武比试,"自是泸夷震慑,不复为边患"。南宋时,义军仍然存在。

胜兵为政和末所创。时已平定晏州夷,宋以其膏腴之地,仿陕西弓箭手法,在泸南招募土丁、降羌杂处,以代官军守御,共募二千七百人,驻守长宁军、乐共城等处。南宋淳熙(1174—1189)时泸州胜兵仅有七百五十四人。开禧

---

①③ 《宋史》卷191《兵志五·夔州路义军土丁壮丁》。
② 《武经总要·前集》卷20。
④ 《宋史》卷496《蛮夷传四·施州蛮》。

(1205—1207)时,胜兵给田制度进一步遭到破坏,军员仅为淳熙之半①。

3. 嘉定府黎、雅、威、茂州土丁

嘉定府土丁唯峨眉、犍为二县有。熙丰(1068—1085)以来,峨眉八寨有一千四百八十人,犍为五寨有二百七十五人,但缺乏战斗力。南宋嘉定(1208—1224)年间,虚恨蛮入塞,宋"乃于犍为、峨眉两邑土丁中择其少壮者二千人团结教阅","及后教成,可用者居半焉"②。

黎、雅州土丁,南宋乾道七年(1171)后,始"略寓军制","每岁农隙时,官给口食,教之武事"。淳熙三年(1176),增为二千人,"月给以钱"。淳熙九年时,土丁达到五千一百二十六人,分别防托邛部川、吐蕃青羌和山前后五部落。淳熙十年时,两州各选拔二千人,分上下等,上等土丁六百人,为点集之丁,下等土丁"千四百,为居守之丁"③。

黎州又有土义勇,淳熙十二年创,募黎州土丁二百人组成,后又增二百人。土义勇"骁勇善斗",战斗力比雄边新军还强。土义勇建立后,"稍减更戍之兵,而边备亦饬矣"④。

威、茂州土丁,两州各有二百人。"威州之丁月给米三斗,骁捷可用,夷人亦畏之",而茂州土丁则毫无战斗力,"殊为文具"⑤而已。

4. 荆湖路义军

荆湖路出于"弹压夷獠"的需要,除了鄂、安、复等与"蛮夷"不接壤的几州外,其他各州至迟于仁宗时都建立了义军的组织。荆湖义军起初实行征兵制,土丁弩手"皆选自户籍,蠲免徭役,番戍寨栅"。政和七年(1117),改行募兵制,"募湖北辰、沅、澧州土丁为刀弩手,授以闲山,散居边境,教以武艺"⑥。义军的兵力,仁宗庆历二年(1042),北路总一万九千四百人,南路总五千一百五十人。熙宁元年(1068),荆湖南北路义军凡一万五千人⑦。政和时,沅州四千一百人,辰州三千四百五十人,靖州九百三十人,澧州一千四百七十六人,鼎州三千人,"五郡合万三千人"⑧。但当时北宋政治已极度腐败,义军实无战斗力。

---

① 《朝野杂记·乙集》卷17《泸州长宁军胜兵夷义军》。
② 《朝野杂记·乙集》卷17《黎雅嘉定土丁廪给》。
③ 《文献通考》卷156《黎雅州土丁》。
④ 《朝野杂记·乙集》卷11《黎州拣丁土义勇》、《宋史》卷496《蛮夷传四·清水夷》、《宋会要·蕃夷》5之101。
⑤ 《文献通考》卷156《黎雅州土丁》。
⑥ 《文献通考》卷156《荆湖路义军土丁弩手》。
⑦ 《宋史》卷191《兵志五·荆湖路义军土丁弩手》。
⑧ 《朝野杂记·甲集》卷18《湖北土兵刀弩手》。

南渡后,义军给田制度遭到破坏,中央财政资助大大减少,义军大幅度削减。绍兴六年(1136),澧、辰、沅、靖"四州刀弩手元额并行裁减三分之二",只招三千五百人,其中,沅州一千五百人,辰州一千人,澧、靖州各五百人。淳熙五年(1178),再行减罢,为二千三百人。宋全盛时,荆湖义军发挥了巨大的作用。史言:"施之西南,实代王师,有御侮之备,而无馈饷之劳。"但是北宋末年以至南宋荆湖义军不仅规模小,而且往往处于严重缺额不补的窘境,边防因之大坏。嘉定时,臣僚言:"厥后此制寖弛,不复耕垦,旧额空存,每遇蛮獠为梗,沿溪诸郡皆被其害",出现"蛮獠日张,省地日削"的严重局面①。

5. 广西土丁、洞丁

广西土丁,建于嘉祐七年(1062),宋王朝为了"防遏交趾"和"控扼当地蛮猺"②,"籍税户应常役外,五丁点一为之。凡得三万九千八百人"。广西土丁每年冬十月集中到州里按阅,"分队伍行阵,习枪镖排"③。熙宁三年,以"有妨农务",令今后诸州从十一月起按阅至次年正月终结束,一年在县,一年在州④。绍圣三年(1096)以后,广西各地土丁"止系赴教一月"⑤。南渡后,广西土丁只"于逐乡各置教场如法教习",不再分番赴州县⑥。广西土丁是一支有相当战斗力的民兵组织,与溪洞地区密迩相接的"宜、融州上丁万人,素号得力"⑦。绍兴末,通判静江府朱良弼言,广西自嘉祐间团结训练土丁以备边,"百余年间,压盗镇蛮,既免戍役之劳,又少供馈之费,庶几三代寓兵于农之意"⑧。

邕钦洞丁,英宗治平二年(1065),为"专切御捍交趾"⑨,始组建。时广南西路安抚司在左右江地区"籍壮丁,补校长,给以旗号。峒以三十人为一甲,置节级,五甲置都头,十甲置指挥使,五十甲置都指挥使,总四万四千五百人,以为定额。各置戎械,遇有寇警召集之。二年一阅,察视戎械。有老病并物故名阙,选少壮者填,三岁一上"⑩。熙、丰之际,以当时制定的保甲法和结队法,改

---

① 《要录》卷107绍兴六年十二月己未、《宋史》卷191《兵志五》、(宋)曹彦约:《昌谷集》卷11《辰州议刀弩手及土军利害札子》。
② 《宋会要·兵》4之37。
③ 《宋史》卷191《兵志五·广南西路土丁》。
④ 《宋会要·兵》1之6。
⑤ 《宋会要·兵》1之21。
⑥ 《朝野杂记·甲集》卷18《广西土丁广东保伍》。
⑦ 《长编》卷327元丰五年六月壬申。
⑧ 《要录》卷180绍兴二十八年九月戊午。
⑨ 《宋会要·兵》4之32。
⑩ 《宋史》卷191《兵志五·邕钦溪洞壮丁》。

建邕州洞丁,"仍令五人附近者结一保,五保相附近者结一队,每案阅,保队各相依附,至于战斗,互相救助"①。保队之上,设指挥,"每五百人为一指挥,别差正副使二人,都头五人统辖教阅"②,"团结邕钦峒丁为指挥一百七十五"③,"凡十万余人"④。熙宁二年(1069),宋在左右江地区"各置使臣,提举管下寨镇兵甲","抚御洞丁首领"⑤,这就是提举左右江洞丁司。建炎之初,整顿洞丁组织,兵力一度扩张到二十万⑥。但淳熙(1174—1189)时左右江提举洞丁司,"官名提举,实不得管一丁,而生杀予夺尽出其酋"。宋王朝所能控制和遣戍的"惟钦州七峒峒丁"⑦。理宗时,"提举四员,只存虚阙","类皆摄官"权摄。淳祐(1241—1252)中,广西经略司整顿左右江洞丁组织,时在籍洞丁达三万三千人,"多习于战斗"。

六、宋朝西南羁縻地区的文化、宗教政策

宋朝统治者还很重视"教化"的作用。神宗时,在荆湖、广西开拓的过程中,在沅州建立州学,"赐国子监书,庶一变旧俗,皆为礼义之民"。在诚州、邵州莳竹县等地,尊重当地少数民族的宗教信仰,"创僧寺,化喻蛮人"⑧。

第二节　西北地区的羁縻部族制

陕西、河东沿边地区是一个多民族杂居的地区,它包括陕西的秦凤、泾原、环庆、鄜延和河东的麟府、石隰等路,这里除汉民族外,尚居住着吐蕃、党项、回鹘、氐等少数民族。他们无统一的政权组织,"族种分散,大者数千家,小者百十家"⑨,各有首领,呈极度分散状态。宋王朝建立后,沿袭前朝之制,将这一地区的少数民族纳入省地州县行政体制之下,通过纳质、授予职名等形式,采用羁縻部族制的方式,实行间接的、松散的管理。但是,由于这一地区处于宋、西夏之间,是双方激烈争夺的地带,因而这就决定了宋朝对这一地区的治理方

---

① 《长编》卷283熙宁十年六月辛丑。
② 《长编》卷288元丰元年三月癸未。
③ 《宋史》卷191《兵志五·邕钦溪洞壮丁》。
④ 《长编》卷300元丰二年九月甲申。
⑤ 《宋会要·兵》4之33。
⑥ 《永乐大典》卷8507。
⑦ 《岭外代答》卷3《峒丁》、《洞丁戍边》。
⑧ 《长编》卷261熙宁八年三月丙辰,卷344元丰七年三月乙卯,卷345元丰七年四月辛卯、丙戌。
⑨ 《宋史》卷492《吐蕃传》。

针与西南少数民族地区迥然不同。

一、北宋各时期对西北蕃部地区的基本方针

宋朝建立后,西北沿边地区均隶属于河东、陕西诸路州军的管辖之下。但区域内的大量土地,则是属于蕃部部族所有的。对此,北宋前期对于这一地区的基本方针是,维持现状,反对开疆,力求平稳,保持防御态势。秦州以西有大数,宋于此置采木场以取巨木。为采木便利,历任知秦州都采取驱逐属羌、开拓疆土的政策,但均遭到太祖、太宗、真宗三代皇帝的否决,高防、温仲舒、杨怀忠、张佶等均因此而丢官。太祖赦免了戎首"尚波于等罪,所系戎俘并释遣之,赐以锦袍银带,遂罢采造务"①。太宗批评道:"仲舒尝总机密之职,在吾左右,当以绥怀为务。古者伊、洛之间,尚有羌、浑杂居,况此羌部内属,素居渭南,土著已久,一旦擅意斥逐,或至骚动,又烦吾关右之民。"②真宗也认为:"如此,岂得无诛杀耶? 不若取路采木,所经族帐,赍以缯帛,则何求不得。如止贪木,乃取无用之地,使害及远人,非朕志也。"③真宗中期以后,土地买卖现象逐渐普遍,如"环庆属羌田多为边人所市,致单弱不能自存,因没房中"。鉴于此,宋朝规定在环庆、鄜延、泾原等三路,汉户弓箭手、百姓"不得衷私典买、租赁、合种蕃部地土,任令蕃部取便养种,如有违犯,元典买、租赁、合种百姓、弓箭手并科违制之罪,仍刺面配向南远恶州军牢城"④。总而言之,在宋初三朝的六十余年间,在西北沿边少数民族地区,所采取的政策是维持现状、力求稳定的保守政策。

在西夏、唃厮啰政权出现后,西北沿边地区成为宋朝与西夏、唃厮啰政权之间的缓冲地带,同时也是各方进行争夺的地带。真、仁之际,出于防御的目的,宋朝在这一地区筑城、拓地。如大中祥符九年(1016)知秦州曹玮增修弓门、冶坊、床穰、静戎、三阳、定西、伏羌、永宁、小洛门、威远等寨,浚壕凡三百八十里。天禧元年(1017),泾原路掘笼竿城濠自上石门至镇戎军。约略同时,知镇戎军张纶"尝奏开原州界壕至车道岘,约二十五里,以限隔戎寇"⑤。宋与西夏战争爆发后,宋朝稳步推行进筑的战略战术,以确保各路兵势相接,但基本上仍属维持防御的态势。在战争中,范仲淹等人总结经验教训,提出了"近攻"、"进筑"的战略思想。近期目标,确保自河东麟府、石隰路至陕西鄜延、环

---

① 《长编》卷3建隆三年六月癸巳、丁未,九月庚午。
② 《宋史》卷266《温仲舒传》。
③ 《长编》卷71大中祥符二年四月辛丑。
④ 《长编》卷109天圣八年正月甲戌,《宋会要·兵》27之23。
⑤ 《长编》卷87大中祥符九年五月甲子、卷89天禧元年五月己亥、卷91天禧二年二月乙亥。

庆、泾原、秦凤沿边四路兵势相接,易于应援;远期目标,夺取宋夏之间的战略要地横山地区①。为了确保边境的安全和民族地区的稳定,宋朝剿抚并施,在镇压蕃部和蕃部献地的基础上,修筑堡寨,进一步巩固了在河东、陕西沿边地区的统治。从宋初到神宗初年,较大的军事行动有三次:咸平(998—1003)时环庆都部署张凝对庆州蕃部的镇压,是役宋军袭破桀黠难制的蕃族胡家门,招降依违于宋夏之间的内属戎人一百七十余族、四千余户,边境获安;天圣初破原州界康奴等族的战役,是役宋军"获首领百五十、羊马七千";庆历四年(1044)镇压环、原之间与西夏勾结的属羌明珠、密藏、康奴的战役,是役宋军"斩首四百,擒酋豪,焚帐落,获马牛羊千计"②。较大的蕃部献地有七次:建隆三年(962),秦州戎人尚波于献伏羌县地;大中祥符(1008—1016)时,陇山外熟户蕃部献笼竿川,秦州熟户廊厮敦献南市城地;天禧元年(1017),秦州末星族献大、小洛门两寨地;庆历三年(1043),德顺军生户大王家族献水洛城;皇祐(1049—1053)时,蕃部讷支蔺毡献古渭州;治平末,秦州青鸡川蕃官药厮哥献地;熙宁初,秦州心波等族献甘谷地③。在此基础上,在秦凤路秦州以东地区,宋于开宝九年(937),建床穰寨。太平兴国三年(978),建弓门寨。四年,建冶坊堡、静戎寨。四堡寨位于陇州至秦州之间,维护了关中至西北的交通线④。在秦州以西地区,沿渭水流域,修筑堡寨,稳步西进。建隆二年,建定西、永宁寨。三年,建伏羌寨。开宝元年(968),建三阳寨。大中祥符七年,建威远寨。天禧元年,建来远寨。二年,建安远寨。三年,建宁远寨。皇祐四年,建古渭寨。熙宁元年(1068),建通渭、熟羊寨。熙宁五年,遂设通远军⑤。在秦州以北地区,为遏制西夏,宋于治平四年(1067),建鸡川寨。熙宁元年,于笼篥城、擦珠谷建甘谷城、通渭堡⑥。在泾原路,宋于至道元年(997),以原州故平高县地置镇戎军。咸平元年(998),建开远堡。二年,建东山寨。六年,建彭阳城。乾兴元年(1022),建乾兴寨。天圣元年(1023),建天圣寨。八年,建三川寨。庆历二年(1042),建高平、定川寨。熙宁元年,建熙宁寨⑦。将镇戎军的辖境

---

① 《长编》卷135庆历二年正月壬戌、卷130庆历元年正月丁巳、卷134庆历元年十一月。
② 《宋史》卷279《张凝传》、卷325《王仲宝传》、卷326《蒋偕传》。
③ 《长编》卷3建隆三年九月庚午、卷76大中祥符四年九月丁丑、卷86大中祥符九年三月丙午、卷144庆历三年十月甲子、卷90天禧元年十月辛卯、卷175皇祐五年闰七月己丑,《宋会要·蕃夷》6之6,《宋会要·方域》8之23。
④ 《元丰九域志》卷3《秦州》,《长编》卷149庆历四年五月壬戌朔。
⑤ 《元丰九域志》卷3《秦州》、《通远军》。
⑥ 《宋会要·方域》8之23、20之7,《元丰九域志》卷3《秦州》。
⑦ 《元丰九域志》卷3《镇戎军》。

向北、东、西三面推进。在渭州、镇戎军以西,天禧二年,建静边寨。三年,建隆德寨。天圣六年,建得胜寨。庆历三年,建中安堡。四年,建章川堡、水洛城、结公城。八年,建通边寨。治平四年,建治平寨。并在此基础上,于庆历三年以渭州陇竿城置德顺军,北御西夏,西通秦、渭①。在环、原两界交界处,庆历四年,宋军建成细腰、葫芦二城,后赐名绥宁、靖安寨,从此切断了明珠、密藏、康奴三族"交通西界"的道路,三族既无敌援,遂服属于宋朝,泾原、环庆两路的道路也由此通畅②。环庆、鄜延两路,宋、夏战争中,宋军除恢复为西夏攻占的沿边堡寨外,庆州又于西夏腹地后桥川口筑大顺城,城筑成后,西夏军事要塞"白豹、金汤皆截然不敢动,环庆自是寇益少"③,"故宥州西南直延安二百里,当贼冲,右捍延安,左可致河东粟,北可图银、夏"。康定元年(1040),延州于此建青涧城④。绥州位于延州东北三百余里,熙宁二年,宋逼降居住于此的西夏鬼名山部落,遂建绥德城,打通了鄜延、麟府两路的交通⑤。宋王朝经过百余年的经略,极大地改变了在西北地区的战略态势,巩固了在西北沿边地区的统治。

宋神宗以后,各朝力主开边,收复汉唐故疆,大力推行将兵法和进筑对策,在河东路组建了十三将,在陕西路,最多时组建了六十三将⑥。这一时期,宋军向北占领了宋夏之间的战略要地横山地区,实际控制了唐代的原州、庆州、延州、绥州及灵武镇会州的南部和银夏镇银州的南部、东部,向西消灭了唃厮啰政权,收复了河湟地区,北宋的版图,在西北地区有较大的扩张。

二、北宋时期西北蕃部地区的蕃官蕃兵体制

西北蕃部隶属于各路城寨之下,宋按城寨,"计族望大小,分队伍,给旗帜,使各缮保垒,人置器甲,以备调发"。治平(1064—1067)时,秦凤路十三寨,各寨下辖部族不等,如三阳寨,辖十八门、三十四大部族、四十三姓、一百八十族,陇城寨辖五门、五大部族、三十四小族、三十四姓,其他各路,如鄜延、泾原、环庆,莫不如此。其蕃官、蕃兵承袭及蕃兵诸事故,"并令本城寨一季内取索保明申举","并将合缴录白,委官对读真命,具无差漏状连申","凡部族应有公事,并须从汉官弹压、理断"⑦。

---

① 《元丰九域志》卷3《德顺军》、《宋史》卷324《刘沪传》。
② 《长编》卷153庆历四年十二月乙卯、(宋)韩琦:《韩魏公集》卷16。
③ 《长编》卷136庆历二年五月庚申。
④ 《长编》卷128康定元年九月庚午。
⑤ 《宋史》卷335《种谔传》、《元丰九域志》卷3《延州》。
⑥ 参见拙作《宋代将兵驻地考述》,1992年年会会刊《宋史研究论文集》,河南大学出版社,1993年。
⑦ 《宋史》卷191《兵志五·蕃兵》、《长编》卷466元祐六年九月甲寅、卷375元祐元年四月己亥。

宋朝依照蕃部军政合一的传统习俗，在西北蕃部各部族内，逐渐建立并完善了一整套蕃官体制，即设置都指挥使、副都指挥使、都军主、军主、副军主、都虞侯、指挥使、副指挥使、军使、副兵马使等"管勾部族人马"。军职的任命，一般是以所辖属户族帐的多少而定。管百帐以上者为军主，百帐以下、五十户以上为本族指挥使。都军主则以蕃部的大首领为之①。就一般而言，"其蕃落将校，止于本军叙进"。这一方面是因为蕃官"习知羌情与地利"，另一方面也是宋朝吸收历史的教训，不允许蕃人担任边镇将②。

西北蕃部各族的又一个重要的职官是巡检，负责本部族的防务与治安，一般由部族大首领"补本族巡检"；也有以近上首领兼任的，如咸平五年（1002）以咩逋族首领泥埋之子城逋"充本族都巡检使"③。

除了军职和巡检等实职官外，宋廷还授予西北蕃官武阶官、武散官、环卫官及其他虚衔，这点大略与西南地区相同。但由于西北蕃部居住在正州县中，与汉民杂处，加之宋出于抗衡西夏、加强对西北边区控制的需要，对西北蕃部首领的督责更为严密，至北宋中期，已逐渐形成了一套较完备的磨勘迁转制度。皇祐元年（1049），宋明确规定"蕃官能统所部，自今满七年，与转一官"；元祐六年（1091），进一步规定"若部辖蕃族宁静，不致惹惹，及无科率搔扰"，除授使臣的蕃官七年与磨勘，未入流的"三班差使、借差、殿侍，及十二年无过犯，与磨勘。如犯上条，合计赃、私、公罪，比展年法，加一倍展年，事理重者奏裁"④。

西北地区蕃官经济利益的一个重要来源是赐田，即宋人所言"国朝置蕃官法，必于沿边控扼之地赐以田土，使自营处"。蕃官的俸禄、添支则是辅助性的，也偏薄，初无一定之规，庆历初始有统一的规定，即"刺史、诸卫将军请给，同蕃官例。首领补军职者，月奉钱自三千至三百，又岁给冬服绵袍凡七种，紫绫三种，十将而下皆给田土"。熙宁八年（1075），每月"别给添支钱，指挥使一千五百，副指挥使一千，军使七百，副兵马使五百，十将三百"，"其充本族巡检者，奉同正员"，月添支钱"自十五千至四千，凡六等"，"米面、傔马有差"⑤。

西北蕃部蕃官的承袭较西南为严，一般有降资、限年的规定。如河北青

---

① 《长编》卷132庆历元年六月己亥、卷375元祐元年四月己亥、卷119景祐三年八月戊午、卷341元丰六年十二月乙亥，《宋史》卷191《兵志五·蕃兵》、卷258《曹玮传》。
② 《宋史》卷258《曹玮传》、卷1《太祖纪一》。
③ 《宋史》卷191《兵志五·蕃兵》、卷491《外国传七·党项》。
④ 《长编》卷167皇祐元年十一月丁巳、卷466元祐六年九月癸卯。
⑤ 《宋会要·兵》1之3,《长编》卷270熙宁八年十一月壬午，《宋史》卷172《职官志十二·增给》、卷191《兵志五·蕃兵》。

唐、邈川等地西蕃蕃官的承袭,"旧制须年及十七、本族及二千户者方得承袭职名,仍降一等"。西北地区由于宋夏间的冲突、战争不断,局势急剧动荡,北宋中期以后,"主客族帐,混淆莫纪","主家或以累降失其先职族首名品,而客户或以功为使臣,军班超处主家之上"。这样就造成了两方面的问题,即"军兴调发,有司惟视职名,使号令其部曲,而众心以非主家,莫肯为用";此外,熟羌担心日后子孙丧失传统的地位,人心不稳。为了稳定熟户人心并利用蕃兵开边,宋朝制定了保证"蕃官名品常在"的政策。不过,其先决条件是,承袭人应是能"为众信伏"、统制部族者①。

西北地区的蕃兵,是宋朝西北地区的"藩篱之兵"。其"守边捍御,籍为军锋,素号骁勇",是一支战斗力很强的军队。仁宗时,西北蕃兵已有相当规模。时陕西沿边的泾原路一百七十七族,有蕃兵一万三千三百四十一人、马五千五百匹;秦凤路一百四十七族,有蕃兵三万五千六百人、马二万二千四百七十匹;环庆路二百四十七族,有蕃兵四万四千人、马四千三百三十匹;鄜延路九大族,有蕃兵一万二千七百人、马一千四百九十匹。宋夏战争结束后,边区形势、族属、人口都发生了很大的变化,治平初,宋朝进行整顿,"籍城寨兵马,计族望大小,分队伍,给旗帜,使各缮堡垒,人置器甲,以备调发"。秦凤路有强人四万一千一百九十四人、壮马七千九百九十一匹;鄜延路有蕃兵一万四千五百九十五人、官马二千三百八十二匹、强人六千五百四十八人、壮马八百十匹;泾原路有强人一万二千四百六十六人、壮马四千五百八十六匹;环庆路有强人三万一千七百二十三人、壮马三千四百九十五匹。经过这次整编,蕃兵基本恢复了战前的规模。其中秦凤、鄜延两路的蕃兵仍是以族、姓为军事单位编制。而泾原、环庆两路则是在族下按甲、队编制。其中泾原路蕃兵编为一百十甲、五百零五队,环庆路编为一千一百八十二队,平均一甲一百十三人,一队二十五人。此或即《宋史》卷191所谓"其后分队伍,给旗帜,缮营堡,备器械,一律以乡兵之制"②。神宗即位后,推行开边政策,为了充分发挥蕃兵的战斗力,开始按宋军的组织法整编蕃兵。熙宁八年(1075),修定《陕西路蕃兵部伍取丁法》。该法规定:蕃兵选年龄在二十岁以上者。本户九丁以上取五,六丁取四,五丁取三,三丁取二,二丁取一,并刺手背。一户人数虽多,毋过五丁。在同族之内,每十人置十将一员,每五十人置副兵马使一员,每百人置军使、副兵马使各一

---

① 《长编》卷184 嘉祐元年九月丁未、《宋史》卷191《兵志五·蕃兵》。
② 《武经总要·前集》卷18上、《宋史》卷191《兵志五·蕃兵》、卷187《兵志一·序》、《宋会要·兵》4之18。

员,每二百人置军使一员、副兵马使三员,每三百人置副指挥使一员、军使二员、副兵马使三员,每四百人置副指挥使一员、军使三员、副兵马使四员,每五百人置指挥使一员、副指挥使一员、军使三员、副兵马使五员①。熙宁法的颁布与实施,标志着蕃军的队伍建设日趋正规化。

三、北宋时期西北蕃部地区的法制

在法律方面,西北地区熟户蕃部也使用"罚赎",即"蕃部罚纳,献送羊马"。但真宗时随着西北地区社会经济的发展,出现了以钱代羊的现象,当时已形成"输羊钱入官,每口五百文"的旧例。同时,出现"量罪重轻依约汉法定罚"的新规定,即在量刑时用汉法,定罪后则以"蕃法"罚纳赎罪。并且,在个别地区和某些特殊时期,采用汉法处罚熟蕃。如张继能在鄜延、曹玮在泾原,均断然采用汉法严惩杀害汉人的内属户,使之"畏而不敢犯"。对于因贩盐和违禁物而杀伤巡检兵士的蕃部,也改用汉法区断,首恶者至处斩刑②。与西南地区相比,西北地区较早地出现了向汉法过渡的现象。

四、北宋时期西北蕃部地区的土地、赋役等政策

西北地区蕃、汉杂处,因此,蕃、汉间的民间贸易十分盛行。宋朝从维护边区稳定的大局出发,长期以来,一直采取保护蕃部基本权益的做法。宋朝规定汉民与蕃部买卖,只许以钱博买,不得立限赊买、取觅债负,以致引起纠纷,欠负蕃部钱物不还者,追领正身,以所欠钱物多少量罪;又严禁陕西沿边主兵官与属羌交易,以保护蕃部的利益不受侵犯③。此外,西北地区的内属蕃部与界外的蕃族血脉相连,地里相接,"自来缘边属户,与西界蕃部交通为常",在经济上,存在着千丝万缕的联系。通过互市,民间包括属户在内,获得了丰厚的利益。熙宁五年(1072),王韶指出:"秦凤一路与西蕃诸国连接,蕃中物货四流而归于我者,岁不知几百千万,而商旅之利尽归民间。"宋朝出于"怀柔"的目的,对于境内外蕃部间的民间贸易,一般是听其互市的。譬如,真宗景德(1004—1007)以后,宋夏之间关系实现了正常化,双方之间的民间贸易,呈现出"门市不讥,商贩如织,纵其来往"的盛况。宋、夏战争爆发后,宋采取严禁互市的政策,以制裁西夏。但是,制裁的政策也损害了属户的利益,由此出现屡禁不止

---

① 《宋史》卷191《兵志五·蕃兵》,《长编》卷270熙宁八年十一月壬午。
② 《宋会要·兵》27之12、21、22,《宋史》卷466《张继能传》。
③ 《宋会要·兵》27之23,《长编》卷128康定元年八月庚子。

的情况。对犯禁的属户和汉户,宋朝边臣作出的制裁是截然不同的,对属户"边臣多务宽其禁以图安辑,惟汉户犯者,坐配隶之刑,曾无虚月"①。

在宋朝开边政策的影响下,西北边区的土地占有状态发生了急剧的变动。一些反抗宋朝的蕃部首领的土地没为官地,一些蕃民的私有土地沦为无主地,被他人冒耕。宋为守边,皆募戍卒、蕃汉弓箭手,而授予其官荒地。熙宁(1068—1077)时,范育言,"五路旧界,自兵兴以来,边人乘利侵垦,犬牙相错,或属羌占田于戎境之中"。时又有蔡挺出任知渭州,他在任上,"括并边生地冒耕田千八百顷,募人佃种,以益边储。取边民阑市蕃部田八千顷,以给弓箭手。又筑城定戎军为熙宁寨,开地二千顷,募卒三千人耕守之"②。这一时期,王安石一改前制,推行土地自由买卖政策,他认为蕃部"贱土贵货,汉人得以货与蕃部易田,蕃人得货,两得所欲,而田畴垦,货殖通,蕃汉为一",欲以此"用夏变夷"。王安石的分析并不全面,事实上出现了与其设想相反的情况。受汉族生产关系的影响,出现了蕃官违反国家典制,"各自置买田产"的现象,以及汉人"与蕃部充客户"③的现象。但是,不管哪一种现象,所有这一切都在相当程度上破坏了蕃部部族结构,打破了蕃汉之间的地域界限,加速了西北地区蕃部生产关系的汉化和民族间的融合。长期战争的结果,加速了边区土地的集中,出现了一大批蕃汉大土地所有者,"陕西五路并河东,自绍圣开斥以来,疆土至广,远者数百里,近者不减百里,罢兵以来,未曾措置。田多膏腴,虽累降诏置弓箭手,类多贫乏,或致逃走。州县镇寨污吏豪民冒占沃壤,利不及于平民,且并缘旧疆,侵占新土"。政和(1111—1117)时,泾原路"蕃官耕种外,余剩冒占地土,往往荒闲,不曾耕种及不曾牧放牛马,止是虚冒占吝,不令汉人请射"。鄜延路也存在类似的情况,时"新边城寨包占到地土召人请占,往往多是近里城寨蕃官指占地土,有及千顷或至五七百顷。既已拘占招刺只及百余人,或五七十人,遂生侥幸,不肯招刺,赢落官中空闲地土,恣意冒种"④。

西北沿边地区的蕃族,承担赋役的情况较复杂。隶属于部族的蕃兵"其旧俗既输纳供亿之物,出战又人皆为兵",必须向宋朝承担赋役的义务。但是边区蕃部的主要义务是为国守边,因此,在许多情况下,部族的蕃兵是可以豁免赋税义务的。如麟府路位于河外,处于抗击辽夏的前沿地带,其土瘠

---

① 《长编》卷146庆历四年二月庚子、卷124宝元二年九月,《宋会要·食货》37之14。
② 《长编》卷228熙宁四年十二月甲寅,《宋史》卷328《蔡挺传》。
③ 《宋史》卷191《兵志五·蕃兵》、(宋)范纯仁:《范忠宣遗文·乞令蕃官不得换授汉官差遣》,《宋会要·兵》28之6。
④ 《宋史》卷190《兵志四·河东陕西弓箭手》,《宋会要·兵》4之26、27。

民贫,"于国家无毫毛入";鄜延路,"地皆荒瘠,占田者不出租赋,倚为藩蔽"①。另外,脱离部族被宋朝招募为弓箭手的蕃民"则官给以地而不出租"。同样,熟户耕佃官田者,也"无征徭,遇战斗方出一人一骑,兹外更无侵扰"②。这一切都表明,边区蕃民,无论脱离部族与否,其主要的义务是为国捍边。熙河开边以后,出于安抚蕃部的目的以及官吏、豪民、酋首的侵夺,并未"量立租课",熙河"虽名一路,而实无租入,军食皆仰给他道"。因此,宋在西北民族地区的赋税征收,只能仅行于近里与次边州郡,在极边与新疆,实际上并"无斗粟尺布"之输③。

五、北宋时期西北蕃部地区的民族融合

西北地区历史上形成的蕃、汉杂处的生活环境和战争所造成的局势动荡,为这一地区各民族的融合创造了条件。如仁宗时鄜州洛川县,有"戎人杂耕,皆兵兴时入中国,人藉其力,往往结为婚姻,久而不归";德顺军水洛城,"川平土沃,又有水轮、银铜之利,环城数万帐,汉民之逋逃者归之,教其百工商贾,自成完国"。神宗时,开拓熙河,宋一次批准调发淮南、两浙、江南、荆湖、成都府、梓州路"谙晓耕种稻田农民犯罪该刺配者"三百人,"并刺配熙州"④。这些都加速了西北地区社会经济的交流和发展。赐姓是历代统治者惯用的怀柔手段,宋朝统治者也不例外。在西北地区,蕃官"自来有因归顺,或立战功,朝廷特赐姓名,以示旌宠"者,其中有名的,如熙宁时青唐羌首领俞龙珂归附后,赐姓名包顺。受汉族先进文化的影响和利益的驱使,也有"蕃官无故自陈乞改姓名"者,甚至"亦有不曾陈乞,衷私擅改汉姓"者,一时形成风气,至烦宋廷"立法止绝"⑤。在文化方面,宋朝还有意识地在西北沿边地区设立"蕃学",推行汉化政策。仁宗时,"种世衡在环州建学,令蕃官子弟入学"。神宗开辟熙河,于新置州军遍置蕃学,并增加解额,以科举功名网罗蕃族人才。徽宗时,以陕西新造之郡,犹用蕃字,诏"置蕃学,选通蕃语、识文字人,为之教授,训以经典,译以文字,或因所尚,令诵佛书,渐变其俗"⑥。

总之,宋朝政府从实际出发,通过纳质、授予职名、授予土地等形式,在西

---

① 《长编》卷144庆历三年十月庚戌、《宋史》卷332《赵禼传》。
② 《宋史》卷190《兵志四·河东陕西弓箭手》、《长编》卷203治平元年十二月戊申。
③ 《宋会要·食货》63之50、《宋史》卷328《王韶传》、(宋)邵伯温:《邵氏闻见录》卷13。
④ 《宋史》卷332《李师中传》、卷324《刘沪传》、《长编》卷239熙宁五年十月甲辰。
⑤ 《长编》卷476元祐七年八月壬戌。
⑥ 《长编》卷233熙宁五年五月丙申、卷261熙宁八年三月戊戌、《宋会要·崇儒》2之11。

北沿边地区建立起羁縻部族制的统治方式。宋朝前期,统治者奉行尊重西北地区少数民族习俗、生活方式,不触动其社会形态和所有制的方针,维护了沿边地区的稳定和社会经济的发展。中期以后,由于宋、西夏关系的严重对立,宋改而奉行稳步进筑乃至开边的政策,西北沿边地区少数民族各部族封闭或半封闭的生活环境和地域界限逐渐被打破。加之,这一地区汉、蕃杂居的生活环境,各族人民在社会经济各方面,有着千丝万缕的联系。因而,自唐代以来进入本地区的各少数民族,在北宋长达一个半世纪的时间里,逐渐与汉族融合,其一体化的进程远远超过了西南地区。

第二章　宋朝西南地区的羁縻州县

第一节　荆湖路的羁縻州①

宋代,荆湖路是多民族居住的地区,湖北的澧、鼎、辰、峡四州与"湖南九郡皆接溪峒"。以武冈为例,它与湖北、广西邻壤,为极边之地,溪洞多达七百八十余所。对于这一地区的溪洞蛮夷,宋朝基本采取的是剿抚并用、以抚为主的政策,即"择素有知勇为瑶人所信服者,立为酋长,借补小官以镇抚之",由于"其习俗嗜欲悉同瑶人,利害情伪莫不习知,故可坐而制服之"②。此即所谓的"以蛮夷治蛮夷"的羁縻策略。但熙宁时这一政策发生变化,宋朝先后开梅山、经制南北江,在上述地区建立郡县,实现直接统治。

梅山

梅山"东接潭,南接邵,其西则辰,其北则鼎、澧",方圆千余里,分为上、下梅山③,自宋初以来,与宋多有冲突。如太平兴国二年(977),其左甲首领苞汉阳、右甲首领顿汉凌寇掠边界,宋累遣使招谕,不听,遂发兵讨平之,并严"禁不得与汉民交通,其地不得耕牧"。但日久梅山蛮"公然冒法,又稍招萃流浪",成为省地心腹之患。故仁宗嘉祐初(1056),宋行招谕之策,"其酋长四百余人,皆出听命,因厚犒之,籍以为民,凡千一百户"④。其后,又屡欲开拓郡县,均因议论不一而中止。熙宁五年(1072),始议经制南北江,王安石认为:"梅山事未了,便要了辰州事不得,梅山不难了,既了梅山,然后到辰州,即先声足以振动两江,两江亦易了也。"⑤于是,始有开梅山之举。十一月,宋派员招谕,"得其

---

① 按:本节讨论的是荆湖路的羁縻州制,但个别羁縻州已涉及夔州路。
② 《宋史》卷494《蛮夷传二·西南溪洞诸蛮下》。
③ 《宋史》卷494《蛮夷传二·梅山洞蛮》、《忠肃集》卷12《直龙图阁蔡君墓志铭》。以下不注明引文出处者,均出此。
④ 《长编》卷184嘉祐元年十一月庚寅。
⑤ 《长编》卷238熙宁五年九月丁卯。

地,东起宁乡县司徒岭,西抵邵阳白沙寨,北界益阳四里河,南止湘乡佛子岭。籍其民,得主、客万四千八百九户,万九千八十九丁。田二十六万四百三十六亩,均定其税,使岁一输。乃筑武阳、关硖二城",以上梅山置新化县,属邵州。六年正月,又以下梅山置潭州安化县①。从此,鼎、澧南至邵州的道路被打通,无复阻隔。

南、北江

辰、溪、锦、奖、叙五州②,以酉、辰、巫、武、沅五溪流经③,世称五溪地区,唐朝末年,为五溪蛮所分据,其酋首往往自署为刺史。五代初,辰、叙归附于马殷。后晋时,溪、锦、奖三州也归降于马希范,马氏遂先后任命大将刘勋为锦州刺史,刘言为辰州刺史,钟存志为叙州刺史,而溪州则仍以溪洞酋长彭士愁为刺史,羁縻如故④。后周初,湖南大乱,马氏灭亡,五州再度相继退为羁縻之地。宋初收湖南,慑于新造之朝的声威,"辰、锦、溪、叙等州,各纳牌印请命"⑤,辰州遂复为内郡。太祖于是起用辰州瑶人秦再雄,擢为辰州刺史,使自辟吏属,予一州租赋,故终太祖之世,边鄙以宁⑥。而其他四州则仍为羁縻州。太平兴国八年,锦、溪、叙、富四州蛮又相率诣辰州,言愿比内郡输租税。宋在"察其谣俗情伪,并按视山川地形"后⑦,未予接纳,四州复羁縻如故。

然而,五代至宋初,五溪地区绝不仅仅只有唐代所建五州,上引富州即可为证。宋乾德元年(963),武平节度使周行逢病故,叙州刺史钟存志无力控制局面,逃回朗州。五溪蛮于是纷纷自立,一时羁縻州林立。如杨正岩即以十洞称徽、诚二州⑧。现存的五代溪州铜柱之上,镌有五代天福五年(940)所撰写的《复溪州铜柱记》。记文空处,多搀入宋人题名。有"知感化

---

① 《宋史》卷494《蛮夷传二·梅山峒蛮》《长编》卷242、《读史方舆纪要》卷81《宝庆府》。
② 按:《宋史》卷493《蛮夷传一》言,"隋置辰州,唐置锦州、溪州、巫州、叙州,皆其地也",以辰、锦、溪、巫、叙为五州。检《新唐书》卷41《地理志五》,锦、溪、叙三州,据辰州分置。而巫州即叙州,故宋传有误。又,叙(巫)州,又名沅州,奖州自沅州分置,则五州当为辰、锦、溪、叙、奖五州。
③ 《武经总要·前集》卷19《梓夔路·黔州》。
④ 《资治通鉴》卷282后晋天福五年二月、《新五代史》卷66《刘言传》、《舆地纪胜》卷72《靖州》。
⑤ 《长编》卷4乾德元年四月癸卯。
⑥ 按:秦再雄事,与府州折氏、麟州杨氏相类,均以当地土豪、酋长为正州之刺史。但秦氏似仅及太祖一朝。据《宋史》卷493《蛮夷传一》载,太平兴国七年,诏辰州不得移内马氏所铸铜柱。八年,锦、溪、叙、富四州蛮相率诣辰州,言愿比内郡输租税。似亦可为旁证。
⑦ 《宋史》卷493《蛮夷传一》。以下引文不注明出处者,均出此。
⑧ 按:事载《舆地纪胜》卷72《靖州》,然据《宋史》卷483《周行逢传》,行逢死于宋建隆三年(962),即乾德元年,《舆地纪胜》言在"后周时",误。

州军州事覃文绾"、"知来化州彭允会"等十余款,这十余个羁縻州当是此时前后所设。

五溪地区分为北江、南江两部分。北江以彭氏势力最为强大。五代后晋天福中,溪州刺史彭士愁率溪、锦、奖三州蛮万余人攻掠辰、澧,与楚军激战半年之久。战后,马氏所设锦、辰、叙三州刺史,实际上是为了阻遏溪州彭氏势力的扩张。尤其是,马氏以刘勍、湖南以刘瑶相继为锦州刺史、湖南西界镇遏使①,就是要在五溪地区打进楔子,将五溪南北分开,遏制彭氏势力的发展。北江地区,大姓有五,除彭氏外,田氏、向氏、覃氏、龚氏也是大族②。从乾德三年至景德三年(1006),有懿洽州田氏、溪州彭氏、富州向氏,或同时,或相续,为五溪团练使和防御使,就说明了这一点。其中,向通汉以其忠顺被封为河内郡侯,这不仅在五溪地区,就是在整个羁縻地区,也是绝无仅有的。诸氏彼此之间的势力,互有消长。加之,五溪素有"刺史旧三年则为州所易"的传统做法。州将承袭时,群酋合议其"子孙若弟侄亲党之当立者",故出任溪州刺史者,尚有其他姓氏之人。如乾德元年,宋下湖南,"知溪州彭允林、前溪州刺史田洪赟等列状归顺"。乾德四年,溪州刺史田思迁以铜鼓、虎皮、麝脐来贡③。但是,太宗以后,彭氏逐渐强大,溪州遂为其所专擅。自彭允殊始,至文勇、儒猛、仕端、仕羲、师綵、师晏凡七世,成为北江蛮酋中势力最强大者。北江二十州,下溪州刺史为其都誓主,其他十九州皆为其隶属,谓之誓下州。州将承袭,都誓主有率群酋合议之权。溪州彭氏从天禧初至元丰四年(1081),与宋发生三次较大规模的冲突。天禧初,彭儒猛寇掠扰边,宋派兵讨伐,攻占下溪州,儒猛亡入山林,最终双方歃血为盟,结束冲突。第二次发生在仁宗至和二年(1055)。时彭仕羲与其子师宝交恶,为师宝诬以谋乱,湖北漕、辰州知通轻信师宝之言,发兵深入,结果一无所获,而宋军战死者十之六七,损失惨重。嘉祐时(1056—1063),宋两路进兵,南路起用窦舜卿为知辰州,帅师取富州,又攻拔石狗崖,毙蛮将万年州,遂入北江④;北路,起用郭逵知澧州率兵进讨,沿澧水,"破罗城峒及贺府等二十余隘,拔新州。又衔枚夜进,逾旬至仕羲所居桃花洲,一战破之。

---

① 《资治通鉴》卷291广顺二年九月、卷292显德元年十一月。
② 按:《复溪州铜柱记》中有"其五姓主首、州县职掌有罪,本部申上科惩。如别无罪名,请不降官军攻讨"句。且记文后的天福五年题名中,担任职务较重、出现次数较多的姓氏有彭、田、向、覃、龚五姓,故云。又,《复溪州铜柱记》转引自彭武文:《溪州铜柱及其铭文考辨》(岳麓书社,1994年)一书。
③ 《宋史》卷493《蛮夷传一》、《长编》卷7乾德四年七月丁丑。
④ 《宋史》卷349《窦舜卿传》。

仕羲弃城走"降①。第三次发生在熙、丰(1068—1085)间。章惇经制南北江，誓下州洞蛮各以其地归顺宋，并出兵进攻彭氏，彭氏不得不投降，于是宋在下溪州筑新城会溪，发兵戍守。但是，上溪州等地，以僻远故，依然故我。元祐(1086—1094)更化，纠正熙、丰时的拓地政策，由彭仕诚复为都誓主，自兹以后，终宋之世，北江地区复为羁縻地区。

　　南江诸蛮，分布在自辰州达于长沙、邵阳间辽阔的地域内，自归附后，一直与宋保持良好的通贡关系。南江地区州洞林立，一州"州界远者六十里，近者四十里"②。舒氏、田氏、向氏为其大姓，然其所辖"富、峡、叙仅千户，余不满百，土广无兵"，又不相统摄，故力量极其分散、单薄。熙宁时，经制南、北江。宋廷认为南江诸蛮之间矛盾极其尖锐复杂，"峡州舒光秀者，以刻剥其众不附"，富州"向永晤与绣、鹤、叙诸州蛮自相雠杀，众苦之"，可以"先招富、峡二州，俾纳土，则余州自归"。熙宁六年(1073)，在力量对比悬殊的情况下，富州向永晤、峡州舒光秀、中胜州舒光银相继归顺。独懿、洽州蛮酋田元猛桀骜难制，多次侵夺舒、向二族地，又杀害宋官，拒绝归附，宋军遂三路进兵，攻占懿州，并进而收复溪洞黔、衡、古、显、叙、赢、绣、允、云、洽、俄、奖、晃、波、宜等州。熙宁七年，遂建沅州，九年，收复溪洞诚州，元丰四年，置正州诚州，均隶湖北。同年，宋又以溪洞徽州为莳竹县，隶湖南邵州。至此，宋在南江建立了二州、一县。内附的酋首被授予武阶，羁縻州洞呈报户口、缴纳课米，宋则以盐酬之。宋在南江的影响也以此为中心，向周边辐射。但仍然有一些羁縻州洞酋首"不愿补班行，依旧进奉"；同时也有一些官员头脑清醒，明智地反对尽籍"徭人为民"，认为"广无赋之地，籍不使之民，而大农之费累百巨万。愿界上之郡县羁縻之，不以累中国"③。因此，在熙、丰经制后，南江地区并未完全成为省地。

　　元祐二年(1087)，诚州降为渠阳军，三年，又废军为寨，属沅州。五年，复以渠阳寨为羁縻诚州，以溪洞诚州蛮酋杨昌达为刺史。绍圣(1094—1097)中，绍述熙、丰先烈，复置正州诚州，崇宁二年(1103)，改名靖州④。莳竹县，元祐六年，复为溪洞徽州，崇宁二年，复为莳竹县⑤。而沅州则以"建置至是十五年，蛮情安习已久"，未改。

---

① 《长编》卷188嘉祐三年九月辛未注。
② 《长编》卷271熙宁八年十二月庚子。
③ 《长编》卷324元丰五年三月庚子、(宋)华仲游：《西台集》卷13《孙公墓志铭》。
④ 《宋史》卷88《地理志四·靖州》、《长编》卷453元祐五年十二月丙午、《宋朝事实》卷19。
⑤ 《长编》卷454元祐六年正月壬午、《宋史》卷19《徽宗纪一》。

(一) 北江①

1. 下溪州(治在今湖南古丈县会溪坪②)

北江誓下二十州之一,属彭氏。溪州,唐天授二年(691)析辰州置,治大乡县。五代后晋天福时,溪洞蛮酋、溪州刺史彭士愁犯边战败,楚王马希范为便于控制,将溪州徙至辰州境上,"既而,蛮复还旧治,此即下溪州城"。宋熙宁中,经制南北江,溪酋归附,诏于下溪州筑新城会溪③。因此,会溪城即下溪州。元祐更化,会溪城复为下溪州,归彭氏。

下溪州的地望,据《元丰九域志》卷6辰州条载,在"州西北二百五十里"。而胡三省言,楚王马希范在击败溪州彭士愁后,曾在今辰州会溪城西南一里处立有铜柱,作为辰、溪二州的新分界。这个铜柱,据《清一统志》卷372永顺府条言,在永顺县东南一百四十里处④。永顺县,清雍正七年(1729)时置,位于

---

① 按:关于五溪地区羁縻州的记载,宋代文献多有不同,但大体以《武经总要·前集》卷20、《元丰九域志》卷10《羁縻州》为一类,以《宋史》卷493《蛮夷传一》、《文献通考》卷328《四裔五·盘瓠种》、《宋会要·蕃夷五》、《长编》所载为另一类。前者记载北江羁縻州三十六,南江羁縻州二十;后者记载北江州二十,南江州十六。然不仅两类相异处颇多,且同一类也不尽相同,甚至无一种文献所载是完整并无抵牾之处的。前者仅以南江为例,南江地区羁縻州,据《武经总要·前集》卷20言,有州二十,但实载十九,即富、懿、叙、元、鹤、云、硖、黔、衡、绣、波、显、晃、奖、锦、保胜、允、泠、锦州。其中,锦州两出。《元丰九域志》卷10羁縻州条所载仅懿、绵(锦)二州,所缺过多。但卷6沅州条载,"熙宁七年,收复溪洞黔、衡、古、显、叙、峡、中胜、富、赢、绣、允、云、洽、俄、奖、晃、波、宜"十八州。而在记载安江、镇江寨时,又出现鹤、园二州,则《元丰九域志》所载共为二十二州。两书所载相同者十六州,即富、懿、叙、元、鹤、云、硖、黔、衡、绣、波、显、晃、奖、锦、允州。除此之外,《武经总要》尚余保胜州、锦州、泠州三州。保胜州不见于诸书。锦州,南江重出。泠州,亦不见于诸书,疑即洽州,形近而误。如是,则《武经总要》与《元丰九域志》相同者达十七州。《元丰九域志》尚有中胜、赢、宜、俄、古五州与《武经总要》异。其中,中胜州设于皇祐五年(1053),晚于《武经总要》的成书年代,自然不见于《武经总要》。除此之外,四州都见于他书。因此,无论是二十州说,还是十六州说,都不足以反映南州羁縻州存在的实际情况。后者各书基本一致,但在《文献通考》中,北江之州,二十州与三十六州两说并存,自相矛盾。其实无论是哪一种记载,可能都仅记载了五溪地区的一些主要的,也是为宋廷认可的羁縻州。宋代荆湖路的少数民族地处溪谷之间,部落分布极其分散,生产力发展水平也极其低下,所谓的州洞,实际上就是一个规模不大的村落。如前所述,其大者,仅千户,小者不满百。从《长编》熙宁八年闰四月丙申条、十二月庚子条所提供的数据来看,亦复如此,一州洞的户口仅在一百户至三百户之间,丁口在四五百口之间。加上宋廷长期以来对西南羁縻地区的经略持消极态度与各部落酋首长期以来往往自署为刺史的现状,故各文献对这一地区羁縻州的记载是极不完全的。从《长编》、《宋史》来看,有许多州是上述各文献所不载的。如熙、丰时经制南江,熙宁八年闰四月丙申,沅州曾"招纳溪蛮古、诚等州峒二十三";元丰三年九月丙戌,沅州"续招怀九峒二十三州、地林十三州"及"详州等处洞酋首";七年五月己酉,又"招怀州狼、九衙等百三十余州峒"。若加上这些州,则南江羁縻州远不止二十州。五溪地区如此,其他羁縻地区亦复如此,故羁縻州数不再详考。

② 按:《古丈县志》言,该城所在地,已为凤滩水库淹没,而铜柱仍立于会溪坪双溶河岸。

③ 《资治通鉴》卷282天福五年二月、《读史方舆纪要》卷82《永顺军民宣慰使司·大乡废县》、《长编》卷273熙宁九年二月癸卯。

④ 按:见《资治通鉴》卷282后晋天福五年二月条。又,据清乾隆《永顺府志》所载《复溪州铜柱记》及《宋史》卷493《蛮夷传一》,知铜柱在宋代曾有两次移动。第一次在宋天禧元年(1017)十一月,第二次在至和二年(1055)。这次铜柱被宋军夺走,于嘉祐二年(1057)送回,但不知是否安回天禧所置之处。则马氏初立何地,已不可考。

唐溪州治大乡县西北三十里处。溪、辰二州间的距离为三百六十里①。清代的辰州府治与唐宋时的辰州治同在一地,加上至清永顺县的三十里路程,则辰州府至永顺县的距离为三百九十里。与《元丰九域志》、《清一统志》所言正合。故可知下溪州州址在溪州大乡县东南一百四十里而距辰州沅陵县界六十里之处,即胡三省所言,楚王徙溪州近楚境,便于制令。《清一统志》卷372永顺府条言,"下溪州故城,在永顺县东南,接辰州府沅陵县界"。

2. 永顺州(治在今湖南永顺县东南三十里处)

北江誓下二十州之一,属彭氏。《清一统志》卷372永顺府永顺县条言,"唐溪州灵溪郡治,五代时蛮置永顺州,宋为羁縻州,元为永顺宣抚司治,明为永顺宣慰使司治"。《读史方舆纪要》卷82《永顺军民宣慰使司·大乡废县》条亦言,"今司城,即古永顺州治",则溪州蛮复还州治后,所建为永顺州。然据《宋史》卷493《蛮夷传一》所载,宋初两朝仍有溪州。而永顺州在该传中出现甚晚,首见于北江二十誓下州之中,次见于元祐四年(1089),再见于南宋高、孝两朝。故疑永顺州即溪州。永顺州在宋经制南北江时,率先归附,并为宋攻杀下溪州,迫使其归降②。元祐(1086—1093)更化,复为羁縻州,南宋时仍与宋保持通贡之关系。

其地望,据《清一统志》卷372永顺府永顺县条言,即明永顺宣慰司治。"雍正七年,改置永顺县,移治于旧司治西北三十里"。因此,永顺州治当在今永顺县治东南三十里处。

3. 上溪州

北江誓下二十州之一,属彭氏。天禧五年(1021)十月,知上溪州彭君保卒,其弟君佐代之。熙、丰时,以其地荒远,仅行招怀,未筑城堡、郡县③。《清一统志》卷372永顺府条认为,湖南龙山县为唐溪州地,上溪废州,在其境内,彭氏世为土官。

4. 中溪州

北江誓下二十州之一,属彭氏。《宋史》卷493《蛮夷传一》与《文献通考》卷328《四裔五》、《宋会要·蕃夷》5之81在言及北江誓下州时,均称溪州有三,曰上、中、下溪州。然三书其他部分及《长编》、《武经总要》、《元丰九域志》,以及明清地理总志,均无一条史料言及中溪州,而永顺州位于上、下溪州之间,

---

① 按:据《通典》卷183《州郡十三》条载,辰州"西北至灵溪郡(溪州)大乡县界一百九十里",溪州"东南至卢溪郡(辰州)沅陵县界一百七十里"。
② 《长编》卷270熙宁八年十一月丙戌。
③ 《宋会要·蕃夷》5之81、《长编》卷315元丰四年八月庚申。

故疑永顺州即是中溪州。

5. 龙赐州

北江誓下二十州之一,属彭氏。至和二年(1055),有彭师宝子师党知龙赐州。治平二年(1065),龙赐州来贡。元祐元年四月,有知龙赐州彭允宗进奉贺端午节溪布十五匹事。四年,又奉兴龙节及冬至、正旦溪布有差①。该州,今地不详。

6. 天赐州

北江誓下二十州之一,属向氏。咸平五年(1002)正月,有天赐州向永丰等来朝。"天圣九年(1031),溪蛮谭彦绾、向进等寇永宁寨,尝诏天赐等州招辑,而皆以姻党相庇援,数出扰边。"宋经制南北江,天赐州知州与下溪州刺史彭师晏等投降。元祐更化,复为羁縻地。八年,有向载龙继其兄载舞知天赐州。该州今地不详,但据天赐等六州将"所贡物留施州"之事来看,可知其治所赴施州较之赴辰州更为近便②。

7. 忠顺州

北江誓下二十州之一,属彭氏。景德二年(1005)置,时有彭文绾送还先陷汉口五十人,故命其知中彭州。中彭州,后改称忠顺州。天圣三年,文绾为彭儒猛所杀,地归下溪州。六年,彭师赞知州事③。景祐(1034—1037)时,儒猛孙师宝知州事。该州,今地不详。

8. 保静州(治今湖南保靖县)

北江誓下二十州之一,属彭氏。《复溪州铜柱记》有天禧元年"知保靖州彭光陵"之记载。熙、丰时,与永顺州一同归宋,并进攻下溪州。元祐更化,复为羁縻州。南宋时仍与宋保持通贡之关系。其治所设于唐溪州三亭县,即清保靖县④。

9. 感化州(治今湖北来凤县)

北江誓下二十州之一。顾祖禹认为,即明施州卫所属之散毛宣抚司,在"卫西三百二十里,本蛮地。五代时,为羁縻感化州。宋为羁縻富州地,寻为柔远州地。元初因之,寻曰散毛洞"⑤。宋天禧元年,有"知感化州军州事覃文

---

① 《宋史》卷13《英宗纪》、《长编》卷376、435。
② 《长编》卷120景祐四年闰四月癸未、卷272熙宁九年正月己卯、卷480元祐八年正月辛卯、卷104天圣四年八月己丑。
③ 《宋会要·蕃夷》5之82。
④ 《清一统志》卷372《永顺府·保靖县》。
⑤ 《读史方舆纪要》卷82《施州卫军民指挥使司·大田军民千户所》。

绾"。乾兴初,感化州已改名富州,时有"富、顺州蛮田彦晏寇施州,焚暗利寨。(宋将史)方领兵直抵富、顺,荡其巢穴,穷追彦晏至七女栅,降之"。庆历、皇祐时(1041—1054),有田承亮、承喜兄弟相继知富州。北江富州蛮,是唐彭水蛮后裔。宋时,为夔路徼外熟夷,南接牂柯诸夷,与顺、高、溪州相错,治在清施南府来凤县①。

10. 懿州

北江誓下二十州之一,属向氏。绍兴十二年(1142),"诏以施州南寨路夷人向再健袭父思迁,充银青光禄大夫、检校国子祭酒兼监察御史、武骑尉、知懿州事"。

11. 新州(治今湖南张家界市大庸所古城西)

北江誓下二十州之一,属彭氏。皇祐时,彭师政为知州②。嘉祐时(1056—1063),下溪州彭仕羲反,知澧州郭逵率兵进讨,"破罗城峒及贺府等二十余隘,拔新州。又衔枚夜进,逾旬至仕羲所居桃花洲,一战破之。仕羲弃城走"③。罗城洞属澧州,顾祖禹言,在湖广永定卫守御大庸千户所西。永定卫即今湖南张家界市永定区;大庸所在"卫西南三十里",罗城洞又在所西。则新州当在澧水沿线、洞西不远处。

12. 富州

北江誓下二十州之一。五代天福五年(940),有前守富州别驾彭师晞。天禧元年(1017),有"知富州军州事覃文勇"。皇祐时,彭师晡为知州。熙宁三年(1070),彭师倖知富州。嘉祐时,下溪州彭仕羲叛。湖北路钤辖兼知辰州窦舜卿帅师首取富州,"蛮将万年州据石狗崖。舜卿选壮卒奋击,蛮矢石交下,卒蒙盾直前,发强弩射,万年州毙于崖下,遂拔之……引兵入北江,仕羲降"④。石狗崖应为富州治所在地,位于辰州至下溪州之间。

13. 高州(治今湖北宣恩县高罗乡埃山村老寨)

北江誓下二十州之一,属田氏,"宋初,其酋田景迁以地内附,赐名珍州,拜刺史"⑤。开宝元年(968),因珍州连岁灾渗,改为高州。高州长期以来基本上与宋保持着良好的关系,多次通贡,并协助宋朝征战防边。如咸平(998—1003)时,益州发生兵变,宋征集"施、黔、高、溪蛮捍御。群蛮因熟汉路,寇掠而

---

① 《复溪州铜柱记》,《宋史》卷326《史方传》、卷496《蛮夷传四·施州蛮》,《清一统志》卷351。
② 按:事见《文恭集》卷18。据《长编》,胡宿知制诰为皇祐元年至四年事,故言。
③ 《长编》卷188嘉祐三年九月辛末注。
④ 《复溪州铜柱记》,《文恭集》卷18,《宋会要·蕃夷》5之85,《宋史》卷349《窦舜卿传》。
⑤ 按:见《宋史》卷496《蛮夷传四·高州蛮》,然该条认为其地"在涪州西南",实大误。高州应在施州南。《太平寰宇记》卷122西高州条,在释该州沿革时,误入五溪地区奖州之沿革及田(景)迁事,可见宋初关于唐、宋两珍州事,所记已多舛误。后世史官未能廓清,致陈陈相因。

归","高州义军务头角田承进等擒生蛮六百六十余人"。不久,有生蛮违约,承进又率众与州兵擒获之。以至大中祥符初,五团蛮谋劫高州,夔州路"欲令暗利寨援之"。天圣六年(1028),田彦晏知高州。高州治,据顾祖禹言,即明高罗安抚司①,亦即今高罗乡埃山村老寨②。

14. 南渭州(治今湖南永顺县西)

北江羁縻州,《清一统志》卷372永顺府南渭废州条言,在永顺县西,五代时蛮置,宋为羁縻州。元、明两朝称南渭州。首见于《宋史》卷494《蛮夷传二》,绍兴四年,时有南渭等三州入贡。次见于乾道七年(1171)。再见于《元史》卷63《地理志六》,属新添葛蛮安抚司。然包括《宋史》卷493《蛮夷传一》在内的宋代的基本文献所载,又有南州、渭(谓)州。南州为北江誓下二十州之一,于《长编》凡四见:一见于乾德四年(966)六月辛亥,时有"南州蛮进铜鼓一,请内附"事;二见于太平兴国五年(980)七月庚申,时有"南州刺史向行猛遣使来贡方物";三见于景德四年(1007)七月乙丑朔,时"南州蛮龚允进等来贡";四见于天圣四年八月己丑,诏听南州等"以所贡物留施州"。《复溪州铜柱记》亦有天禧元年"知南州军州事彭光明"、"知谓州军州事覃允赞"之记载。渭州见于《宋史》卷493《蛮夷传一》,元祐四年(1089),有知谓州彭思聪等,"进奉兴龙节及冬至、正旦溪布有差"。以上均发生在北宋时期,因此,疑南宋时二州合并,统称南渭州,相沿至元、明两朝。

15. 南州

北江誓下二十州之一。详见南渭州条。

16. 渭州

北江羁縻州,属彭氏。详见南渭州条。

17. 顺州(治今湖北宣恩县东南)

北江誓下二十州之一,属田氏。天禧(1017—1021)至天圣(1023—1031)间,田彦晏知顺州③。景祐(1034—1038)至元祐(1086—1094)间,田忠俊知顺州④。明代为忠洞安抚司所在地⑤。

18. 安州

北江誓下二十州之一。大中祥符四年(1011)十二月,有溪洞安、远等州蛮

---

① 《宋会要·藩夷》5之82,《读史方舆纪要》卷82《施州卫军民指挥使司大田军民千户所》。
② 胡挠:《关于羁縻珍州、高州及高罗土司的考证》,《中央民族学院学报》1983年第1期。
③ 《长编》卷92天禧二年五月丁卯、天圣闰九月甲寅。
④ 按:事见(宋)宋庠:《元宪集》卷22,《长编》卷443元祐五年六月辛丑。宋庠景祐时知制诰,时田忠俊加检校太保,元祐时又由检校太保加检校太傅。故言。
⑤ 《读史方舆纪要》卷82《施州卫军民千户所》。

来贡①。天圣四年,以"安、远、天赐、保顺、南、顺等州蛮贡京师,道里辽远而离寒暑之苦","听以贡物留施州,所赐就给之"。徽宗时,有知安州向万响等进奉贺天宁节并端午、冬正溪布。顾祖禹认为,其地望即为安定州附近的安远洞②。

19. 远州

北江誓下二十州之一。详见安州条。

20. 宁州

北江誓下二十州之一。大中祥符四年十二月,有宁州蛮来贡③。仁宗时,彭师雁曾为知州④。

21. 溶州(治今湖南永顺县东南九十里处)

北江羁縻州,属彭氏。《复溪州铜柱记》有天禧元年"知溶州军州事彭□□及溶州都监彭仕明"之记载。天圣初,以彭儒猛子仕端为知溶州。《清一统志》卷372永顺府施溶废州条所言甚详,谓:"在永顺县东南九十里,东接澧州永定县界,南接辰州府沅陵县界。五代时,蛮置。宋为羁縻溶州……(明)洪武二年(1369),置施溶州。"

22. 监州

北江羁縻州,属彭氏。《长编》作监州。元祐元年(1086)四月,有知监州彭士明进奉贺端午节溪布十五匹事。四年十一月甲申,又与誓下保静等州一同进奉兴龙节及冬至、正旦溪布有差⑤。该州,今地不详。

23. 安定州

北江羁縻州,属向氏。嘉祐三年(1058),以施州蛮向永胜所领州为安定州。顾祖禹说,该州在彭水县东南,接湖广施州卫界。又引《宋史·地理志》言,在施州南六百八十里⑥。

24. 古州⑦

北江羁縻州。《复溪州铜柱记》有天禧元年"古州覃万贵"之记载。元祐四年,知吉(古)州彭儒崇与誓下保静等州一同进奉兴龙节及冬至、正旦溪布有差。该州,今地不详。

---

①③ 《长编》卷76。
② (宋)慕容彦逢:《摛文堂集》卷3、《读史方舆纪要》卷69《涪州·彭水县·界山寨》。
④ 《文恭集》卷18。
⑤ 《长编》卷376、435。
⑥ 《读史方舆纪要》卷69《涪州·彭水县·界山寨》。
⑦ 按:《元丰九域志》卷10、《复溪州铜柱记》作古州,《宋史》卷493《蛮夷传一》作吉州,今从前者。

25. 武宁州

北江羁縻州,宋天禧初置①,属彭氏。天禧元年,有"溪洞巡检使、知武宁州军州事彭□□"。天圣二年(1024)正月,有知武宁州彭士罕。元祐八年正月壬午,授故知武宁州彭如足男永懋银、酒、监、武②。

26. 保顺州(治今湖北宣恩县东南)

北江羁縻州,属田氏。真宗时,有田彦晓、田承恩父子相继知保顺州。乾兴初(1022),田承恩随知顺州田彦晏"寇施州暗利寨"。天圣四年(1026),保顺等六州"以贡物留施州,所赐就给之",则保顺州为北江羁縻州。顾祖禹认为,施州卫下的忠建宣抚司,即宋代的羁縻保顺州,设在卫东二百五十里处③。

27. 归顺州

北江羁縻州,属田氏。天圣四年,归顺等州蛮田思钦等三百余人以方物来献。因进贡人数过多,夔州路转运司又未事先请示,而受到弹劾。景祐时(1034—1038),有田洪部"知归顺州军州事、充宁边寨东路沿边溪洞把截外夷巡检使"④。宁边寨隶属于施州清江县,由此可知,归顺州应属北江州,地近夔州路的施州。

28. 永州

北江羁縻州,属彭氏。大中祥符四年(1011)十二月,有永州蛮与北江羁縻安、远、顺、南、浊水等州一同来贡⑤。《复溪州铜柱记》有天禧元年"知永州军州事彭君昌"之记载。

29. 万州

北江羁縻州,属田氏。乾德元年(963),前溪州刺史田洪赟列状归顺,以洪赟为万州刺史。《复溪州铜柱记》有天禧元年"知万州军州事田彦存"之记载。

30. 归明州

北江羁縻州,属向氏。至和元年(1054)九月,授予施州管下元进奉蛮人向永词归明州都巡检。元祐六年九月甲寅,以故归明州都巡检向永明男万

---

① 按:据《宋会要·蕃夷》5之81载,天圣二年正月,有武宁州教练使吴知福等到京,称当州本属下溪州管下,"昨有安抚使入洞安抚,起立武宁州名。今奉知本州彭士罕差押进奉贺正溪布上京"。安抚使,当指张纶。据《长编》卷91天禧二年二月乙亥、卷94天禧三年七月戊辰所载,时纶为"辰、澧等州缘边五溪十洞巡检安抚使",受命"赴辰、澧、鼎州安抚招捉蛮人"。又据《复溪州铜柱记》所载,天禧元年有"溪洞巡检使、知武宁州彭□□",则武宁州大致应建于天禧初年。
② 《长编》卷480。
③ 《读史方舆纪要》卷82《施州卫军民指挥使司·大田军民千户所》。
④ 《元宪集》卷22。
⑤ 《长编》卷76。

辛承袭①。

31. 安福州

北江羁縻州，属田氏。仁宗时，有田忠稳曾"知溪洞安福州军州事，充宁边寨东路沿边溪洞把截外夷都巡检副使"。宁边寨隶属于施州清江县，故可知安福州为北江羁縻州。南宋淳熙十二年(1185)七月，以田承政承袭其父田彦武"知溪洞安副(福)州军州事、充宁边寨东路沿边溪洞把截外夷都巡检副使"②。

32. 京赐州

北江羁縻州，属田氏。元祐七年八月，以田忠稳男洪照知京赐州③。

33. 洛浦州

又名洛浦洞，北江羁縻州，属田氏。景德时(1004—1007)，有辰州洛浦洞州衙内指挥使田允来贡。大中祥符元年八月，始与磨嵯蛮一同率族归顺。五年二月，洛浦洞刺史田仕琼与磨嵯洞主张万钱来贺承天节，各贡溪布三百匹④。洛浦州的地望，当在唐洛浦县境。该县南至锦州一百八十里，以县西洛浦山为名。其治所在今湖南保靖县西北。

34. 棣州

北江羁縻州，属田氏。庆历、皇祐(1041—1054)时，田彦晏知棣州，皇祐时，其长孙忠俊为溪洞都巡检。元祐(1086—1094)时，田忠俊知顺州⑤。

35. 新远州

北江羁縻州，属田氏。熙宁(1068—1077)时，溪洞高州四甲巡检田洪祐继其父田忠利知新远州。元祐六年八月，洪祐长男思迁继任。元符二年(1099)二月，田思迁长男彦伊继任⑥。

36. 奉化州

施州管下北江羁縻州，属田氏。元祐六年，故知溪洞奉化州田忠猛男洪万继任⑦。

37. 夷州

北江羁縻州，属彭氏。《复溪州铜柱记》亦有天禧元年"知夷州军州事彭君

---

① 《宋会要·蕃夷》5之83、《长编》卷466。
② 《元宪集》卷22、《宋会要·蕃夷》5之101。
③ 按：事见《长编》卷476。又，宋庠知制诰在景祐时，故田忠稳知安福州亦当在此时。元祐七年，如其仍知京赐州。则其间相距有五十五年之久，不知两者为同一人否。如确，则京赐州应为北江州。
④ 《宋会要·蕃夷》5之76、77、78。
⑤ 《文恭集》卷19、《长编》卷443元祐五年六月辛卯。
⑥ 《苏魏公文集》卷32、《长编》卷464元祐六年八月己酉、卷506元符二年二月丁酉。
⑦ 《武经总要·前集》卷19《施州》、《长编》卷465元祐六年闰八月戊辰。

庸"之记载。庆历中,改为赐州①。

38. 向化州

北江羁縻州,属彭氏。《复溪州铜柱记》有天禧元年"五溪巡检使、知向化州彭如会"之记载。

39. 来化州

北江羁縻州,属彭氏。《复溪州铜柱记》有天禧元年"知来化州彭允会"之记载。

40. 施酉州

北江羁縻州,属彭氏。《复溪州铜柱记》有天禧元年"施酉知州彭允强"之记载。

41. 湘州

北江羁縻州,属罗氏。《复溪州铜柱记》有天禧元年"湘州罗文瞻"之记载。

(二) 南江

1. 懿州（治今湖南芷江侗族自治县）

南江羁縻州,属田氏。懿州"本唐之潭阳县地,以其在潭水之北,因以为名。马希范以为懿州,又改名洽州"②。宋乾德三年(965),因洽州之请,复名懿州。熙宁经制南北江,懿、洽州反抗最为激烈,不仅借招降之机杀掉了宋之使者亦即始谋李资,而且联合其他部落抗拒宋军。六年末,宋军在平定了懿、洽州的反抗后,收复南北江的行动才取得了决定性的胜利。七年,"置沅州,以懿州新城为治所,县以卢阳为名",纳入沅州辖区的,除懿州外,还有溪洞黔、衡、古、显、叙、峡、中胜、富、赢、绣、允、云、俄、奖、晃、波、宜、鹤、锦、圆等州③。

2. 洽州

南江羁縻州,属田氏。乾德三年,因宋人洽州刺史田处崇之请,恢复旧名,仍称懿州。但文献表明,此后洽州仍然存在,可能是五溪地区溪洞酋首专擅已久,为了增加贡赐贸易的机会,仍保留了洽州的建制。这与溪洞酋首出于同样的目的而创建一些新的羁縻州一样。熙宁经制,宋遭到懿、洽等州的顽强抵抗。宋将李浩"从章惇于南江,引兵由三路屯镇江,入叙州,讨舒光贵,破盈口栅,下天府,会于洽州,入懿州。蛮酋田元猛、元喆合猞狲拒官军,浩分兵击之,

---

① 《武经总要・前集》卷20。
② 《舆地纪胜》卷71《沅州・卢阳县》。
③ 《长编》卷252熙宁七年四月丙戌,《元丰九域志》卷6《沅州》。

杀猞猁,降元猛、元喆,遂城懿州。进讨黔江蛮,复城黔江"。同时,有"洽州蛮李光全等欲连富州村囤为乱",为归明人黄全谏执送官。黄全谏因功为三班奉职、辰州指挥使。后又有懿、洽州归明人田宗广因功为内殿崇班①。

3. 富州(治今湖南中方县境)

富州是南江羁縻州中较大的一州,属向氏。太平兴国八年(983),与锦、溪、叙州至辰州,愿内附为省地,未允。富州在五溪地区的地位较重要,它是"辰州墙壁",起着"障护辰州五邑,王民安居"的作用。淳化二年(991),因鹤州刺史向通汉之请,任其为富州刺史。向通汉兼五溪诸州统军,在五溪诸州刺史中地位较高,又始终忠于宋朝,这可能是宋朝改命的原因。熙宁时(1068—1077),通汉孙向永晤知富州,他"与绣、鹤、叙诸州蛮自相雠杀"。宋乘机经制,六年,"南江归明人向永晤奉其祖防御使通汉所受真宗涂金交倚银装剑及富州印来献",宋遂以"富州为镇江寨","元丰三年(1080),并镇江寨人户入黔江城,为黔阳县,寻废镇江寨为铺"。南江富州,在唐叙州龙标县境内②。《清一统志》卷369沅州府镇江关条言,"芷江县东八十里,即宋镇江寨"。《舆地纪胜》卷71沅州龙标县条言,唐叙州龙标城,"在今镇江寨南三十五里",大致标明了富州的地望。

4. 锦州(治今湖南麻阳苗族自治县锦和镇西)

南江羁縻州,属田氏。太平兴国八年,锦州与溪、叙、富州,同赴辰州请内附,未准。同年,其刺史田汉希与懿州刺史田汉琼,两易其地。淳化三年,入贡。大中祥符(1008—1016)时,向光舜为锦州刺史。向光舜为向通汉之子,天禧三年(1019),向通汉卒,光舜袭知富州,可能此时锦州刺史复由田氏族人出任③。熙宁经制收复,废为寨,"八年,废锦州寨及招谕县入麻阳"。锦州故城,在清麻阳县西四里④。

5. 元州

南江羁縻州,又作圆州,属舒氏。淳化五年,宋以舒德言为元州刺史。大中祥符元年(1008),知元州舒君强加银青光禄大夫、检校太子宾客。长期以来,元州与宋保持着良好的关系。熙宁收复后,宋以圆州与富、锦二州地置镇

---

① 《宋史》卷350《李浩传》,《长编》卷242熙宁六年二月戊戌、卷253熙宁七年五月癸卯。
② 《长编》卷245熙宁六年六月辛巳,《元丰九域志》卷6《沅州》,《宋史》卷88《地理志四》。
③ 按:事见《长编》卷77大中祥符五年二月壬子、卷93天禧三年二月己亥。马力在《北宋南江地区羁縻州考》(《文史》第34辑)中,据向光舜之孤证认为南江有田氏与向氏两锦州。其实,在羁縻地区知州、刺史的承袭,是由群酋合议其子孙及弟侄、亲党中当立者这种方式决定的,并非绝对由一姓一氏世袭,锦州当属此种情况。向光舜由锦州改任富州也证明了这一点。
④ 《元丰九域志》卷6《沅州》、《清一统志》卷369《沅州府》。

江寨。三州均在唐叙州龙标县境内,今地不详。

6. 叙州(治今湖南洪江市)

南江羁縻州,属舒氏。太平兴国八年,叙州与锦、溪、富州,同赴辰州请内附,未准。其年,"以知叙州舒德郛为刺史"。景德(1004—1007)时,知叙州舒君旺来朝,特许入对。大中祥符二年六月,叙州衙内指挥使舒宝来贡。熙宁经制收复,为黔江城,元丰三年,以黔江城为黔阳县①。

7. 硖州(治今湖南洪江市安江镇)

硖州,又作峡州,南江羁縻州,属舒氏。"宋初,蛮置峡州,谓之峡州新城。"景祐(1034—1037)时,有舒通旻"知溪洞峡州军州事"。熙宁六年(1073)收复,"以峡、中胜、云、鹤、绣五州,即唐叙州龙标县之东境置安江寨",治硖州新城,"安江寨,在(沅)州东南百九十里"②。

8. 中胜州

南江羁縻州,属舒氏。皇祐五年(1053),邵州蛮舒光银自陈捍御之劳,请于洞中置中胜州,获准置。熙宁经制,率先归附。

9. 鹤州

南江羁縻州。淳化二年前,鹤州属向氏。二年,宋因鹤州刺史向通汉之请,改命其为富州刺史。其后有向守兴知鹤州。熙宁七年,归附。宋以鹤州与峡、中胜、云、绣州地置安江寨,即唐叙州龙标县之东境③。安江寨,今为湖南洪江市之安江镇,鹤州当在其附近,今地不详。

10. 云州

南江羁縻州,属向氏。大中祥符二年六月,云州衙内指挥使向田来贡④。熙宁经制,收复。其治当在硖州新城附近,今地不详。

11. 绣州

南江羁縻州,属向氏。天圣七年(1029),有绣州蛮向光绪来贡。熙宁经制,收复。庆历六年(1046)五月三日,归明举人李渭言:"本化外溪洞人,父在日,补鹤、绣州军事推官,逮臣长成,取辰州进士文解,试于南省,乞特依归明人例,文资录用。"⑤从李渭兼鹤、绣两州军推之事,可推见绣州与鹤州相去不远。

---

① 《宋会要·蕃夷》5之76,《长编》卷71,《清一统志》卷368《沅州府》。
② 《元宪集》卷24,《读史方舆纪要》卷81《沅州》,《元丰九域志》卷6《沅州》,《宋史》卷88《地理志四·沅州》。
③ 《西溪集》卷6,《元丰九域志》卷6《沅州》。
④ 《长编》卷71。
⑤ 《宋会要·兵》17之1。

12. 奖州(治今湖南芷江侗族自治县西)

南江羁縻州,属田氏。开宝九年(976),刺史田处达以丹砂、石英来贡。熙宁收复,建为奖州铺。崇宁三年(1104),改为便溪寨。奖州铺即唐奖州①。

13. 晃州(治今湖南新晃县东北)

南江羁縻州,属田氏。淳化二年(991),知晃州田汉权献所获古晃州印,因其请而命为刺史。三年,田汉权来贡。熙宁经制,七年收复。治在沅州西九十里,明为晃州站堡,清为晃州厅。今新晃县兴隆乡民生村黄茨坡有田汉权之墓,疑宋晃州即在其旁近②。

14. 峨州(治今湖南新晃侗族自治县东境、芷江侗族自治县西境)

峨州又作俄州、鹅州。熙宁平定懿、洽州后,田元猛西逃至峨州。宋"委李锐至鹅州招纳田元猛"。峨州的地望,从元丰末湖北都钤辖司、转运司的奏章中可得窥知。两司奏:"沅州相度到:'缘宜、峨等州皆控制沅州上游,万一有桀黠酋首,结连群蛮为患,水路可一二日径至沅州城下,不可不虑。朝廷必欲招纳麻阳两县之间生恶猪狼,势须晃、宜之间先建城寨镇抚。'两司看详:'九衙、上卿、大小平、猪狼等处溪峒,虽已归明,僻远合乞依旧羁縻,不须措画外,今相度沅州所乞于宜、洽州地分修寨,波、晃州地分建堡,经久稳便。伏望依沅州所乞施行。'"③由此可见,峨州应在潕水上游,水路一二日程,即在沅州之西七十至一百四十里处。

15. 宜州

详见峨州条论证。

16. 波州

详见峨州条论证。又,今湖南新晃侗族自治县有波州镇,当是宋波州所在地。

17. 古州

南江羁縻州,属向氏。咸平元年(998),古州刺史向通展献蓉朱砂、马、及水银等物,宋因此铸州印赐之。大中祥符元年(1008),加知古州向光普银青光禄大夫、检校太子宾客。天禧四年(1020),真宗患病,向光普又遣使赴鼎州斋僧,祝愿真宗安康。仁宗朝,仍然与宋保持良好的关系。熙宁收复,以古州等建沅州。古州地望,据《元丰九域志》沅州条所言,在沅州西四百八十里处。

---

① 《元丰九域志》卷6《沅州》、《宋史》卷88《地理志四·沅州》、《舆地广记》卷28《沅州·卢阳县》。
② 《读史方舆纪要》卷81《沅州》;《清一统志》卷382《晃州厅》;《宋田汉权墓》,《新晃县志》,1989年,第680页。
③ 《长编》卷269熙宁八年十月辛丑、卷358元丰八年七月乙卯注。

18. 显州

南江羁縻州,舒氏。大中祥符二年六月,其衙内指挥使舒富来贡。熙宁经制,收复①。

19. 黔州

南江羁縻州,属舒氏。天圣七年(1029),有黔州蛮舒延蛮来贡。

20. 允州

南江羁縻州,属舒氏。熙宁经制收复,允州蛮舒光勇纳土而逃。十年,诣州自陈,依南江溪洞例补授,为三班奉职、安州监当②。

(三) 徽、诚州

宋乾德元年(963),湖南节度使周行逢死,叙州刺史钟存志奔朗州,溪洞酋首杨正岩以十洞称徽、诚州③,以其族姓散掌州洞。太平兴国四年(979),其十洞首领杨蕴始来内附。五年,十洞首领杨通宝始入贡,命为诚州刺史,此后,与宋基本维持着良好的通贡关系。由于杨氏支脉繁衍、族系分派,故诚、徽州又有"三州一镇"之称,即徽州、诚州、古诚州、融岭镇④。

1. 诚州(今湖南靖州苗族侗族自治县东)

熙宁经制南北江,独诚州酋首杨光僭负险不从命,但在宋军强大的军事压力之下,不久即降。九年,宋以其年已八十余,溪洞素所推服,兼祖父亦曾任诚州刺史,"授光僭皇城使,诚州刺史致仕。寻诏光僭依有功致仕例给俸,就三州一镇,官为建宅一区";同时,"差管勾招纳使臣一人,充飞山一带道路巡检",加强对诚州的威慑。元丰四年(1081)四月,宋以溪洞诚州为诚州。元祐五年(1090),复为溪洞诚州,以旧族杨光潜之子杨昌达为诚州刺史。绍圣(1094—1097)中,又收复建为诚州⑤。溪洞诚州的地望,据《读史方舆纪要》卷82靖州诚州城条言,"在渠江东岸,与今城相对,遗址犹存。宋崇宁初,舒亶选纯福坡地所建新城是也"。

2. 徽州(今湖南绥宁县寨市苗族侗族乡)

仁宗时,有杨通汉、杨光倩父子相继知州事,与宋保持良好的通贡关系。

---

① 《长编》卷71。
② 《长编》卷283熙宁十年六月甲午。
③ 按:见于《舆地纪胜》卷72靖州条,然该条系此事于周显德中,非是。据《新五代史》及《宋史》卷483《周行逢传》,周行逢死于建隆三年(962),时已入宋。
④ 《长编》卷278熙宁九年十月辛亥、《宋史》卷494《蛮夷传二·诚徽州》。
⑤ 《长编》卷278熙宁九年十月辛亥、卷312元丰四年四月乙丑、卷453元祐五年十二月丙午,《宋朝事实》卷19《靖州》。

熙宁经制南北江,九年,知徽州杨光僭出降,补为内殿崇班①。元丰四年,以溪洞徽州为莳竹县,隶邵州。元祐六年,莳竹县仍为溪洞徽州,付杨光僭知州事。崇宁二年(1103),收复,徽州复为莳竹县②。莳竹县地望,据《舆地纪胜》卷62武冈军条引《武冈志》言,古徽州,"即今之绥宁县"。

3. 古诚州(在今湖南靖州苗族侗族自治县北、渠河岸边)

庆历(1041—1048)时,有杨先赟知古诚州。熙宁八年(1075),知州杨光富率其族姓二十三州洞率先归附。后三州一镇杨氏酋首相继纳土,至元丰四年建立诚州、莳竹县③。

古诚州,自元丰四年后,在两年半的时间内,相继为贯保寨、渠阳县所在地。元丰三年,沅州提议"创筑古诚州贯保寨"。四年正月,建成,并正式命名为贯保寨;同时被命名的,还有由小由、长渡村堡组成的小由寨,由奉爱、丰山新堡组成的丰山堡。五年正月,"以濒渠河贯保寨为治所",割"沅州新修贯保、托口、小由、丰山堡寨"等"控扼蛮蜒形势之地",组建渠阳县,隶诚州。从元丰四年四月甲子知沅州谢麟奏章中可知,贯保寨应建在古诚州所在地。谢麟言:"准诏已置托口、小由、古诚、奉爱四寨,而黔阳县等并在腹里,谓宜减戍兵五百五十人,即令防拓新寨。"四寨中,两寨同名,而奉爱即丰山,则贯保当即古诚。由此可知,贯保寨应建在古诚州所在地。六年七月,渠阳县因"治所基址卑下,近复遭水患","移县治于诚州,倚郭建置"。而贯保寨也"于别寨择地建立"④。古诚州的地望,据《清一统志》卷376靖州贯保寨条言,在州北三十里。

第二节 广南西路的羁縻政区

宜州

宜州是少数民族聚居区,"州境悉蛮夷故地,西南昆明、罗殿王国,北牁牂(牂牁)中部落,自余溪洞绵亘十(千)余里。风壤温湿,加之瘴疠,即其土人建立郡县,有时贡,无地租,领州者多许夷人世袭"。知宜州兼领溪洞巡检使,总领宜州溪洞事务。宋朝对宜州的少数民族历来采取镇抚并用的政策,一方面,"给生料券,岁计盐数万斤、钱数千缗,按月支散,以维其心",实行羁縻;另一方

---

① 《长编》卷192嘉祐五年十一月己丑,卷278熙宁九年十月甲辰、乙巳。
② 《元丰九域志》卷6《邵州》、《长编》卷454元祐六年正月壬午、《宋史》卷19《徽宗纪一》。
③ 《欧阳文忠公集》卷81《溪洞杨先赟可权知古诚州制》、《长编》卷263熙宁八年闰四月丙申。
④ 《长编》卷308元丰三年九月丙子,卷311元丰四年二月甲申,卷322元丰五年正月戊申,卷312元丰四年四月甲子,卷337元丰六年七月丙午。

面,又严加防范。在宜州诸羁縻州中,以南丹、抚水州势力最强大,与宋时常发生冲突。故宋在淳化(990—994)前就将战略要地琳州收复,建为怀远军,并在天圣(1023—1032)中将该军迁至交通要道龙江之旁的江口寨,以"控扼安化(抚水)蛮出入";又在怀远军西北方向的"环州、镇宁州、金城州、智州并立城寨,加兵戍守,或置以牙职焉",形成一条自东北向西南的防线,并在这道防线的东西两侧设立了天河、思立、普义、带溪、德谨等五寨,在宜州与南丹、抚水之间形成了多重防御体系①。对宜州地区众多的羁縻州,宋朝采取的是分批收复、逐步推进的稳健路线。琳州最早,淳化前即收复。芝忻州、归恩州、纤州、思顺州、归化州,庆历(1041—1048)时收复。智州,治平(1064—1067)时收复。述昆州、环州、镇宁州,熙宁(1068—1077)时收复。文、兰、地、那及抚水、南丹六州,崇宁(1102—1106)、大观(1107—1110)时收复。除抚水、南丹两州不久复为羁縻州外,至此,宜州所领羁縻州,大部成为省地②。宜州所领羁縻州,诸书记载不一。以《元丰九域志》所载较全,共十七州,即温泉州、环州、镇宁州、思顺州、蕃州、文州、金城州、兰州、述昆州、智州、安化州、南丹州、归恩州、芝忻州、纤州、琳州③。今以《元丰九域志》所载与《宋史》卷90《地理志六》之地、那二州为准,逐州论证如下。

1. 琳州,治多梅(今广西宜州市怀远镇)

琳州原领多梅、古阳、多奉三县,后歌良县自环州来隶,凡七乡,二百四十户④。淳化前,因系控扼之地,故收复建为怀远军,并以羁縻环州、镇宁州、金城州、智州隶之。淳化元年(990)正月,复以怀远等州军隶宜州⑤。熙宁八年(1075),废怀远军古阳县为怀远寨,并入龙水县⑥。琳州在清宜山县西,即今广

---

① 《武经总要·前集》卷20《宜州》、《宋会要·蕃夷》5之102、《长编》卷103天圣三年五月己丑。
② 按:宜州羁縻州,除上述诸州外,尚有金城州、温泉州、蕃州归属不明。金城州,宋早在此立城寨、置戍兵;温泉州、蕃州,均在宜州之南,百里之内,且温泉州宋初已由牙职领之。故疑三州早已内附,而史文失于记载。又,所言大部,仅就下列所载十余羁縻州而言。南宋初,时宋廷一次即授予宜州六十颗羁縻州印,仅南丹州即有二十七州。
③ 《元丰九域志》卷10《羁縻州·广南路·宜州》、《省废州军·广南路》、《化外州·广南路》。
④ 《太平寰宇记》卷168《宜州·琳州》、《宜州·环州》。
⑤ 《武经总要·前集》卷20《宜州》、《宋会要·方域》7之20。
⑥ 按:事见《元丰九域志》卷9《宜州》。又,怀远军自熙宁八年后,不见于载籍。另外,《宋史》卷90《地理志六·平州》言,崇宁四年(1105),广西融州的王江古州蛮纳土,建为怀远军。则广西不当同时领有两怀远军。故疑熙宁八年宜州怀远军已与所属古阳县并废,而降为怀远寨。《长编》中,与怀远军地位相关的史料凡两见:第一,景德四年(1007)八月壬子,阁门祗候、殿直、知怀远军任吉因固守宜州怀远军,而晋升为西头供奉官;第二,景祐三年(1036)十一月乙亥朔,"诏怀远军本隶宜州,自今奏事毋得专达"。凡此可见,怀远军为县级军,但一度擅同下州地位直属京,故景祐时予以纠正。又,熙宁时,只见古阳一县。故疑淳化前多梅、多奉二县在琳州改为怀远军时,已并入古阳县中。

西宜州市怀远镇。

2. 芝忻州，治忻城（今广西忻城县）

芝忻州领忻城、平西、富禄、思龙、多灵五县，凡七乡、三里，六百五十二户。庆历三年（1043），与归恩、纡州一同收复，建为忻城县，属宜州。该州在清"庆远府南少东九十里"处①。

3. 归恩州，治履博（今广西忻城县东思里堡）

归恩州领履博、罗遵、都恩、吉南、许水五县，凡八乡，主客二百零一户。庆历三年，与芝忻、纡州一同收复，建为忻城县，属宜州。该州在清忻城土县东②。

4. 纡州，治东区（今广西忻城县东南、红水河北岸）

纡州领东区、吉陵、宾安、南山、都邦、纡质六县，凡九乡，二百九十一户。庆历三年，与芝忻、归恩一同收复，建为忻城县，属宜州。该州在清忻城土县东③。

5. 思顺州，治安宁（今广西柳江县西南、忻城县东）

思顺州领安宁、钦化、岩栖三县，凡六乡，主客三百零五户。庆历四年，与归化州一同并入柳州马平县。该州在清宜山县东南④。

6. 归化州，治归朝（今广西柳城县西北古州）

归化州领归朝、洛回、洛都、洛巍四县，凡六乡、二村，一百十六户，属蒙氏。大中祥符九年（1016），参与抚水蛮之乱，知州蒙肚及其亲属，或补州佐、牙职，或黥配，远徙京东密、海、登、莱四州。宝元元年（1038），复侵融、宜州，逾年始平。庆历四年，与思顺州一同并入柳州马平县⑤。《清一统志》卷 464 庆远府条言，庆远府西南六十里的永定长官司辖境，即宋羁縻归化州与思顺州所在地。

7. 智州，治英罗（今广西河池市东南、平林西北）

智州原领英罗、富力、智本、兰江、平林五县，凡五乡、五里，三十七户。治平二年（1065）前，河池县自金城州来隶。治平二年，河池县并富力县，升为正县⑥。其他四县，《清一统志》卷 464 庆远府废智州条认为已先废，并言"今州有英罗、智本、兰江、平林诸村疃，皆以旧县名"，可证。

8. 述昆州，治夷蒙（今广西宜州市西南）

述昆州原领夷蒙、夷水、古桂、临山、都陇五县。然全州仅有户口三百七十

---

① 《太平寰宇记》卷 168《宜州·芝忻州》、《元丰九域志》卷 9《宜州》、《清一统志》卷 464《庆远府·忻城土县》。
② 《太平寰宇记》卷 168《宜州·归恩州》、《元丰九域志》卷 9《宜州》、《清一统志》卷 464《庆远府·归恩废州》。
③ 《太平寰宇记》卷 168《宜州·纡州》、《元丰九域志》卷 9《宜州》、《清一统志》卷 464《庆远府·废纡州》。
④ 《太平寰宇记》卷 168《宜州·思顺州》、《元丰九域志》卷 9《宜州》、《清一统志》卷 464《庆远府·思顺旧州》。
⑤ 《太平寰宇记》卷 168《宜州》、《宋史》卷 495《蛮夷传三·抚水州》、卷 90《地理志六·宜州》。
⑥ 《太平寰宇记》卷 168《宜州·智州》、《宋会要·方域》7 之 20。

一,夷水下辖一乡,夷蒙仅有二里,古桂、临山各辖二村,都陇最小,仅有一村。或以此故,熙宁八年(1075)前已废为述昆县。熙宁八年,再废述昆县为镇,并入龙水县,成为省地①。《清一统志》卷464庆远府述昆旧州条言,该州在宜山县西南,今县西南有述昆乡。

9. 环州,治思恩(今广西环江毛南族自治县东)

环州原领八县,正平、龙源、武石、饶勉四县废并,福零、歌良二县割出,宋初,仅领思恩、都亮二县,属区氏。"熙宁八年,以环州思恩县隶州,徙治带溪寨,省镇宁州礼丹县入焉",而建思恩正县。该县包括环、镇宁两羁縻州及带溪、普义两寨。据《太平寰宇记》所载,羁縻环州仅有户二百四十,思恩县"无乡,管二里",都亮县管四乡;镇宁州仅有户五十一,下辖福零、礼丹两县并无乡里。故诸志虽未明言废都亮、福零二县,但可断言二县必在省废之列,甚或先已废并。镇宁州,省并为寨,隶属于思恩正县。该州在清思恩县西北②。

10. 镇宁州(今广西环江毛南族自治县西)

镇宁州原领礼丹一县,后福零自环州来隶,凡管户五十一。仁宗时,有镇宁州蛮莫陵尝杀官吏及与边人争田,互相雠杀③。镇宁,熙宁八年省并,为宜州思恩县镇宁寨。《清一统志》卷464庆远府条言,"镇宁旧州,在思恩县西"。

11. 文州(今广西巴马瑶族自治县西北)

文州领思阳、芝山、都黎三县,管主户五十二,但"州县并无廨署",属罗氏。崇宁五年(1106),蔡京开边广西,文州罗更晏纳土内附。大观元年(1107),置绥南寨。绍兴四年(1134)废④。据《清一统志》载,该州在东兰州西南二百四十里处。

12. 兰州(今广西东兰县)

兰州领都夷、阮平、如江三县,但"州县并无廨署,不曾供通户口",属韦氏。崇宁五年开边,兰州韦晏闹纳土内附。据《清一统志》载,该州在东兰州东南⑤。

13. 地州(今广西南丹县南吾隘镇那地村)

地州,属罗氏。崇宁五年,地州罗文诚纳土内附。大观元年,以地州建隆

---

① 《太平寰宇记》卷168《宜州·述昆州》、《元丰九域志》卷9《宜州》。
② 《太平寰宇记》卷168《宜州·环州》、《宋史》卷495《蛮夷传三·环州》、《元丰九域志》卷9《宜州》、《清一统志》卷464《庆远府·旧环州》。
③ 《宋会要·蕃夷》5之82。
④ 《太平寰宇记》卷168《宜州》、《宋史》卷90《地理志六·文州》、卷348《王祖道传》、《清一统志》卷464《庆远府·旧文州》。
⑤ 《太平寰宇记》卷168《宜州》、《宋史》卷90《地理志六·兰州》、卷348《王祖道传》、《清一统志》卷464《庆远府·旧兰州》。

县置孚州。据《清一统志》载,该州治即清那地州治①。

14. 那州(今广西东兰县东北那洲)

那州,属罗氏。崇宁五年,那州罗更从纳土内附。顾祖禹认为,那州在明那地州南②。

15. 抚水州(今广西环江毛南族自治县东北、小环江西岸中州中里)

抚水州领抚水、古劳、多蓬、京水四县,固屑一场,但"无州县廨署,亦不供通户口",位于宜州之南。其酋皆蒙姓同出,分上、中、下三房及北遐一镇,民则有区、廖、潘、吴四姓。该州常与宋发生冲突。大中祥符九年(1016),因宜州措置失当,多次侵犯宜、融州界,杀巡检樊明。宋遂发兵深入进讨,大败抚水蛮,自后确立间岁朝贡之制,并改抚水州为安化州,抚水县为归仁县,京水县为长宁县。嘉祐六年(1061)后,又规定安化州"月赴宜州参谒及贸巨板,每岁州四管犒。及三岁,听输所贡兵械于思立寨,以其直偿之,递以官资迁补"。元丰(1078—1085)时,又爆发罗世念之乱,宋将费万、知宜州王奇战死。宋遂改策略,剿抚并用。六年初,以"知安化州及思广等五十二洞首领罗世念为内殿承制,蒙承想、蒙全圣、蒙光赵并为西头供奉官",平息了这场冲突。大观二年(1108),宋推行拓土政策,蒙氏遂以三州一镇内附。不久,"以议者言,以为招致熟蕃非便"复故③。《清一统志》卷464庆远府条言,抚水旧州,在思恩县北。

16. 南丹州(今广西南丹县)

南丹州,属莫氏。开宝七年(974),始内附,此后岁输白金百两,宋亦"月支盐料及守臣供给钱"。大观元年,宋行进筑,遂诳杀南丹州刺史莫公佞,改南丹州为观州。大观四年,以莫氏连年围攻,复还南丹州予公佞弟公晟,而于高峰寨置观州。其后公晟进攻不已,直至绍兴二十四年(1154)始复朝贡,以二十七州、一百三十五县为羁縻州县④。《清一统志》卷464庆远府条言,南丹土州在府西北三百四十里。

---

① 《太平寰宇记》卷168《宜州》、《宋史》卷90《地理志六·地州》、卷348《王祖道传》、《清一统志》卷464《庆远府·旧地州》。
② 按:此据《读史方舆纪要》卷109《庆远府·那地州》。又,白耀天认为那州治今天峨县六排镇那洲村,然未言所据。见白耀天:《宋代在今广西西部设置羁縻州、县、洞考》,《广西民族研究》1997年第4期。
③ 《太平寰宇记》卷168《宜州》、《长编》卷332元丰六年正月丙申、《宋史》卷495《蛮夷传三·抚水州》。
④ 按:事见《宋史》卷494《蛮夷传二·南丹州》、卷495《蛮夷传三·抚水州》、卷90《地理志六·观州》及(宋)范成大:《桂海虞衡志》。又,南丹州诸书不载其有属邑,然《宋史》卷90庭州条言,"大观元年,又于南丹州中平县置寨曰靖南,寻拨隶庭州",则南丹州与他州一样,亦有属县。

17. 金城州,治金城(今广西河池市)

金城州原领金城、宝安、河池三县,治平二年(1065)前,河池改隶智州,凡管户一百三十一。治平二年,河池县收为省地,升为正县①。《清一统志》卷464庆远府条言,该州在河池州东,即今河池市金城江区金城江街道。

18. 温泉州,治温泉(今广西宜州市石别镇清潭村)

温泉州领温泉、洛富二县,管二乡、四里,主客一百七十四户。据《武经总要》所载,该州"尝以蛮首主之","今以牙职领之。西北至州百里"②。

19. 蕃州,治蕃水(今广西宜州市庆远镇洛岩村)

蕃州领蕃水、都伊、思寮三县,凡六乡,三十七户。该州在宜州西南四十五里③。

融州

1. 乐善州(今广西罗城仫佬族自治县宝坛乡四堡村)

乐善州,雍熙二年(985)归化,隶融州④。乐善蛮常犯边,寇融州之罗城、武阳二县。仁宗时,乐善蛮复寇武阳,宋将冯"伸己遣谕祸福,蛮大悦,悉还所掠"。徽宗崇宁二年(1103),推行拓地政策,在该州设置乐善寨。绍兴(1131—1162)中,复为羁縻乐善州⑤。《太平寰宇记》言,该州在融州西北一百五十里。《清一统志》柳州府条言,乐善旧州在罗城县北乐善里,该地分立四堡,疑即州之旧址。

2. 古州(今广西三江侗族自治县境)

古州,又称王江古州,融州羁縻州,属杨氏。崇宁四年,蔡京、王祖道等以为"王江在诸江合流之地,山川形势据诸洞要会,幅员二千里。宜开建城邑,控制百蛮,以武臣为守,置溪洞司主之",遂招诱王江酋杨晟免等纳土,于王口寨

---

① 按:《太平寰宇记》卷168宜州条言,金城州领县二:金城、宝安。然《元丰九域志》卷10宜州条言,金城州领河池等三县。《太平寰宇记》智州条亦言,"西至金城州河池县一十二里,北至金城州河池县一十里"。可见《太平寰宇记》金城州条有脱文,宋初,金城州当领河池等三县。据《元丰九域志》卷9宜州条载,"治平二年,以羁縻智州河池县隶州,省富力县入焉",知河池县治平二年前又改隶智州。
② 《太平寰宇记》卷168《宜州》、《武经总要·前集》卷20《广南西路·宜州》。
③ 按:事见《太平寰宇记》卷168《宜州》、《武经总要·前集》卷20《广南西路·宜州》。又,《太平寰宇记》所载宜州地区宋初户口数极少。这反映其时宋朝对该地区统治程度极低,所能掌握的户籍极少。再者,"户"或为该地氏族、家族或村屯之别称。范成大在《桂海虞衡志》中言及广西左右江地区的社会组织时说:"每村团又推一人为长,谓之主户,余民皆称徭陀,犹言百姓也。"
④ 按:事见《太平寰宇记》卷166《融州》。又,乐善州又隶属黔州,《太平寰宇记》、《元丰九域志》、《宋史·地理志》并同。
⑤ 《长编》卷71大中祥符二年正月壬申,《宋史》卷285《冯伸己传》、卷90《地理志六·融州》,《读史方舆纪要》卷109《柳州府·融县·抚水废县》。

建军,以怀远为名,割融州融江、文村、浔江、临溪四堡寨并隶军。五年,改怀远军为平州,王口寨为怀远县。政和元年(1111),废平州及怀远县,依旧为王口寨,所辖四堡寨复隶融州。二年,以边臣言,"平州为西南重镇,兼制王江、从、允等州及湖南之武冈军、湖北之靖州、桂州之桑江峒徭",权留。王江古州,自兹以后,直至南宋,遂为省地不变①。古州的地望,据《清一统志》卷463柳州府怀远旧城条引《旧志》言,"洪武十年(1377),废怀远县,置三江镇巡司。十四年,复置,县治在大融江、浔江之汇。割融县金鸡(溪)乡②属之,列宜阳、浔江、丹阳、万石四镇附县,仅三乡,民二百余家。其外数里,徭僮环巢",则王江古州蛮,当在今广西三江侗族自治县境内。

3. 中古州(今贵州黎平县永从乡西)

中古州,融州羁縻州。崇宁四年,宋于中古州置格州及乐古县。五年,改格州为从州。政和元年,废从州为乐古寨,拨隶允州。二年,又废允州③。中古州的地望,在清永从县西。其地原隰平旷,可为邑居,宋时古州治此。土人呼为里古州,或讹为里古舟④。

邕州

宋代的广南西路是多民族边陲地区,其"备边之郡九,而邕管为最重。邕之所管幅员数千里,而左右两江为最重。自邕之西北有牂牁、大理、罗甸、自杞,而西南有白衣九道、安南诸国,皆其所当备者"⑤。但是,宋代邕州驻军自来不多。英宗治平三年(1066),广南东西两路驻军五万一千余人,但这是平定侬智高之乱后的特殊情况。神宗后,一般情况下,"邕屯全将五千人。以三千人分戍横山、太平、永平、古万四寨及迁龙镇。其二千人留州更戍"。南宋时,邕之戍兵常不满千人,"所恃以为篱落者,惟左右两江溪洞共八十余处,民兵不下十万,首领世袭,人自为战,如古诸侯、民兵之制。其去邕管近者余三百里,远者近千里。所恃以维持抚驭之者,惟提举盗贼都巡检使四人,各以戍兵百余为溪洞纲领"⑥。因此,宋朝在邕州的边防,实有赖遍布于左、右江地区的数以百计的羁縻州、县、洞。

---

① 《宋史》卷90《地理志六·平州》、卷348《王祖道传》、卷495《蛮夷传三·抚水州》,《舆地纪胜》卷114《广南西路·融州》。
② 按:金鸡乡,《宋史》卷495《蛮夷传三·抚水州》引明橐奏章言,为金溪乡,在融州西北。
③ 《宋史》卷90《地理志六·平州》。
④ 《清一统志》卷508《黎平府·从州故城》。
⑤ 《宋史全文》卷26上淳熙二年十一月戊辰。
⑥ 《岭外代答》卷3《沿边兵》、卷2《邕州兼广南西路安抚都监》,《历代名臣奏议》卷338,《宋史全文》卷26上淳熙二年十一月戊辰。

邕州管内羁縻州县洞与洞丁队伍的建设,大概在平定侬智高之乱后更形完备。宋"因其疆域,参唐制,分析其种落,大者为州,小者为县,又小者为洞,凡五十余所。推其长雄者首领,籍其民为壮丁,以藩篱内郡,障防外蛮。缓急追集、备御,制如官军。其酋皆世袭,分隶诸寨,总隶于提举。左江四寨,二提举;右江四(一)寨,一(二)提举。寨官,民官也。知寨、主簿各一员,掌诸洞财赋。左江屯永平、太平,右江屯横山,掌诸洞烟火、民丁,以官兵尽护之"。而左、右江洞丁队伍,经历治平(1064—1067)、熙宁(1068—1077)的"团集"、校阅,则长期保持在十余万的规模上①。下面以五寨镇为次第,分述左右江各羁縻州县。

(一) 迁隆寨(今广西宁明县那堪镇迁隆村)

迁隆寨,亦作迁龙寨②,约建于神宗时③,南宋时,改为迁隆镇。该寨位于邕州之西,"至州四程",在明思明府"东二百里,东至上思州五十里"④,领忠州、思恩州、上思州、罗阳县、永康县、罗百县、水口洞、玉龙洞⑤。

1. 忠州(今广西扶绥县东门镇西南旧城)

忠州,宋置羁縻州,首见于《元丰九域志》。忠州在清南宁府西南一百九十里,西至太平府土思州界六十里,南至上思州界二十里,北至新宁州界二十里。东南至上思州界二十五里,西南至迁隆洞界二十里,东北至新宁州界二十里,西北至太平府上江州界三十里⑥。

2. 思同州(今广西扶绥县中东镇思同村)

思同州,唐置羁縻州,《太平寰宇记》、《元丰九域志》、《宋史·地理志》俱载之。据《清一统志》言,在永康州西南,"今为思同村,北至永康州十五里"⑦。

3. 上思州(今广西上思县南)

上思州,唐置羁縻州,《太平寰宇记》、《元丰九域志》、《宋史·地理志》俱载

---

① 《文献通考》卷330《四裔七》引《桂海虞衡志》、《长编》卷203治平元年冬、《宋史》卷191《兵志五·邕钦溪洞壮丁》。
② 《岭外代答》卷3《沿边兵》、《舆地纪胜》卷106《邕州》。
③ 按:迁隆寨,《武经总要》、《元丰九域志》、《宋史·地理志》不载。管见初见于《长编》卷271熙宁八年十二月丁酉,该条言,"于是,交人果大举,众号八万,十一月抵海岸,未旬月陷钦、廉二州,破邕之太平、永平、迁陆(隆)、古万四寨"。
④ 按:见《舆地纪胜》卷106《邕州》、《读史方舆纪要》卷111《思恩军民府·思明府》。白耀天在前引《宋代在今广西西部设置羁縻州、县、洞考》一文中认为,迁隆镇应在今南宁市江南区苏圩镇,似误。苏圩至南宁市仅四十三公里,与宋代"四程"之里数相去甚远,又位于内郡,与宋设防守边之意不合。今不取。
⑤ 按:见《元一统志》卷10《邕州路》,系元初之制。《舆地纪胜》卷106《邕州》仅说,迁隆镇"领州、洞、县九,内五县系熟地,四县洞系归明",不详何州、县、洞。
⑥ 《读史方舆纪要》卷110《南宁府》、《清一统志》卷471《南宁府》。
⑦ 《新唐书》卷43下《地理志七下》、《清一统志》卷472《太平府》。

之,属黄氏。乾道八年(1172),有"进武校尉、前邕州上思(州)知州事黄彬"建言买牝马孳仔,宋廷赐"借阁门祗候,许系红鞓带"。据《清一统志》言,该州治于今上思州南,隔江胡悖岭下①。

4. 永康县(今广西扶绥县中东镇北旧县)

永康县,北宋置,《元丰九域志》、《宋史·地理志》有之。《清一统志》言,"有旧县村,在今永康州北,盖改州时移治也"②。

5. 罗阳县(今广西扶绥县中东镇罗阳村)

罗阳县,唐置,《元丰九域志》、《宋史·地理志》亦有之,属黄氏。《读史方舆纪要》言,"本西原农洞地。地名福利,唐置羁縻罗阳县。元和末(820),裴行立攻黄洞蛮,得其地。长庆初(821),邕州刺史李元宗复以其地归蛮酋黄少度,遂没于蛮。宋复置罗阳县,属迁龙寨。元隶太平路。明朝洪武初(1368),土官黄宣归附,世袭知县,以流官典吏佐之,仍属太平府"。罗阳故县,即清罗阳土县治③。

6. 罗白县(今广西崇左市江州区罗白乡)

罗白县,"本蛮地,宋置罗白县,属迁隆寨"。其治即"今罗阳土县治"④。

(二)古万寨(今广西崇左市江州区驮卢镇)

古万寨,景祐四年(1037)置,至邕州四程。宋时"领州洞十,内五洞系熟洞,内五洞系归明洞"。元初领州二、县三、洞十三,即左州、江州,武黎县、陀陵县、崇善县,吴洞、永安洞、坡陵洞、博龙洞、粟洞、古乐洞、古榄洞、思婪洞、还婪洞、卓洞、博喝洞、上浪洞、安礼洞⑤。

1. 左州(今广西崇左市江州区左州镇东)

左州,"唐置羁縻州,隶邕州都督府。宋仍曰左州,隶古万寨"。宋左州旧城,在明左州东十五里,地名龙村处⑥。

2. 江州(今广西崇左市江州区江州镇)

江州,即唐羁縻太州,属黄氏⑦。宋隶古万寨,元丰三年(1080),宋迁徙

---

① 《新唐书》卷43下《地理志七下》,《宋会要·兵》23之8,《清一统志》卷471《南宁府·上思州故城》。
② 《清一统志》卷472《太平府·永康故县》。
③ 《读史方舆纪要》卷110《太平府·罗阳县》,《清一统志》卷472《太平府》。
④ 按:事见《读史方舆纪要》卷111《都康州·罗白县》、《清一统志》卷472《太平府》,然宋代诸志不载,初见于《元一统志》,疑为南宋时置。
⑤ 《元一统志》卷10《邕州路》、《舆地纪胜》卷106《邕州》。
⑥ 《读史方舆纪要》卷110《太平府》。
⑦ 按:白耀天在《宋代在今广西西部设置羁縻州、县、洞考(续)》(《广西民族研究》1998年第1期)中据壮语认为,宋江州即唐太州。《新唐书》卷222下《西原蛮传》有太州刺史黄伯蕴。

左、右江归明人户入近里州洞,左江委知江州黄迁兴都大照管①。

3. 员州(今广西崇左市西北)

员州,唐置羁縻州,属侬氏②。宋属古万寨,元初改为崇善县③。

4. 谭州(今广西大新县东南潭溪)

谭州,即唐羁縻谈州,在邕州西,水路三百五里④。

5. 渡州

渡州,宋置羁縻州,《太平寰宇记》、《元丰九域志》、《宋史·地理志》俱载之⑤。

6. 陀陵县(今广西崇左市江州区驮卢镇)

陀陵县,本西原农洞地,宋置羁縻县,隶古万寨。《元丰九域志》、《宋史·地理志》俱载之。县治在清永康州西南六十里处⑥。

7. 武黎县(今广西扶绥县西)⑦

武黎县,宋景祐二年所置羁縻县,元废⑧。

(三) 太平寨(今广西崇左市)

太平寨,领羁縻州二十,"内十四州系熟洞,六州系归明洞"。太平寨至邕州八程,其治即元太平路、明太平府治⑨。

1. 龙州(今广西龙州县境)

龙州,又作笼州,唐置羁縻州,宋属太平寨。《读史方舆纪要》言,"龙州旧城,在州东北百里,元初筑。大德(1297—1307)间,迁于龙江,即今治也。其故址尚存",则宋龙州城已无考,当在今龙州县境内⑩。

2. 冻州(今广西龙州县下冻镇)

冻州,本西原农洞地,宋置羁縻冻州,隶太平寨。元丰三年,宋迁徙左、右

---

① 《读史方舆纪要》卷111《都康州》、《长编》卷309元丰三年十月庚辰。
② 按:《新唐书》卷222下《西原蛮传》,有员州首领侬金勒。
③ 按:白耀天认为载于《太平寰宇记》、《元丰九域志》、《宋史·地理志》中的员州即是载于《元一统志》卷10中的崇善县,是同在一地的不同称谓的政区建置。
④ 按:事见《新唐书》卷43下《地理志七下》、《太平寰宇记》卷166《邕州》。又,白耀天认为谭州治于今广西崇左市左江边的谭洞。
⑤ 按:白耀天认为渡州应治于今广西崇左县谭洞之下。
⑥ 按:事见《读史方舆纪要》卷110《太平府》、《清一统志》卷472《太平府》。又,白耀天认为陀陵县治于崇敬左县那隆。
⑦ 按:白耀天认为武黎县在今扶绥县渠黎至东罗镇一带。
⑧ 《清一统志》卷471《南宁府·新宁州》。
⑨ 《舆地纪胜》卷106《邕州》、《读史方舆纪要》卷110《太平府》。
⑩ 《读史方舆纪要》卷111《思恩军民府》。

江归明人户入近里州洞,右江委知冻州黄案定都大照管。元分为上冻、下冻二州,属太平路,寻复合为上下冻州。故冻州,即清上下冻州治①。

3. 万承州(今广西大新县龙门乡)

万承州,又作万丞州,本西原农洞地,唐置羁縻州,宋属太平寨。其治即清万承土州所在地。又有万形州,亦唐置,在万承州西北。《太平寰宇记》、《元丰九域志》均不载,宋初已并入万承州②。

4. 恩城州③(今广西大新县恩城乡)

恩城州,本西原农洞地,唐置羁縻州,宋属太平寨,其治在今广西大新县西南的恩城乡④。

5. 安平州(今广西大新县雷平镇安平村)

安平州,本西原洞蛮地,唐置羁縻波州,宋隶太平寨。皇祐元年(1049),改为安平州。南宋时,安平州势力强大。乾道末,李浩知静江府兼广西安抚,安平州"酋恃险谋聚兵为边患,浩遣单使谕以祸福,且许其引赦自新,即日叩头谢过,焚彻水栅,听太府约束"。但后来安平州酋李械仍然拥有强兵,"舆骑、居室、服用,皆拟公侯"。嘉定初,"安平州李密侵邻洞,劫掠编民,并取古甑洞,以其幼子变姓名为赵怀德知洞事",为广西安抚司制止。元至元十四年(1127),知安平州李维屏降元⑤。宋安平州治,即清安平土州所在地,该地有清乾隆二年(1737)所立《安平土州永定规例碑》。

6. 思明州(今广西宁明县明江镇)

思明州,唐置羁縻州,宋属太平寨,属黄氏。南宋理宗时,有黄炳等向宋报敌情⑥。《清一统志》卷472太平府条载明江厅城,即思明旧城。

7. 七源州(今越南谅山省七溪县)

七源州,唐置羁縻州,宋属太平寨。开宝九年(976),广源等州欲内附,七

---

① 《元丰九域志》卷10、《读史方舆纪要》卷110《太平府》、《清一统志》卷472《太平府》、《长编》卷309元丰三年十月庚辰。
② 《读史方舆纪要》卷110《太平府》;《清一统志》卷472《太平府》;清康熙二十三年(1686)《万承土州土官家族头目等分占官田碑》,《广西少数民族地区石刻碑文集》,广西人民出版社,1982年,第13页。
③ 按:恩城州,《新唐书·地理志》、《太平寰宇记》、《元丰九域志》、《宋史·地理志》均作"思诚州",或因形音相近而误。
④ 《读史方舆纪要》卷110《太平府》;明景泰四年(1453)《重新恩城土州治所碑》,《广西少数民族地区石刻碑文集》,第4页。
⑤ 《读史方舆纪要》卷110《太平府》;《文献通考》卷330《西原蛮》;《宋史》卷388《李浩传》、卷495《蛮夷传三·抚水州》;《清一统志》卷472《太平府》;《广西少数民族地区石刻碑文集》,第19页;《元史》卷9。
⑥ 《新唐书》卷43下《地理志七下》,(宋)李曾伯:《可斋杂稿续稿后》卷5《缴印经略书安南奏·帖黄》,《读史方舆纪要》卷110《太平府》。

源州代其通款于邕州。天圣六年(1028),七源州权寨主李绪在与交趾作战时战死。熙宁(1068—1077)时,原七源州管下侬善美,率其属七百余人归明至七源州,后"善美与子盛明往西侬州招呼人户,为贼所杀"。在交趾入侵时,知七源州侬文富遇害。北宋末,张庄在广西拓地,七源州也随之纳土。南宋时,七源州仍属于宋朝①。

8. 广源州(今越南高平省广渊县)

广源州,其前身可能是唐羁縻平原州。五代时,接受南汉的册封,为其羁縻州。宋开宝九年正月,邕州上言得广源州酋长坦绰侬民富状,言"管内左江溪峒七源州状称,广源州、武勒州、南源州、西农州、万涯州、覆和州、温州、弄州、古拂峒、八耽峒,凡十首领,以岭南日伪命诏敕十道来献,愿比七源州内附输赋税,为思琅州蛮蔽塞不得通,愿朝廷举兵诛思琅州,使得比内属之人",诏授坦绰侬民富金紫光禄大夫、检校司空兼御史大夫、上柱国,仍令广南转运使除道以招来之②。从此,广源州成为邕管羁縻州,但是"其实服役于交趾"。景祐三年(1036),广源州曾与交趾管下的甲洞等州洞一道"寇邕州之思陵州、西平州、石西州及诸峒,略居人马牛,焚室庐而去"。约略在此时前后,交趾镇压了割据傥犹州的侬智高,复释其罪,使知广源州,并以雷、火、频、婆四洞及思浪州附益之。皇祐五年,侬智高之乱后,广源州仍为交趾所侵占。熙宁八年(1075),交趾大举侵宋。九年,宋军发动反击,夺回广源、思琅二州并攻占交趾苏茂(今越南谅山省亭立县一带)、谅(今谅山省谅山县)、门(今越南高平省东溪)三州及桄榔(今越南谅山省温州)一县。次年,改广源州为顺州,实行直接管理。但由于"顺州荒远瘴疠","宋"戍卒死者十常八九",因此,元丰二年(1079)十月,宋执行虚边政策,在"内徙者二万户"③的情况下,放弃顺州及所获其他各州;并于七年,在交趾归还所略部分人口的情况下,辨正疆界,"以庚俭、邱矩、叫岳、通旷、庚岩、顿利、多仁、勾难八隘为界,其界外保、乐、练、苗、丁、放近六县,宿、桑二洞"予交趾,而八隘以北的勿恶、勿阳、上电(雷)、下雷、温润等十八县、洞则属宋方④。熙宁九年前,宋与交趾在邕管境内的边界线,大体在广源、七源、思琅、禄州与门州、谅州、苏茂州、

---

① 《新唐书》卷43下《地理志七下》、《宋会要·蛮夷》5之73,《长编》卷106天圣六年四月庚午、卷259熙宁八年正月己未、卷274熙宁九年四月戊子、卷280熙宁十年二月戊申,《宋史》卷348《张庄传》,《元一统志》卷10《邕州路》。
② 《读史方舆纪要》卷112《安南·谅山府·广源城》,《宋会要·蛮夷》5之73。又,苏茂等四州县今地据〔越〕陶维英:《越南历代疆域》,商务印书馆,1973年,第156、313、314页。
③ 《宋史》卷495《蛮夷传三·广源州》、卷488《外国传四·交趾》、卷341《孙固传》。
④ 《长编》卷279熙宁九年十二月丙戌、癸巳、癸卯,卷280熙宁十年二月丙午,卷292元丰元年九月癸未,卷300元丰二年十月戊申,卷349元丰七年十月戊子,是岁。

桄榔县之间。元丰年放弃顺州后,宋初依民富所献十州洞中,武勒州、南源州、西农州、万涯州、覆和州、弄州、八耽洞①及思琅州亦随之并弃于交趾,只有温州、古拂洞仍属宋朝,宋朝邕管边界线向北收缩。

9. 武勒州(在今越南高平省境)
10. 南源州(在今越南高平省境)
11. 西农州(在今越南高平省境)②
12. 万涯州(在今越南高平省境)③
13. 覆和州(今越南高平省东北伏和)
14. 温州(今广西靖西县湖润镇)

温州,即温闷洞。

15. 弄州(今越南高平省茶陵县)

弄州,即古弄洞。元丰二年,知洞零崇概平定顺州叛蛮,以功授供备库副使。后宋放弃顺州,崇概率族内徙居怀化洞。元祐三年(1088),录其功,升怀化洞为州(今广西天等县龙茗西南),属右江道④。

16. 思琅州(今越南高平省重庆县)⑤

思琅州,又作思浪州,唐置羁縻州,宋属左江道。大中祥符八年(1015),知思琅州依承政乞归化、供输。然该州长期以来实际上为交趾所控制。宋初依民富率广源等十州洞归附,即受到思琅州的阻挠。仁宗前期,交趾以侬智高知广源州,并将思琅等州洞划属广源州管辖。熙宁九年(1076),宋军反击交趾入侵的战争结束后,思琅州"金银坑冶、租赋之饶,尽归封界"。元丰时,又割属交趾⑥。

17. 傥犹州(在今广西靖西县境)

傥犹州,原属侬全福、侬智高父子。侬全福知州时,杀其弟侬存禄、妻弟侬当道,吞并万涯州和武勒州,为交趾不容而灭。其妻阿侬改嫁,生子智高,冒侬姓,奔雷、火洞,进而重新占据傥犹州,建立大历国,但又为交趾攻灭。交趾"执智高,释其罪,使知广源州,又以雷、火、频、婆四洞及思浪州附益之"。但

---

① 按:八耽洞,管见不见于宋代诸文献。《长编》卷279熙宁九年十二月癸巳条有"广源古农、八细洞头首侬士忠、卢豹等乞降"事。白耀天疑八细洞为八耽洞的异名,此洞在今越南高平省境。
② 按:陶维英在《越南历代疆域》第156、187页言,万涯州"后为太原省司农县",而司农县"今为富平县,在太原市的东南"。
③ 按:陶维英在《越南历代疆域》第156页言,万涯州在今越南谅山省北山县。
④ 《宋会要·蛮夷》5之87、90,《宋史》卷90《地理志六·邕州》。
⑤ 按:此据白耀天《宋代在今广西西部设置羁縻州、县、洞考(续)》,然陶维英在《越南历代疆域》第156页言,思琅州在今越南高平省上琅县、下琅县。
⑥ 《长编》卷291元丰元年八月癸丑,《宋会要·蕃夷》5之79、4之38。

侬智高并不满足于此,四年后,他袭据安德州,又建立了南天国,与宋朝、交趾都发生冲突,并于皇祐(1049—1054)时大举入侵广南东、西路,这就是侬智高之乱。侬智高之乱平定后,傥犹州之名不复见于史籍。傥犹州的地望,当与上引各州洞相近。顾祖禹认为,"倘犹、安德、旧俱与广源接界","雷、火洞盖在广源、倘犹二州间"①。安德州即今靖西县西北的安德镇,雷洞即今大新县西北的下雷镇,火洞即今靖西县东南的化峒镇,则傥犹州当在今靖西县东的武平镇、同德乡②。

18. 归化州(治今广西那坡县)

归化州,宋置羁縻州。熙宁二年九月,外界古勿洞(古拂洞、古佛洞)③头首侬智会归明,诏除右千牛卫将军,依旧知古勿洞,其子侬进安与保顺郎将,依旧同知古勿洞。六年四月,又以古勿洞建为归化州,以智会为知州。归化州战略地位重要,"系江右控扼咽喉之地,制御交趾、大理、九道白衣诸蛮之要路"。在熙、丰时期(1068—1085),宋朝与交趾的冲突和战争中,侬智会多次建立战功,"断绝交趾买夷马路,为邕州藩障"。南宋景定三年(1262),归化州岑从毅纳土输赋,遂改归化州为来安州,以从毅知州事,令世袭④。元至元十四年(1277)四月,从毅降元。十八年十月,来安州已改称镇安州。时有镇安州岑从毅反,"杀顺安州知州李显祖"。二十九年闰六月,改为路。该州治所,顾祖禹认为在明镇安府境内的感驮岩,这里是"宋元时镇安旧治"⑤。

19. 顺安州

顺安州,原为雷、火等洞,交趾称之为勿恶洞。嘉祐(1056—1063)时,知雷、火洞侬宗旦内附,宋封其为忠武将军,又命其子知温闷洞侬日新为三班奉

---

① 《读史方舆纪要》卷112《安南·谅山府》。
② 按:此据白耀天《宋代在今广西西部设置羁縻州、县、洞考(续)》。白耀天指出,光绪《归顺直隶州志·舆图》武平乡有"盎辱"一地名,其音与"傥犹"相近,即宋傥犹州所在。然陶维英在《越南历代疆域》第156页言,傥犹州在今越南高平省境内。
③ 按:古勿洞,白耀天认为即勿阳洞,宋方与交趾所称不同而已。然《长编》卷346元丰七年六月壬申条言,"初,郭逵宣抚安南刘九,以广源郡建为顺州。朝廷以为不足守,诏给赐李乾德。疆画未明,而交人狙窥宜州之隙,欲并取侬智会勿阳洞,捣虚掠归化,逐智会。智会窜右江乞师,(熊)本遣使向状,交人为敛兵,乾德谢罪,本请赐以宿、桑八洞不毛之地,岭表为安"。据此,古勿、勿阳应为同属于归化州的相邻两洞。陶维英在《越南历代疆域》第316页注3认为,勿阳洞在今越南"石临县边陲北面的一带地方,即今高平省西北部"。张雄在《宋代广西左江羁縻州概说》(《中南民族学院学报》1990年第3期)中认为勿阳洞在今广西靖西县西南,古勿洞即靖西县南旧州圩,但未作论证。以上两说所言地域较接近。
④ 《宋会要·蕃夷》5之66、67,《长编》卷349元丰七年十月戊子、卷263熙宁八年闰四月乙未,《宋史》卷45《理宗纪五》。
⑤ 《元史》卷9、11、17,《国朝文类》卷41《经世大典序录·招捕·岑氏》,《读史方舆纪要》卷111。

职。不久,以雷、火、计、诚诸洞建顺安州,以侬宗旦知州事。治平二年(1065),侬宗旦畏交趾之逼,弃州内迁。熙宁九年(1076),侬日新任邕州监押,在交趾入侵时战死。但顺安州依然存在。同年,宋军收复广源州后,顺安州自邕州改属顺州。元丰二年,宋朝放弃顺州,该州复还旧隶。顺安州后属李氏,元初有知州李显祖。温闷洞建为温闷寨,由宋军直接戍守①。火洞在今广西靖西县化峒镇,雷洞在今广西大新县西北的下雷镇,温闷洞在今靖西县湖润镇②。

(四)永平寨(今越南谅山省高禄县)

永平寨,景祐四年(1037)立,治于西平州③。领州洞八,有西平州、禄州、石西州、思陵州、如敖县、凭祥洞等,皆系熟地溪洞。

1. 西平州(今越南谅山省高禄县)

西平州,唐置羁縻州,宋属永平寨,在明思明府西南二百里④。

2. 禄州(今越南谅山省禄平县)

禄州,唐置羁縻州,宋属永平寨。在明思明府东南二百余里⑤。

3. 石西州(今广西宁明县明江镇)

石西州,唐置羁縻州,宋属永平寨。元丰(1078—1085)后,分置下石西州。石西州治所,即清明江厅。下石西州故州,在清下石西州东南界陵、鸾二村之间⑥。

4. 思陵州(今广西宁明县峙浪乡思陵村)

思陵州,唐置羁縻州,宋属永平寨。景祐三年,交趾国申(甲)洞蛮掠思陵州、冯祥洞生口,宋会兵追击之。思陵州治即清思陵土州治⑦。

---

① 《宋史》卷495《蛮夷传三·广源州蛮》,《宋会要·蕃夷》5之65、66、67、86,《长编》卷273熙宁九年二月庚寅、卷480元祐八年正月壬寅。
② 按:事见《读史方舆纪要》卷111《镇安府·湖润寨》。又,白耀天在《古勿、勿阳、勿恶、贡洞及归化州、来安州所在考》(《广西民族研究》1996年第1期)中认为,勿恶仅是顺安州诸洞之一,在今广西靖西县吞盘乡的孟麻村。孟麻村,又作葛麻村。陶维英在《越南历代疆域》第316页注3认为,勿恶洞在今越南"石临县边陲北面的一带地方,即今高平省西北部"。
③ 《元一统志》卷10《邕州路》;陶维英:《越南历代疆域》第十章第十七节《谅山镇》,第189页;《舆地纪胜》卷106《邕州》。
④ 《元一统志》卷10《邕州路》;《读史方舆纪要》卷111《思明府》。
⑤ 《元一统志》卷10《邕州路》;陶维英:《越南历代疆域》第十章第十七节《谅山镇》,第189页;《读史方舆纪要》卷111《思明府》。
⑥ 按:事见《清一统志》卷472太平府下石西土州、石西故州条。《读史方舆纪要》卷110《太平府》、卷111《思明府》稍有异,言石西州,宋嘉祐间分为上、下二州。石州治所,据《清一统志》,刘统:《唐代羁縻府州研究》同。然今广西凭祥市东有上石、夏石二镇,《中国历史地图集》亦标于此。白耀天亦认为在今凭祥市东部,见《宋代在今广西西部设置羁縻州、县、洞考(续)》。
⑦ 《宋会要·蕃夷》5之82,《读史方舆纪要》卷111《思陵州》,《清一统志》卷472《太平府》。

5. 如嶅县(今越南谅山省禄平县如教社)

如嶅县,宋永平寨之羁縻县①。

6. 凭祥洞(今广西凭祥市)

凭祥洞,唐羁縻蛮地,宋为凭祥洞,属永平寨。景祐三年,有"邕州甲洞蛮掠思陵州、凭祥洞生口及杀登琬镇将"事。其治即清凭祥土州治②。

(五)横山寨(今广西田东县)③

横山寨,至邕州七程,管辖宋邕州右江道羁縻"洞县六十有二。内十六县洞系熟洞,内二十三州县系熟洞,内七州洞系嘉祐六年(1061)归明,内六州县于治平四年(1067)归明,内五州于熙宁元年归明,内五洞相继归明"。但这些羁縻州的数目与名称,今已无明确的记载,《宋史》卷90《地理志六》集中记载的州县有十九个,即武峨州、武笼州、思恩州、鹅州、思城州、勘州、归乐州、伦州、万德州、蕃州、昆明州、婪凤州、侯唐州、归恩州、田州、功饶州、归城(诚)州、怀化州、龙川县,其他散见于各种文献之中④。以下对文献足资考证者,逐一加以考证。

1. 思恩州(今广西平果县旧城镇)

思恩县,唐置羁縻州,宋属右江道。思恩旧州城,即清旧城土司所在地,在清思恩府西北一百五十里⑤。

2. 归德州(今广西平果县坡造镇)

归德州,唐置羁縻州,宋属横山寨。熙宁中,改为归德州。归德旧州,即清归德土州治⑥。

3. 功饶州(在今广西田东县东南右江北岸)

功饶州,唐置羁縻州,宋属横山寨。南宋时,"自邕北出功饶州、梵(婪)凤

---

① 按:事见《元一统志》卷10《邕州路》。又,《天下郡国利病书》言,永乐十三年(1415)八月,"并如教(嶅)县入丘温县"。越南学者陶维英据此认为,"如嶅县当与丘温县(今越南温州)接界。今禄平县有如嶅社,位于从谅山市到禄平的途中,这无疑是旧县的遗存。其治应为今越南谅山省禄平县如嶅社"。见该书第189页。
② 《宋史》卷90《地理志六》、《读史方舆纪要》卷111《凭祥州》、《长编》卷118景祐三年二月壬申、《清一统志》卷472《太平府》。
③ 按:白耀天在《宋代在今广西西部设置羁縻州、县、洞考》(《广西民族研究》1998年第2期)中认为,横山寨在田东县西祥周。
④ 按:事见《舆地纪胜》卷106《邕州》、《宋史》卷90《地理志六》。然这些可能仅各反映某一时期右江羁縻州设置的情况,都不能反映宋代的全貌,二者之间亦不相吻合。
⑤ 《清一统志》卷465《思恩府》。
⑥ 按:《清一统志》卷471《南宁府·归德土州》言,"宋熙宁中,置归德州",当是指万德州改称归德州,并非谓初置。

州,至横山四百里"①,为邕州至横山寨必经之地。

4. 婪凤州(今广西田东县林逢镇)

婪凤州,宋羁縻州,属横山寨,元废。南宋时,为邕州至横山寨必经之地。在清土田州东九十里②。

5. 田州(今广西田东县祥周镇)

田州,唐置正州。大历以后,为羁縻州,宋隶横山寨,属四道黄氏之一。北宋仁宗时,有黄光祚为田州守。南宋时,黄氏世为宋招马官,招徕大理等地战马,"舆骑居室服用,皆拟公侯",并拥有强兵。田州故城,在清田州东南三十里的上下田州甲,有旧州墟③。

6. 鹣州(今广西巴马瑶族自治县)

鹣州,宋置羁縻州。"本监州,太平兴国三年(978)改"。嘉祐二年(1057),有"西南蕃鹣州遣人来贡马"。元至元十五年(1278),兼州与田州、上隆州、下隆州、武隆州等降元④。

7. 归乐州(今广西百色市北皈乐)

归乐州,唐置羁縻州。宋属横山寨,四道黄氏之一。《太平寰宇记》、《元丰九域志》、《宋史·地理志》俱载之。嘉祐七年,有知火洞侬宗旦,"愿以所领雷、火、计、诚诸峒内属,却给省地归乐州,永为省民"。归乐州在横山寨通往自杞国、大理国、罗殿国的道路上,自横山寨至归乐州仅二程⑤。

8. 唐兴州(今百色市右江区汪甸瑶族乡塘兴村)

唐兴州,在横山寨通往自杞国、大理国、罗殿国的道路上,自横山寨至唐兴州仅三程⑥。

9. 眭殿州(今广西百色市右江区汪甸瑶族乡)

眭殿州,在横山寨通往自杞国、大理国、罗殿国的道路上,自横山寨至眭殿州仅四程⑦。

10. 七源州(今广西凌云县东南)

七源州,属播州。在横山寨通往自杞国、大理国、罗殿国的道路上,自横山

---

① 《新唐书》卷43下《地理志七下》、(宋)吴儆:《邕州化外诸国土俗记》。
② 《清一统志》卷465《思恩府》。
③ (宋)范成大:《桂海虞衡志》、(宋)滕甫:《孙威敏征南录》、《宋会要·兵》22之23、23之8、《文献通考》卷330《西原蛮》、《读史方舆纪要》卷111《田州》、《清一统志》卷465《思恩府》。
④ 《元丰九域志》卷10、《长编》卷185嘉祐二年五月辛卯、《国朝文类》卷41《经世大典序录·招捕·广西两江》。
⑤ 《桂海虞衡志》、《宋会要·蕃夷》5之65、《岭外代答》卷3《通道外夷》。
⑥⑦ 《岭外代答》卷3《通道外夷》。

寨至七源州仅五程,是横山寨通往自杞国和罗殿国的分道处①。

11. 泗城州(今广西凌云县西南)

泗城州,又作四州,属播州。在横山寨通往自杞国、大理国、罗殿国的道路上,自横山寨至泗城州仅六程。泗城旧城,在明泗城州西南②。

12. 利州(今广西田林县利周瑶族乡)

利州,隋唐以来,为溪洞地,号阪丽庄,宋置羁縻州,理宗时已见,属横山寨③。

13. 路城州(今广西田林县潞城瑶族乡)

路城州,四道黄氏之一。南宋理宗时,仍见④。

14. 安德州(今广西靖西县安德镇)

安德州,唐置羁縻州,宋属横山寨,四道黄氏之一。理宗时,有黄周南知安德州⑤。

15. 向武州(今广西天等县向都镇东)

向武州,宋置羁縻州,属横山寨。右江溪洞向武州界南至古万寨七百里。向武旧城,在明向武州西北五里⑥。

16. 恩城州(今广西平果县榜圩镇南)⑦(按:榜圩在田州即祥周东)

恩城州,唐置羁縻州,宋因之。在明田州北二百五十里⑧。

17. 上隆州(今广西巴马瑶族自治县燕洞乡)

上隆州,宋置羁縻州,属横山寨。在明田州北八十里⑨。

18. 下隆州(今广西田东县北)

上隆州已见于政和三年(1113),则下隆州亦应有之。又,元至元十五年,下隆州与田州、上隆州、武隆州、兼州等降元⑩。

———————
① 《宋会要·蕃夷》5之93,《岭外代答》卷3《通道外夷》。
② 《宋会要·蕃夷》5之93,《岭外代答》卷3《通道外夷》、《读史方舆纪要》卷111《泗城州》。
③ (宋)李曾伯:《可斋杂稿续稿后》卷9《奏边事及催调军马》、《读史方舆纪要》卷111《泗城州》。
④ 《桂海虞衡志》、《可斋杂稿续稿后》卷9《奏边事及催调军马》。
⑤ 《桂海虞衡志》、《可斋杂稿续稿后》卷7《奏为边事》。
⑥ 《读史方舆纪要》卷111《向武州》、《元一统志》卷10《邕州路》。
⑦ 按:恩城州的地望,《中国历史地名大辞典》(中国社会科学出版社,2005年)及白耀天《宋代在今广西西部设置羁縻州、县、洞考》(《广西民族研究》1998年第2期)均认为在今广西平果县榜圩镇。但白耀天在同刊1996年第4期的《壮族赵姓土官群ည观》一文中,又认为在今平果、田东、巴马交界地区。此说所言方位似与《读史方舆纪要》卷111《田州》所言相吻合。
⑧ 按:事见《读史方舆纪要》卷111《田州》。恩城州,《新唐书·地理志》作思诚州,《元丰九域志》、《宋史·地理志》作思城州。
⑨ 按:事见《读史方舆纪要》卷111《田州》;又,《宋会要·蕃夷》5之94,政和三年有上隆州黄遯事。
⑩ 《国朝文类》卷41《经世大典序录·招捕·广西两江》。

19. 武笼州(今广西百色市右江区阳圩镇西)

武笼州,又作武龙州、武隆州。宋乾德五年(967),有武龙州部落王子若隘来贡,受封为归德司戈。该羁縻州①,元至元十五年降元。

20. 龙川县(今广西百色市右江区龙川镇)

龙川县,宋羁縻县,《元丰九域志》、《宋史·地理志》俱载之。

21. 古天县(今广西田阳县北)

自横山寨至自杞国,北向一程至古天县②。

22. 上安县(今广西田阳县南)

自横山寨至特磨道,一程至上安县③。

(六) 特磨道(今云南广南县)

特磨道原臣于大理,其酋侬夏诚为大理国布燮官。侬智高起兵攻宋前,其母阿侬曾再嫁于侬夏诚之弟侬夏卿。侬智高攻宋失败后,阿侬退守特磨道,收拾残余力量,伺机再度入侵。至和初,宋发动洞丁掩袭特磨道,捉获阿侬及智高弟、子多人。嘉祐七年(1062),特磨道侬夏卿、侬平、侬亮归附宋朝④。南宋理宗时,有知特磨道事农士贵为宋效力。元至元十二年,"宋福州团练使、知特摩道事农士贵,率知那寡州农天或、知阿吉州农昌成、知上林州农道贤,州县三十有七,户十万,诣云南行中书省请降"。自横山至特磨道,凡十一程。特磨道,即明代的广南府⑤。

1. 那寡州(在今云南文山壮族苗族自治州境)
2. 阿吉州(在今云南文山壮族苗族自治州境)
3. 上林州(在今广西西林县及田林县西)
4. 峨州(在今云南富宁县剥隘镇一带)

南宋理宗时,李曾伯奏章言,获"峨州隘官报"。元大德元年(1297),安宁州沈法昔招引唐兴州黄梦祥等围知特磨道农士富所居,攻"峨州隘岸百姓"。自横山至特磨道,中途凡五程至隘岸⑥。宋、元隘岸即今云南富宁县剥隘镇,

---

① 《宋会要·蕃夷》5之10。
② 《岭外代答》卷3《通道外夷》、(宋) 吴儆:《邕州化外诸国土俗记》。
③ 《岭外代答》卷3《通道外夷》。
④ (宋) 江少虞:《宋朝事实类苑》卷77、《宋史》卷495《广源州蛮》。
⑤ 《可斋杂稿续稿后》卷5《缴印经略书安南奏·帖黄》、卷9《奏边事及催调军马》、《元史》卷8《太祖纪五》至元十二年二月乙丑、《岭外代答》卷3《通道外夷》、《读史方舆纪要》卷115。
⑥ 《可斋杂稿续稿后》卷9《奏边事已动》、《国朝文类》卷41《经世大典序录·招捕·云南》、《岭外代答》卷3《通道外夷》。

由此可知,峨州当在今富宁县东北部。

5. 富州(今云南富宁县)

元丰二年(1079),有广西延众镇右千牛卫将军张智常诱致九道白衣富雅州李聚明等内附。七年,宋始"以邕州延众寨为富州"。自横山至特磨道,中途凡八程至富州①。

6. 佽内州(在今云南富宁县境)

绍兴六年(1136)五月,"提举广南西路买马司言,富州、佽内州佽郎宏报大理国有马一千余匹、随马六千余人,象三头,见在佽内州,欲进发前来"。六月,广西路经略司言,蒲甘国"差王与诚、杨贤明等管押象一头、马五百匹,随(宋招马效用谭)昂前来,见在佽内佐部州驻扎"②,可见佽内州是大理等国买马至横山寨的中途停歇处,与富州相邻,距邕管右江地区不远。

7. 西宁州(在今云南富宁县中部)

自横山至特磨道,中途凡七程至西宁州,故西宁州当在富州之东一程处③。

8. 罗拱县(今云南广南县八宝镇一带)

自横山至特磨道,中途凡九程至罗拱县,罗拱县在富州之西一程,疑在今云南广南县八宝镇一带④。

海南黎洞

宋代,居住在海南岛的主要民族是黎族,"其服属州县者为熟黎,其居山峒无征徭者为生黎"⑤。熟黎居于黎母山外,"耕省地,供赋役,而各以所迩隶于四州军";生黎居于黎母山中,"去州县远,不供赋役"⑥。黎人传统的社会组织是"洞",黎之洞落,"不知其几千百也,咸无统属,洞自为雄长,止于王、符、张、李数姓"。洞有洞首,洞首的承袭,除父子、兄弟相传外,亦可母女相传,是父系与母系并存的"双系制"。宋廷对生黎治理,就是通过洞首实行羁縻统治。海南黎洞大姓首领为黄、王二氏。王氏于皇祐(1049—1054)、熙宁(1068—1077)间归顺,宋廷授予王氏邑号宜人,充三十六洞都统领,凡三传至媳黄氏承袭,弹压边界宁静。绍兴二十年(1150),"琼山百姓许益结集作过,却依黎法俵箭逼胁诸生洞入火","黄氏不敢失坠,亲往诸洞说谕化外黎人各皆安静,莫肯

---

① 《长编》卷 297 元丰二年三月戊子、卷 345 元丰七年五月丁卯,《岭外代答》卷 3《通道外夷》。
② 《宋会要·兵》22 之 23。
③④ 《岭外代答》卷 3《通道外夷》。
⑤ 《宋史》卷 495《蛮夷传三·黎洞》。以下未注明者,均出于本传。
⑥ 《岭外代答》卷 2《海外黎蛮》。

同徒",从而协助宋廷平息了许益之乱。乾道七年(1171),黄氏年迈无儿,琼管安抚司接受黄氏的请求,同意其女王二娘依条承袭为宜人。王二娘,"夫之名不闻,家饶于财,善用其众,力能制服群黎,琼管有令于黎洞,必下王宜人,无不帖然"。嘉泰二年(1202),王宜人年老,遂将三十六洞统领职事交与其女吴氏,吴氏"弹压经管一十余年,管干边面肃静,黎民安居"。嘉定九年(1216),二娘死,宋廷遂同意其女吴氏承袭。宋朝除利用黎族首领治理黎人,实行间接统治外,另外,还在岛内要隘之地设置栅寨,以"阻扼黎人"。但是由于海南岛"水土恶弱",海北之人水土不服,因而重赏之下所选拔的知寨并不能胜任。故宋廷又起用黄氏领琼管喉舌之地琼州澄迈县大寨,捍御隘口,又起用王宜人之侄黄弼守琼州西峰寨,"黄弼守寨历年,沉勇有谋,远近推服"。淳熙十六年(1189),宋廷因此嘉奖黄弼,"与补承信郎,差专一弹压本界黎峒"①。

宋朝对海南黎洞的羁縻统治,有一个由北向南、由沿海四州军向黎母山腹地推进的过程。其始当自太平兴国(976—984)时,时曾任枢密使的李崇矩,出任琼、崖、儋、万四州都巡检使,"时黎贼扰动,崇矩悉抵其洞穴抚慰,以己财遗其酋长,众皆怀附"②。其后当以皇祐、熙宁间对琼州黎洞洞首王、黄二氏的招抚最有成效。南宋"淳熙元年,五指山生黎峒首王仲期率其旁八十峒丁口一千八百二十人归化。诸峒首王仲文等八十一人诣琼管公参,就显应庙斫石歃血,约誓改过不复抄掠,琼管犒遣归峒"。这样,宋王朝通过剿抚兼施的手段,历时二百年,将羁縻地区扩展到了海南岛腹地五指山区③。大观元年(1107),徽宗不顾当时海南黎族的社会历史条件,在黎母山腹地强行推行郡县制,设置镇州及倚郭县镇宁,企图变羁縻地区为省地。结果黎族"渠帅不胜忿,蜂起侵剽,围新万安军",杀官吏④,宋朝不得不很快撤销镇州,恢复羁縻部族制。

宋代,海南岛黎族地区的生产力水平低下,"自来黎峒田土,各峒通同占据,共耕分收"⑤。这表明该地区尚未完全脱离原始共产制的生活。黎人"耕种不粪不耘","所种秔稌,不足于食"。在与汉族的交往中,黎人逐渐掌握了汉族先进的生产文化。苏轼父子在海南就见到当地黎人使用锄、耜等农具,以及

---

① (宋)赵汝适:《诸蕃志》卷下《志物·海南》,《宋会要·蕃夷》5 之 48—50,《岭外代答》卷 2《海外黎蛮》。
② 《宋史》卷 257《李崇矩传》。
③ 《岭外代答》卷 2《海外黎蛮》。
④ 《宋史》卷 348《王祖道传》。
⑤ 《长编》卷 310 元丰三年十二月庚申。

耕牛和两人并耕的耦耕法,这是以往在黎洞所见不到的。淳熙八年,韩璧知琼州,他"出入阡陌,劳而不怠","教之以耕耨灌溉之法","化外黎人,闻风感慕,至有愿得供田税比省民者"①。

海南黎族地区物产丰富,土产有"香槟榔、椰子、小马、翠羽、黄蜡、苏木、吉贝之属",吸引着汉族商人,而黎人所需的"盐酪谷帛斤斧器用"也依赖于汉人。故"商贾多贩牛以易香",琼管"四州军征以商为岁计"。而黎人也热情欢迎汉族商人前来,"商人有信,则相与如至亲,信贷有所不吝。岁望其一来,不来则数数念之"。而"黎人半能汉语,十百为群,变服入州县、墟市,人莫辨焉。日将晚,或吹牛角为声,则纷纷聚会,结队而归,始知其为黎也"。又如吉阳军的黎人,"约定寅、酉二日为虚市,率皆肩担背负,或乘桴而来,与民贸易"。由此,在黎汉之间,逐步形成了经济上不可分割的互相依存的关系②。

在文化教育方面,宋代许多来海南的官员以及一些被贬至海南的朝臣,都热情地向黎族人民传播汉族先进的文化。如丁谓、苏轼、李光、胡铨谪居海南期间,"教民读书著文"或"讲学明道",故海南"教化日兴"。胡铨在崖州(今海南三亚市崖州区)时,"日以训传经书为事,黎酋闻之,遣子弟入学"。韩璧出任知琼州后,"日为陈说礼义廉耻之意以开晓之,既又表其从化之民以厉其不率教者","行之期年,民吏洽和,俗以一变"③,在加强黎汉之间的相互交流和推动"用夏变夷"方面起到了积极的作用。

第三节 益州成都府路的羁縻政区

黎州

唐代黎州领羁縻州五十四,晚唐时,除罗岩、索古、诺祚、柏坡四州划归雅州外,其余诸州皆因唐朝退守大渡河北岸而逐渐废弃,此后一直没有恢复黎属羁縻州。宋朝建立后,"鉴唐之祸,基于南诏。乃弃越巂诸郡,以大度河为界"④。南岸各蛮族遂保持晚唐以来的状态,以羁縻部落的形式分属雅、巂、黎、嘉诸州。

宋代,黎州管内有十羁縻部落,即:山后两林蛮,在州南七日程;邛部川蛮,又称大路蛮、勿邓,在州东南十二程;风琶蛮,在州西南一千一百里;保塞

---

① (宋)赵汝适:《诸蕃志》卷下《志物·海南》、(宋)朱熹:《晦庵集》卷79《琼州知乐亭记》。
② 《岭外代答》卷2《海外黎蛮》;(宋)苏过:《斜川集》卷5《论海南黎事书》;(宋)范成大:《桂海虞衡志》;(宋)赵汝适:《诸蕃志》卷下《志物·海南》。
③ (清)明谊:《琼州府志》卷32《官师志五·谪宦》,《晦庵集》卷79《琼州知乐亭记》。
④ 《文献通考》卷329《南诏》。

蛮,在州西南三百里;三王蛮,也称五部落蛮,在州西百里;西箐蛮,也称弥羌部落,在州西三百里;净浪蛮,在州南一百五十里;白蛮,在州东南一百里;乌蒙蛮,在州东南千里;阿宗蛮,在州西南二日程。诸部之中,邛部最强大,其次为风琶、两林蛮,而其余小蛮则各分属于三部。

山后两林蛮、邛部川蛮、保塞蛮与宋朝通贡最早,开宝时(968—976),派员进贡,并接受宋朝的册封。此后,各部都与宋朝保持着互市的关系。太宗至道时(995—997),邛部川蛮酋驱诺还参与了宋朝镇压李顺的战争。真宗咸平二年(999),宋朝授予他"大渡河南山前后都鬼主"之印,并许该部五年一贡。大渡河南山前属邛部川,然山后则属两林蛮,宋授予邛部川蛮酋驱诺"山前后都鬼主"之印,即意味着邛部川蛮酋驱诺可兼领两林蛮。邛部川蛮一直忠于宋朝,为宋捍御边陲。嘉定九年(1216),"逼于云南,遂伏属之",宋由是"失西南一藩篱"①。

南宋时,黎州边患频繁,主要是吐蕃青羌与宋朝的冲突,从乾道九年(1173)始,至嘉定三年结束,历时三十八年之久。开禧二年(1206),又有雅州碉门寨外沙平青羌之族高吟师之乱。嘉定元年,有历时七年的弥羌族畜卜之变。还有淳熙七年(1180)爆发的"五部落之变",是役蕃兵曾两度深入黎州界一百余里②。

又有虚恨蛮,"乃乌蛮之别种,所居高山之后,夷人以高为虚,以后为恨,故名焉。其地东接马湖,南抵邛部川,北接中镇,地方三百里,疆(墟)落数十。天禧(1017—1021)以前,朝廷岁以酒食犒劳。嘉熙(祐)(1056—1063)间,始入寇,遂徙寨于阳山江北以避之。绍圣(1094—1098)间,乞于嘉州博易,不许",后仅许"附带邛部川出汉中马"。南宋绍兴(1131—1162)、嘉定间,虚恨蛮虽受宋册封,但仍多次抄掠、入寇嘉州中镇寨、笼蓬堡,俘获寨将茹大猷,杀将官郑祥等。淳熙中,"时虚恨蛮族最强,破小路蛮,并其地,与黎州接壤,请通互市",一再遭到宋方的拒绝③。

邛部川在今四川越西县,两林蛮在今四川越西县普雄镇,风琶蛮在今四川昭觉县北,保塞蛮在今四川冕宁县北,虚恨蛮在今四川峨边彝族自治县,乌蒙蛮分布在今云南昭通市、贵州威宁彝族回族苗族自治县等地④。

---

① 《宋史》卷496《蛮夷传四·黎州诸蛮》、《旧五代史》卷37《唐明宗纪三》后唐天成元年十月丙午。
② 《宋史》卷496《黎州诸蛮》;《朝野杂记·乙集》卷19《丁未三开乙卯曳失索之变》、《庚子五部落之变》,卷20《丙寅沙平之变》、《戊辰畜卜之变》。
③ 《要录》卷124绍兴八年十二月,《宋史》卷32《高宗纪九》、卷496《蛮夷传四·弥羌部落》、《宋会要·兵》23之19。
④ 按:诸蛮部之今地,据方国瑜:《中国西南历史地理考释》,中华书局,1987年,第752~760页。

雅州①

宋代雅州管内有吐蕃、生僚四十六部落，史谓之西山野川路蛮，他们生活在大渡河、磨西河谷地的丘陵平坝上。宋承唐制，仍为四十六羁縻州。太平兴国三年(978)，有首领马令膜等以名马等来贡，并上唐朝敕书、告身七通，重新接受宋朝的册封，复通中国。大中祥符二年(1009)，雅州砂平路罗岩州蕃部首领王阿黎等来贡。第二年，宋以首领王子野黎为怀化司戈，并赐沙平界来贡蛮僧命服。总之，雅属羁縻州始终与宋保持着良好的贡赐关系②。

雅属羁縻州分属和川、夏阳两路。和川一路有羁縻州三十七，以罗岩、百坡、会野三州为中心，形成三个羁縻州集群③。罗岩州距雅州四百八十里，而龙羊州距罗岩州一里，当马、东绛、名配、甘恭、尽重等距罗岩二里，罗林州距罗岩州三里，三井、斜恭州距罗岩州五里，林峣、龙蓬、敢川、木烛等州距罗岩州四十里，索古、惊川州距罗岩州五十里，林波州距罗岩州六十里，祸眉州距罗岩州七十里，形成了一个以罗岩州为核心的羁縻州集群。这个州群的分布地应在今四川泸定县北部县治所在地的泸桥镇④。第二羁縻州集群的中心是百坡州，该州距罗岩州四十里。而百频州距百坡州三里，当品、中川州距百坡州五里，岩城、昌磊州距百坡州二十里，钳矣、钳并州距百坡州二十五里。这样，又形成了一个羁縻州集群。这个州群的分布地应在今四川泸定县中部的冷碛镇⑤。第三羁縻州集群的中心是会野州，该州距百坡州六十里。而当仁州距会野州三里，欠马州距会野州五里，推梅、祸林、罗蓬三州距会野州十里，作重州距会野州二十里，诺荏、金林州距会野州四十里，二(三)恭州距会野州五十里，布岚州距会野州六十里。这样，又形成了一个羁縻州集群。这个州群的分布地应在今四川泸定县南部的磨西镇境内⑥。夏阳路有羁縻州九，该路无中心聚落，诸州至雅州里距，在五百六十至五百八十里之间，亦可视为一羁縻州集群。其中，让川州距论川州五里，远南州距让川州二十五里；

---

① 按：本节参考郭声波：《唐宋集群羁縻州之典型——雅属羁縻州》，《中国史研究》2001年第3期。
② 《武经总要·前集》卷19，《宋史》卷496《蛮夷传四》，《宋会要·蕃夷》5之4。
③ 按：《元丰九域志》卷10，《宋史》卷89《地理志五》，《文献通考》卷321并言雅州领羁縻州四十四，而《太平寰宇记》卷77，《武经总要·前集》卷19并言雅州领羁縻州四十六，多罗岩、索古二州。检《新唐书》卷43下《地理志七下》，知罗岩州初隶黎州都督府，而改隶雅州。索古州与诺柞、柏坡州二州均属黎州，大和(827—835)以前置，比其他黎属羁縻州设置晚。后二州，《元丰九域志》中，于黎、雅州中两出。疑唐朝后期放弃黎属羁縻州，退守大渡河北岸，遂将雅属残余的索古等三州划入雅州管辖。
④ 按：各州里距，据《太平寰宇记》卷77《雅州》。其中当马州至罗岩州的里距为二百里，与诸州大异，《武经总要·前集》同。疑"二百"为"二"之讹，遂改。
⑤ 按：郭声波认为百坡州应在今四川泸定县加郡乡桃子坪一带。
⑥ 按：郭声波认为会野州应在今四川泸定县新兴乡和平村。

卑卢、夔龙二州相距二十里；金川州距耀川州十五里，东嘉梁州距金川二十里；东、西嘉梁州间相距十五里。这个州群的分布地应在今四川康定县北部的孔玉乡①。

茂、威州

宋代，成都府路的茂、威二州，也是极边州郡。这里蕃汉杂处，除汉民外，还居住着为数甚多的羌族人民。宋承唐制，茂、威二州都领有羁縻州。不过，宋朝对岷江上游羌族居住地的控制范围比唐代已大大缩小。威州所领保、霸二羁縻州，唐时为正州，唐朝以归附羌人首领为刺史，入宋始为威属羁縻州。茂州领盖、涂、静、当、直、时、飞、宕、恭等九州，这些州或唐时即为羁縻州，或中唐以后自正州废为羁縻州②。宋初，茂州的居民，已有主户、客户、部落户之别，威州已有汉税户、蕃税户、蕃客户之别，元祐（1086—1094）以前，已是"蕃汉并纳夏税"③。由于宋朝的基本国策是守内虚外，故极边之地茂、威二州的边禁甚严。宋朝在二州执行封山政策，严禁采伐，企图以层峦复岭、长林大壑，"限隔蕃蛮，捍蔽川蜀"。为了防范羌人，宋朝还撤销了茂、威二州的博马场、博易场，"以兵守蚕崖关，绝蕃部往来，就威、茂交易"，甚至为了防止重蹈吐蕃取维州的覆辙，还"禁西山六州与汉人婚姻"④。宋朝与威属羁縻州的关系较密切。二州于蜀灭之次年即内附，并接受了宋朝的册封，是宋朝在茂、威地区弹压、安缉蕃部时所借重的力量。茂属九羁縻州，各"自推一人为州将，常在茂州受处分"，与宋朝的关系较疏远，冲突亦多，熙宁八年（1075），茂州筑城，还与茂属蕃部发生了不小的武装冲突。徽宗开边，政和三年（1113），保、霸二州成为省地，建为祺、亨二州。五年，羁縻直州等地内属，宋以其地建为寿宁、延宁军。

---

① 按：东、西嘉梁州，《中国历史地名大辞典》认为在今四川小金县附近；蒲孝荣认为在今四川丹巴县东与城关，见《四川政区沿革与治地今释》，四川人民出版社，1986年，第328页。
② 按：宋代茂州所领羁縻州数，各书记载不一。其中，《武经总要·前集》卷19记载有静、恭、当、直、时、岩、涂、达、松、飞、柘、乾、悉、可、翼、向、居十七州。《元丰九域志》卷10记载有㟁、直、时、涂、达、飞、乾、可、向、居十羁縻州，此外尚有松、扶、翼、当、悉、恭、柘、真、保、静十化外州。《宋史》卷89《地理志五》记载的羁縻州，除个别文字系形近而异外，全同《元丰九域志》。然《宋史》卷496《蛮夷传四》却载茂州有"盖、涂、静、当、直、时、飞、宕、恭等九州"，与宋志不同。检诸史籍，宋代史籍明确记载有过活动的仅有涂、静、直、时、飞、宕、恭等七州。今讨论茂州羁縻州，即以此为依据。又，《元丰九域志》卷7、8记有诸州至羁縻涂、翼、悉、松、扶等州的里距，则上述诸羁縻州在宋代应实际存在，然确址不详。其中，涂州，郭声波认为治于今四川汶川县卧龙镇卧龙关，然未作论证。见《岷江西山九州考》，《中国历史地理论丛》1998年第2期。
③ 《太平寰宇记》卷78、《长编》卷373元祐元年三月壬午。
④ 《宋会要·方域》12之8、《宋史》卷89《地理志五》、卷322《刘庠传》、《要录》卷94绍兴五年十月壬寅。

茂、威二州羁縻州,至此不复存在①。

茂州的地域,唐、宋两代变动极大。茂州州境,唐代"东西四百七十八里,南北三百六十里"。而宋代茂州"居群蛮之中,地不过数十里"②,州境大大地缩小了。由唐至宋,茂属羁縻州所在地也逐渐东移,处于茂州境内。《武经总要·前集》载,静州管部落四百户,去州七十五里;恭州管部落二百户,去州五里;当州管部落五十户,去州六十五里;直州管部落二百二十户,去州三十里;时州管部落一百户,去州六十里;岩(宕)州管部落二百七十五户,去州二十里;涂州管部落六十户,去州五里;飞州管部落二百户,去州三百里。上述这些就反映了这种变动。尽管四库馆臣认为,其"所言道里山川,以今日考之,亦多剌谬",但总的趋向是大体符合史实的。史言,"茂州旧领羁縻九州,皆蕃部也,蕃自推一人为州将,常在茂州受处分。茂州旧无城,惟植鹿角,蕃以昏夜入州,剽掠民家六畜。及入茂州,辄取货于民家,遣州将往赎之,与之讲和而誓,习以为常,民甚苦之。及李琪知茂州,民投牒请筑城绕民居,凡八百余步,琪请于朝……诏令筑之。既而蕃部群诉于百常,称城基侵我地,乞罢筑"。又言,"初,计展州外城并城东,实蕃部董振珠元佃种地,而百常乃于他蕃部搜索淳化(990—994)中誓书界至为据,用以兴筑"。筑城开工后,宋方"于城外取土,蕃将讦于州,汉城不当使蕃土"③。可见,茂属羁縻蕃部九族定居点已逼近茂州州治。而且,至熙宁(1068—1077)时,这种态势已经改变了淳化誓书所规定的界至。这正是熙宁末宋蕃的分歧处与发生争端的原因之所在。

"茂州南有鸡宗关,路通永康军;北有陇东,路通绵州",茂属羁縻静、时二州正处于自绵州石泉县至茂州的北道陇东路上。熙宁九年四月辛亥,"王庆自陇东道入援,时州蕃酋请降,从者杀其二子,蕃酋怒,密告静州等蕃部,便遮其前,而自后驱之,壅溪上流,庆兵半涉而决之,众溺几尽,庆遂战没",茂州城"始兴工,而静州将杨文绪结连蕃部,以叛众数百奄至"④。可见,静州距茂州治所之近。《清一统志》茂州条言,"静州长官司,在州东二里。宋时蛮董姓者,据其地,号静州蛮"。而羁縻时州则位于静州之北。

围攻茂州城的蕃部,以静、宕二州蕃部为首。宋援军除北路外,尚有南路

---

① 按:事见《长编》卷274熙宁九年四月戊戌、《宋史》卷496《蛮夷传四》。政和七年,涂、静、时、飞等州蛮复反茂州,似表明茂属羁縻州此时并未全部内属。
② 《元和郡县图志》卷32《茂州》、《宋史》卷496《蛮夷传四》。
③ 《长编》卷274熙宁九年四月戊戌、辛亥,卷277熙宁九年八月丙午。
④ 《长编》卷274熙宁九年四月戊戌、辛亥。

军。南路军率先攻克位于茂州南边四十二里处的结总关,再克"扼其半道"的石鼓村,遂入恭、宕二州①。《武经总要》言,恭州去茂州五里,宕州去茂州二十里。今茂县向南至南新镇四十里,石鼓村位于其北十里左右处,与《武经总要》所载颇合。故宋代的恭、宕二州应在茂州南五里与二十里处。

政和五年,茂属"直州将郅永寿、汤延俊、董承有等各以地内属,诏以永寿地建寿宁军,延俊、承有地置延宁军"。寿宁军在茂州西南,"距茂才五里,在大旱江之外";延宁军则在其南②。"宣和五年(1123),宕、恭、直诸部落入寇"③,似表明宕、恭二州此时已经不复存在。二州的方位、里距基本与延宁军吻合,宕、恭二州疑即延宁军。

1. 静州(在今四川茂县东)
2. 时州(在今四川茂县东北)
3. 恭州(在今四川茂县南)
4. 宕州(在今四川茂县南)
5. 直州(在今四川茂县西南)
6. 霸州(今四川理县下孟乡)

宋乾德三年(965),宋军灭蜀。次年七月,"西南夷首领兼霸州刺史董景等内附",始为威属羁縻州。此后,继有董忠意、董忠义、董仕喆、董延早、董永锡、董孝忠等世袭为霸州刺史。政和三年,宋行开拓,于是,以董彦博霸州地为亨州,遂为省地。羁縻霸州位于威州西北二十五里处,威州治今理县薛城镇,则羁縻霸州当在今理县下孟乡一带④。

7. 保州(在今四川理县北孟屯河中下游)

保州,归附宋朝时间不详。太平兴国六年(981)六月,"保州刺史董奇死,命其子绍重继为刺史"。这是现存文献中有关保州与宋朝关系的最早记载。此后,继有董霸、董继迁、董仲元等世袭为保州刺史。政和三年,宋行开拓,于是,以董舜咨保州地为祺州,遂为省地。羁縻保州在清杂谷厅西北⑤。

---

① 《长编》卷279熙宁九年十一月癸酉、《元丰九域志》卷7《茂州》、《宋史》卷496《蛮夷传四》。
② 《宋史》卷496《蛮夷传四》、《读史方舆纪要》卷67《茂州·寿宁寨》。
③ 《宋史》卷496《蛮夷传四》。
④ 《长编》卷7乾德四年七月戊辰、《宋会要·蕃夷》5之12、16、24、《宋史》卷496《蛮夷传四》、《读史方舆纪要》卷67《威州·坝州堡》。
⑤ 《宋会要·蕃夷》5之11、13、20、《长编》卷187嘉祐二年二月丙寅、《宋史》卷496《蛮夷传四》、《清一统志》卷421《杂谷厅·废保州》。

第四节　梓州潼川府路的羁縻州

泸州

宋代泸南地区生活着僚人与乌蛮两个少数民族。僚人是个农耕民族，他们生活在泸南，即泸州以南位于长江南岸的南广河、淯水、纳溪水、赤水、夑溪等五条河所流经的地域。这里是丘陵地区，僚人部落就散居在丘陵间的平原上。其各部"夷落相望"，互不相统。唐、宋诸朝相继在这里建立了纳州、薛州、晏州、巩州、顺州、奉州、思峨州、能州、淯州、浙州、高州、宋州、长宁州、定州、蓝州、悦州等羁縻州[①]。而乌蛮宋初则主要生活在其南部地区，即今滇东北镇雄，黔西北毕节和四川南部叙永、古蔺等地。另外，位于戎州的西部、南部的殷、总、敦三州，也是乌蛮生活的区域。

北宋时，泸南地区的阶级矛盾、民族矛盾较为尖锐。宋与僚人间频频发生冲突和战争。其中规模较大的有，大中祥符（1008—1016）年间与江安县蛮人及"晏夷斗望"间的战争，庆历、皇祐（1041—1054）年间对"淯井夷人"的讨伐，熙、丰（1068—1085）年间对"晏州六县夷"、纳溪"罗荀夷"的围剿，政和（1111—1118）年间对卜漏的扫荡。这些冲突和战争往往历时数年、用兵数万，规模之大，可以想见。

北宋中期，乌蛮逐渐强大起来。其中，以乌蛮王子得盖部最强盛。庆历二年（1042），在其多次要求下，宋授予其羁縻姚州刺史之职。后其子改称"罗氏鬼主"。神宗时，乌蛮形成三股强大的势力。其一为鬼主之后仆夜，但此时仆夜渐弱，已不能号令诸族。而乌蛮部的晏子与斧望个恕二部则逐渐强大起来。"晏子所居，直长宁、宁远以南，斧望个恕所居，直纳溪、江安以东"，与汉地绝近，"斧望个恕近纳溪，以舟下泸不过半日"。这表明乌蛮二部的势力已侵入泸南僚人居住地，逼近长江南岸。他们"擅劫晏州山外六姓及纳溪二十四姓生夷，夷弱小，皆相与供其宝"。对于强大的乌蛮族，宋采取分而治之的策略。熙宁七年（1074），宋分别册封乌蛮罗氏鬼主仆夜知羁縻姚州，斧望个恕知羁縻归徕州，个恕之子乞弟与晏子之子沙取禄路并为把截将、西南夷部巡检。元丰二年（1079），斧望个恕死，子乞弟承袭。三年，宋与乞弟发生冲突，宋军十万深入

[①] 按：据《武经总要·前集》卷19、《元丰九域志》卷10、《宋史》卷89所载，泸州领溱州、姚州等羁縻十八州。然溱州又属夔州路渝州，前已论述，而姚州为乌蛮所领，非僚人羁縻州，故未列入。又，据《宋史》卷496《蛮夷传四》、《宋会要·蕃夷》5之21所载，泸南僚人尚有投附州，然《长编》卷138庆历二年十一月甲午条作"浙州"，今从《长编》，故不列投附州。

至赤水河以北,即今四川叙永、古蔺一带,荡平乞弟巢穴。五年,宋将羁縻归徕州改赐给协助宋军的罗氏鬼主。至此,乌蛮势力向南收缩,退至纳溪河和南广河上游地带①。

宋朝对泸南地区的控制,大体可以熙、丰为分界线。熙、丰以前,据余靖言,戎、泸二州所管羁縻四十余州,"听朝命者,十不存一"②。《太平寰宇记》卷88泸州条所言,纳、蓝、顺、宋"四州输纳半税,其州在边徼溪洞,不伏供输",高、奉、思峨、萨、晏、长宁、巩、淯、定"九州在淯井监,供输紫竹",可能是唐代盛时的情况。熙、丰时,宋朝加强了对该地区的统治,逐渐将羁縻地区变为直接统治的省地。熙宁八年,夷人得个祥献长宁、晏、奉、高、薛、巩、淯、思峨等山前后十州,属淯井监。九年,"泸州淯井监山前后十州,纳溪后蓝、顺、宋、纳四州并安乐、武都等夷人输款纳租,把拓边界"。政和四年(1114),建为长宁军③。大观三年(1109),又因泸南夷人纳土,建为纯、滋二州。但是,宋朝在该地区仍然由于"地边夷落,无复租税"。长宁军设立后,因此不得不"割泸州江安县之淯井监、祥州庆符县之清平寨,以助经费"④。不过总的来讲,在经历了北宋时期百余年的动荡和冲突后,泸南地区各民族间的融合加深了。南宋时,"大抵施、黔、泸、戎一带,羁縻熟矣"⑤。

1. 长宁州(今四川长宁县)

长宁州,唐置羁縻州,宋因之,领婆员、婆居、青卢、罗门四县,三十八户,熙宁八年,纳土。政和四年,宋建长宁军,州或废于此时。《清一统志》言,唐羁縻长宁州,宋嘉定四年(1121),于此置安宁县,该县在清长宁县东北⑥。

2. 淯州(在今四川长宁县西南)

淯州,唐置羁縻州,宋因之,领新定、固城二县,十五户。熙宁八年,纳土。政和四年,宋建长宁军,州或废于此时。《清一统志》言,废淯州,即今长宁县治⑦。

3. 晏州(今四川兴文县晏阳镇)

晏州,唐置羁縻州,宋因之,领思峨、柯阴、新宾、扶来、多冈、罗阳、思晏七县,七十七户。熙宁八年,纳土。政和四年,宋建长宁军,州或废于此时。晏

---

① 《宋史》卷496《蛮夷传四·淯水蛮》。
② 《长编》卷149庆历四年五月乙酉。
③ 《舆地广记》卷31《长宁军》,《宋史》卷89《地理志五·长宁军》,《宋会要·蕃夷》5之52。
④ 《宋史》卷89《地理志五·泸州》,《宋会要·蕃夷》5之35,《舆地纪胜》卷166《长宁军》。
⑤ (宋)杜柬之:《上夔漕费达可论调田军书》,《宋代蜀文辑存》卷99。
⑥ 《太平寰宇记》卷88《泸州》,《清一统志》卷396《叙州府·安宁旧县》。
⑦ 《太平寰宇记》卷88《泸州》,《清一统志》卷396《叙州府》。

州,在清兴文县西,即今四川兴文县晏阳镇①。

4. 思峨州(在今四川珙县西北)②

思峨州,唐置羁縻州,宋因之,领多溪、洛溪二县,三十七户。熙宁八年,纳土。政和四年,宋建长宁军,州或废于此时。《舆地纪胜》卷166《长宁军》言,"思峨州去军五十里"。《读史方舆纪要》卷72《泸州》言,泸州西南二百里,有思峨洞,相传为故思峨州地,或云州因洞而得名。《清一统志》卷369《叙州府》言,"废思峨州,在珙县东"。

5. 薛州(今四川珙县下罗镇)

薛州,又作萨州,唐置羁縻州,宋因之,领黄池、播陵二县。熙宁八年,纳土。政和四年,宋建长宁军,州或废于此时。明《蜀中名胜记》言,萨州,即今之下罗计③。

6. 巩州(今四川珙县罗渡苗族乡)

巩州,唐置羁縻州,宋因之,领多楼、比求、都善、播郎、波婆五县,十五户。大中祥符二年(1009),内属,宋铸印给之。熙宁八年,纳土。绍圣四年(1097),宋"录故巩州土刺史皇甫欢孙部为银青光禄大夫、检校国子祭酒,充巩州土刺史"。政和四年,宋建长宁军,州或废于此时。明清地志认为巩州位于珙县南八十里的罗星渡④。

7. 高州(今四川高县南)

高州,唐置羁縻州,宋因之,领柯巴、移甫、徒西三县,二十一户。熙宁八年,纳土。政和四年,宋建长宁军,州或废于此时。《蜀中名胜记》言,"唐高州故址,在高县南百二十里正州乡"⑤。

8. 奉州

奉州,唐置羁縻州,宋因之,熙宁八年,纳土。元丰二年,宋移"提举茶场司于奉州"。政和四年,宋建长宁军,州或废于此时。奉州原领柯理、柯巴、罗蓬三县,三十九户,后仅领柯理、罗蓬二县。柯巴县似割与高州,故奉州应与高州毗邻⑥。

---

① 《太平寰宇记》卷88《泸州》、《清一统志》卷396《叙州府·废晏州》。
② 按:《中国历史地名大辞典》思峨州条谓,该州在今四川珙县西北。
③ 《新唐书》卷43下《地理志七下》、《太平寰宇记》卷88《泸州》、《蜀中名胜记》卷15《叙州府·珙县》。
④ 《太平寰宇记》卷88《泸州》、《长编》卷71大中祥符二年正月、卷489绍圣四年六月丙戌,《蜀中名胜记》卷15《叙州府·珙县》、《清一统志》卷396《叙州府·罗星渡堡》。
⑤ 《太平寰宇记》卷88《泸州》、《蜀中名胜记》卷15《叙州府》。
⑥ 《旧唐书》卷41《地理志四》、《新唐书》卷43下《地理志七下》、《长编》卷299元丰二年八月己亥、《太平寰宇记》卷88《泸州》。

9. 定州(今四川高县南)①

定州,唐置羁縻州,据浒州新定县地分置②,宋因之,领支江、扶德二县,十六户。熙宁八年,纳土。政和四年,宋建长宁军,州或废于此时。《读史方舆纪要》卷70《叙州府·庆符县》言,废支江县在庆符县东南。其地应在今高县庆符镇与文江镇之间。

10. 浙州③

浙州,唐置羁縻州,宋因之,领浙源、越宾、洛川、鳞山四县,二十四户,"州连接黔府及柘(拓)在生蛮,承前不输税课"④。大观年间,宋收浙、能州地为省地,建滋州,故浙州应废于此时。

11. 能州(今贵州赤水市东)⑤

能州,唐置羁縻州,领长宁、来银、菊池、猿山四县。后改领曲水、甘泉二县⑥。似为割悦州甘泉、顺州曲水而建之新州⑦,领十二户,"州连接黔府及柘(拓)在生蛮,承前不输税课"。大观年间,宋收浙、能州地为省地,建滋州,故能州应废于此时。

12. 悦州(今四川兴文县南)

悦州,唐置羁縻州,属戎州都督府,领甘泉、青宾、临川、悦水、夷邻、胡璠六

---

① 按:据《宋史》卷89《地理志五·长宁军》、《宋会要·蕃夷》5之51,《舆地纪胜》卷166《长宁军》,可知长宁、晏、奉、高、薛、巩、浒、思峨、定、浙十州为浒井监山前后之州。《舆地纪胜》言,唐所存羁縻十州,晏、浒、长宁为近地三州,三州之族大抵相类。"思峨州去军五十里,至如萨(薛)、定、巩、高、奉、浙六州,隔在山后,有远去五日程者",则十州又可分为山前四州与山后六州。然郭声波认为浙州非山后六州,应改为悦州,《舆地纪胜》记载有误(见《唐宋泸州东部羁縻州县研究》,《贵州民族研究》2001年第2期。下引郭文,不再注明)。检《长编》大中祥符六年七月乙未条,时有"界南广溪移,悦等十一州刺史李绍安,山后高、巩六州及江安界娑婆村首领,并来乞盟"。又,庆历二年十一月甲午条言,泸州"管下溪洞巩州、定州、高州、奉州、浒州、宋州、纳州、晏州、浙州、长宁州十州,皆自(有)唐以来及本朝所赐州额"。两条均未言悦州为泸属羁縻州,可知悦州自戎州划归泸州甚晚。据《武经总要》,悦州为泸属羁縻州,最早为仁宗朝事。《舆地纪胜》的记载,可能是宋人相沿成习的说法。
② 按:见《武经总要·前集》卷19。又,《太平寰宇记》卷88浒州条言定州有支江县,萨(薛)州有枝江县,而《新唐书》萨州无枝江。定州唐中期以后建,或将萨州之枝江县归定州,而《太平寰宇记》失载。《太平寰宇记》卷88泸州条言定州、扶德州并有扶德县,所载必有一误。疑定州之扶德县割自扶德州,而定州以此二县及浒州新定县之部分而建。
③ 按:郭声波认为浙、滋二字,中古音相近。滋州即为浙州及能州地建。今贵州习水县土城镇,元代称"古滋",当即古滋州治。谭其骧先生在《播州杨保考》中认为浙、习二字同音,浙水即习水,浙州之州县多以水名,故《中国历史地图册》第五册标浙(浙)州于今贵州习水县东北习水河畔。
④ 《新唐书》卷43下《地理志七下》、《太平寰宇记》卷88《泸州》。
⑤ 郭声波认为能州应治于今贵州赤水市官渡镇或长沙镇。
⑥ 《新唐书》卷43下、《太平寰宇记》卷88《泸州》。
⑦ 按:能州,唐大足元年(701)建。所领曲水县,与建于载初二年(690)的顺州同,疑割自顺州。又,据《新唐书》卷43下、《太平寰宇记》卷88《泸州》,唐戎州都督府所辖悦州原领甘泉等六县,后领五县,疑甘泉割属能州。然悦州为南广溪洞州,与位于安乐溪流域的能州,不知地里能否相接。

县,后管五县。宋仍为羁縻州,改属泸州。悦州为南广溪洞僚人羁縻州,在叙州南二百十七里,清兴文县南①。

13. 宋州(今四川兴文县)

宋州,唐置羁縻州,宋因之,领柯龙、柯支、宋水、卢吾四县,十九户。熙宁九年(1076),宋州始"输款纳租,把拓边界"。政和四年(1114),宋建长宁军,州或废于此时。废宋州,在泸州西南。《蜀中名胜记》言,"宋江在州治东百步,源出大坝儿北洞,经宋州,故名"。宋水,即今永宁河支流。今四川兴文县有大坝苗族乡,其北古宋镇,当为宋州所在②。古宋镇,原属叙永县,1983年始划归兴文县,即今兴文县治所在地。

14. 顺州③

顺州,唐置羁縻州,宋因之,领曲水、顺山、灵岩、来猿四县,五十九户。熙宁九年,始"输款纳租,把拓边界"④。政和四年,宋建长宁军,顺州或废于此时⑤。

15. 纳州(在今四川叙永县西南)⑥

纳州,唐置羁縻州,宋因之。领罗围、播罗、施阳、罗当、罗蓝、都宁、罗掌七县,一百六十八户⑦。熙宁八年,纳土。政和四年,宋建长宁军,州或废于此时。《元丰九域志》言泸州"南至羁縻纳州五百二十七里……东南至羁縻纳州四百五十里",故纳州应在今四川叙永县西南⑧。

16. 蓝州

蓝州,唐仪凤二年(677),割纳州胡茂县置,宋因之。领胡茂一县,五十一户⑨。熙宁九年,蓝州与顺、宋、纳三州始"输款纳租,把拓边界"⑩。政和四年,宋建长宁军,蓝州或废于此时。蓝州地望应与纳、宋等州同在今叙永县及

---

① 《新唐书》卷43下《地理志七下》、《太平寰宇记》卷79《戎州》、《读史方舆纪要》卷70《叙州府·兴文县》、《清一统志》卷396《叙州府》。
② 《太平寰宇记》卷88泸州、《清一统志》卷412《泸州》、《蜀中名胜记》卷16《泸州》。
③ 按:顺州治,《中国历史地图集》第五册标于今贵州习水县西南赤水河北岸之顺江场,不定点。郭声波认为应在今四川叙永县大石乡花树村。又,本条第三注可参考。
④ 《太平寰宇记》卷88《泸州》、《宋会要·蕃夷》5之52。
⑤ 按:郭声波认为顺州大观初废。三年(1109),宋所建纯州,即以羁縻顺州地置。取名纯州,即以顺、纯二字之音相谐。郭认为宣和三年(1121),宋废纯州及九支县为九支城,其地即今四川合江县九支镇。纯州安溪县,宣和三年,改为美利寨(《宋会要·方域》18之13),其地即今叙永县水尾镇米城村。纯州之遥坝寨(《宋会要·方域》5之26),即今合江县尧坝镇。
⑥ 按:郭声波认为纳州应治于今叙永县西南的黄坭乡跃进村。
⑦ 按:事见《太平寰宇记》卷88《泸州》。又,泸州羁縻州户数甚少,此处的"户"当是氏族、家族或村之谓。
⑧ 《元丰九域志》卷7《泸州》。
⑨ 按:郭声波推测蓝州建之初,同时从纳州割入胡茂、罗蓝二县。《太平寰宇记》卷88《泸州》所载有误,漏载罗蓝县。他认为唯其如此,才能解释蓝州得名之由。
⑩ 《宋会要·蕃夷》5之52。

其旁近地区①。

17. 姚州(今贵州大方县)②

姚州,宋置羁縻州。庆历二年(1042),授予乌蛮王子得盖。

18. 归徕州(在今四川叙永、古蔺县境)

归徕州,宋置羁縻州。熙宁七年建,授予乌蛮族斧望个恕。元丰五年(1082),改授乌蛮族罗氏鬼主③。

戎(叙)州

宋代,戎州所属羁縻州三十④。这三十州的大致情况是,诸州"虽有名额,元无城邑,散在山洞,不常其居。抚之难顺,扰之易动。其为刺史,父子相继,无子即以其党有可者公举之。或因春秋有军设,则追集赴州,著夏人衣服。却归山洞,椎髻跣足,或被毡,或衣皮,从夷蛮风俗。无税赋以供官,每年使司须有优赏,不拘文法,自古至今,其俗难改。其军设并官中优赏等并废多时"。三十州分为南广溪洞、马湖江、石门路三部。其中,仅马湖部的地域可得而详。其地"东南接石门,西南接沙漠(溪)、虚恨及黎、雅诸蛮,与吐蕃之境,而北接叙州之商州寨、宣化县,西接嘉定之赖因、沐川,西北接叙州之宜宾"。三路之中,石门路十二州与马湖路驯、骋、浪川三州"并无税赋供输州县"。马湖部与宋交往、冲突颇多。宋则通过中马、互市、请受等方式,对其实行羁縻。开宝(968—976)中,德化将军董春惜者来贡马,太平兴国(976—984)中始市马。其后,又以板来售,宋遂置场征之,谓之抽税场。南宋时,"在嘉定则有请税受犒之寨,在叙州则有中马互市之场"。南广蛮李世恭则在大观三年(1109)以地内属,宋遂建祥州⑤。

马湖部分布在今四川雷波、屏山、马边及沐川县的部分地区。石门部分布在今云南昭通市、昆明市东川区,贵州威宁彝族回族苗族自治县及四川布拖、普格、宁南三县地⑥。

---

① 郭声波认为蓝州即蔺州,其治即今古蔺县。《中国历史地图册》第五册标于今贵州习水县同民镇。
② 按:周春元等《贵州古代史》(贵州人民出版社,1982年)第七章《宋元时期的贵州》第152页言,"姚州即今大方"。又,《中国历史地图集》第六册所标姚州未定点,在今贵州织金县以那镇。
③ 按:刘复生认为归徕州"地当今四川叙永、古蔺",见《僰国与泸夷》,巴蜀书社,2000年,第100页。又,郭声波认为归徕州州治在今贵州毕节市七星关区龙场营镇,该镇地近四川古蔺县,在赤水河南岸。《中国历史地图册》第六册所标归徕州未定点,在赤水河北岸,地近古蔺县城。
④ 按:《武经总要》卷19《戎州》、《元丰九域志》卷10《梓州路戎州》、《宋史》卷89《地理志五》载戎(叙)州领羁縻州三十,而《太平寰宇记》卷79《戎州》、《文献通考》卷321叙为三十二州,多悦州、巩州。二州宋代已改属泸州,详见泸州一节。又,方国瑜认为,宋于叙州无设羁縻州之事,《宋史》卷89《地理志五》所载三十羁縻州,并非宋时建制。见《中国西南历史地理考释》,第750页。
⑤ 《太平寰宇记》卷79《戎州》、《宋史全文》卷30嘉定四年正月己丑、《朝野杂记·乙集》卷20《辛未利店之变》、《宋会要·蕃夷》5之69、《宋史》卷496《蛮夷传四》。
⑥ 按:叙州三路蛮之今地,据方国瑜:《中国西南历史地理考释》,第717、760页。

(一) 南广溪洞

1. 筠州(今四川筠连县南)

筠州,唐置羁縻州,宋因之,领盐水、筠山、罗余、临居、澄澜、临昆、唐川、寻源八县。在戎州南四百十七里,清筠连县南①。

2. 连州(今四川筠连县境)

连州,唐置羁縻州,宋因之,领当为、都宁、逻游、罗龙、加平、清坎六县。在戎州西,从筠州析出,在清筠连县境内②。

3. 扶德州(今四川珙县南)

扶德州,唐置羁縻州,宋因之,领宋水、扶德、阿阴三县。在戎州东南四百五十七里,在清珙县南,元废③。

4. 为州

为州,唐置羁縻州,宋因之,领扶、罗僧二县。在戎州南四百九十里,从扶德州析出,应与扶德州相邻④。

5. 播朗州(今四川珙县西北)

播朗州,唐置羁縻州,宋因之,领播胜、从颜、顺化三县。在戎州南二百八十九里,在清珙县西北。自巩州析出,应与其境土相接⑤。

6. 照州

照州,唐为羁縻镜州,入宋,避太祖之祖赵敬讳改称景州、昭州、照州。领夷郎、宾唐、溪琳、琮连、池临、野并六县。在戎州南三百九十六里,今地不详,当在南广河流域。

7. 洛州

洛州,唐置羁縻州,宋因之,领临津、宾夷、曾城、葱药四县。在戎州南四百二十里,今地不详,自镜州析置,当与镜州相接。

8. 盈州

盈州,唐置羁縻州,宋因之,领盈川、涂赛、播陵、施燕四县。在戎州南五百六十七里,今地不详,当在南广河流域。

9. 南州

南州,唐置羁縻州,宋因之,领播政、百荣、洪卢三县。在戎州西五百三十

---

① 《太平寰宇记》卷79《戎州》、《新唐书》卷43下《地理志七下》、《清一统志》396《叙州府·废筠州》。
② 《太平寰宇记》卷79《戎州》、《新唐书》卷43下《地理志七下》、《清一统志》396《叙州府·废连州》。
③ 《太平寰宇记》卷79《戎州》、《新唐书》卷43下《地理志七下》、《清一统志》396《叙州府·废扶德州》。
④ 《太平寰宇记》卷79《戎州》、《新唐书》卷43下《地理志七下》。以下引用史料同此者,不再出注。
⑤ 《太平寰宇记》卷79《戎州》、《新唐书》卷43下《地理志七下》、《清一统志》396《叙州府·废播郎州》。

五里,今地不详,自盈州析出,当与盈州相接。

10. 移州

移州,唐置羁縻州,宋因之,领移当、临河、汤陵三县。在戎州西南五百八十七里,今地不详,自悦州析出,当与悦州相接。

11. 志州①

志州,唐置羁縻州,宋因之,领浮萍、鸡惟、夷宾、河西四县。在戎州西四百五十六里,今地不详,应在南广河流域。

12. 德州

德州,唐置羁縻州,宋因之,领罗连、高岩二县。在戎州南五百六十四里,自志(总)州析出,今地不详,应在南广河流域。

13. 武昌州

武昌州,唐置羁縻州,宋因之,领洪武、罗虹、琅林、夷朗、来宾、罗新、绮婆七县。在戎州南二千三百一十七里,今地不详,应在南广河流域。

14. 献州

献州,唐置羁縻州,宋因之,领七县。在戎州南六百零六里,今地不详,应在南广河流域。

(二) 马湖江

1. 商州(今四川宜宾县商州镇)

商州,唐置羁縻州,原称殷州,入宋后,以避讳改称商州,领殷川、东公、龙原、韦川、宾川五县。乾道八年(1172)有权商州土刺史韦文豹,父亡差权已及三年,而蛮夷驯服,依条许令承袭,遂充商州土刺史,并加银、酒、监、武如制。商州在戎州西北二百九十三里,马湖江右,即今之商州镇②。

2. 驯州

驯州,唐置羁縻州,领驯禄、天池、方陀、罗藏、播骋五县。在戎州西北七百三十二里,马湖江右,治应在今四川雷波县附近③。

3. 浪州

浪州,又作浪川州,唐置羁縻州,领郎浪、郎违、何度、郎仁、因阁五县,在戎

---

① 按:志州,《新唐书》卷43下《地理志七下》言,又作总州。疑即黔州管内殷、总、敦三羁縻州之一的总州。
② 《太平寰宇记》卷79《戎州》、《新唐书》卷43下《地理志七下》、《宋会要·蕃夷》5之40、《宋史》卷496《蛮夷传四》、《清一统志》卷396《叙州府·废殷州》。
③ 按:事见《太平寰宇记》卷79《戎州》、《新唐书》卷43下《地理志七下》、《宋史》卷496《蛮夷传四》。又,刘统认为驯州治应在今四川宜宾地区金沙江北岸的屏山县、乐山市沐川县县境内,见《唐代羁縻府州研究》,西北大学出版社,1998年。

州西一千三百四十里,马湖江右①。

4. 骋州

骋州,唐置羁縻州,领斛木、罗相二县,在戎州西一千三百二里,马湖江右②。

(三) 石门路

1. 协州(今云南彝良县)

协州,唐置羁縻州,天宝(742—756)中,因云南离叛残破。遂移置在戎州西南四百九十三里处,管县二。《清一统志》卷396《叙州府》认为"南广故城,在珙县西南,隋以后为协州地"。方国瑜认为在今云南彝良一带③。

2. 靖州(今贵州威宁彝族回族苗族自治县一带)

靖州,唐置羁縻州,宋因之,领靖川、分协二县。靖州在戎州西南五百里,系析协州置。方国瑜认为在今贵州威宁、水城、毕节等处④。

3. 曲州(今四川高县庆符镇西)

曲州,唐置羁縻州,天宝中,因云南破,移在开边县界,去县一百二十七里。宋因之,管县四。开边县,在戎州西南六十五里之马湖、朱提两江口处,宋初废,清代为开边乡。自县南七十里至曲州,曲州在清庆符县西⑤。

4. 切骑州

切骑州,唐置羁縻州,宋因之,领柳池、奏禄、縻托、通识四县,在戎州西南一千一百里,确址不详。胡三省认为,"石门路,即马湖南境"。因此,切骑等州应分布在今云南的昭通地区⑥。

5. 柯违州

柯违州,又称柯连州,唐置羁縻州,宋因之,领柯连、罗名、新成三县,在戎州南九百零七里,明马湖府南。

---

① 按:事见《武经总要·前集》卷19《戎州》、《新唐书》卷43下《地理志七下》、《宋史》卷496《蛮夷传四》;驯州,《中国历史地图集》第五册标于今四川金阳县西南,而刘统认为应在屏山、沐川二县境内。

② 按:事见《武经总要·前集》卷19《戎州》、《新唐书》卷43下《地理志七下》、《宋史》卷496《蛮夷传四》;骋州,《中国历史地图集》第五册标于今四川雷波、金阳二县间,而刘统认为应在屏山、沐川二县境内。

③ 按:事见《太平寰宇记》卷79《戎州》、《彝族史稿》,四川人民出版社,1984年,第463页。又,《元和郡县志》卷32言,"协州东北至戎州四百一十里",与《太平寰宇记》不同。

④ 《太平寰宇记》卷79《戎州》;《新唐书》卷42《地理志六·戎州》;方国瑜:《彝族史稿》,四川民族出版社,1981年,第463页。

⑤ 按:事见《太平寰宇记》卷79《戎州》、《新唐书》卷42《地理志六·戎州》、《清一统志》卷396《叙州府·古迹》;然《太平寰宇记》与《新唐书》所言曲州至开边县的里数不同。

⑥ 《太平寰宇记》卷79《戎州》、《新唐书》卷43下《地理志七下》、《读史方舆纪要》卷73《马湖府·废浪川州》。以下柯违州、滈州并同。

6. 㴩州

㴩州,唐置羁縻州,宋因之,领拱平、扫宫、罗谷三县,在戎州南九百十二里,明马湖府南。

7. 哥灵州

哥灵州,唐置羁縻州,宋因之,领三县,在戎州西南一千四百里,今确址不详①。

8. 品州

品州,唐置羁縻州,宋因之,领八秤、松花、牧三县,在戎州西南二千三百九十五里,今确址不详。

9. 碾卫州

碾卫州,唐置羁縻州,宋因之,领麻金、碾卫、涪麻三县,在戎州南九百九十七里。

10. 从州

从州,唐置羁縻州,宋因之,领从花、昆池、武安、罗林、梯山、南宁六县,在戎州西南二千六百四十二里。

11. 播陵州

播陵州,唐置羁縻州,宋因之,领二县,在戎州南五百七十七里。

12. 钳州

钳州,唐置羁縻州,元无县,从开边县析出,宋因之,在戎州西南四百五十七里。《新唐书》卷 43 下《地理志七下》戎州开边县条言,"自县南七十里至曲州,又四百八十里至石门镇"。石门镇即今云南盐津县之豆沙镇,则钳州应在此以北处②。

第五节　夔州路的羁縻州

宋代的夔州路是一个少数民族聚居地。少数民族主要居住在唐代黔州都督府的管辖范围内。黔州都督府,天宝元年(742),督施、夷、播、思、费、珍、溱、南、牂九州③。安史之乱后,上述各州,除施州外④,均沦为蛮夷化外羁

---

① 《太平寰宇记》卷 79《戎州》、《新唐书》卷 43 下《地理志七下》。以下哥灵州、品州、碾卫州、从州、播陵州并同。
② 《太平寰宇记》卷 79《戎州》。
③ 按:事见《旧唐书》卷 40《地理志三》。该志言督九州,实列八州。与其下所述黔府各州相较,应增牂州。又,商州当为南州之误。
④ 按:施州也有羁縻州,但由于施州西与黔州相隔一高岭,有地形上之隔阂,而与溪、锦、奖州同在岭东,其羁縻州的活动多与诸州关系密切相连,故将施州羁縻州划入荆湖路讨论。

縻州①，连同黔州所领五十左右的羁縻州，成为唐、宋王朝的羁縻地区②。后者的大致范围，"东北直黔、涪，西北接嘉、叙，东连荆楚，南出宜、桂"。其"俗椎髻、左衽，或编发；随畜牧迁徙亡常，喜险阻，善战斗。部族共一姓，虽各有君长，而风俗略同"。或言，其"人尚耕种，亦有五谷，多种秔稻，以木弩射獐鹿充食。每三二百户为一州，州有长，其刑罚止用鞭扑（朴）。杀人者不偿死，尽入家财以赎。国王所居地，郭无壁垒，官府惟短垣"。诸州"皆羁縻寄治山谷"之中，官员约有"甲头王子若刺史、判官、长史、司马、长行、傔人七等之名"③。这个地区的少数民族，长期以来一直与宋王朝和平友好相处。宋乾德三年（965）平蜀，而该地区势力最强大的南宁州龙蕃，五年就率部来贡。宋遂以知西南夷南宁州、蕃落使龙彦瑫为归德将军、南宁州刺史、蕃落使，承认其管押西南诸夷的传统地位，同时也确立了两方的地位和关系。除龙蕃外，方蕃、张蕃、石蕃、罗蕃亦是该地区的大姓，号"五姓蕃"。五姓蕃亦"皆常奉职贡，受爵命"。其朝贡规模非常庞大，一般为数百人，多则达到一千五百人，后规定"或三年，或四五年，计五姓人徒，凡九百六十人"。元丰七年（1084）以后，又相继增添程蕃、韦蕃，号称"西南七蕃"④。西南七蕃，终宋之世始终与宋王朝保持着良好的贡赐关系，关于这方面的记载，史不绝书。而位于黔内的思州田氏、播州杨氏，南宋以后，则隐然而为宋王朝的西南长城。今将夔路的羁縻州分为黔州及黔州以外两部，其可考者，条列如下。

---

① 按：化外州与羁縻州是两个既相联系又有区别的概念。在宋代，它表明宋王朝对境内外少数民族地区的影响、控制程度的不同。但文献对其定位并不严格一致。如思、夷、费、播、牂、西高等州，《元丰九域志》卷10列入夔州路化外州，但思、夷二州，在卷8黔州条中，又被目为羁縻州。

② 按：黔州所领羁縻州各书记载不一，《旧唐书》列48州，《新唐书》列51州，《太平寰宇记》列53州，《元丰九域志》《宋史》均列49州，且州名也不尽相同。但上述各书大体相同，应属同一传抄系统。其间的差异，可能是由于传抄之讹，也可能是不同历史时期的反映。唯《武经总要》所载大异，仅列10州。南宋时，黔州所领羁縻州，据《宋史》《文献通考》，达56州，有所增加，然所增不明。《读史方舆纪要》《清一统志》所言宋陈蒙、合江等羁縻州，据《元史》卷16至元二十八年（1291）十月丁亥条所载，时"洞蛮烂土立定云府，改陈蒙洞为陈蒙州，合江为合江州"，则二书所言不实。又如大万谷乐总管府，该府据《读史方舆纪要》卷123《贵州四·附考·水西宣慰司》、卷121《贵阳军民府》言，为宋开宝（968—976）间置，"时有宋景阳者，真定人，奉诏平定诸蛮，因析置大万谷乐总管府授之"，"嘉定（1208—1224）中，移府于今治"，在贵阳军民府北百二十里。《麻江县志·大事志》又引《贵阳府志》谓，"大万谷落，夷语为蛮州。蛮州治在今开阳县境内"。则《纪要》该条有两点可质疑者。第一，宋不勤远略，开宝间绝不会远征至今贵阳一带。第二，大万谷乐即蛮州之音译，而蛮州唐时已置，有不能自圆其说之处。故大万谷乐总管府之设亦属可疑。其他恐亦大类此，多得之于传闻，故均不录入。

③ 《宋史》卷496《蛮夷传四·黔涪施高徼外诸蛮》，《宋会要·蕃夷》5之12、13，《太平寰宇记》卷120《黔州》。

④ 《宋史》卷496《蛮夷传四·西南诸夷》、《蛮夷传四·黔涪施高徼外诸蛮》，《宋会要·蕃夷》5之19，《岭外代答》卷3《外国门下·西南夷》。

黔内州

1. 南州（治今重庆綦江区北）

南州，唐置正州，领南川、三溪二县，安史之乱后，沦为蛮夷之地。宋乾德四年，南州蛮进铜鼓一，请内附。南州遂为黔州管内六州之一，以黔州牙职典州事，缴纳租税贡奉。庆历八年（1048），割属渝州。皇祐五年（1053），以南州置南川县，并"升南川为怀化军，并三溪入南川县，以朝臣为军使兼知南川县"，南州由此而为省地①。南州，据《读史方舆纪要》卷69《重庆府·南川县·南川城》言，即"今县治"。

2. 溱州（治今重庆綦江区青年镇）

溱州，唐置正州，领荣懿、扶欢二县，安史之乱后，沦为蛮夷之地。宋为羁縻州，为黔州管内六州之一，以黔州牙职典州事，缴纳租税贡奉。庆历八年，割属渝州。熙宁四年（1071），宋灭南川、巴县熟夷李光吉、王衮、梁承秀三族，复扶欢、荣懿二寨。八年，宋军击败南川叛獠木斗，又得溱州地五百里，遂增置四寨、九堡，建铜佛坝为南平军。黔州原领六州，至此，仅"领思、费、夷、播四州"。大观二年（1108），木攀首领赵泰以地内属，宋又别置溱州及溱溪、夜郎两县。宣和二年（1120），废为溱溪寨，割隶南平军。羁縻"溱州治在今桐梓县北三百里，与四川綦江接壤之青羊市"，即今重庆綦江区青年镇②。

3. 珍州（治今贵州正安县西北）

珍州，唐置正州，领夜郎、丽皋、乐源三县。元和三年（808）州废，县皆属溱州。或以此故，宋黔内六州中无珍州。后沦为蛮夷之地，入宋后，改为高州，寻以岭南有高州，而改称西高州。大观二年开边，珍州骆文华纳土，复建为珍州，为省地③。珍州，据《清一统志》卷511《遵义府·废珍州》言，"在桐梓县东，正安州西"。

4. 费州（治今贵州思南县）

费州，唐置正州，领涪川、扶阳、多田、城乐四县，安史之乱后，沦为蛮夷之地。宋淳化五年（994），费州与奖、晃、叙、懿、允、锦、福等州来贡。费州为黔州管内六州之一，以黔州牙职典州事，缴纳租税贡奉。大观（1107—1110）中，与

---

① 《长编》卷7乾德四年六月辛亥、卷174皇祐五年二月己亥，《武经总要·前集》卷19《黔州》，《宋史》卷89《地理志五·重庆府》。

② 《武经总要·前集》卷19《黔州》，《宋史》卷89《地理志五》、卷334《熊本传》、卷496《蛮夷传四·渝州蛮》，《长编》卷263熙宁八年闰四月乙巳，民国《麻江县志》卷13《大事志》。

③ 《新唐书》卷41《地理志五·溱州》，《武经总要·前集》卷19《黔州》，《太平寰宇记》卷122《西高州》，《元丰九域志》卷10《化外州》，《宋史》卷89《地理志五·珍州》、卷311《庞恭孙传》。

溱、播、溪、思等州相继降,遂为省地。费州治在清思南县城①。

5. 思州(治在今贵州沿河土家族自治县北)

思州,唐置正州,领务川、思王、思邛三县,安史之乱后,沦为蛮夷之地。入宋为夔州路化外州,是黔州管内六州之一,以黔州牙职典州事,缴纳租税贡奉。大观元年,蕃部长田祐恭献地,愿为王民。政和八年(1118),始建思州,领务川、安夷、邛水三县,而为省地。宣和四年,废为务川城,隶黔州。绍兴元年(1131),复为思州,仍以田祐恭知州事,充夔路兵马钤辖,兼思珍州南平军都巡检使。然思州名为正州省地,实"系溪洞承袭州军",知州由田氏世袭,地位大致如同北宋时的麟、府、丰三州。因此,绍兴五年,规定该州除给降思州敕额外,"其余只依务川城体例,更不增官、置吏"。故而思州也往往被目为"羁縻州郡"。但是,在南宋时期平息内忧外患的斗争中,思州田氏基本上是效力于宋廷的,施黔思州义军土丁发挥了稳固西南疆圉的作用。元至元十四年(1277),思州安抚使田景贤降元②。羁縻思州,据《方舆胜览》卷62言,思州旧城去今务川城百八十里。又,《清一统志》卷504《思南府·思州故城》引《府志》言,即清"沿河司,所谓城子头是也"。

6. 夷州(治今贵州凤冈县)

夷州,唐置正州,领绥阳、都上、义泉、洋川、宁夷五县。安史之乱后,沦为蛮夷之地,入宋为黔州管内六州之一,以土人世袭领州事③。太平兴国三年(978),有夷州蛮任朗政等来贡。大观三年,酋长骆世华、任汉崇献其地,建为承州,遂为省地④。夷州,据《清一统志》卷505《石阡府》言,在清龙泉县北。

7. 播州(治今贵州遵义市)

播州,唐置正州,领遵义、芙蓉、带水三县。安史之乱后,沦为蛮夷之地,入宋为黔州管内六州之一,以土人世袭领州事。熙宁六年(1073),播州杨贵迁遣子光震来贡,宋授予光震三班奉职。元丰四年(1081),光震助官军破乞弟,杀其党阿讹。绍圣四年(1097),播州夷杨光荣内附。大观二年,光荣以

---

① 《新唐书》卷41《地理志五·费州》,《武经总要·前集》卷19《黔州》,《宋史》卷493《蛮夷传一》、卷311《庞恭孙传》。
② 《新唐书》卷41《地理志一·思州》,《武经总要·前集》卷19《黔州》,《文献通考》卷319《舆地考·思州》,《宋史》卷89《地理志五·思州》,《舆地纪胜》卷178《思州》,《宋会要·蕃夷》5之95,《宋史》卷394《林栗传》,《元史》卷9《世祖纪六》,民国《麻江县志》卷13《大事志》。
③ 按:事见《新唐书》卷41《地理志五·夷州》,《武经总要·前集》卷19《黔州》。然《太平寰宇记》卷120《黔州》言,夷州也"从黔州差衙前职员权知",与《武经总要》异。播州同夷州。
④ 《宋史》卷493《蛮夷传一》、卷89《地理志五·珍州》、卷311《庞恭孙传》,《舆地广记》卷33《承州》。

地内属,建为播州,仍以杨氏世袭。宣和三年(1121),播州废为城隶南平军,南宋理宗朝复。在宋蒙战争中,播州是宋方在西南地区的重要防地,播州杨氏在战争中屡建战功。开庆元年(1259),宋以知播州杨文守御勤劳转一官。德祐元年(1275),宋朝危在旦夕,又诏知播州杨邦宪为复州团练使,领兵入卫。元至元十四年,杨邦宪降元①。播州,一说治今遵义县,该县贞观时复置,为播州治;一说,"播州治在今绥阳县东旺草场",即今绥阳县东北之旺草镇②。

宋时,播州杨氏以仁江水为界,分为两族,一据播川,一据遵义。杨光荣即据播川者。大观二年,又有杨文贵纳土,即据遵义者。光荣得唐所给州铜牌,文贵得唐所给州铜印,均自视为播州的合法继承者。然杨光荣为杨氏族长,宋遂以其地建为播州,而以文贵地建为遵义军及遵义县。宣和三年,遵义军并县废为寨,改隶珍州③。

黔州羁縻州

1. 矩州(今贵州贵阳市)

矩州,唐置羁縻州,宋因之。矩州,即贵州,今贵阳也④。

2. 庄州(治今贵州贵阳市花溪区青岩镇附近)

庄州,唐初所置正州,开元中,降为羁縻州。民国《麻江县志》言,"庄州治石牛县,在今定番县左近"。民国《都匀县志稿》认为,庄州治所在贵阳市南二十五公里青岩一带⑤。

3. 功州(治今贵州修文县东北)

功州,唐置羁縻州,宋因之。道光《贵阳府志》卷4《沿革表序》言,"功州,今修文东北境也"。

4. 蛮州(今贵州开阳县)

蛮州,唐置羁縻州,宋因之。蛮州为"明之水东及水外六目",清之"贵阳亲辖地开州,修文之南境、西境及清镇之镇西卫故地"⑥。

---

① 《新唐书》卷41《地理志五·夷州》,《武经总要·前集》卷19《黔州》,《宋史》卷496《蛮夷传四·渝州蛮》、卷15《神宗纪二》、卷18《哲宗纪二》、卷44《理宗纪四》、卷47《瀛国公纪》,《元史》卷9《世祖纪六》。
② 《清一统志》卷511《遵义府·遵义县》,民国《麻江县志》卷13《大事志》。
③ 《宋史》卷20《徽宗纪二》、卷89《地理志五·珍州》,《舆地广记》卷33《遵义军》。
④ 道光《贵阳府志》卷87《土司传上》。
⑤ 民国《都匀县志稿》卷3《建置》。
⑥ 道光《贵阳府志》卷4《沿革表序》。

5. 袭州（今贵州黔西县）

袭州，唐置羁縻州，宋因之。袭州，光绪八年（1882）金陵书局本《元丰九域志》作"龚州"。《麻江县志·疆域沿革》言，"龚州，即今黔西县城"。

6. 义州（在今贵州黔西县东北）

义州，又作羲州。唐置羁縻州，宋因之。《麻江县志》卷13《大事志》言，义州"治在今黔西县东北"。

7. 宝州（在今贵州大方县境内）

宝州，唐置羁縻州，宋因之。《麻江县志》言，该州"在今大定县境内"。

8. 郝州（今贵州大方县南）

郝州，唐置羁縻州，宋因之。其治在民国大定县南①。

9. 晖州（在今贵州织金县北）

晖州，唐置羁縻州，宋因之。《麻江县志》言，该州"在织金县北境"。

10. 普宁州（今贵州安顺市东旧州）

普宁州，唐置羁縻州，宋因之。其治即安顺旧州②。

11. 琰州（在今贵州关岭布依族苗族自治县、镇宁布依族苗族自治县间）

琰州，唐初所置正州。开元中，降为羁縻州。《麻江县志》言，"琰州治武侯县，在今关岭县北诸葛营"。

12. 清州（今贵州普定县马场镇）

清州，唐置羁縻州。五代后唐天成二年（927），有牂柯清州刺史宋朝化等一百五十人来朝。其地即元曾竹之曾州马场③。

13. 和武州

和武州，宋朝真、仁以后所置羁縻州。"其地遥直融宜之西、邕州之西北，亦曰罗国。今罗斛、贞丰、册亨、兴义、普安、归化、安顺府西普定废路皆是也"④，或言"和武州，今紫云西部"⑤。

14. 充州（在今贵州石阡县西南）

充州，唐初所置正州。天宝三载（744），降为羁縻州。充州在牂州北百五十里，与业州接界。其治平蛮县，在今石阡县左近⑥。

---

① 《旧唐书》卷40《地理志三·黔州》、民国《麻江县志》卷13《大事志》。
② 道光《贵阳府志》卷87《土司传上》。
③ 《宋史》卷496《蛮夷传四·西南诸夷》、道光《贵阳府志》卷4《沿革表序》。
④ 道光《贵阳府志》卷4《沿革表序》。
⑤ 周春元等：《贵州古代史》第七章《宋元时期的贵州》，第151页。
⑥ 《新唐书》卷43下《地理志七下》、卷222下《南蛮传下·两爨蛮》，《读史方舆纪要》卷122《思南府》，民国《麻江县志》卷13《大事志》。

15. 亮州（治今贵州锦屏县敦寨镇亮司村）

亮州，唐置羁縻州，宋因之。《麻江县志》言，"即今黎平县北百里亮寨司"。

16. 鼓州（治今贵州锦屏县新化乡欧阳村）

鼓州，唐置羁縻州，宋因之。《麻江县志》言，"治在黎平北九十里欧阳司"。

17. 侯州

侯州，唐置羁縻州，宋因之。《贵阳府志》卷4《沿革表序》言，"侯、婪、鼓、亮在今黎平"。今地不详。

18. 婪州

婪州，又作樊州、契州，今地不详。论证详见侯州条。

19. 添州（治今贵州镇远县境）

添州，唐置羁縻州，宋因之。《麻江县志》言，该州在今镇远县境内。

20. 犍州

犍州，唐置羁縻州，宋因之①。该州"东北至牂柯百里，西南至庄州五十里"，由此可知，该州大约在今贵州福泉市、麻江县之间②。

21. 南宁州（治今贵州惠水县南）

南宁州，唐置羁縻州，属戎州都督府。"天宝（742—756）末，没于蛮，因废。唐末，复置州于清溪镇"，改隶黔州或在此时。南宁州在明定番州南十五里，为明卧龙番长官司所在地，或认为废南宁州在定番州南二十里③。

22. 牂州（治今贵州瓮安县猴场镇）

牂州，唐初所置正州。开元（713—741）时，降为羁縻州。《元和郡县图志》言，"播州东南至牂柯州二百二十里"。道光《贵阳府志》推断，"牂州盖在今余庆、瓮安之间"④。

23. 令州（治今贵州长顺县广顺镇）

令州，唐置羁縻州，宋因之。令州，光绪金陵书局本《元丰九域志》与道光《贵阳府志·沿革表序》作今州，"即金筑，今广顺也"。

24. 乡州（治今贵州长顺县代化镇麻响村）

乡州，又作卿州。唐置羁縻州，宋因之。《麻江县志》言，"乡州在长寨县麻响司"。

25. 整州（治今贵州都匀市境内）

整州，唐置羁縻州，宋因之。《麻江县志》认为，"整"为"愁"之讹。愁州与

---

① 按：事见《新唐书》卷43下《地理志七下》、《元丰九域志》卷10。以下诸州与此同者，不复出注。
② 按：事见《武经总要·前集》卷19《黔州》。又，周春元认为犍州在"今黔西县北部"。
③ 《新唐书》卷43下《地理志七下》、《读史方舆纪要》卷121、乾隆《贵州通志》卷7《古迹·贵阳府》。
④ 《新唐书》卷43下《地理志七下》、道光《贵阳府志》卷87《土司传上》。

那、逸、动(勋)三州为夷子(即南丹)四部,在都匀县境内。

26. 逸州(治今贵州都匀市境内)

逸州,唐置羁縻州,宋因之。《麻江县志》言,逸州在今都匀县境内。

27. 邦州(治今贵州都匀市西北邦水)

邦州,唐置羁縻州,宋因之。《麻江县志》卷13《大事志》言,"邦州治在今都匀县西邦水司"。

28. 南平州(治今贵州平塘县境内)

南平州,唐置羁縻州,宋因之。《麻江县志》言,该州"即今平舟县"。

29. 勋州(治今贵州平塘县通州镇)

勋州,唐置羁縻州,宋因之。《麻江县志》言,该州"即今平塘县之通州里"。

30. 劳州(治今贵州荔波县捞村乡)

劳州,唐置羁縻州,宋因之。《麻江县志》卷13《大事志》言,"劳州治在今荔波县东南一百二十里之劳村"。

31. 峨州(治今贵州荔波县东北)

峨州,唐置羁縻州,宋因之。《麻江县志》言,"峨州治在今荔波县北峨浦里",约在今荔波县东北峨阳一带。

32. 训州(治今贵州安龙县南)

训州,唐置羁縻州,宋因之。乾德五年(967),训州部落王子若从来贡,受封为归德司戈。《贵阳府志》卷4《沿革表序》言,训州在兴义。或言,"训州,今盘县"①。

33. 茂龙州

茂龙州,唐置羁縻州,宋因之。《贵阳府志》卷4《沿革表序》言,茂龙州在清兴义境内。《麻江县志》认为在广西西隆县,则茂龙州当在今贵州兴义市与广西隆林各族自治县间。或言,"茂龙州,今安龙"②。

34. 殷州(治今四川宜宾县商州镇)

殷州,唐置羁縻州,管五县。"咸亨三年(672),昆明十四姓率户二万内附,析其地为殷州、总州、敦州,以安辑之。殷州居戎州西北,总州居西南,敦州居南,远不过五百余里,近三百里"。殷州初与敦州皆隶戎州都督,后改隶黔州,宋初仍之,后复隶戎州。宋时,以避讳改称商州。商州在戎州西北二百九十三里,即今之商州镇③。

---

①② 周春元等:《贵州古代史》第七章《宋元时期的贵州》,第151页。
③ 《新唐书》卷43下《地理志七下·黔州都督府》、卷222下《南蛮传下·昆明蛮》,《太平寰宇记》卷120《黔州》、卷79《戎州》,《元丰九域志》卷10《戎州》,《宋史》卷89《地理志五·叙州》,《清一统志》卷396《叙州府·废殷州》。

35. 鸿州

鸿州,唐置羁縻州,宋因之。《贵阳府志》卷4《沿革表序》言,"总、殷、鸿三州在今四川界中"。今地不详。

36. 总州（治今四川筠连县西南）

总州①,详见殷、鸿二州条论证。

37. 姜州

姜州,唐置羁縻州,宋因之。《贵阳府志》卷4《沿革表序》言,"姜、敦二州在今云南界中"。姜州,今地不详。

38. 敦州

敦州,详见姜州条论证。

39. 蒋州（治今湖南芷江侗族自治县西便水市）

蒋州即奖州。又,本条及晃、鹤二州,详见荆湖路南江羁縻州条论证。

40. 晃州（治今湖南新晃侗族自治县东北）

41. 鹤州（治今贵州岑巩县）②

42. 那州（治今广西东兰县东北那洲）

本条及抚水州条论证,详见广南西路宜州羁縻州条。

43. 抚水州（治今广西环江毛南族自治县东北、小环江西岸中州中里）

44. 乐善州（治今广西罗城仫佬族自治县宝坛乡四堡村）

详见广南西路融州羁縻州条论证。

45. 双城州

除上三州外,据道光《贵阳府志》卷4《沿革表序》言,双城、稜、福、濡、鸾、延、悬、思源州也在今广西界中。

---

① 按：总州,《新唐书》卷43下《地理志七下·戎州都督府》又作志州,管四县。《太平寰宇记》卷79戎州条载,管六县。
② 据周春元等：《贵州古代史》第七章《宋元时期的贵州》,第151页。

第三章 宋朝西北特殊建制的地方民族政权

第一节 西凉府蕃汉联合政权

宋初,凉州地区是一个多民族杂居的地区,在这里生活着吐蕃、党项、回鹘、汉等民族。其主要民族是吐蕃族,汉民则为少数,仅三百户,为唐代以来成兵和陷没者的后代,居住在城中和"凉州郭外数十里"的平川上,从事耕作,余皆吐蕃①。当时统治西凉府的,是吐蕃六谷蕃部的折逋氏。所谓六谷蕃部,是指居住在凉州城外及其周围几条山谷中的吐蕃人。乾德二年(964),凉州派遣蕃部首领数十人至京城请帅,宋任命供备库使麹彦饶为河西节度使②,从此,凉州纳入宋朝的版图,成为宋朝的地方政权,同时又是具有一定独立性的民族地方自治政权。

乾德元年,知西凉府折逋葛支向宋廷报告,他曾派人护送去天竺取经的回鹘、汉僧二百余人至甘州(今甘肃张掖市)。此后,遂向宋朝贡马;并于开宝六年(973),派员求通道于泾州(今甘肃泾川县北),正式明确朝贡关系。淳化二年(991),权知西凉府折逋阿喻丹来贡。五年,知西凉府折逋喻龙波、振武军都罗族及折平族大首领并来贡马,其中折平诸族所贡马达千匹之多。至道二年(996),凉州复来请帅,宋就命赴西凉市马的殿直丁惟清知州事。咸平元年(998),折逋游龙钵亲自来朝,献马至二千余匹。西凉折逋氏政权与宋廷在经济、文化方面有着密切的交往,西凉向宋廷进献马匹等牲畜,成为宋廷战马的重要来源地,而宋则回赐大量的银两、缗钱、布匹、茶药以满足吐蕃贵族和人民的需要。不仅如此,此时西夏崛起,它不但在东西通道上劫夺吐蕃的马匹,不断地侵扰其部落,还严重威胁着宋方的灵武(今宁夏灵武市西南)重镇,故宋朝

---

① 按:事见《宋史》卷492《吐蕃传》。又,以下不注明者,均出自本传。
② 《长编》卷5乾德二年十二月丁巳。

与西凉吐蕃族都有东西夹击西夏的战略意图。

咸平(998—1003)中,吐蕃贵族潘罗支取代折逋氏成为西凉府六谷都首领。潘罗支进一步加强了与宋朝的隶属关系,同西夏相对抗。咸平四年,宋朝以潘罗支为凉州防御使兼灵州西部都巡检使。以六谷部族分为左右厢,左厢副使折逋游龙钵实参罗支戎事,又以游龙钵领宥州刺史。五年,西夏攻克灵州,派人到西凉府招抚潘罗支,罗支斩其来使,断然拒绝,并向宋贡马五千匹。六年,潘罗支调集骑兵六万,再次请求与宋军会师,夹击西夏,以收复灵州,由于宋廷对潘罗支心存疑虑,故借口"西凉去渭州限河路远,不可预约师期",不同意出兵,仅令"六谷部族近塞捍御,与官军合势"。十一月,西夏攻克西凉府,知府丁惟清战死,潘罗支伪降。在受降时,潘罗支调集六谷诸豪及者龙族出击,李继迁遂中流矢而死。景德元年(1004),潘罗支请求率部族及回鹘精兵直抵贺兰山讨伐西夏,希望宋派大军援助,也未得到宋廷的积极响应。不久,潘罗支被西夏伪降者及叛变的者龙六族合谋暗害。潘罗支死后,六谷蕃部共推其弟厮铎督为大首领,宋从"腹背攻制"西夏的战略目标出发,遂以潘罗支旧秩朔方军节度、押蕃落等使、西凉府六谷大首领授予厮铎督。

在厮铎督在位时,为了抵御西夏的进攻,双方继续维护和发展友好合作关系。宋廷破例将严禁传入外夷的弓矢兵器赐予厮铎督及西凉样丹族。在西凉部落疾疫时,多次赐予白龙脑、犀角、硫黄、安息香、白紫石英等药材。厮铎督也每年派人到宋朝进贡和请封,宋朝也每次封赐有加,从物质上给予西凉援助。

厮铎督与西夏进行了艰苦卓绝的斗争,给西夏以沉重的打击。景德四年(1007),西夏为了复仇和打通河西走廊,向凉州发动了猛烈的进攻,再度攻克西凉府,"所有节度使并副使折逋游龙钵及在府户民,并录在部下"。由于"其人悉是唐末陷蕃华人,兼折逋游龙钵等谙熟西南面入远蕃道路,六谷田牧之远近,川泽之险易,尽知之"。西凉政权遭受了又一次沉重的打击。尽管如此,西凉在短短数月间又重振军威,使来犯的西夏军"见六谷蕃部强盛,惧而趋回鹘"[1]。大中祥符三年(1010),西夏三度攻克凉州[2]。四年,厮铎督又率领西凉各部族大败西夏苏守信军,胜利地保卫了西凉政权。八年,西凉府四度失守,他率领其部族十余万众,翻越祁连山到达河湟地区的宗哥城(今青海平安县),投奔唃厮罗继续抵抗西夏,曾"部兵十万,掩杀北界部落胜捷"。此后,凉

---

[1] 《长编》卷66景德四年九月丁亥,卷68大中祥符元年三月戊辰、四月己未。
[2] 《太平宝训政事纪事》卷3,转引自汤开建:《关于公元861—1015年凉州地方政权的历史考察》,《西藏研究》1988年第4期。

州的蕃汉军民继续反抗西夏的占领,并收复了凉州。直至明道元年(1032)末,西夏才最终征服该地区①。

第二节　河湟唃厮罗政权

11世纪初,河湟地区出现了一个以吐蕃族为主体的地方政权——唃厮罗政权。其辖区"占河湟二千余里,河间有鄯、廓、洮、渭、岷、叠、宕等州"②。

唃厮罗(997—1065),又作嘉勒斯赉,本名欺南陵温钱逋,钱逋即赞普,他是吐蕃王朝赞普的后裔,至道三年(997)出生于高昌磨榆国。大中祥符元年(1008)他十二岁时,河州羌何郎业贤至高昌,见其血统高贵而相貌奇伟,遂将其带至劓心城(今甘肃临夏市境内)。不久,他又被大姓耸昌厮均带至移公城(今甘肃夏河县境内),"欲于河州立文法"。当时,河州人谓佛为"唃",谓儿子为"厮罗",欺南陵温因为是赞普的后裔,所以人们尊称他为"唃厮罗"。不久,唃厮罗又被宗哥僧李立遵、邈川大酋温逋奇夺走,迁居廓州(今青海化隆回族自治县境内)。由于唃厮罗在政治上、宗教上的号召力,宗哥、邈川部族的势力逐渐强大起来,于是李立遵又把唃厮罗迁至宗哥城(今青海平安县),自立为论逋,即相,以此号令诸部族,聚众至数十万。

在李立遵当权时期,唃厮罗政权的对外政策尚不明朗。它一方面欲联宋抗夏,另一方面又觊觎宋富庶的陇右地区。时河湟吐蕃"帐族甚盛,胜兵六七万。与赵德明抗敌",曾于大中祥符八年"部兵十万掩杀北界部落胜捷,续入献首级数",希望获得朝廷的爵命、俸给,"并遣牙吏贡名马,估其直约钱七百六十万"③。但是,由于宋廷心存疑虑而加以拒绝。当时,"吐蕃族帐,四路惟秦号最盛"④。这为河湟吐蕃势力向东发展提供了便利条件,于是遂于大中祥符九年,在秦州策反熟户,未果,又率兵三万余人入侵。宋军于三都谷(今甘肃甘谷县境)之役,大败河湟吐蕃,"逐北二十余里,斩首千余级"⑤。

三都谷失败后,唃厮罗与李立遵矛盾激化,他脱离了势力衰弱的李立遵,迁往邈川(今青海海东市乐都区),以温逋奇为论逋。明道初(1032),唃厮罗接

---

① 《长编》卷85大中祥符八年八月丙午、十月乙酉,卷111明道元年十一月壬辰。
② (宋)李远:《青唐录》,《说郛》卷35。
③ 《长编》卷83大中祥符七年十二月甲戌,卷84大中祥符八年二月丙辰,卷85大中祥符八年八月丙午。
④ (宋)韩琦:《安阳集·家传》卷2。
⑤ 《长编》卷88大中祥符九年九月丁未。

受宋朝的册封,为宁远大将军、爱州团练使。但是,不久温逋奇发动政变,将唃厮罗囚禁在一口陷井中。唃厮罗得守井人之助,逃出陷井,调兵杀掉了温逋奇,平定了这次政变,并迁往青唐城,从此结束了受制于人的局面。

唃厮罗亲政时,正值西夏元昊即位并向西扩张时期,唃厮罗遂确立了联宋抗夏的方针。时西夏大举入侵,唃厮罗与之恶战数场,进行了殊死的搏斗。景祐二年(1035),西夏遣其"令公苏奴儿将兵二万五千攻唃厮罗,败死略尽,苏奴儿被执。元昊自率众攻猫牛城(今青海大通回族土族自治县境),一月不下。既而诈约和,城开,乃大纵杀戮。又攻青唐、安二、宗哥、带星岭诸城,唃厮罗部将安子罗以兵绝归路,子罗败",然西夏兵"溺宗哥河及饥死过半"。元昊退兵后,又欲南侵宋朝,"恐唃厮罗制其后,复举兵攻兰州诸羌,侵至马衔山,筑城凡川"①。

战后,唃厮罗向宋朝献捷,并接受了宋朝的册封,为保顺军节度观察留后,巩固了与宋朝的结盟。宋、西夏战争爆发后,宋更加重视唃厮罗的力量,加封其为节度使,仍兼邈川大首领,并重贿唃厮罗,"岁给唃厮罗彩绢千匹、角茶千斤、散茶一千五百斤"②。宋、西夏战争爆发后,西夏始"终不敢深入关中",与唃厮罗侧面牵制之功是分不开的③。这在一定程度上实现了宋朝希望唃厮罗能"背击元昊以披其势"的战略目标。另外,唃厮罗也与辽建立了友好关系。辽专门设有吐蕃国王府,处理双方事务④。嘉祐(1056—1063)时,唃厮罗复与契丹通婚,娶其"女,妻其少子董毡",进一步增强自己的地位。在西夏占领了河西走廊后,西凉府潘罗支旧部及甘州回鹘余部数万人归附唃厮罗,同时由于西夏抄夺贡使、商旅,丝绸之路改道青海,"高昌诸国商人皆趋鄯州贸卖",唃厮罗逐渐富强起来。因此,西夏屡次侵犯唃厮罗均遭失败。但是由于唃厮罗父子的不和,也终未能对西夏形成强大的威慑力量。治平二年(1065)冬,唃厮罗死。

唃厮罗在位时,即与其长子瞎毡、次子磨毡角不和。磨毡角遂携其母逃至宗哥城(今青海西宁市东南),依其母舅部族。瞎毡则出居龛谷(今甘肃榆中县),死后,其子木征移居河南,拥有洮、河二州,与唃厮罗政权形成三足鼎立局面,但都坚持联宋抗西夏的方针。熙宁(1068—1077)时,开拓熙河,木征归降,赐姓名赵思忠,宋遂一举收复熙、河、洮、岷、叠、宕等州。

唃厮罗第三子董毡,继其父为吐蕃赞普,在他执政期间,基本上执行了唃

---

① 《宋史》卷485《夏国传上》、《长编》卷117景祐二年十二月壬子。
② 《长编》卷122宝元元年十二月乙酉。
③ 《宋史》卷295《孙甫传》。
④ 《辽史》卷46《百官志二》。

厮罗所制定的内外政策,同宋朝保持友好。他拒绝西夏的拉拢,熙宁时,两次出兵策应宋军,进击西夏。元丰六年(1084),董毡死,其养子阿里骨继位,与宋关系一度恶化,曾出兵夺取宋朝河州,失败后,被迫上表谢罪,恢复朝贡关系。绍圣三年(1096),阿里骨死,子瞎征继位。但是,由于瞎征的猜忌、"嗜杀",不久即众叛亲离,叛逃的吐蕃贵族劝说宋朝夺取青唐。元符二年(1099),宋军出兵攻占邈川,瞎征自青唐逃出投降宋军。吐蕃贵族迎立蕃毡疏族、溪哥城(在今青海贵德县西)主溪巴温进入青唐,他立木征之子陇拶为主,但陇拶不久又降。宋朝遂以邈川建为湟州,青唐建为鄯州。但是,青唐吐蕃族无意降宋,又立溪巴温之子溪赊罗撒为青唐主拒宋,加之西夏出兵十万援助,宋军不得不放弃鄯、湟二州,以陇拶为河西军节度使、西番都护、知鄯州,依府州折氏例世世承袭,并赐姓名赵怀德。其弟赐姓名赵怀义,为廓州团练使、同知湟州。但是,赵怀德此时已无法在湟州立足,在溪赊罗撒的追杀下,逃往河南。崇宁元年(1102),宋朝不得不承认溪赊罗撒的统治地位,封其为持节鄯州诸军事、鄯州刺史、西平军节度使、鄯州管内观察处置押蕃落等使、西蕃邈川首领。三年,宋军再度收复鄯、湟,溪赊罗撒逃至青海。不久,宋改鄯州为西宁州。建炎元年(1127),宋被迫再度放弃二州,重立青唐之后,故王之子益麻党征为陇西郡王,措置湟、鄯事,赐姓名赵怀恩。但是,赵怀恩在金、西夏强大的军事压力下,不能"抚有旧部",绍兴六年(1136)前,已在四川依附宣抚司①。在河湟归附宋朝的,还有木征之弟巴毡角,后赐姓名赵顺忠,世袭把羊族长。至其孙世昌时,归顺金朝,宋遂尽失河湟之地。

第三节 甘州回鹘政权

甘州回鹘政权,大约建立于唐开成五年(840),它是以甘州为中心的各部回鹘人所建立的一个地方政权。甘州回鹘分布在东起秦州(今甘肃天水市),西至瓜(今甘肃瓜州县)、沙(今甘肃敦煌市),包括甘(今甘肃张掖市)、凉(今甘肃武威市)、肃(今甘肃酒泉市)诸州及贺兰山等地。宋初,一度领有西州(今新疆吐鲁番市)②。甘州回鹘可汗皆出自夜落隔部,为回鹘贵种。其政治制度兼用突厥官制与汉制,下置国相,号梅录都督,有九宰相共同任职,又有枢密使、

---

① 《宋会要·蕃夷》6 之 40、41,《续资治通鉴长编拾补》卷 23 崇宁三年四月、卷 24 崇宁三年五月甲申,《宋史》卷 24《高宗纪一》。
② 按:参见陈佳华等:《宋辽金时期民族史》,四川人民出版社,1996 年,第 328、339 页。

都督、巡检等官。各部首领"分领族帐"①,是松散的军事行政联合体。

甘州回鹘与宋朝的关系十分密切,世以甥舅相称。天圣元年(1023),宋廷封甘州回纥可汗王夜落隔通顺为归忠保顺可汗王②。甘州回鹘及其所属各部经常向宋进贡,贡使一般由几十人组成,最多时达到二百余人。贡品以名马为主,乾德三年(965),一次贡"马千匹"③,是宋朝战马的来源地之一。甘州所进献的贡品还有橐驼、玉器、珊瑚、琥珀、玛瑙、琉璃器、宾铁剑甲、香药、牦牛尾、貂鼠等。宋回赐的主要是白银、铜钱、绢帛、丝绸、茶叶、佛经等。除贡赐贸易外,双方在沿边还有互市,"河西回鹘多缘互市,家秦、陇间"④。

甘州回鹘与辽朝的关系也很密切,自五代时,便建立起朝贡关系。甘州回鹘商人经常穿梭于甘州和辽上京(今内蒙古巴林左旗南)之间,以当地特产与契丹族人民交换。由于商队往来不绝,在辽上京南门外逐渐形成一个"回鹘营",为来此的回鹘寓居之所。其寓居辽南京(今北京市)的商人也很多。他们大多善于鉴别珠宝,充当牙侩。凡"蕃汉为市",倘非其人充牙侩,则往往"不能售价"。辽统和二十八年(1010),辽将萧图玉进攻肃州,"尽俘其民",双方关系日趋疏远。辽太平六年(1026),辽将萧惠征诸路兵进攻甘州,被回鹘击败⑤。

西夏崛起后,为争夺河西走廊的控制权,与甘州回鹘进行了长期的战争。咸平四年(1001),甘州回鹘遣枢密使曹万通至宋,提出共同打击西夏的主张,六年,参与西凉潘罗支抗击西夏的斗争,设伏杀掉李继迁。大中祥符元年(1008),西夏进攻回鹘,"回鹘设伏要路,示弱不与斗,俟其过,奋起击之,剿戮殆尽"。三年,西夏攻陷甘州,但不久又为回鹘、吐蕃联军赶走。九年,西夏凉州守将苏守信死,子罗莽继任,甘州回鹘趁机出兵"破其族帐百余,斩级三百,夺其马牛羊甚众"⑥。但是,残酷的斗争,使回鹘国力耗尽。加之丝绸之路改道青海,回鹘又丧失贸易之利。甘州回鹘与唃厮罗因和亲的聘礼而成为仇敌,失去后援。天圣六年(1028),甘州为西夏攻克,瓜州出降。明道三年(1032),西夏再度攻陷"甘州,复举兵攻拔西凉府"。景祐三年(1036),西夏"再举兵攻回纥,陷瓜、沙、肃三州,尽有河西旧地"⑦。甘州回鹘政权灭亡后,其族帐部分

---

① (清)吴广成:《西夏书事》卷7。
② 《宋史》卷490《回鹘传》。以下未注明者,均出自本传。
③ 《宋史》卷492《吐蕃传》、《宋会要·蕃夷》4之2。
④ 《宋史》卷291《王博文传》。
⑤ 《辽史》卷37《地理志一》、卷15《圣宗纪》、卷70《属国表》,(宋)洪皓:《松漠纪闻》。
⑥ 《太平宝训政事纪事》卷3,转引自汤开建:《关于公元861—1015年凉州地方政权的历史考察》,《西藏研究》1988年第4期;《长编》卷88大中祥符九年十二月辛卯。
⑦ 《宋史》卷485《夏国传》、《长编》卷111明道元年十一月壬辰、卷119景祐三年十二月辛未。

被并,余部数万人投奔河湟吐蕃首领唃厮罗,另有一部进入宋朝的秦陇地区,但仍有一部退居沙州以南的疏勒河流域,坚持依宋抗夏的斗争,后称之为"黄头回纥"。

第四节　麟、府、丰三州

宋代河东路的麟(今陕西神木县)、府(今陕西府谷县)、丰三州,位于山陕黄河之西,与河东其他州军隔河相望,在地理上自成一区域,宋于此置麟府路,置于河东路的管辖之下。这里与辽、西夏接壤,是控扼西北、防御辽夏、屏蔽河东的战略要地。同时,这里又是蕃汉杂居的多民族地区,居民以党项族为主。自五代以来,三州便由土豪、大族首领杨氏、折氏、王氏世有。其中,府州自五代晋、汉时起即归属云中大族折氏。折氏深受汉文化影响,"风貌庞厚,揖让和雅,其子弟亦粗知书","不类胡种"。后周时,府州升为永安军节度,因此府州折氏实为一藩镇势力。府州"州境皆党项部落",折氏本族仅有三百余口,但威望甚高,所"部缘边蕃族甚众"①。麟州杨氏为当地土豪,五代时,"自为刺史,受命于周",遂为世卿。其在麟州"绥御蕃族,为西北边扞蔽"②。丰州王氏,本藏才族都首领,开宝二年(969)时,自契丹来降,遂世有丰州③。因此,麟、府、丰三州的地位极为特殊,它既不完全同于内地正州,也不完全同于西部地区的羁縻州县制或羁縻部族制,而是带有浓厚藩镇割据、羁縻部族色彩的省地正州体制。

由于三州形成的历史条件,历史、政治、民族、地缘各不相同,因而宋朝对它们的措置也不尽相同。

麟州在府州之南,最近里。因此,宋朝对其所采取的措施也最峻猛。乾德五年(967),宋廷赐军额建宁军,"以防御使杨重勋留后",但五年即移杨重勋宿州(今安徽宿州市旧城南)为保静留后,而"别命武臣领州事"并设置通判④,从而结束了麟州割据的状态。

丰州建于府州西北二百里处,王氏世知丰州,并知蕃汉公事。丰州下辖"永安、来远、保宁三寨,皆以蕃族守之",由王氏"自庇其部族"。藏才凡三十八族,有十余万众,人马勇健,与西夏为世仇,居住在黑山前后。王氏"每岁

---

① (宋)释文莹:《玉壶清话》卷3,《长编》卷124宝元二年八月辛未,《宋会要·方域》21之1,7。
② 《通鉴》卷291广顺二年十二月、《长编》卷13开宝五年九月戊寅。
③ 《长编》卷10开宝二年十月戊戌。
④ 《长编》卷8乾德五年十二月己巳、卷13开宝五年九月戊寅,(宋)张詠:《乖崖集》卷8《麟州通判厅记》。

自丰州赍锦袍、腰带、彩茶等往彼招诱,间将羊马入贡京师,其部族或有过则移报丰州,以蕃法处之"。王氏在父死子继之际,必须由麟府路军马司及知府州体察,"选习知边事,戎人所服者"承袭,并报宋廷认可。这些做法都是宋朝在处理羁縻州县问题时通常采用的方法。另外,王氏虽名为知州,但自内属以来,"禄赐止同蕃官例",以故甚贫,直至大中祥符二年(1009),始诏"月增俸钱五万"。因此,丰州虽名为正州,但实际上在宋廷的眼中不过是一羁縻州而已。仁宗即位后,王氏承袭者,"多年少不习边事,而威望不振,以致藏才各置首领,而不常至丰州"。庆历元年(1041),丰州被西夏攻破,嘉祐七年(1062)重建。重建后的丰州,由于"州民及三寨蕃族尽为所房,扫地无遗","州城之中,但有丘墟瓦砾,环城数十里,皆草莽林麓",因此,州址被迫向东迁移,建于府州萝泊掌地,改由"武臣为知州",由宋朝进行直接统治;同时明文规定"徒以上罪送府州,杖以下听决之"。宋朝地方政府在执行刑法时,在判决权限上有明确规定,"杖以下委县,徒以上送州"①。因此,重建后的丰州,虽名为州,其实从权限上来看只不过是一个县。元丰(1078—1085)时,王氏后人王余应获准承袭管勾丰州,但终因"非守边之才","不堪依仗",遂仍由朝廷选派武臣知州,迄于北宋灭亡②。因此,王氏在丰州的统治,实际在庆历初已经结束。

  三州之中,府州地位最重要,折氏又"继生名将,世笃忠贞,足为西北之捍"③,因而,终北宋之世,始终为宋之世卿。从官员的设置看,也长期保留了许多方镇体制的特点。例如,"牙校掌刑狱","以孔目官主县事,教练使为狱官"等④。但是,州一级主要官员通判、录事参军,真宗景德(1004—1007)时已"令审官院、铨司择"。仁宗宝元末,府州所领一县府谷,已与"麟州新秦、银城、连谷等县",皆由吏部流内铨"注正官为县令"⑤。宋朝在麟府路采取的一项最重要的措施,就是在真、仁之世设置了麟府路军马司。军马司"以太原府代州路钤辖领之",与经略、安抚、都总管、钤辖司一样被称之为"帅司",是该路最高军事指挥机构⑥。宋王朝解决方镇问题的一个重要方法,就是向方镇辖区派驻禁军,实行对方镇势力的箝制,对于麟府路来说,也不例外。早在太平兴国

---

① 《长编》卷124宝元二年八月戊辰,卷53咸平五年十月癸未,卷195嘉祐六年十二月丙戌、丁亥,卷79大中祥符五年十二月甲戌,卷71大中祥符二年正月甲戌。
② 《宋会要·方域》21之13、《长编》卷338元丰六年八月庚子、《宋史》卷357《何灌传》。
③ 《宋史》卷253《论赞》。
④ 《长编》卷110天圣九年五月己未,卷124宝元二年八月辛未。
⑤ 《长编》卷61景德二年八月庚子,卷125宝元二年十二月己巳。
⑥ 《宋会要·兵》27之21、《宋史》卷86《地理志二》、《宋会要·职官》41之129。

四年(979),府州已有宋朝的"屯兵"。咸平五年(1002),丰州也已派出"戍兵,扞部族之耕种"。庆历时,丰州已有兵马监押之设。麟府有禁军万余人,熙宁时,兵力已达二万①。神宗时,河东禁军改组,建成十二将,其中八将分上下两番进驻麟府路。宋朝在麟府路部署的大量禁军,只接受宋朝委派的都监、监押、将官、军马司统辖、监护。只有河东第十二将例外,它受府州折氏统辖,因为这支部队是由"府州折氏下蕃部组成的"②。至于其他的禁军部队,府州折氏与丰州王氏概不得染指其间。麟府路和其他的边境地区一样,也设有民兵组织。麟府路的民兵组织称之为"义军",平时"三州所管七千四百余人,马一千四百余匹"。麟府沿边土瘠民贫,赋役负担极为沉重,有博籴、配率及免役钱等,以致乡村户编入义军和蕃兵后,无力置办衣甲器械,严重地削弱了战斗力,甚者,"内属蕃部,数逃徙外界"③。宋金战争爆发后,"宋麟府路安抚使折可求以麟、府、丰三州降"金。绍兴九年(1139),西夏乘折氏之丧,攻陷府州④,折氏遂丧失在府州长达二百年的统治。

第五节 唐 龙 镇

唐龙镇位于并州路火山军北,今内蒙准格尔旗东南黄河西。宋初,属党项羌大姓来氏,太平兴国四年灭北汉前,宋将袁继忠曾率部巡边部于此。雍熙、端拱(984—989)间,为宋市马之处⑤。真宗初年,来氏已归附宋朝,接受宋职。景德二年(1005),宋"以故唐龙镇将来怀顺子闰喜补三班奉职,来遵子守信补借职,仍诏俟闰喜年长,即令代父任,且命其叔父怀正权主簿(镇)事"。此事表明,至晚在来怀顺时唐龙镇已与宋朝建立羁縻关系。唐龙镇公事,主要由府州、麟府路钤辖司和后来设置的麟府路军马司"具为处置"⑥。

在建立羁縻关系后,宋要求"府州自今勿擅发兵入唐龙镇管内剽掠,如蕃汉人亡命在彼须追究者以闻,当诏遣还"。对唐龙镇内部的"互相雠劫",宋朝的对策是不出兵干预,认为"蕃部亦吾民也,以道抚之,彼必从命","遣使召而盟之,依

---

① 《宋史》卷276《尹宪传》,《长编》卷53咸平五年十月癸未、卷133庆历元年八月乙未、卷241熙宁五年十二月壬午。
② 《长编》卷432元祐四年八月、卷385元祐元年八月丁酉。
③ 《宋会要·方域》21之7,《长编》卷123宝元二年三月甲辰、卷238熙宁五年九月辛亥、卷300元丰二年十月壬子。
④ 《金史》卷3《太宗纪》,《宋史》卷486《西夏传》。
⑤ 《长编》卷152庆历四年十月壬子,《宋史》卷259《袁继忠传》、卷198《兵志十二·马政》。
⑥ 《长编》卷61景德二年十月丁酉、卷101天圣元年十二月辛酉。

蕃法和断"①。唐龙镇与府州民间历来有贸易往来,宋朝也承认府州是唐龙镇的互市地,并要求府州对来州贸易者"常加存抚",不得劫夺其资畜②。

唐龙镇地处宋、辽之间,故其常恃险观望、首鼠两端,依违于二者之间,"朝廷征之则趋河之东,地曰东躔,契丹兵加之则趋河之西,地曰西躔";并且,同时接受双方的官职。宋从维持宋辽双方和平的大局出发,对此含容,阔略不计,并为其交涉,索还为契丹夺去的人畜,也为周边弱小部族,以理向唐龙镇讨回被夺人马③。

李元昊称帝后,胁迫唐龙镇首领来守顺过西界,宋遂失唐龙镇。后唐龙镇又为辽夺去,是为宁边州④。

---

① 《长编》卷57景德元年闰九月丁丑、卷67景德四年十二月癸丑、卷71大中祥符二年六月戊戌。
② 《长编》卷54咸平六年五月庚子。
③ 《长编》卷67景德四年十一月甲戌、卷68大中祥符元年四月甲寅。
④ 《长编》卷134庆历元年十一月辛酉,《辽史》卷20《兴宗纪三》、卷41《地理志五·宁边州》。

第六编　西夏的疆域与地方行政体制

第一章 西夏的疆域

10世纪末至13世纪30年代,党项族以宁夏平原为中心建立了一个奴隶制的民族国家——大夏,史称西夏。西夏国家的疆域,东临黄河,西至玉门,南控萧关①,北抵大漠,方二万余里。在漫长的两个半世纪的时间里,西夏的疆域变动很大,大致可以分为三个时期:第一时期即李继迁、李德明、李元昊时期,这是西夏国家的奠基、扩张时期;第二时期即谅祚、秉常至乾顺前期,这是西夏国土日愈朘削时期;第三时期,即乾顺后期以后的一百年时间,乾顺、仁孝时,西夏再度扩张,疆域空前辽阔。今以天授礼法延祚元年(1038)、贞观八年(1108)、人庆三年(1146)作为这三个时期的断代年限,分别记述这三个时期西夏的疆域。

第一节 西夏天授礼法延祚元年(1038)的疆域

自唐末始,拓跋氏世为定难军节度使,领银、夏、绥、宥、静五州之地。太平兴国七年(982),李继捧以内难献地入朝。其族弟继迁不服叛逃,与宋抗争,至至道三年(997)末,宋以无力制之,复授其定难节,于是李氏复有五州之地。咸平五年(1002)三月,"继迁大集蕃部,攻陷灵州,以为西平府。六年春,遂都于灵州"。宋廷不得不承认既成事实,"割河西、银夏等五州之地与之"②。于是,李继迁遂领有唐代建制的灵武、定难两镇,而拥有灵、盐、会、银、夏、绥、宥、静八州之地。同年末,李继迁又"攻陷西凉府"③。继迁子李德明统治时期,继续向西扩张。天圣六年(1028),"攻甘州,拔之。八年,瓜州王以千骑降于夏"④。占领河西走廊的斗争是有反复的,直至德明子元昊统治时期,才彻底征服了该地区。西夏显道元年(1032)末,元昊再度攻"陷甘州,复举兵攻拔西凉府"。夏大庆元年(1036),"再举兵攻回纥,陷瓜、沙、肃三州,尽有河西旧地";并乘战胜之威,"复举

---

① 按:玉门关,即今甘肃敦煌市西北小方盘城。宋代萧关城,在今宁夏海原县高崖乡草场古城。
② 按:此据《宋史》卷485《夏国传》,"河西"即"灵武"或"灵州"、"朔方",宋人以其在山陕黄河以西,故常以此称之。
③ 《长编》卷55咸平六年十二月甲子。
④ 《宋史》卷485《夏国传》。

兵攻兰州诸羌,南侵至马衔山,筑城瓦川、凡川会,留兵镇守,绝吐蕃与中国相通路"。而孤悬于河南地东北角上的胜州,也于立国前之二三年"为夏国所并"。于是,至夏天授礼法延祚元年元昊建立西夏国之前,已"悉有夏、银、绥、静、宥、灵、盐、会、胜、甘、凉、瓜、沙、肃"十四州之地;并且出于政治上规制王畿、军事上增强防务的实际需要和侈大其制、夸饰于人的心理,西夏又提升若干重要的城镇为州,如"洪、定、威、怀、龙,皆即旧堡镇伪号州"①。这时西夏王国的疆域,东临黄河,西至玉门,南控萧关,北抵大漠,方二万余里,俨然成为一个与辽、宋鼎峙而立的国家。

天授礼法延祚元年时,西夏疆界(见图48),东北部与辽以黄河为界②,东部左厢神勇监军司与宋朝位于河外的麟府路相邻。该路最北边的丰州建于府州西北二百里处,首领为藏才族王氏。丰州下辖永安、来远、保宁三寨,任责子河汊一带边防。藏才三十八族,居住在黑山前后,王氏"每岁自丰州赉锦袍、腰带、彩茶等往彼招诱,间将羊马入贡京师,其种族或有过则移报丰州,以蕃法处之"。故其势力范围应至黑山一带③。初,麟、府二州,西南接银州,西北接夏州。李继迁未叛时,麟州之西境,在屈野河西百余里处,西南也在屈野河西七十余里处。咸平五年(1002),西夏攻陷浊轮、军马等寨。大中祥符二年(1009),始于麟州置横阳、神堂、银城三寨,皆在屈野河东;并与西夏分定疆境,麟州州城西至大横水六十里,西南至浪爽平五十里,横阳等三寨之西界,也大约在三十至六十里之间。但数十年间,西夏奉行蚕食政策,向东侵耕河西之地,州西境已向东收缩至屈野河西仅二十余里一线上。自银城以南至神木堡,或十里,或五七里,以外皆为西夏所侵耕,并明言以屈野河中央为界。府州西夏侵耕情况,大约如麟州④。李继迁割据后,河东路西部的石州为边郡,大体以山陕黄河为界⑤。

西夏南部边界除会州外,其他地区如绥、夏、银州,当在北纬37度线的两侧。这是唐代夏绥、灵武两镇与鄜坊丹延、邠宁庆衍、泾原渭武三镇的边界线。

---

① 按:事见《长编》卷111明道元年十一月壬辰、卷119景祐三年十二月辛未、卷120景祐四年。又,应当指出的是,从上引可知此时西夏应已控制了唐兰州黄河以北部分。从宋、夏战争中所反映的史实来看,西夏还实际控制着原州的北部地区,即后来宋朝所建立的怀德军。

② 按:为黄河三面环绕的河南地,是夏绥、灵武两镇的辖境。两镇服属宋朝时,据《契丹国志》卷22《四至邻国地里远近》,宋辽边境"以黄河为界"。又据《长编》卷134庆历元年十一月辛酉条,西夏建国前后,唐龙镇为西夏所有。故言。

③ 《长编》卷10开宝二年十月戊辰、卷195嘉祐六年十二月丙戌,《宋史》卷253《王承美传》。

④ 《长编》卷185嘉祐二年二月壬戌、卷186嘉祐二年八月壬申。

⑤ 按:据《读史方舆纪要》卷57《延安府·葭州·吴堡县》所载,吴堡寨位于山陕黄河西岸。又,《长编》卷17载,开宝九年十月壬戌,夏绥镇李光叡攻克北汉吴保寨。然《宋史》卷86《地理志二·石州》言,吴堡寨,元丰五年(1082)置,当是宝元后为西夏所夺,或宋灭北汉后,划归夏绥镇。

第六编 第一章 西夏的疆域

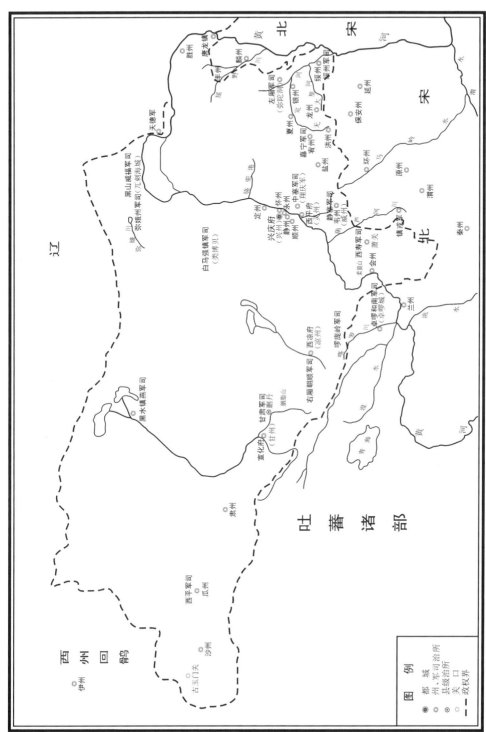

图 48 西夏天授礼法延祚元年(1038)疆域图

其东部与宋鄜延路相邻,双方实际分界线当在宋方的白草寨至保安军一线上①。延州境内,从西至东,其间宋设有土门、塞门、安远、承平、长宁等城寨,其中安远最居极边②。诸寨之中,唯有位于延州西北的塞门寨可考,它建立在唐代延州西北极边的塞门镇旧址上,已近横山。天授礼法延祚三年(1040),方为西夏攻占③。延州以西,宋保安军,庆州的金汤、白豹二寨大约在夏开运时(1034)为西夏攻占,加上后桥(即大顺城)、礓诈寨,西夏由此楔入鄜延、环庆两路,向南深入百余里④。淮安镇、东谷寨、西谷寨为宋庆州极边之地⑤。宋环州西北方向的清远军,咸平四年,为夏攻占后,洪德"寨北即蕃界","寨东北边墩二十里接界"。环州以西有平远、定边二寨,其中定边寨"北至边壕十五里"⑥。唐原州北部的萧关、蔚如水流域即后来宋设立的怀德军已实际处于西夏西寿监军司的控制之下。宋朝镇戎军的乾兴、天圣、三川三寨,渭州的羊牧隆城、静边寨为极边之地⑦。宋朝仪、渭二州与西夏会州(即唐会州)之间则散居着吐蕃、回鹘、羌、氐等族大大小小的部落⑧。

宋真、仁时,兰州属于吐蕃董毡所有。大庆元年(1036),西夏在攻占瓜、沙、肃三州后,"恐唃厮啰制其后,复举兵攻兰州诸羌,南侵至马衔山,筑城会川、凡川会,留兵镇守,绝吐蕃与中国相通路"⑨。可能此时西夏已夺得兰州⑩,并建立了卓啰和南监军司。故此时西夏与吐蕃诸部的边界当以黄河、龛谷⑪、马衔山以及元丰时宋朝所设的阿干堡、皋兰堡、西关堡为界⑫。由此迤逦西向,以

---

① 按:《长编》卷132庆历元年六月己亥条言,"延州自残荡以来,西自保安军,东自白草寨四百余里,北自边界,南至金明县,百余里无居人,惟东路近里有延川等数千户,西路有蕃官胡继谔界族帐不多"。
② 《长编》卷125宝元二年,卷126康定元年正月癸酉、癸卯。
③ 《长编》卷127康定元年五月甲子。
④ 按:金汤、白豹二寨,景德二年(1005)尚属宋方,时为镇。但宝元二年(1039)白豹寨已属夏,至迟庆历元年(1041)金汤寨也已属夏。可能二寨景祐初为夏攻占。事见《长编》卷60景德二年五月丙辰、卷123宝元二年二月癸酉、卷132庆历元年六月己亥,《宋史》卷485《夏国传上》。又,后桥、礓诈二寨,见卷134庆历元年十一月、卷136庆历二年五月月末,《宋史》卷87《地理志三·庆州》条记载。
⑤ 《长编》卷52咸平五年五月戊申、《武经总要·前集》卷18上《庆州》。
⑥ 《武经总要·前集》卷18上《环州》。
⑦ 《元丰九域志》卷3。
⑧ 按:在宋、夏之间和双方边界之内,都散居着吐蕃、回鹘、羌、氐等族大大小小的部落。
⑨ 《长编》卷119景祐三年十二月辛未。
⑩ 按:据《长编》卷381元祐元年六月甲寅条所载,时文彦博奏:"兰州本属董毡,夏人得之已三十八九年,董毡元不藉其地,夏人得之已久,亦不曾筑堡寨戍守,只有小小颓废池堑,如中国荒僻村落。"由此推知西夏得兰州当在庆历二三年间。抑或文彦博所言即指景祐三年(1036)之事,而时间稍有误。今从后者。然西夏得兰州后并未建为州郡。
⑪ 按:凡川会,《武经总要·前集》卷18下《镇戎军·德胜寨》条作"瓦川会","即西蕃龛谷"。
⑫ 按:《元丰九域志》卷3《兰州》。

喀罗川、乩六岭、大雪山南麓为分界线,再向西,祁连山南麓、沙州南界,即草头达靼、黄头回纥,西面过古玉门关,为西州回鹘。西夏的北部与辽上京道接壤,有唐丰州故地。其东与辽西京道天德军为邻,天德军以东,则以黄河为界。

(一) 兴州——治怀远县(今宁夏银川市),领1县:怀远

兴州,西夏都城。本灵州河外怀远县,西至贺兰山六十里,后废为镇,管蕃部六族、汉户主客二百二十三。咸平(998—1003)中,属夏。天禧四年(1020),李德明城怀远镇为兴州以居,后升为兴庆府,为次等司,复设怀远县,为下等司①。

(二) 静州——治保静县(在今宁夏永宁县东北黄河西),领1县:保静

静州,本灵州河外保静县,后废为镇,管蕃部六族、汉户主客一百七十五。咸平中,属夏,后升为静州,复设怀远县,为下等司②。

(三) 定州——治定远县(今宁夏平罗县姚伏镇),领1县:定远

定州,本灵州定远县。后废为镇。城南至怀远镇一百里,西至贺兰山六十里,西南至州二百里。管蕃部四族。宋至道(995—997)中,建为威远军。咸平中,属夏,后升为定州,复置定远县,属下等司③。

(四) 顺州——治灵武镇(今宁夏永宁县西南),领1县:灵武

顺州,本灵州河外灵武县,后废为镇。南渡河至灵州五十里,东至保静镇四十里,西至贺兰山六十里,北至怀远镇七十里。咸平中,属夏,后升为顺州,又称灵武郡,属下等司④。

(五) 怀州——治临河县(今宁夏银川市东南黄河西岸),领1县:临河

怀州,应为灵州河外五镇中之临河镇。城镇旧管蕃部三族、汉户主客六十

---

① 按:见《太平寰宇记》卷36《灵州》、《武经总要·前集》卷18下《灵州》、《元史》卷60《地理志三·宁夏府路》、《天盛律令》卷10《司序行文门》。又,城怀远之时间,据《长编》,而《宋史》卷485《夏国传上》,系于三年后的天圣元年。或《长编》所记为事始之时,而宋传所载为事成之日。

②③④ 《太平寰宇记》卷36《灵州》、《武经总要·前集》卷18下《灵州》、《天盛律令》卷10《司序行文门》。

七。属夏后,升为州,并置临河县,属下等司①。

(六)永州(今宁夏永宁县)

永州,咸平四年,为夏攻占,位于兴州之南偏东处,与怀州相近,其地应在今宁夏永宁县②。

(七)灵州——治回乐(在今宁夏灵武市西南),领1县:回乐

灵州,原领回乐、怀远、灵武、保静、温池、鸣沙六县,后五县废,仅领回乐一县。咸平五年,属夏,升为西平府。六年至天禧四年为都城,又为翔庆军,仍为大都督府,属次等司③。

(八)盐州——治五原(今陕西定边县),领1县:五原

盐州,别称五原郡。原领五原、白池二县。宋初,属夏,复称五原郡,仅存五原一县④。

(九)会州——治会宁(今甘肃靖远县),领1县:会宁

会州,原领会宁、乌兰二县,后没于吐蕃,乌兰县废。宋雍熙二年(985)三月,李继迁军"破会州,焚毁城郭而去",州或废于此时。咸平中,属夏⑤。

(十)银州——治儒林(今陕西横山县党岔镇附近大寨梁),领1县:儒林

银州,原领儒林、真乡、开光、抚宁四县。自唐末以来,真乡、开光、抚宁三县,相继废,宋初恐至多存附郭儒林一县。咸平六年(1003),割属西夏⑥。

(十一)绥州(治今陕西绥德县),无县

绥州,"自唐末蕃寇侵扰,所管五县并废,或陷在蕃界,亦无乡里,其民皆蕃

---

① 《太平寰宇记》卷36《灵州》、《武经总要·前集》卷18下《灵州》、《天盛律令》卷10《司序行文门》。
② 《宋史》卷485《夏国传上》、《西夏地形图》。
③ 按:事见《太平寰宇记》卷36《灵州》、《宋史》卷485《夏国传上》、《元史》卷60《地理志三·灵州》、《天盛律令》卷10《司序行文门》。
④ 《太平寰宇记》卷37《盐州》、《读史方舆纪要》卷62《白池城》、《天盛律令》卷10《司序行文门》。
⑤ 《太平寰宇记》卷37《会州》、《读史方舆纪要》卷62《祖厉城》、《宋史》卷485《夏国传上》。
⑥ 《太平寰宇记》卷38《银州》、《读史方舆纪要》卷57《真乡废县》、《抚宁城》、《开光城》、《宋史》卷485《夏国传上》。

族,州差军将征科"。故绥州咸平六年(1003)属夏后,无属县,仅存军镇,与灵州同,属末等司①。

(十二)夏州——治朔方(治今陕西靖边县红墩界镇白城子村),无县

夏州领朔方、宁朔、德静三县。淳化五年(994)四月乙酉,宋在擒获李继捧后,为防止夏州日后为割据势力所利用,"诏隳夏州故城,迁其民于绥、银等州",因此,夏州附郭朔方县恐于此时即撤销。宁朔城、德静城,恐亦于此前废去。入夏后,属末等司②。

(十三)宥州——治长泽(治今内蒙古鄂托克前旗城川镇古城),无县

宥州,宋初,领长泽一县。割属西夏后,县废③。故入夏后宥州无辖县。

(十四)静州——治今陕西米脂县北,无县

静州,原为银州境内的羁縻静边州。后汉乾祐二年(949)正月,升为正州静州,隶定难军。入夏后废④。

(十五)洪州——治洪门镇(今陕西靖边县西南),无县

洪州,本夏州洪门镇,入夏后,升为州。其地北距宥州八十里,为夏边城⑤。

(十六)龙州——治石堡镇(今陕西靖边县龙洲乡),无县

龙州,本延州西部边防要塞石堡镇。至道(995—997)中,属夏,升为龙州,属下等司⑥。

(十七)威州——治今宁夏同心县韦州镇,无县

威州,又称南威州、韦州。其地望,详见本编第三章"西夏监军司"韦州静

---

① 《太平寰宇记》卷 38《绥州》、《天盛律令》卷 10《司序行文门》。
② 《太平寰宇记》卷 37《夏州》、《长编》卷 35,《读史方舆纪要》卷 61《宁朔城》、《德静城》、《天盛律令》卷 10《司序行文门》。
③ 《太平寰宇记》卷 39《宥州》、《读史方舆纪要》卷 61《长泽城》。
④ 按:事见《资治通鉴》卷 288。又,静州原属银州,又无属县,故虽为正州,实与羁縻州亦无甚差异,故文献在言及定难军的属州时,往往忽略不提。如《宋史·地理志》、《东都事略·太宗纪》即均言李继捧以四州八县归宋,显然不含静州。西夏国建立后,文献也均不提此州,或许是因元昊立国时升保静镇为静州,而同时废去。
⑤ 《武经总要·前集》卷 18 下《夏州》、《太平寰宇记》卷 39《宥州》。
⑥ 《武经总要·前集》卷 18 下《夏州》、《天盛律令》卷 10《司序行文门》。

塞监军司考证。

(十八) 凉州——治姑臧(治今甘肃武威市),领1县:姑臧

凉州,又称西凉府。咸平六年(1003)、夏显道元年(1032)两度为西夏攻占。属夏后,列为次等司。凉州原领姑臧、神乌、昌松、嘉麟、番禾五县。后唐天成(926—929)时,凉州已是"城中汉户百余,皆戍兵之子孙也。其城今方幅数里,中有县令、判官、都押衙、都知兵马使","凉州郭外数十里,尚有汉民陷没者耕作,余皆吐蕃"。因此,凉州西夏时可能仅有附郭县尚存①。

(十九) 甘州——治张掖(今甘肃张掖市),领1县:删丹

甘州,原领张掖、删丹二县。张掖县"后陷吐蕃废"。天圣六年(1028)、夏显道元年两度为西夏攻占。西夏时,改镇夷郡,又立宣化府,并置甘州城司,为下等司②。

(二十) 肃州——治酒泉(治今甘肃酒泉市),领1县:酒泉

肃州,原领酒泉、福禄、玉门三县。福禄、玉门二县,"后陷吐蕃废"。夏大庆元年(1036),始属夏,置肃州转运司、肃州工院,均为下等司③。

(二十一) 瓜州——治晋昌(今甘肃瓜州县东双塔堡附近),领1县:晋昌

瓜州,原领晋昌、常乐二县。夏大庆元年,始属夏,恐时二县并废。西夏时,复置晋昌县,元废④。西夏时,瓜州尝置转运司,属下等司⑤。

---

① 《元丰九域志》卷10《化外州》、《宋史》卷492《吐蕃传》。
② 《太平寰宇记》卷152、《嘉庆重修一统志》卷266《甘州府》、《读史方舆纪要》卷63《删丹废县》、《元史》卷60《地理志三·甘州路》。
③ 《太平寰宇记》卷152《肃州》、《嘉庆重修一统志》卷279《肃州》、《天盛律令》卷10《司序行文门》。
④ 按:瓜、沙二州自安史之乱至归属西夏,其间经历了吐蕃、归义军、回鹘统治三个时期,地方行政建制变化很大。《嘉庆重修一统志》卷279《安西州》言,常乐县"随州陷废",当是指吐蕃统治时期。归义军时期,恢复了唐藩镇体制下的州县乡里制,其时,节镇之下,州县并存。其前期为二州六镇,即紫亭、邕归、悬泉、新城、寿昌、玉门,后期为二州八镇,增会稽、新乡。在归义军统治时期,瓜州的辖县常乐一直存在。既然如此,那么,作为瓜州治所所在地的晋昌县也理应存在。《太平寰宇记》卷153言,瓜州领县二,即晋昌、常乐,恐即是这种状况的反映。回鹘短期占领时的情况不明,据下文,可能二县并废。《读史方舆纪要》卷64《瓜州城》言,"西夏亦置晋昌县,元废",则西夏时瓜州或仅有晋昌一县及若干军镇。参见陈国灿:《唐五代瓜沙归义军军镇的演变》,《敦煌吐鲁番文书初探二编》,武汉大学出版社,1990年。沙州并同。
⑤ 《天盛律令》卷10《司序行文门》。

(二十二)沙州——治敦煌(今甘肃敦煌市),领1县:敦煌

沙州原领敦煌、寿昌二县,寿昌后废。敦煌县,"西夏仍为沙州治"。沙州,西夏时,尝置经治司及转运司,均为下等司①。

(二十三)胜州——治榆林(今内蒙古准格尔旗十二连城乡),无县

胜州,宋初领紫河、唐龙二河镇。夏广运时(1034),唐龙镇属西夏。夏天授礼法五年(1042)后,为辽所夺。紫河即子河汊②,天授礼法延祚四年(1041),夏攻陷宋丰州,可能由此获得对子河汊的控制权。

第二节 西夏崇宗贞观八年(1108)的疆域

西夏自立国之初至崇宗乾顺统治的前半期,由于与辽、宋、吐蕃之间的领土冲突,尤其是与宋之间的长达近一个世纪的激烈的领土争夺战,因而其疆域的变化极其错综复杂。就其大者而言,东北方面,西夏、辽边境,初"以黄河为界"③。但夏天授礼法延祚四年八月,西夏攻陷了宋的丰州城④,将"州民及三寨蕃族,尽为所虏,扫地无遗",使"州城之中,但有丘墟瓦砾,皆草莽林麓而已"⑤,摧毁了宋方设在河外的军事重镇。宋朝失去了对子河汊地区的控制,在河外的势力,被迫向东退缩,但西夏也没有占据丰州,这一地区从此成了政治力量的真空地区。西夏的这次行动,引起了辽的警觉。于是,五年末,辽下令"禁吐浑鹜马于夏,沿边筑障塞以防之"⑥;并于次年发动了对西夏的战争,越过黄河进入河南地,设置了金肃州、河清军⑦。数年后,辽军再度越过黄河,夺取西夏位于黄河以西的唐隆镇,建立宁边州,实际上夺回了西夏的胜州⑧。而辽、西夏间其他地区的边界,则未见有任何变动。南面,宋、西夏战争中,宋

---

① 按:《嘉庆重修一统志》卷279《安西州》言,吐蕃占领时期,沙州所辖之敦煌、寿昌二县均"陷废"。归义军统治时期,沙州长期以来一直领有寿昌县。其治所敦煌县想亦存在。《太平寰宇记》卷153载,沙州领县二:敦煌、寿昌,可为印证。回鹘短期占领时期不明,据下文,可能仅存敦煌一县。《读史方舆纪要》卷64敦煌废县条言,该县"西夏仍为沙州治",则瓜州入夏后似仅领敦煌一县及若干军镇。
② 《武经总要·前集》卷18下《胜州》。
③ 《契丹国志》卷22《四至邻国地里远近》。
④ 《宋史》卷11《仁宗纪三》。
⑤ (宋)司马光:《传家集》卷23《论复置丰州札子》。
⑥ 《辽史》卷115《夏国纪》。
⑦ 《辽史》卷41《地理志五》。
⑧ 《辽史》卷20《兴宗纪三》、卷41《地理志五》。

人屡战屡败,后期在韩琦、范仲淹的统帅下,方稳住阵脚。但宋人从战争中总结出了制服西夏的战略战术,这就是浅攻、进筑。以西夏拱化五年(1067)为转折点,宋军变守为攻,逐步向北推进,控制了西夏的战略要地横山、天都山地区和葫芦河流域,建立了一个又一个州军,如夏天授礼法延祚六年(1043)设置的德顺军,夏拱化五年设置的绥德城①,夏天赐礼盛国庆四年(1072)设置的通远军,夏大安七年(1081)设置的兰州,夏永安二年(1099)及以后设置的晋宁军、定边军、西安州、会州,夏贞观八年设置的怀德军,大致从西夏和氏羌蕃户手中夺取了唐代建制的绥州、银州南半部、原州、渭州、会州大部、兰州黄河以南地区。自此以后,宋仍进筑不已,直至宋、金战争爆发,西夏地丧国蹙,由是浸衰。

贞观八年时,西夏疆界可稽考者(见图49),东部左厢神勇监军司,自北向南,与宋麟州以松木骨堆堠、饶咩浪界堠为界,与晋宁军以立子谷及寨浪骨堆、龙移川、女萌骨堆、柞岭等界堠为界②。南部自东而西,石州祥祐监军司与宋绥德军、延安府、保安军以清边寨、中山堡、镇边寨、芦移寨、御谋城及长城岭、藏底河为界。诸寨一二十里处即设有确定双方边界的界台③。宥州嘉宁监军司与宋庆州、环州、定边军的怀威堡、镇安城、宁羌寨、九阳堡、观化堡、通化堡、神堂堡、鸡觜堡、木瓜堡、归德堡、清平关、安边城相望,诸城堡至界堠,或四五十里,或一二十里,甚者只有三五里。威州静塞、西寿保泰、卓啰和南三监军司与宋泾原、熙河两路相邻。双方分界线,自东向西,在折姜会和市之南、萧关以北十八里的临川堡和西安州的绥戎堡、定戎堡北五十里等处。再西则以柔狼山、黄河、乩六岭、古龙骨城为分界线⑤。

(一) 兴州,领1县:怀远　　　(六) 永州

(二) 静州,领1县:保静　　　(七) 灵州,领1县:回乐

(三) 定州,领1县:定远　　　(八) 盐州,领1县:五原

(四) 顺州,领1县:灵武　　　(九) 会州,领1县:会宁

(五) 怀州,领1县:临河

按:夏永安二年(1099)以后,宋相续建会州、西安州,夏会州丧失过半。

(十) 银州,领1县:儒林

---

① 按:据《宋史》卷485《夏国传上》,治平四年(1067)冬,宋将种谔取绥州,终夏之世遂失此州。
② 《宋史》卷86《地理志二》。
③⑤ 《宋史》卷87《地理志三》。

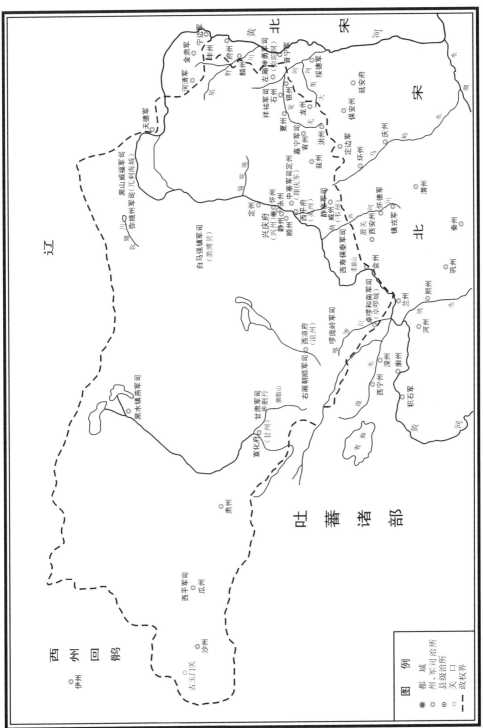

图 49 西夏贞观八年(1108)疆域图

按：银州，五代以来为西夏所有。夏天赐礼盛国庆二年(1070)，为宋军攻占，寻复。大安七年(1081)，再度失守。八年，宋军在永乐小川筑新城，距故银州二十五里，前据银州大川，即银川寨，旋攻克。贞观五年(1105)，复失。西夏由是失银州之半①。

（十一）夏州，无县

（十二）宥州，无县

（十三）洪州，无县

（十四）龙州，无县

按：龙州，贞观四年陷于宋②。

（十五）威州，无县

（十六）石州（在今陕西米脂县西北），无县

按：石州建置的时间、地望，详见本编第三章"西夏监军司"石州祥祐监军司考证。

（十七）安州③

（十八）凉州，领1县：姑臧

（十九）甘州，领1县：删丹

（二十）肃州，领1县：酒泉

（二十一）瓜州，领1县：晋昌

（二十二）沙州，领1县：敦煌

（二十三）丰州（治在今陕西府谷县西北二百里），无县

按：宋开宝二年(969)，藏才族首领、契丹右千牛卫将军王甲以丰州降宋，宋"于府州西北二百里建丰州"，控扼子河汊一带边防。夏天授礼法延祚四年(1041)八月，夏攻"陷丰州"，但未占据，亦未建州④。

第三节　西夏人庆三年(1146)的疆域

金发动灭亡辽、宋的战争后，出于战略目的，多次与西夏结盟，以割地为条件，要求西夏与辽绝交，并出兵河东、陕西，开辟对宋的西面战场，以牵制宋军。西夏也以此为契机，扩张领土，至仁宗人庆时，西夏的疆域扩张至建国以来的巅峰。

---

① 《宋史》卷87《地理志三》。
② 《宋史》卷87《地理志三·延安府·石堡寨》。
③ 按：《武经总要》言，"自淮安西北入通塞川，经大明泊、静边镇、香柏寨，取车箱峡路过庆州旧蕃地，今为(伪)建安州"。又，《宋史》卷485《西夏传上》所言西夏兵力分布中有"安盐州"，或即指安州与盐州。则安州或建于西夏立国后。然西夏河南九州中无安州，或后亡于乾顺前期宋军的"进筑战"中。又，据《宋史》卷275《丁罕传》，至道中，丁罕率兵从大将李继隆出青冈峡，进军至盐州，则安州当在庆州至青冈峡、盐州一线上。
④ 《长编》卷10开宝二年十月戊戌、卷124宝元二年八月戊辰，《宋史》卷253《王承美传》、卷11《仁宗纪三》。

从西夏北面来看,金天会二年(1124),西夏对金"始奉誓表,以事辽之礼称藩"。而金则将辽"下寨以北、阴山以南、乙室耶刮部吐禄泺之西"割给西夏①。次年,西夏按约"由金肃、河清渡河,取天德、云内、河东八馆及武州"②。但四年金方毁约,重新夺回天德、云内、河东八馆及武州,"惟金肃、河清二军在大河西,不能取之"③,尚为西夏所有。北宋灭亡后,在划定陕西地区楚、夏分界时,金以"陕西北鄙以易天德、云内,以河为界"④,从法律上明确了河南地属西夏所有。这样,西夏又获得了辽宁边州位于黄河以西的境土。另外,《金史》卷24《地理志上》不载天德军,这就说明了在金、西夏对峙时期,天德军也是属于夏方的。当然,这可能是后来发生的变动。总之,西夏北部疆界,在金朝建立后不久,发生了如下的变动:第一,获得了辽的天德军;第二,获得了辽金肃、河清二军和宁边州等位于黄河以西的地区,即完全收复了原胜州的辖境,再次将边境线向北推进至黄河边,在这个地区,西夏与金以黄河为界。

在东面,宣和七年(1125)时,辽朝灭亡,"其将小鞠录西奔,招合杂羌十余万,破丰州"。次年,宋太原为金攻克,鞠录又驱幽、蓟叛卒与夏人、奚人攻陷麟州建宁寨⑤。但可能丰州等仍在宋方手中,天会七年,"宋麟府路安抚使折可求以麟、府、丰三州降"金,即可为证⑥。绍兴九年(1139),夏人乘折氏之丧,攻陷府州⑦。由于丰州位于府州之西北,因此,夏人攻克府州,即意味着也获得了丰州。金大定十八年(1178),西夏又攻克麟州城,"掳金帛、子女数万,毁城而去"。麟州所属新秦、银城、连谷三县基本为夏攻占,后虽属金,但均因荒残而废弃⑧。从此麟州建制撤销,金将其并入葭州。这样,宋朝河东路的河外三州麟、府、丰,夏得其二,而金得其一。除葭州外,河南地全为西夏所有。在西夏的东部,金、西夏之间基本上以黄河为界,这是前所未有的事。

在南面,靖康元年(1126),西夏就相继攻占了宋泾原路的西安州、怀德军⑨。建炎二年(1128),西夏又袭取了宋环庆路的定边军⑩。在这前一年,金曾为楚、西夏划分过疆界:"自麟府路洛阳沟,距黄河西岸。西历暖泉堡,鄜延路米脂谷至累胜寨。环庆路威边寨逾九星原,至委布谷口。泾原路威川寨,略

---

① ④ 《金史》卷134《西夏传》。
② 《三朝北盟会编》卷25宣和七年十二月十二日。
③ 《大金国志校证》卷4。
⑤ 《宋史》卷446《杨震传》。
⑥ 《金史》卷3《太宗纪》。
⑦ ⑩ 《宋史》卷486《西夏传》。
⑧ 《大金国志校证》卷17《世宗圣明皇帝中》,《元一统志》卷4《故银城县》、《故新秦县》、《故连谷县》。
⑨ 《宋史》卷23《钦宗纪》。

古萧关至北谷口。秦凤路通怀堡至古会州。自此距黄河,依见流分熙河路尽西边,以限楚、夏之封。或指定地名有悬邈者,相地势从便分画。"①由于文中所言地名,今多不可见,因此,我们只能大概知道这次分疆,以黄河为界,另外,将横山、天都山、萧关以北的葫芦河地区等战略要地还给了西夏。这次划界履行的情况,不得而知。天会九年,金平定陕西。十一月,"以陕西地赐齐"②,但未言及疆界事。大约直至金皇统六年(1146),即西夏人庆三年,西夏南部与金的疆界才基本确定下来(见图50),这次,金"以德威城、西安州、定边军等沿边地赐夏国"③。金贞祐四年(1216),金"知平凉府移苔不也攻威、灵、安、会等州"④。四州地理相接,因此,安州应是西安州之讹,或西夏得西安州后改。然而西安州并未全给西夏,从《金史》卷26《地理志下》来看,其通安寨则划给了金的会州。定边军属宋环庆路,是横山地区的一部分。但从《金史》卷26《地理志下》来看,金的环州有定边寨。定边寨,当即《宋史》卷87《地理志三》中定边军的治所定边城。另外,金的庆阳府有定边军南部的白豹城。这样看来,金仅将定边城以北的定边军辖境划给了西夏。德威城属宋会州,西至黄河四里,因此这次划给西夏的仅是位于黄河之滨的一个城堡。但是大定二十三年(1183),西夏对金开战,会州治所敷川县因此"陷于河西",金不得不将州治"侨治州西南一百里会川城,名新会州"⑤。从《金史》卷26《地理志下》、《元史》卷60《地理志三》会州条来看,金的会州仅拥有保川县(即旧会川城),平西、通安二寨,会安一关(即会宁关)。如果不是以后划出的话,那么,这次丢失的,可能不仅是敷川一县,还应有会川城以北的怀戎堡等。

西南面,金将西宁、乐、廓、积石四州军划给了西夏。但具体时间不详,事见《金史》卷91《结什角传》与卷78《刘筈传》。前传言,"天会中,诏以旧积石地与夏人"。后传载,"初,以河外三州赐夏人,或言秦之在夏者数千人,皆愿来归。诸将请约之。筈曰:'三小州不足为轻重,恐失朝廷大信。'"由于天会九年(1131),金始"抚定巩、洮、河、乐、西宁、兰、廓、积石等州"⑥。而后传所载,为皇统七年(1147)之事。考虑到金割地当与当时局势相关,因此,割河湟四州军的时间,当确定在宋金绍兴和议之前、两军酣战之时为宜。四州军中,积石军,夏人改为祁安城;西宁州,"南渡后荒弃,元得其地,仍置西宁州";乐州城,

---

① ③ 《金史》卷26《地理志下》。
② ⑥ 《金史》卷3《太宗纪》。
④ 《金史》卷134《夏国传》。
⑤ 《元一统志》卷4《会州》。又,《读史方舆纪要》卷62《靖远卫》言,会州治迁于会川城,是因旧治敷川县"圮于河",不同。

第六编 第一章 西夏的疆域 703

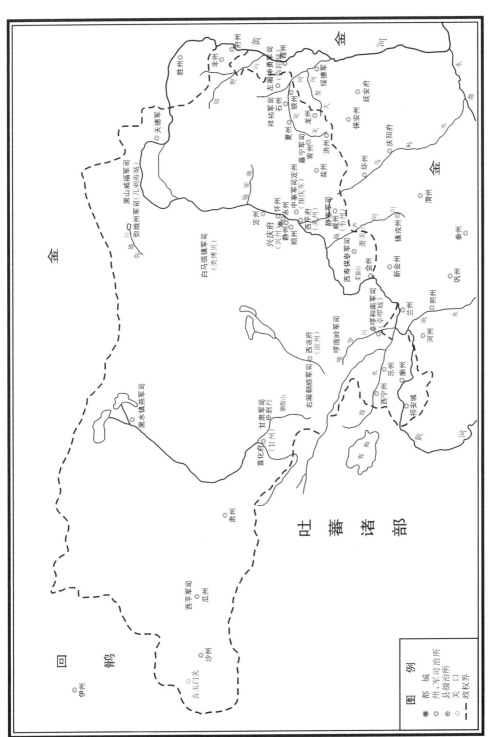

图 50 西夏人庆三年(1146)疆域图

"没于金,州废"①。因此,四州军入夏后,恐多未保持州的建制。

总之,人庆中,是西夏疆域最大之时。其时,西夏收复了胜州和会州北半部、横山部分地区,建国之初的疆域,除绥州丢失外,此时,基本无损;同时,还获得了辽的天德军,宋的西宁州、乐州、廓州、积石军、府州、丰州之地(见表13)。

(一) 兴州,领1县:怀远

按:《弘治宁夏新志》卷1言,元太祖灭夏,其城遂废。

(二) 静州,领1县:保静

按:《嘉庆重修一统志》卷264《宁夏府·保静废城》言,"夏为静州,元废"。

(三) 定州,领1县:定远

按:《读史方舆纪要》卷62《宁夏镇·安远城》言,"亦旧定州,蒙古初废"。

(四) 顺州,领1县:灵武　　　　　(六) 永州

(五) 怀州,领1县:临河　　　　　(七) 灵州,领1县:回乐

按:《元史》卷1《太祖纪》言,"二十一年(1226)冬十一月庚申,帝攻灵州"。

(八) 盐州,领1县:五原

按:《读史方舆纪要》卷62《宁夏后卫》言,盐州"元以其地属环州"。又,五原废县条言,五原县,"元废"。

(九) 会州,领1县:会宁　　　　　(十一) 银州,领1县:儒林

(十) 西安州

按:《元史》卷119《孛鲁传》言,甲申岁(1224)秋九月,攻银州,克之。

(十二) 夏州,无县

按:《读史方舆纪要》卷61《夏州城》条言,夏州,元废。

(十三) 宥州,无县

按:《读史方舆纪要》卷61《宥州城》条言,宥州,元废。

(十四) 洪州,无县　　　　　　　(十五) 龙州,无县

按:龙州或因音译之歧,又作隆州。《金史》卷15《宣宗纪中》载,兴定三年(1219)四月"辛卯,夏人犯通秦寨,元帅完颜合达出兵安塞堡以捣其巢。至隆州……陷其西南隅"。以地望言之,此隆州即龙州所在。

(十六) 威州,无县

按:《读史方舆纪要》卷62《韦州所》言,韦州,元废。

(十七) 石州,无县　　　　　　　(十八) 凉州,领1县:姑臧

按:《元史》卷1《太祖纪》言,二十一年"秋,取西凉府搠罗、河罗等县"。

---

① 《金史》卷91《结什角传》,《读史方舆纪要》卷64《西宁镇》、《乐州城》。

(十九) 甘州,领 1 县:删丹

按:《元史》卷 1《太祖纪》言,二十一年夏,"取甘、肃等州"。

(二十) 肃州,领 1 县:酒泉　　　(二十一) 瓜州,领 1 县:晋昌

按:《元史》卷 60《地理志三》言,瓜州,"夏亡,州废"。

(二十二) 沙州,领 1 县:敦煌

按:《元史》卷 60《地理志三》言,沙州,"元太祖二十二年,破其城"。

(二十三) 西宁州——治青唐城(今青海西宁市),无县

按:《读史方舆纪要》卷 64《西宁镇》条载,"西宁州,南渡后荒弃,元得其地,仍置西宁州"。据此,则西夏时似未设西宁州。然《元史》卷 1《太祖纪》言,"二十二年,破西宁州",则西夏末有西宁州,或后置。

(二十四) 乐州——治邈川城(今青海海东市乐都区),无县

按:《读史方舆纪要》卷 64《乐州城》言,"乐州,后没于金,州废"。然《嘉庆重修一统志》卷 267《凉州府·乐都故城》言,"乐州后属西夏,元废",则西夏末仍有乐州,或废而复置。

(二十五) 廓州——治宁塞城(今青海尖扎县北),无县

(二十六) 祁安城——治溪哥城(今青海贵德县西),无县

按:祁安城,即宋积石军。《金史》卷 91《结什角传》言,"天会中,诏以旧积石地与夏人,夏人谓之祈安城"。

(二十七) 胜州,无县

(二十八) 府州——治府谷(今陕西府谷县)

按:《元史》卷 60《地理志三·葭州·府谷县》言,"后唐为府州。元初建州治,至元六年(1269)废为县",则入夏后府州已荒弃。

(二十九) 丰州①(治在今陕西府谷县西北),无县

(三十) 天德军——治永济栅(今内蒙古乌拉特前旗东北),无县

表 13　西夏天授礼法延祚元年、贞观八年、人庆三年所辖州一览表

天授礼法延祚元年	贞 观 八 年	人 庆 三 年
兴　州	兴　州	兴　州
静　州	静　州	静　州
定　州	定　州	定　州

---

① 按:此丰州为宋嘉祐七年(1062)所建之丰州,建于府州萝泊川掌地。

续 表

天授礼法延祚元年	贞观八年	人庆三年
顺 州	顺 州	顺 州
怀 州	怀 州	怀 州
永 州	永 州	永 州
灵 州	灵 州	灵 州
盐 州	盐 州	盐 州
会 州	会州(南部丧失)	会 州
		西安州(原会州地,人庆三年得)
银 州	银州(南部丧失)	银 州
绥 州	绥州(拱化五年失)	
夏 州	夏 州	夏 州
宥 州	宥 州	宥 州
洪 州	洪 州	洪 州
龙 州	龙 州	龙 州
威 州	威 州	威 州
	石州(约于治平四年建)	石 州
凉 州	凉 州	凉 州
甘 州	甘 州	甘 州
肃 州	肃 州	肃 州
瓜 州	瓜 州	瓜 州
沙 州	沙 州	沙 州
	兰州(天授五六年得,大安七年失,未建州)	
		西宁州(正德五年至人庆四年间得,未建州)
		乐州(同上)
		廓州(同上)
		祁安城(正德五年后不久得)
胜 州	胜州(天授六年,以后渐失)	胜州(元德八年始渐复,未见建州)
	丰州(天授四年得,未建州)	丰州(元德八年得,未见建州)
		府州(大德八年得,未见建州)
		天德军(正德元年后得,未见建军)

第二章 西夏的地方行政体制

第一节 西夏地方行政体制的性质——部落制

西夏王国所统治的地区,在唐属关内、陇右道。安史之乱后,这一地区的社会经济发生了翻天覆地的变化。战后,唐王朝丧失了关陇西部的疆域,"兰、渭、原、会,西至临洮,东至成州,抵剑南西界磨些诸蛮,大渡水西南,为蕃界"。另外,"黄河以北,从故新泉军,直北至大碛,直南贺兰山骆驼岭为界,中间悉为闲田"①,以西亦为蕃界。换言之,唐陇右道与关内道之西部均属于吐蕃王国。唐末,吐蕃王国衰弱,其"族种分散,大者数千家,小者百十家,无复统一矣。自仪、渭、泾、原、环、庆及镇戎,秦州暨于灵、夏皆有之,各有首领"②。此外,唐代就进入陇右、关内的党项,在社会经济、生活习俗上,都与吐蕃极其接近,"其帐族有生户、熟户,接连汉界、入州城者谓之熟户,居深山僻远、横过寇略者谓之生户。其俗多有世雠,不相来往,遇有战斗,则同恶相济,传箭相率,其从如流。虽各有鞍甲,而无魁首统摄,并皆散漫山川,居常不以为患"③。在行政区划方面,由此而造成的深刻变化是,唐朝实行的州、县、乡、里制,在吐蕃王国时期全面退化为部落制。城内仅有少量汉人居住,氐、羌一般都生活在野外。譬如凉州,后唐天成时,"城中汉户百余,皆戍兵之子孙也。其城今方幅数里,中有县令、判官、都押衙、都知兵马使,衣服言语略如汉人","凉州郭外数十里,尚有汉民陷没者耕作,余皆吐蕃"。这种状况,直至宋代也未改变。凉州旧有"户二万五千六百九十三,口十二万八千一百九十三",咸平元年(998),仅"有汉民三百户"。六年,李继迁"攻陷西凉府,逐出其居人"④,情况更为严重。绥州亦复如此,"自唐末蕃寇侵扰,所管五县并废,或陷在蕃界,

---

① 《旧唐书》卷196下《吐蕃传》。
② 《宋史》卷492《吐蕃传》。
③ 《宋史》卷264《宋琪传》。
④ 《宋史》卷492《吐蕃传》、《长编》卷55咸平六年十二月甲子。

亦无乡里,其民皆蕃族"①。李继迁叛宋后,有意识地发展这种状态,早在宋太宗淳化五年(994),继迁就"徙绥州民于平夏",咸平六年,又将"银、夏州民衣食稍丰者并西徙",将"夏、银、宥州民之丁壮者,徙于河外"②,集人力、财力于兴、灵地区,以充实"王畿"之地。这种政策推行的结果,一方面是所谓的汉制即州县制在西夏王国内名存实亡,另一方面是所谓的蕃制即部落制却充分地发展了起来。譬如灵州,该州原领六县,宋初则领一县、七镇。各镇仅管蕃部数族,以本族酋长为巡检使③。由此出现"夏国之地,广袤仅四五千里,其居民散居于沙漠山野之间,无城郭之固"的现象④。元丰四年(1081),宋军五路大举进攻西夏,深入兴、灵腹地,沿途所经,并无一县。在拓跋氏的发祥地夏州,"城中居民数十家"。宥州稍多,"城中居民五百余家"。而米脂寨却有"城中老小万四百二十一口"之多,其规模已远远超过了州城⑤。再者,从西夏近两百年的历史来看,西夏在获得新的州郡后,基本采取了"荒弃"的政策,这可能是党项民族的生产、生活方式是以游牧为主的缘故。安史之乱后,吐蕃得唐原州,撤毁城垣,弃而不居,每岁盛夏,畜牧于青海之上⑥。两者有着惊人的相似之处。另外,在军事上,游牧民族也长于运动、进攻,而短于城守。因此,在西夏国,真正符合汉制州县制标准的县,可能仅有京城地区的几个县。绝大多数的州也不具有汉制中中级政区的内涵,而已蜕变为城、堡一类的军事要塞。正是这个原因,所以在西夏的法典中,同为州府,地位却相差悬殊,而许多县寨则高于州郡⑦。这就是自唐中期以来社会政治经济演变的结果,是少数民族进入并长期生活在这一地区的结果。因此,从这个意义上说,西夏王国所拥有的十余个汉制州,仅表明其所控制的疆域范围,而不能认为是其行政区。西夏王国自有一套符合其民族特色的地方行政体制,这就是以监军司为主体的地方行政体制。

第二节 军政合一的经略司路

西夏大体将全国划分成三大区域,这就是畿内、地中、地边。畿内又称京

---

① 《太平寰宇记》卷38《绥州》。
② 《宋史》卷485《夏国传》、《长编》卷54咸平六年五月壬子、卷55咸平六年九月壬辰。
③ 《元丰九域志》卷10《化外州》、《太平寰宇记》卷36《灵州》。
④ 《长编》卷469元祐七年正月壬子。
⑤ 《长编》卷318元丰四年十月庚午、癸酉,卷317元丰四年十月丁巳。
⑥ 《旧唐书》卷118《元载传》。
⑦ 《天盛律令》卷10《司序行文门》。

师界,它下辖"中兴府、南北二县、五州各地县司"①。然从各种文献来看,畿内尚应包括灵州在内。《天盛律令》卷13《派大小巡检门》言,"为巡检管勾者,京师界当派大都督任职臣僚",则大都督府属京师界无疑。大都督府即灵州,西夏似仍行唐制,以灵州为大都督府。上引"五州"即唐宋时灵州之五镇,入夏后升改。因此,从上引即可知灵州属京师本无疑义,不必深论。地中有时又称中地,顾名思义,它当是指介于畿内与边地之间的中间地带②。边地亦称地边,与地中合称边中。

在边中地区,西夏按方位设置了若干个路进行治理。散见于史籍的,有"南路"、"西南路"、"西路"等③。路一级的机构是经略司,如上引"西路"之下即有"经略司"字样。如此见于《天盛律令》等文献之中的,还有"东经略使"、"东南经略使"、"西北经略使"④。经略使,在汉籍文献《长编》与《宋史》中则称作都统。经略司的辖区,史无明文。然《长编》卷120景祐四年(1037)载,元昊初"置十八监军司,委酋豪分统其众。自河北至卧啰娘山七万人,以备契丹;河南洪州、白豹、安盐州、罗洛、天都、惟精山等五万人,以备环、庆、镇戎、原州;左厢宥州路五万人,以备鄜、延、麟、府;右厢甘州路三万人,以备西蕃、回纥;贺兰驻兵五万人,灵州五万人,兴庆府七万人为镇守,总三十余万"。或西夏将全国划为五大战区,即防御契丹的北部战区,防御宋麟府、鄜延两路的宥州战区,防御宋环庆、泾原两路的左厢战区,防御西蕃、回纥的右厢战区和镇守京师的中部战区。当然,京师地区由于直属中央,是不在经略司管辖范围之内的。除此之外,边中地区也有不属于经略司的。经略司在西夏的地位甚高,它"比中书、枢密低一品,然大于诸司",其下属机构主要为属中等司的监军司⑤。经略司与监军司的职权范围很宽,兼治军民⑥,举凡人事、军事、边防、外事、司法、畜牧,无所不管。人事方面,《天盛律令》卷10《官军敕门》言,"依法求官者,当报边中一种所属监军司,经经略使处,依次变转,与不属经略之京师界等一起依文武分别报告中书、枢密";卷17《物离库门》言,"掌库局分人已任职三年迁转者",隶属于边中经略司者,由"管事处监军司、府、军、郡、县、经略等依次已磨

---

① 《天盛律令》卷14《误殴打争斗门》。
② 《天盛律令》卷61《纳军籍磨勘门》。
③ 《长编》卷506元符二年二月戊子;《金史》卷134《西夏传》;《甘肃武威西郊林场西夏墓题记、葬俗略说》,白滨主编:《西夏史论文集》,宁夏人民出版社,1984年。
④ 《天盛律令·颁律表》,《天盛律令》卷4《修城应用门》,《金史》卷61《交聘表中》。
⑤ 《天盛律令》卷10《官军敕门》,《司序行文门》,卷17《库局分转派门》。
⑥ 郑刚中《西征道里记》言,"夏国左厢监军司接麟府沿边地分,管户二万余,宥州监军司接庆州、保安军、延安府地分,管户四万余,灵州监军司接泾原,环庆地分沿边(沿边地分),管户一万余"。可证。

勘,来去已明时,送京师来隶属处磨勘"。军事、边防方面,卷6《行监溜首领舍监等派遣门》言,盈能、副溜的选拔,先由监军司按同院溜顺序及其在战斗中的表现进行初选,再"经刺史、司,一齐上告改,正副将、经略等依次当告枢密,方可派遣";卷5《季校门》言,"全国中,父子官马、坚甲、杂物、武器季校","当由经略大人按其处司所属次序,派遣堪胜人使为季校队将";卷6《官披甲马门》言,"官马、坚甲应移徙时,当经边境监军司及京师殿前司给予注销";卷4《修城应用门》言,战盾、石砲、铁索绳、板门等战具及城墙的修治,"每年应按期以状告监军司",并逐级上报经略司、枢密。外事方面,卷13《执符铁箭显贵言等失门》言,"他国使来,监军司、驿馆小监当指挥,人马口粮当于近便官谷物、钱物中分拨予之,好好侍奉",使人来京师者,"监军司当送以骑乘";卷11《为僧道修寺庙门》言,"他国僧人及俗人等投奔来,百日期间当纳监军司,本司人当明晓其实姓名、年龄及其中僧人所晓佛法、法名、师主为谁,依次来状于管事处,应注册当注册,应予牒当予牒"。司法方面,卷1《谋逆门》言,谋逆案发生在边中的,归"所属经略使、监军司"审理;卷9《诸司判罪门》言,官吏犯罪,"获死及劳役、革职军、黜官、罚马等",有关部门当"依季由边境刺史、监军司等报于其处经略,经略人亦再查其有无失误";卷2《不奏判断门》言,"判无期徒刑及三种长期徒刑等","应告经略";同卷《戴铁枷门》言,使军犯罪戴铁枷,"原判断处司人当增记簿籍上",如果是"边中者,当向所应经略使等行文引送";卷13《逃人门》言,边中监军司有责任将拿获的逃人遣返;卷3《买盗畜人检得门》言,检得的官私畜物,"边境当经监军司等经各自管事处","监军司人告经略司"。畜牧业方面,卷19《畜患病门》言,"诸牧场四种官畜中患病时,总数当明之。隶属于经略者,当速告经略处;不隶属于经略者,当速告群牧司";《校畜磨勘门》言,黑水地方的校畜工作,因地程遥远,"由监军、习判中一人前往校验","黑水所在畜中有患病时,当告监军司验视"。另外,经略司还拥有一部分与军需有关的财权,卷17《物离库门》言,经略使"管辖种种赏物、军粮、武器、军杂物等",并有"所辖之种种官畜、谷物"。

隶属于经略司的,除了监军司外,还有刺史。据《天盛律令》记载,西夏设刺史二十名,即东院、五原郡、韦州、大都督府、鸣沙军、西寿、卓啰、南院、西院、肃州、瓜州、沙州、黑水、啰庞岭、官黑山、北院、年斜、南地中、北地中、石州[①]。《天盛律令》中,关于刺史的记载与监军司比要少得多,但也能大致归纳出其若干职权。首先,刺史负责监督赋税登记造册、库粮发放等工作。如租户家主田

---

① 《天盛律令》卷10《司序行文门》。

地耕牛数目与上缴各部门租税数量的登记造册,"边上刺史处所管事处检校"。纳租时节,除计量小监、巡察者当并坐于库门外,"管事刺史人中间当巡察亦当巡察"。当监军司来领官粮时,"领粮食处邻近,则刺史当自往巡察,若远则可遣胜任巡察之人,依数分派。所予为谁,分用几何,当行升册。完毕时,现本册当送刺史处磨勘"。另外,修造粮仓、搬运粮食所需之"笨工",亦由刺史负责调配①。其次,在治安方面,刺史同监军司、地方巡检一样,有权抓捕"已卖敕禁者"②。在审刑方面,刺史拥有复审权。对诸司所判"获死及劳役、革职军、黜官、罚马等",如有"枉误而不服","刺史人当察。有疑误则弃之,无则续一状单,依季节由边境刺史、监军司等报于其处经略"③,畿内及不属经略处则报送中书、枢密。另外,在犯人饮食、医疗、居住环境及诸司都巡检等以枉法徇情私放拘囚等方面,刺史当"审视推察之",并登记于板簿上,按不同地区,分别报送经略或中书④。最后,刺史也参与军事,拥有兵权。诸监军司所属印、符牌、兵符等,"当置监军司大人之官大者处。送发兵谕文时,当于本司局分大小刺史等众面前开而合符"。如"符有若干不合,变处当由刺史、监军同官共为手记而行"。如派遣执符时,"正副统、刺史、监军司等俱在,原语同,则彼亦勿分别派执符,当总合一齐派之"⑤。

综上所述,可知刺史与监军使相比,其职能明显地具有较多的民事官色彩。而且有趣的是,在《天盛律令》卷10《司序行文门》中,虽然列有二十名刺史,但在上、次、中、下、末五等司中,并未列刺史的衙署,仅在随后的申明中言,"诸边中刺史者,与中等司平级传导",刺史也由此获得中等司级别官员的地位。而在《掌中珠》人事部分所列官职中,竟连刺史也没有。契丹先世,受唐朝册封,部落长任刺史,即史所言"其八族长皆号大人,称刺史"⑥。因此,西夏一代的刺史很可能就是其各部的部落长。西夏设刺史的地区有二十处,除五原郡、大都督府、鸣沙军等三地外,其他均设有监军司,这表明西夏在设监军司时,除考虑其军事地位外,还与部落的分布密切相关,两者基本吻合。由此也可看出,西夏的地方行政体制,是建立在部落制的基础之上的,是以经略司、监军司为主体的军政合一的地方行政体制。

---

① 《天盛律令》卷15《纳领谷派遣计量小监门》。
② 《天盛律令》卷7《敕禁门》。
③ 《天盛律令》卷9《诸司判罪门》。
④ 《天盛律令》卷9《行狱杖门》。
⑤ 《天盛律令》卷13《执符铁箭显贵言等失门》。
⑥ 《五代会要》卷29《契丹》。

当然，西夏也有一些地区是不归经略司管辖的。除监军司、刺史之外，西夏在京师在内的一些地区设立了府、军、郡、县。据《天盛律令》卷10《司序行文门》所载，在京师设立的有中兴府、大都督府（灵州）、华阳县、治源（远）县①，在边中设立的有西凉府、鸣沙军、五原郡、虎控军、威地军、大通军、宣威军等。府的级别较高，属次等司，其主官称正；其他均为中等司，其中，郡的主官称城主，军的主官称安抚，县的主官称大人。

另外，在《司序行文门》的下等司中，有五种郡县，即京师界的灵武郡、定远县、怀远县、临河县、保静县；有二十五种地边城司，即永便、孤山、魅拒、西宁、边净、末监、胜全、信同、应建、争止、甘州、龙州、远摄、合乐、真武县、年晋城、定功城、卫边城、永（折）昌城、开边城、富清县、河西县、安持寨、西院、银州。这两类的主官，均称城主。在末等司中，有十一种堡寨，即绥远寨、西明寨、常威寨、镇国寨、定国寨、宣德堡、安远堡、讹泥寨、夏州、凉州、宥州（绥州），其主官则称寨主。在《天盛律令》卷14《误殴打争斗门》中，边中地区的地方行政机构，除经略司，府、军、郡、县，刺史，监军司外，还有城、寨、堡，或许指的就是上述这四十一种地方行政机构，它们属于西夏地方行政机构中的低级行政机构。

第三节　负责赋税征管的转运司路

西夏还设有转运司，它不隶属于经略司。据《天盛律令》卷10《司序行文门》所载，时设沙州、黑水、官黑山、卓啰、南院、西院、肃州、瓜州、大都督府、寺庙山转运司及都转运司等十一个转运司。除都转运司属中等司外，其他十个转运司均为下等司。转运司的职责比较单一，大体可归纳为催租、维护水渠两项。西夏律令规定，租户家主的田地、耕牛数及"地租、冬草、条椽等何时纳之"，必须登记造册。这项工作每三年进行一次。从该年的"二月一日始，一县写五面地册板簿，自己处及皇城、三司、转运司、中书等当分别予之"，历时七十天，至"四月十日当送转运司"②。催租自始至终处于转运司的监控与参与之下，"催促地租者乘马，于各自转运司白册□□盖印，家主当取收据数登记于白册。其处于收据主人当面由催租者为手记，十五日一番，由转运司校验"③。催缴地租的工作，郡县必须于十一月一日结束，并将簿册、凭据告交转运司。

---

① 按：华阳、治远二县，属中等司，较他县为高，疑即京师界之南北二县。
② 《天盛律令》卷15《纳领谷派遣计量小监门》。
③ 《天盛律令》卷15《地水杂罪门》。

转运司则须在本月内将簿册、凭据引送磨勘司。都磨勘司须在腊月内磨勘完毕。所遗尾数,"正月一日转运司当引送,令催促所属郡县人,令至正月末毕其尾数"①。如尚不能毕,则由中书派人催促。各地的租税,由各地转运司征收。京师界内的租税,则由大都督府转运司负责。所谓"大都督府转运司所属冬草、条橡等,京师租户家主依法当交纳入库。若未足,则彼处转运司人当量之,当于租户家主征派使纳"②。由于各转运司的征税工作是由磨勘司考核的,因而,都转运司的管辖范围似仅局限于京师界内,并不负责全国的征税。

另外,与地租相关的闲田复种、生地开垦、田地毁坏、土地买卖,也都归转运司管辖。西夏律令规定,"诸人无力种租地而弃之,三年已过,无为租庸草者,及有不属官私之生地,诸人有田愿持而种之者,当告转运司"。转运司调查属实,则予登录耕种;并于三年后"令依纳地租杂细次第法纳租"③。诸人如在"租地边上"及"自属树草、池地、泽地、生地等开垦而为地者",如"多于一顷者,除一顷外,所多开大小数当告转运司。三年毕,堪种之,则一亩纳三升杂谷物,庸草依边等法为之"④。如土地因河水冲毁等原因不堪耕种及田地出卖,转运司当核实,"明其顷亩数而奏报注销"。买地者则由转运司注册,并"当依租庸草法而为之",如果买地者提出丈量土地的要求,则转运司"当遣人丈量"⑤。

灵州的唐徕、汉延等官渠,关乎西夏的国计民生,维修大渠也是转运司的重要职责。每年春开渠大事开始时,转运司会同其他各部门,于宰相面前选定胜任人⑥。如"大都督府转运司地水渠干头项涨水、降雨,渠破已出大小事者,其处转运司当计量多少,速当修治,同时当告闻管事处"⑦。诸官渠的植被保护,由沿渠"租户、官私家主地方所至处"负责。"植柳、柏、杨、榆及其他种种树,令其成材,与原先所植树木一同监护,除依时节剪枝条及伐而另植以外,不许诸人伐之",转运司则"遣胜任之监察人"监督⑧。官渠上"各大道、大桥,有所修治时,当告转运司,遣人计量所需笨工多少,依官修治"。而沿大渠干的小桥,则"转运司亦当于租户家主中及时遣监者,依私修治"⑨。因此,西夏的转运司除了征发赋役和维修与农业生产密切相关的官渠等行政职能外,不具有一路人事举荐任免、监察、刑狱、财赋调节、转运的职权。因此,西夏的转运司,

---

① 《天盛律令》卷15《催缴租门》。
②⑦ 《天盛律令》卷15《渠水门》。
③ 《天盛律令》卷15《取闲地门》。
④ 《天盛律令》卷15《租地门》。
⑤⑧ 《天盛律令》卷15《地水杂罪门》。
⑥ 《天盛律令》卷15《催租罪功门》。
⑨ 《天盛律令》卷15《桥道门》。

在职能上，与宋朝的转运司相比，相去甚远，不能等量齐观。

综上所述，可知西夏地方行政管理体制受宋制影响，大致可分为两大系统，即经略司路与转运司路。前者综治军民，后者仅负责赋税的征管。与宋不同的是，西夏采取的是军政合一的战时体制，以前者为主。转运司路的层级较简略，大致如前所述，分为转运司与郡县两级。经略司路较复杂，其主体部分，大致可分为经略司路、监军司与刺史、城堡寨三级。其中，监军司发挥着承转的枢纽作用，是西夏地方行政体制中最重要的机构与层级。另外，西夏还将京师界和边中地区的一些具有重要地位的地区即府、军、郡、县划出，直接隶属中央。在这些地区，一般而言，可能仅为两级建制，或州县两级，或军寨两级；也可能只有一级，如京师界的南北二县、边中地区的五原郡（县）。

第三章　西夏的监军司

西夏监军司是西夏地方行政体制中最主要的组成部分,它既是一级地方行政机构,又是具有部族兵性质的军事组织。关于西夏监军司的数量,各种汉籍与西夏文文献所述不一。《宋史》卷485《夏国传上》认为是十二个,即左厢神勇、石州祥祐、宥州嘉宁、韦州静塞、西寿保泰、卓罗和南、右厢朝顺、甘州甘肃、瓜州西平、黑水镇燕、白马强镇、黑山威福。《西夏地形图》大体同于《宋史》,而《长编》则所述前后不一。《长编》在景祐四年(1037)记述西夏立国规模时,认为所置为十八,而在以后的记事中,又常以"十二监军司"为称。在《天盛律令》卷10《司序行文门》中,监军司则是十七个,即北院、年斜、石州、东院、西寿、韦州、卓啰、南院、西院、沙州、啰庞岭、官黑山、南地中、北地中、瓜州、肃州、黑水,但如加上大都督府,则恰成十八之数。今据文献,将监军司中凡可考详者条列如下。

(一)左厢神勇监军司——治夏州弥陀洞(今陕西榆林市东)

左厢神勇监军司,初名左厢监军司,据《长编》载,嘉祐七年(1062)六月,颁军额神勇,称左厢神勇监军司。魏泰《东轩笔录》卷8言,"元昊分山界战士为二箱,命两将统之,刚浪陵统明堂左箱,野利遇乞统天都右箱",又,范仲淹《范文正公集·年谱补遗》言,"时西贼大将刚浪唆(凌)兵马最为强劲,在夏州东弥陀洞居止。又次东七十里有铁冶务,即是贼界出铁制造兵器之处,去河东麟府界黄河西约七八十里",则左厢监军司当在夏州之东明堂川流域的弥陀洞,具体地望在今陕西榆林市东[1]。

(二)石州祥祐监军司——治石州(今陕西米脂县西北)

西夏立国之初,并无石州。《长编》卷120景祐四年言,"赵元昊既悉有夏、银、绥、静、宥、灵、盐、会、胜、甘、凉、瓜、沙、肃,而洪、定、威、怀、龙皆即旧堡镇

---

[1] 参见陈炳应:《西夏监军司的数量和驻地考》,《西北师院学报增刊·敦煌学研究》1986年第5期。

伪号州,仍居兴州",不载石州。而《武经总要·前集》卷18下言,"元昊康定初复叛,遂封夏国王,以绥怀之。今有夏、银、绥、宥、灵、会、盐、兰、胜、凉、甘、肃十二州地",亦无石州。监军司初设于绥州(今陕西绥德县),嘉祐七年六月,颁军额,"绥州监军司为祥祐军",是知此时监军司尚在绥州。而移司石州,当是治平四年(1067)绥州失守之后事。《宋史》卷14《神宗纪一》、《太平治迹统类》卷15《神宗经制西夏》言,治平四年十月"癸酉,知青涧城种谔复绥州",西夏"银、夏、绥三州监军"嵬名山降宋,西夏从此丧失绥州,或于此时设置石州并移司该地。此即《宋史》卷485《夏国传上》石州祥祐监军司之所由来。至于石州的方位,《宋史》卷335《种谔传》言,元丰四年(1081),"谔留千人守米脂,进次银、石、夏州",则石州当介于银、夏二州之间。

《天盛律令》卷19《畜利限门》言,"年年供应给他国所用骆驼、马,牧者……于东院所辖牧人中分出二十户,以此为供应所用骆驼、马予他国之牧者"。又,《唐会要》卷66《群牧使》载,"大和七年(833)十一月,度支、盐铁等使奏,以银州是放牧之地,水草甚丰,国家自艰虞以来置都阙……今于银州置银州监使,委(银州刺史)刘源充使勾当"。故疑介于银、夏二州间的石州监军司即是《天盛律令》中的东院监军司。

(三)宥州嘉宁监军司——治长泽(今内蒙古鄂托克前旗城川镇古城)

据《宋史》卷485《夏国传》,宥州嘉宁监军司为西夏十二监军司之一。又《长编》卷354元丰八年四月甲申载,"环庆路经略司言:'蕃官贝威等讨西贼,获宥州正监军伪驸马拽厥嵬名。'"绍圣四年(1097)七月二十九日,鄜延兵攻"入宥州,焚其官廨、仓场、刑狱、民居五十余间,并伪行宫、军司簿书案籍等",并可为旁证。至于具体地望,《太平寰宇记》卷39宥州长泽县条谓,"开皇中……以县属夏州。元和十五年(820),夏州节度使奏请立宥州于此邑,仍就便移隶宥州"。宥州后为吐蕃所破,复置者再,仍立于长泽县。

(四)韦州静塞监军司——治韦州(今宁夏同心县韦州镇)

韦州又称威州、南威州。嘉祐七年,威州监军司,加军额静塞。静塞监军司,设于韦州。《长编》卷319元丰四年十一月庚子高遵裕言,"韦州在横山之北,西人恃此为险扼,故立监军司屯聚兵马,防拓兴、灵等州",可证。又,元祐七年(1092)三月甲午环庆经略司言,"探得韦州聚兵乃是虚声……故遣折可适统八千余人……昼夜兼行,一日一夕,而至韦州监军司居止之室",亦可为证。至于韦州监军司的地望,《宋史》卷277《郑文宝传》可引以为据。韦州监军司设于唐威州之旧址之上,该传言:"威州在清远军西北八十里,乐山之西。唐大中时,灵武朱叔明收长乐州……即其地也。故垒未圮,水甘土沃,有良木薪秸之利。约葫芦、临洮二河,压明沙、萧关两戍,东控五原,北固峡口,足以襟带西凉,咽喉灵武。"这大致标明了韦州监军司的位置。又,1974年,同心县韦州镇南下马关附近发现一座慕容威夫妇合葬墓,墓中出土的一方墓志记载:"君讳威,字神威……迁左领军卫大将军,仍充长乐州游奕副使……其萋以至德元年(756)正月五日婴疾,春秋六十有二,终于长乐州私馆。□人封氏……享年乾元元年(758)七月十日,终于私第……即以乾元元年十月庚子朔十日己酉同窆于州南之原。"由此可见韦州监军司设于唐长乐州之故址,即今宁夏同心县韦州镇。

慕容威系吐谷浑人,据《唐会要》卷70《州县改置上》、《旧唐书》卷198《吐谷浑传》所载,唐龙朔三年(663),吐谷浑为吐蕃所灭,其先人诺曷钵率部内属。咸亨三年(672),唐以灵州鸣沙县安置吐谷浑部落,号安乐州。至德中,吐蕃攻陷安乐州,部众又东徙,散在朔方、河东之境。朔方境内尚有一长乐州,据《资治通鉴》卷221所载,开元二十二年(734)即已有之。贞元十四年(798),唐以朔方节度副使、左金吾卫大将军同正慕容复为袭长乐州都督、青海国王、乌地也拔勒豆可汗。此部当是散在朔方者。复不久去世,其封袭遂绝。但长乐州建制仍存,后为吐蕃占领。元和十三年,唐灵武军攻克其外城。据《元和郡县图志》所载,灵州境内有长乐山,"旧吐谷浑部落所居,今吐蕃置兵守之"。州当在此山附近,或以山而得名。安乐州,大中三年(849)七月收复,八月遂改为威州。又据《旧五代史》卷78《晋高祖纪四》所载,至后晋天福四年(939)五月,始改为清边军。由于安乐州与长乐州名相似,又一北一南,相距不远,均在朔方境内,长期共存,相继为吐谷浑居住地,故后世多相混淆。上引郑文宝所言,即是一例。西夏之世,韦州,又称威州、南威州,或以此。

(五)西寿保泰监军司

西寿又作西市、西使、锡硕克。西寿监军司,嘉祐七年,加军额保泰,始称西寿保泰监军司。

该监军司的治所屡有变动。元昊立国之初,分布兵力,据《长编》景祐四年所载,以"河南洪州、白豹、安盐州、罗洛、天都、惟精山"为一防区,部署五万兵力,以备环庆、镇戎、原州。从宋夏战争史来看,天都是西夏的战略要地,常为西夏进攻前左右厢兵力的点集地。而时宋朝则以秦州、镇戎军为边面,尚未向西北发展。唐原州的北部萧关、蔚如水流域,西部陇山以西地区及渭州,实际上或为生羌、熟羌的居住地,或处于西夏的控制之下。宋在唐原州、渭州地,建立德顺军、通远军、怀德军、西安州,是庆历三年(1043)以后事。因此,此时西寿监军司所在地,当在偏于东南的天都一带。

据《长编》元祐元年六月甲寅条及《韩魏公集》卷16所载,西夏于庆历二三年间获得兰州,于治平四年以前获得西市城。由于疆域的南拓,故西夏得以将其监军司由天都前移,"将西市城修葺,建为保泰军",进一步地南向压迫宋朝。西市城的地望,据上引及《长编》元丰四年九月丙申条所载,它南"去古渭寨一百二十里",西向"约百五十余里将至金城",由此可以断定,它约在今甘肃之定西市定西区。

元丰四年,宋军夺取兰州、西市城,此后西寿监军司又退至天都。据《长编》卷505所载,元符元年(1098)末,宋将折可适攻克天都,"生擒六路统军嵬名阿埋、锡硕克监军妹勒都逋",并于次年在天都建西安州,可证。天都即今宁夏海原县。

同年,宋不仅收复唐原州地,并且还收复了唐会州之一部,由此建立了西安州和会州,西夏的西寿监军司被迫北移至柔狼山。《宋史》卷87《地理志三·会州》言,"怀戎堡,崇宁二年(1103)筑……北至柔狼山界堠四十里,系与夏国西寿监军地对境"。由此可以推断,西寿监军司在元符二年后已设在柔狼山地区。西寿监军司的地望,据嘉靖《固原州志》卷2《打剌赤碑记》所载,怀戎堡"东北去西寿监军一百五十里"。怀戎堡所在打剌赤,即今甘肃靖远县打拉池,其东北一百五十里处,应是今宁夏中宁县喊叫水乡[①]。

（六）卓罗和南监军司

西夏在黄河北岸、兰州西北百余里处,置有卓罗和南监军司。《长编》绍圣四年(1097)九月壬申条及《长编纪事本末·收复湟州》条言,"卓罗去金城百二十里,欲溯黄河运粮至斫龙,然后渡河讨定卓罗及盖珠城一带部族","南宗寨在州之北,距夏国卓罗右厢监军司百里",可证。卓罗与盖珠城相邻,但恐与盖珠不在喀罗川同一侧。据《长编》元符二年正月庚戌条所载,时熙河兰会路经略使孙路言:"兰州之西喀罗川口有古浮桥旧基,自喀罗川口北四十里至该珠城,又北至济桑约三百里间,有古城十余所,每城相去不过三四十里。自济桑以北则入甘、凉诸郡,即汉武帝断匈奴右臂之遗迹。乞于喀罗川口复修浮桥,于桥之北置七八百步一城,延袤该珠、喀罗,渐至济桑,以通甘、凉,隔绝西蕃、

---

① 参见鲁人勇等:《宁夏历史地理考》卷12《西寿监军司》,宁夏人民出版社,1993年。

夏贼往来便道,乞措置施行。"可证。如卓罗监军司即在喀罗以北至济桑一线上,或左近,孙路当有所论及。从要塞的分布来看,卓罗也不应与盖珠密迩相邻。笔者以为卓罗监军司治所当位于喀罗川西侧,相距盖珠应有三五十里,至兰州与湟州南宗寨约略相等处。

（七）右厢朝顺监军司——治凉州（今甘肃武威市）

西夏右厢监军司治所应设于凉州。《凉州重修护国寺感通塔碑》,乃西夏天祐民安五年（绍圣元年）立。该碑两面刻文,一面为西夏文,一面为汉文。其监修人的官衔,西夏文的译文是"南院监军",而汉文则为"右厢嚳祖"。监军一词,《番汉合时掌中珠》中西夏文译音为"遏足尼",与"嚳祖"二字音近,"右厢嚳祖"当为"右厢监军"之意。由此可见,右厢监军司应设在凉州。而《西夏地形图》正是将右厢监军司标于凉州,想应有所本。哲宗时人李复有《潏水集》,他在该集卷3《又上章丞相书》中言:"屈成是夏国右厢统军星多贝中亲侄,贝中部族并在西凉府一带左右。"此可为旁证。又,《宋史》卷486《夏国传下》言,"崇宁三年（1104）,蔡京秉政,使熙河王厚招夏国卓罗、右厢监军仁多保忠……（政和）五年（1115）春,遣熙河经略刘法将步骑十五万出湟州……与夏人右厢军战于古骨龙,大败之,斩首三千级……六年春,刘法、刘仲武合熙、秦之师十万攻夏仁多泉城,三日不克,援后期不至,城中请降,法受其降而屠之,获首三千级",均可为证。文中的仁多即星多。又,古骨龙在湟州之极北,仁多泉城即今青海东北部的门源回族自治县,均与凉州接壤,当属右厢的防区。另外,从西夏西部监军司的分布来看,甘州与卓罗之间,相距遥远,中间应有监军司之设,否则难成呼应之势。右厢监军司设于凉州,则无此憾。凉州自古以来就是河西重镇,在西夏国的地位也非常之高,在《天盛律令》卷10《司序行文门》中,西凉府属次等司,与首府中兴府、大都督府灵州平级,而高于其他府、郡、军、县,是西夏西部的首府,右厢朝顺监军司设于此,正在情理之中①。

（八）甘州甘肃监军司——治删丹县（今甘肃山丹县）

《元史》卷60《地理志三》言:"山丹州,唐为删丹县,隶甘州。宋初为夏国所有,置甘肃军。"

《天盛律令》卷19《畜利限门》言,"年年供应给他国所用骆驼、马,牧者预先

---

① 参见陈炳应:《西夏监军司的数量和驻地考》,《西北师院学报增刊·敦煌学研究》1986年第5期;汤开建:《西夏监军司驻所辨析》,《历史地理》第6辑,上海人民出版社,1988年。

于北院所辖牧人中分出八十户……以此为供应所用骆驼、马予他国之牧者",则北院似为一监牧机构。《元和郡县图志》卷40《陇右道下·甘州》载,祁连山"美水茂草,山中冬温夏凉,宜放牧牛羊充肥","焉支山,一名删丹山……东西一百余里,南北二十里,水草茂美,与祁连山同。匈奴失祁连、焉支二山,乃歌曰:'亡我祁连山,使我六畜不繁息;失我焉支山,使我妇女无颜色。'"可见甘州自古以来即是优良之牧场。又,《天盛律令》所载十七监军司中无甘州,又甘州位于南院凉州之西北,故疑甘州即为《天盛律令》中的北院监军司。

(九)瓜州西平监军司——治瓜州(今甘肃瓜州县东双塔堡附近)

(十)黑水镇燕监军司——治黑水城(今内蒙古额济纳旗南二十多公里处的黑城遗址)

《西夏地形图》将黑水镇燕监军司标于黑水城地区。《元史》卷60《地理志三》大体揭示了这个军城的方位。该志言:"亦集乃路,在甘州北一千五百里,城东北有大泽,西北俱接沙碛,乃汉之西海郡居延故城,夏国尝立威福军,元太祖二十一年(1226)内附。"但该条史料似将黑水镇燕军误作为威福军。20世纪初,沙俄探险家科兹洛夫从位于居延城西部的黑水城(又称黑城)遗址中,盗窃了大量西夏文物。其中有《乾定申年(1224)黑水守将告近禀帖》和西夏文辞书《文海》,在《文海》的书页背后,常可以看到西夏边境驻军司令部的文书草稿。再者,《天盛律令》卷19《校畜磨勘门》言,"前述黑水所在畜中有患病时,当告监军司验视,其法依另定实行"。这些都是黑水镇燕监军司设于此的证据。另外,据《元史》卷1《太祖纪》载,二十一年,太祖伐夏,"二月,取黑水等城。夏……取甘、肃等州。秋,取西凉府搠罗、河罗等县,遂逾沙陀,至黄河九渡,取应里等县。……冬十一月庚申,帝攻灵州"。从蒙军进攻的路线看,这个黑水城与上述黑水城也是吻合的[①]。

(十一)白马强镇监军司

该监军司的治所,应在贺兰山后,即西面。《长编》元祐七年(1092)三月丙戌条载,环庆经略司奏:"有塔坦国人马于(去年)八月内出来,打劫了西界贺兰山后面娄博贝监军司界住坐人口孳畜。""娄博贝监军司",《西夏书事》记叙此

---

① 参见陈炳应:《西夏文物研究》第二章第二节《黑水城遗址》,宁夏人民出版社,1985年;汤开建:《西夏监军司驻所辨析》,《历史地理》第6辑。

事时,作"罗博监军司";"罗博"为西夏语"白马"之音译。故罗博监军司,应即是白马监军司,当设于贺兰山后。《宋史》卷485《夏国传上》言,"贺兰驻兵五万",当指的是这一监军司。《东夷考》卷首的《宁夏图》,在贺兰山西的中卫城北,标有"贺兰山后"四字。贺兰山北起石嘴山西,南至青铜峡西。因此,白马监军司的防区大致应囊括贺兰山以西地区①。

(十二)黑山威福监军司(治在今内蒙古乌拉特中旗西部)

据《长编》载,景祐四年(1037),元昊部署兵力,"自河北至卧啰娘山七万人,以备契丹",则西夏之东北部与辽接壤处当有监军司之设。《西夏地形图》则将黑山威福监军司置于河套西北方向。具体地望一般认为在兀刺海(斡罗孩),即今河套北狼山隘口附近②。

(十三)中寨监军司——治灵州东关镇(今宁夏灵武市西南十余里)

西夏尚有中寨监军司之设。事见《宋会要·兵》8之33:"绍圣四年三月六日,泾原经略司言西夏起甘州、右厢、卓啰、韦州、中寨、天都六监军人马屯编江州(川)、白草原。"又见于《长编》元符元年乙丑,时泾原经略司奏:"去岁三月,本路筑两城寨,而西贼倾国之众云集。今九羊谷兴工三日已后,已有六万余骑分布天都山左右,只候中寨人马齐集,便来掩击。"九羊谷位于宋德顺军最南端,其西北是设于天都的西寿监军司,东北则是韦州监军司,而中寨又位于两监军司之中,因而很有可能就是西夏设于灵州的翔庆监军司。这与郑刚中在《西征道里记》中所言,"灵州监军司接泾原、环庆地分沿边(沿边地分)"完全吻合。在《儒林公议》卷下中,曾任鄜延经略安抚使的范雍对"中寨"有过解释,他说,"中寨,贼之劲悍者也",则中寨兵当是西夏的精锐部队。灵州唐代为大都督府、灵武节度使驻地,入夏后,曾为首府,西夏部署五万兵力在此,以拱卫京师地区,而兴州或因原是灵州辖下军镇的缘故,而"素无城堡",因此在军事上,灵州的地位并不亚于兴州,精锐部队驻在灵州应是情理中事。至于具体地望,可能设在东关镇。《长编》咸平六年(1003)五月壬子条载,"继迁在灵州东三十里东关镇,树栅居之,所部人骑约三万"。元丰四年(1081)十一月癸未,泾

---

① 参见汤开建:《西夏监军司驻所辨析》,《历史地理》第6辑。
② 参见陈炳应:《西夏文物研究》第二章第二节《黑水城遗址》。又,吴天墀在《西夏史稿·再版后记》(四川人民出版社,1983年)中认为,喀喇木伦的汉义为黑水,西夏惯称燕为辽,故设于河套地区的应是黑水镇燕监军司。又据《元史》卷60《地理志三·甘州路》的记载,甘州路有黑山,并认为"福"字本作"胡",指西夏北部的鞑靼,故"威福军"可释为"威胡军",而黑山威福军应设于居延海南岸的黑城。

原主将刘昌祚言,"东关在城东三十里,旁直兴州渡口,平时自是要害"。由此可见,东关镇是控扼西夏心脏兴州的战略要地和重兵聚集地,很可能就是中寨或翔庆军的治所。

(十四)啰庞岭监军司

各种文献表明,西夏尚设有一个啰庞岭监军司。它最早见于《长编》元丰五年五月辛卯的诏令,诏令通报沿边各路:"夏国母自三月初点集河南、西凉府、啰庞界、甘、肃、瓜、沙,十人发九人,欲诸路入寇,人马已发赴兴州。"啰庞岭监军司的地位较特殊,据《天盛律令》卷9《事过问典迟门》所载,它"不系属于经略"。《金史》卷134《西夏传》载西夏权臣任得敬图谋分裂西夏事,言,"大定十年(1170),乃分西南路及灵州、啰庞岭地与得敬自为国",可见该监军司与河西、灵州地里相接,应位于兴、灵以西。《天盛律令》卷17《物离库门》在言及不隶于经略使之钱物赴京磨勘时,对各地的赴京时限作了规定。啰庞岭监军司与西院、官黑山、北院、卓啰、南院、年斜、石州属同一类,"一律自派日至来到京师之日二十日"。其中卓啰、石州、南院(凉州)的地望已清楚,因此啰庞岭至京师的里程,应与以上三者相去不远。条令规定沙州、瓜州是四十日,肃州、黑水是三十日,南北二地中、东院、西寿、韦州、鸣沙、五原郡是十五日,因此,啰庞岭的位置应近于瓜、沙、肃三州与黑水,而远于西寿、韦州、鸣沙、五原郡。《西夏纪事本末》所附《西夏地形图》,在通往卓啰和南监军司及西蕃的道路上,有"阿罗把岭",疑即是。

(十五)弥娥州监军司(治在今内蒙古乌拉特后旗境)

在瓜州安西榆林25窟里,有墨书"弥娥州监军司通判考色赵祖玉"[1],可见西夏又有弥娥州监军司。该司的方位,据《太平寰宇记》卷36灵州条所载,在灵州以北一千里地的碛南弥娥川水地区。

---

[1] 陈炳应:《西夏文物研究》第一章第一节《莫高窟和榆林窟》。

附 录

一、宋朝疆域图

1. 太平兴国四年（979）北宋疆域图

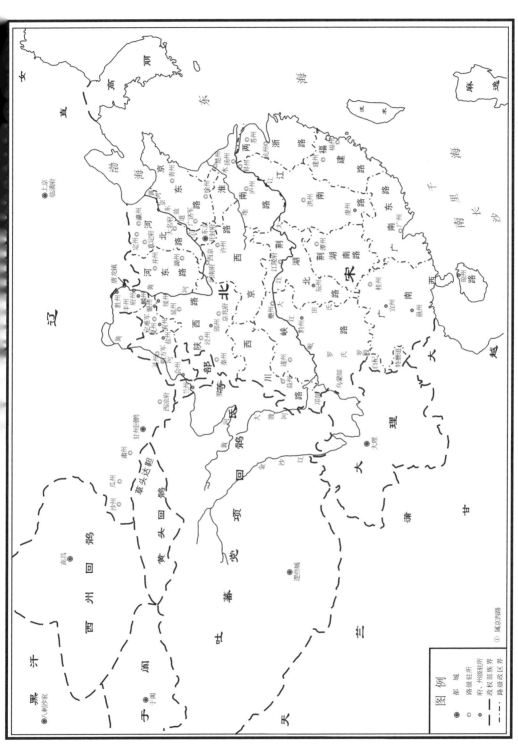

2. 咸平二年(999)北宋疆域图

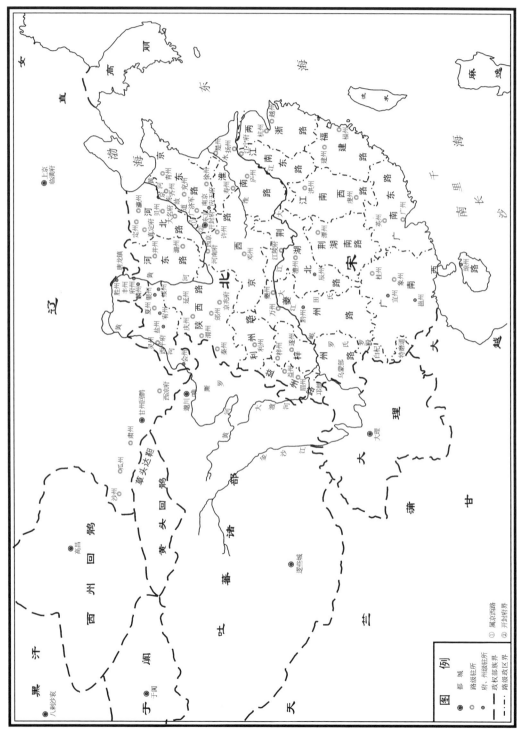

附　录　727

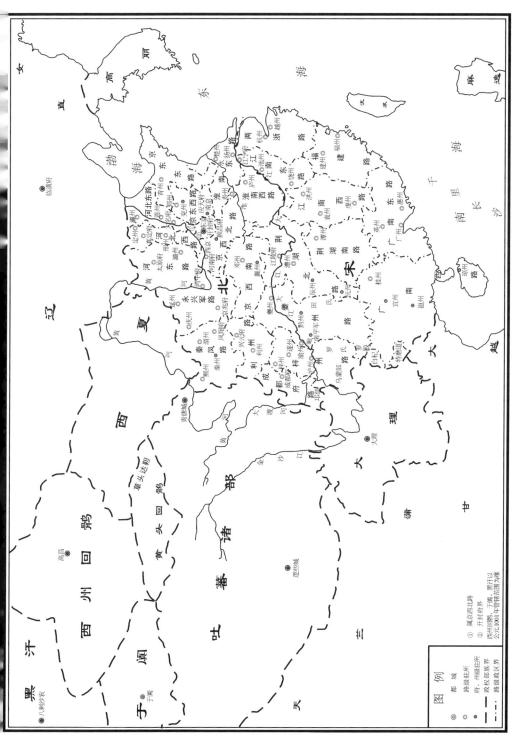

4. 元丰八年(1085)北宋疆域图

5. 宣和五年(1123)北宋疆域图

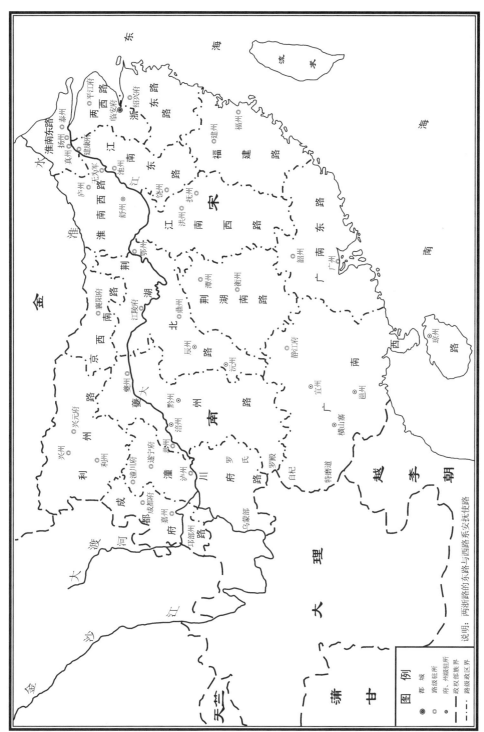

6. 绍兴十二年(1142)南宋疆域图

7. 嘉定元年(1208)、端平元年(1234)南宋疆域图

二、宋朝省地政区沿革表

说明：沿革表中府州军监所系年代，表明该府州军监在当年始置、更名，并表示在该年底见在。表中的粗黑线表示府州军监在该时间内不存在，细线则表示府州军监的分合。

1. 建隆元年(960)至太平兴国四年(979)州郡沿革表[①]

表 1-1 原后周辖境州郡沿革表

年号	建隆元年	三年	乾德元年	二年	三年	开宝四年	兴国元年	二年	三年	四年
原后周辖境	开封府									
	青 州	青 州								
		北海军			潍州					
	密 州									
	齐 州									
	沂 州									
	登 州									
	莱 州									
	淄 州									
	宋 州									
	兖 州									
	徐 州									
	曹 州									
							广济军			
	郓 州									
	济 州									
	单 州									
	襄 州									
					光化军					

[①] 本时段中，太宗年号"太平兴国"，均简称为"兴国"。

续　表

年号	建隆元年	三年	乾德元年	二年	三年	开宝四年	兴国元年	二年	三年	四年
邓　州										
隋　州										
金　州										
房　州										
均　州										
郢　州										
唐　州										
河南府[1]										
许　州										
郑　州										
滑　州										
孟　州										
蔡　州										
陈　州										
颍　州										
汝　州										
申　州							信阳军[2]			
大名府										
澶　州										
沧　州										
冀　州										
瀛　州										
博　州										
棣　州										
雄　州										
莫　州										
保塞军										
霸　州										

（原后周辖境）

附　录　733

续　表

年号	建隆元年	三年	乾德元年	二年	三年	开宝四年	兴国元年	二年	三年	四年
原后周辖境	德　州									
	滨　州									
	贝　州									
	真定府									天威军[3]
	相　州									
	定　州									
	邢　州									
	怀　州									
	卫　州									
	洺　州									
	深　州									
	磁　州									
	祁　州									
	赵　州									
	易　州									
	潞　州						威胜军			
	晋　州									
	绛　州									
	泽　州									
	隰　州									
	慈　州									
	麟　州									
	府　州									
			平晋军							废[4]
	京兆府									
	河中府									

续 表

年号	建隆元年	三年	乾德元年	二年	三年	开宝四年	兴国元年	二年	三年	四年
解　州										
陕　州										
商　州										
虢　州										
同　州										
华　州										
耀　州										
延　州										
								保安军		
鄜　州										
丹　州										
坊　州										
灵　州										
盐　州										
会　州										
银　州										
夏　州										
绥　州										
宥　州										
静　州										
庆　州										
邠　州										
宁　州										
乾　州										
秦　州										
凤翔府										
陇　州										
成　州										

(原后周辖境)

续 表

年号	建隆元年	三年	乾德元年	二年	三年	开宝四年	兴国元年	二年	三年	四年
凤　州										
阶　州										
渭　州										
义　州								仪州		
泾　州										
原　州										
扬　州				建安军						
						高邮军				
亳　州										
宿　州										
楚　州										
海　州										
泰　州										
泗　州									涟水军	
滁　州										
通　州										
寿　州										
庐　州									庐　州	
									无为军	
蕲　州										
和　州										
舒　州										
濠　州										
光　州										
黄　州										
安　州										

(原后周辖境)

续　表

年号	建隆元年	三年	乾德元年	二年	三年	开宝四年	兴国元年	二年	三年	四年
原后周辖境	复　州									
	通远军									
	雄胜军									
	清边军									
	威肃军									
	昌化军									
	德清军									
	静安军									
	定远军									
	义丰军									
	保顺军									
	大通军									
	汉阳军									
	天长军									
	东海监									
	莱芜监									
	司竹监									
	盐城监									
	海陵监									

注：1　河南府,宋之西京。
　　2　开宝九年,申州降为又阳军。同年,太宗即位,改元太平兴国,避讳再改。
　　3　天威军,不知何时置,太平兴国四年已见。
　　4　太平兴国四年,并入平定军。

表1-2　原荆南、湖南辖境州郡沿革表

年号	原荆南辖境			原湖南辖境											
	江陵府	归州	峡州	荆门军	潭州	衡州	邵州	道州	永州	全州	岳州	澧州	朗州	辰州	奖州	锦州	溪州	叙州	郴州	桂阳监
乾德元年																				
五　年				复																

表 1-3 原后蜀辖境州郡沿革表[1]

年号	乾德三年	四 年	五 年	开宝二年	三 年	六 年	兴国元年	三 年
原后蜀辖境	成都府							
	彭 州	彭 州						
		永安军						永康军
	蜀 州	蜀 州						
	嘉 州							
	邛 州							
	眉 州							
	绵 州							
	汉 州							
	资 州							
	简 州		简 州					
			怀安军					
	梓 州							
	遂 州							
	黎 州							
	雅 州							
	陵 州							
	戎 州							
	泸 州	泸 州						
		富义监					富顺监	
	维 州							
	茂 州							
	昌 州							
	荣 州							
	阆 州							
	果 州			果 州				
	渠 州			渠 州				
				广安军				
	合 州			合 州				

续 表

年号	乾德三年	四 年	五 年	开宝二年	三 年	六 年	兴国元年	三 年
原后蜀辖境	龙 州							
	普 州							
	利 州							
	兴 州							
	文 州							
	巴 州							
	剑 州							
	蓬 州							
	壁 州							
	夔 州					夔 州		
						云安军		
					大宁监			
	忠 州							
	万 州					万 州		
						梁山军		
	集 州							
	开 州							
	渝 州							
	涪 州							
	黔 州							
	施 州							
	达 州[2]							
	洋 州							
	兴元府			兴元府				
				三泉县				
				丰 州				

注：1 本表附开宝二年纳入宋版图之丰州。
　　2 达州本通州，乾德三年改。

表 1-4 原南汉辖境州郡沿革表

年号	开宝四年	五年	六年	七年	兴国二年
原南汉辖境	广　州				
	韶　州				
	循　州				
	潮　州				
	梅　州[1]				
	连　州				
	南雄州[2]				
	英　州				
	贺　州				
	封　州				
	端　州				
	新　州				
	康　州		康州		
	泷　州		废		
	恩　州	恩州			
	春　州	废	复		
	勤　州		废		
	浈　州				
	桂　州				
	邕　州	邕州			
	澄　州	废			
	宾　州	废	复		
	容　州	容州			
	绣　州	废			
	禺　州	废			
	顺　州	废			
	融　州				
	象　州			象州	
	严　州			废	

续 表

年 号	开宝四年	五 年	六 年	七 年	兴国二年
原南汉辖境	昭 州	昭州			
	富 州	废			
	蒙 州				
	梧 州				
	藤 州				
	南义州[3]				南仪州
	龚 州		龚州		
	思明州[4]		废		
	浔 州				
	柳 州				
	贵 州				
	宜 州				
	横 州	横州			
	峦 州	废			
	辩 州	辩州			
	罗 州	废			
	高 州	高州			
	潘 州	废			
	窦 州				
	雷 州				
	钦 州				
	白 州	废		复	
	廉 州	廉州			
	常乐州	废			
	郁林州			郁林州	
	牢 州			废入郁林州	
	党 州			废入郁林州	

续表

年 号	开宝四年	五年	六年	七年	兴国二年
原南汉辖境	琼州	琼州			
	崖州	废			
	儋州				
	振州				
	万安州				

注：1 梅州本敬州，开宝四年改。
   2 南雄州本雄州，开宝四年改。
   3 南义州本义州，开宝四年改。
   4 思明州本思唐州，开宝四年改。

表1-5 原南唐辖境州郡沿革表

年号	原南唐辖境																				
	昇州	平南军[1]	宣州	歙州	江州	池州	洪州	润州	常州	鄂州	筠州	饶州	信州	铅山县[2]	虔州	吉州	袁州	抚州	汀州	建州	剑州	江阴军	建武军	永平监
开宝八年																								
兴国二年		太平州	宣州							鄂州							永兴军							
三年																			兴国军					
四年			宣州	广德军																			南剑州	建昌军	

注：1 平南军，本雄远军，开宝八年改。
   2 铅山县后复隶信州。

表1-6 原漳泉、吴越辖境州郡沿革表

年号	原漳泉辖境		原吴越辖境										
	漳州	泉州	杭州	越州	苏州	秀州	湖州	婺州	明州	温州	台州	处州	衢州	睦州	福州	顺化军[1]
兴国三年																
四年		泉州	兴化军													

注：1 顺化军本衣锦军，太平兴国三年改名。

表 1-7 原北汉辖境州郡沿革表

年号	原 北 汉 辖 境												
兴国四年	并州	平定军	大通监	汾州	岚州	宪州	忻州	代州	辽州	沁州	石州	隆州	宝兴军	固军	岢岚军

2. 太平兴国五年(980)至天禧三年(1019)州郡沿革表

咸平二年,宋始定制,分天下为十五路,此制行至天禧四年。咸平二年前,高层政区分合不定,无常制,辖区也不甚明了,难以划一。今统以咸平二年之制,区分天下州郡,而作此表。本阶段中,开封府(后称府界)及京西路、荆湖南路、福建路、峡路的州军在此时段无变动,故不列表。又,年号"太平兴国"、"大中祥符",依宋人惯例,简称"兴国"、"祥符"。

表 2-1 京东路州郡沿革表

年 号	京 东 路													
兴国五年	青州	密州	齐州	沂州	登州	莱州	潍州	淄州	宋州	兖州	徐州	曹州	广济军	郓州	济州	单州	濮州
七 年											徐州	淮阳军					
景德三年			齐州	清平军				淄州	宣化军	应天府							
祥符七年										南京							

表 2-2 河北路州郡沿革表

年号	兴国五年	六 年	七 年	雍熙四年	端拱元年	二 年	淳化三年	景德元年
河北路	大名府							
	澶州							
	德清州							
	沧州	沧州	沧州					
	保顺军							
		定远军						
			乾宁军					
								永静军

续 表

年号		兴国五年	六 年	七 年	雍熙四年	端拱元年	二 年	淳化三年	景德元年
河北路	冀 州								
	博 州								
	瀛 州								
	棣 州								
	莫 州								
	雄 州								
	霸 州	霸 州							
		破虏军							信安军
	德 州								
	滨 州								
	贝 州								
		平戎军[1]							保定军
	真定府								
		天威军							
	相 州								
	定 州				定 州				
					宁边军				永定军
	邢 州								
	怀 州								
	卫 州								
						通利军[2]			
	洺 州								
	深 州								
	磁 州								
	祁 州								
	赵 州								

续表

年号	兴国五年	六年	七年	雍熙四年	端拱元年	二年	淳化三年	景德元年
河北路	保塞军	保州						
	易州	易州				陷于辽		
		└静戎军						安肃军
		└威房军						广信军
		└平塞军				陷于辽		
							顺安军[3]	

注：1 太平兴国六年，以涿州归信县新镇建平戎军。
    2 端拱元年，以澶州黎阳县建通利军。
    3 淳化三年，升瀛州唐兴寨为顺安军。

表 2-3 河东路州郡沿革表

年号	河　东　路																	
	并州	大通监	潞州	威胜军	辽州	平定军	晋州	沁州	绛州	泽州	代州	忻州	汾州	宪州	岚州	岢岚军[1]	宁化军[2]	石州	隰州	慈州	麟州	府州	丰州
兴国五年	并州	大通监	潞州	威胜军	辽州	平定军	晋州	沁州	绛州	泽州	代州	忻州	汾州	宪州	岚州	岢岚军[1]	宁化军[2]	石州	隰州	慈州	麟州	府州	丰州
六年							晋州	废															
七年															岚州		火山军						
淳化四年															岚州		定羌军						
咸平四年	并州	永利监																					
景德元年																	保德军						

注：1 太平兴国五年，以岚州岚谷县置岢岚军。
    2 太平兴国五年，以岚州宁化县置宁化军。

表 2-4 陕西路州郡沿革表

年号	兴国五年	淳化五年	至道元年	咸平二年	四年	六年	祥符七年
陕西路	京兆府						
	河中府						河中府
							庆成军
	解州						
	陕州						
	商州						
	虢州						
	同州						
	华州						
	耀州						
	延州	延州					
		威塞军	后废				
	鄜州						
	丹州						
	坊州						
	保安军						
	庆州						
	通远军	环州					
	邠州						
	宁州						
	乾州						
		清远军[1]			陷于夏		
	秦州						
	凤翔府						
	陇州						
	成州						
	凤州						

续 表

年号	兴国五年	淳化五年	至道元年	咸平二年	四 年	六 年	祥符七年
陕西路	阶 州						
	渭 州						
	仪 州						
	泾 州						
	原 州	┌原 州					
		└镇戎军	废	复			
	凉 州					陷于夏	
	灵 州	┌灵 州				割予夏	
		└威远军		陷于夏			
	盐 州					割予夏	
	会 州					割予夏	
	银 州					割予夏	
	夏 州					割予夏	
	绥 州					割予夏	
	宥 州					割予夏	
	静 州					割予夏	

注：1 淳化五年八月，以席鸡城寨为清远军。

表 2-5 两浙路州郡沿革表

年号	两 浙 路													
	杭州	顺化军[1]	越州	苏州	润州	湖州	婺州	明州	常州	江阴军	温州	台州	处州	衢州	睦州	秀州
兴国五年																
淳化元年										废入常州						
三年										复						

注：1 太平兴国五年，顺化军，废入杭州。

表2-6 淮南路州郡沿革表

年号	淮南路																				
兴国五年	扬州	高邮军	亳州	宿州	楚州	涟水军	海州	泰州	泗州	滁州	通州	建安军	寿州	庐州	蕲州	和州	舒州	濠州	光州	黄州	无为军
祥符六年												真州									

表2-7 江南路州郡沿革表

年号	江南路																
兴国五年	昇州	宣州	歙州	江州	池州	饶州	信州	太平州	广德军	洪州	虔州	吉州	袁州	抚州	筠州	兴国军	建昌军
七年				江州／南康军													
淳化元年											虔州／南安军						
三年															筠州／临江军		
天禧二年	江宁府																

表2-8 荆湖北路州郡沿革表

年号	荆湖北路										
咸平二年	江陵府	荆门军	鄂州	汉阳军	安州	复州	朗州	澧州	峡州	岳州	归州	辰州
祥符五年							鼎州				

表 2-9 西川路州郡沿革表

年号	西川路																						
兴国五年	成都府	眉州	蜀州	彭州	绵州	汉州	嘉州	邛州	简州	黎州	雅州	茂州	维州	陵州	永康军	兴元府	三泉县	利州	洋州	阆州	剑州	巴州	壁州	集州	文州	兴州	蓬州	龙州
六年	益州																						
端拱元年	成都府																						
淳化五年	益州																						
至道二年																	大安军1						
三年																	三泉县						
景德三年																					剑州 剑门关			

注：1 至道二年，析兴元府西县来隶，三年还隶。然咸平四年三月辛巳，西县已为直属京县，其后来复隶兴元府，不知在何时。

表 2-10 广南东路州郡沿革表

年号	广南东路												
咸平二年	广州	韶州	循州	潮州	连州	梅州	南雄州	英州	贺州	封州	端州	新州	春州	康州	恩州	泷州
祥符九年												新州	废			

表 2-11 广南西路州郡沿革表

年号	广 南 西 路																							
兴国五年	桂州	容州	邕州	融州	象州	昭州	蒙州	梧州	藤州	南仪州	龚州	浔州	柳州	贵州	宜州	宾州	横州	化州[1]	高州	窦州	雷州	钦州	白州	郁林州	廉州	琼州	儋州	万安州	崖州
八年																									太平军				
咸平元年																									廉州				

注：1 化州，本辩州，太平兴国五年改。

3. 天禧四年(1020)至熙宁四年(1071)州郡沿革表

天禧四年，宋分天下为十八路。其中，除皇祐五年(1053)至至和二年(1055)曾设京畿路外，此制一直行用至熙宁四年。本阶段中，京西路、江南东西路、荆湖南路、福建路、利州路、梓州路、夔州路的州军无变动，故不列表。

表 3-1 京东路州郡沿革表

年号	府界[1]	京 东 路														
皇祐五年	开封府	青州	密州	齐州	清平军	沂州	登州	莱州	潍州	淄州	宣化军	淮阳军	应天府	兖州	徐州	曹州[2]	广济军	郓州	济州	单州	濮州
熙宁三年				齐州	废					淄州	废										
四年																曹州	废				

注：1 皇祐五年，设京畿路，置转运使，以开封府隶之。至和二年，罢京畿路，仍置府界。
2 皇祐五年，设京畿路，置转运使，以京东路之曹州为辅郡，属京畿路。至和二年，罢辅郡，曹州复隶京东路。

表 3-2 河北路州郡沿革表

年号	天禧四年	天圣七年	庆历元年	二 年	三 年	四 年	八 年	治平元年	熙宁三年
河北路	大名府		北京						
	澶州					澶州			
	德清军					废			

续　表

年号	天禧四年	天圣七年	庆历元年	二　年	三　年	四　年	八　年	治平元年	熙宁三年
河北路 沧　州								┬沧　州	
保顺军								└废	
冀　州									
瀛　州									
博　州									
棣　州									
莫　州									
雄　州									
霸　州									
德　州									
滨　州									
贝　州						恩　州			
永静军									
乾宁军									
信安军									
保定军									
真定府									
相　州									
定　州				┬定　州		┬定　州			
				└北平军		└废			
邢　州									
怀　州									
卫　州								┬卫　州	
通利军								└废	
洺　州									
深　州									
磁　州									
祁　州									

续 表

年号	天禧四年	天圣七年	庆历元年	二 年	三 年	四 年	八 年	治平元年	熙宁三年
河北路	赵州								
	保州								
	安肃军								
	永定军	永宁军							
	广信军								
	顺安军								
	天威军								

表 3-3 河东路州郡沿革表

年号	河 东 路																				
天禧四年	并州	大通监	永利监	潞州	威胜军	晋州	平定军	绛州	泽州	代州	忻州	汾州	辽州	宪州	岚州	石州	隰州	慈州	麟州	府州	丰州	岢岚军	宁化军	火山军	保德军
天圣元年		交城监																							
明道二年		复																							
宝元二年	并州	废	废																						
庆历元年																					陷于夏				
嘉祐四年	太原府																								
七年																					丰州[1]				
熙宁三年															废 岚州										

注：1 丰州，嘉祐七年，以府州萝泊川掌地复置。

表 3-4 陕西路州郡沿革表

年号	陕 西 路																						
天禧四年	京兆府	河中府	庆成军	解州	陕州	商州	虢州	同州	华州	耀州	延州	鄜州	丹州	坊州	保安军	庆州	环州	邠州	宁州	乾州	秦州	凤翔府	陇州	成州	凤州	阶州	渭州	仪州	泾州	原州	镇戎军
庆历三年																											渭州	德顺军			
熙宁元年		河中府	废																												

表 3-5 淮南路州郡沿革表

年号	淮 南 路														
天禧四年	扬州	高邮军	亳州	宿州	楚州	涟水军	海州	泰州	泗州	滁州	通州	真州	寿州	庐州	蕲州	和州	舒州	濠州	光州	黄州	无为军
天圣元年											崇州										
明道二年											复										

表 3-6 两浙路州郡沿革表

年号	两 浙 路												
皇祐五年	杭州	越州	苏州	润州	湖州	婺州	明州	常州	江阴军	温州	台州	处州	衢州	睦州	秀州
熙宁四年								常州	废						

表 3-7　荆湖北路州郡沿革表

年号	荆湖北路										
	江陵府	荆门军	鄂州	汉阳军	安州	复州	鼎州	澧州	峡州	岳州	归州	辰州
皇祐五年												
熙宁四年			鄂州	废								

表 3-8　成都府路州郡沿革表

年号	成都府路[1]												
	益州	眉州	蜀州	永康军	彭州	绵州	汉州	嘉州	邛州	简州	黎州	雅州	茂州	维州	陵州
天禧四年															
景祐三年														威州	
嘉祐四年	成都府														

注：1 嘉祐四年，益州升为成都府，益州路亦改为成都府路。

表 3-9　广南东路州郡沿革表

年号	广南东路												
	广州	韶州	循州	潮州	连州	梅州	南雄州	英州	贺州	封州	端州	新州	康州	恩州	春州[1]	惠州[2]
天禧四年																
庆历八年														南恩州		

注：1 春州，天禧四年复。
　　2 惠州，本祯州，天禧四年改。

表 3-10 广南西路州郡沿革表

年号	广南西路																								
皇祐五年	桂州	容州	邕州	融州	象州	昭州	蒙州	梧州	藤州	南仪州	龚州	浔州	柳州	贵州	宜州	宾州	横州	化州	高州	窦州	雷州	钦州	白州	郁林州	廉州	琼州	儋州	万安州	崖州
熙宁四年									藤州	废									高州	废									

4. 熙宁五年(1072)至熙宁十年(1077)州郡沿革表

熙宁五年,分京西为南、北两路,陕西为永兴军、秦凤两路,淮南为东、西两路。熙宁六年,分河北为东、西两路。熙宁七年,分京东为东、西两路,遂成二十三路之制。本阶段中,开封府界及京东东西路、河北东路、两浙路、淮南西路、江南东西路、荆湖南路、福建路、梓州路的州军无变动,故不列表。

表 4-1 各路州郡沿革表

年号	熙宁五年	六年	七年	八年	十年	年号	熙宁五年	六年	七年	八年	十年
京西南路	襄州					京西北路	陈州				
	光化军[1]						颍州				
	邓州						汝州				
	随州						信阳军				
	金州					河北路	真定府			真定府	
	房州						天威军			废	
	均州						相州				
	郢州						定州				
	唐州						邢州				
京西北路	河南府						怀州				
	许州						卫州				
	郑州[2]						洺州				
	滑州						深州				
	孟州						磁州				
	蔡州						祁州				

续 表

年号		熙宁五年	六年	七年	八年	十年	年号		熙宁五年	六年	七年	八年	十年
河北路	赵州						永兴军路	京兆府					
	保州							河中府					
	安肃军							解州					
	永宁军							陕州					
	广信军							商州					
	顺安军							虢州					
河东路	太原府							同州					
	潞州							华州					
	晋州							耀州					
	绛州							延州					
	泽州							鄜州					
	代州							丹州					
	忻州							坊州					
	汾州							保安军					
					宪州			庆州					
	岚州				岚州			环州					
	石州							邠州					
	隰州							宁州					
	慈州[3]							乾州[4]					
	麟州						秦凤路	秦州					
	府州							凤翔府					
	丰州							陇州					
	辽州		废					成州					
	威胜军		威胜军					凤州					
	平定军		平定军					阶州					
	岢岚军							渭州					
	宁化军							仪州[5]					
	火山军							泾州					
	保德军							原州					

续表

年号	熙宁五年	六年	七年	八年	十年	年号	熙宁五年	六年	七年	八年	十年
秦凤路	镇戎军					成都府路	成都府				
	德顺军						眉州				
	熙州[6]						蜀州				
		河州					永康军[10]				
	通远军[7]						彭州				
		岷州					绵州				
淮南东路	扬州						汉州				
	亳州						嘉州				
	宿州						邛州				
	楚州						简州				
	海州						黎州				
	泰州						雅州				
	泗州						茂州				
	滁州						威州				
	通州						陵井监				
	真州					利州路	兴元府				
	高邮军[8]						利州				
	涟水军[9]						洋州				
荆湖北路	荆门军	废					阆州				
	江陵府	江陵府					剑州				
	复州	废					巴州				
	安州	安州					壁州[11]				
	鄂州						集州				
	鼎州						文州				
	澧州						兴州				
	峡州						蓬州				
	岳州						龙州				
	归州						三泉县				
	辰州						剑门关				
				沅州							

续表

年号	熙宁五年	六年	七年	八年	十年	年号	熙宁五年	六年	七年	八年	十年
夔州路	夔 州					广南西路	桂 州				
	黔 州						容 州				
	施 州						邕 州				
	忠 州						融 州				
	万 州						象 州				
	开 州						昭 州				
	达 州						蒙 州[12]				
	涪 州						梧 州				
	渝 州						藤 州				
	云安军						龚 州				
	梁山军						浔 州				
			南平军				柳 州				
	大宁监						贵 州				
广南东路	广 州						宜 州				
	韶 州						宾 州				
	循 州						横 州				
	潮 州	潮州					化 州				
	梅 州	废					高 州				
	连 州						雷 州				
	南雄州						钦 州				
	英 州						白 州				
	贺 州						郁林州				
	封 州						廉 州				
	端 州						琼 州				
	新 州						儋 州	昌化军			
	康 州						万安州		万安军		
	南恩州	南恩州					崖 州	朱崖军			
	春 州	废									
	惠 州										

注：1 光化军，熙宁五年废入襄州。
2 熙宁五年，郑、滑二州废入开封府。
3 慈州，熙宁五年，降为吉乡军使，隶隰州。
4 乾州，熙宁五年废。分隶京兆、凤翔二府及邠州。
5 仪州，熙宁五年，废入渭州。
6 熙州，熙宁五年，收复唐临州地置。
7 通远军，熙宁五年，以渭州古渭寨置。
8 高邮军，熙宁五年，废入扬州。
9 涟水军，熙宁五年，废入楚州。
10 熙宁五年，永康军废为寨，以导江县还彭州，青城县还蜀州。
11 熙宁五年，壁、集二州废入巴州。
12 蒙州，熙宁五年，废入昭州。

5. 元丰元年(1078)至崇宁二年(1103)州郡沿革表

元丰元年,京东东西、京西南北、河北东西、永兴军、秦凤、淮南东西路转运司,通管两路,以京东、京西、河北、陕西、淮南路为名,提刑、提举司仍旧分路。复行一十八路之制。本阶段中,开封府界及两浙路、江南东西路、荆湖南路、福建路、利州路、梓州路、广南西路的州军在此时段无变动,故不列表。又,据《宋史》卷428《杨时传》,"建中初言官陈瓘已褒赠",将徽宗年号"建中靖国"简称为"建中"。

表5-1 京东路州郡沿革表

年号	京 东 路														
元丰元年	青州	密州	齐州[1]	沂州	登州	莱州	潍州	淄州	淮阳军	应天府	兖州	徐州	曹州	郓州	济州	单州	濮州
元祐二年													广济军				

注:1 元丰元年,齐州改隶东路,徐州改隶西路。

表5-2 京西路州郡沿革表

年号	京 西 路														
元丰元年	襄州	邓州	随州	金州	房州	均州	郢州	唐州	河南府	许州	孟州	蔡州	陈州	颍州	汝州	信阳军
三年										颍昌府						
四年										滑州[1]						
八年										郑州[2]						
元祐元年		光化军														

注:1 滑州,元丰四年复,白马、韦城、胙城三县自开封府来隶。
    2 郑州,元丰八年复,管城、新郑二县自开封府来隶。

表 5-3 河北路州郡沿革表

年号	河 北 路																								
元丰元年	大名府	澶州	沧州	冀州	瀛州	博州	棣州	莫州	雄州	霸州	德州	滨州	恩州	永静军	乾宁军	信安军	保定军	真定府	相州	邢州	怀州	卫州	洺州	深州	磁州	祁州	赵州	安肃军	永宁军	广信军	顺安军
元祐元年																						卫州┐通利军									

表 5-4 河东路州郡沿革表

年号	河 东 路																
元丰元年	太原府	潞州	晋州	绛州	泽州	代州	忻州	汾州	宪州	岚州	石州	隰州	麟州	府州	丰州	威胜军	平定军	岢岚军	宁化军	火山军	保德军
八年																辽州	威胜军	平定军			
元符二年											石州┐晋宁军										

表 5-5 陕西路州郡沿革表

年号	元丰元年	四 年	元祐四年	元符二年	三 年	建中元年	崇宁二年
陕西路	京兆府						
	河中府						
	解 州						
	陕 州						
	商 州						
	虢 州						
	同 州						
	华 州						
	耀 州						
	延 州		延安府	延安府			
				绥德军			

续 表

年号	元丰元年	四 年	元祐四年	元符二年	三 年	建中元年	崇宁二年
陕西路	鄜 州						
	丹 州						
	坊 州						
	保安军						
	庆 州						
	环 州						
	邠 州						
	宁 州						
				定边军			
	秦 州						
	凤翔府						
	陇 州						
	成 州						
	凤 州						
	阶 州						
	渭 州						
	泾 州						
	原 州						
	镇戎军						
	德顺军						
				会 州			
				西安州			
	熙 州						
	河 州						
	通远军						
	岷 州						
		兰 州					
					湟 州	弃	复
					鄯 州	弃	

表 5-6 淮南路州郡沿革表

年号	淮南路																
元丰元年	扬州	亳州	宿州	楚州	海州	泰州	泗州	滁州	通州	真州	寿州	庐州	蕲州	和州	舒州	濠州	光州	黄州	无为军
元祐元年	扬州	高邮军																	
二年				楚州	涟水军														

表 5-7 荆湖北路州郡沿革表

年号	荆湖北路										
元丰元年	江陵府		安州	鄂州		鼎州	澧州	峡州	岳州	归州	辰州	沅州
四年												诚州
元祐元年	江陵府	复州	安州	鄂州	汉阳军							
二年												渠阳军
三年	荆门军	江陵府										沅州 废
崇宁二年												沅州 靖州

表 5-8 成都府路州郡沿革表

年号	成都府路											
元丰元年	成都府	眉州	蜀州		彭州	绵州	汉州	嘉州	邛州	简州	黎州	雅州	茂州	威州	陵井监
元祐元年			蜀州	永康军	彭州										

表 5-9 夔州路州郡沿革表

年号	夔州路											
元丰元年	夔州	黔州	施州	忠州	万州	开州	达州	涪州	渝州	云安军	梁山军	南平军	大宁监
崇宁元年									恭州				

表 5-10 广南东路州郡沿革表

年号	广南东路												
元丰元年	广州	韶州	循州	潮州		连州	南雄州	英州	贺州	封州	端州	新州	康州	南恩州	惠州
五年				潮州	梅州										

6. 崇宁三年(1104)至宣和七年(1125)州郡沿革表

本阶段中,江南西路、福建路的州军无变动,故不列表。

表 6-1 京东路州郡沿革表

年号	京畿路[1]	京东路													
崇宁三年	开封府	青州	密州	齐州	沂州	登州	莱州	潍州	淄州	淮阳军	应天府	兖州	徐州	兴仁府	郓州	济州	单州	濮州	广济军
四年																			拱州
大观四年																			废
政和四年																			复为辅郡
六年				济南府															

续表

年号	京畿路[1]	京东路																		
重和元年												袭庆府								
宣和元年															东平府					
二年																				黑辅郡

注：1 崇宁三年，改开封府界为京畿路。四年，置四辅郡，以颍昌府为南辅，郑州为西辅，澶州为北辅，升开封府襄邑县为拱州，置东辅，并属京畿。

表 6－2　京西路州郡沿革表

年号	京西路																		
崇宁	襄州	邓州	随州	金州	房州	均州	郢州	唐州	光化	河南	颍昌	郑州	滑州	孟州	蔡州	陈州	颍州	汝州	信阳
大观四年											罢辅郡	罢辅郡	罢辅郡						
政和四年											复？	复？	复？						
六年																	顺昌府		
宣和元年	襄阳府													河阳府？		淮宁府			
二年											罢辅郡	罢辅郡	罢辅郡						

表 6－3　河北路州郡沿革表

年号	河北路																																	
崇宁三年	大名府	澶州	沧州	冀州	瀛州	博州	棣州	莫州	雄州	霸州	德州	滨州	恩州	永静军	乾宁军	信安军	保定军	真定府	相州	定州	邢州	通利军	怀州	卫州	洺州	深州	磁州	祁州	赵州	保州	安肃军	永宁军	广信军	顺安军
五年		开德府																																

续 表

年号	河 北 路																							
大观二年		河间府								清州														
政和三年									中山府															
五年											浚州													
宣和元年										信德府								庆源府						

表 6-4 河东路州郡沿革表

年号	河 东 路																		
崇宁三年	太原府	隆德府	晋州	绛州	泽州	代州	忻州	汾州	辽州	宪州	岚州	石州	隰州	麟州	府州	丰州	威胜军	平定军	岢岚军	宁化军	火山军	保德军	晋宁军
政和三年				庆祚军																			
六年			平阳府																				

表 6-5 陕西路州郡沿革表

年 号	崇宁三年	大观二年	政和六年	七 年	宣和元年
陕 西 路	京兆府				
	河中府				
	解 州				
	陕 州				
	商 州				
	虢 州				
	同 州				
	华 州				
	耀 州				

续　表

年　号	崇宁三年	大观二年	政和六年	七　年	宣和元年
陕　西　路	延安府				
	鄜　州				
	丹　州				
	坊　州				
	保安军				
	绥德军				
	庆　州				庆阳府
	环　州				
	邠　州				
				醴　州[3]	
	宁　州				
	定边军				
	秦　州				
	凤翔府				
	陇　州				
	成　州				
	凤　州				
	阶　州				
	渭　州				
	泾　州				
	原　州				
	镇戎军	镇戎军			
		怀德军			
	会　州				
	西安州				
	德顺军				
	熙　州				
	河　州				
	通远军				

续 表

年 号	崇宁三年	大观二年	政和六年	七 年	宣和元年
陕西路	岷州				
	兰州				
		洮州			
	廓州[1]				
	湟州				乐州
	西宁州[2]				
			震武军		
		积石军			

注：1 廓州，元符二年收复，改称宁塞城。崇宁三年弃守，同年收复，仍为廓州。
2 鄯州，崇宁三年收复，改为西宁州。
3 政和七年，以京兆府奉天县置。八年，自永兴军路改隶环庆路。同年，永寿县自邠州来隶，武功、醴泉二县，自京兆府来隶，好畤县自凤翔府来隶。

表6-6　两浙路州郡沿革表

年号	两 浙 路												
崇宁三年	杭州	越州	苏州	润州	湖州	婺州	明州	常州	温州	台州	处州	衢州	睦州	秀州
政和三年			平江府	镇江府										
宣和三年													严州	

表6-7　淮南路州郡沿革表

年号	淮 南 路																
崇宁三年	扬州	亳州	宿州	楚州	海州	泰州	泗州	滁州	通州	真州	高邮军	涟水军	寿州	庐州	蕲州	和州	舒州	濠州	光州	黄州	无为军
政和六年													寿春府								
重和元年													六安军								

表6-8 江南东路州郡沿革表

年号	江 南 东 路								
崇宁三年	江宁府	宣州	歙州	江州	池州	饶州	信州	太平州	南康军	广德军
宣和二年			徽州							

表6-9 成都府路州郡沿革表

年号	成 都 府 路													
崇宁三年	成都府	眉州	彭州	蜀州	绵州	汉州	嘉州	邛州	简州	黎州	雅州	茂州	威州	陵井监	永康军
政和三年													威州	通化军	仙井监
四年												茂州 琪州	威州 亨州		
六年												茂州	寿宁军	延宁军	
七年			蜀州	石泉军[6]	绵州										
重和元年												茂州 废	废		
宣和三年			废									茂州 废	废 威州	废入威州	废入威州
七年				复											

表 6-10 荆湖北路州郡沿革表

年号	荆湖北路												
崇宁三年	江陵府	鄂州	安州	复州	鼎州	澧州	峡州	岳州	归州	辰州	沅州	靖州	荆门军	汉阳军
宣和元年			德安府											

表 6-11 荆湖南路州郡沿革表

年 号	荆 湖 南 路								
崇宁三年	潭州	衡州	道州	永州	郴州	邵州		全州	桂阳监
五 年						邵州	武冈军		

表 6-12 利州路州郡沿革表

年 号	利 州 路										
崇宁三年	兴元府	利州	洋州	阆州	剑州	巴州	文州	兴州	蓬州	龙州	三泉县	剑门关
政和五年										政州		

表 6-13 梓州路州郡沿革表

年号	梓 州 路													
崇宁三年	梓州	遂州	果州	资州	普州	昌州	戎州	泸州			合州	荣州	渠州	怀安军	广安军	富顺监
大观三年									纯州	滋州						
政和三年								祥州								
四 年							叙州	泸州	长宁军							
五 年		遂宁府														
重和元年	潼川府															
宣和三年							叙州	废	泸州	废	废					

表6-14 夔州路州郡沿革表

年号	夔州路																
	夔州	黔州	施州	忠州	万州	开州	达州	涪州	恭州	云安军	梁山军	南平军			大宁监			
崇宁三年	夔州	黔州	施州	忠州	万州	开州	达州	涪州	恭州	云安军	梁山军				大宁监			
大观二年												溱州	播州			珍州		遵义军
三年																承州		
重和元年		思州																
宣和二年												南平军	废					
三年												南平军		废		珍州	废	废
四年	黔州	废																

表6-15 广南东路州郡沿革表

年号	广南东路														
	广州	韶州	循州	潮州	连州	梅州	南雄州	英州	贺州	封州	端州	新州	康州	南恩州	惠州
崇宁三年	广州	韶州	循州	潮州	连州	梅州	南雄州	英州	贺州	封州	端州	新州	康州	南恩州	惠州
大观二年									割隶广西						
政和三年											兴庆府				
重和元年											肇庆府				

表 6-16 广南西路州郡沿革表[1]

年号	广　南　西　路																									
崇宁三年	桂州	容州	邕州	融州			象州	昭州	梧州	藤州	龚州	浔州	柳州	贵州	宜州	宾州	横州	化州	高州	雷州	郁林州	钦州	白州	廉州	琼州	昌化军	万安军	朱崖军
四年				允州	格州	平州从州																						
五年																												延德军
大观元年															宜州 庭州 溪州											镇州		观州[2] 孚州
二年							贺州[3]																					
四年															宜废 废 废 州						废郁林州					昌化军废	朱崖军废	废 复
政和元年				融州 废 废,寻复								废浔州,寻复									废郁林州							
三年												复浔州									复郁林州							
四年			隆州 兑州																									废 复
七年																											吉阳军	
宣和三年			邕州 废 废																									废

注：1 大观元年，割广南西路融、宜、柳及九羁縻州置黔南路。
2 大观元年，以南丹州置观州，四年废，复于高峰寨贡观州。
3 大观二年，贺州自广南东路来隶。

表 6-17 燕山府路、云中府路州郡沿革表

年号	燕　山　府　路							云　中　府　路			
宣和四年	燕山府	涿州	檀州	易州	顺州	蓟州	景州	营州				
五年							平州		武州	应州	朔州	蔚州
六年					经州							
七年	陷于金	陷于金			陷于金							

7. 建炎元年(1127)至绍兴十二年(1142)州郡沿革表

南渡后,转运司路为十五路。在本阶段中,福建路、成都府路、潼川府路州军无变动,故不列表。

表7-1 两浙路州郡沿革表

年号	两浙路												
	杭州	平江府	镇江府	湖州	常州	严州	秀州	江阴军[1]	越州	婺州	明州	温州	台州	处州	衢州
建炎元年															
三年	临安府														
绍兴元年									绍兴府						

注:1 建炎元年,以常州江阴县复置江阴军。

表7-2 淮南东路、西路州郡沿革表

年号	淮南东路										淮南西路							
	扬州	高邮军	真州	建安军[1]	天长军[2]	亳州	宿州	滁州	楚州	泗州	海州	泰州	通州	寿春府[3]	庐州	蕲州	和州	舒州	濠州	光州	黄州	无为军	六安军
三年					盱眙军																		
四年	真扬镇抚使,寻罢		属真扬	升承州,置镇[4]	废承州镇			滁濠镇抚使	涟泗镇[5]	楚泗镇	海州淮阳军镇抚使	通泰镇抚使	海通泰镇抚使		属舒蕲	舒蕲镇	舒滁镇		光黄镇	属光黄	属和州	和无为军镇抚使	
绍兴元年			废													罢镇		罢镇					
五年	扬州		罢镇[8]					罢镇	废	罢镇		罢镇		收复									
十一年			复	复					陷于金		弃			陷于金								安丰军	
十二年		废	废	复	入于金			归隶	楚州	入于金													

注:1 建炎元年,以真州扬子县置建安军。
2 建炎元年,以扬州天长县置天长军。
3 寿春府,刘豫改为寿州。
4 承州天长军镇抚使。
5 涟水军,属楚州镇抚使。

表7-3 江南东路、西路州郡沿革表

年号	江南东路								江南西路								
建炎元年	江宁府	宣州	徽州	池州	饶州	信州	太平州	南康军	广德军	洪州	江州	虔州	吉州	袁州	抚州	筠州	兴国军	南安军	临江军	建昌军
三年	建康府																			
绍兴元年									改隶江西		自江东来隶				改隶江东					改隶江东
四年									复来隶						复来隶					复来隶

表7-4 荆湖北路州郡沿革表

年号	荆湖北路											
建炎元年	江陵府	峡州	荆门军	德安府	复州	汉阳军	鼎州	澧州	辰州	沅州	靖州	鄂州	岳州	归州
四年	荆南镇抚使	属荆南镇	属荆南镇	安陆镇抚使	属安陆镇	属安陆镇	鼎澧镇抚使	属鼎澧镇	辰沅靖镇抚使	属辰沅靖镇	属辰沅靖镇	改隶江南	改隶江南	隶夔路
绍兴元年												复来隶	复来隶	
三年				罢镇										
五年	罢镇						罢镇		罢镇					复来隶

表7-5 荆湖南路州郡沿革表

年号	荆湖南路									
建炎元年	潭州	衡州	道州	永州	郴州	邵州	全州	桂阳监	武冈军
三年								桂阳军	

表 7-6　利州路、夔州路州郡沿革表

年号	利州路																	夔州路												
	兴元府	利州	洋州	阆州	剑州	巴州	文州	兴州	蓬州	政州	金州[1]	阶州[2]	成州[3]	西和州[4]	凤州[5]	三泉县	剑门关[6]	夔州[7]	黔州	施州	忠州	万州	开州	达州	涪州	恭州	梁山军	南平军	大宁监	珍州[8]
建炎元年																														
绍兴元年										龙州																				思州
三年																大安军														

注：1　建炎四年,金州自京西南路来隶。今姑置于建炎元年栏内,以示自元年以来即为宋土。下阶、成、西和、凤四州同。又,绍兴六年,金州复隶京西南路。九年,隶西川宣抚司。
　　2　中兴后,阶州自秦凤等路来隶。
　　3　绍兴十四年,成州自秦凤等路来隶。
　　4　西和州,本岷州,原属秦凤等路,绍兴十二年,改名。当同成、凤等州一同来隶。
　　5　凤州,绍兴十四年,自秦凤等路来隶。
　　6　中兴以来,剑门关亦列在利路十七郡之数。
　　7　按：建炎元年,云安军降军使,隶夔州。
　　8　按：绍兴元年,思州以黔州务川城置。

表 7-7　京西南路州郡沿革表

年号	建炎元年	二年	三年	四　年	绍兴四年	五年	六　年	十一年
京西南路	襄阳府			襄邓镇抚使		罢镇		
	邓州			属襄邓镇				割予金
	随州[1]			属襄邓镇				
	金州			金均房镇抚使		罢镇	改隶川陕	
	均州			属金均房镇				
	房州		属金州	改隶利州路			复来隶	
	郢州							
	唐州							割予金
	光化军							
					信阳军[2]			

注：1　绍兴十二年,以随州枣阳县升军,复降军使。
　　2　绍兴四年,信阳军自京西北路来隶。

表 7-8　广南东路州郡沿革表

年号	广南东路													
	广州	韶州	循州	潮州	梅州	连州	南雄州	英州	肇庆府	新州	封州	康州	南恩州	惠州
建炎元年														
绍兴元年												德庆府		
六年				潮州	废									
七年											废	德庆府		
九年														
十年											复			

表 7-9　广南西路州郡沿革表

年号	广南西路																												
	桂州	容州	邕州	融州	平州	象州	贺州	昭州	梧州	藤州	龚州	浔州	柳州	贵州	宜州	观州	宾州	横州	化州	高州	雷州	钦州	白州	郁林州	廉州	琼州	昌化军	万安军	吉阳军
建炎元年																													
绍兴三年	静江府																												
四年				融州	废										宜州	废													
六年											废	浔州										废		郁林州		琼州	废	废	废

8. 绍兴十三年(1143)至端平元年(1234)州郡沿革表

表 8-1　淮南东路州郡沿革表

年号	两浙路														
	临安府	平江府	镇江府	湖州	常州	江阴军	严州	秀州	绍兴府	婺州	明州	温州	台州	处州	衢州
绍兴十三年															
二十七年					常州	废									
三十一年						复									

续表

年号	两浙路							
绍熙五年							庆元府	
庆元元年					嘉兴府			
宝庆二年			安吉州					

表8-2　淮南东路州郡沿革表

年号	淮南东路									
绍兴十三年	扬州		泰州	楚州			滁州	真州	通州	盱眙军
三十一年	扬州	高邮军¹	泰州	楚州			滁州	真州	通州	盱眙军
嘉定八年										盱眙军²
十二年					海州³					
十三年					涟水军⁴					
宝庆三年				楚州	宝应州					陷于金
绍定元年				淮安军⁵	宝应州	废				
四年							陷于金			收复
端平元年		亳州⁶	宿州	淮安州	废	复	泗州			邳州⁷

注：1 绍兴三十一年，高邮县自扬州割出建军，仍以泰州兴化县来隶。
　　2 盱眙军，嘉定八年(1215)前，尝改称招信军。
　　3 海州，嘉定十二年收复。
　　4 涟水军，嘉定十三年收复。
　　5 淮安军，绍定元年(1228)，以楚州山阳县置。
　　6 亳、宿、泗三州，金亡收复。
　　7 邳州，金亡宋暂有之。

表 8-3 淮南西路州郡沿革表

年　号	淮　南　西　路									
绍兴十三年	安丰军		庐州	蕲州	和州	舒州	濠州	光州	黄州	无为军
二十八年								蒋州		
三十一年								复		
三十二年	寿春府									
乾道三年	安丰军									
庆元元年						安庆府				
端平元年			寿春府[1]							

注：1 金寿春府，金亡收复。

表 8-4 江南东路、西路州郡沿革表

年号	江　南　东　路								江　南　西　路								
	建康府	宣州	徽州	池州	饶州	信州	太平州	南康军	广德军	洪州	江州	虔州	吉州	袁州	抚州	筠州	兴国军	南安军	临江军	建昌军
绍兴十三年																				
二十三年												赣州								
隆兴元年												隆兴府								
乾道二年		宁国府																		

表 8-5 荆湖南路州郡沿革表

年　号	荆　湖　南　路								
绍兴十三年	潭州	衡州	道州	永州	郴州	邵州	全州	桂阳军	武冈军
十六年								桂阳监	
二十二年								复	
宝庆元年						宝庆府			

表8-6 荆湖北路州郡沿革表

年号	荆湖北路												
	江陵府	鄂州		德安府	复州	鼎州	澧州	峡州	岳州	归州	辰州	沅州	靖州	荆门军	汉阳军
绍兴十三年															
十九年																信阳军1
二十五年										纯州						
三十一年										复	改隶夔路					
乾道元年						常德府									
淳熙元年	荆南府2														
十四年											复					
嘉定十三年		鄂州	寿昌军												
端平元年			废3												

注：1 信阳军，绍兴十九年三月，自淮南西路来隶。
　　2 淳熙元年，改江陵府为荆南府，未几复。
　　3 寿昌军，后又复。

表8-7 京西南路州郡沿革表

年 号	京 西 南 路						
绍兴十三年	襄阳府	随州		房州	均州	郢州	光化军	信阳军
十九年								改隶淮西1
二十八年							通化军	

续表

年号	京 西 南 路							
三十一年		随州 枣阳军		复				
嘉定十二年								
端平元年						邓州2	唐州	息州

注：1 信阳军，绍兴十三年正月，改隶。
2 邓、唐、息三州，金亡来归。

表8-8 福建路州郡沿革表

年 号	福 建 路						
绍兴十三年	福州	建州	泉州	南剑州	漳州	汀州	邵武军	兴化军
三十二年		建宁府						

表8-9 成都府路州郡沿革表

年号	成 都 府 路													
绍兴十三年	成都府	眉州	蜀州	彭州	绵州	汉州	嘉州	邛州	简州	黎州	雅州	茂州	威州	仙井监	永康军	石泉军
隆兴元年														隆州		
淳熙四年			崇庆府													
庆元元年							嘉定府									

表8-10 潼川府路州郡沿革表

年 号	潼 川 府 路												
嘉定八年	潼川府	遂宁府	顺庆府	资州	普州	昌州	叙州	泸州	长宁军	合州	荣州	渠州	怀安军	广安军	富顺监
绍定六年											绍熙府				

表 8-11 利州路州郡沿革表

年号	利州路													
	兴元府	利州	洋州	阆州	剑州	巴州	蓬州	金州	大安军	剑门关	兴州	阶州	成州	西和州	凤州	文州	龙州
绍兴十三年																	
绍熙元年					隆庆府												
开禧三年													沔州				
嘉定元年													成州 天水军				
宝庆元年													同庆府				

表 8-12 夔州路州郡沿革表

年 号	夔州路												
	夔州	黔州	施州	忠州	万州	开州	达州	涪州	恭州	梁山军	南平军	大宁监	珍州	思州
绍兴十三年														
淳熙十六年										重庆府				
绍定元年		绍庆府												

表 8-13 广南东路州郡沿革表

年 号	广南东路											
	广州	韶州	循州	潮州	梅州	连州	南雄州	英州	封州	肇庆府	新州	德庆府	南恩州	惠州
绍兴十三年														
庆元元年									英德府					

表 8-14　广南西路州郡沿革表

年号	广　　南　　西　　路																		
绍兴十三年	静江府	容州	邕州	融州	象州	贺州	昭州	梧州	藤州	浔州	柳州	贵州	宜州	宾州	横州	化州	高州	雷州	钦州	郁林州	廉州	琼州
十四年																						琼州／昌化军／万安军／吉阳军

9. 端平二年(1235)至咸淳九年(1273)州郡沿革表

咸淳十年九月,元发动灭宋战争,故以九年为断限,此后宋州郡存亡不再列入表内。在本阶段中,江南东西路、荆湖南路、福建路、广南东路的州军无变动,故不列表。

表 9-1　两浙路州郡沿革表

年号	两　　浙　　路												
端平二年	临安府	平江府	镇江府	安吉州	常州	严州	嘉兴府	江阴军	绍兴府	婺州	庆元府	温州	台州	处州	衢州
咸淳元年						建德府					瑞安府				

表 9-2　淮南东路州郡沿革表

年号	淮　　南　　东　　路											
端平二年	扬州	亳州	宿州	淮安州	海州	泰州	泗州	滁州	真州	通州	招信军	高邮军	涟水军
嘉熙二年			陷										
淳祐十二年					李璮据之								
宝祐二年			已陷										

续表

年号	淮南东路										
景定元年											属璮
二年			璮降								
三年			西海州	东海军1							安东州2
咸淳七年					淮安军						
九年						清河军	邳州				

注：1 景定三年(1262)，以海州东海县置，后升州。
    2 景定三年，李璮来归。

表9-3 淮南西路州郡沿革表

年 号	端平二年	嘉熙二年	淳祐元年	宝祐五年	咸淳八年
淮南西路	安丰军				
	寿春府	陷	收复		
	庐 州				
	蕲 州				
	和 州				
	安庆府				
	濠 州				
	光 州				元筑城
	黄 州				
	无为军				
				怀远军	

表 9-4 荆湖北路州郡沿革表

年号	荆 湖 北 路													
端平二年	江陵府	鄂州	德安府	复州	常德府	澧州	峡州	岳州	归州	辰州	沅州	靖州	荆门军	汉阳军	信阳军
淳祐四年		鄂州	寿昌军[1]												

注：1 淳祐四年(1244)，武昌县已为军。

表 9-5 京西南路州郡沿革表

年号	京 西 南 路									年号	京 西 南 路								
端平二年	襄阳府	邓州	随州	房州	均州	郢州	唐州	光化军	枣阳军	息州	四年								蒙筑城
三年	陷	陷				陷				陷	开庆元年		复陷							
嘉熙			陷								景定五年						复			
三年	复,后失										咸淳二年						陷			
淳祐十一年		复									九年		陷							
宝祐二年					陷				蒙筑城											

表 9-6 成都府路州郡沿革表

年号	成 都 府 路													
端平二年	成都府	眉州	崇庆府	彭州	绵州	汉州	嘉定府	邛州	简州	黎州	雅州	茂州	威州	隆州	永康军	石泉军

续表

年号	成都府路														
三年	失,旋复														
淳祐元年	陷			陷											
宝祐六年			陷	陷	复陷				陷			陷			徙废
景定元年					元复置	陷									
五年															元置安州
咸淳元年															
二年					已复										
四年		已陷													
七年					元置德州										

表 9-7 利州路州郡沿革表

年号	利州路																	
	兴元府	利州	洋州	阆州	隆庆府	巴州	文州	沔州	蓬州	龙州	金州	阶州	同庆府	西和州	凤州	大安军	天水军	剑门关
端平二年																		
三年		废	废	徙治			废								陷			
嘉熙二年														陷				

续表

年号	利州路											
淳祐二年							已陷					
三年					徙治							
十一年					蒙筑城							
宝祐二年	已陷	蒙筑城	蒙筑城									
三年			蒙设县治									
六年			陷		陷	陷	蒙筑城				陷	已陷
开庆元年		陷	陷									
景定元年										已陷		

表9-8 潼川府路州郡沿革表

年号	潼川府路														
	潼川府	遂宁府	顺庆府	资州	普州	昌州	叙州	泸州	长宁军	合州	绍熙府	渠州	怀安军	广安军	富顺监
端平二年															
三年		陷									侨治				
嘉熙元年															废,寻复

续　表

年号	潼川府路								
淳祐元年				陷					
三年			陷			徙治			
宝祐三年							徙治		
六年	陷	陷	后废				后废	陷	陷
景定元年									复
二年						陷			
三年						复1			
咸淳二年									宁西军
三年					徙治				
八年					后改泸州				

注：1 景定三年，收复泸州，改名江安军，后升州。

表9-9　夔州路州郡沿革表

年号	夔州路											
端平二年	夔州	绍庆府	施州	忠州	万州	开州	达州	涪州	重庆府	梁山军	南平军	珍州	思州	大宁监
三年											南平军　播州			

续　表

年号	夔　州　路										
嘉熙三年							徙治				
淳祐二年	徙治										
开庆元年		徙治									
咸淳元年			咸淳府								
二年							徙治				
三年					已陷						
七年									已陷		
九年										播州	废

表 9-10　广南西路州郡沿革表

年号	广　南　西　路																								
	静江府	容州	邕州	融州	象州	贺州	昭州	梧州	藤州	浔州	柳州	贵州	宜州	宾州	横州	化州	高州	雷州	钦州	郁林州	廉州	琼州	南宁军1	万安军	吉阳军
端平二年																									
咸淳元年													庆远府												

注：1 南宁军，本昌化军，端平二年改。

三、宋朝各路治所一览表①

表1 咸平二年(999)各路治所一览表

路　分	治　所	转运司治所	帅司[1]治所
京东路		广济军	徐州[2]
京西路		河南府	许州[3]
河北路		大名府	
	高阳关路		瀛州(高阳关)
	真定府路		真定府
	定州路		定州
河东路	（并代路）	潞州	并州
	泽潞路		潞州
陕西路		京兆府	京兆府[4]
	鄜延路		延州
	环庆路		邠州
	泾原路		泾州
			秦州
两浙路		苏州	杭州
淮南路		楚州	
	东路		扬州
	西路		庐州
江南路		昇州、洪州	昇州、洪州
荆湖南路		潭州	潭州
荆湖北路		江陵府	江陵府
福建路		建州	福州

---

① 因宋朝不同时期路级治所有变迁，且同一时期路级治所又多分布在两个以上的州府，在正文地图中难以反映这些情况，故列附表以与各图相比照。读者读图时可参考此表。

续表

路分 \ 治所	转运司治所	帅司[1] 治所
西川路	益州	益州
峡路	夔州	遂州
广南东路	广州	广州
广南西路	桂州	桂州

注：1 北宋前期，以都部署司、都钤辖司等统辖一路兵权。中期，在京东、京西、河北、河东、陕西、荆湖南路设安抚使，以文臣充，并兼都部署、都钤辖。诸司统称之为帅司。
2 京东诸州兵甲，自来（大中祥符四年前）专委徐州提辖。
3 真宗时，许州兼领汝、许州捉贼事。事见《长编》卷85大中祥符八年七月戊午条。
4 端拱元年，知京兆府已兼提辖五州兵士公事。

表2 天禧四年(1020)各路治所一览表

路分 \ 治所	转运司治所	提点刑狱司治所	帅司治所
开封府界	开封府		
京东路	广济军、青州		徐州、兖州、齐州[1]
京西路	河南府	河南府	许州(北路)、邓州(南路)
河北路	大名府	贝州	瀛州(高阳关路)、真定府(真定府路)、定州(定州路)
河东路	潞州	并州	并州、潞州(泽潞路)
陕西路	京兆府		京兆府、延州(鄜延路)、庆州(环庆路)[2]、渭州(泾原路)、秦州
两浙路	杭州	越州	杭州
淮南路	楚州	寿州	扬州、庐州
江南东路	江宁府	江宁府	江宁府
江南西路	洪州	虔州	洪州
荆湖北路	江陵府	澧州	江陵府
荆湖南路	潭州	潭州	潭州
福建路	建州	福州	福州
益州路	益州	眉州	益州(西川路)
利州路	利州	利州	
梓州路	梓州	梓州	遂州(峡路)

续表

路分＼治所	转运司治所	提点刑狱司治所	帅司治所
夔州路	夔州	万州	
广南东路	广州	英州	广州
广南西路	桂州	象州	桂州

注：1 大中祥符四年，京东路兵甲分委徐、兖、齐三州提举。
2 天禧三年六月，环庆路部署司自邠州迁至庆州，但不久复如故。

表3 元丰八年(1085)各路治所一览表

路分＼治所	转运司（提点司）治所	提点刑狱司治所	提举常平司治所	帅司治所
开封府界	开封府			
京东路	青州、郓州	青州（东路）、兖州（西路）	不详	青州（东路）、郓州（西路）
京西路	河南府	河南府（北路）、邓州（南路）	不详	颍昌府（北路）、邓州（南路）
河北路	大名府	恩州（东路）、邢州（西路）	定州（西路）、不详（东路）	大名府（大名府路）、瀛州（高阳关路）、真定府（真定府路）、定州（定州路）
河东路	潞州	太原府	太原府	太原府、潞州（泽潞路）
陕西路	京兆府	河中府（永兴军等路）、凤翔府（秦凤等路）	不详	京兆府（永兴军路）、延州（鄜延路）、庆州（环庆路）、渭州（泾原路）、秦州（秦凤路）、熙州（熙河路）
两浙路	杭州	越州	杭州	杭州
淮南路	楚州、庐州	扬州（东路）、寿州（西路）	扬州（东路）、庐州（西路）	扬州（东路）、庐州（西路）
江南东路	江宁府	饶州	池州	江宁府
江南西路	洪州	虔州	袁州	洪州
荆湖北路	江陵府	澧州	江陵府	江陵府
荆湖南路	潭州	潭州	潭州	潭州
福建路	建州	福州	建州	福州
成都府路	成都府	成都府	不详	成都府（益利路）

续　表

路分＼治所	转运司(提点司)治所	提点刑狱司治所	提举常平司治所	帅司治所
利州路	利州	兴元府	不详	
梓州路	遂州	梓州	梓州	泸州（梓夔路）
夔州路	夔州	渝州	不详	
广南东路	广州	英州	惠州	广州
广南西路	桂州	桂州	桂州	桂州

表4　宣和五年(1123)各路治所一览表

路分＼治所	转运司治所	提点刑狱司治所	提举常平司治所	帅司治所
京畿路	陈留县	陈留县	陈留县	
京东路	青州、东平府	青州（东路）、袭庆府（西路）	不详	青州（东路）、东平府（西路）
京西路	河南府、襄阳府	河南府（北路）、邓州（南路）	不详	颍昌府（北路）、邓州（南路）
河北路	大名府	恩州（东路）、信德府（西路）	中山府（西路）、不详（东路）	大名府（大名府路）、河间府（河间府路）、真定府（真定府路）、中山府（中山府路）
河东路	隆德府	太原府	太原府	太原府、隆德府
陕西路	京兆府	河中府（永兴军等路）、凤翔府（秦凤等路）	不详	京兆府（永兴军路）、延安府（鄜延路）、庆阳府（环庆路）、渭州（泾原路）、秦州（秦凤路）、熙州（熙河路）
两浙路	杭州	镇江府（西路）、温州（东路）	平江府（西路）、越州（东路）	杭州（西路）、越州（东路）
淮南路	楚州、庐州	扬州（东路）、寿州（西路）	扬州（东路）、庐州（西路）	扬州（东路）、庐州（西路）
江南东路	江宁府	饶州	池州	江宁府
江南西路	洪州	虔州	袁州	洪州
荆湖北路	江陵府	鼎州	江陵府	江陵府
荆湖南路	潭州	衡州	潭州	潭州

续 表

路分＼治所	转运司治所	提点刑狱司治所	提举常平司治所	帅司治所
福建路	建州	福州	建州	福州
成都府路	成都府	嘉州	不详	成都府（益利路）
利州路	利州	兴元府	不详	
潼川府路	遂宁府	潼川府	潼川府	泸州（梓夔路）
夔州路	夔州	恭州	不详	
广南东路	广州	英州	惠州	广州
广南西路	桂州	桂州	桂州	桂州

表5 绍兴十二年(1142)各路治所一览表

路分＼治所	转运司治所	提点刑狱司治所	提举常平司治所	安抚司治所
两浙路	临安府	平江府（西路）、绍兴府（东路）	平江府（西路）、绍兴府（东路）	临安府（西路）、绍兴府（东路）
淮南东路	真州	扬州	泰州	扬州
淮南西路	舒州	舒州	无为军	庐州
江南东路	建康府	饶州	池州	建康府
江南西路	洪州	不详	抚州	洪州
荆湖北路	鄂州	鼎州	鼎州	江陵府
荆湖南路	潭州	衡州	衡州	潭州
京西南路	襄阳府	襄阳府	襄阳府	襄阳府
福建路	建州	福州	建州	福州
成都府路	成都府	嘉州	嘉州	成都府
利州路	利州	兴元府	兴元府	兴元府（东路）、兴州（西路）
潼川府路	遂宁府	潼川府	潼川府	泸州
夔州路	夔州	恭州	恭州	夔州
广南东路	广州	韶州	广州	广州
广南西路	静江府	静江府	静江府	静江府

表6　嘉定元年(1208)各路治所一览表

路分＼治所	转运司治所	提点刑狱司治所	提举常平司治所	安抚司治所
两浙路	临安府	平江府（西路）、绍兴府（东路）	平江府（西路）、绍兴府（东路）	临安府（西路）、绍兴府（东路）
淮南东路	真州	扬州	泰州	扬州
淮南西路	无为军	安庆府	无为军	庐州
江南东路	建康府	饶州	池州	建康府
江南西路	隆兴府	赣州	抚州	隆兴府
荆湖北路	鄂州	常德府	常德府	江陵府
荆湖南路	潭州	衡州	衡州	潭州
京西南路	襄阳府	襄阳府	襄阳府	襄阳府
福建路	建宁府	福州	建宁府	福州
成都府路	成都府	嘉定府	嘉定府	成都府
利州路	利州	兴元府	兴元府	兴元府（东路）、沔州（西路）
潼川府路	遂宁府	潼川府	潼川府	泸州
夔州路	夔州	重庆府	重庆府	夔州
广南东路	广州	韶州	广州	广州
广南西路	静江府	静江府	静江府	静江府

表7　端平元年(1234)各路治所一览表

路分＼治所	转运司治所	提点刑狱司治所	提举常平司治所	安抚司治所
两浙路	临安府	平江府（西路）、绍兴府（东路）	平江府（西路）、绍兴府（东路）	临安府（西路）、绍兴府（东路）
淮南东路	真州	泰州	泰州	扬州
淮南西路	庐州	无为军	无为军	庐州
江南东路	建康府	饶州	池州	建康府
江南西路	隆兴府	赣州	抚州	隆兴府
荆湖北路	鄂州	常德府	常德府	江陵府
荆湖南路	潭州	衡州	衡州	潭州

续　表

路分＼治所	转运司治所	提点刑狱司治所	提举常平司治所	安抚司治所
京西南路	襄阳府	襄阳府	襄阳府	襄阳府
福建路	建宁府	福州	建宁府	福州
成都府路	成都府	嘉定府	嘉定府	成都府
利州路	兴元府	沔州	沔州	兴元府
潼川府路	遂宁府	潼川府	潼川府	泸州
夔州路	夔州	重庆府	重庆府	夔州
广南东路	广州	韶州	广州	广州
广南西路	静江府	静江府	静江府	静江府

主要参考文献

一、地志与舆图

(唐)李吉甫:《元和郡县图志》,中华书局点校本,1983年。
(宋)乐史:《太平寰宇记》,金陵书局本,清光绪八年刊行。
(宋)王存:《元丰九域志》,中华书局点校本,1984年。
(宋)欧阳忞:《舆地广记》,国学基本丛书本。
(宋)王象之:《舆地纪胜》,道光岑氏刊本。
(宋)祝穆:《宋本方舆胜览》,上海古籍出版社,1991年。
(元)孛兰肹:《元一统志》,中华书局点校本,1966年。
(明)《明一统志》,四库全书文渊阁藏本。
(清)《嘉庆重修一统志》,中华书局影印本,1986年。
(清)顾祖禹:《读史方舆纪要》,中华书局,1955年。
(宋)胡三省:《通鉴地理通释》,《玉海》,江苏古籍出版社,1987年。
(清)顾炎武:《天下郡国利病书》,四部丛刊三编本。
《宋本历代地理指掌图》,上海古籍出版社,1989年。
(宋)朱长文:《吴郡图经续记》,宋元方志丛刊本。
(宋)范成大:《吴郡志》,宋元方志丛刊本。
(宋)周应合:《景定建康志》,宋元方志丛刊本。
(宋)周淙:《乾道临安志》,宋元方志丛刊本。
(宋)张津:《乾道四明图经》,宋元方志丛刊本。
(宋)罗濬:《宝庆四明志》,宋元方志丛刊本。
(宋)梁克家:《淳熙三山志》,宋元方志丛刊本。
(宋)施宿:《嘉泰会稽志》,宋元方志丛刊本。
(宋)卢宪:《嘉定镇江志》,宋元方志丛刊本。
(宋)凌万顷:《淳祐玉峰志》,宋元方志丛刊本。
(宋)张淏:《宝庆会稽续志》,宋元方志丛刊本。

（元）张铉：《至正金陵新志》，宋元方志丛刊本。
（元）《无锡志》，宋元方志丛刊本。
（明）《嘉靖瑞安县志》，天一阁藏本。
（明）《嘉靖固原州志》，宁夏人民出版社点校本，1983年。
（明）《弘治宁夏新志》，天一阁藏本。
（明）刘文徵：《滇志》，云南史料丛刊第十三辑，1979年。
（明）朱旃撰，今人吴忠礼笺证：《宁夏志笺证》，宁夏人民出版社，1996年。
（清）吴兰修：《南汉地理志》，丛书集成初编本。
（清）乾隆《贵州通志》，中国地方志集成本。
（清）乾隆《永顺府志》，乾隆二十八年修，同治九年续修刊本。
（清）道光《贵阳府志》，咸丰二年修本。
（清）明谊：《琼州府志》，道光二十一年修，光绪十六年隆斌补刊本。
民国《麻江县志》，中国地方志集成本。
民国《都匀县志稿》，中国地方志集成本。
《古丈县志》，巴蜀书社，1989年。
《新晃县志》，三联书店，1993年。

二、纪传体、编年体、纪事本末体史书

（北齐）魏收：《魏书·地形志》，中华书局点校本。
（唐）魏徵：《隋书·地理志》，中华书局点校本。
（后晋）刘昫：《旧唐书》，中华书局点校本。
（宋）欧阳修：《新唐书》，中华书局点校本。
（宋）薛居正：《旧五代史》，中华书局点校本。
（宋）欧阳修：《新五代史》，中华书局点校本。
（元）脱脱：《宋史》，中华书局点校本。
（元）脱脱：《辽史》，中华书局点校本。
（元）脱脱：《金史》，中华书局点校本。
（明）宋濂：《元史》，中华书局点校本。
（宋）王偁：《东都事略》，四库全书文渊阁藏本。
（宋）曾巩：《隆平集》，四库全书文渊阁藏本。
（宋）马令：《南唐书》，四部丛刊本。
（宋）陆游：《南唐书》，丛书集成初编本。

（清）吴任臣：《十国春秋》，中华书局点校本，1983年。
（宋）司马光：《资治通鉴》，中华书局点校本，1963年。
（宋）李焘：《续资治通鉴长编》，中华书局点校本。
（宋）陈均：《皇朝编年纲目备要》，四库全书文渊阁藏本。
（宋）李埴：《皇宋十朝纲要》，六经堪丛书初集本。
（宋）李心传：《建炎以来系年要录》，中华书局，1956年。
（宋）徐梦莘：《三朝北盟会编》，上海古籍出版社，1987年。
（元）佚名：《宋史全文》，四库全书文渊阁藏本。
（元）佚名：《宋季三朝政要》，笔记小说大观本，江苏广陵古籍刻印社，1983年。
（清）吴广成：《西夏书事校证》，甘肃文化出版社，1995年。
（清）戴锡章：《西夏纪》，宁夏人民出版社，1988年。
（宋）杨仲良：《皇宋通鉴长编纪事本末》，宛委别藏本。
（清）张鉴：《西夏纪事本末》，甘肃文化出版社，1998年。

三、典章制度类史书

（唐）杜佑：《通典》，中华书局点校本，1988年。
（宋）王溥：《唐会要》，上海古籍出版社，1991年。
（宋）王溥：《五代会要》，上海古籍出版社，1978年。
（清）徐松：《宋会要辑稿》，中华书局平装本，1957年。
（宋）曾公亮：《武经总要》，四库全书文渊阁藏本。
（宋）佚名：《宋大诏令集》，中华书局排印本，1962年。
（宋）李攸：《宋朝事实》，中华书局排印本，1955年。
（宋）孙逢吉：《职官分纪》，中华书局影印本，1988年。
（宋）彭百川：《太平治迹统类》，四库全书文渊阁藏本。
（宋）《吏部条法事类》，引自《永乐大典》。
（宋）王应麟：《玉海》，江苏古籍出版社，1987年。
（宋）章如愚：《群书考索》，四库全书文渊阁藏本。
（宋）林駉：《古今源流至论》，四库全书文渊阁藏本。
（宋）《庆元条法事类》，中国书店影印本，1985年。
（宋）马端临：《文献通考·舆地考》，中华书局影印十通本。
（宋）高承：《事物纪原》，中华书局点校本，1989年。
（宋）赵升：《朝野类要》，四库全书文渊阁藏本。

（宋）潘自牧：《记纂渊海》，四库全书文渊阁藏本。
（宋）李心传：《建炎以来朝野杂记》，丛书集成初编本。
（宋）叶隆礼：《契丹国志》，上海古籍出版社，1985年。
（宋）宇文懋昭：《大金国志校证》，中华书局点校本，1986年。
（西夏）《天盛改旧新定律令》，法律出版社，2000年。
（明）解缙辑：《永乐大典》，中华书局，1986年。

四、文集、总集、笔记

（唐）白居易：《白氏长庆集》，四库全书文渊阁藏本。
（宋）宋庠：《元宪集》，四库全书文渊阁藏本。
（宋）张咏：《乖崖集》，四库全书文渊阁藏本。
（宋）范仲淹：《范文正公集》，四部丛刊本。
（宋）韩琦：《韩魏公集》，丛书集成初编本。
（宋）韩琦：《安阳集》，四库全书文渊阁藏本。
（宋）夏竦：《文庄集》，四库全书文渊阁藏本。
（宋）张方平：《乐全集》，四库全书文渊阁藏本。
（宋）欧阳修：《欧阳文忠公文集》，四部丛刊本。
（宋）苏颂：《苏魏公文集》，四库全书文渊阁藏本。
（宋）王安石：《王文公文集》，上海人民出版社，1974年。
（宋）司马光：《温国文正司马公文集》，四部丛刊本。
（宋）司马光：《传家集》，国学基本丛书本。
（宋）曾巩：《元丰类稿》，四库全书文渊阁藏本。
（宋）曾巩：《曾巩集》，中华书局点校本，1984年。
（宋）祖无择：《龙学文集》，四库全书文渊阁藏本。
（宋）胡宿：《文恭集》，丛书集成初编本。
（宋）苏舜钦：《苏学士文集》，四部丛刊本。
（宋）苏辙：《栾城集》，上海古籍出版社，1987年。
（宋）刘挚：《忠肃集》，丛书集成初编本。
（宋）毕仲游：《西台集》，四库全书文渊阁藏本。
（宋）李复：《潏水集》，四库全书文渊阁藏本。
（宋）晁说之：《景迂生集》，四库全书文渊阁藏本。
（宋）沈遘：《西溪集》，四库全书文渊阁藏本。
（宋）慕容彦逢：《摛文堂集》，四库全书文渊阁藏本。

（宋）孙觌：《鸿庆居士集》，四库全书文渊阁藏本。
（宋）李纲：《梁溪集》，四库全书文渊阁藏本。
（宋）郑刚中：《北山集》，四库全书文渊阁藏本。
（宋）汪藻：《浮溪集》，四部丛刊本。
（宋）汪应辰：《文定集》，丛书集成初编本。
（宋）苏过：《斜川集》，丛书集成初编本。
（宋）陆游：《渭南文集》，四部丛刊本。
（宋）楼钥：《攻媿集》，丛书集成初编本。
（宋）韩元吉：《南涧甲乙稿》，丛书集成初编本。
（宋）袁甫：《蒙斋集》，四库全书文渊阁藏本。
（宋）朱熹：《晦庵集》，四库全书文渊阁藏本。
（宋）曹彦约：《昌谷集》，四库全书文渊阁藏本。
（宋）吴儆：《竹洲集》，四库全书文渊阁藏本。
（宋）真德秀：《真文忠公文集》，四部丛刊本。
（宋）魏了翁：《鹤山先生大全文集》，四部丛刊本。
（宋）李曾伯：《可斋杂稿》，四库全书文渊阁藏本。
（宋）刘克庄：《后村先生大全集》，四部丛刊本。
（宋）文天祥：《文山先生全集》，商务印书馆。
（宋）朱熹：《宋名臣言行录》，四库全书文渊阁藏本。
（元）苏天爵：《国朝文类》，四部丛刊本。
（明）杨士奇：《历代名臣奏议》，四库全书文渊阁藏本。
（民国）傅增湘：《宋代蜀文辑存》，排印本。
（清）王昶：《金石萃编》，中国书店，1985年。
（宋）田况：《儒林公议》，笔记小说大观本，江苏广陵古籍刻印社，1983年。
（宋）张齐贤：《洛阳缙绅旧闻记》，四库全书文渊阁藏本。
（宋）张邦基：《墨庄漫录》，四库全书文渊阁藏本。
（宋）魏泰：《东轩笔录》，中华书局点校本，1983年。
（宋）王辟之：《渑水燕谈录》，中华书局点校本，1981年。
（宋）沈括：《新校证梦溪笔谈》，中华书局点校本，1957年。
（宋）王栐：《燕翼诒谋录》，中华书局点校本，1981年。
（宋）王明清：《挥麈录》，中华书局，1961年。
（宋）释文莹：《玉壶清话》，中华书局点校本，1984年。

（宋）滕甫：《孙威敏征南录》，四库全书文渊阁藏本。
（宋）邵伯温：《邵氏闻见录》，中华书局点校本，1983年。
（宋）孔平仲：《孔氏谈苑》，丛书集成初编本。
（宋）刘斧：《青琐高议》，中华书局，1959年。
（宋）江少虞：《宋朝事实类苑》，上海古籍出版社，1986年。
（宋）范成大：《桂海虞衡志辑逸校注》，广西人民出版社，1986年。
（宋）赵汝适：《诸蕃志校释》，中华书局点校本，1996年。
（宋）黎清德编：《朱子语类》，中华书局点校本，1986年。
（宋）周密：《齐东野语》，中华书局点校本，1983年。
（宋）周去非：《岭外代答》，笔记小说大观本，江苏广陵古籍刻印社，1983年。
（宋）刘延世：《孙公谈圃》，四库全书文渊阁藏本。
（宋）王巩：《甲申杂记》，笔记小说大观本，江苏广陵古籍刻印社，1983年。
（宋）苏辙：《龙川略志》，中华书局点校本，1982年。
（宋）陆游：《入蜀记》，上海远东出版社，1996年。
（宋）范成大：《吴船录》，笔记小说大观本，江苏广陵古籍刻印社，1983年。
（宋）洪皓：《松漠纪闻》，四库全书文渊阁藏本。
（宋）洪迈：《夷坚志》，中华书局点校本，1981年。
（宋）李远：《青唐录》，《说郛》本，中国书店，1986年。
（明）《蜀中名胜记》，丛书集成初编本。

五、近代以来论著

聂崇岐：《宋史丛考》，中华书局，1980年。
谭其骧：《长水集》，人民出版社，1987年。
周振鹤：《地方行政制度志》，上海人民出版社，1998年。
李昌宪：《宋代安抚使考》，齐鲁书社，1997年。
方国瑜：《中国西南历史地理考释》，中华书局，1987年。
周春元等：《贵州古代史》，贵州人民出版社，1982年。
蒲孝荣：《四川政区沿革与治地今释》，四川人民出版社，1986年。
刘复生：《僰国与泸夷》，巴蜀书社，2000年。
方国瑜：《彝族史稿》，四川人民出版社，1984年。

刘统：《唐代羁縻府州研究》，西北大学出版社，1998年。
陈佳华等：《宋辽金时期民族史》，四川人民出版社，1996年。
彭武文：《溪州铜柱及其铭文考辨》，岳麓书社，1994年。
《广西少数民族地区石刻碑文集》，广西人民出版社，1982年。
［越南］陶维英：《越南历代疆域》，商务印书馆，1973年。
吴天墀：《西夏史稿》，四川人民出版社，1983年。
陈炳应：《西夏文物研究》，宁夏人民出版社，1985年。
鲁人勇等：《宁夏历史地理考》，宁夏人民出版社，1993年。
白滨：《西夏史论文集》，宁夏人民出版社，1984年。
［日］室永芳三：《五代的北面转运使》，《史渊》89，1962年。
李昌宪：《五代削藩制置初探》，《中国史研究》1982年第3期。
李昌宪：《宋代将兵驻地考述》，1992年年会编刊《宋史研究论文集》，河南大学出版社，1993年。
李昌宪：《北宋河北雄州的两属地》，《南京大学学报》1993年第3期。
李昌宪：《宋代四川帅司路考述》，《文史》第44辑。
郭声波：《唐宋集群羁縻州之典型——雅属羁縻州》，《中国史研究》2001年第3期。
郭声波：《岷江西山九州考》，《中国历史地理论丛》1998年第2期。
郭声波：《唐宋泸属东部羁縻州县研究》，《贵州民族研究》2001年第2期。
胡挠：《关于羁縻珍州、高州及高罗土司的考证》，《中央民族学院学报》1983年第1期。
马力：《北宋南江地区羁縻州考》，《文史》第34辑。
白耀天：《宋代在今广西西部设置羁縻州、县、洞考》，《广西民族研究》1997年第4期。
白耀天：《宋代在今广西西部设置羁縻州、县、洞考（续）》，《广西民族研究》1998年第1期。
白耀天：《宋代在今广西西部设置羁縻州、县、洞考》，《广西民族研究》1998年第2期。
白耀天：《古勿、勿阳、勿恶、贡洞及归化州、来安州所在考》，《广西民族研究》1996年第1期。
白耀天：《壮族赵姓土官群类观》，《广西民族研究》1996年第4期。
张雄：《宋代广西左江羁縻州概说》，《中南民族学院学报》1990年第3期。
陈炳应：《西夏监军司的数量和驻地考》，《敦煌学研究》，1986年。

汤开建:《西夏监军司驻所辨析》,《历史地理》第6辑,1988年。

汤开建:《关于公元861—1015年凉州地方政权的历史考察》,《西藏研究》1988年第4期。

陈国灿:《唐五代瓜州归义军军镇的演变》,《敦煌吐鲁番文书初探索者二编》,武汉大学出版社,1990年。

图书在版编目(CIP)数据

中国行政区划通史·宋西夏卷/周振鹤主编;李昌宪著.—2版.—上海:
复旦大学出版社,2017.9(2020.4重印)
ISBN 978-7-309-12699-0

Ⅰ.中… Ⅱ.①周…②李… Ⅲ.①政区沿革-历史-中国②政区沿革-历史-中国-宋代
③政区沿革-历史-中国-西夏 Ⅳ.K928.2

中国版本图书馆 CIP 数据核字(2016)第 283039 号

中国行政区划通史·宋西夏卷(第二版)
周振鹤　主编　李昌宪　著
责任编辑/史立丽

复旦大学出版社有限公司出版发行
上海市国权路 579 号　邮编:200433
网址:fupnet@fudanpress.com　http://www.fudanpress.com
门市零售:86-21-65642857　团体订购:86-21-65118853
外埠邮购:86-21-65109143　出版部电话:86-21-65642845
浙江新华数码印务有限公司

开本 787×1092　1/16　印张 51　字数 844 千
2020 年 4 月第 2 版第 2 次印刷

ISBN 978-7-309-12699-0/K·599
定价:130.00 元

如有印装质量问题,请向复旦大学出版社有限公司出版部调换。
版权所有　侵权必究